T0373226

LOEB CLASSICAL LIBRARY

FOUNDED BY JAMES LOEB 1911

EDITED BY

JEFFREY HENDERSON

POLYBIUS

II

LCL 137

POLYBIUS

THE HISTORIES

BOOKS 3–4

TRANSLATED BY
W. R. PATON

REVISED BY
FRANK W. WALBANK
AND
CHRISTIAN HABICHT

HARVARD UNIVERSITY PRESS
CAMBRIDGE, MASSACHUSETTS
LONDON, ENGLAND
2010

Copyright © 2010 by the President and Fellows
of Harvard College
All rights reserved

First published 1922

Revised 2010

LOEB CLASSICAL LIBRARY® is a registered trademark
of the President and Fellows of Harvard College

Library of Congress Control Number 2009937799
CIP data available from the Library of Congress

ISBN 978-0-674-99638-0

*Composed in ZephGreek and ZephText by
Technologies 'N Typography, Merrimac, Massachusetts.
Printed on acid-free paper and bound by
The Maple-Vail Book Manufacturing Group*

CONTENTS

THE HISTORIES

    Book III   2

    Book IV   324

INDEX   559

THE HISTORIES OF POLYBIUS

ΙΣΤΟΡΙΩΝ ΤΡΙΤΗ

1. Ὅτι μὲν ἀρχὰς ὑποτιθέμεθα τῆς αὑτῶν πραγματείας τόν τε συμμαχικὸν καὶ Ἀννιβιακόν, πρὸς δὲ τούτοις τὸν περὶ Κοίλης Συρίας πόλεμον, ἐν τῇ πρώτῃ μὲν τῆς ὅλης συντάξεως, τρίτῃ δὲ ταύτης ἀνώτερον

2 βύβλῳ δεδηλώκαμεν· ὁμοίως δὲ καὶ τὰς αἰτίας, δι᾽ ἃς ἀναδραμόντες τοῖς χρόνοις πρὸ τούτων τῶν καιρῶν συνεταξάμεθα τὰς πρὸ ταύτης βύβλους, ἐν αὐτῇ ᾽κεί-

3 νῃ διεσαφήσαμεν. νῦν δὲ πειρασόμεθα τοὺς προειρημένους πολέμους, καὶ τὰς αἰτίας ἐξ ὧν ἐγένοντο καὶ δι᾽ ἃς ἐπὶ τοσοῦτον ηὐξήθησαν, μετ᾽ ἀποδείξεως ἐξαγγέλλειν, βραχέα προειπόντες ὑπὲρ τῆς αὑτῶν πραγματείας.

4 Ὄντος γὰρ ἑνὸς ἔργου καὶ θεάματος ἑνὸς τοῦ σύμπαντος, ὑπὲρ οὗ γράφειν ἐπικεχειρήκαμεν, τοῦ πῶς καὶ πότε καὶ διὰ τί πάντα τὰ γνωριζόμενα μέρη τῆς οἰκουμένης ὑπὸ τὴν Ῥωμαίων δυναστείαν ἐγένετο,

5 τούτου δ᾽ ἔχοντος καὶ τὴν ἀρχὴν γνωριζομένην καὶ τὸν χρόνον ὡρισμένον καὶ τὴν συντέλειαν ὁμολογουμένην, χρήσιμον ἡγούμεθ᾽ εἶναι καὶ τὸ περὶ τῶν μεγίστων ἐν αὐτῷ μερῶν, ὅσα μεταξὺ κεῖται τῆς ἀρχῆς καὶ τοῦ τέλους, κεφαλαιωδῶς ἐπιμνησθῆναι καὶ

BOOK III

1. In my first Book, the third, that is, from this counting backwards, I explained that I fixed as the starting points of my work, the Social war, the Hannibalic war, and the war for Coele-Syria. I likewise set forth in the same place the reasons why I wrote the two preceding Books dealing with events of an earlier date. I will now attempt to give a well attested account of the above wars, their first causes and the reasons why they attained such magnitude; but in the first place I have a few words to say regarding my work as a whole.

As what I have undertaken to treat is a single action and a single spectacle, the how, when, and wherefore all the known parts of the world came under the domination of Rome, and since this has a recognized beginning, a fixed duration, and an end which is not in dispute, I think it best to give a brief preparatory survey of the chief points of this whole from the beginning to the end. For I believe this will

6 προεκθέσθαι. μάλιστα γὰρ οὕτως ὑπολαμβάνομεν
τοῖς φιλομαθοῦσι παρασκευάσειν ἱκανὴν ἔννοιαν τῆς
7 ὅλης ἐπιβολῆς. πολλὰ μὲν γὰρ προλαμβανούσης τῆς
ψυχῆς ἐκ τῶν ὅλων πρὸς τὴν κατὰ μέρος τῶν πραγ-
μάτων γνῶσιν, πολλὰ δ᾽ ἐκ τῶν κατὰ μέρος πρὸς τὴν
τῶν ὅλων ἐπιστήμην, ἀρίστην ἡγούμενοι τὴν ἐξ ἀμ-
φοῖν ἐπίστασιν καὶ θέαν, ἀκόλουθον τοῖς εἰρημένοις
ποιησόμεθα τὴν πρόεκθεσιν τῆς αὑτῶν πραγματείας.
8 τὴν μὲν οὖν καθόλου τῆς ὑποθέσεως ἔμφασιν καὶ
9 περιγραφὴν ἤδη δεδηλώκαμεν. τῶν δὲ κατὰ μέρος ἐν
αὐτῇ γεγονότων ἀρχὰς μὲν εἶναι συμβαίνει τοὺς προ-
ειρημένους πολέμους, καταστροφὴν δὲ καὶ συντέλειαν
τὴν κατάλυσιν τῆς ἐν Μακεδονίᾳ βασιλείας, χρόνον
δὲ τὸν μεταξὺ τῆς ἀρχῆς καὶ τοῦ τέλους ἔτη πεντή-
10 κοντα τρία, περιέχεσθαι δ᾽ ἐν τούτῳ τηλικαύτας καὶ
τοιαύτας πράξεις, ὅσας οὐδεὶς τῶν προγεγονότων και-
11 ρῶν ἐν ἴσῳ περιέλαβε διαστήματι. περὶ ὧν ἀπὸ τῆς
ἑκατοστῆς καὶ τετταρακοστῆς ὀλυμπιάδος ἀρξάμενοι
τοιάνδε τινὰ ποιησόμεθα τὴν ἔφοδον τῆς ἐξηγήσεως.
  2. Ὑποδείξαντες γὰρ τὰς αἰτίας, δι᾽ ἃς ὁ προδεδη-
λωμένος συνέστη Καρχηδονίοις καὶ Ῥωμαίοις πόλε-
μος, ὁ προσαγορευθεὶς Ἀννιβιακός, ἐροῦμεν ὡς εἰς
2 Ἰταλίαν ἐμβαλόντες Καρχηδόνιοι καὶ καταλύσαντες
τὴν Ῥωμαίων δυναστείαν εἰς μέγαν μὲν φόβον ἐκεί-
νους ἤγαγον περὶ σφῶν καὶ τοῦ τῆς πατρίδος ἐδά-
φους, μεγάλας δ᾽ ἔσχον αὐτοὶ καὶ παραδόξους ἐλπί-
δας, ὡς καὶ τῆς Ῥώμης αὐτῆς ἐξ ἐφόδου κρατήσοντες.
3 ἑξῆς δὲ τούτοις πειρασόμεθα διασαφεῖν ὡς κατὰ τοὺς

be the best means of giving students an adequate idea of my whole plan. Since a previous general view is of great assistance to the mind in acquiring a knowledge of details, and at the same time a previous notion of the details helps us to knowledge of the whole, I regard a preliminary survey based on both as best and will draw up these prefatory remarks to my history on this principle. I have already indicated the general scope and limits of this history. The particular events comprised in it begin with the above-mentioned wars and culminate and end in the destruction of the Macedonian monarchy.[1] Between the beginning and end lies a space of fifty-three years, comprising a greater number of grave and momentous events than any period of equal length in the past. Starting from the 140th Olympiad I shall adopt the following method of procedure in my exposition of them.

220–168 B.C.

220–216 B.C.

2. First I shall indicate the causes of the above war between Rome and Carthage, known as the Hannibalic war, and tell how the Carthaginians invaded Italy, broke up the dominion of Rome, and cast the Romans into great fear for their safety and even for their native soil, while great was their own hope, such as they had never dared to entertain, of capturing Rome itself. Next I shall attempt to describe

---

[1] As in 1. 1. 5, P. intends to end with 168/7; but see 4. 1.

αὐτοὺς καιροὺς Φίλιππος μὲν ὁ Μακεδὼν διαπολε-
μήσας Αἰτωλοῖς καὶ μετὰ ταῦτα συστησάμενος τὰ
κατὰ τοὺς Ἕλληνας, ἐπεβάλετο κοινωνεῖν Καρχηδονί-
4 οις τῶν αὐτῶν ἐλπίδων, Ἀντίοχος δὲ καὶ Πτολεμαῖος ὁ
Φιλοπάτωρ ἠμφισβήτουν, τέλος δ' ἐπολέμησαν ὑπὲρ
5 Κοίλης Συρίας πρὸς ἀλλήλους, Ῥόδιοι δὲ καὶ Πρου-
σίας ἀναλαβόντες πρὸς Βυζαντίους πόλεμον ἠνάγκα-
σαν αὐτοὺς ἀποστῆναι τοῦ παραγωγιάζειν τοὺς πλέ-
6 οντας εἰς τὸν Πόντον. στήσαντες δ' ἐπὶ τούτων τὴν
διήγησιν τὸν ὑπὲρ τῆς Ῥωμαίων πολιτείας συστησό-
μεθα λόγον, ᾧ κατὰ τὸ συνεχὲς ὑποδείξομεν ὅτι μέγι-
στα συνεβάλετ' αὐτοῖς ἡ τοῦ πολιτεύματος ἰδιότης
πρὸς τὸ μὴ μόνον ἀνακτήσασθαι τὴν Ἰταλιωτῶν καὶ
Σικελιωτῶν δυναστείαν, ἔτι δὲ τὴν Ἰβήρων προσλα-
βεῖν καὶ Κελτῶν ἀρχήν, ἀλλὰ τὸ τελευταῖον καὶ πρὸς
τὸ κρατήσαντας τῷ πολέμῳ Καρχηδονίων ἔννοιαν
7 σχεῖν τῆς τῶν ὅλων ἐπιβολῆς. ἅμα δὲ τούτοις κατὰ
παρέκβασιν δηλώσομεν τὴν κατάλυσιν τῆς Ἱέρωνος
8 τοῦ Συρακοσίου δυναστείας. οἷς ἐπισυνάψομεν τὰς
περὶ τὴν Αἴγυπτον ταραχὰς καὶ τίνα τρόπον Πτολε-
μαίου τοῦ βασιλέως μεταλλάξαντος τὸν βίον συμ-
φρονήσαντες Ἀντίοχος καὶ Φίλιππος ἐπὶ διαιρέσει
τῆς τοῦ καταλελειμμένου παιδὸς ἀρχῆς ἤρξαντο κα-
κοπραγμονεῖν καὶ τὰς χεῖρας ἐπιβάλλειν Φίλιππος
μὲν τοῖς κατ' Αἴγυπτον καὶ Καρίαν καὶ Σάμον, Ἀντί-
οχος δὲ τοῖς κατὰ Κοίλην Συρίαν καὶ Φοινίκην.

3. μετὰ δὲ ταῦτα συγκεφαλαιωσάμενοι τὰς ἐν Ἰβη-
ρίᾳ καὶ Λιβύῃ καὶ Σικελίᾳ πράξεις Ῥωμαίων καὶ

how at the same period Philip of Macedon, after finishing his war with the Aetolians and settling the affairs of Greece, conceived the project of an alliance with Carthage; how Antiochus and Ptolemy Philopator first quarrelled and at length went to war with each other for the possession of Coele-Syria, and how the Rhodians and Prusias, declaring war on the Byzantines, compelled them to stop levying toll on ships bound for the Euxine. Interrupting my narrative at this point, I shall draw up my account of the Roman Constitution,[2] as a sequel to which I shall point out how the peculiar qualities of the Constitution conduced very largely not only to their reconquest of the Italians and Sicilians, and subsequently of the Spaniards and Celts, but finally to their victory over Carthage and their conceiving the project of universal empire. Simultaneously in a digression I shall narrate how the dominion of Hiero of Syracuse fell and after this I shall deal with the troubles in Egypt, and tell how, on the death of Ptolemy, Antiochus and Philip, conspiring to partition the dominions of his son, a helpless infant, began to be guilty of acts of unjust aggression, Philip laying hands on Egypt[3] and on Caria and Samos, while Antiochus seized on Coele-Syria and Phoenicia.

3. Next, after summing up the doings of the Roman and Carthaginians in Spain, Africa, and Sicily I shall shift the

[2] All that remains of Book 6.

[3] The passage 16. 10. 4 proves that Egypt stood in the text and ought not to be emended, even if Philip actually attacked only Egyptian possessions overseas.

Καρχηδονίων μεταβιβάσομεν τὴν διήγησιν ὁλοσχε-
ρῶς εἰς τοὺς κατὰ τὴν Ἑλλάδα τόπους ἅμα ταῖς τῶν
2 πραγμάτων μεταβολαῖς. ἐξηγησάμενοι δὲ τὰς Ἀτ-
τάλου καὶ Ῥοδίων ναυμαχίας πρὸς Φίλιππον, ἔτι δὲ
τὸν Ῥωμαίων καὶ Φιλίππου πόλεμον, ὡς ἐπράχθη καὶ
3 διὰ τίνων καὶ τί τὸ τέλος ἔσχε, τούτῳ συνάπτοντες τὸ
συνεχὲς μνησθησόμεθα τῆς Αἰτωλῶν ὀργῆς, καθ᾽ ἣν
Ἀντίοχον ἐπισπασάμενοι τὸν ἀπὸ τῆς Ἀσίας Ἀχαιοῖς
4 καὶ Ῥωμαίοις ἐξέκαυσαν πόλεμον. οὗ δηλώσαντες τὰς
αἰτίας καὶ τὴν Ἀντιόχου διάβασιν εἰς τὴν Εὐρώπην,
διασαφήσομεν πρῶτον μὲν τίνα τρόπον ἐκ τῆς Ἑλ-
λάδος ἔφυγε, δεύτερον δὲ πῶς ἡττηθεὶς τῆς ἐπὶ τάδε
5 τοῦ Ταύρου πάσης ἐξεχώρησε, τὸ δὲ τρίτον τίνα
τρόπον Ῥωμαῖοι καταλύσαντες τὴν Γαλατῶν ὕβριν
ἀδήριτον μὲν σφίσι παρεσκεύασαν τὴν τῆς Ἀσίας
ἀρχήν, ἀπέλυσαν δὲ τοὺς ἐπὶ τάδε τοῦ Ταύρου κατοι-
κοῦντας βαρβαρικῶν φόβων καὶ τῆς Γαλατῶν παρα-
6 νομίας. μετὰ δὲ ταῦτα θέντες ὑπὸ τὴν ὄψιν τὰς Αἰ-
τωλῶν καὶ Κεφαλλήνων ἀτυχίας ἐπιβαλοῦμεν τοὺς
Εὐμένει συστάντας πρός τε Προυσίαν καὶ Γαλάτας
πολέμους, ὁμοίως δὲ καὶ τὸν μετ᾽ Ἀριαράθου πρὸς
7 Φαρνάκαν. οἷς ἑξῆς ἐπιμνησθέντες τῆς παρὰ Πελο-
ποννησίων ὁμονοίας καὶ καταστάσεως, ἔτι δὲ τῆς
αὐξήσεως τοῦ Ῥοδίων πολιτεύματος, συγκεφαλαιω-
8 σόμεθα τὴν ὅλην διήγησιν ἅμα καὶ τὰς πράξεις, ἐπὶ
πᾶσιν ἐξηγησάμενοι τὴν Ἀντιόχου στρατείαν εἰς Αἴ-
γυπτον τοῦ κληθέντος Ἐπιφανοῦς καὶ τὸν Περσικὸν
πόλεμον καὶ τὴν κατάλυσιν τῆς ἐν Μακεδονίᾳ βασι-

scene of my story definitely, as the scene of action shifted, to Greece and its neighborhood. I shall describe the sea battles in which Attalus and the Rhodians met Philip, and after this deal with the war between the Romans and Philip, its course, the persons engaged in it,[4] and its result. Following on this I shall make mention of the angry spirit of the Aetolians yielding to which they invited Antiochus over, and thus set ablaze the war from Asia against the Achaeans and Romans. After narrating the causes of this war, and how Antiochus crossed to Europe, I shall describe in the first place how he fled from Greece; secondly how on his defeat after this he abandoned all Asia up to the Taurus; and thirdly, how the Romans, suppressing the insolence of the Galatian Gauls, established their undisputed supremacy in Asia and freed its inhabitants on this side of the Taurus from the fear of barbarians and the lawless violence of these Gauls. Next I shall bring before the reader's eyes the misfortune that befell the Aetolians and Cephallenians, and then make mention of the wars of Eumenes with Prusias and the Gauls and, together with Ariarathes, against Pharnaces. Subsequently, after some notice of the unity and settled condition of the Peloponnese and of the growth of the Rhodian State, I shall bring the whole narrative of events to a conclusion, narrating finally the expedition of Antiochus Epiphanes against Egypt, the war with Perseus, and the abolition of the Macedonian monarchy.

[4] See P. Derow, *JRS* 69 (1979) 10.

9 λείας. δι᾽ ὧν ἅμα θεωρηθήσεται πῶς ἕκαστα χειρί-
σαντες Ῥωμαῖοι πᾶσαν ἐποιήσαντο τὴν οἰκουμένην
ὑπήκοον αὑτοῖς.

4. Εἰ μὲν οὖν ἐξ αὐτῶν τῶν κατορθωμάτων ἢ καὶ
τῶν ἐλαττωμάτων ἱκανὴν ἐνεδέχετο ποιήσασθαι τὴν
διάληψιν ὑπὲρ τῶν ψεκτῶν ἢ τοὐναντίον ἐπαινετῶν
ἀνδρῶν καὶ πολιτευμάτων, ἐνθάδε που λήγειν ἂν ἡμᾶς
ἔδει καὶ καταστρέφειν ἅμα τὴν διήγησιν καὶ τὴν
πραγματείαν ἐπὶ τὰς τελευταίας ῥηθείσας πράξεις
2 κατὰ τὴν ἐξ ἀρχῆς πρόθεσιν. ὅ τε γὰρ χρόνος ὁ
πεντηκονταικαιτριετὴς εἰς ταῦτ᾽ ἔληγεν ἥ τ᾽ αὔξησις
καὶ προκοπὴ τῆς Ῥωμαίων δυναστείας ἐτετελείωτο·
3 πρὸς δὲ τούτοις ὁμολογούμενον ἐδόκει τοῦτ᾽ εἶναι καὶ
κατηναγκασμένον ἅπασιν ὅτι λοιπόν ἐστι Ῥωμαίων
ἀκούειν καὶ τούτοις πειθαρχεῖν ὑπὲρ τῶν παραγγελ-
4 λομένων. ἐπεὶ δ᾽ οὐκ αὐτοτελεῖς εἰσιν οὔτε περὶ τῶν
κρατησάντων οὔτε περὶ τῶν ἐλαττωθέντων αἱ ψιλῶς ἐξ
5 αὐτῶν τῶν ἀγωνισμάτων διαλήψεις, διὰ τὸ πολλοῖς
μὲν τὰ μέγιστα δοκοῦντ᾽ εἶναι τῶν κατορθωμάτων,
ὅταν μὴ δεόντως αὐτοῖς χρήσωνται, τὰς μεγίστας
ἐπενηνοχέναι συμφοράς, οὐκ ὀλίγοις δὲ τὰς ἐκπληκτι-
κωτάτας περιπετείας, ὅταν εὐγενῶς αὐτὰς ἀναδέξων-
ται, πολλάκις εἰς τὴν τοῦ συμφέροντος περιπεπτω-
6 κέναι μερίδα, προσθετέον ἂν εἴη ταῖς προειρημέναις
πράξεσι τήν τε τῶν κρατούντων αἵρεσιν, ποία τις ἦν
μετὰ ταῦτα καὶ πῶς προεστάτει τῶν ὅλων, τάς τε τῶν
ἄλλων ἀποδοχὰς καὶ διαλήψεις, πόσαι καὶ τίνες ὑπῆρ-
χον περὶ τῶν ἡγουμένων, πρὸς δὲ τούτοις τὰς ὁρμὰς

10

All the above events will enable us to perceive how the Romans dealt with each contingency and thus subjected the whole world to their rule.

4. Now if from their success or failure alone we could form an adequate judgment of how far states and individuals are worthy of praise or blame, I could here lay down my pen, bringing my narrative and this whole work to a close with the last-mentioned events, as was my original intention.[5] For the period of fifty-three years finished here, and the growth and advance of Roman power was now complete. Besides which it was now universally accepted as a necessary fact that henceforth all must submit to the Romans and obey their orders. But since judgments regarding either the conquerors or the conquered based purely on the actual struggle are by no means final—what is thought to be the greatest success having brought the greatest calamities on many, if they do not make proper use of it, and the most dreadful catastrophes often turning out to the advantage of those who support them bravely— I must append to the history of the above period an account of the subsequent policy of the conquerors and their method of universal rule, as well as of the various opinions and appreciations of their rulers entertained by the

[5] P. announces and justifies the change of plan: he will continue to record events after 168/7, down to 146; but see 1. 9.

καὶ τοὺς ζήλους ἐξηγητέον, τίνες παρ' ἑκάστοις ἐπ-
εκράτουν καὶ κατίσχυον περί τε τοὺς κατ' ἰδίαν βίους
7 καὶ τὰς κοινὰς πολιτείας. δῆλον γὰρ ὡς ἐκ τούτων
φανερὸν ἔσται τοῖς μὲν νῦν οὖσι πότερα φευκτὴν ἢ
τοὐναντίον αἱρετὴν εἶναι συμβαίνει τὴν Ῥωμαίων
δυναστείαν, τοῖς δ' ἐπιγινομένοις πότερον ἐπαινετὴν
καὶ ζηλωτὴν ἢ ψεκτὴν γεγονέναι νομιστέον τὴν ἀρχὴν
8 αὐτῶν. τὸ γὰρ ὠφέλιμον τῆς ἡμετέρας ἱστορίας πρός
τε τὸ παρὸν καὶ πρὸς τὸ μέλλον ἐν τούτῳ πλεῖστον
9 κείσεται τῷ μέρει. οὐ γὰρ δὴ τοῦτ' εἶναι τέλος ὑπο-
ληπτέον ἐν πράγμασιν οὔτε τοῖς ἡγουμένοις οὔτε τοῖς
ἀποφαινομένοις ὑπὲρ τούτων, τὸ νικῆσαι καὶ ποιή-
10 σασθαι πάντας ὑφ' ἑαυτούς. οὔτε γὰρ πολεμεῖ τοῖς
πέλας οὐδεὶς νοῦν ἔχων ἕνεκεν αὐτοῦ τοῦ καταγωνί-
σασθαι τοὺς ἀντιταττομένους, οὔτε πλεῖ τὰ πελάγη
χάριν τοῦ περαιωθῆναι μόνον, καὶ μὴν οὐδὲ τὰς ἐμ-
πειρίας καὶ τέχνας αὐτῆς ἕνεκα τῆς ἐπιστήμης ἀνα-
11 λαμβάνει· πάντες δὲ πράττουσι πάντα χάριν τῶν
12 ἐπιγινομένων τοῖς ἔργοις ἡδέων ἢ συμφερόντων. διὸ
καὶ τῆς πραγματείας ταύτης τοῦτ' ἔσται τελεσιούρ-
γημα, τὸ γνῶναι τὴν κατάστασιν παρ' ἑκάστοις, ποία
τις ἦν μετὰ τὸ καταγωνισθῆναι τὰ ὅλα καὶ πεσεῖν εἰς
τὴν τῶν Ῥωμαίων ἐξουσίαν, ἕως τῆς μετὰ ταῦτα
13 πάλιν ἐπιγενομένης ταραχῆς καὶ κινήσεως. ὑπὲρ ἧς
διὰ τὸ μέγεθος τῶν ἐν αὐτῇ πράξεων καὶ τὸ παράδο-
ξον τῶν συμβαινόντων, τὸ δὲ μέγιστον διὰ τὸ τῶν
πλείστων μὴ μόνον αὐτόπτης, ἀλλ' ὧν μὲν συνεργός,
ὧν δὲ καὶ χειριστὴς γεγονέναι, προήχθην οἷον ἀρχὴν
ποιησάμενος ἄλλην γράφειν.

subjects, and finally I must describe what were the prevailing and dominant tendencies and ambitions of the various peoples in their private and public life. For it is evident that contemporaries will thus be able to see clearly whether the Roman rule is acceptable or the reverse, and future generations whether their government should be considered to have been worthy of praise and admiration or rather of blame. And indeed it is just in this that the chief usefulness of this work for the present and the future will lie. For neither rulers themselves nor their critics should regard the end of action as being merely conquest and the subjection of all to their rule; since no man of sound sense goes to war with his neighbors simply for the sake of crushing an adversary, just as no one sails on the open sea just for the sake of crossing it. Indeed no one even takes up the study of arts and crafts merely for the sake of knowledge, but all men do all they do for the resulting pleasure, good, or utility. So the final end achieved by this work will be, to gain knowledge of what was the condition of each people after all had been crushed and had come under the dominion of Rome, until the disturbed and troubled time that afterwards ensued. About this latter, owing to the importance of the actions and the unexpected character of the events, and chiefly because I not only witnessed most but took part and even directed some,[6] I was induced to write as if starting on a fresh work.

[6] In this last section P. will not only speak as a witness to the events but also as a participant. He does so, e.g. in 31. 12. 5 ff.

5. ἦν δ' ἡ προειρημένη κίνησις, ἐν ᾗ Ῥωμαῖοι μὲν
πρὸς Κελτίβηρας καὶ Οὐακκαίους ἐξήνεγκαν πόλε-
μον, Καρχηδόνιοι δὲ τὸν πρὸς Μασσανάσσαν βασι-
2 λέα τῶν Λιβύων· περὶ δὲ τὴν Ἀσίαν Ἄτταλος μὲν καὶ
Προυσίας πρὸς ἀλλήλους ἐπολέμησαν, ὁ δὲ τῶν Καπ-
παδοκῶν βασιλεὺς Ἀριαράθης, ἐκπεσὼν ἐκ τῆς ἀρχῆς
ὑπ' Ὀροφέρνους διὰ Δημητρίου τοῦ βασιλέως, αὖθις
3 ἀνεκτήσατο δι' Ἀττάλου τὴν πατρῴαν ἀρχήν. ὁ δὲ
Σελεύκου Δημήτριος κύριος γενόμενος ἔτη δώδεκα τῆς
ἐν Συρίᾳ βασιλείας ἅμα τοῦ βίου καὶ τῆς ἀρχῆς
ἐστερήθη, συστραφέντων ἐπ' αὐτὸν τῶν ἄλλων βασι-
4 λέων. ἀποκατέστησαν δὲ καὶ Ῥωμαῖοι τοὺς Ἕλληνας
εἰς τὴν οἰκείαν τοὺς ἐκ τοῦ Περσικοῦ πολέμου καται-
τιαθέντας, ἀπολύσαντες τῆς ἐπενεχθείσης αὐτοῖς δια-
5 βολῆς. οἱ δ' αὐτοὶ μετ' οὐ πολὺ Καρχηδονίοις ἐπέβα-
λον τὰς χεῖρας, τὸ μὲν πρῶτον μεταναστῆσαι, μετὰ δὲ
ταῦτα πάλιν ἄρδην αὐτοὺς ἐξαναστῆσαι προθέμενοι
6 διὰ τὰς ἐν τοῖς ἑξῆς ῥηθησομένας αἰτίας. οἷς κατάλ-
ληλα Μακεδόνων μὲν ἀπὸ τῆς Ῥωμαίων φιλίας, Λακε-
δαιμονίων δὲ τῆς τῶν Ἀχαιῶν συμπολιτείας ἀποστάν-
των, ἅμα τὴν ἀρχὴν καὶ τὸ τέλος ἔσχε τὸ κοινὸν
ἀτύχημα πάσης τῆς Ἑλλάδος.

7   Τὰ μὲν οὖν τῆς ἐπιβολῆς ἡμῶν τοιαῦτα· προσδεῖ δ'
ἔτι τῆς τύχης, ἵνα συνδράμῃ τὰ τοῦ βίου πρὸς τὸ τὴν
8 πρόθεσιν ἐπὶ τέλος ἀγαγεῖν. πέπεισμαι μὲν γάρ, κἂν
τι συμβῇ περὶ ἡμᾶς ἀνθρώπινον, οὐκ ἀργήσειν τὴν
ὑπόθεσιν οὐδ' ἀπορήσειν ἀνδρῶν ἀξιόρεων, διὰ τὸ

5. This period of disturbance comprises, firstly the war waged by Rome against the Celtiberians and Vaccaei, that between Carthage and Massinissa the King of the Libyans and that between Attalus and Prusias in Asia. Next, Ariarathes, King of Cappadocia was expelled from his kingdom by Orophernes through the agency of King Demetrius and recovered his ancestral throne by the help of Attalus. Then Demetrius, son of Seleucus, after reigning in Syria for twelve years lost both his kingdom and his life, the other kings combining against him. Next the Romans restored to their homes the Greeks who had been accused in consequence of the war with Perseus, acquitting them of the charges brought against them. A little later the Romans attacked Carthage, having resolved in the first place on changing its site and subsequently on its utter destruction for the reasons that I shall state in due course. Simultaneously there occurred the withdrawal of the Macedonians from their alliance with Rome and that of the Lacedaemonians from the Achaean League, and hereupon the beginning and the end of the general calamity that overtook Greece.[7]

Such is the plan I propose, but all depends on Fortune's granting me a life long enough to execute it. However I am convinced that in the event of my death, the project will not fall to the ground for want of men competent to carry it

[7] The events of the years 148–146 are seen as a calamity for all of Greece.

κάλλους πολλοὺς κατεγγυηθήσεσθαι καὶ σπουδάσειν
ἐπὶ τέλος ἀγαγεῖν αὐτήν.

9 Ἐπεὶ δὲ τὰς ἐπιφανεστάτας τῶν πράξεων ἐπὶ κεφα-
λαίου διεληλύθαμεν, βουλόμενοι καὶ καθόλου καὶ
κατὰ μέρος εἰς ἔννοιαν ἀγαγεῖν τῆς ὅλης ἱστορίας
τοὺς ἐντυγχάνοντας, ὥρα μνημονεύοντας τῆς προθέ-
σεως ἐπαναγαγεῖν ἐπὶ τὴν ἀρχὴν τῆς αὐτῶν ὑπο-
θέσεως.

6. Ἔνιοι δὲ τῶν συγγεγραφότων τὰς κατ᾽ Ἀννίβαν
πράξεις, βουλόμενοι τὰς αἰτίας ἡμῖν ὑποδεικνύναι, δι᾽
ἃς Ῥωμαίοις καὶ Καρχηδονίοις ὁ προειρημένος ἐνέ-
στη πόλεμος, πρώτην μὲν ἀποφαίνουσι τὴν Ζακάνθης
2 πολιορκίαν ὑπὸ Καρχηδονίων, δευτέραν δὲ τὴν διάβα-
σιν αὐτῶν παρὰ τὰς συνθήκας τοῦ προσαγορευομένου
3 παρὰ τοῖς ἐγχωρίοις Ἴβηρος ποταμοῦ. ἐγὼ δὲ ταύτας
ἀρχὰς μὲν εἶναι τοῦ πολέμου φήσαιμ᾽ ἄν, αἰτίας γε
4 μὴν οὐδαμῶς ἂν συγχωρήσαιμι. πολλοῦ γε δεῖν, εἰ μὴ
καὶ τὴν Ἀλεξάνδρου διάβασιν εἰς τὴν Ἀσίαν αἰτίαν
εἶναί τις φήσει τοῦ πρὸς τοὺς Πέρσας πολέμου καὶ
τὸν Ἀντιόχου κατάπλουν εἰς Δημητριάδα τοῦ πρὸς
Ῥωμαίους· ὧν οὔτ᾽ εἰκὸς οὔτ᾽ ἀληθές ἐστιν οὐδέτερον.
5 τίς γὰρ ἂν νομίσειε ταύτας αἰτίας ὑπάρχειν, ὧν πολλὰ
μὲν Ἀλέξανδρος πρότερον, οὐκ ὀλίγα δὲ Φίλιππος ἔτι
ζῶν ἐνήργησε καὶ παρεσκευάσατο πρὸς τὸν κατὰ τῶν
Περσῶν πόλεμον, ὁμοίως δὲ πάλιν Αἰτωλοὶ πρὸ τῆς
6 Ἀντιόχου παρουσίας πρὸς τὸν κατὰ Ῥωμαίων; ἀλλ᾽
ἔστιν ἀνθρώπων τὰ τοιαῦτα μὴ διειληφότων ἀρχὴ τί
διαφέρει καὶ πόσον διέστηκεν αἰτίας καὶ προφάσεως,

on, since there are many others who will set their hands to the task and labor to complete it.

Now having given a summary of the most important events, with the object of conveying to my readers a notion of this work as a whole and its contents in detail, it is time for me to call to mind my original plan and return to the starting point of these events.

6. Some of those authors who have dealt with Hannibal and his times, wishing to indicate the causes that led to the above war between Rome and Carthage, allege as its first cause the siege of Saguntum by the Carthaginians and as its second their crossing, contrary to treaty,[8] the river whose native name is the Iber. I should agree in stating that these were the beginnings of the war,[9] but I can by no means allow that they were its causes, unless we call Alexander's crossing to Asia the cause of his war against Persia and Antiochus' landing at Demetrias the cause of his war against Rome, neither of which assertions is either reasonable or true. For who could consider these to be causes of wars, plans and preparations for which, in the case of the Persian war, had been made earlier, many by Alexander and even some by Philip during his life, and in the case of the war against Rome by the Aetolians long before Antiochus arrived? These are pronouncements of men who are unable to see the great and essential distinction between a

[8] 2. 13. 7.
[9] P. insists on the difference between the beginning of hostilities and the causes of the war.

καὶ διότι τὰ μέν ἐστι πρῶτα τῶν ἁπάντων, ἡ δ' ἀρχὴ
7 τελευταῖον τῶν εἰρημένων. ἐγὼ δὲ παντὸς ἀρχὰς μὲν
εἶναί φημι τὰς πρώτας ἐπιβολὰς καὶ πράξεις τῶν ἤδη
κεκριμένων, αἰτίας δὲ τὰς προκαθηγουμένας τῶν κρί-
σεων καὶ διαλήψεων· λέγω δ' ἐπινοίας καὶ διαθέσεις
καὶ τοὺς περὶ ταῦτα συλλογισμοὺς καὶ δι' ὧν ἐπὶ τὸ
8 κρῖναί τι καὶ προθέσθαι παραγινόμεθα. δῆλον δ' οἷον
9 τὸ προειρημένον ἐκ τῶν ἐπιφερομένων. τίνες γὰρ ἀλη-
θῶς ἦσαν αἰτίαι καὶ πόθεν φῦναι συνέβη τὸν πρὸς
τοὺς Πέρσας πόλεμον, εὐμαρὲς καὶ τῷ τυχόντι συν-
10 ιδεῖν. ἦν δὲ πρώτη μὲν ἡ τῶν μετὰ Ξενοφῶντος Ἑλλή-
νων ἐκ τῶν ἄνω σατραπειῶν ἐπάνοδος, ἐν ᾗ πᾶσαν τὴν
Ἀσίαν διαπορευομένων αὐτῶν πολεμίαν ὑπάρχουσαν
οὐδεὶς ἐτόλμα μένειν κατὰ πρόσωπον τῶν βαρβάρων·
11 δευτέρα δ' ἡ τοῦ Λακεδαιμονίων βασιλέως Ἀγησι-
λάου διάβασις εἰς τὴν Ἀσίαν, ἐν ᾗ 'κεῖνος οὐδὲν
ἀξιόχρεων οὐδ' ἀντίπαλον εὑρὼν ταῖς σφετέραις ἐπι-
βολαῖς ἄπρακτος ἠναγκάσθη μεταξὺ διὰ τὰς περὶ τὴν
12 Ἑλλάδα ταραχὰς ἐπανελθεῖν. ἐξ ὧν Φίλιππος κατα-
νοήσας καὶ συλλογισάμενος τὴν Περσῶν ἀνανδρίαν
καὶ ῥαθυμίαν καὶ τὴν αὑτοῦ καὶ Μακεδόνων εὐεξίαν ἐν
τοῖς πολεμικοῖς, ἔτι δὲ καὶ τὸ μέγεθος καὶ τὸ κάλλος
τῶν ἐσομένων ἄθλων ἐκ τοῦ πολέμου πρὸ ὀφθαλμῶν
13 θέμενος, ἅμα τῷ περιποιήσασθαι τὴν ἐκ τῶν Ἑλλή-
νων εὔνοιαν ὁμολογουμένην, εὐθέως προφάσει χρώ-
μενος ὅτι σπεύδει μετελθεῖν τὴν Περσῶν παρανομίαν
εἰς τοὺς Ἕλληνας, ὁρμὴν ἔσχε καὶ προέθετο πολεμεῖν,
14 καὶ πάντα πρὸς τοῦτο τὸ μέρος ἡτοίμαζε. διόπερ

18

beginning and a cause or pretext, these being the first origin of all, and the beginning coming last. By the beginning of anything I mean the first attempt to execute and put in action plans on which we have decided, by its causes what is leading up to decisions and judgments, that is to say our notions of things, our state of mind, our reasoning about these, and everything through which we reach decisions and projects. The nature of these is evident from the instances adduced above; it is easy for anyone to see the real causes[10] and origin of the war against Persia. The first was the retreat of the Greeks under Xenophon from the upper Satrapies, in which, though they traversed the whole of Asia, a hostile country, none of the barbarians ventured to face them. The second was the crossing of Agesilaus, King of Sparta, to Asia, where he found no opposition of any moment to his projects, and was only compelled to return without effecting anything owing to the disturbances in Greece. From both of these facts Philip perceived and reckoned on the cowardice and indolence of the Persians as compared with the military efficiency of himself and his Macedonians, and further fixing his eyes on the splendor of the great prize which the war promised, he lost no time, once he had secured the avowed goodwill of the Greeks, but seizing on the pretext that he was eager to take vengeance on the Persians for their injurious treatment of the Greeks, he bestirred himself and decided to go to war, beginning to make every preparation for this purpose. We

[10] The two that P. lists had occurred over fifty years earlier!

αἰτίας μὲν τὰς πρώτας ῥηθείσας ἡγητέον τοῦ πρὸς
τοὺς Πέρσας πολέμου, πρόφασιν δὲ τὴν δευτέραν,

7. ἀρχὴν δὲ τὴν Ἀλεξάνδρου διάβασιν εἰς τὴν
Ἀσίαν. καὶ μὴν τοῦ κατ᾽ Ἀντίοχον καὶ Ῥωμαίους
δῆλον ὡς αἰτίαν μὲν τὴν Αἰτωλῶν ὀργὴν θετέον.
2 ἐκεῖνοι γὰρ δόξαντες ὑπὸ Ῥωμαίων ὠλιγωρῆσθαι
κατὰ πολλὰ περὶ τὴν ἔκβασιν τὴν ἐκ τοῦ Φιλίππου
πολέμου, καθάπερ ἐπάνω προεῖπον, οὐ μόνον Ἀντίο-
χον ἐπεσπάσαντο, πᾶν δὲ καὶ πρᾶξαι καὶ παθεῖν
ὑπέστησαν διὰ τὴν ἐπιγενομένην ὀργὴν ἐκ τῶν προ-
3 ειρημένων καιρῶν. πρόφασιν δ᾽ ἡγητέον τὴν τῶν Ἑλ-
λήνων ἐλευθέρωσιν, ἣν ἐκεῖνοι περιπορευόμενοι μετ᾽
Ἀντιόχου τὰς πόλεις ἀλόγως καὶ ψευδῶς κατήγγελ-
λον, ἀρχὴν δὲ τοῦ πολέμου τὸν Ἀντιόχου κατάπλουν
εἰς Δημητριάδα.

4 Ἐγὼ δὲ τὴν ἐπὶ πλεῖον διαστολὴν πεποίημαι περὶ
τούτων οὐχ ἕνεκα τῆς τῶν συγγραφέων ἐπιτιμήσεως,
5 χάριν δὲ τῆς τῶν φιλομαθούντων ἐπανορθώσεως. τί
γὰρ ὄφελος ἰατροῦ κάμνουσιν ἀγνοοῦντος τὰς αἰτίας
τῶν περὶ τὰ σώματα διαθέσεων; τί δ᾽ ἀνδρὸς πραγμα-
τικοῦ μὴ δυναμένου συλλογίζεσθαι πῶς καὶ διὰ τί καὶ
πόθεν ἕκαστα τῶν πραγμάτων τὰς ἀφορμὰς εἴληφεν;
6 οὔτε γὰρ ἐκεῖνον εἰκὸς οὐδέποτε δεόντως συστήσα-
σθαι τὰς τῶν σωμάτων θεραπείας οὔτε τὸν πραγματι-
κὸν οὐδὲν οἷόν τε κατὰ τρόπον χειρίσαι τῶν προσ-
πιπτόντων ἄνευ τῆς τῶν προειρημένων ἐπιγνώσεως.
7 διόπερ οὐδὲν οὕτω φυλακτέον καὶ ζητητέον ὡς τὰς
αἰτίας ἑκάστου τῶν συμβαινόντων, ἐπειδὴ φύεται μὲν

must therefore look on the first considerations I have mentioned as the causes of the war against Persia, the second as its pretext and Alexander's crossing to Asia as its beginning.

7. Similarly it is evident that the cause of the war between Antiochus and the Romans was the anger of the Aetolians, who (as I above stated) looking upon themselves as having been slighted in many ways by the Romans as regards their share in bringing the war with Philip to an end, not only invited Antiochus over, but were ready to do and suffer anything owing to the anger they conceived under the above circumstances. But the liberation of Greece, which they announced in defiance of reason and truth going round with Antiochus from city to city, we must consider to be a pretext of this war, and its beginning the landing of Antiochus at Demetrias.

In speaking at such length on this matter, my object has not been to censure previous writers, but to rectify the ideas of students. For of what use to the sick is a physician who is ignorant of the causes of certain conditions of the body? And of what use is a statesman who cannot reckon how, why, and whence each event has originated? The former will scarcely be likely to institute proper treatment for the body and it will be impossible for the latter without such knowledge to deal properly with circumstances. Nothing, therefore, should be more carefully guarded against and more diligently sought out than the first causes

ἐκ τῶν τυχόντων πολλάκις τὰ μέγιστα τῶν πραγ-
μάτων, ἰᾶσθαι δὲ ῥᾷστόν ἐστι παντὸς τὰς πρώτας
ἐπιβολὰς καὶ διαλήψεις.

8. Φάβιος δέ φησιν ὁ Ῥωμαϊκὸς συγγραφεὺς ἅμα
τῷ κατὰ Ζακανθαίους ἀδικήματι καὶ τὴν Ἀσδρούβου
πλεονεξίαν καὶ φιλαρχίαν αἰτίαν γενέσθαι τοῦ κατ'
2 Ἀννίβαν πολέμου. ἐκείνου γὰρ μεγάλην ἀνειληφότα
τὴν δυναστείαν ἐν τοῖς κατ' Ἰβηρίαν τόποις, μετὰ
ταῦτα παραγενόμενον ἐπὶ Λιβύην ἐπιβαλέσθαι κατα-
λύσαντα τοὺς νόμους εἰς μοναρχίαν περιστῆσαι τὸ
3 πολίτευμα τῶν Καρχηδονίων· τοὺς δὲ πρώτους ἄνδρας
ἐπὶ τοῦ πολιτεύματος προϊδομένους αὐτοῦ τὴν ἐπι-
4 βολὴν συμφρονῆσαι καὶ διαστῆναι πρὸς αὐτόν· τὸν δ'
Ἀσδρούβαν ὑπιδόμενον, ἀναχωρήσαντ' ἐκ τῆς Λι-
βύης, τὸ λοιπὸν ἤδη τὰ κατὰ τὴν Ἰβηρίαν χειρίζειν
κατὰ τὴν αὐτοῦ προαίρεσιν, οὐ προσέχοντα τῷ συν-
5 εδρίῳ τῶν Καρχηδονίων. Ἀννίβαν δὲ κοινωνὸν καὶ
ζηλωτὴν ἐκ μειρακίου γεγονότα τῆς ἐκείνου προαιρέ-
σεως, καὶ τότε διαδεξάμενον τὰ κατὰ τὴν Ἰβηρίαν,
τὴν αὐτὴν ἀγωγὴν Ἀσδρούβᾳ ποιεῖσθαι τῶν πραγ-
6 μάτων. διὸ καὶ νῦν τὸν πόλεμον τοῦτον ἐξενηνοχέναι
κατὰ τὴν αὐτοῦ προαίρεσιν Ῥωμαίοις παρὰ τὴν Καρ-
7 χηδονίων γνώμην. οὐδένα γὰρ εὐδοκεῖν τῶν ἀξιολό-
γων ἀνδρῶν ἐν Καρχηδόνι τοῖς ὑπ' Ἀννίβου περὶ τὴν
8 Ζακανθαίων πόλιν πραχθεῖσι. ταῦτα δ' εἰπών φησι
μετὰ τὴν τῆς προειρημένης πόλεως ἅλωσιν παρα-
γενέσθαι τοὺς Ῥωμαίους, οἰομένους δεῖν ἢ τὸν Ἀννί-
βαν ἐκδιδόναι σφίσι τοὺς Καρχηδονίους ἢ τὸν πόλε-

of each event, since matters of the greatest moment often originate from trifles, and it is the initial impulses and conceptions in every matter which are most easily remedied.

8. Fabius, the Roman historian,[11] says that besides the outrage on the Saguntines, a cause of the war was Hasdrubal's ambition and love of power. He tells us how, having acquired an important command in Spain, he arrived in Africa and attempted to abolish the constitution of Carthage and change the form of government to a monarchy. The leading statesmen, however, got wind of his project and united to oppose him, upon which Hasdrubal, suspicious of their intentions, left Africa and in future governed Iberia as he chose, without paying any attention to the Carthaginian Senate. Hannibal from boyhood had shared and admired Hasdrubal's principles; and on succeeding to the governor-generalship of Iberia, he had employed the same method as Hasdrubal. Consequently, he now began this war against Rome on his own initiative and in defiance of Carthaginian opinion, not a single one of the notables in Carthage approving his conduct towards Saguntum. After telling us this, Fabius says that on the capture of this city the Romans came forward demanding that the Carthaginians should either deliver Hannibal into their hands or

[11] See 1. 14. 1. He is said to have described the war as an affair of the Barcid family rather than of the Carthaginian state.

9 μον ἀναλαμβάνειν. εἰ δέ τις ἔροιτο τὸν συγγραφέα
ποῖος ἦν καιρὸς οἰκειότερος τοῖς Καρχηδονίοις ἢ
ποῖον πρᾶγμα τούτου δικαιότερον ἢ συμφορώτερον,
ἐπείπερ ἐξ ἀρχῆς δυσηρεστοῦντο, καθάπερ οὗτός φη-
10 σι, τοῖς ὑπ' Ἀννίβου πραττομένοις, τοῦ πεισθέντας
τότε τοῖς ὑπὸ Ῥωμαίων παρακαλουμένοις ἐκδοῦναι
μὲν τὸν αἴτιον τῶν ἀδικημάτων, ἐπανελέσθαι δ' εὐλό-
γως δι' ἑτέρων τὸν κοινὸν ἐχθρὸν τῆς πόλεως, περι-
ποιήσασθαι δὲ τῇ χώρᾳ τὴν ἀσφάλειαν, ἀποτριψα-
μένους τὸν ἐπιφερόμενον πόλεμον, δόγματι μόνον τὴν
ἐκδίκησιν ποιησαμένους, τίν' ἂν εἰπεῖν ἔχοι πρὸς
11 αὐτά; δῆλον γὰρ ὡς οὐδέν. οἵ γε τοσοῦτον ἀπέσχον
τοῦ πρᾶξαί τι τῶν προειρημένων, ὡς ἑπτακαίδεκ' ἔτη
συνεχῶς πολεμήσαντες κατὰ τὴν Ἀννίβου προαίρεσιν
οὐ πρότερον κατελύσαντο τὸν πόλεμον ἕως οὗ πάσας
ἐξελέγξαντες τὰς ἐλπίδας τελευταῖον εἰς τὸν περὶ τῆς
πατρίδος καὶ τῶν ἐν αὐτῇ σωμάτων παρεγένοντο κίν-
δυνον.

9. Τίνος δὴ χάριν ἐμνήσθην Φαβίου καὶ τῶν ὑπ'
2 ἐκείνου γεγραμμένων; οὐχ ἕνεκα τῆς πιθανότητος τῶν
εἰρημένων, ἀγωνιῶν μὴ πιστευθῇ παρά τισιν· ἡ μὲν
γὰρ παρὰ τούτων ἀλογία καὶ χωρὶς τῆς ἐμῆς ἐξηγή-
σεως αὐτὴ δι' αὑτῆς δύναται θεωρεῖσθαι παρὰ τοῖς
3 ἐντυγχάνουσιν· ἀλλὰ τῆς τῶν ἀναλαμβανόντων τὰς
ἐκείνου βύβλους ὑπομνήσεως, ἵνα μὴ πρὸς τὴν ἐπι-
4 γραφήν, ἀλλὰ πρὸς τὰ πράγματα βλέπωσιν. ἔνιοι
γὰρ οὐκ ἐπὶ τὰ λεγόμενα συνεπιστήσαντες, ἀλλ' ἐπ'
αὐτὸν τὸν λέγοντα, καὶ λαβόντες ἐν νῷ διότι κατὰ

accept war. Now if anyone were to pose the following question to this writer—how opportunity could have better favored the Carthaginians' wishes or what could have been a juster act and more in their interest (since, as he says, they had disapproved Hannibal's action from the outset) than to yield to the Roman demand, and by giving up the man who had caused the offense, with some show of reason to destroy by the hands of others the common enemy of their state and secure the safety of their territory, ridding themselves of the war that menaced them and giving satisfaction by a simple resolution—if anyone, I say, were to ask him this, what would he have to say? Evidently nothing; for so far were they from doing any of the above things that after carrying on the war, in obedience to Hannibal's decision, for seventeen years, they did not abandon the struggle, until finally, every resource on which they relied being now exhausted, their native city and her inhabitants stood in deadly peril.

9. One may ask why I make any mention of Fabius and his statement. It is not from apprehension lest it may find acceptance from some owing to its plausibility; for its inherent unreasonableness, even without my comment, is self-evident to anyone who reads it. But what I wish is to warn those who consult his book not to pay attention to the author's name, but to facts. For there are some people who pay regard not to what he writes but to the writer himself

τοὺς καιροὺς ὁ γράφων γέγονε καὶ τοῦ συνεδρίου
μετεῖχε τῶν Ῥωμαίων, πᾶν εὐθέως ἡγοῦνται τὸ λεγό-
5 μενον ὑπὸ τούτου πιστόν. ἐγὼ δὲ φημὶ μὲν δεῖν οὐκ ἐν
μικρῷ προσλαμβάνεσθαι τὴν τοῦ συγγραφέως πί-
στιν, οὐκ αὐτοτελῆ δὲ κρίνειν, τὸ δὲ πλεῖον ἐξ αὐτῶν
τῶν πραγμάτων ποιεῖσθαι τοὺς ἀναγινώσκοντας τὰς
δοκιμασίας.

6 Οὐ μὴν ἀλλὰ καὶ τοῦ γε Ῥωμαίων καὶ Καρχη-
δονίων πολέμου, τὴν γὰρ παρέκβασιν ἐντεῦθεν ἐποιη-
σάμεθα, νομιστέον πρῶτον μὲν αἴτιον γεγονέναι τὸν
Ἀμίλκου θυμὸν τοῦ Βάρκα μὲν ἐπικαλουμένου, πατρὸς
7 δὲ κατὰ φύσιν Ἀννίβου γεγονότος. ἐκεῖνος γὰρ οὐχ
ἡττηθεὶς τῷ περὶ Σικελίας πολέμῳ τῇ ψυχῇ, τῷ δοκεῖν
αὐτὸς μὲν ἀκέραια διατετηρηκέναι τὰ περὶ τὸν Ἔρυκα
στρατόπεδα ταῖς ὁρμαῖς ἐφ' ὧν αὐτὸς ἦν, διὰ δὲ τὴν
ἐν τῇ ναυμαχίᾳ τῶν Καρχηδονίων ἧτταν τοῖς καιροῖς
εἴκων πεποιῆσθαι τὰς συνθήκας, ἔμενεν ἐπὶ τῆς ὁρ-
8 μῆς, τηρῶν ἀεὶ πρὸς ἐπίθεσιν. εἰ μὲν οὖν μὴ τὸ περὶ
τοὺς ξένους ἐγένετο κίνημα τοῖς Καρχηδονίοις, εὐ-
θέως ἂν ἄλλην ἀρχὴν ἐποιεῖτο καὶ παρασκευὴν πραγ-
9 μάτων, ὅσον ἐπ' ἐκείνῳ. προκαταληφθεὶς δὲ ταῖς ἐμ-
φυλίοις ταραχαῖς ἐν τούτοις καὶ περὶ ταύτας διέτριβε
τὰς πράξεις.

10. Ῥωμαίων δὲ μετὰ τὸ καταλύσασθαι Καρχη-
δονίους τὴν προειρημένην ταραχὴν ἀπαγγειλάντων
αὐτοῖς πόλεμον, τὸ μὲν πρῶτον εἰς πᾶν συγκατέβαι-
νον, ὑπολαμβάνοντες αὐτοὺς νικήσειν τοῖς δικαίοις,
καθάπερ ἐν ταῖς πρὸ ταύτης βύβλοις περὶ τούτων

and, taking into consideration that he was a contemporary and a Roman senator, at once accept all he says as worthy of credit. But my own opinion[12] is that while not treating his authority as negligible we should not regard it as final, but that readers should in most cases test his statements by reference to the actual facts.

To return to the war between Rome and Carthage, from which this digression has carried us away, we must regard its first cause as being the indignation[13] of Hamilcar surnamed Barcas, the actual father of Hannibal. Unvanquished in spirit by the war for Sicily, since he felt that he had kept the army at Eryx under his command combative and resolute until the end, and had only agreed to peace yielding to circumstances after the defeat of the Carthaginians in the naval battle, he maintained his resolve[14] and waited for an opportunity to strike. Had not the mutinous outbreak among the mercenaries occurred, he would very soon, as far as it lay in his power, have created some other means and other resources for resuming the contest, but he was hampered by these civil disturbances which occupied all his time and attention.

10. When, on the suppression of this disturbance by the Carthaginians, the Romans announced their intention of making war on Carthage, the latter at first was ready to negotiate on all points, thinking that, justice being on her side, she would prevail (about this I have spoken in the

[12] P. treats Fabius critically but not disrespectfully.

[13] P. finds the first cause for the Hannibalic War in Hamilcar's bitterness, much as he later calls Philip's bitterness a cause for Perseus' war against Rome (22. 18. 10–11). [14] Or "wrath": the choice is between the readings ὁρμῆς or ὀργῆς.

27

2 δεδηλώκαμεν, ὧν χωρὶς οὐχ οἷόν τ᾽ ἦν συμπεριενε-
χθῆναι δεόντως οὔτε τοῖς νῦν λεγομένοις οὔτε τοῖς
3 μετὰ ταῦτα ῥηθησομένοις ὑφ᾽ ἡμῶν. πλὴν οὐκ ἐντρε-
πομένων τῶν Ῥωμαίων, εἴξαντες τῇ περιστάσει, καὶ
βαρυνόμενοι μέν, οὐκ ἔχοντες δὲ ποιεῖν οὐδέν, ἐξ-
εχώρησαν Σαρδόνος, συνεχώρησαν δ᾽ εἰσοίσειν ἄλλα
χίλια καὶ διακόσια τάλαντα πρὸς τοῖς πρότερον, ἐφ᾽ ᾧ
μὴ τὸν πόλεμον ἐκείνοις ἀναδέξασθαι τοῖς καιροῖς.
4 διὸ καὶ δευτέραν, μεγίστην δέ, ταύτην θετέον αἰτίαν
5 τοῦ μετὰ ταῦτα συστάντος πολέμου. Ἀμίλκας γὰρ
προσλαβὼν τοῖς ἰδίοις θυμοῖς τὴν ἐπὶ τούτοις ὀργὴν
τῶν πολιτῶν, ὡς θᾶττον τοὺς ἀποστάντας τῶν μισθο-
φόρων καταπολεμήσας ἐβεβαίωσε τῇ πατρίδι τὴν
ἀσφάλειαν, εὐθέως ἐποιεῖτο τὴν ὁρμὴν ἐπὶ τὰ κατὰ
τὴν Ἰβηρίαν πράγματα, σπουδάζων ταύτῃ χρήσα-
6 σθαι παρασκευῇ πρὸς τὸν κατὰ Ῥωμαίων πόλεμον. ἦν
δὴ καὶ τρίτην αἰτίαν νομιστέον, λέγω δὲ τὴν εὔροιαν
τῶν κατ᾽ Ἰβηρίαν πραγμάτων Καρχηδονίοις. ταύταις
γὰρ ταῖς χερσὶ πιστεύσαντες εὐθαρσῶς ἐνέβησαν εἰς
τὸν προειρημένον πόλεμον.

7 Ὅτι δ᾽ Ἀμίλκας πλεῖστα μὲν συνεβάλετο πρὸς τὴν
σύστασιν τοῦ δευτέρου πολέμου, καίπερ τετελευτηκὼς
ἔτεσι δέκα πρότερον τῆς καταρχῆς αὐτοῦ, πολλὰ μὲν
ἂν εὕροι τις εἰς τοῦτο· σχεδὸν δὲ πρὸς πίστιν ἀρκοῦν
ἔσται τὸ λέγεσθαι μέλλον.

11. καθ᾽ οὓς γὰρ καιροὺς καταπολεμηθεὶς Ἀννίβας
ὑπὸ Ῥωμαίων τέλος ἐκ τῆς πατρίδος ἐξεχώρησε καὶ

preceding Books, without a perusal of which it is impossible to follow properly what I am now saying and what I am about to say); but as the Romans refused to negotiate, the Carthaginians had to yield to circumstances, and though deeply aggrieved they were powerless, and evacuated Sardinia,[15] agreeing also to pay twelve hundred talents in addition to the sum previously exacted, in order not to be forced to accept war at that time. This, then, we must take to be the second and principal cause of the subsequent war; for Hamilcar, with the anger felt by all his compatriots at this last outrage added to his old indignation, as soon as he had finally crushed the mutiny of the mercenaries and secured the safety of his country, at once threw all his efforts into the conquest of Spain, with the object of using the resources thus obtained for the war against Rome. This success of the Carthaginian project in Spain[16] must be held to be the third cause of the war, for relying on this increase of strength, they entered upon it with confidence.

Of the fact that Hamilcar, although he died ten years before the beginning of the Second Punic War, contributed much to its origin many evidences can be found; but the anecdote[17] I am about to relate suffices, I think, to confirm this.

11. At the time when Hannibal on his final defeat by the Romans had left his native land and was staying at the

---

[15] P. finds the second and main cause in the affair of Sardinia in 238.   [16] Carthaginian success in Spain is mentioned as the third cause. For the Carthaginians there see H. H. Scullard, *CAH* (2nd ed.) 8, 1989, 17–43 and map p. 18.   [17] If genuine, as many scholars believe, it is not clear how it came to P. It contributes nothing to the search for the causes of the war.

παρ' Ἀντιόχῳ διέτριβε, τότε Ῥωμαῖοι συνθεωροῦντες
ἤδη τὴν Αἰτωλῶν ἐπιβολὴν ἐξαπέστειλαν πρεσβευτὰς
πρὸς Ἀντίοχον, βουλόμενοι μὴ λανθάνειν σφᾶς τὴν
2 τοῦ βασιλέως προαίρεσιν. οἱ δὲ πρέσβεις, ὁρῶντες
τὸν Ἀντίοχον προσέχοντα τοῖς Αἰτωλοῖς καὶ πρό-
θυμον ὄντα πολεμεῖν Ῥωμαίοις, ἐθεράπευον τὸν Ἀννί-
βαν, σπουδάζοντες εἰς ὑποψίαν ἐμβαλεῖν πρὸς τὸν
3 Ἀντίοχον. ὃ καὶ συνέβη γενέσθαι. προβαίνοντος γὰρ
τοῦ χρόνου, καὶ τοῦ βασιλέως ὑπόπτως ἔχοντος ἀεὶ
καὶ μᾶλλον πρὸς τὸν Ἀννίβαν, ἐγένετό τις καιρὸς ὡς
ἐπὶ λόγον ἀχθῆναι τὴν ὑποικουρουμένην ἀτοπίαν ἐν
4 αὐτοῖς. ἐν ᾧ καὶ πλείους ἀπολογισμοὺς ποιησάμενος
Ἀννίβας τέλος ἐπὶ τὸ τοιοῦτο κατήντησε, δυσχρη-
5 στούμενος τοῖς λόγοις. ἔφη γάρ, καθ' ὃν καιρὸν ὁ
πατὴρ αὐτοῦ τὴν εἰς Ἰβηρίαν ἔξοδον μέλλοι στρα-
τεύεσθαι μετὰ τῶν δυνάμεων, ἔτη μὲν ἔχειν ἐννέα,
θύοντος δ' αὐτοῦ τῷ Διὶ παρεστάναι παρὰ τὸν βωμόν.
6 ἐπεὶ δὲ καλλιερήσας κατασπεῖσαι τοῖς θεοῖς καὶ ποιῆ-
σαι τὰ νομιζόμενα, τοὺς μὲν ἄλλους τοὺς περὶ τὴν
θυσίαν ἀποστῆναι κελεύσας μικρόν, αὐτὸν δὲ προσ-
καλεσάμενον ἐρέσθαι φιλοφρόνως εἰ βούλεται συν-
εξορμᾶν ἐπὶ τὴν στρατείαν. ἀσμένως δὲ κατανεύ-
7 σαντος αὐτοῦ, καί τι καὶ προσαξιώσαντος παιδικῶς,
λαβόμενον τῆς δεξιᾶς προσαγαγεῖν αὐτὸν πρὸς τὸν
βωμὸν καὶ κελεύειν ἁψάμενον τῶν ἱερῶν ὀμνύναι μη-
8 δέποτε Ῥωμαίοις εὐνοήσειν. ταῦτ' οὖν εἰδότα σαφῶς
ἠξίου τὸν Ἀντίοχον, ἕως μὲν ἄν τι δυσχερὲς βου-
λεύηται κατὰ Ῥωμαίων, θαρρεῖν καὶ πιστεύειν, αὐτὸν

court of Antiochus, the Romans, who saw through the project of the Aetolians, sent an embassy to Antiochus, wishing to be fully aware what the king's purpose was. The legates, as they saw that Antiochus was lending an ear to the Aetolians and was disposed to go to war with Rome, paid many attentions to Hannibal, wishing to make Antiochus suspicious of him, as in fact they succeeded in doing. For as time went on, the king's mistrust of Hannibal grew ever more strong; and it fell out on one occasion that they came to have a talk about the alienation which had been secretly growing up between them. In the course of the conversation Hannibal defended himself on various grounds, and at length, being at a loss for further arguments, resorted to the following. He said that at the time when his father was about to start with his army on his expedition to Spain, he himself, then nine years of age, was standing by the altar, while Hamilcar was sacrificing to Zeus. When, on the omens being favorable, Hamilcar had poured a libation to the gods and performed all the customary rites, he ordered the others who were attending the sacrifice to withdraw to a slight distance and calling Hannibal to him asked him kindly if he wished to accompany him on the expedition. On his accepting with delight, and, like a boy, even begging to do it besides, his father took him by the hand, led him up to the altar, and bade him lay his hand on the victim and swear never to be the friend of the Romans. He begged Antiochus, then, now he knew this for a fact, as long as his intentions were hostile to Rome, to rely on him confidently and believe that he would

9 συνεργὸν ἕξειν νομίζοντ᾽ ἀληθινώτατον. ἐπὰν δὲ δια-
λύσεις ἢ φιλίαν συντίθηται πρὸς αὐτούς, τότε μὴ
προσδεῖσθαι διαβολῆς, ἀλλ᾽ ἀπιστεῖν καὶ φυλάττε-
σθαι· πᾶν γάρ τι πρᾶξαι κατ᾽ αὐτῶν ὁ δυνατὸς εἴη.

12. ὁ μὲν οὖν Ἀντίοχος ἀκούσας, καὶ δόξας αὐτο-
παθῶς, ἅμα δ᾽ ἀληθινῶς εἰρῆσθαι, πάσης τῆς προ-
2 ϋπαρχούσης ὑποψίας ἀπέστη. τῆς μέντοι γε δυσμε-
νείας τῆς Ἀμίλκου καὶ τῆς ὅλης προθέσεως ὁμολο-
γούμενον θετέον εἶναι τοῦτο μαρτύριον, ὡς καὶ δι᾽
3 αὐτῶν φανερὸν ἐγένετο τῶν πραγμάτων. τοιούτους
γὰρ ἐχθροὺς παρεσκεύασε Ῥωμαίοις Ἀσδρούβαν τε
τὸν τῆς θυγατρὸς ἄνδρα καὶ τὸν αὐτοῦ κατὰ φύσιν
υἱὸν Ἀννίβαν ὥστε μὴ καταλιπεῖν ὑπερβολὴν δυσμε-
4 νείας. Ἀσδρούβας μὲν οὖν προαποθανὼν οὐ πᾶσιν
ἔκδηλον ἐποίησε τὴν αὑτοῦ πρόθεσιν, Ἀννίβᾳ δὲ παρ-
έδωκαν οἱ καιροὶ καὶ λίαν ἐναποδείξασθαι τὴν πα-
5 τρῴαν ἔχθραν εἰς Ῥωμαίους. διὸ καὶ τοὺς ἐπὶ πρα-
γμάτων ταττομένους χρὴ τῶν τοιούτων οὐδενὸς μᾶλ-
λον φροντίζειν ὡς τοῦ μὴ λανθάνειν τὰς προαιρέσεις
τῶν διαλυομένων τὰς ἔχθρας ἢ συντιθεμένων τὰς
φιλίας, πότε τοῖς καιροῖς εἴκοντες καὶ πότε ταῖς ψυ-
6 χαῖς ἡττώμενοι ποιοῦνται τὰς συνθήκας, ἵνα τοὺς μὲν
ἐφέδρους νομίζοντες εἶναι τῶν καιρῶν ἀεὶ φυλάτ-
τωνται, τοῖς δὲ πιστεύοντες, ὡς ὑπηκόοις ἢ φίλοις
ἀληθινοῖς, πᾶν τὸ παραπῖπτον ἐξ ἑτοίμου παραγ-
γέλλωσιν.

have in him his sincerest supporter, but from the moment he made peace and alliance with her he had no need to wait for accusations but should mistrust and beware of him; for there was nothing he would not do against the Romans.

12. Antiochus, listening to this, thought he spoke genuinely and sincerely and in consequence abandoned all his former mistrust. However, we should consider this as an unquestionable proof of Hamilcar's hostility and general purpose, and it is confirmed by the facts. For he made of his daughter's husband Hasdrubal and his own son Hannibal such enemies of Rome that none could be more bitter. As Hasdrubal died before putting his purpose into execution, it was not in his case evident to all, but circumstances put it in the power of Hannibal to give only too manifest proof of his inherited hatred of Rome. Therefore, statesmen should above all take care that the true motives of the reconciliation of enmities and the formation of friendships do not escape them. They should observe when it is that men come to terms under pressure of circumstances and when owing to their spirit being broken, so that in the former case they may regard them as reserving themselves for a favorable opportunity and be constantly on their guard, and in the latter they may trust them as true friends and subjects and not hesitate to command their services when required.

7 Αἰτίας μὲν οὖν τοῦ κατ᾽ Ἀννίβαν πολέμου τὰς προειρημένας ἡγητέον, ἀρχὰς δὲ τὰς μελλούσας λέγεσθαι.

 13. Καρχηδόνιοι γὰρ βαρέως μὲν ἔφερον καὶ τὴν ὑπὲρ Σικελίας ἧτταν, συνεπέτεινε δ᾽ αὐτῶν τὴν ὀργήν, καθάπερ ἐπάνω προεῖπον, τὰ κατὰ Σαρδόνα καὶ τὸ

2 τῶν τελευταῖον συντεθέντων χρημάτων πλῆθος. διόπερ ἅμα τῷ τὰ πλεῖστα κατ᾽ Ἰβηρίαν ὑφ᾽ αὑτοὺς ποιήσασθαι πρὸς πᾶν ἑτοίμως διέκειντο τὸ κατὰ Ῥω-

3 μαίων ὑποδεικνύμενον. προσπεσούσης οὖν τῆς Ἀσδρούβου τελευτῆς, ᾧ μετὰ τὸν Ἀμίλκου θάνατον ἐνεχείρισαν τὰ κατὰ τὴν Ἰβηρίαν, τὸ μὲν πρῶτον ἑκα-

4 ραδόκουν τὰς τῶν δυνάμεων ὁρμάς· ἀφικομένης δὲ τῆς ἀγγελίας ἐκ τῶν στρατοπέδων ὅτι συμβαίνει τὰς δυνάμεις ὁμοθυμαδὸν ᾑρῆσθαι στρατηγὸν Ἀννίβαν, παραυτίκα συναθροίσαντες τὸν δῆμον μιᾷ γνώμῃ κυ-

5 ρίαν ἐποίησαν τὴν τῶν στρατοπέδων αἵρεσιν. Ἀννίβας δὲ παραλαβὼν τὴν ἀρχὴν εὐθέως ὥρμησεν ὡς καταστρεψόμενος τὸ τῶν Ὀλκάδων ἔθνος· ἀφικόμενος δὲ πρὸς Ἀλθαίαν τὴν βαρυτάτην αὐτῶν πόλιν κατ-

6 εστρατοπέδευσε. μετὰ δὲ ταῦτα χρησάμενος ἐνεργοῖς ἅμα καὶ καταπληκτικαῖς προσβολαῖς ταχέως ἐκράτησε τῆς πόλεως. οὗ συμβάντος οἱ λοιποὶ γενόμενοι

7 καταπλαγεῖς ἐνέδωκαν αὑτοὺς τοῖς Καρχηδονίοις. ἀργυρολογήσας δὲ τὰς πόλεις, καὶ κυριεύσας πολλῶν χρημάτων, ἧκε παραχειμάσων εἰς Καινὴν πόλιν.

8 μεγαλοψύχως δὲ χρησάμενος τοῖς ὑποταττομένοις, καὶ τὰ μὲν δοὺς τῶν ὀψωνίων τοῖς συστρατευομένοις,

We must consider, then, the causes of the Hannibalic War to have been those I have stated, while its beginnings were as follows.

13. The Carthaginians could ill bear their defeat in the war for Sicily, and, as I said above, they were additionally exasperated by the matter of Sardinia and the exorbitancy of the sum they had been last obliged to agree to pay. Therefore, when they had subjugated the greater part of Iberia, they were quite ready to adopt any measures against Rome which suggested themselves. On the death   221 B.C. of Hasdrubal, to whom after that of Hamilcar they had entrusted the government of Iberia, they at first waited for a pronouncement on the part of the troops, and when news reached them from their armies that the soldiers had unanimously chosen Hannibal as their commander, they hastened to summon a general assembly of the commons, which unanimously ratified the choice of the soldiers. Hannibal on assuming the command, at once set forth with the view of subduing a tribe called the Olcades, and arriving before their most powerful city Althaea,[18] encamped there and soon made himself master of it by a series of vigorous and formidable assaults, upon which the rest of the tribe were overawed and submitted to the Carthaginians. After exacting tribute from the towns and possessing himself of a considerable sum, he retired to winter quarters at New Carthage. By the generosity he now displayed to the troops under his command, paying them in

18 In Livy the town is called Cartala (21. 5. 4).

τὰ δ᾿ ὑπισχνούμενος, πολλὴν εὔνοιαν καὶ μεγάλας
ἐλπίδας ἐνειργάσατο ταῖς δυνάμεσι.

14. τῷ δ᾿ ἐπιγινομένῳ θέρει πάλιν ὁρμήσας ἐπὶ
τοὺς Οὐακκαίους Ἑλμαντικὴν μὲν ἐξ ἐφόδου ποιη-
σάμενος προσβολὰς κατέσχεν, Ἀρβουκάλην δὲ διὰ τὸ
μέγεθος τῆς πόλεως καὶ τὸ πλῆθος, ἔτι δὲ τὴν γενναιό-
τητα τῶν οἰκητόρων, μετὰ πολλῆς ταλαιπωρίαις πολι-
2 ορκήσας κατὰ κράτος εἷλε. μετὰ δὲ ταῦτα παραδόξως
εἰς τοὺς μεγίστους ἦλθε κινδύνους ἐπανάγων, συν-
δραμόντων ἐπ᾿ αὐτὸν τῶν Καρπησίων, ὃ σχεδὸν ἰσχυ-
ρότατόν ἐστιν ἔθνος τῶν κατ᾿ ἐκείνους τοὺς τόπους,
3 ὁμοίως δὲ καὶ τῶν ἀστυγειτόνων ἀθροισθέντων ἅμα
τούτοις, οὓς ἠρέθισαν μάλιστα μὲν οἱ τῶν Ὀλκάδων
φυγάδες, συνεξέκαυσαν δὲ καὶ τῶν ἐκ τῆς Ἑλμαν-
4 τικῆς οἱ διασωθέντες. πρὸς οὓς εἰ μὲν ἐκ παρατάξεως
ἠναγκάσθησαν οἱ Καρχηδόνιοι διακινδυνεύειν, ὁμο-
5 λογουμένως ἂν ἡττήθησαν. νῦν δὲ πραγματικῶς καὶ
νουνεχῶς ἐξ ὑποστροφῆς ἀναχωρήσαντος Ἀννίβου,
καὶ πρόβλημα ποιησαμένου τὸν Τάγον καλούμενον
ποταμόν, καὶ περὶ τὴν τοῦ ποταμοῦ διάβασιν συστη-
σαμένου τὸν κίνδυνον, ἅμα δὲ συγχρησαμένου συν-
αγωνιστῇ τῷ ποταμῷ καὶ τοῖς θηρίοις οἷς εἶχε περὶ
τετταράκοντα τὸν ἀριθμόν, συνέβη τὰ ὅλα παραδόξως
6 καὶ κατὰ λόγον αὐτῷ χωρῆσαι. τῶν γὰρ βαρβάρων
ἐπιβαλομένων κατὰ πλείους τόπους βιάζεσθαι καὶ
περαιοῦσθαι τὸν ποταμόν, τὸ μὲν πλεῖστον αὐτῶν
μέρος διεφθάρη περὶ τὰς ἐκβάσεις, παραπορευομένων
τῶν θηρίων παρὰ τὸ χεῖλος καὶ τοὺς ἐκβαίνοντας ἀεὶ

part and promising further payment, he inspired in them great goodwill to himself and high hopes of the future.   220 B.C.

14. Next summer he set out again and attacked the Vaccaei,[19] assaulted and took Hermandica[20] at the first onset, but Arbacala being a very large city with a numerous and brave population, he had to lay siege to it and only took it by assault after much pains. Subsequently on his return he unexpectedly found himself in great peril, the Carpetani,[21] the strongest tribe in the district gathering to attack him and being joined by the neighboring tribes, all incited to this by the fugitive Olcades, and also by those who had escaped from Hermandica. Had the Carthaginians been obliged to meet all this host in a pitched battle, they would assuredly have suffered defeat; but, as it was, Hannibal very wisely and skillfully faced about and retreated so as to place the river Tagus in his front, and remained there to dispute the crossing, availing himself of the aid both of the river and of his elephants, of which he had about forty, so that everything went as he had calculated and as no one else would have dared to expect. For when the barbarians tried to force a crossing at various points, the greater mass of them perished in coming out of the river, the elephants following its bank and being upon them as soon as they

[19] On geographical details see WC 1. 317.
[20] Modern Salamanca.
[21] In the modern Sierra di Guadarrama, Toledo being one of their towns.

37

7 προκαταλαμβανόντων· πολλοὶ δὲ κατ' αὐτὸν τὸν πο-
ταμὸν ὑπὸ τῶν ἱππέων ἀπώλοντο, διὰ τὸ κρατεῖν μὲν
μᾶλλον τοῦ ῥεύματος τοὺς ἵππους, ἐξ ὑπερδεξίου δὲ
ποιεῖσθαι τὴν μάχην τοὺς ἱππέας πρὸς τοὺς πεζούς.
8 τέλος δὲ τοὔμπαλιν ἐπιδιαβάντες οἱ περὶ τὸν Ἀννίβαν
ἐπὶ τοὺς βαρβάρους ἐτρέψαντο πλείους ἢ δέκα μυρι-
9 άδας ἀνθρώπων. ὧν ἡττηθέντων οὐδεὶς ἔτι τῶν ἐντὸς
Ἴβηρος ποτμοῦ ῥᾳδίως πρὸς αὐτοὺς ἀντοφθαλμεῖν
10 ἐτόλμα πλὴν Ζακανθαίων. ταύτης δὲ τῆς πόλεως ἐπει-
ρᾶτο κατὰ δύναμιν ἀπέχεσθαι, βουλόμενος μηδεμίαν
ἀφορμὴν ὁμολογουμένην δοῦναι τοῦ πολέμου Ῥωμαί-
οις, ἕως τἄλλα πάντα βεβαίως ὑφ' αὑτὸν ποιήσαιτο
κατὰ τὰς Ἀμίλκου τοῦ πατρὸς ὑποθήκας καὶ παραι-
νέσεις.

15. Οἱ δὲ Ζακανθαῖοι συνεχῶς ἔπεμπον εἰς τὴν
Ῥώμην, ἅμα μὲν ἀγωνιῶντες περὶ σφῶν καὶ προορώ-
μενοι τὸ μέλλον, ἅμα δὲ βουλόμενοι μὴ λανθάνειν
Ῥωμαίους τὴν γινομένην εὔροιαν Καρχηδονίοις τῶν
2 κατ' Ἰβηρίαν πραγμάτων. Ῥωμαῖοι δέ, πλεονάκις
αὐτῶν παρακηκοότες, τότε πρεσβευτὰς ἐξαπέστειλαν
3 τοὺς ἐπισκεψομένους ὑπὲρ τῶν προσπιπτόντων. Ἀννί-
βας δὲ κατὰ τοὺς αὐτοὺς καιροὺς πεποιημένος ὑφ'
αὑτὸν οὓς προέθετο, παρῆν αὖθις μετὰ τῶν δυνάμεων
παραχειμάσων εἰς Καινὴν πόλιν, ἥτις ὡς ἂν εἰ πρόσ-
χημα καὶ βασίλειον ἦν Καρχηδονίων ἐν τοῖς κατὰ τὴν
4 Ἰβηρίαν τόποις. καταλαβὼν δὲ τὴν παρὰ τῶν Ῥωμαί-
ων πρεσβείαν, καὶ δοὺς αὐτὸν εἰς ἔντευξιν, διήκουε
5 περὶ τῶν ἐνεστώτων. Ῥωμαῖοι μὲν οὖν διεμαρτύροντο

38

landed. Many also were cut down in the stream itself by the cavalry, as the horses could bear up better against the current, and the mounted men in fighting had the advantage of being higher than the unmounted enemy. Finally, Hannibal in his turn crossed the river and attacked the barbarians, putting to flight a force of more than one hundred thousand. After their defeat none of the peoples on that side of the Ebro[22] ventured lightly to face the Carthaginians, with the exception of the Saguntines. Hannibal tried as far as he could to keep his hands off this city, wishing to give the Romans no avowed pretext for war, until he had secured his possession of all the rest of the country, following in this his father Hamilcar's suggestions and advice.

15. But the Saguntines[23] sent repeated messages to Rome, as on the one hand they were alarmed for their own safety and foresaw what was coming, and at the same time they wished to keep the Romans informed how well things went with the Carthaginians in Spain. The Romans, who had more than once paid little attention to them, sent on this occasion legates to to investigate the events. Hannibal at the same time, having reduced the tribes he intended arrived with his forces to winter at New Carthage, which was in a way the chief ornament and capital of the Carthaginian empire in Spain. Here he found the Roman legates, to whom he gave audience and listened to their present communication. The Romans called upon him to keep off

[22] These campaigns stayed well south of the Ebro.

[23] Saguntum, a town on the east coast, south of the Ebro (modern Sagunto). The date of its alliance with Rome is not known; see n. on 2. 13. 7.

Ζακανθαίων ἀπέχεσθαι, κεῖσθαι γὰρ αὐτοὺς ἐν τῇ
σφετέρᾳ πίστει, καὶ τὸν Ἴβηρα ποταμὸν μὴ δια-
βαίνειν κατὰ τὰς ἐπ᾽ Ἀσδρούβου γενομένας ὁμολο-
6 γίας. ὁ δ᾽ Ἀννίβας, ἅτε νέος μὲν ὤν, πλήρης δὲ
πολεμικῆς ὁρμῆς, ἐπιτυχὴς δ᾽ ἐν ταῖς ἐπιβολαῖς,
πάλαι δὲ παρωρμημένος πρὸς τὴν κατὰ Ῥωμαίων
7 ἔχθραν, πρὸς μὲν ἐκείνους, ὡς κηδόμενος Ζακανθαίων,
ἐνεκάλει Ῥωμαίοις διότι μικροῖς ἔμπροσθεν χρόνοις,
στασιαζόντων αὐτῶν, λαβόντες τὴν ἐπιτροπὴν [εἰς τὸ
διαλῦσαι] ἀδίκως ἐπανέλοιντό τινας τῶν προεστώτων·
οὓς οὐ περιόψεσθαι παρεσπονδημένους· πάτριον γὰρ
εἶναι Καρχηδονίοις τὸ μηδένα τῶν ἀδικουμένων περι-
8 ορᾶν· πρὸς δὲ Καρχηδονίους διεπέμπετο, πυνθανό-
μενος τί δεῖ ποιεῖν, ὅτι Ζακανθαῖοι πιστεύοντες τῇ
Ῥωμαίων συμμαχίᾳ τινὰς τῶν ὑφ᾽ αὐτοὺς ταττομένων
9 ἀδικοῦσι. καθόλου δ᾽ ἦν πλήρης ἀλογίας καὶ θυμοῦ
βιαίου· διὸ καὶ ταῖς μὲν ἀληθιναῖς αἰτίαις οὐκ ἐχρῆτο,
κατέφευγε δ᾽ εἰς προφάσεις ἀλόγους· ἅπερ εἰώθασι
ποιεῖν οἱ διὰ τὰς προεγκαθημένας αὐτοῖς ὁρμὰς ὀλι-
10 γωροῦντες τοῦ καθήκοντος. πόσῳ γὰρ ἦν ἄμεινον
οἴεσθαι δεῖν Ῥωμαίους ἀποδοῦναι σφίσι Σαρδόνα καὶ
τοὺς ἐπιταχθέντας ἅμα ταύτῃ φόρους, οὓς τοῖς και-
ροῖς συνεπιθέμενοι πρότερον ἀδίκως παρ᾽ αὐτῶν ἔλα-

---

24 Most scholars agree that this Roman intervention was quite
recent, after the conclusion of the Ebro treaty, hence a possible vi-
olation of its spirit, in case the Romans had agreed to a restriction
of their activities south of the Ebro. See n. on 2. 30. 7.

Saguntum, which they said was under their protection, or crossing the Ebro, contrary to the treaty engagements entered into in Hasdrubal's time. Hannibal, being young, full of martial ardor, encouraged by the success of his enterprises, and spurred on by his long-standing enmity to Rome, in his answer to the legates affected to be guarding the interests of the Saguntines and accused the Romans of having a short time previously, when there was a party quarrel at Saguntum and they were called in to arbitrate,[24] unjustly put to death some of the leading men. The Carthaginians, he said, would not overlook this violation of good faith for it was from of old the principle of Carthage never to neglect the cause of the victims of injustice. To Carthage, however, he sent, asking for instructions, since the Saguntines, relying on their alliance with Rome, were wronging some of the peoples subject to Carthage. Being wholly under the influence of unreasoning and violent anger,[25] he did not allege the true reasons, but took refuge in groundless pretexts, as men are wont to do who disregard duty because they are prepossessed by passion. How much better would it have been for him to demand from the Romans the restitution of Sardinia,[26] and at the same time of the tribute which they had so unjustly exacted,[27] availing themselves of the misfortunes of Carthage, and to threaten

[25] P. here shares the bias of the Romans. Hannibal, in fact, did not make the decision alone, as there were counselors of the state with him (20. 8).

[26] P.'s suggestion of how Hannibal could have made a stronger case is somewhat naïve.

[27] P. condemns again (as in 10. 1) the Roman actions of 238/7.

11 βον· εἰ δὲ μή, φάναι πολεμήσειν; νῦν δὲ τὴν μὲν οὖσαν
αἰτίαν ἀληθινὴν παρασιωπῶν, τὴν δ' οὐχ ὑπάρχουσαν
περὶ Ζακανθαίων πλάττων, οὐ μόνον ἀλόγως, ἔτι δὲ
12 μᾶλλον ἀδίκως κατάρχειν ἐδόκει τοῦ πολέμου. οἱ δὲ
τῶν Ῥωμαίων πρέσβεις, ὅτι μὲν εἴη πολεμητέον σα-
φῶς εἰδότες, ἀπέπλευσαν εἰς Καρχηδόνα, τὰ παρα-
13 πλήσια θέλοντες ἐπιμαρτύρασθαι κἀκείνους· οὐ μὴν
ἐν Ἰταλίᾳ γε πολεμήσειν ἤλπισαν, ἀλλ' ἐν Ἰβηρίᾳ,
χρήσεσθαι δὲ πρὸς τὸν πόλεμον ὁρμητηρίῳ τῇ Ζα-
κανθαίων πόλει.

16. Διὸ καὶ πρὸς ταύτην ἁρμοζόμενοι τὴν ὑπόθεσιν
ἡ σύγκλητος ἔκρινεν ἀσφαλίσασθαι τὰ κατὰ τὴν
Ἰλλυρίδα πράγματα, προορωμένη διότι μέγας ἔσται
καὶ πολυχρόνιος καὶ μακρὰν ἀπὸ τῆς οἰκείας ὁ πόλε-
2 μος. συνέβαινε γὰρ κατ' ἐκείνους τοὺς καιροὺς Δη-
μήτριον τὸν Φάριον, ἐπιλελησμένον μὲν τῶν προ-
γεγονότων εἰς αὐτὸν εὐεργετημάτων ὑπὸ Ῥωμαίων,
καταπεφρονηκότα δὲ πρότερον μὲν διὰ τὸν ἀπὸ Γαλα-
τῶν, τότε δὲ διὰ τὸν ἀπὸ Καρχηδονίων φόβον περι-
3 εστῶτα Ῥωμαίους, πάσας δ' ἔχοντα τὰς ἐλπίδας ἐν τῇ
Μακεδόνων οἰκίᾳ διὰ τὸ συμπεπολεμηκέναι καὶ μετ-
εσχηκέναι τῶν πρὸς Κλεομένη κινδύνων Ἀντιγόνῳ,
πορθεῖν μὲν καὶ καταστρέφεσθαι τὰς κατὰ τὴν Ἰλ-
λυρίδα πόλεις τὰς ὑπὸ Ῥωμαίους ταττομένας, πε-
πλευκέναι δ' ἔξω τοῦ Λίσσου παρὰ τὰς συνθήκας
πεντήκοντα λέμβοις καὶ πεπορθηκέναι πολλὰς τῶν
4 Κυκλάδων νήσων. εἰς ἃ βλέποντες Ῥωμαῖοι, καὶ θεω-
ροῦντες ἀνθοῦσαν τὴν Μακεδόνων οἰκίαν, ἔσπευδον

war in the event of refusal! But as it was, by keeping silent as to the real cause and by inventing a nonexisting one about Saguntum, he gave the idea that he was entering on the war not only unsupported by reason but without justice on his side. The Roman legates, seeing clearly that war was inevitable, took ship for Carthage to convey the same protest to the Government there. They never thought, however, that the war would be in Italy, but supposed they would fight in Spain with Saguntum for a base.

16. Consequently, the Senate, adopting their measures to this supposition, decided to secure their position in Illyria,[28] as they foresaw that the war would be serious and long and the scene of it far away from home. It so happened that at that time in Illyria Demetrius of Pharos, oblivious of the benefits that the Romans had conferred on him, contemptuous of Rome because of the peril to which she was exposed first from the Gauls and now from Carthage, and placing all his hopes in the Royal House of Macedon owing to his having fought by the side of Antigonus in the battles against Cleomenes, was sacking and destroying the Illyrian cities subject to Rome, and, sailing beyond Lissus, contrary to the terms of the treaty, with fifty boats, had pillaged many of the Cyclades. The Romans, in view of those proceedings and of the flourishing fortunes of the Macedonian kingdom, were anxious to secure their posi-

---

[28] A rather surprising digression, intended to explain why the Romans let Hannibal attack and take Saguntum: they wanted to deal first with Demetrius, to cover their back.

THE HISTORIES OF POLYBIUS

ἀσφαλίσασθαι τὰ πρὸς ἔω τῆς Ἰταλίας, πεπεισμένοι
καταταχήσειν διορθωσάμενοι μὲν τὴν Ἰλλυριῶν
ἄγνοιαν, ἐπιτιμήσαντες δὲ καὶ κολάσαντες τὴν ἀχαρι-
5 στίαν καὶ προπέτειαν τὴν Δημητρίου. διεψεύσθησαν
δὲ τοῖς λογισμοῖς· κατετάχησε γὰρ αὐτοὺς Ἀννίβας,
6 ἐξελὼν τὴν Ζακανθαίων πόλιν. καὶ παρὰ τοῦτο συν-
έβη τὸν πόλεμον οὐκ ἐν Ἰβηρίᾳ, πρὸς αὐτῇ δὲ τῇ
7 Ῥώμῃ καὶ κατὰ πᾶσαν γενέσθαι τὴν Ἰταλίαν. οὐ μὴν
ἀλλὰ τούτοις χρησάμενοι τοῖς διαλογισμοῖς Ῥωμαῖοι
μὲν ὑπὸ τὴν ὡραίαν Λεύκιον τὸν Αἰμίλιον ἐξαπέστει-
λαν μετὰ δυνάμεως ἐπὶ τὰς κατὰ τὴν Ἰλλυρίδα πρά-
ξεις κατὰ τὸ πρῶτον ἔτος τῆς ἑκατοστῆς καὶ τεττα-
ρακοστῆς ὀλυμπιάδος.

17. Ἀννίβας δὲ μετὰ τῆς δυνάμεως ἀναζεύξας ἐκ
τῆς Καινῆς πόλεως προῆγε, ποιούμενος τὴν πορείαν
2 ἐπὶ τὴν Ζάκανθαν. ἡ δὲ πόλις αὕτη κεῖται μὲν ἐπὶ τῷ
πρὸς θάλατταν καθήκοντι πρόποδι τῆς ὀρεινῆς τῆς
συναπτούσης τὰ πέρατα τῆς Ἰβηρίας καὶ Κελτι-
βηρίας, ἀπέχει δὲ τῆς θαλάττης ὡς ἑπτὰ στάδια.
3 νέμονται δὲ χώραν οἱ κατοικοῦντες αὐτὴν πάμφορον
4 καὶ διαφέρουσαν ἀρετῇ πάσης τῆς Ἰβηρίας. ᾗ τότε
παραστρατοπεδεύσας Ἀννίβας ἐνεργὸς ἐγίνετο περὶ
τὴν πολιορκίαν, πολλὰ προορώμενος εὔχρηστα πρὸς
5 τὸ μέλλον ἐκ τοῦ κατὰ κράτος ἑλεῖν αὐτήν. πρῶτον
μὲν γὰρ ὑπέλαβε παρελέσθαι Ῥωμαίων τὴν ἐλπίδα
τοῦ συστήσασθαι τὸν πόλεμον ἐν Ἰβηρίᾳ· δεύτερον δὲ
καταπληξάμενος ἅπαντας εὐτακτοτέρους μὲν ἐπέπει-
στο παρασκευάσειν τοὺς ὑφ᾽ αὐτὸν ἤδη ταττομένους,

44

tion in the lands lying east of Italy, feeling confident that they would have time to correct the errors of the Illyrians and rebuke and chastise Demetrius for his ingratitude and temerity. But in this calculation they were deceived; for Hannibal forestalled them by taking Saguntum, and, as a consequence, the war was not waged in Spain but at the very gates of Rome and through the whole of Italy. However, the Romans now moved by these considerations dispatched a force under Lucius Aemilius just before summer in the first year of the 140th Olympiad[29] to operate in Illyria.

219 B.C.

17. Hannibal, for his part, quitted New Carthage with his army and advanced towards Saguntum.[30] This city lies on the seaward foot of the range of hills connecting Iberia and Celtiberia, at a distance of about seven stades from the sea. The territory of the Saguntines yields every kind of crop and is the most fertile in the whole of Iberia. Hannibal, now encamping before the town, set himself to besiege it vigorously, foreseeing that many advantages would result from its capture. First of all he thought that he would thus deprive the Romans of any prospect of a campaign in Iberia, and secondly he was convinced that by this blow he would inspire universal terror, and render the Iberian tribes who had already submitted more orderly and

[29] 220/19; the consuls are those of 219.

[30] It took Hannibal eight months to take the town, until late in 219.

45

εὐλαβεστέρους δὲ τοὺς ἀκμὴν αὐτοκράτορας ὄντας
6 τῶν Ἰβήρων, τὸ δὲ μέγιστον, οὐδέν' ἀπολιπὼν ὄπι-
σθεν πολέμιον ἀσφαλῶς ποιήσεσθαι τὴν εἰς τοὔμ-
7 προσθεν πορείαν. χωρίς τε τούτων εὐπορήσειν μὲν
χορηγιῶν αὐτὸς ὑπελάμβανε πρὸς τὰς ἐπιβολάς, προ-
θυμίαν δ' ἐνεργάσεσθαι ταῖς δυνάμεσιν ἐκ τῆς ἐσομέ-
νης ἑκάστοις ὠφελείας, προκαλέσεσθαι δὲ τὴν εὔνοιαν
τῶν ἐν οἴκῳ Καρχηδονίων διὰ τῶν ἀποσταλησομένων
8 αὐτοῖς λαφύρων. τοιούτοις δὲ χρώμενος διαλογισμοῖς,
ἐνεργῶς προσέκειτο τῇ πολιορκίᾳ, τοτὲ μὲν ὑπόδειγμα
τῷ πλήθει ποιῶν αὐτὸν καὶ γινόμενος αὐτουργὸς τῆς
ἐν τοῖς ἔργοις ταλαιπωρίας, ἔστι δ' ὅτε παρακαλῶν τὰ
πλήθη καὶ παραβόλως διδοὺς αὑτὸν εἰς τοὺς κινδύ-
9 νους. πᾶσαν δὲ κακοπάθειαν καὶ μέριμναν ὑπομείνας
τέλος ἐν ὀκτὼ μησὶ κατὰ κράτος εἷλε τὴν πόλιν.
10 κύριος δὲ γενόμενος χρημάτων πολλῶν καὶ σωμάτων
καὶ κατασκευῆς, τὰ μὲν χρήματ' εἰς τὰς ἰδίας ἐπιβο-
λὰς παρέθετο κατὰ τὴν ἐξ ἀρχῆς πρόθεσιν, τὰ δὲ σώ-
ματα διένειμε κατὰ τὴν ἀξίαν ἑκάστοις τῶν συστρα-
τευομένων, τὴν δὲ κατασκευὴν παραχρῆμα πᾶσαν
11 ἐξέπεμψε τοῖς Καρχηδονίοις. ταῦτα δὲ πράξας οὐ
διεψεύσθη τοῖς λογισμοῖς οὐδ' ἀπέτυχε τῆς ἐξ ἀρχῆς
προθέσεως, ἀλλὰ τούς τε στρατιώτας προθυμοτέρους
ἐποίησε πρὸς τὸ κινδυνεύειν, τούς τε Καρχηδονίους
ἑτοίμους παρεσκεύασε πρὸς τὸ παραγγελλόμενον, αὐ-
τός τε πολλὰ τῶν χρησίμων μετὰ ταῦτα κατειργάσατο
διὰ τῆς τῶν χορηγιῶν παραθέσεως.

18. Κατὰ δὲ τοὺς αὐτοὺς καιροὺς Δημήτριος ἅμα

those who were still independent more cautious, while above all he would be enabled to advance safely with no enemy left in his rear. Besides, he would then have abundant funds and supplies for his projected expedition, he would raise the spirit of his troops by the booty distributed among them and would conciliate the Carthaginians at home by the spoils he would send them. From all these considerations he actively pursued the siege, now setting an example to the soldiers by sharing personally the fatigue of the battering operations, now cheering on the troops and exposing himself recklessly to danger. At length after eight months of hardship and anxiety he took the city by storm. A great booty of money, slaves, and property fell into his hands. The money, as he had determined, he set aside for his own purposes, the slaves he distributed among his men according to their deserts, and the miscellaneous property he sent off at once to Carthage. The result did not deceive his expectations, nor did he fail to accomplish his original purpose; but he both made his troops more eager to face danger and the Carthaginians more ready to accede to his demands on them, while he himself, by setting aside these funds, was able to accomplish many things of much service to him.

18. While this was taking place Demetrius, getting

τῷ συνεῖναι τὴν ἐπιβολὴν τῶν Ῥωμαίων παραυτίκα
μὲν εἰς τὴν Διμάλην ἀξιόχρεων φρουρὰν εἰσέπεμψε
καὶ τὰς ἁρμοζούσας ταύτης χορηγίας, ἐκ δὲ τῶν
λοιπῶν πόλεων τοὺς μὲν ἀντιπολιτευομένους ἐπανεί-
λετο, τοῖς δ' αὑτοῦ φίλοις ἐνεχείρισε τὰς δυναστείας,

2 αὐτὸς δ' ἐκ τῶν ὑποτεταγμένων ἐπιλέξας τοὺς ἀνδρω-
δεστάτους ἑξακισχιλίους συνέστησε τούτους εἰς τὴν

3 Φάρον. ὁ δὲ στρατηγὸς τῶν Ῥωμαίων, ἀφικόμενος εἰς
τὴν Ἰλλυρίδα μετὰ τῶν δυνάμεων, καὶ θεωρῶν τοὺς
ὑπεναντίους θαρροῦντας ἐπὶ τῇ τῆς Διμάλης ὀχυρό-
τητι καὶ ταῖς παρασκευαῖς, ἔτι δὲ τῷ δοκεῖν αὐτὴν
ἀνάλωτον ὑπάρχειν, ταύτῃ πρῶτον ἐγχειρεῖν ἔκρινε,

4 βουλόμενος καταπλήξασθαι τοὺς πολεμίους. παρακα-
λέσας δὲ τοὺς κατὰ μέρος ἡγεμόνας, καὶ προσαγαγὼν

5 ἔργα κατὰ πλείους τόπους, ἤρξατο πολιορκεῖν. λαβὼν
δὲ κατὰ κράτος ἐν ἡμέραις ἑπτὰ παραχρῆμα πάντας

6 ἥττησε ταῖς ψυχαῖς τοὺς ὑπεναντίους. διόπερ εὐθέως
παρῆσαν ἐκ πασῶν τῶν πόλεων ἐπιτρέποντες καὶ

7 διδόντες αὑτοὺς εἰς τὴν τῶν Ῥωμαίων πίστιν. ὁ δὲ
προσδεξάμενος ἑκάστους ἐπὶ ταῖς ἁρμοζούσαις ὁμο-
λογίαις ἐποιεῖτο τὸν πλοῦν εἰς τὴν Φάρον ἐπ' αὐτὸν

8 τὸν Δημήτριον. πυνθανόμενος δὲ τήν τε πόλιν ὀχυρὰν
εἶναι καὶ πλῆθος ἀνθρώπων διαφερόντων εἰς αὐτὴν
ἠθροῖσθαι, πρὸς δὲ καὶ ταῖς χορηγίαις ἐξηρτῦσθαι
καὶ ταῖς ἄλλαις παρασκευαῖς, ὑφεωρᾶτο μὴ δυσχερῆ

9 καὶ πολυχρόνιον συμβῇ γενέσθαι τὴν πολιορκίαν. διὸ
προορώμενος ἕκαστα τούτων ἐχρήσατο παρ' αὐτὸν

10 τὸν καιρὸν τοιῷδέ τινι γένει στρατηγήματος. ποιη-

48

wind of the Romans' purpose, at once sent a considerable
garrison to Dimale[31] with the supplies requisite for such a
force. In the other cities he made away with those who op-
posed his policy and placed the government in the hands
of his friends while he himself, selecting six thousand of
his bravest troops, quartered them at Pharos. The Roman
Consul, on reaching Illyria with his army and observing
that the enemy were very confident in the natural strength
of Dimale and the measures they had taken for its defense,
there being also a general belief that it was impregnable,
decided to attack it first, wishing to strike terror into them.
Having given instructions to his officers and erected bat-
teries in several places he began to besiege it. By capturing
it in seven days, he at one blow broke the spirit of all the
enemy, so that from every city they at once flocked to sur-
render themselves unconditionally to Rome. Having ac-
cepted their submission and imposed suitable conditions
on each he sailed to Pharos to attack Demetrius himself.[32]
Learning that the city was very strong, that a large force of
exceptionally fine troops was assembled within it and that
it was excellently furnished with supplies and munitions of
war, he was apprehensive that the siege might prove dif-
ficult and long. In view of this, therefore, he employed the

[31] The town has been located with the help of bricks stamped
with its ethnic; see N. Hammond, *JRS* 58 (1968) 12–15, and *The
Barrington Atlas*, 49, B 3.

[32] For Demetrius' actions in the twenties see H. J. Dell, *Hist.*
19 (1970) 30–38.

σάμενος γὰρ τὸν ἐπίπλουν νυκτὸς ἐπὶ τὴν νῆσον
παντὶ τῷ στρατεύματι, τὸ μὲν πλεῖον μέρος τῆς δυνά-
μεως ἀπεβίβασεν εἴς τινας ὑλώδεις καὶ κοίλους τό-
11 πους, εἴκοσι δὲ ναυσὶν ἐπιγενομένης ἡμέρας ἔπλει
12 προδήλως ἐπὶ τὸν ἔγγιστα τῆς πόλεως λιμένα. συν-
ορῶντες δὲ τὰς ναῦς οἱ περὶ τὸν Δημήτριον, καὶ
καταφρονοῦντες τοῦ πλήθους, ὥρμησαν ἐκ τῆς πό-
λεως ἐπὶ τὸν λιμένα, κωλύσοντες τὴν ἀπόβασιν τῶν
ὑπεναντίων.

19. ἅμα δὲ τῷ συμμῖξαι γινομένης ἰσχυρᾶς τῆς
συμπλοκῆς προσεβοήθουν ἀεὶ πλείους τῶν ἐκ τῆς
πόλεως· τέλος δὲ πάντες ἐξεχύθησαν εἰς τὸν κίνδυνον.
2 τῶν δὲ Ῥωμαίων οἱ τῆς νυκτὸς ἀποβάντες εἰς τὸν
καιρὸν τοῦτον συνῆψαν, διὰ τόπων ἀδήλων ποιούμενοι
3 τὴν πορείαν. καὶ καταλαβόμενοι μεταξὺ τῆς πόλεως
καὶ τοῦ λιμένος λόφον ἐρυμνὸν διέκλεισαν ἀπὸ τῆς
4 πόλεως τοὺς ἐκβεβοηθηκότας. οἱ δὲ περὶ τὸν Δημή-
τριον, συννοήσαντες τὸ γεγονός, τοῦ μὲν διακωλύειν
τοὺς ἀποβαίνοντας ἀπέστησαν, συναθροίσαντες δὲ
σφᾶς αὐτοὺς καὶ παρακαλέσαντες ὥρμησαν, κρίναν-
τες ἐκ παρατάξεως διακινδυνεύειν πρὸς τοὺς ἐπὶ τὸν
5 λόφον. οἱ δὲ Ῥωμαῖοι, θεωροῦντες τὴν ἔφοδον τῶν
Ἰλλυριῶν ἐνεργὸν καὶ συντεταγμένην, ἀντέπεσον ταῖς
6 σπείραις καταπληκτικῶς. ἅμα δὲ τοῖς προειρημένοις
οἱ πεποιημένοι τὴν ἀπόβασιν ἀπὸ τῶν πλοίων, συν-
ορῶντες τὸ γινόμενον, προσέκειντο κατόπιν· καὶ παν-
ταχόθεν προσπίπτοντες θόρυβον καὶ ταραχὴν οὐ
7 μικρὰν ἐν τοῖς Ἰλλυριοῖς κατεσκεύαζον. ἐξ οὗ τῶν μὲν

following impromptu stratagem. Sailing up to the island at night with his whole force he disembarked the greater part of it in certain well-wooded dells, and at daybreak with twenty ships sailed openly against the harbor which lies nearest to the town. Demetrius, seeing the ships and contemptuous of their small number, sallied from the city down to the harbor to prevent the enemy from landing. On his encountering them

19. the struggle was very violent, and more and more troops kept coming out of the town to help, until at length the whole garrison had poured out to take part in the battle. The Roman force which had landed in the night now opportunely arrived, having marched by a concealed route, and occupying a steep hill between the city and the harbor, shut off from the town the troops who had sallied out. Demetrius, perceiving what had happened, desisted from opposing the landing and collecting his forces and cheering them on started with the intention of fighting a pitched battle with those on the hill. The Romans, seeing the Illyrians advancing resolutely and in good order, delivered a terrible charge against their formations, while at the same time those who had landed from the ships, seeing what was going on, took the enemy in the rear, so that being attacked on all sides the Illyrians were thrown

κατὰ πρόσωπον, τῶν δὲ κατὰ νώτου πονούντων, τέλος
οἱ περὶ τὸν Δημήτριον ἐτράπησαν· καὶ τινὲς μὲν
αὐτῶν ἔφυγον ὡς πρὸς τὴν πόλιν, οἱ δὲ πλείους ἀνοδίᾳ
8 κατὰ τῆς νήσου διεσπάρησαν. ὁ δὲ Δημήτριος, ἔχων
ἑτοίμους λέμβους πρὸς τὸ συμβαῖνον ἔν τισι τόποις
ἐρήμοις ὑφορμοῦντας, ἐπὶ τούτους ἐποιήσατο τὴν
ἀποχώρησιν. εἰς οὓς ἐμβὰς ἐπιγενομένης τῆς νυκτὸς
ἀπέπλευσε, καὶ διεκομίσθη παραδόξως πρὸς τὸν βα-
σιλέα Φίλιππον, παρ' ᾧ τὸ λοιπὸν διέτριβε τοῦ βίου
9 μέρος, ἀνὴρ θράσος μὲν καὶ τόλμαν κεκτημένος, ἀλό-
10 γιστον δὲ ταύτην καὶ τελέως ἄκριτον. διὸ καὶ τὴν
καταστροφὴν παραπλησίαν αὐτῷ συνέβη γενέσθαι
11 τῇ κατὰ τὸν ὅλον βίον προαιρέσει. καταλαβέσθαι γὰρ
ἐγχειρήσας μετὰ τῆς Φιλίππου γνώμης τὴν τῶν Μεσ-
σηνίων πόλιν εἰκῇ καὶ παραβόλως, ἐν αὐτῷ τῷ τῆς
πράξεως καιρῷ διεφθάρη· περὶ ὧν ἡμεῖς τὰ κατὰ
μέρος, ὅταν ἐπὶ τοὺς καιροὺς ἔλθωμεν, διασαφήσομεν.
12 ὁ δὲ στρατηγὸς τῶν Ῥωμαίων Αἰμίλιος τὴν μὲν
Φάρον εὐθέως ἐξ ἐφόδου παραλαβὼν κατέσκαψε, τῆς
δὲ λοιπῆς Ἰλλυρίδος ἐγκρατὴς γενόμενος, καὶ πάντα
διατάξας κατὰ τὴν αὑτοῦ προαίρεσιν, μετὰ ταῦτα
ληγούσης ἤδη τῆς θερείας εἰς τὴν Ῥώμην ἐπανῆλθε,
καὶ τὴν εἴσοδον ἐποιήσατο μετὰ θριάμβου καὶ τῆς
13 ἁπάσης εὐδοξίας. ἐδόκει γὰρ οὐ μόνον ἐπιδεξίως, ἔτι
δὲ μᾶλλον ἀνδρωδῶς κεχρῆσθαι τοῖς πράγμασιν.

20. Οἱ δὲ Ῥωμαῖοι, προσπεπτωκυίας αὐτοῖς ἤδη
τῆς τῶν Ζακανθαίων ἁλώσεως, οὐ μὰ Δία περὶ τοῦ
πολέμου τότε διαβούλιον ἦγον, καθάπερ ἔνιοι τῶν

into much tumult and confusion. At the end, being hard pressed both in front and in the rear, Demetrius' troops turned and fled, some escaping to the city, but the greater number dispersing themselves over the island across country. Demetrius had some boats lying ready for such a contingency at a lonely spot, and retreating there and embarking sailed away at nightfall and managed to cross and reach King Philip,[33] at whose court he spent the rest of his life. He was a man of a bold and venturesome spirit, but with an entire lack of reasoning power and judgment, defects which brought him to an end of a piece with the rest of his life. For having, with the approval of Philip, made a foolhardy and ill-managed attempt to seize Messene,[34] he perished in the action, as I shall narrate in detail when we reach that date. Aemilius, the Roman Consul, took Pharos[35] at once by assault and razed it to the ground, and after subduing the rest of Illyria and organizing it as he thought best, returned to Rome late in summer and entered the city in triumph, acclaimed by all, for he seemed to have managed matters not only with ability, but with very high courage.

20. The Romans, when the news of the fall of Saguntum reached them, did not assuredly hold a debate on the question of the war, as some authors allege, even setting down

[33] Philip V (221–187), son of Demetrius II, and successor to Antigonus Doson.   [34] See *RE* Messenien (Suppl. 15) 272 (E. Meyer).   [35] Despite the harsh treatment by the consul, the Romans renewed the alliance concluded in 228. This has been suggested by L. Robert, *Hellenica* 11–12 (1960) 505–541, and demonstrated by P. Derow, *ZPE* 88 (1991) 261–270; a different opinion in M. Eckstein, *CP* 94 (1999) 395–418.

συγγραφέων φασί, προσκατατάττοντες ἔτι καὶ τοὺς
εἰς ἑκάτερα ῥηθέντας λόγους, πάντων ἀτοπώτατον
2 πρᾶγμα ποιοῦντες. πῶς γὰρ οἷόν τ᾽ ἦν Ῥωμαίους τοὺς
ἐνιαυτῷ πρότερον ἐπηγγελκότας πόλεμον Καρχηδονί-
οις, ἐὰν ἐπιβαίνωσι τῆς Ζακανθαίων χώρας, τούτους
κατὰ κράτος ἑαλωκυίας αὐτῆς τῆς πόλεως τότε βου-
λεύεσθαι συνελθόντας πότερα πολεμητέον ἢ τοὐναν-
3 τίον; πῶς δὲ καὶ τίνα τρόπον ἅμα μὲν τὴν στυγνότητα
τοῦ συνεδρίου παρεισάγουσι θαυμάσιον, ἅμα δὲ τοὺς
υἱοὺς ἀπὸ δώδεκ᾽ ἐτῶν ἄγειν φασὶ τοὺς πατέρας εἰς τὸ
συνέδριον, οὓς μετέχοντας τῶν διαβουλίων οὐδὲ τῶν
ἀναγκαίων οὐδενὶ προΐεσθαι τῶν ἀπορρήτων οὐδέν;
4 ὧν οὔτ᾽ εἰκὸς οὔτ᾽ ἀληθές ἐστι τὸ παράπαν οὐδέν, εἰ
μὴ νὴ Δία πρὸς τοῖς ἄλλοις ἡ τύχη καὶ τοῦτο προσ-
5 ένειμε Ῥωμαίοις, τὸ φρονεῖν αὐτοὺς εὐθέως ἐκ γενε-
τῆς. πρὸς μὲν οὖν τὰ τοιαῦτα τῶν συγγραμμάτων οἷα
γράφει Χαιρέας καὶ Σώσυλος οὐδὲν ἂν δέοι πλέον
λέγειν· οὐ γὰρ ἱστορίας, ἀλλὰ κουρεακῆς καὶ παν-
δήμου λαλιᾶς ἔμοιγε δοκοῦσι τάξιν ἔχειν καὶ δύναμιν.
6   Ῥωμαῖοι δέ, προσπεσόντος σφίσι τοῦ γεγονότος
κατὰ τοὺς Ζακανθαίους ἀτυχήματος, παραχρῆμα
πρεσβευτὰς ἑλόμενοι κατὰ σπουδὴν ἐξαπέστειλαν εἰς
7 τὴν Καρχηδόνα, δύο προτείνοντες αὐτοῖς, ὧν τὸ μὲν
αἰσχύνην ἅμα καὶ βλάβην ἐδόκει φέρειν δεξαμένοις

---

36 Nothing else is known of the first; for Sosylus see *FGrH* 176.
He was a Spartan accompanying Hannibal and writing about the
war. More at 96. 6.

the speeches made on both sides—a most absurd proceeding. For how could the Romans, who a year ago had announced to the Carthaginians that their entering the territory of Saguntum would be regarded as a *casus belli*, now when the city itself had been taken by assault, assemble to debate whether they should go to war or not? How is it that on the one hand these authors draw a wonderful picture of the gloomy aspect of the Senate and on the other tell us that fathers brought their sons from the age of twelve upwards to the Senate House, and that these boys attended the debate but divulged not a syllable even to any of their near relatives? Nothing in this is the least true or even probable, unless, indeed, Fortune has bestowed on the Romans among other gifts that of being wise from their cradles. No further criticism, indeed, of such works as those of Chaereas and Sosylus[36] is necessary; they rank in authority, it seems to me, not with history, but with the common gossip of a barber's shop.

The Romans, on hearing of the calamity that had befallen Saguntum, at once appointed ambassadors[37] and sent them posthaste to Carthage, giving the Carthaginians the option of two alternatives, the one of which, if they accepted it, entailed disgrace and damage, while the other

---

[37] Five, among them both consuls of 219 (*MRR* 1. 239), who cannot have left Rome before March 15 when their office expired. They may have left much later, after it had become known that Hannibal had crossed the Ebro: so W. Hoffmann, "Die römische Kriegserklärung an Karthago im Jahre 218," *RhM* 94 (1951) 69–88. If so, this fact, and not Saguntum, was the *casus belli* for Rome. WC 1. 334–335, with additional bibliography in 3. 766.

8 τοῖς Καρχηδονίοις, τὸ δ' ἕτερον πραγμάτων καὶ κινδύ-
νων ἀρχὴν μεγάλων. ἢ γὰρ τὸν στρατηγὸν Ἀννίβαν
καὶ τοὺς μετ' αὐτοῦ συνέδρους [ἐκδότους διδόναι]
Ῥωμαίοις ἐκδοτέον ἢ προήγγελλον τὸν πόλεμον.

9 παραγενομένων δὲ τῶν Ῥωμαίων, καὶ παρελθόντων
εἰς τὸ συνέδριον καὶ διασαφούντων ταῦτα, δυσχερῶς
ἤκουον οἱ Καρχηδόνιοι τὴν αἵρεσιν τῶν προτεινο-

10 μένων. ὅμως δὲ προστησάμενοι τὸν ἐπιτηδειότατον ἐξ
αὐτῶν ἤρξαντο περὶ σφῶν δικαιολογεῖσθαι.

21. τὰς μὲν οὖν πρὸς Ἀσδρούβαν ὁμολογίας παρ-
εσιώπων, ὡς οὔτε γεγενημένας, εἴ τε γεγόνασιν, οὐδὲν
οὔσας πρὸς αὐτοὺς διὰ τὸ χωρὶς τῆς σφετέρας πε-

2 πρᾶχθαι γνώμης. ἐχρῶντο δ' ἐξ αὐτῶν Ῥωμαίων εἰς
τοῦτο παραδείγματι. τὰς γὰρ ἐπὶ Λυτατίου γενομένας
συνθήκας ἐν τῷ πολέμῳ τῷ περὶ Σικελίας, ταύτας
ἔφασαν ἤδη συνωμολογημένας ὑπὸ Λυτατίου μετὰ
ταῦτα τὸν δῆμον τῶν Ῥωμαίων ἀκύρους ποιῆσαι διὰ

3 τὸ χωρὶς τῆς αὐτοῦ γενέσθαι γνώμης. ἐπίεζον δὲ καὶ
προσαπηρείδοντο παρ' ὅλην τὴν δικαιολογίαν ἐπὶ τὰς
τελευταίας συνθήκας τὰς γενομένας ἐν τῷ περὶ Σικε-

4 λίας πολέμῳ. ἐν αἷς περὶ μὲν Ἰβηρίας οὐκ ἔφασαν
ὑπάρχειν ἔγγραφον οὐδέν, περὶ δὲ τοῦ τοῖς ἑκατέρων
συμμάχοις τὴν παρ' ἀμφοῖν ἀσφάλειαν εἶναι ῥητῶς

5 κατατετάχθαι. Ζακανθαίους δὲ παρεδείκνυον οὐκ ὄν-
τας τότε Ῥωμαίων συμμάχους, καὶ παρανεγίνωσκον

6 πρὸς τοῦτο πλεονάκις τὰς συνθήκας. Ῥωμαῖοι δὲ τοῦ
μὲν δικαιολογεῖσθαι καθάπαξ ἀπεγίνωσκον, φάσκον-
τες ἀκεραίου μὲν ἔτι διαμενούσης τῆς τῶν Ζακαν-

would give rise to extreme trouble and peril. Either they must give up to the Romans Hannibal and the members of his Council or war would be declared. On the Roman envoys arriving and appearing before the Senate and delivering their message the Carthaginians listened with indignation to this choice of alternatives, but putting up their most able member to speak, they entered upon their justification.

21. They said not a word of the treaty with Hasdrubal, considering it as not existent, or if existent, as not concerning them, since it was made without their approval. Here they used the precedent of the Romans themselves, alleging that the treaty made in the war for Sicily under Lutatius, though agreed to by Lutatius, had been repudiated by the Romans as having been made without their approval. In all their plea of justification they emphasized and insisted on the last treaty concluded during the war for Sicily, in which they said there was no mention of Iberia, but it was expressly set down that the allies of each power should be secure from attack by the other. They pointed out that at that time the Saguntines were not the allies of Rome, and to prove their point they several times read aloud the terms of the treaty.[38] The Romans refused definitely to discuss the matter of justification, saying that while Saguntum still stood unharmed matters admitted of

---

[38] Reading aloud the terms of the Lutatius treaty proved that Saguntum was not in it (as a Roman ally).

θαίων πόλεως ἐπιδέχεσθαι τὰ πράγματα δικαιολογίαν
καὶ δυνατὸν εἶναι λόγῳ περὶ τῶν ἀμφισβητουμένων
7 διεξάγειν· ταύτης δὲ παρεσπονδημένης ἢ τοὺς αἰτίους
ἐκδοτέον εἶναι σφίσι, δι᾽ οὖ φανερὸν ἔσται πᾶσιν ὡς
οὐ μετεσχήκασι τῆς ἀδικίαις, ἀλλ᾽ ἄνευ τῆς αὑτῶν
γνώμης πεπρᾶχθαι τοῦτο τοὖργον, ἢ μὴ βουλομένους
8 τοῦτο ποιεῖν, ὁμολογοῦντας δὲ κοινωνεῖν ⟨τῆς ἀδικίας
καὶ συναναδέχεσθαι τὸν πόλεμον.

Οἱ μὲν⟩ οὖν καθολικώτερόν πως ἐχρήσαντο τοῖς
9 λόγοις. ἡμῖν δ᾽ ἀναγκαῖον εἶναι δοκεῖ τὸ μὴ παρα-
λείπειν ἄσκεπτον τοῦτο τὸ μέρος, ἵνα μήθ᾽ οἷς καθήκει
καὶ διαφέρει τὸ σαφῶς εἰδέναι τὴν ἐν τούτοις ἀκρί-
βειαν, παραπαίωσι τῆς ἀληθείας ἐν τοῖς ἀναγ-
10 καιοτάτοις διαβουλίοις, μήθ᾽ οἱ φιλομαθοῦντες περὶ
τούτων ἀστοχῶσι, συμπλανώμενοι ταῖς ἀγνοίαις καὶ
φιλοτιμίαις τῶν συγγραφέων, ἀλλ᾽ ἦ τις ὁμολογου-
μένη θεωρία τῶν ἀπὸ τῆς ἀρχῆς ὑπαρξάντων δικαίων
Ῥωμαίοις καὶ Καρχηδονίοις πρὸς ἀλλήλους ἕως εἰς
τοὺς καθ᾽ ἡμᾶς καιρούς.

22. Γίνονται τοιγαροῦν συνθῆκαι Ῥωμαίοις καὶ
Καρχηδονίοις πρῶται κατὰ Λεύκιον Ἰούνιον Βροῦτον
καὶ Μάρκον Ὡράτιον, τοὺς πρώτους κατασταθέντας
ὑπάτους μετὰ τὴν τῶν βασιλέων κατάλυσιν, ὑφ᾽ ὧν
συνέβη καθιερωθῆναι καὶ τὸ τοῦ Διὸς ἱερὸν τοῦ Καπε-
2 τωλίου. ταῦτα δ᾽ ἔστι πρότερα τῆς Ξέρξου διαβάσεως
3 εἰς τὴν Ἑλλάδα τριάκοντ᾽ ἔτεσι λείπουσι δυεῖν. ἃς
καθ᾽ ὅσον ἦν δυνατὸν ἀκριβέστατα διερμηνεύσαντες
ἡμεῖς ὑπογεγράφαμεν. τηλικαύτη γὰρ ἡ διαφορὰ γέ-

a plea of justification and it was possible to reach a decision on the disputed points by argument, but now that the treaty[39] had been broken by the seizure of the city either they must give up the culprits, which would make it clear to all that they had no share in the wrong, but that it had been done without their approval, or if they refused to do so and thus confessed that they were participators in the misdeed they must accept war.

On this occasion the question was dealt with in more or less general terms, but I think it necessary for myself not to neglect it, so that neither those whose duty and interest it is to be accurately informed about this may deviate from the truth in critical debates, nor students, led astray by the ignorance or partisanship of historians, acquire mistaken notions on the subject, but that there may be some survey generally recognized as accurate of the treaties between Rome and Carthage up to our own time.

22. The first treaty[40] between Rome and Carthage dates from the consulship of Lucius Junius Brutus and Marcus Horatius, the first Consuls after the expulsion of the kings, and the founders of the Temple of Jupiter Capitolinus. This is twenty-eight years before the crossing of Xerxes to Greece. I give below as accurate a rendering as I can of this treaty, but the ancient Roman language differs

509–508
B.C.

[39] Here and later it is often difficult or impossible to say whether the Lutatius or the Ebro treaty is alluded to.

[40] Of 509/8; *StV* 121 and commentary.

γονε τῆς διαλέκτου καὶ παρὰ Ῥωμαίοις τῆς νῦν πρὸς
τὴν ἀρχαίαν ὥστε τοὺς συνετωτάτους ἔνια μόλις ἐξ
4 ἐπιστάσεως διευκρινεῖν. εἰσὶ δ' αἱ συνθῆκαι τοιαίδε
τινές· "ἐπὶ τοῖσδε φιλίαν εἶναι Ῥωμαίοις καὶ τοῖς
Ῥωμαίων συμμάχοις καὶ Καρχηδονίοις καὶ τοῖς Καρ-
5 χηδονίων συμμάχοις· μὴ πλεῖν Ῥωμαίους μηδὲ τοὺς
Ῥωμαίων συμμάχους ἐπέκεινα τοῦ Καλοῦ ἀκρωτη-
6 ρίου, ἐὰν μὴ ὑπὸ χειμῶνος ἢ πολεμίων ἀναγκασθῶ-
σιν· ἐὰν δέ τις βίᾳ κατενεχθῇ, μὴ ἐξέστω αὐτῷ μηδὲν
ἀγοράζειν μηδὲ λαμβάνειν πλὴν ὅσα πρὸς πλοίου
7 ἐπισκευὴν ἢ πρὸς ἱερά, ⟨ἐν πέντε δ' ἡμέραις ἀποτρε-
8 χέτω.⟩ τοῖς δὲ κατ' ἐμπορίαν παραγινομένοις μηδὲν
9 ἔστω τέλος πλὴν ἐπὶ κήρυκι ἢ γραμματεῖ. ὅσα δ' ἂν
τούτων παρόντων πραθῇ, δημοσίᾳ πίστει ὀφειλέσθω
τῷ ἀποδομένῳ, ὅσα ἂν ἢ ἐν Λιβύῃ ἢ ἐν Σαρδόνι
10 πραθῇ. ἐὰν Ῥωμαίων τις εἰς Σικελίαν παραγίνηται, ἧς
Καρχηδόνιοι ἐπάρχουσιν, ἴσα ἔστω τὰ Ῥωμαίων
11 πάντα. Καρχηδόνιοι δὲ μὴ ἀδικείτωσαν δῆμον Ἀρδεα-
τῶν, Ἀντιατῶν, Λαρεντίνων, Κιρκαιτῶν, Ταρρακινι-
τῶν, μηδ' ἄλλον μηδένα Λατίνων, ὅσοι ἂν ὑπήκοοι·
12 ἐὰν δέ τινες μὴ ὦσιν ὑπήκοοι, τῶν πόλεων ἀπεχέσθω-
σαν· ἂν δὲ λάβωσι, Ῥωμαίοις ἀποδιδότωσαν ἀκέραι-
13 ον. φρούριον μὴ ἐνοικοδομείτωσαν ἐν τῇ Λατίνῃ. ἐὰν
ὡς πολέμιοι εἰς τὴν χώραν εἰσέλθωσιν, ἐν τῇ χώρᾳ μὴ
ἐννυκτερευέτωσαν."

23. Τὸ μὲν οὖν Καλὸν ἀκρωτήριόν ἐστι τὸ προ-
κείμενον αὐτῆς τῆς Καρχηδόνος ὡς πρὸς τὰς ἄρκτους·
2 οὐ καθάπαξ ἐκέκεινα πλεῖν ὡς πρὸς μεσημβρίαν οὐκ

so much from the modern that it can only be partially made out, and that after much application, by the most intelligent men. The treaty is more or less as follows: "There is to be friendship between the Romans and their allies and the Carthaginians and their allies on these terms: The Romans and their allies not to sail beyond the Fair Promontory unless forced by storm or by enemies: it is forbidden to anyone carried beyond it by force to buy or carry away anything beyond what is required for the repair of his ship or for sacrifice, and he must depart within five days. Men coming to trade may conclude no business except in the presence of a herald or town clerk, and the price of whatever is sold in the presence of such shall be secured to the vendor by the state, if the sale take place in Libya or Sardinia. If any Roman come to the Carthaginian province in Sicily,[41] he shall enjoy equal rights with others. The Carthaginians shall do no wrong to the peoples of Ardea,[42] Antium, Laurentium, Circeii, Terracina, or any other city of the Latins who are subject to Rome. Touching those Latins who are not subjects, they shall keep their hands off their cities, and if they take any city shall deliver it up to the Romans undamaged. They shall build no fort in the Latin territory. If they enter the land in arms, they shall not pass a night therein."

23. The "Fair Promontory"[43] is that lying in front of Carthage to the North. The Carthaginians forbid the Ro-

---

[41] In the northwest: Motye, Soluntum, Panormus. The Carthaginians had ca. 510 defeated and killed the Spartan prince Dorieus, who had tried to found a colony on Mt. Eryx (Hdt. 5. 46).

[42] All these cities are on the coast of Latium, enumerated here from north to south.   [43] Most likely Cap Farina (WC 1. 342).

οἴονται δεῖν οἱ Καρχηδόνιοι τοὺς Ῥωμαίους μακραῖς
ναυσὶ διὰ τὸ μὴ βούλεσθαι γινώσκειν αὑτούς, ὡς ἐμοὶ
δοκεῖ, μήτε τοὺς κατὰ τὴν Βυσσάτιν μήτε τοὺς κατὰ
τὴν μικρὰν Σύρτιν τόπους, ἃ δὴ καλοῦσιν Ἐμπόρια,
3 διὰ τὴν ἀρετὴν τῆς χώρας. ἐὰν δέ τις ὑπὸ χειμῶνος ἢ
πολεμίων βίᾳ κατενεχθεὶς δέηταί του τῶν ἀναγκαίων
πρὸς ἱερὰ καὶ πρὸς ἐπισκευὴν πλοίου, ταῦτα, πάρεξ δὲ
μηδὲν οἴονται δεῖν λαμβάνειν, καὶ κατ᾽ ἀνάγκην ἐν
πένθ᾽ ἡμέραις ἀπαλλάττεσθαι τοὺς καθορμισθέντας.
4 εἰς δὲ Καρχηδόνα καὶ πᾶσαν τὴν ἐπὶ τάδε τοῦ Καλοῦ
ἀκρωτηρίου τῆς Λιβύης καὶ Σαρδόνα καὶ Σικελίαν, ἧς
ἐπάρχουσι Καρχηδόνιοι, κατ᾽ ἐμπορίαν πλεῖν Ῥωμαί-
οις ἔξεστι, καὶ τὸ δίκαιον ὑπισχνοῦνται βεβαιώσειν οἱ
5 Καρχηδόνιοι ⟨δημοσίᾳ⟩ πίστει. ἐκ δὲ τούτων τῶν
συνθηκῶν περὶ μὲν Σαρδόνος καὶ Λιβύης ἐμφαίνουσιν
ὡς περὶ ἰδίας ποιούμενοι τὸν λόγον· ὑπὲρ δὲ Σικελίας
τἀναντία διαστέλλονται ῥητῶς, ὑπὲρ αὐτῶν τούτων
ποιούμενοι τὰς συνθήκας, ὅσα τῆς Σικελίας ὑπὸ τὴν
6 Καρχηδονίων πίπτει δυναστείαν. ὁμοίως δὲ καὶ Ῥω-
μαῖοι περὶ τῆς Λατίνης αὐτῆς χώρας ποιοῦνται τὰς
συνθήκας, τῆς δὲ λοιπῆς Ἰταλίας οὐ μνημονεύουσι,
διὰ τὸ μὴ πίπτειν ὑπὸ τὴν αὑτῶν ἐξουσίαν.

24. Μετὰ δὲ ταύτας ἑτέρας ποιοῦνται συνθήκας, ἐν
αἷς προσπεριειλήφασι Καρχηδόνιοι Τυρίους καὶ τὸν
2 Ἰτυκαίων δῆμον. πρόσκειται δὲ καὶ τῷ Καλῷ ἀκρω-
τηρίῳ Μαστία, Ταρσήιον· ὧν ἐκτὸς οἴονται δεῖν Ῥω-
μαίους μήτε λήζεσθαι μήτε πόλιν κτίζειν. εἰσὶ δὲ
3 τοιαίδε τινές· "ἐπὶ τοῖσδε φιλίαν εἶναι Ῥωμαίοις καὶ

mans absolutely to sail south of this in long ships, the reason being, I think, that they did not wish them to become acquainted either with the district round Byssatis or that near the lesser Syrtis, which they call Emporia, owing to their great fertility. If anyone, carried there by a storm or driven by his enemies, requires anything for the purpose of sacrificing to the gods or of repairing his ships, he may have this, but nothing beyond it, and those who touch there must leave within five days. To Carthage itself and all parts of Libya on this side of the Fair Promontory, to Sardinia and the Carthaginian province of Sicily the Romans may come for trading purposes, and the Carthaginian state engages to secure payment of their just debts. The phrasing of this treaty shows that they consider Sardinia and Libya as their own, whereas they distinctly express themselves otherwise about Sicily, mentioning only in the treaty those parts of it which are under Carthaginian rule. Similarly, the Romans include in the treaty Latium alone, making no mention of the rest of Italy as it was not then subject to their authority.

24. At a later date they made another treaty,[44] in which 806 B.C.? the Carthaginians include Tyre[45] and Utica, and mention, in addition to the Fair Promontory, Mastia and Tarseum as points beyond which the Romans may not either make marauding expeditions or found cities. This treaty is more or less as follows: "There is to be friendship on the following

[44] Of 348; *StV* 326 and commentary.
[45] The mother city of Carthage.

τοῖς Ῥωμαίων συμμάχοις καὶ Καρχηδονίων καὶ Τυρί-
ων καὶ Ἰτυκαίων δήμῳ καὶ τοῖς τούτων συμμάχοις.
4 τοῦ Καλοῦ ἀκρωτηρίου, Μαστίας, Ταρσηίου, μὴ λήζε-
σθαι ἐπέκεινα Ῥωμαίους μηδ᾽ ἐμπορεύεσθαι μηδὲ
5 πόλιν κτίζειν. ἐὰν δὲ Καρχηδόνιοι λάβωσιν ἐν τῇ
Λατίνῃ πόλιν τινὰ μὴ οὖσαν ὑπήκοον Ῥωμαίοις, τὰ
χρήματα καὶ τοὺς ἄνδρας ἐχέτωσαν, τὴν δὲ πόλιν
6 ἀποδιδότωσαν. ἐὰν δέ τινες Καρχηδονίων λάβωσί
τινας, πρὸς οὓς εἰρήνη μέν ἐστιν ἔγγραπτος Ῥω-
μαίοις, μὴ ὑποτάττονται δέ τι αὐτοῖς, μὴ καταγέτω-
σαν εἰς τοὺς Ῥωμαίων λιμένας· ἐὰν δὲ καταχθέντος
7, 8 ἐπιλάβηται ὁ Ῥωμαῖος, ἀφιέσθω. ὡσαύτως δὲ μηδ᾽ οἱ
Ῥωμαῖοι ποιείτωσαν. ἂν ἔκ τινος χώρας, ἧς Καρ-
χηδόνιοι ἐπάρχουσιν, ὕδωρ ἢ ἐφόδια λάβῃ ὁ Ῥω-
μαῖος, μετὰ τούτων τῶν ἐφοδίων μὴ ἀδικείτω μηδένα
9 πρὸς οὓς εἰρήνη καὶ φιλία ἐστὶ ⟨Καρχηδονίοις. ὡσαύ-
10 τως δὲ μηδ᾽ ὁ⟩ Καρχηδόνιος ποιείτω. εἰ δέ, μὴ ἰδίᾳ
μεταπορευέσθω· ἐὰν δέ τις τοῦτο ποιήσῃ, δημόσιον
11 γινέσθω τὸ ἀδίκημα. ἐν Σαρδόνι καὶ Λιβύῃ μηδεὶς
Ῥωμαίων μήτ᾽ ἐμπορευέσθω μήτε πόλιν κτιζέτω, ...
εἰ μὴ ἕως τοῦ ἐφόδια λαβεῖν ἢ πλοῖον ἐπισκευάσαι.
ἐὰν δὲ χειμὼν κατενέγκῃ, ἐν πένθ᾽ ἡμέραις ἀποτρε-
12 χέτω. ἐν Σικελίᾳ, ἧς Καρχηδόνιοι ἐπάρχουσι, καὶ ἐν
Καρχηδόνι πάντα καὶ ποιείτω καὶ πωλείτω ὅσα καὶ τῷ
13 πολίτῃ ἔξεστιν. ὡσαύτως δὲ καὶ ὁ Καρχηδόνιος ποι-
είτω ἐν Ῥώμῃ."
14 Πάλιν ἐν ταύταις ταῖς συνθήκαις τὰ μὲν κατὰ
Λιβύην καὶ Σαρδόνα προσεπιτείνουσιν ἐξιδιαζόμενοι

64

conditions between the Romans and their allies and the Carthaginians, Tyrians, and the people of Utica[46] and their respective allies. The Romans shall not maraud or trade or found a city on the farther side of Fair Promontory, Mastia, and Tarseum. If the Carthaginians capture any city in Latium not subject to Rome, they shall keep the valuables and the men, but give up the city. If any Carthaginians take captive any of a people with whom the Romans have a treaty of peace, but who are not subject to Rome, they shall not bring them into Roman harbors, but if one be brought in and a Roman lay hold of him, he shall be set free. The Romans shall not do likewise. If a Roman gets water or provisions from any place over which the Carthaginians rule, he shall not use these provisions to wrong any member of a people with whom the Carthaginians have peace and friendship. The Carthaginians shall not do likewise. If either does,[47] the aggrieved person shall not take private vengeance, and if he do, the wrongdoing shall be dealt with publicly. No Roman shall trade or found a city in Sardinia and Libya nor remain in a Sardinian or Libyan post longer than is required for taking in provisions or repairing his ship. If he be driven there by stress of weather, he shall depart within five days. In the Carthaginian province of Sicily and at Carthage he may do and sell anything that is permitted to a citizen. A Carthaginian in Rome may do likewise."

Again in this treaty they lay particular stress on Libya and Sardinia, asserting them to be their own private prop-

---

[46] New among Carthage's allies since the treaty of 510/09.
[47] Sc. wrong the other party.

καὶ πάσας ἀφαιρούμενοι τὰς ἐπιβάθρας Ῥωμαίων,
15 περὶ δὲ Σικελίας τἀναντία προσδιασαφοῦσι, περὶ τῆς
16 ὑπ' αὐτοὺς ταττομένης. ὁμοίως δὲ καὶ Ῥωμαῖοι περὶ
τῆς Λατίνης· οὐκ οἴονται δεῖν τοὺς Καρχηδονίους
ἀδικεῖν Ἀρδεάτας, Ἀντιάτας, Κιρκαίτας, Ταρρακι-
νίτας. αὗται δ' εἰσὶν αἱ πόλεις αἱ περιέχουσαι παρὰ
θάλατταν τὴν Λατίνην χώραν, ὑπὲρ ἧς ποιοῦνται τὰς
συνθήκας.

25. Ἔτι τοιγαροῦν τελευταίας συνθήκας ποιοῦνται,
Ῥωμαῖοι κατὰ τὴν Πύρρου διάβασιν πρὸ τοῦ συστή-
σασθαι τοὺς Καρχηδονίους τὸν περὶ Σικελίας πόλε-
2 μον· ἐν αἷς τὰ μὲν ἄλλα τηροῦσι πάντα κατὰ τὰς
ὑπαρχούσας ὁμολογίας, πρόσκειται δὲ τούτοις τὰ
3 ὑπογεγραμμένα. "ἐὰν συμμαχίαν ποιῶνται πρὸς Πύρ-
ρον ἔγγραπτον, ποιείσθωσαν ἀμφότεροι, ἵνα ἐξῇ βοη-
4 θεῖν ἀλλήλοις ἐν τῇ τῶν πολεμουμένων χώρᾳ· ὁπό-
τεροι δ' ἂν χρείαν ἔχωσι τῆς βοηθείας, τὰ πλοῖα
παρεχέτωσαν Καρχηδόνιοι καὶ εἰς τὴν ὁδὸν καὶ εἰς
5 τὴν ἄφοδον, τὰ δὲ ὀψώνια τοῖς αὑτῶν ἑκάτεροι. Καρ-
χηδόνιοι δὲ καὶ κατὰ θάλατταν Ῥωμαίοις βοηθείτω-
σαν, ἂν χρεία ᾖ. τὰ δὲ πληρώματα μηδεὶς ἀναγκαζέτω
ἐκβαίνειν ἀκουσίως."

6 Τὸν δ' ὅρκον ὀμνύειν ἔδει τοιοῦτον, ἐπὶ μὲν τῶν
πρώτων συνθηκῶν Καρχηδονίους μὲν τοὺς θεοὺς τοὺς
πατρῴους, Ῥωμαίους δὲ Δία λίθον κατά τι παλαιὸν
7 ἔθος, ἐπὶ δὲ τούτων τὸν Ἄρην καὶ τὸν Ἐνυάλιον. ἔστι
δὲ τὸ Δία λίθον τοιοῦτον· λαβὼν εἰς τὴν χεῖρα λίθον ὁ
ποιούμενος τὰ ὅρκια περὶ τῶν συνθηκῶν, ἐπειδὰν

erty and closing all approaches to the Romans, but of Sicily they distinctly speak contrariwise, mentioning the part of it subject to them. Similarly, the Romans concern themselves with Latium forbidding the Carthaginians to wrong the people of Ardea, Antium, Circeii, and Terracina, the cities that stand on the coast of that Latin territory with which the treaty is concerned.

25. A further and final treaty[48] with Carthage was made by the Romans at the time of Pyrrhus' invasion before the Carthaginians had begun the war for Sicily. In this they maintain all the previous agreements and add the following: "If they make a written alliance with Pyrrhus, both shall make it an express condition that they may go to the help of each other in whichever country is attacked. No matter which require help, the Carthaginians are to provide the ships for transport there and back and hostilities, but each country shall provide the pay for its own men. The Carthaginians, if necessary, shall come to the help of the Romans by sea too, but no one shall compel the crews to land against their will."

279 B.C.

The oaths they had to swear were as follows. In the case of the first treaty the Carthaginians swore by their ancestral gods and the Romans, following an old custom, invoking Jupiter in the ceremony of the stone, and in the case of this latter treaty by Mars and Quirinus. The oath by Jupiter Lapis[49] is as follows. The man who is swearing to the treaty takes in his hand a stone, and when he has sworn in the

48 Of 280/278; *StV* 466 and commentary.
49 See WC 1. 351–352.

ὁμόσῃ δημοσίᾳ πίστει, λέγει τάδε· εὐορκοῦντι μέν μοι
8 εἴη τἀγαθά· εἰ δ᾽ ἄλλως διανοηθείην τι ἢ πράξαιμι,
πάντων τῶν ἄλλων σῳζομένων ἐν ταῖς ἰδίαις πατρί-
σιν, ἐν τοῖς ἰδίοις νόμοις, ἐπὶ τῶν ἰδίων βίων, ἱερῶν,
τάφων, ἐγὼ μόνος ἐκπέσοιμι οὕτως ὡς ὅδε λίθος νῦν.
9 καὶ ταῦτ᾽ εἰπὼν ῥίπτει τὸν λίθον ἐκ τῆς χειρός.

26. Τούτων δὴ τοιούτων ὑπαρχόντων, καὶ τηρου-
μένων τῶν συνθηκῶν ἔτι νῦν ἐν χαλκώμασι παρὰ τὸν
Δία τὸν Καπετώλιον ἐν τῷ τῶν ἀγορανόμων ταμιείῳ,
2 τίς οὐκ ἂν εἰκότως θαυμάσειε Φιλίνου τοῦ συγγρα-
φέως, οὐ διότι ταῦτ᾽ ἠγνόει· τοῦτο μὲν γὰρ οὐ θαυ-
μαστόν, ἐπεὶ καθ᾽ ἡμᾶς ἔτι καὶ Ῥωμαίων καὶ Καρ-
χηδονίων οἱ πρεσβύτατοι καὶ μάλιστα δοκοῦντες περὶ
3 τὰ κοινὰ σπουδάζειν ἠγνόουν· ἀλλὰ πόθεν ἢ πῶς
ἐθάρρησε γράψαι τἀναντία τούτοις, διότι Ῥωμαίοις
καὶ Καρχηδονίοις ὑπάρχοιεν συνθῆκαι, καθ᾽ ἃς ἔδει
4 Ῥωμαίους μὲν ἀπέχεσθαι Σικελίας ἁπάσης, Καρ-
χηδονίους δ᾽ Ἰταλίας, καὶ διότι ὑπερέβαινον Ῥωμαῖοι
τὰς συνθήκας καὶ τοὺς ὅρκους, ἐπεὶ ἐποιήσαντο τὴν
πρώτην εἰς Σικελίαν διάβασιν, μήτε γεγονότος μήθ᾽
ὑπάρχοντος παράπαν ἐγγράφου τοιούτου μηδενός.
5 ταῦτα γὰρ ἐν τῇ δευτέρᾳ λέγει βύβλῳ διαρρήδην.
περὶ ὧν ἡμεῖς ἐν τῇ παρασκευῇ τῆς ἰδίας πραγ-
ματείας μνησθέντες, εἰς τοῦτον ὑπερεθέμεθα τὸν και-
ρὸν κατὰ μέρος περὶ αὐτῶν ἐξεργάσασθαι διὰ τὸ καὶ
πλείους διεψεῦσθαι τῆς ἀληθείας ἐν τούτοις, πιστεύ-
6 σαντας τῇ Φιλίνου γραφῇ. οὐ μὴν ἀλλ᾽ εἰ κατὰ τοῦτό
τις ἐπιλαμβάνεται Ῥωμαίων περὶ τῆς εἰς Σικελίαν

name of the state, he says, "If I abide by this my oath may all good be mine, but if I do otherwise in thought or act, let all other men dwell safe in their own countries under their own laws and in possession of their own substance, temples, and tombs, and may I alone be cast forth, even as this stone," and so saying he throws the stone from his hand.

26. The treaties being such, and preserved as they are on bronze tablets beside the temple of Jupiter Capitolinus in the treasury of the Aediles,[50] who can fail to be surprised at Philinus the historian,[51] not indeed for his ignorance of them, for that is by no means surprising, since still in my time, the most aged among the Romans and Carthaginians and those best versed in public affairs were ignorant of them; but how did he venture and on what authority to state just the opposite, to wit that there was a treaty between Rome and Carthage by which the Romans were obliged to keep away from the whole of Sicily and the Carthaginians from the whole of Italy, and that the Romans broke the treaty and their oath by their first crossing to Sicily? There is, as a fact, no such document at all, nor ever was there; yet in his Second Book he states thus in so many words. I mentioned the subject in the introductory part of this work, but deferred until the present occasion the detailed treatment it deserves, in view of the fact that many people, relying on Philinus' work, have false notions on the subject. True, if as regards the crossing of the Romans to Sicily anyone chooses to blame them for having

50 Mommsen, *Staatsr*. 2. 500 n. 1.
51 See on 1. 14. 1; this is *FGrH* 174 F 1.

διαβάσεως, ὅτι καθόλου Μαμερτίνους προσέλαβον
εἰς τὴν φιλίαν καὶ μετὰ ταῦτα δεομένοις ἐβοήθησαν,
οἵτινες οὐ μόνον τὴν Μεσσηνίων πόλιν, ἀλλὰ καὶ τὴν
Ῥηγίνων παρεσπόνδησαν, εἰκότως ἂν δόξειε δυσαρε-
7 στεῖν. εἰ δὲ παρὰ τοὺς ὅρκους καὶ τὰς συνθήκας
ὑπολαμβάνει τις αὐτοὺς πεποιῆσθαι τὴν διάβασιν,
ἀγνοεῖ προφανῶς.

27. Συντελεσθέντος τοίνυν τοῦ περὶ Σικελίας πολέ-
μου ποιοῦνται συνθήκας ἄλλας, ἐν αἷς τὰ συνέχοντα
2 τῶν ἐγγράπτων ἦ ταῦτα· "ἐκχωρεῖν Καρχηδονίους
<καὶ Σικελίας ἁπάσης καὶ> τῶν νήσων ἁπασῶν τῶν
3 κειμένων Ἰταλίας μεταξὺ καὶ Σικελίας. τὴν ἀσφά-
λειαν ὑπάρχειν παρ' ἑκατέρων τοῖς ἑκατέρων συμ-
4 μάχοις. μηδετέρους ἐν ταῖς ἀλλήλων ἐπαρχίαις μηδὲν
ἐπιτάττειν μηδ' οἰκοδομεῖν δημοσίᾳ μηδὲ ξενολογεῖν
μηδὲ προσλαμβάνειν εἰς φιλίαν τοὺς ἀλλήλων συμ-
5 μάχους. ἐξενεγκεῖν Καρχηδονίους ἐν ἔτεσι δέκα δισ-
χίλια καὶ διακόσια τάλαντα, παραυτίκα δὲ δοῦναι
6 χίλια. τοὺς αἰχμαλώτους χωρὶς λύτρων ἀποδοῦναι
7 πάντας Καρχηδονίους τοῖς Ῥωμαίοις." μετὰ δὲ ταῦτα
πάλιν λήξαντος τοῦ Λιβυκοῦ πολέμου Ῥωμαῖοι Καρ-
χηδονίοις πόλεμον ἐξενέγκαντες ἕως δόγματος ἐπι-
8 συνθήκας ἐποιήσαντο τοιαύτας· "ἐκχωρεῖν Καρχη-
δονίους Σαρδόνος καὶ προσεξενεγκεῖν ἄλλα χίλια καὶ
9 διακόσια τάλαντα," καθάπερ ἐπάνω προείπαμεν. ἐπὶ
δὲ τοῖς προειρημένοις τελευταῖαι πρὸς Ἀσδρούβαν ἐν
Ἰβηρίᾳ γίνονται διομολογήσεις, "ἐφ' ᾧ μὴ διαβαίνειν
Καρχηδονίους ἐπὶ πολέμῳ τὸν Ἴβηρα ποταμόν."

ever consented to receive into their friendship and after-
wards to help those Mamertines who seized treacherously
not only Messene but Rhegium, he would have good rea-
son for his disapproval, but if he supposes that they crossed
contrary to treaty and to their oath he is obviously ignorant
of the true facts.

27. At the close of the war for Sicily, then, they made
another treaty,[52] the clauses of which run as follows: "The
Carthaginians are to evacuate the whole of Sicily and all
the islands between Italy and Sicily. The allies of both par-
ties are to be secure from attack by the other. Neither party
is entitled to impose any contribution to construct public
buildings, or to enrol soldiers, in the dominions of the
other, nor to form alliances with the allies of the other.
The Carthaginians are to pay twenty-two hundred talents
within ten years, and a sum of a thousand talents at once.
The Carthaginians are to give up to the Romans all prison-
ers free of ransom." Later, at the end of the Libyan War, af-
ter the Romans had actually passed a decree declaring war
on Carthage, they added the following clause, as I stated
above: "The Carthaginians are to evacuate Sardinia and
pay a further sum of twelve hundred talents." In addition
to the above-mentioned agreements the last one[53] is that
made with Hasdrubal in Spain, that "The Carthaginians
are not to cross the Ebro in arms." Such is the diplomatic

241 B.C.

238 B.C.

228 B.C.

[52] Of 241, *StV* 493 and commentary.
[53] Of 226, *StV* 503 and commentary, the Ebro treaty.

10 ταῦθ᾽ ὑπῆρχε τὰ δίκαια Ῥωμαίοις καὶ Καρχηδονίοις
ἀπὸ τῆς ἀρχῆς ἕως εἰς τοὺς κατ᾽ Ἀννίβαν καιρούς.

28. Ὥσπερ οὖν τὴν εἰς Σικελίαν διάβασιν Ῥω-
μαίων οὐ παρὰ τοὺς ὅρκους εὑρίσκομεν γεγενημένην,
οὕτως ὑπὲρ τοῦ δευτέρου πολέμου, καθ᾽ ὃν ἐποιήσαντο
τὰς περὶ Σαρδόνος συνθήκας, οὔτε πρόφασιν οὔτ᾽
2 αἰτίαν εὕροι τις ἂν εὔλογον, ἀλλ᾽ ὁμολογουμένως τοὺς
Καρχηδονίους ἠναγκασμένους παρὰ πάντα τὰ δίκαια
διὰ τὸν καιρὸν ἐκχωρῆσαι μὲν Σαρδόνος, ἐξενεγκεῖν
3 δὲ τὸ προειρημένον πλῆθος τῶν χρημάτων. τὸ μὲν γὰρ
ὑπὸ Ῥωμαίων περὶ τούτων λεγόμενον ἔγκλημα, διότι
τοὺς παρὰ σφῶν πλοϊζομένους ἠδίκουν κατὰ τὸν Λι-
βυκὸν πόλεμον, ἐλύθη καθ᾽ οὓς καιροὺς κομισάμενοι
παρὰ Καρχηδονίων ἅπαντας τοὺς κατηγμένους ἀντε-
δωρήσαντο χωρὶς λύτρων ἐν χάριτι τοὺς παρὰ σφίσιν
4 ὑπάρχοντας αἰχμαλώτους. ὑπὲρ ὧν ἡμεῖς τὰ κατὰ
μέρος ἐν τῇ πρὸ ταύτης βύβλῳ δεδηλώκαμεν.

5 Τούτων δὴ τοιούτων ὑπαρχόντων, λοιπὸν διευκρι-
νῆσαι καὶ σκέψασθαι περὶ τοῦ κατ᾽ Ἀννίβαν πολέμου
ποτέροις αὐτῶν τὴν αἰτίαν ἀναθετέον.

29. Τὰ μὲν οὖν ὑπὸ Καρχηδονίων τότε ῥηθέντα
δεδηλώκαμεν, τὰ δ᾽ ὑπὸ Ῥωμαίων λεγόμενα νῦν ἐροῦ-
μεν· οἷς τότε μὲν οὐκ ἐχρήσαντο διὰ τὸν ἐπὶ τῇ
Ζακανθαίων ἀπωλείᾳ θυμόν· λέγεται δὲ πολλάκις καὶ
2 ὑπὸ πολλῶν παρ᾽ αὐτοῖς. πρῶτον μὲν ὅτι τὰς πρὸς

---

54 What follows is P.'s strongest condemnation of Rome's ac-
tion concerning Sardinia; see also 10. 3–5; 15.10; 30.4 and 1. 83. 7.

history of the relations between Rome and Carthage up to the time of Hannibal.

28. While therefore we find that the crossing of the Romans to Sicily was not contrary to treaty, for the second war, that in which they made the treaty about Sardinia, it is impossible to discover any reasonable pretext[54] or cause. In this case everyone would agree that the Carthaginians, contrary to all justice, and merely because the occasion permitted it, were forced to evacuate Sardinia and pay the additional sum I mentioned. For from the charge brought by the Romans against them in justification of this, that in the Libyan war they inflicted wrongs on the crews of ships sailing from Rome, they had freed them on the occasion when they had received back from them all their sailors who had been brought into Carthage and in return gave back all their own prisoners as an act of grace and without ransom. Of this I have spoken at length in my previous Book.[55]

Having established these facts it remains for us to consider, after thorough investigation, to which of the two states we should attribute the cause of the Hannibalic war.

29. I have already stated what the Carthaginians alleged, and will now give the reply of the Romans—a reply indeed which they did not make at the time owing to their indignation at the loss of Saguntum, but it has been given on many occasions and by many different people at Rome. In the first place they contend that the treaty with Hasdru-

[55] Actually in 1. 83. 7, not in Book 2.

Ἀσδρούβαν γενομένας ὁμολογίας οὐκ ἀθετητέον, κα-
θάπερ οἱ Καρχηδόνιοι λέγειν ἐθάρρουν· οὐ γὰρ προσ-
3 έκειτο, καθάπερ ἐπὶ τοῦ Λυτατίου, "κυρίας εἶναι ταύ-
τας, ἐὰν καὶ τῷ δήμῳ δόξῃ τῶν Ῥωμαίων·" ἀλλ'
αὐτοτελῶς ἐποιήσατο τὰς ὁμολογίας Ἀσδρούβας, ἐν
αἷς ἦν, "τὸν Ἴβηρα ποταμὸν μὴ διαβαίνειν ἐπὶ πο-
4 λέμῳ Καρχηδονίους." καὶ μὴν ἐν ταῖς περὶ Σικελίας
συνθήκαις ἦν ἔγγραπτον, καθάπερ κἀκεῖνοί φασιν,
"ὑπάρχειν τοῖς ἀμφοτέρων συμμάχοις τὴν παρ' ἑκατ-
έρων ἀσφάλειαν, οὐκ αὐτοῖς μόνον τοῖς τότε συμμα-
χοῦσι, καθάπερ ἐποιοῦντο τὴν ἐκδοχὴν οἱ Καρχη-
5 δόνιοι· προσέκειτο γὰρ ἂν ἤτοι τὸ μὴ προσλαμβάνειν
ἑτέρους συμμάχους παρὰ τοὺς ὑπάρχοντας ἢ τὸ μὴ
παραλαμβάνεσθαι τοὺς ὕστερον προσληφθέντας τού-
6 των τῶν συνθηκῶν. ὅτε δὲ τούτων οὐδέτερον ἐγράφη,
προφανὲς ἦν ὅτι πᾶσι τοῖς ἑκατέρων συμμάχοις, καὶ
τοῖς οὖσι τότε καὶ τοῖς μετὰ ταῦτα προσληφθησο-
μένοις, τὴν παρ' ἀμφοῖν ἀσφάλειαν ἀεὶ δέον ἦν ὑπάρ-
7 χειν. ὃ δὴ καὶ πάντως ἂν εἰκὸς εἶναι δόξειεν. οὐ γὰρ
δήπου τοιαύτας ἔμελλον ποιήσεσθαι συνθήκας δι' ὧν
ἀφελοῦνται τὴν ἐξουσίαν σφῶν αὐτῶν τοῦ προσλαμ-
βάνειν κατὰ καιρούς, ἄν τινες ἐπιτήδειοι φανῶσιν
8 αὐτοῖς φίλοι καὶ σύμμαχοι, οὐδὲ μὴν προσλαβόντες
εἰς τὴν σφετέραν πίστιν περιόψεσθαι τούτους ὑπό
9 τινων ἀδικουμένους· ἀλλ' ἦν ἀμφοτέρων τὸ συνέχον
τῆς ἐννοίας τῆς ἐν ταῖς συνθήκαις τῶν μὲν ὑπαρ-
χόντων ἀμφοτέροις τότε συμμάχων ἀφέξεσθαι καὶ
κατὰ μηδένα τρόπον τοὺς ἑτέρους παρὰ τῶν ἑτέρων

bal should not be ignored, as the Carthaginians had the audacity to say; for there was no conditioning clause at the end as in the treaty made by Lutatius: "This treaty shall be valid if the Roman people also agree to it," but Hasdrubal acting with full authority[56] made the agreement in which was the clause, "The Carthaginians shall not cross the Ebro in arms." Again, in the treaty about Sicily there was, as the Carthaginians admit, the clause: "The allies of either party are to be secure from attack by the other," and this does not mean "those who were allies at that time," as the Carthaginians interpreted it;[57] for in that case there would have been a further clause to the effect either that neither party should enter into other alliances than their existing ones or that those subsequently received into alliance should not be admitted to the benefits of the treaty. But since neither of these clauses was appended, it is evident that each party undertook that all allies of the other, both those then existing and those subsequently admitted to alliance, should be secure from attack. This indeed seems a quite reasonable view; for surely they would never have made a treaty by which they deprived themselves of the freedom to admit into alliance from time to time any peoples whose friendship seemed to be of advantage to them, nor, having taken such under their protection, was it to be supposed that they would ignore injuries done to them by certain people. But the chief meaning of the treaty to both parties when they made it was, that they would each leave unmolested the existing allies of the other and in no way admit any of those into their own alli-

---

[56] An alternative translation, perhaps to be preferred, is "on his own responsibility."   [57] See 29. 2.

10 ἐπιδέξεσθαί τινας τούτων εἰς συμμαχίαν, περὶ δὲ τῶν
μετὰ ταῦτα προσληφθησομένων αὐτὸ τοῦτο μήτε
ξενολογεῖν μήτ' ἐπιτάττειν μηδετέρους μηδὲν ἐν ταῖς
ἀλλήλων ἐπαρχίαις καὶ συμμαχίαις· ὑπάρχειν τε τὴν
ἀσφάλειαν πᾶσι τὴν παρ' ἀμφοῖν.

30. Τούτων δὴ τοιούτων ὑπαρχόντων, ὁμολογού-
μενον ἦν κἀκεῖνο διότι Ζακανθαῖοι πλείοσιν ἔτεσιν
ἤδη πρότερον τῶν κατ' Ἀννίβαν καιρῶν ἐδεδώκεισαν
2 αὐτοὺς εἰς τὴν τῶν Ῥωμαίων πίστιν. σημεῖον δὲ τοῦτο
μέγιστον καὶ παρ' αὐτοῖς τοῖς Καρχηδονίοις ὁμολο-
γούμενον ὅτι στασιάσαντες Ζακανθαῖοι πρὸς σφᾶς οὐ
Καρχηδονίοις ἐπέτρεψαν, καίπερ ἐγγὺς ὄντων αὐτῶν
καὶ τὰ κατὰ τὴν Ἰβηρίαν ἤδη πραττόντων, ἀλλὰ
Ῥωμαίοις, καὶ διὰ τούτων ἐποιήσαντο τὴν κατόρ-
3 θωσιν τῆς πολιτείας. διόπερ εἰ μέν τις τὴν Ζακάνθης
ἀπώλειαν αἰτίαν τίθησι τοῦ πολέμου, συγχωρητέον
ἀδίκως ἐξενηνοχέναι τὸν πόλεμον Καρχηδονίους κατά
τε τὰς ἐπὶ τοῦ Λυτατίου συνθήκας, καθ' ἃς ἔδει τοῖς
ἑκατέρων συμμάχοις τὴν ὑφ' ἑκατέρων ὑπάρχειν
ἀσφάλειαν, κατά τε τὰς ἐπ' Ἀσδρούβου, καθ' ἃς οὐκ
ἔδει διαβαίνειν τὸν Ἴβηρα ποταμὸν ἐπὶ πολέμῳ Καρ-
4 χηδονίους· εἰ δὲ τὴν Σαρδόνος ἀφαίρεσιν καὶ τὰ σὺν
ταύτῃ χρήματα, πάντως ὁμολογητέον εὐλόγως πεπο-
λεμηκέναι τὸν κατ' Ἀννίβαν πόλεμον τοὺς Καρχη-
δονίους· καιρῷ γὰρ πεισθέντες ἡμύνοντο σὺν καιρῷ
τοὺς βλάψαντας.

31. Ἔνιοι δὲ τῶν ἀκρίτως τὰ τοιαῦτα θεωμένων
τάχ' ἂν φήσαιεν ἡμᾶς οὐκ ἀναγκαίως ἐπὶ πλεῖον

ance, whereas, regarding subsequent alliances, to which this clause particularly applies, they undertook not to enlist soldiers or levy contributions in the provinces of each or in countries allied to each, and that all allies of each in general should be secure from attack by the other.

30. This being so, it is an acknowledged fact that the Saguntines, a good many years before the time of Hannibal, placed themselves under the protection of Rome. The surest proof of this, and one accepted by the Carthaginians themselves, is that when a civil disturbance broke out at Saguntum they did not call in the mediation of the Carthaginians, although they were close at hand and already concerning themselves with Spanish matters, but that of the Romans, and with their help set right the affairs of the state. Therefore, if we take the destruction of Saguntum to be the cause of the war we must allow that the Carthaginians were in the wrong in beginning the war, both in view of the treaty of Lutatius, in which it was stipulated that the allies of each should be secure from attack by the other, and in view of the convention made with Hasdrubal, by which the Carthaginians undertook not to cross the Ebro in arms.[58] If, however, we take the cause of the war to have been the robbery of Sardinia and the tribute then exacted, we must certainly confess that they had good reason for entering on the Hannibalic war, since having yielded only to circumstances, they now availed themselves of circumstances to be avenged on those who had injured them.

31. It might be said by some of these who look on such things without discernment, that these are matters which

[58] P. seems to have momentarily forgotten that Saguntum lies south of the Ebro.

2 ἐξακριβοῦν τοὺς ὑπὲρ τῶν τοιούτων λόγους. ἐγὼ δ᾽, εἰ
μέν τις ὑπείληφε πρὸς πᾶσαν περίστασιν αὐτάρκης
ὑπάρχειν, καλὴν μέν, οὐκ ἀναγκαίαν δ᾽ ἴσως φήσαιμ᾽
3 ἂν εἶναι τὴν τῶν προγεγονότων ἐπιστήμην· εἰ δὲ
μηδεὶς ἂν μήτε περὶ τῶν κατ᾽ ἰδίαν μήτε περὶ τῶν
κοινῶν τολμήσαι τοῦτ᾽ εἰπεῖν ἄνθρωπος ὤν, διὰ τό,
κἂν κατὰ τὸ παρὸν εὐτυχῇ, τήν γε περὶ τοῦ μέλλοντος
ἐλπίδα μηδὲν ἂν ἐκ τῶν νῦν παρόντων εὐλόγως βεβαι-
ώσασθαι μηδένα τῶν νοῦν ἐχόντων, οὐ μόνον καλήν,
4 ἔτι δὲ μᾶλλον ἀναγκαίαν εἶναί φημι διὰ ταῦτα τὴν
5 τῶν παρεληλυθότων ἐπίγνωσιν. πῶς γὰρ ἂν εἴτ᾽ αὐτὸς
ἀδικούμενός τις ἢ τῆς πατρίδος ἀδικουμένης βοηθοὺς
εὕροι καὶ συμμάχους, εἴτε κτήσασθαί τι καὶ προ-
κατάρξασθαι σπουδάζων τοὺς συνεργήσοντας αὐτῷ
6 παρορμῆσαι πρὸς τὰς ἐπιβολάς; πῶς δ᾽ ἂν εὐδοκού-
μενος τοῖς ὑποκειμένοις τοὺς βεβαιώσοντας τὴν αὑτοῦ
προαίρεσιν καὶ διαφυλάξοντας τὴν κατάστασιν παρ-
οξῦναι δικαίως, εἰ μηδὲν εἰδείη τῆς τῶν προγεγονότων
7 περὶ ἑκάστους ὑπομνήσεως; πρὸς μὲν γὰρ τὸ παρὸν
ἀεί πως ἁρμοζόμενοι καὶ συνυποκρινόμενοι τοιαῦτα
καὶ λέγουσι καὶ πράττουσι πάντες ὥστε δυσθεώρητον
εἶναι τὴν ἑκάστου προαίρεσιν καὶ λίαν ἐν πολλοῖς
8 ἐπισκοτεῖσθαι τὴν ἀλήθειαν. τὰ δὲ παρεληλυθότα τῶν
ἔργων, ἐξ αὐτῶν τῶν πραγμάτων λαμβάνοντα τὴν
δοκιμασίαν, ἀληθινῶς ἐμφαίνει τὰς ἑκάστων αἱρέσεις
καὶ διαλήψεις, καὶ δηλοῖ παρ᾽ οἷς μὲν χάριν, εὐεργε-
σίαν, βοήθειαν ἡμῖν ὑπάρχουσαν, παρ᾽ οἷς δὲ τἀναν-
9 τία τούτων. ἐξ ὧν καὶ τὸν ἐλεήσοντα καὶ τὸν συνορ-

it was not necessary for me to treat in such detail. My answer is, that if there were any man who considered that he had sufficient force in himself to face any circumstances, I should say perhaps that knowledge of the past was good for him, but not necessary; but if there is no one who shares the fortunes of mankind at least who would venture to speak so of himself either as regards his private fortunes or those of his country—since, even if all is well with him now no man of sense could from his present circumstances have any reasonable confidence that he will be prosperous in the future—I affirm for this reason that such knowledge is not only good but in the highest degree necessary. For how can anyone when wronged himself or when his country is wronged find helpmates and allies; how can he, when desirous of acquiring some possession or initiating hostilities, stir to action those whose cooperation he wishes; how, finally, if he is content with present conditions, can he rightly stimulate others to establish his own convictions and maintain things as they are, if he knows nothing at all of the past history of those he would influence? For all men are given to adapt themselves to the present and assume a character suited to the times, so that from their words and actions it is difficult to judge of the principles of each, and in many cases the truth is quite overcast. But men's past actions, bringing to bear the test of actual fact, indicate truly the principles and intentions of each, and show us where we may look for gratitude, kindness, and help, and where for the reverse. It is by this means that we

γιούμενον, ἔτι δὲ τὸν δικαιώσοντα, πολλάκις κἀπὶ
10 πολλῶν εὑρεῖν ἐστιν. ἅπερ ἔχει μεγίστας ἐπικουρίας
καὶ κοινῇ καὶ κατ᾽ ἰδίαν πρὸς τὸν ἀνθρώπινον βίον.
11 διόπερ οὐχ οὕτως ἐστὶ φροντιστέον τῆς αὐτῶν τῶν
πράξεων ἐξηγήσεως, οὔτε τοῖς γράφουσιν οὔτε τοῖς
ἀναγινώσκουσι τὰς ἱστορίας, ὡς τῶν πρότερον καὶ
12 τῶν ἅμα καὶ τῶν ἐπιγινομένων τοῖς ἔργοις. ἱστορίας
γὰρ ἐὰν ἀφέλῃ τις τὸ διὰ τί καὶ πῶς καὶ τίνος χάριν
ἐπράχθη τὸ πραχθὲν καὶ πότερον εὔλογον ἔσχε τὸ
13 τέλος, τὸ καταλειπόμενον αὐτῆς ἀγώνισμα μέν, μάθη-
μα δ᾽ οὐ γίνεται, καὶ παραυτίκα μὲν τέρπει, πρὸς δὲ τὸ
μέλλον οὐδὲν ὠφελεῖ τὸ παράπαν.

32. Ἧι καὶ τοὺς ὑπολαμβάνοντας δύσκτητον εἶναι
καὶ δυσανάγνωστον τὴν ὑμετέραν πραγματείαν διὰ τὸ
πλῆθος καὶ τὸ μέγεθος τῶν βύβλων ἀγνοεῖν νομιστέ-
2 ον. πόσῳ γὰρ ῥᾷόν ἐστι καὶ κτήσασθαι καὶ διαναγνῶ-
ναι βύβλους τετταράκοντα καθάπερ ἂν εἰ κατὰ μίτον
ἐξυφασμένας, καὶ παρακολουθῆσαι σαφῶς ταῖς μὲν
κατὰ τὴν Ἰταλίαν καὶ Σικελίαν καὶ Λιβύην πράξεσιν
ἀπὸ τῶν κατὰ Πύρρον [καὶ Τίμαιον συγγραφέων καὶ
3 καιρῶν ἐξηγήσεως] εἰς τὴν Καρχηδόνος ἅλωσιν, ταῖς
δὲ κατὰ τὴν ἄλλην οἰκουμένην ἀπὸ τῆς Κλεομένους
τοῦ Σπαρτιάτου φυγῆς κατὰ τὸ συνεχὲς μέχρι τῆς
Ἀχαιῶν καὶ Ῥωμαίων περὶ τὸν Ἰσθμὸν παρατάξεως,
ἢ τὰς τῶν κατὰ μέρος γραφόντων συντάξεις ἀναγινώ-
4 σκειν ἢ κτᾶσθαι; χωρὶς γὰρ τοῦ πολλαπλασίους
αὐτὰς ὑπάρχειν τῶν ἡμετέρων ὑπομνημάτων οὐδὲ
καταλαβεῖν ἐξ αὐτῶν βεβαίως οὐδὲν οἷόν τε τοὺς ἀνα-

shall often and in many circumstances find those who will compassionate our distresses, who will share our anger or join us in being avenged on our enemies, all of which is most helpful to life both in public and in private. Therefore both writers and readers of history should not pay so much attention to the actual narrative of events, as to what precedes, what accompanies, and what follows each. For if we take from history the discussion of why, how, and wherefore each thing was done, and whether the result was what we should have reasonably expected, what is left is a clever essay[59] but not a lesson, and while pleasing for the moment of no possible benefit for the future.

32. For this reason I must pronounce those to be much mistaken who think that this my work is difficult to acquire and difficult to read owing to the number and length of the Books it contains. How much easier it is to acquire and peruse forty Books,[60] all as it were woven together in an unbroken series, and thus to follow clearly events in Italy, Sicily, and Libya from the time of Pyrrhus to the capture of Carthage, and those in the rest of the world from the flight of Cleomenes of Sparta on till the battle of the Romans and Achaeans at the Isthmus, than to read or procure the works of those who treat of particular transactions.[61] Apart from their being many times as long as my history, readers cannot gather anything with certainty from them, firstly be-

---

[59] An allusion to Th. 1. 22. 4.

[60] Written after the completion of the work down to 146.

[61] P. once again (cf. 1. 4. 3) stresses the superiority of his "universal" history over single monographs (32. 3–10).

γινώσκοντας, πρῶτον μὲν διὰ τὸ τοὺς πλείστους μὴ
5 ταὐτὰ περὶ τῶν αὐτῶν γράφειν, εἶτα διὰ τὸ τὰς καταλ-
λήλους τῶν πράξεων παραλείπειν, ὧν ἐκ παραθέσεως
συνθεωρουμένων καὶ συγκρινομένων ἀλλοιοτέρας
ἕκαστα τυγχάνει δοκιμασίας τῆς κατὰ μέρος δια-
λήψεως, τῶν δὲ κυριωτάτων μηδὲ ψαύειν αὐτοὺς δύνα-
6 σθαι τὸ παράπαν. ἀκμὴν γάρ φαμεν ἀναγκαιότατα
μέρη τῆς ἱστορίας εἶναι τά τ᾽ ἐπιγινόμενα τοῖς ἔργοις
καὶ τὰ παρεπόμενα καὶ μάλιστα τὰ περὶ τὰς αἰτίας.
7 θεωροῦμεν δὲ τὸν μὲν Ἀντιοχικὸν πόλεμον ἐκ τοῦ
Φιλιππικοῦ τὰς ἀφορμὰς εἰληφότα, τὸν δὲ Φιλιππικὸν
ἐκ τοῦ κατ᾽ Ἀννίβαν, τὸν δ᾽ Ἀννιβιακὸν ἐκ τοῦ περὶ
Σικελίαν, τὰ δὲ μεταξὺ τούτων πολλὰς καὶ ποικίλας
ἐσχηκότα διαθέσεις, πάσας δὲ συννευούσας πρὸς τὴν
8 αὐτὴν ὑπόθεσιν. ταῦτα δὴ πάντα διὰ μὲν τῶν γρα-
φόντων καθόλου δυνατὸν ἐπιγνῶναι καὶ μαθεῖν, διὰ δὲ
τῶν τοὺς πολέμους αὐτούς, οἷον τὸν Περσικὸν ἢ τὸν
9 Φιλιππικόν, ἀδύνατον, εἰ μὴ καὶ τὰς παρατάξεις τις
ἀναγινώσκων αὐτὰς ἐξ ὧν ἐκεῖνοι γράφουσιν ὑπο-
λαμβάνει σαφῶς ἐπεγνωκέναι καὶ τὴν τοῦ πολέμου
10 τοῦ σύμπαντος οἰκονομίαν καὶ διάθεσιν. ἀλλ᾽ οὐκ ἔστι
τούτων οὐδέν, ἀλλ᾽ ὅσῳ διαφέρει τὸ μαθεῖν τοῦ μόνον
ἀκοῦσαι, τοσούτῳ καὶ τὴν ἡμετέραν ἱστορίαν ὑπο-
λαμβάνω διαφέρειν τῶν ἐπὶ μέρους συντάξεων.

33. Οἱ δὲ παρὰ τῶν Ῥωμαίων πρέσβεις, τὴν γὰρ
παρέκβασιν ἐντεῦθεν ἐποιησάμεθα, διακούσαντες τὰ
2 παρὰ τῶν Καρχηδονίων ἄλλο μὲν οὐδὲν εἶπαν, ὁ δὲ
πρεσβύτατος αὐτῶν δείξας τοῖς ἐν τῷ συνεδρίῳ τὸν

cause most of them give different accounts of the same matter, and next because they omit those contemporary events by a comparative review and estimation of which we can assign its true value to everything much more surely than by judging from particulars; and, finally, because it is out of their power even to touch on what is most essential. For I maintain that far the most essential part of history is the consideration of the consequences of events, their concomitant circumstances, and especially their causes. Thus I regard the war with Antiochus as deriving its origin from that with Philip, the latter as resulting from that with Hannibal, and the Hannibalic war as a consequence of that about Sicily,[62] the intermediate events, however many and various their character, all tending to the same purpose. All this can be recognized and understood from a general history, but not at all from the historians of the wars themselves, such as the war with Perseus or that with Philip, unless indeed anyone reading their descriptions of the battles alone conceives that he has acquired an adequate knowledge of the management and nature of the whole war. This, however, is not at all so, and I consider that my history differs to its advantage as much from the works on particular episodes as learning does from listening.

33. I interrupted[63] my narrative to enter on this digression at the point where the Roman ambassadors were at Carthage. After listening to the Carthaginians' statement of their case, they made no other reply but the following. The oldest member of the embassy, pointing to the bosom

[62] The First Punic war leads to the Second, the Second to the First Macedonian War, and that in turn to the war with Antiochus.
[63] After 30. 4.

κόλπον, ἐνταῦθα καὶ τὸν πόλεμον αὐτοῖς ἔφη καὶ τὴν
εἰρήνην φέρειν· ἐκβαλὼν οὖν, ὁπότερον ἂν κελεύ-
3 σωσιν ἀπολείψειν. ὁ δὲ βασιλεὺς τῶν Καρχηδονίων,
ὁπότερον αὐτοῖς φαίνεται, τοῦτ' ἐκβαλεῖν ἐκέλευσε.
4 τοῦ δὲ Ῥωμαίου φήσαντος τὸν πόλεμον ἐκβαλεῖν,
ἀνεφώνησαν ἅμα καὶ πλείους τῶν ἐκ τοῦ συνεδρίου,
δέχεσθαι φάσκοντες. οἱ μὲν οὖν πρέσβεις καὶ τὸ
συνέδριον ἐπὶ τούτοις ἐχωρίσθησαν.
5 Ἀννίβας δέ, παραχειμάζων ἐν Καινῇ πόλει, πρῶ-
τον μὲν διαφῆκε τοὺς Ἴβηρας ἐπὶ τὰς ἑαυτῶν πόλεις,
βουλόμενος ἑτοίμους καὶ προθύμους παρασκευάζειν
6 πρὸς τὸ μέλλον, δεύτερον δ' Ἀσδρούβᾳ τἀδελφῷ δι-
έταξε πῶς δεήσει τῇ τε τῶν Ἰβήρων ἀρχῇ καὶ δυνα-
στείᾳ χρῆσθαι ταῖς τε πρὸς Ῥωμαίους παρασκευαῖς,
7 ἐὰν αὐτὸς χωρίζηταί που, τρίτον ὑπὲρ τῆς ἀσφαλείας
τῶν ἐν Λιβύῃ προυνοεῖτο πραγμάτων. πάνυ δ' ἐμ-
8 πείρως καὶ φρονίμως ἐκλογιζόμενος, ἐκ μὲν Λιβύης
εἰς Ἰβηρίαν, ἐκ δ' Ἰβηρίας εἰς Λιβύην διεβίβαζε
στρατιώτας, ἐκδεσμεύων τὴν ἑκατέρων πίστιν εἰς ἀλ-
9 λήλους διὰ τῆς τοιαύτης οἰκονομίας. ἦσαν δ' οἱ δια-
10 βάντες εἰς τὴν Λιβύην Θερσῖται, Μαστιανοί, πρὸς δὲ
τούτοις Ὀρῆτες Ἴβηρες, Ὀλκάδες, οἱ δὲ σύμπαντες
ἀπὸ τούτων τῶν ἐθνῶν ἱππεῖς μὲν χίλιοι διακόσιοι,
πεζοὶ δὲ μύριοι τρισχίλιοι ὀκτακόσιοι πεντήκοντα,
11 πρὸς δὲ τούτοις Βαλιαρεῖς ⟨ὀκτακόσιοι ἑβδομήκοντα⟩
οὓς κυρίως μὲν καλοῦσι σφενδονήτας, ἀπὸ δὲ τῆς
χρείας ταύτης συνωνύμως καὶ τὸ ἔθνος αὐτῶν προσ-
12 αγορεύουσι καὶ τὴν νῆσον. τῶν δὲ προειρημένων τοὺς

of his toga, told the Senate that it held both war and peace for them: therefore he would let fall from it and leave with them whichever of the two they bade him. The Carthaginian Suffete bade him left fall whichever the Romans chose, and when the envoy said he would let fall war, many of the senators cried out at once, "We accept it." The ambassadors and the Senate parted[64] on these terms.

Hannibal, who was wintering in New Carthage, in the first place dismissed the Iberians to their own cities hoping thus to make them readily disposed to help in the future; next he instructed his brother Hasdrubal how to manage the government of Spain and prepare to resist the Romans if he himself happened to be absent; in the third place he took precautions for the security of Africa, adopting the very sensible and wise policy of sending soldiers from Africa to Spain, and vice versa, binding by this measure the two provinces to reciprocal loyalty. The troops who crossed to Africa were supplied by the Thersitae, Mastiani, Iberian Oretes and Olcades, and numbered twelve hundred horse and thirteen thousand eight hundred and fifty foot, besides which there were eight hundred and seventy Balearians, whom they call slingers, a term given to them owing to their mode of fighting and extended to their nation and island.[65] He stationed most of these troops at

___

[64] The scene amounts to a formal declaration of war.
[65] P. has the singular.

13 μὲν πλείους εἰς τὰ Μεταγώνια τῆς Λιβύης, τινὰς δ᾽ εἰς αὐτὴν Καρχηδόνα κατέταξεν. ἀπὸ δὲ τῶν πόλεων τῶν Μεταγωνιτῶν καλουμένων ἀπέστειλεν ἄλλους εἰς Καρχηδόνα πεζοὺς τετρακισχιλίους, ὁμηρείας ἔχον-

14 τας καὶ βοηθείας ἅμα τάξιν. ἐπὶ δὲ τῆς Ἰβηρίας ἀπέλιπεν Ἀσδρούβᾳ τἀδελφῷ πεντήρεις μὲν πεντή-κοντα, τετρήρεις δὲ δύο καὶ τριήρεις πέντε. τούτων ἐχούσας πληρώματα πεντήρεις μὲν τριάκοντα δύο,

15 τριήρεις δὲ πέντε. καὶ μὴν ἱππεῖς Λιβυφοινίκων μὲν καὶ Λιβύων τετρακοσίους πεντήκοντα, Λεργητῶν δὲ τριακοσίους, Νομάδων δὲ Μασυλίων καὶ Μασαισυ-λίων καὶ Μακκοίων καὶ Μαυρουσίων τῶν παρὰ τὸν

16 ὠκεανὸν χιλίους ὀκτακοσίους, πεζοὺς δὲ Λιβύων μυ-ρίους χιλίους ὀκτακοσίους πεντήκοντα, Λιγυστίνους τριακοσίους, Βαλιαρεῖς πεντακοσίους, ἐλέφαντας εἴ-κοσι καὶ ἕνα.

17 Οὐ χρὴ δὲ θαυμάζειν τὴν ἀκρίβειαν τῆς ἀναγρα-φῆς, εἰ τοιαύτῃ κεχρήμεθα περὶ τῶν ὑπ᾽ Ἀννίβου κατ᾽ Ἰβηρίαν πεπραγμένων οἷα μόλις ἂν χρήσαιτό τις αὐτὸς κεχειρικὼς τὰς κατὰ μέρος πράξεις, οὐδὲ προ-καταγινώσκειν, εἰ πεποιήκαμεν παραπλήσιον τοῖς

18 ἀξιοπίστως ψευδομένοις τῶν συγγραφέων. ἡμεῖς γὰρ εὑρόντες ἐπὶ Λακινίῳ τὴν γραφὴν ταύτην ἐν χαλκώ-ματι κατατεταγμένην ὑπ᾽ Ἀννίβου, καθ᾽ οὓς καιροὺς ἐν τοῖς κατὰ τὴν Ἰταλίαν τόποις ἀνεστρέφετο, πάντως ἐνομίσαμεν αὐτὴν περί γε τῶν τοιούτων ἀξιόπιστον εἶναι· διὸ καὶ κατακολουθεῖν εἱλόμεθα τῇ γραφῇ ταύ-τῃ.

Metagonia in Libya and some in Carthage itself. From the so-called Metagonian towns he sent four thousand foot to Carthage to serve both as a reinforcement and as hostages. In Spain he left with his brother Hasdrubal fifty quinqueremes, two quadriremes, and five triremes, thirty-two of the quinqueremes and all the triremes being fully manned. He also gave him as cavalry Liby-Phoenicians and Libyans to the number of four hundred and fifty, three hundred Ilergetes and eighteen hundred Numidians drawn from the Masylii, Masaesylii, Maccoei and Maurusi, who dwell by the ocean, and as infantry eleven thousand eight hundred and fifty Libyans, three hundred Ligurians, and five hundred Balearians, as well as twenty-one elephants.

No one need be surprised at the accuracy of the information I give here about Hannibal's arrangements in Spain, an accuracy which even the actual organizer of the details would have some difficulty in attaining, and I need not be condemned offhand under the idea that I am acting like those authors who try to make their misstatements plausible. The fact is that I found on the Lacinian promontory[66] a bronze tablet on which Hannibal himself had made out these lists during the time[67] he was in Italy, and thinking this an absolutely first-rate authority, decided to follow the document.

[66] Today Capo Colonne near Croton.
[67] In the summer of 205; date in Livy 28. 46. 16. See also chapter 56. 4.

34. Ἀννίβας δὲ πάντα προνοηθεὶς περὶ τῆς ἀσφα
λείας τῶν τε κατὰ Λιβύην πραγμάτων καὶ τῶν ἐν
Ἰβηρίᾳ λοιπὸν ἐκαραδόκει καὶ προσεδέχετο τοὺς
2 παρὰ τῶν Κελτῶν πρὸς αὐτὸν ἀποστελλομένους· σα
φῶς γὰρ ἐξητάκει καὶ τὴν ἀρετὴν τῆς ὑπὸ τὰς Ἄλπεις
καὶ περὶ τὸν Πάδον ποταμὸν χώρας καὶ τὸ πλῆθος τῶν
κατοικούντων αὐτήν, ἔτι δὲ τὴν πρὸς τοὺς πολέμους
3 τῶν ἀνδρῶν τόλμαν, καὶ τὸ μέγιστον τὴν ὑπάρχουσαν
δυσμένειαν αὐτοῖς ἐκ τοῦ προγεγονότος πολέμου πρὸς
Ῥωμαίους, ὑπὲρ οὗ διήλθομεν ἡμεῖς ἐν τῇ πρὸ ταύτης
βύβλῳ χάριν τοῦ συμπεριφέρεσθαι τοὺς ἐντυγχάνον
4 τας τοῖς νῦν μέλλουσι λέγεσθαι. διόπερ εἴχετο ταύτης
τῆς ἐλπίδος, καὶ πᾶν ὑπισχνεῖτο, διαπεμπόμενος ἐπι
μελῶς πρὸς τοὺς δυνάστας τῶν Κελτῶν καὶ τοὺς ἐπὶ
τάδε καὶ τοὺς ἐν αὐταῖς ταῖς Ἄλπεσιν ἐνοικοῦντας,
5 μόνως ἂν ὑπολαμβάνων ἐν Ἰταλίᾳ συστήσασθαι τὸν
πρὸς Ῥωμαίους πόλεμον, εἰ δυνηθείη διαπεράσας τὰς
πρὸ τοῦ δυσχωρίας εἰς τοὺς προειρημένους ἀφικέσθαι
τόπους καὶ συνεργοῖς καὶ συμμάχοις χρήσασθαι
6 Κελτοῖς εἰς τὴν προκειμένην ἐπιβολήν. ἀφικομένων δὲ
τῶν ἀγγέλων, καὶ τήν τε τῶν Κελτῶν βούλησιν καὶ
προσδοκίαν ἀπαγγειλάντων, τήν τε τῶν Ἀλπεινῶν
ὀρῶν ὑπερβολὴν ἐπίπονον μὲν καὶ δυσχερῆ λίαν, οὐ
μὴν ἀδύνατον εἶναι φασκόντων, συνῆγε τὰς δυνάμεις
7 ἐκ τῆς παραχειμασίας ὑπὸ τὴν ἐαρινὴν ὥραν. προσ
πεπτωκότων δὲ προσφάτως αὐτῷ καὶ τῶν ἐκ τῆς Καρ
χηδόνος, ἐπαρθεὶς τῷ θυμῷ καὶ πιστεύων τῇ τῶν

34. Hannibal, after taking all precautions for the safety of Africa and Spain, was anxiously awaiting the arrival of the messengers[68] who were being sent to him from the Celts. He had informed himself accurately about the fertility of the land at the foot of the Alps and near the river Po, the denseness of its population, the bravery of the men in war, and above all their hatred of Rome ever since that former war with the Romans which I described in the preceding Book[69] to enable my readers to follow all I am about to narrate. He therefore cherished high hopes of them, and was careful to send messengers with unlimited promises to the Celtic chiefs both on this side of the Alps and in the mountains themselves, thinking that the only means of carrying the war against the Romans into Italy was, after surmounting, if possible, the difficulties of the route, to reach the above country and employ the Celts as cooperators and confederates in his enterprise. When the messengers arrived and reported that the Celts consented and awaited him, at the same time saying that the crossing of the Alps was very toilsome and difficult, but by no means impossible, he drew out his troops from their winter quarters in the early spring.[70] As the news of what had happened in Carthage had just reached him, his spirits were now high, and trusting in the favorable disposition of the

218 B.C.

[68] Early connections of Hannibal and the Celts as described by P. are a myth; there was no planning, as the entire operation was improvised. See P. Bender, *Klio* 79, 1997, 87–106.

[69] 2. 22–35.   [70] Of 218. For the chronology see W. Hoffmann (at 20. 6): Hannibal learns about the declaration of war much later, when he was occupied with conquering northern Spain, and only then decides to march against Rome.

πολιτῶν εὐνοίᾳ, παρεκάλει τὰς δυνάμεις φανερῶς ἤδη
8 πρὸς τὸν κατὰ Ῥωμαίων πόλεμον, ἐμφανίζων μὲν ὃν
τρόπον ἔκδοτον αὐτὸν ἐγχειρήσαιεν αἰτεῖσθαι Ῥω-
μαῖοι καὶ πάντας τοὺς τοῦ στρατοπέδου προεστῶτας,
ὑποδεικνύων δὲ τὴν τῆς χώρας ἀρετήν, εἰς ἣν ἀφίξον-
ται, καὶ τὴν τῶν Κελτῶν εὔνοιαν καὶ συμμαχίαν.
9 εὐθύμως δὲ τῶν ὄχλων αὐτῷ συνεξισταμένων, ἐπαινέ-
σας καὶ παραγγείλας τακτὴν ἡμέραν, ἐν ᾗ ποιήσεται
τὴν ἔξοδον, τότε μὲν διέλυσε τὴν ἐκκλησίαν.

35. Ἐπιτελέσας δὲ τὰ προειρημένα κατὰ τὴν παρα-
χειμασίαν, καὶ παρασκευάσας ἱκανὴν ἀσφάλειαν τοῖς
τε κατὰ τὴν Λιβύην καὶ τοῖς ἐν Ἰβηρίᾳ πράγμασι,
παραγενομένης τῆς ταχθείσης ἡμέρας, προῆγε, πεζῶν
μὲν ἔχων εἰς ἐννέα μυριάδας, ἱππεῖς δὲ περὶ μυρίους
2 καὶ δισχιλίους. καὶ διαβὰς τὸν Ἴβηρα ποταμὸν κατ-
εστρέφετο τό τε τῶν Ἰλουργητῶν ἔθνος καὶ Βαργου-
σίων, ἔτι δὲ τοὺς Αἰρηνοσίους καὶ τοὺς Ἀνδοσίνους,
3 μέχρι τῆς προσαγορευομένης Πυρήνης. ποιησάμενος
δὲ πάντας ὑφ᾽ ἑαυτὸν καί τινας πόλεις κατὰ κράτος
ἑλών, ταχέως μὲν καὶ παρ᾽ ἐλπίδα, μετὰ πολλῶν δὲ καὶ
μεγάλων ἀγώνων ἔτι δὲ πολλῆς καταφθορᾶς ἀνδρῶν,
4 ἡγεμόνα μὲν ἐπὶ πάσης κατέλιπε τῆς ἐπὶ τάδε τοῦ
ποταμοῦ χώρας Ἄννωνα, τῶν δὲ Βαργουσίων καὶ
δεσπότην· μάλιστα γὰρ τούτοις ἠπίστει διὰ τὴν πρὸς
5 Ῥωμαίους εὔνοιαν. ἀπεμέρισε δὲ καὶ τῆς δυνάμεως ἧς
εἶχε τῷ μὲν Ἄννωνι πεζοὺς μυρίους, ἱππεῖς δὲ χιλίους,
καὶ τὰς ἀποσκευὰς ἀπέλιπε τούτῳ τῶν αὐτῷ συν-
6 εξορμώντων. εἰς δὲ τὴν οἰκείαν ἀπέλυσε τοὺς ἴσους

citizens, he now called openly on his men to join him in the war against Rome, impressing upon them the demand of the Romans that he and all his principal officers should be given up to them, and pointing out at the same time the wealth of the country they were bound for and the friendly feelings of the Gauls who would be their allies. When he saw that the soldiers listened gladly and were as eager as himself to be off, he commended their alacrity and after ordering them to be ready on the day fixed for his departure, dismissed the meeting.

35. Having completed the arrangements I mentioned above during the winter and thus assured the security of Africa and Spain, he advanced on the day he had fixed with an army of about ninety thousand foot and twelve thousand horse.[71] Crossing the Ebro, he set about subduing the tribes of the Ilurgetes, Bargusii, Aerenosii, and Andosini as far as the Pyrenees, and having reduced them all and taken some cities by assault, with unexpected rapidity indeed, but after many severe engagements and with great loss, he left Hanno in command of all the country on this side of the river, placing the Bargusii under his absolute rule, as he mistrusted them most, owing to their friendly sentiments toward Rome. He assigned to Hanno out of his own army ten thousand foot and one thousand horse, and he left with him all the heavy baggage of the expeditionary force. He dismissed at the same time an equal number of

[71] Exaggerated figures; see 56. 4 for the numbers of those arriving at the Po.

τοῖς προειρημένοις, βουλόμενος αὐτούς τε τούτους
εὔνους ἀπολιπεῖν, τοῖς τε λοιποῖς ὑποδεικνύων ἐλπίδα
τῆς εἰς οἶκον ἐπανόδου, καὶ τοῖς μεθ᾽ ἑαυτοῦ μὲν
στρατευομένοις, οὐχ ἧττον δὲ καὶ τοῖς ἐν οἴκῳ μένου-
σι τῶν Ἰβήρων, ἵνα προθύμως ἐξορμῶσι πάντες, ἄν
7 ποτέ τις ἐπικουρίας χρεία γένηται παρ᾽ αὐτῶν. τὴν
δὲ λοιπὴν στρατιὰν ἀναλαβὼν εὔζωνον, πεζοὺς μὲν
πεντακισμυρίους, ἱππεῖς δὲ πρὸς ἐννακισχιλίους ἦγε
διὰ τῶν Πυρηναίων λεγομένων ὀρῶν ἐπὶ τὴν τοῦ
8 Ῥοδανοῦ καλουμένου ποταμοῦ διάβασιν, ἔχων οὐχ
οὕτως πολλὴν δύναμιν ὡς χρησίμην καὶ γεγυμνασμέ-
νην διαφερόντως ἐκ τῆς συνεχείας τῶν κατὰ τὴν
Ἰβηρίαν ἀγώνων.

36. Ἵνα δὲ μὴ τῶν τόπων ἀγνοουμένων παντάπα-
σιν ἀσαφῆ γίνεσθαι συμβαίνῃ τὴν διήγησιν, ῥητέον
ἂν εἴη πόθεν ὁρμήσας Ἀννίβας καὶ τίνας καὶ πόσους
διελθὼν τόπους εἰς ποῖα μέρη κατῆρε τῆς Ἰταλίας.
2 ῥητέον δ᾽ οὐκ αὐτὰς τὰς ὀνομασίας τῶν τόπων καὶ
ποταμῶν καὶ πόλεων, ὅπερ ἔνιοι ποιοῦσι τῶν συγ-
γραφέων, ὑπολαμβάνοντες ἐν παντὶ πρὸς γνῶσιν καὶ
3 σαφήνειαν αὐτοτελὲς εἶναι τοῦτο τὸ μέρος. οἶμαι δ᾽,
ἐπὶ μὲν τῶν γνωριζομένων τόπων οὐ μικρά, μεγάλα δὲ
συμβάλλεσθαι πεποίηκε πρὸς ἀνάμνησιν ἡ τῶν ὀνο-
μάτων παράθεσις· ἐπὶ δὲ τῶν ἀγνοουμένων εἰς τέλος
ὁμοίαν ἔχει τὴν δύναμιν ἡ τῶν ὀνομάτων ἐξήγησις
4 ταῖς ἀδιανοήτοις καὶ κρουσματικαῖς λέξεσι. τῆς γὰρ
διανοίας ἐπ᾽ οὐδὲν ἀπερειδομένης οὐδὲ δυναμένης
ἐφαρμόττειν τὸ λεγόμενον ἐπ᾽ οὐδὲν γνώριμον, ἀνυπό-

troops to their homes, with the view of leaving them well disposed to himself and encouraging the hope of a safe return in the rest of the Spaniards, not only those who were serving with him, but those who remained at home, so that if he ever had to call on them for reinforcements, they might all readily respond. With the rest of his force, thus lightened of its impedimenta and consisting now of fifty thousand foot and about nine thousand horse, he advanced through the Pyrenees towards the crossing of the Rhone, having now an army not so strong in number as serviceable and highly trained owing to the unbroken series of wars in Spain.

36. That my narrative may not be altogether obscure to readers owing to their ignorance of the topography[72] I must explain whence Hannibal started, what countries he traversed, and into what part of Italy he descended. Nor must I simply give the names of countries, rivers, and cities, as some authors do under the idea that this is amply sufficient for a clear knowledge. I am of opinion that as regards known countries the mention of names is of no small assistance in recalling them to our memory, but in the case of unknown lands such citation of names is just of as much value as if they were unintelligible and inarticulate sounds. For the mind here has nothing to lean upon for support and cannot connect the words with anything known to it, so that the narrative is associated with nothing in the read-

[72] Chapters 36–38 are a digression on the geographic divisions of the *oecumene*.

5 τακτος καὶ κωφὴ γίνεθ᾽ ἡ διήγησις. διόπερ ὑποδεικτέ-
ος ἂν εἴη τρόπος, δι᾽ οὗ δυνατὸν ἔσται περὶ τῶν
ἀγνοουμένων λέγοντας κατὰ ποσὸν εἰς ἀληθινὰς καὶ
γνωρίμους ἐννοίας ἄγειν τοὺς ἀκούοντας.

6 Πρώτη μὲν οὖν καὶ μεγίστη γνῶσις, ἔτι δὲ κοινὴ
πᾶσιν ἀνθρώποις ἐστὶν ἡ τοῦ περιέχοντος ἡμᾶς διαί-
ρεσις καὶ τάξις, καθ᾽ ἣν πάντες, ὧν καὶ μικρὸν ὄφελος,
ἀνατολάς, δύσεις, μεσημβρίαν, ἄρκτον, γνωρίζομεν·

7 δευτέρα δέ, καθ᾽ ἣν ἑκάστῃ διαφορᾷ τῶν προειρη-
μένων τοὺς ἐπὶ τῆς γῆς τόπους ὑποτάττοντες καὶ
φέροντες ἀεὶ τῇ διανοίᾳ τὸ λεγόμενον ἐπί τι τῶν
προειρημένων εἰς γνωρίμους καὶ συνήθεις ἐπινοίας
ἐμπίπτομεν ὑπὲρ τῶν ἀγνώστων κἀοράτων τόπων.

37. τούτων δὲ περὶ τῆς ὅλης γῆς ὑποκειμένων,
ἀκόλουθον ἂν εἴη τὸ καὶ περὶ τῆς καθ᾽ ἡμᾶς οἰκουμέ-
νης ἀνὰ τὸν αὐτὸν λόγον διελομένους εἰς ἐπίστασιν
2 ἀγαγεῖν τοὺς ἀκούοντας. ταύτης διῃρημένης εἰς τρία
μέρη καὶ τρεῖς ὀνομασίας, τὸ μὲν ἓν μέρος αὐτῆς
Ἀσίαν, τὸ δ᾽ ἕτερον Λιβύην, τὸ δὲ τρίτον Εὐρώπην
3 προσαγορεύουσι. τὰς δὲ διαφορὰς ταύτας ὁρίζουσιν ὅ
τε Τάναϊς ποταμὸς καὶ Νεῖλος καὶ τὸ καθ᾽ Ἡρακλέους
4 στήλας στόμα. Νείλου μὲν οὖν καὶ Τανάιδος μεταξὺ
τὴν Ἀσίαν κεῖσθαι συμβέβηκε, πίπτειν δὲ τοῦ περι-
έχοντος ὑπὸ τὸ μεταξὺ διάστημα θερινῶν ἀνατολῶν
5 καὶ μεσημβρίας. ἡ δὲ Λιβύη κεῖται μὲν μεταξὺ Νείλου
καὶ στηλῶν Ἡρακλείων, τοῦ δὲ περιέχοντος πέπτωκεν
ὑπὸ τὰς χειμερινὰς δύσεις ἕως τῆς ἰσημερινῆς κατα-
6 φορᾶς, ἢ πίπτει καθ᾽ Ἡρακλείους στήλας. αὗται μὲν

ers' mind, and therefore meaningless to them. We must therefore light upon and indicate a method which will make it possible when speaking of unknown places to convey to the reader a more or less real and familiar notion of them.

Now the primary and most important conception and one common to all mankind is the division and ordering of the heavens by which all of us, even those of the meanest capacity, distinguish East, West, South, and North. The next step in knowledge is to classify the parts of the earth under each of these divisions, ever mentally referring each statement to one of them until we arrive at a familiar conception of unknown and unseen regions.

37. This once established as regards the whole earth, it remains for me to lay before my readers the division on the same principle of that portion of the world known to us. This is divided into three parts, each with its name, the one part being called Asia, the second Africa, and the third Europe. Their respective boundaries are the river Don, the Nile, and the straits at the Pillars of Hercules. Asia lies between the Nile and Don and falls under that portion of the heaven lying between the northeast and the south. Africa lies between the Nile and the Pillars of Hercules, and it falls under the portion of the heaven which extends from the south to the southwest and west, as far as the point of the equinoctial sunset, in which latter quarter are the Pillars of Hercules. These two divisions of the earth, then, re-

οὖν αἱ χῶραι καθολικώτερον θεωρούμεναι τὸν πρὸς
τὴν μεσημβρίαν τόπον ἐπέχουσι τῆς καθ᾽ ἡμᾶς θα-
7 λάττης ἀπὸ τῶν ἀνατολῶν ὡς πρὸς τὰς δύσεις. ἡ δ᾽
Εὐρώπη ταύταις ἀμφοτέραις ὡς πρὸς τὰς ἄρκτους
ἀντιπαράκειται, κατὰ τὸ συνεχὲς ἀπὸ τῶν ἀνατολῶν
8 παρήκουσα μὲν ἄχρι πρὸς τὰς δύσεις, κεῖται δ᾽ αὐτῆς
τὸ μὲν ὁλοσχερέστερον καὶ βαθύτερον μέρος ὑπ᾽ αὐ-
τὰς τὰς ἄρκτους μεταξὺ τοῦ τε Τανάιδος ποταμοῦ καὶ
τοῦ Νάρβωνος, ὃς οὐ πολὺν ἀπέχει τόπον ὡς πρὸς
δύσεις ἀπὸ Μασσαλίας καὶ τῶν τοῦ Ῥοδανοῦ στο-
μάτων, δι᾽ ὧν εἰς τὸ Σαρδόνιον πέλαγος ἐξίησιν ὁ
9 προειρημένος ποταμός. ἀπὸ δὲ τοῦ Νάρβωνος καὶ τὰ
περὶ τοῦτον Κελτοὶ νέμονται μέχρι τῶν προσαγορευο-
μένων Πυρηναίων ὀρῶν, ἃ διατείνει κατὰ τὸ συνεχὲς
10 ἀπὸ τῆς καθ᾽ ἡμᾶς θαλάττης ἕως εἰς τὴν ἐκτός. τὸ δὲ
λοιπὸν μέρος τῆς Εὐρώπης ἀπὸ τῶν προειρημένων
ὀρῶν τὸ συνάπτον πρός τε τὰς δύσεις καὶ πρὸς Ἡρα-
κλείους στήλας περιέχεται μὲν ὑπό τε τῆς καθ᾽ ἡμᾶς
καὶ τῆς ἔξω θαλάττης, καλεῖται δὲ τὸ μὲν παρὰ τὴν
καθ᾽ ἡμᾶς παρῆκον ἕως Ἡρακλείων στηλῶν Ἰβηρία,
11 τὸ δὲ παρὰ τὴν ἔξω καὶ μεγάλην προσαγορευομένην
κοινὴν μὲν ὀνομασίαν οὐκ ἔχει διὰ τὸ προσφάτως
κατωπτεῦσθαι, κατοικεῖται δὲ πᾶν ὑπὸ βαρβάρων
ἐθνῶν καὶ πολυανθρώπων, ὑπὲρ ὧν ἡμεῖς μετὰ ταῦτα
τὸν κατὰ μέρος λόγον ἀποδώσομεν.

38. καθάπερ δὲ καὶ τῆς Ἀσίας καὶ τῆς Λιβύης,
καθὸ συνάπτουσιν ἀλλήλαις περὶ τὴν Αἰθιοπίαν,
οὐδεὶς ἔχει λέγειν ἀτρεκῶς ἕως τῶν καθ᾽ ἡμᾶς καιρῶν

garded from a general point of view, occupy the part of it which lies to the south of the Mediterranean, reaching from east to west. Europe lies opposite to them both on the north shore of this sea, extending continuously from east to west, its most compact and deepest portion lying due north between the Don and the Narbo, the latter river being not far to the west of Marseilles and of the mouths by which the Rhone discharges itself into the Sardinian Sea. The Celts inhabit the country near the Narbo and beyond it as far as the chain of the Pyrenees which stretches in an unbroken line from the Mediterranean to the Outer Sea.[73] The remaining part of Europe beyond the Pyrenees reaching its western end and to the Pillars of Hercules is bounded on the one side by the Mediterranean and on the other by the Outer Sea, that portion which is washed by the Mediterranean as far as the Pillars of Hercules being called Iberia, while that part which lies along the Outer or Great Sea has no general name, as it has only recently come under notice, but is all densely inhabited by barbarous tribes of whom I shall speak more particularly on a subsequent occasion.

38. Just as with regard to Asia and Africa where they meet in Aethiopia no one up to the present has been able to say with certainty whether the southern extension of

[73] The Atlantic, as already in Hdt. 1. 202. 4: outside of the "Pillars of Hercules," the Straits of Gibraltar.

πότερον ἤπειρός ἐστι κατὰ τὸ συνεχὲς τὰ πρὸς τὴν
2 μεσημβρίαν ἢ θαλάττῃ περιέχεται, τὸν αὐτὸν τρόπον
τὸ μεταξὺ Τανάιδος καὶ Νάρβωνος εἰς τὰς ἄρκτους
ἀνῆκον ἄγνωστον ἡμῖν ἕως τοῦ νῦν ἐστιν, ἐὰν μή τι
3 μετὰ ταῦτα πολυπραγμονοῦντες ἱστορήσωμεν. τοὺς δὲ
λέγοντάς τι περὶ τούτων ἄλλως ἢ γράφοντας ἀγνοεῖν
καὶ μύθους διατίθεσθαι νομιστέον.

4 Ταῦτα μὲν οὖν εἰρήσθω μοι χάριν τοῦ μὴ τελέως
ἀνυπότακτον εἶναι τοῖς ἀπείροις τῶν τόπων τὴν διή-
γησιν, ἀλλὰ κατά γε τὰς ὁλοσχερεῖς διαφορὰς συν-
επιβάλλειν καὶ φέρειν ἐπί τι τῇ διανοίᾳ τὸ λεγόμενον,
5 τεκμαιρομένους ἐκ τοῦ περιέχοντος. καθάπερ γὰρ ἐπὶ
τῆς ὁράσεως εἰθίσμεθα συνεπιστρέφειν ἀεὶ τὰ πρόσ-
ωπα πρὸς τὸ κατὰ τὴν ἔνδειξιν ὑποδεικνύμενον, οὕτως
καὶ τῇ διανοίᾳ χρὴ συνδιανεύειν καὶ συρρέπειν ἐπὶ
τοὺς τόπους ἀεὶ τοὺς διὰ τοῦ λόγου συνεπιδεικνυ-
μένους.

39. ἀφέμενοι δὲ τούτων τρεψόμεθα πρὸς τὸ συνεχὲς
τῆς προκειμένης ἡμῖν διηγήσεως.

2 Καρχηδόνιοι γὰρ ἐν τούτοις τοῖς καιροῖς τῆς μὲν
Λιβύης ἐκυρίευον πάντων τῶν ἐπὶ τὴν ἔσω θάλατταν
νευόντων μερῶν ἀπὸ τῶν Φιλαίνου βωμῶν, οἳ κεῖνται
κατὰ τὴν μεγάλην Σύρτιν, ἕως ἐφ᾽ Ἡρακλέους στή-
3 λας. τοῦτο δὲ τὸ μῆκός ἐστι τῆς παραλίας ὑπὲρ τοὺς
4 ἑξακισχιλίους καὶ μυρίους σταδίους. διαβάντες δὲ τὸν
καθ᾽ Ἡρακλείους στήλας πόρον ὁμοίως ἐκεκρατή-
κεισαν καὶ τῆς Ἰβηρίας ἁπάσης ἕως τῆς ῥαχίας, ὃ
πέρας ἐστὶ πρὸς τῇ καθ᾽ ἡμᾶς θαλάττῃ τῶν Πυρη-

them is continuous land or is bounded by a sea, so that part of Europe which extends to the north between the Don and Narbo is up to now unknown to us, and will remain so unless the curiosity of explorers lead to some discoveries in the future. We must pronounce that those who either by word of mouth or in writing make rash statements about these regions have no knowledge of them, and invent mere fables.

I have said so much in order that my narrative should not be without something to range itself under in the minds of those who are ignorant of the localities, but that they should have some notion at least of the main geographical distinctions, with which they can connect in thought and to which they can refer my statements, calculating the position of places from the quarter of the heaven under which they lie. For as in the case of physical sight we are in the habit of turning our faces in the direction of any object pointed out to us, so should we mentally ever turn and shift our glance to each place to which the story calls our attention.

39. Dismissing this matter I will now continue my narrative. At the time of which we are speaking the Carthaginians were masters of all that part of Africa which looks towards the Mediterranean from the Altars of Philaenus on the Greater Syrtis as far as the Pillars of Hercules. The length of this coastline is more than sixteen thousand stades. Crossing the straits at the Pillars of Hercules they had similarly subdued all Iberia as far as the point on the coast of the Mediterranean where the Pyrenees, which

ναίων ὀρῶν, ἃ διορίζει τοὺς Ἴβηρας καὶ Κελτούς.
5 ἀπέχει δὲ τοῦ καθ᾽ Ἡρακλείους στήλας στόματος
6 οὗτος ὁ τόπος περὶ ὀκτακισχιλίους σταδίους. ἐπὶ μὲν
γὰρ Καινὴν πόλιν ἀπὸ στηλῶν εἶναι συμβαίνει τρισ-
χιλίους, ὅθεν ἐποιεῖτο τὴν ὁρμὴν Ἀννίβας τὴν εἰς
Ἰταλίαν· [τὴν δὲ Καινὴν πόλιν ἔνιοι Νέαν Καρχηδόνα
καλοῦσιν·] ἀπὸ δὲ ταύτης εἰσὶν ἐπὶ μὲν τὸν Ἴβηρα
7 ποταμὸν ἑξακόσιοι στάδιοι πρὸς δισχιλίοις, ἀπὸ δὲ
8 τούτου πάλιν εἰς Ἐμπόριον χίλιοι σὺν ἑξακοσίοις, καὶ
μὴν ἐντεῦθεν ἐπὶ τὴν τοῦ Ῥοδανοῦ διάβασιν περὶ
χιλίους ἑξακοσίους· ταῦτα γὰρ νῦν βεβημάτισται καὶ
σεσημείωται κατὰ σταδίους ὀκτὼ διὰ Ῥωμαίων ἐπι-
9 μελῶς· ἀπὸ δὲ τῆς διαβάσεως τοῦ Ῥοδανοῦ πορευ-
ομένοις παρ᾽ αὐτὸν τὸν ποταμὸν ὡς ἐπὶ τὰς πηγὰς ἕως
πρὸς τὴν ἀναβολὴν τῶν Ἄλπεων τὴν εἰς Ἰταλίαν
10 χίλιοι τετρακόσιοι. λοιπαὶ δ᾽ αἱ τῶν Ἄλπεων ὑπερ-
βολαί, περὶ χιλίους διακοσίους· ἃς ὑπερβαλὼν ἔμελ-
λεν ἥξειν εἰς τὰ περὶ τὸν Πάδον πεδία τῆς Ἰταλίας.
11 ὥστ᾽ εἶναι τοὺς πάντας ἐκ Καινῆς πόλεως σταδίους
12 περὶ ἐννακισχιλίους, οὓς ἔδει διελθεῖν αὐτόν. τούτων
δὴ τῶν τόπων κατὰ μὲν τὸ μῆκος ἤδη σχεδὸν τοὺς
ἡμίσεις διεληλύθει, κατὰ δὲ τὴν δυσχέρειαν τὸ πλέον
αὐτῷ μέρος ἀπελείπετο τῆς πορείας.

40. Ἀννίβας μὲν οὖν ἐνεχείρει ταῖς διεκβολαῖς τῶν

---

74 The distances recorded here through 39. 11 have often
been discussed, most recently by D. Hoyos, "Crossing the Du-
rance with Hannibal and Livy: the Route to the Pass" *Klio* 88
(2006) 408–465, on p. 409.

separate the Celts from the Iberians, end. This spot is about eight thousand stades[74] distant from the mouth of this sea at the Pillars of Hercules, the distance being three thousand stades from the Pillars to New Carthage, from which place Hannibal started for Italy, two thousand six hundred stades from hence to the Ebro, and from the Ebro to Emporium one thousand six hundred stades. From here to the passage of the Rhone is about sixteen hundred stades, this part[75] from Narbo to the passage of the Rhone about sixteen hundred, this part of the road having now been carefully measured by the Romans and marked with milestones at every eighth stade. From the passage of the Rhone, following the bank of the river in the direction of its source as far as the foot of the pass across the Alps to Italy, the distance is fourteen hundred stades, and the length of the actual pass which would bring Hannibal down into the plain of the Po, about twelve hundred. So that to arrive there he had, starting from New Carthage, to march about nine thousand stades. Of this, as far as distance goes, he had nearly traversed the half, but if we look to difficulty far the largest part lay before him.

40. While Hannibal was thus attempting to cross the

[75] The section from Emporium (i. e. the Pyrenees) to the Rhone: the *via Domitia* of 118. The reference is an insertion, probably by P. himself (so WC and J. Reynolds, *JRS* 56 (1966) 118), perhaps his latest intervention. His fellow Achaeans who had campaigned with the consul Domitius in 122 (*ISE* 60) may have informed him. For the date of this inscription see Th. Schwertfeger, *Der Achaiische Bund von 146 bis 27 v.Chr.* (Munich 1974), 27–63. A milestone from this road was found in 1949 (*AE* 1952, 38).

Πυρηναίων ὀρῶν, κατάφοβος ὢν τοὺς Κελτοὺς διὰ τὰς
2 ὀχυρότητας τῶν τόπων. Ῥωμαῖοι δὲ κατὰ τοὺς αὐτοὺς
καιροὺς διακούσαντες μὲν τῶν ἐξαποσταλέντων εἰς
Καρχηδόνα πρεσβευτῶν τὰ δεδογμένα καὶ τοὺς ῥη-
θέντας λόγους, προσπεσόντος δὲ θᾶττον ἢ προσεδό-
κων Ἀννίβαν διαβεβηκέναι τὸν Ἴβηρα ποταμὸν μετὰ
τῆς δυνάμεως, προεχειρίσαντο πέμπειν μετὰ στρατο-
πέδων Πόπλιον μὲν Κορνήλιον εἰς Ἰβηρίαν, Τεβέριον
δὲ Σεμπρώνιον εἰς Λιβύην.
3   Ἐν ὅσῳ δ' οὗτοι περὶ τὰς καταγραφὰς ἐγίνοντο
τῶν στρατοπέδων καὶ τὴν ἄλλην παρασκευήν, ἔσπευ-
σαν ἐπὶ τέλος ἀγαγεῖν τὰ κατὰ τὰς ἀποικίας, οἳ δὴ
πρότερον ἦσαν εἰς Γαλατίαν ἀποστέλλειν προκεχει-
4 ρισμένοι. τὰς μὲν οὖν πόλεις ἐνεργῶς ἐτείχιζον, τοὺς
δ' οἰκήτορας ἐν ἡμέραις τριάκοντα παρήγγειλαν ἐπι-
τόπους γίνεσθαι, τὸν ἀριθμὸν ὄντας εἰς ἑκατέραν τὴν
5 πόλιν εἰς ἑξακισχιλίους· ὧν τὴν μὲν μίαν ἔκτιζον ἐπὶ
τάδε τοῦ Πάδου ποταμοῦ, προσαγορεύσαντες Πλακεν-
τίαν, τὴν δ' ἄλλην ἐπὶ θάτερα, κατονομάσαντες Κρε-
6 μώνην. ἤδη δὲ τούτων συνῳκισμένων, οἱ Βοῖοι καλού-
μενοι Γαλάται, πάλαι μὲν οἷον λοχῶντες τὴν πρὸς
7 Ῥωμαίους φιλίαν, οὐκ ἔχοντες δὲ τότε καιρόν, μετεω-
ριζόμενοι καὶ πιστεύοντες ἐκ τῶν διαπεμπομένων τῇ
παρουσίᾳ τῶν Καρχηδονίων, ἀπέστησαν ἀπὸ Ῥω-
μαίων, ἐγκαταλιπόντες τοὺς ὁμήρους, οὓς ἔδοσαν ἐκ-
βαίνοντες ἐκ τοῦ πολέμου τοῦ προγεγονότος, ὑπὲρ οὗ
τὴν ἐξήγησιν ἡμεῖς ἐν τῇ προτέρᾳ βύβλῳ ταύτης
8 ἐποιησάμεθα. παρακαλέσαντες δὲ τοὺς Ἴνσομβρας,

Pyrenees, in great fear of the Celts owing to the natural strength of the passes, the Romans, having received from the envoys they had sent to Carthage an account of the decision arrived at, and the speeches made there, and on news reaching them sooner than they had expected that Hannibal had crossed the Ebro with his army, determined to send,[76] with their legions, the Consuls Publius Cornelius Scipio to Spain and Tiberius Sempronius Longus to Africa.

While occupied in enrolling the legions and making other preparations they were pushing on the project of establishing in Cisalpine Gaul the colonies[77] on which they had decided. They took active steps to fortify the towns, and ordered the colonists, who were about six thousand in number for either city, to be on the spot within thirty days. The one city they founded on this side of the Po, calling it Placentia, the other, which they named Cremona, on the far side. Scarce had both these colonies been established when the Boii Gauls, who had been for long as it were lying in wait to throw off their allegiance to Rome, but had hitherto found no opportunity, elated now by the messages they received assuring them of the near arrival of the Carthaginians, revolted from Rome, abandoning the hostages they gave at the end of the former war which I described in my last Book.[78] Calling on the Insubres to join

76 The decision was made in late June or early July 218.

77 Cremona north, Placentia south of the Po: founded to defend against the Boii and Insubres, not against Hannibal (the decision to settle the colonies was already taken in 219).

78 2.22–35.

καὶ συμφρονήσαντες κατὰ τὴν προγεγενημένην ὀρ-
γήν, κατέσυραν τὴν κατακεκληρουχημένην χώραν
ὑπὸ Ῥωμαίων, καὶ τοὺς φεύγοντας συνδιώξαντες εἰς
Μοτίνην, ἀποικίαν ὑπάρχουσαν Ῥωμαίων, ἐπολιόρ-
9 κουν. ἐν οἷς καὶ τρεῖς ἄνδρας τῶν ἐπιφανῶν συν-
έκλεισαν τοὺς ἐπὶ τὴν διαίρεσιν τῆς χώρας ἀπεσταλ-
μένους· ὧν εἷς μὲν ἦν Γάιος Λυτάτιος ὁ τὴν ὕπατον
10 ἀρχὴν εἰληφώς, οἱ δὲ δύο τὴν ἑξαπέλεκυν. οἰομένων δὲ
δεῖν τούτων εἰς λόγους σφίσι συνελθεῖν, ὑπήκουσαν
οἱ Βοῖοι. τῶν δ' ἀνδρῶν ἐξελθόντων, παρασπονδή-
σαντες συνέλαβον αὐτούς, ἐλπίσαντες διὰ τούτων
11 κομιεῖσθαι τοὺς αὑτῶν ὁμήρους. Λεύκιος δὲ Μάλλιος
ἑξαπέλεκυς ὑπάρχων, καὶ προκαθήμενος ἐπὶ τῶν τό-
πων μετὰ δυνάμεως, ἀκούσας τὸ γεγονός, ἐβοήθει
12 κατὰ σπουδήν. οἱ δὲ Βοῖοι συνέντες αὐτοῦ τὴν παρ-
ουσίαν, ἔν τισι δρυμοῖς ἑτοιμάσαντες ἐνέδρας, ἅμα τῷ
παρελθεῖν εἰς τοὺς ὑλώδεις τόπους πανταχόθεν ἅμα
13 προσπεσόντες πολλοὺς ἀπέκτειναν τῶν Ῥωμαίων. οἱ
δὲ λοιποὶ τὰς μὲν ἀρχὰς ὥρμησαν πρὸς φυγήν· ἐπεὶ
δὲ τῶν ὑψηλῶν ἥψαντο χωρίων, ἐπὶ ποσὸν συνέστη-
σαν οὕτως ὥστε μόλις εὐσχήμονα ποιήσασθαι τὴν
ἀποχώρησιν. οἱ δὲ Βοῖοι κατακολουθήσαντες συν-
έκλεισαν καὶ τούτους εἰς τὴν Τάννητος καλουμένην
14 κώμην. τοῖς δ' ἐν τῇ Ῥώμῃ προσπεσόντος ὅτι τὸ
τέταρτον στρατόπεδον περιειλημμένον ὑπὸ τῶν Βοῖων
πολιορκεῖται κατὰ κράτος, τὰ μὲν τῷ Ποπλίῳ προ-
κεχειρισμένα στρατόπεδα κατὰ σπουδὴν ἐξαπέστελ-
λον ἐπὶ τὴν τούτων βοήθειαν, ἡγεμόνα συστήσαντες

them, whose support they easily gained owing to their long-standing rancor against Rome, they overran the lands which the Romans had allotted to their colonies and on the settlers taking to flight, pursued them to Mutina, a Roman colony,[79] and there besieged them. Among those shut up there were three men of high rank who had been sent to carry out the partitionment of the country, Gaius Lutatius, a former Consul,[80] and two former Praetors. On these three requesting a parley with the Boii, the latter consented, but when they came out for the purpose they treacherously made them prisoners, hoping by means of them to get back their own hostages. When the Praetor Lucius Manlius, who with his troops was occupying an advanced position in the neighborhood, heard of this, he hastened up to give help. The Boii had heard of his approach, and posting ambuscades in a certain forest attacked him from all sides at once as soon as he reached the wooded country, and killed many of the Romans. The remainder at first took to flight, but on getting to higher ground rallied just enough to give their retreat an appearance of order. The Boii following at their heels shut this force too up in the place called Vicus Tannetis.[81] When the news reached Rome that the fourth legion was surrounded by the Boii and besieged, they instantly sent off the legions destined

[79] Mutina acquired the status of a colony only in 183 (Livy 39. 55. 7–8).

[80] Consul in 220.

[81] Near Parma, on the *via Aemilia*: *RE* Tannetum 2223 (H. Philipp).

ἐξαπέλεκυν, ἄλλα δὲ συνάγειν καὶ καταγράφειν ἐκ
τῶν συμμάχων αὐτῷ παρήγγειλαν.

41. Τὰ μὲν οὖν κατὰ Κελτοὺς ἀπὸ τῆς ἀρχῆς ἕως
εἰς τὴν Ἀννίβου παρουσίαν ἐν τούτοις ἦν καὶ τοιαύτην
εἰλήφει διέξοδον, οἵαν ἔν τε τοῖς πρὸ τοῦ καὶ νῦν
2 διεληλύθαμεν. οἱ δὲ στρατηγοὶ τῶν Ῥωμαίων ἑτοι-
μασάμενοι τὰ πρὸς τὰς ἰδίας ἐπιβολάς, ἐξέπλεον ὑπὸ
τὴν ὡραίαν ἐπὶ τὰς προκειμένας πράξεις, Πόπλιος μὲν
οὖν εἰς Ἰβηρίαν ἑξήκοντα ναυσί, Τεβέριος δὲ Σεμ-
πρώνιος εἰς Λιβύην ἑκατὸν ἑξήκοντα σκάφεσι πεντη-
3 ρικοῖς. οἷς οὕτως καταπληκτικῶς ἐπεβάλετο πολεμεῖν
καὶ τοιαύτας ἐποιεῖτο παρασκευὰς ἐν τῷ Λιλυβαίῳ,
πάντας καὶ πανταχόθεν ἀθροίζων, ὡς εὐθέως ἐκ κατ-
4 άπλου πολιορκήσων αὐτὴν τὴν Καρχηδόνα. Πόπλιος
δὲ κομισθεὶς παρὰ τὴν Λιγυστίνην ἧκε πεμπταῖος ἀπὸ
5 Πισῶν εἰς τοὺς κατὰ Μασσαλίαν τόπους, καὶ καθορ-
μισθεὶς πρὸς τὸ πρῶτον στόμα τοῦ Ῥοδανοῦ, τὸ
6 Μασσαλιωτικὸν προσαγορευόμενον, ἀπεβίβαζε τὰς
δυνάμεις, ἀκούων μὲν ὑπερβάλλειν ἤδη τὰ Πυρηναῖα
τὸν Ἀννίβαν ὄρη, πεπεισμένος δ' ἔτι μακρὰν ἀπέχειν
αὐτὸν διά τε τὰς δυσχωρίας τῶν τόπων καὶ διὰ τὸ
7 πλῆθος τῶν μεταξὺ κειμένων Κελτῶν. Ἀννίβας δὲ
παραδόξως, τοὺς μὲν χρήμασι πείσας τῶν Κελτῶν,
τοὺς δὲ βιασάμενος, ἧκε μετὰ τῶν δυνάμεων, δεξιὸν
ἔχων τὸ Σαρδόνιον πέλαγος, ἐπὶ τὴν τοῦ Ῥοδανοῦ
8 διάβασιν. ὁ δὲ Πόπλιος, διασαφηθέντος αὐτῷ παρ-
εῖναι τοὺς ὑπεναντίους, τὰ μὲν ἀπιστῶν διὰ τὸ τάχος
τῆς παρουσίας, τὰ δὲ βουλόμενος εἰδέναι τὴν ἀκρί-

for Publius under the command of a Praetor to its assistance, ordering Publius to enrol other legions from the allies.

41. The condition and course of Celtic affairs from the outset up to the arrival of Hannibal were such as I have narrated here and in the previous Book. The two Roman Consuls, having made all preparations for their respective enterprises, set sail early in summer[82] to take in hand the operations determined on, Publius bound for Iberia with sixty ships and Tiberius Sempronius for Africa with a hundred and sixty quinqueremes. With these he threatened such a redoubtable expedition and made such vast preparations at Lilybaeum, collecting all kinds of forces from everywhere, that it seemed as if he expected to sail up to Carthage and at once lay siege to it. Publius, coasting along Liguria, reached the neighborhood of Marseilles from Pisa in five days, and coming to anchor off the first mouth of the Rhone, known as the Massaliotic mouth, disembarked his forces there, having heard that Hannibal was already crossing the Pyrenees, but convinced that he was still at a distance of many days' march owing to the difficulty of the country and the numbers of Celtic tribes between them. Hannibal, however, who had bribed some of the Celts and forced others to give him passage, unexpectedly appeared with his army at the crossing of the Rhone, having marched with the Sardinian Sea on his right. Publius, when the arrival of the enemy was reported to him, being partly incredulous owing to the rapidity of their advance and partly desirous of ascertaining the exact truth—while he himself

[82] In fact, only in August.

βειαν, αὐτὸς μὲν ἀνελάμβανε τὰς δυνάμεις ἐκ τοῦ
πλοῦ, καὶ διενοεῖτο μετὰ τῶν χιλιάρχων ποίοις χρη-
στέον τῶν τόπων καὶ συμμικτέον τοῖς ὑπεναντίοις·
9 τριακοσίους δὲ τῶν ἱππέων ἐξαπέστειλε τοὺς ἀνδρω-
δεστάτους, συστήσας μετ᾽ αὐτῶν καθηγεμόνας ἅμα
καὶ συναγωνιστὰς Κελτούς, οἳ παρὰ τοῖς Μασσαλι-
ώταις ἐτύγχανον μισθοφοροῦντες.

42. Ἀννίβας δὲ προσμίξας τοῖς περὶ τὸν ποταμὸν
τόποις, εὐθέως ἐνεχείρει ποιεῖσθαι τὴν διάβασιν κατὰ
τὴν ἁπλῆν ῥύσιν, σχεδὸν ἡμερῶν τεττάρων ὁδὸν
2 ἀπέχων στρατοπέδῳ τῆς θαλάττης. καὶ φιλοποιη-
σάμενος παντὶ τρόπῳ τοὺς παροικοῦντας τὸν ποταμὸν
ἐξηγόρασε παρ᾽ αὐτῶν τά τε μονόξυλα πλοῖα πάντα
καὶ τοὺς λέμβους, ὄντας ἱκανοὺς τῷ πλήθει διὰ τὸ
ταῖς ἐκ τῆς θαλάττης ἐμπορίαις πολλοὺς χρῆσθαι τῶν
3 παροικούντων τὸν Ῥοδανόν. ἔτι δὲ τὴν ἁρμόζουσαν
ξυλείαν ἐξέλαβε πρὸς τὴν κατασκευὴν τῶν μονο-
ξύλων· ἐξ ὧν ἐν δυσὶν ἡμέραις πλῆθος ἀναρίθμητον
ἐγένετο πορθμείων, ἑκάστου σπεύδοντος μὴ προσ-
δεῖσθαι τοῦ πέλας, ἐν αὑτῷ δ᾽ ἔχειν τὰς τῆς δια-
4 βάσεως ἐλπίδας. κατὰ δὲ τὸν καιρὸν τοῦτον ἐν τῷ
πέραν πλῆθος ἠθροίσθη βαρβάρων χάριν τοῦ κωλύ-
5 ειν τὴν τῶν Καρχηδονίων διάβασιν. εἰς οὓς ἀπο-
βλέπων Ἀννίβας καὶ συλλογιζόμενος ἐκ τῶν παρ-
όντων ὡς οὔτε διαβαίνειν μετὰ βίας δυνατὸν εἴη
τοσούτων πολεμίων ἐφεστώτων, οὔτ᾽ ἐπιμένειν, μὴ
6 πανταχόθεν προσδέξηται τοὺς ὑπεναντίους, ἐπιγενο-
μένης τῆς τρίτης νυκτὸς ἐξαποστέλλει μέρος τι τῆς

was refreshing his troops after their voyage and consulting with his Tribunes in what place it would be wisest to offer battle to the enemy—sent out three hundred of his bravest cavalry, giving them as guides and supports certain Celts who were in the service of the Massaliots as mercenaries.

42. Hannibal, on reaching the neighborhood of the river, at once set about attempting to cross it where the stream is single at a distance of about four days' march from the sea. Doing his best to make friends with the inhabitants of the bank, he bought up all their canoes and boats, amounting to a considerable number, since many of the people on the banks of the Rhone engage in maritime traffic. He also got from them the logs suitable for making the canoes, so that in two days he had an innumerable quantity of ferryboats, every one doing his best to dispense with any assistance and relying on himself for his chance of getting across. In the meantime a large force of barbarians[83] had gathered on the opposite bank to prevent the Carthaginians from crossing. Hannibal observing this and concluding that as things stood it was neither possible to force a crossing in face of such a strong hostile force nor to put it off, lest he should find himself attacked on all sides, sent off on the third night after his arrival a portion of his

[83] The Volcae, Celts who opposed, not supported Hannibal.

δυνάμεως, συστήσας καθηγεμόνας ἐγχωρίους, ἐπὶ δὲ
7 πάντων Ἄννωνα τὸν Βοαμίλκου τοῦ βασιλέως. οἳ
ποιησάμενοι τὴν πορείαν ἀντίοι τῷ ῥεύματι παρὰ τὸν
ποταμὸν ἐπὶ διακόσια στάδια, παραγενόμενοι πρός
τινα τόπον, ἐν ᾧ συνέβαινε περί τι χωρίον νησίζον
8 περισχίζεσθαι τὸν ποταμόν, ἐνταῦθα κατέμειναν. ἐκ
δὲ τῆς παρακειμένης ὕλης τὰ μὲν συμπηγνύντες τῶν
ξύλων, τὰ δὲ συνδεσμεύοντες, ἐν ὀλίγῳ χρόνῳ πολλὰς
ἥρμοσαν σχεδίας, ἀρκούσας τῇ χρείᾳ πρὸς τὸ παρόν·
ἐφ᾽ αἷς διεκομίσθησαν ἀσφαλῶς οὐδενὸς κωλύοντος.
9 καταλαβόμενοι δὲ τόπον ἐχυρὸν ἐκείνην μὲν τὴν ἡμέ-
ραν ἔμειναν ἀναπαύοντες σφᾶς ἐκ τῆς προγεγενη-
μένης κακοπαθείας, ἅμα δὲ παρασκευαζόμενοι πρὸς
10 τὴν ἐπιοῦσαν χρείαν κατὰ τὸ συντεταγμένον. καὶ μὴν
Ἀννίβας τὸ παραπλήσιον ἐποίει περὶ τὰς μεθ᾽ ἑαυτοῦ
11 καταλειφθείσας δυνάμεις. μάλιστα δ᾽ αὐτῷ παρεῖχε
δυσχρηστίαν ἡ τῶν ἐλεφάντων διάβασις· οὗτοι δ᾽
ἦσαν ἑπτὰ καὶ τριάκοντα τὸν ἀριθμόν.

43. Οὐ μὴν ἀλλ᾽ ἐπιγενομένης τῆς πέμπτης νυκτὸς
οἱ μὲν προδιαβάντες ἐκ τοῦ πέραν ὑπὸ τὴν ἑωθινὴν
προῆγον παρ᾽ αὐτὸν τὸν ποταμὸν ἐπὶ τοὺς ἀντίπερα
2 βαρβάρους, ὁ δ᾽ Ἀννίβας ἑτοίμους ἔχων τοὺς στρα-
τιώτας ἐπεῖχε τῇ διαβάσει, τοὺς μὲν λέμβους πεπλη-
ρωκὼς τῶν πελτοφόρων ἱππέων, τὰ δὲ μονόξυλα τῶν
3 εὐκινητοτάτων πεζῶν. εἶχον δὲ τὴν μὲν ἐξ ὑπερδεξίου
καὶ παρὰ τὸ ῥεῦμα τάξιν οἱ λέμβοι, τὴν δ᾽ ὑπὸ τούτους
τὰ λεπτὰ τῶν πορθμείων, ἵνα τὸ πολὺ τῆς τοῦ ῥεύ-
ματος βίας ἀποδεχομένων τῶν λέμβων ἀσφαλεστέρα

army, giving them native guides and placing them under the command of Hanno, the son of Bomilcar the Suffete. Advancing up the bank of the river for two hundred stades they reached a place at which the stream divides, forming an island, and here they stopped. Using the timber they found ready to hand and either nailing or lashing logs together they soon constructed a number of rafts sufficient for their present need, and on these they crossed in safety, meeting with no opposition. Occupying a post of some natural strength they remained there for that day to rest after their exertions and at the same time to prepare for the coming action in accordance with instructions. Hannibal, moreover, with the part of the army that remained behind with him, was similarly occupied. The question that caused him the greatest embarrassment was how to get the elephants, thirty-seven in number, across.

43. On the fifth night, however, the force which had already crossed began a little before dawn to advance along the opposite bank against the barbarians there, while Hannibal had got his soldiers ready and was waiting till the time for crossing came. He had filled the boats with his light horse and the canoes with his lightest infantry. The large boats were placed highest up stream and the lighter ferryboats farther down, so that the heavier vessels receiving the chief force of the current the canoes should be less

γίνοιτο τοῖς μονοξύλοις ἡ παρακομιδὴ διὰ τοῦ πόρου.
4 κατὰ δὲ τὰς πρύμνας τῶν λέμβων ἐφέλκειν διενοοῦντο
τοὺς ἵππους νέοντας, τρεῖς ἅμα καὶ τέτταρας τοῖς
ἀγωγεῦσιν ἑνὸς ἀνδρὸς ἐξ ἑκατέρου τοῦ μέρους τῆς
πρύμνης οἰακίζοντος, ὥστε πλῆθος ἱκανὸν ἵππων συν-
5 διακομίζεσθαι κατὰ τὴν πρώτην εὐθέως διάβασιν. οἱ
δὲ βάρβαροι, θεωροῦντες τὴν ἐπιβολὴν τῶν ὑπεναν-
τίων, ἀτάκτως ἐκ τοῦ χάρακος ἐξεχέοντο καὶ σπο-
ράδην, πεπεισμένοι κωλύειν εὐχερῶς τὴν ἀπόβασιν
6 τῶν Καρχηδονίων. Ἀννίβας δ' ἅμα τῷ συνιδεῖν ἐν τῷ
πέραν ἐγγίζοντας ἤδη τοὺς παρ' αὑτοῦ στρατιώτας,
σημηνάντων ἐκείνων τὴν παρουσίαν τῷ καπνῷ κατὰ
τὸ συντεταγμένον, ἐμβαίνειν ἅπασιν ἅμα παρήγγελλε
καὶ βιάζεσθαι πρὸς τὸ ῥεῦμα τοῖς ἐπὶ τῶν πορθμείων
7 τεταγμένοις. ταχὺ δὲ τούτου γενομένου, καὶ τῶν ἐν
τοῖς πλοίοις ἁμιλλωμένων μὲν πρὸς ἀλλήλους μετὰ
κραυγῆς, διαγωνιζομένων δὲ πρὸς τὴν τοῦ ποταμοῦ
8 βίαν, τῶν δὲ στρατοπέδων ἀμφοτέρων ἐξ ἑκατέρου τοῦ
μέρους παρὰ τὰ χείλη τοῦ ποταμοῦ παρεστώτων, καὶ
τῶν μὲν ἰδίων συναγωνιώντων καὶ παρακολουθούντων
μετὰ κραυγῆς, τῶν δὲ κατὰ πρόσωπον βαρβάρων
παιανιζόντων καὶ προκαλουμένων τὸν κίνδυνον, ἦν τὸ
9 γινόμενον ἐκπληκτικὸν καὶ παραστατικὸν ἀγωνίας. ἐν
ᾧ καιρῷ τῶν βαρβάρων ἀπολελοιπότων τὰς σκηνὰς
ἐπιπεσόντες ἄφνω καὶ παραδόξως οἱ πέραν Καρχη-
δόνιοι, τινὲς μὲν αὐτῶν ἐνεπίμπρασαν τὴν στρατοπε-
δείαν, οἱ δὲ πλείους ὥρμησαν ἐπὶ τοὺς τὴν διάβασιν
10 τηροῦντας. οἱ δὲ βάρβαροι, παραλόγου τοῦ πράγ-

exposed to risk in crossing. They hit on the plan of towing the horses astern of the boats swimming, one man at each side of the stern guiding three or four horses by their leading reins, so that a considerable number were got across at once in the first batch. The barbarians seeing the enemy's project poured out of their camp, scattered and in no order, feeling sure that they would easily prevent the Carthaginians from landing. Hannibal, as soon as he saw that the force he had previously sent across was near at hand on the opposite bank, they having announced their approach by a smoke signal as arranged, ordered all in charge of the ferryboats to embark and push up against the current. He was at once obeyed, and now with the men in the boats shouting as they vied with one another in their efforts and struggled to stem the current, with the two armies standing on either bank at the very brink of the river, the Carthaginians following the progress of the boats with loud cheers and sharing in the fearful suspense, and the barbarians yelling their war cry and challenging to combat, the scene was in the highest degree striking and thrilling. At this moment, the barbarians having deserted their tents, the Carthaginians on the far bank attacked suddenly and unexpectedly, and while some of them set fire to the enemy's encampment, the larger portion fell upon the defenders of the passage. The barbarians, taken quite by sur-

ματος φανέντος αὐτοῖς, οἱ μὲν ἐπὶ τὰς σκηνὰς ἐφέρον-
το βοηθήσοντες, οἱ δ' ἠμύνοντο καὶ διεμάχοντο πρὸς
11 τοὺς ἐπιτιθεμένους. Ἀννίβας δέ, κατὰ τὴν πρόθεσιν
αὐτῷ συντρεχόντων τῶν πραγμάτων, εὐθέως τοὺς
πρώτους ἀποβαίνοντας συνίστα καὶ παρεκάλει, καὶ
12 συνεπλέκετο τοῖς βαρβάροις. οἱ δὲ Κελτοὶ καὶ διὰ τὴν
ἀταξίαν καὶ διὰ τὸ παράδοξον τοῦ συμβαίνοντος
ταχέως τραπέντες ὥρμησαν πρὸς φυγήν.

44. Ὁ δὲ στρατηγὸς τῶν Καρχηδονίων ἅμα τῆς τε
διαβάσεως καὶ τῶν ὑπεναντίων κεκρατηκὼς παραυ-
τίκα μὲν ἐγίνετο πρὸς τῇ παρακομιδῇ τῶν πέραν
2 ἀπολειπομένων ἀνδρῶν, πάσας δ' ἐν βραχεῖ χρόνῳ
διαπεραιώσας τὰς δυνάμεις ἐκείνην μὲν τὴν νύκτα
3 παρ' αὐτὸν τὸν ποταμὸν κατεστρατοπέδευσε, τῇ δ'
ἐπαύριον ἀκούων τὸν τῶν Ῥωμαίων στόλον περὶ τὰ
στόματα τοῦ ποταμοῦ καθωρμίσθαι, προχειρισάμενος
πεντακοσίους τῶν Νομαδικῶν ἱππέων ἐξαπέστειλε
κατασκεψομένους ποῦ καὶ πόσοι τυγχάνουσιν ὄντες
4 καὶ τί πράττουσιν οἱ πολέμιοι. κατὰ δὲ τὸν αὐτὸν
καιρὸν καὶ πρὸς τὴν τῶν ἐλεφάντων διάβασιν προ-
5 εχειρίσατο τοὺς ἐπιτηδείους. αὐτὸς δὲ συναγαγὼν τὰς
δυνάμεις εἰσήγαγε τοὺς βασιλίσκους τοὺς περὶ Μάγι-
λον· οὗτοι γὰρ ἧκον πρὸς αὐτὸν ἐκ τῶν περὶ τὸν
Πάδον πεδίων· καὶ δι' ἑρμηνέως τὰ δεδογμένα παρ'
6 αὐτῶν διεσάφει τοῖς ὄχλοις. ἦν δὲ τῶν λεγομένων
ἰσχυρότατα πρὸς θάρσος τῶν πολλῶν πρῶτον μὲν ἡ
τῆς παρουσίας ἐνάργεια τῶν ἐπισπωμένων καὶ κοινω-
νήσειν ἐπαγγελλομένων τοῦ πρὸς Ῥωμαίους πολέμου,

prise, rushed some of them to save their tents, while others defended themselves against their assailants. Hannibal, all falling out favorably as he had purposed, at once marshaled those of his men who were the first to land,[84] and after addressing some words of exhortation to them, led them to meet the barbarians, upon which the Celts, owing to their disordered condition and to their being taken by surprise, soon turned and turned to flight.

44. The Carthaginian general, having thus made himself master of the passage and defeated the enemy, at once occupied himself in fetching over the men who had been left on the other bank, and having in a very short time brought his whole army across encamped for that night beside the river. Next morning, hearing that the Roman fleet was anchored off the mouths of the Rhone, he selected five hundred of his Numidian horse and sent them off to observe the whereabouts and number of the enemy and what they were about. At the same time he set the proper men to the task of bringing the elephants across and then called a meeting of his soldiers and, introducing Magilus and the other chieftains who had come to him from the plain of the Po, made the troops acquainted through a dragoman with what they reported to be the decision of their tribes. What encouraged the soldiers most in their address was firstly the actual and visible presence of those Gauls who were inviting them to Italy and promising to join them in the war against Rome, and secondly the reliance they placed on

[84] Hannibal forced the crossing of the Rhone, somewhere north of the Durance, about the end of August.

7 δεύτερον δὲ τὸ τῆς ἐπαγγελίας αὐτῶν ἀξιόπιστον, ὅτι
καθηγήσονται διὰ τόπων τοιούτων δι᾽ ὧν οὐδενὸς
ἐπιδεόμενοι τῶν ἀναγκαίων συντόμως ἅμα καὶ μετ᾽
8 ἀσφαλείας ποιήσονται τὴν εἰς Ἰταλίαν πορείαν, πρὸς
δὲ τούτοις ἡ τῆς χώρας γενναιότης, εἰς ἣν ἀφίξονται,
καὶ τὸ μέγεθος, ἔτι δὲ τῶν ἀνδρῶν ἡ προθυμία, μεθ᾽ ὧν
μέλλουσι ποιεῖσθαι τοὺς ἀγῶνας πρὸς τὰς τῶν Ῥω-
9 μαίων δυνάμεις. οἱ μὲν οὖν Κελτοὶ τοιαῦτα διαλεχθέν-
10 τες ἀνεχώρησαν. μετὰ δὲ τούτους εἰσελθὼν αὐτὸς
πρῶτον μὲν τῶν προγεγενημένων πράξεων ἀνέμνησε
τοὺς ὄχλους· ἐν αἷς ἔφη πολλοῖς αὐτοὺς καὶ παρα-
βόλοις ἔργοις καὶ κινδύνοις ἐπικεχειρηκότας ἐν οὐδενὶ
διεσφάλθαι, κατακολουθήσαντας τῇ ᾽κείνου γνώμῃ
11 καὶ συμβουλίᾳ. τούτοις δ᾽ ἑξῆς εὐθαρσεῖς εἶναι παρ-
εκάλει, θεωροῦντας διότι τὸ μέγιστον ἤνυσται τῶν
ἔργων, ἐπειδὴ τῆς τε τοῦ ποταμοῦ διαβάσεως κεκρα-
τήκασι τῆς τε τῶν συμμάχων εὐνοίας καὶ προθυμίας
12 αὐτόπται γεγόνασι. διόπερ ᾤετο δεῖν περὶ μὲν τῶν
κατὰ μέρος ῥᾳθυμεῖν, ὡς αὐτῷ μελόντων, πειθαρ-
χοῦντας δὲ τοῖς παραγγέλμασιν ἄνδρας ἀγαθοὺς
13 γίνεσθαι καὶ τῶν προγεγονότων ἔργων ἀξίους. τοῦ δὲ
πλήθους ἐπισημαινομένου καὶ μεγάλην ὁρμὴν καὶ
προθυμίαν ἐμφαίνοντος, ἐπαινέσας αὐτοὺς καὶ τοῖς
θεοῖς ὑπὲρ ἁπάντων εὐξάμενος διαφῆκε, παραγγείλας
θεραπεύειν σφᾶς καὶ παρασκευάζεσθαι μετὰ σπου-
δῆς, ὡς εἰς τὴν αὔριον ἀναζυγῆς ἐσομένης.

45. Λυθείσης δὲ τῆς ἐκκλησίας ἧκον τῶν Νομάδων
οἱ προαποσταλέντες ἐπὶ τὴν κατασκοπήν, τοὺς μὲν

their promise to guide them by a route which would take them without their being exposed to any privations, rapidly and safely to Italy. In addition to this the Gauls dwelt on the richness and extent of the country they were going to, and the eager spirit of the men by whose side they were about to face the armies of Rome. The Celts, after speaking in this sense, withdrew, and Hannibal himself now came forward and began by reminding them of their achievements in the past: though, he said, they had undertaken many hazardous enterprises and fought many a battle they had never met with ill success when they followed his plans and counsels. Next he bade them be of good heart considering that the hardest part of their task was now accomplished, since they had forced the passage of the river and had the testimony of their own eyes and ears to the friendly sentiments and readiness to help of their allies. He begged them therefore to be at their ease about details which were his own business, but to obey orders and behave like brave men and in a manner worthy of their own record in the past. When the men applauded him, exhibiting great enthusiasm and ardor, he commended them and, after offering a prayer to the gods on behalf of all, dismissed them, bidding them get everything ready expeditiously as they would start on their march next day.

45. After the assembly had broken up the Numidian scouts who had been sent out to reconnoitre returned, the

πλείστους αὐτῶν ἀπολωλεκότες, οἱ δὲ λοιποὶ προτρο-
2 πάδην πεφευγότες. συμπεσόντες γὰρ οὐ μακρὰν ἀπὸ
τῆς ἰδίας στρατοπεδείας τοῖς τῶν Ῥωμαίων ἱππεῦσι
τοῖς ἐπὶ τὴν αὐτὴν χρείαν ἐξαπεσταλμένοις ὑπὸ τοῦ
Ποπλίου τοιαύτην ἐποιήσαντο φιλοτιμίαν ἀμφότεροι
κατὰ τὴν συμπλοκὴν ὥστε τῶν Ῥωμαίων καὶ Κελτῶν
εἰς ἑκατὸν ἱππεῖς καὶ τετταράκοντα διαφθαρῆναι, τῶν
3 δὲ Νομάδων ὑπὲρ τοὺς διακοσίους. γενομένων δὲ τού-
των οἱ Ῥωμαῖοι συνεγγίσαντες κατὰ τὸ δίωγμα τῷ
τῶν Καρχηδονίων χάρακι καὶ κατοπτεύσαντες, αὖθις
ἐξ ὑποστροφῆς ἠπείγοντο, διασαφήσοντες τῷ στρα-
τηγῷ τὴν παρουσίαν τῶν πολεμίων· ἀφικόμενοι δ᾽ εἰς
4 τὴν παρεμβολὴν ἀνήγγειλαν. Πόπλιος δὲ παραυτίκα
τὴν ἀποσκευὴν ἀναθέμενος ἐπὶ τὰς ναῦς, ἀνέζευξε
παντὶ τῷ στρατεύματι, καὶ προῆγε παρὰ τὸν ποταμόν,
σπεύδων συμμῖξαι τοῖς ὑπεναντίοις.
5 Ἀννίβας δὲ τῇ κατὰ πόδας ἡμέρᾳ τῆς ἐκκλησίας
ἅμα τῷ φωτὶ τοὺς μὲν ἱππεῖς προέθετο πάντας ὡς
πρὸς θάλατταν, ἐφεδρείας ἔχοντας τάξιν, τὴν δὲ τῶν
πεζῶν ἐκίνει δύναμιν ἐκ τοῦ χάρακος εἰς πορείαν·
6 αὐτὸς δὲ τοὺς ἐλέφαντας ἐξεδέχετο καὶ τοὺς ἅμα
τούτοις ἀπολελειμμένους ἄνδρας. ἐγένετο δ᾽ ἡ διακο-
μιδὴ τῶν θηρίων τοιαύτη τις.

46. πήξαντες σχεδίας καὶ πλείους ἀραρότως, τού-
των δύο πρὸς ἀλλήλας ζεύξαντες βιαίως ἤρεισαν
ἀμφοτέρας εἰς τὴν γῆν κατὰ τὴν ἔμβασιν τοῦ ποτα-
μοῦ, πλάτος ἐχούσας τὸ συναμφότερον ὡς πεντή-
2 κοντα πόδας. ταύταις δὲ συζευγνύντες ἄλλας ἐκ τῶν

greater part of the force lost and the remainder in head-long flight. Not far from their own camp they had fallen in with the Roman cavalry sent out by Publius on the same errand, and both forces had shown such heroism in the engagement that the Romans and Celts lost about a hundred and forty horsemen and the Numidians more than two hundred.[85] Afterwards the Romans carried their pursuit close up to the Carthaginian camp, and having surveyed it, turned and hastily rode off to report to the Consul the arrival of the enemy, and on reaching their camp did so. Publius at once put his baggage on board the ships and started with his whole army marching up the river bank with the view of encountering the Carthaginians.

Hannibal, on the day after the assembly, advanced his cavalry in the direction of the sea to act as a covering force and then moved his infantry out of the camp and sent them off on their march, while he himself waited for the elephants and the men who had been left with them. The way they got the elephants across was as follows.

46. They built a number of very solid rafts and lashing two of these together fixed them very firmly into the earth at the point of entry into the river, their united width being about fifty feet. To these they attached others on the far-

---

[85] In the first skirmish of the war, the Romans did better than the Numidians.

ἐκτὸς προσήρμοζον, προτείνοντες τὴν κατασκευὴν τοῦ
3 ζεύγματος εἰς τὸν πόρον. τὴν δ' ἀπὸ τοῦ ῥεύματος
πλευρὰν ἠσφαλίζοντο τοῖς ἐκ τῆς γῆς ἐπιγύοις, εἰς τὰ
περὶ τὸ χεῖλος πεφυκότα τῶν δένδρων ἐνάπτοντες,
πρὸς τὸ συμμένειν καὶ μὴ παρωθεῖσθαι τὸ ὅλον ἔργον
4 κατὰ τοῦ ποταμοῦ. ποιήσαντες δὲ πρὸς δύο πλέθρα τῷ
μήκει τὸ πᾶν ζεῦγμα τῆς προβολῆς, μετὰ ταῦτα δύο
πεπηγυίας σχεδίας διαφερόντως [τὰς μεγίστας]
προσέβαλλον ταῖς ἐσχάταις, πρὸς αὐτὰς μὲν βιαίως
δεδεμένας, πρὸς δὲ τὰς ἄλλας οὕτως ὥστ' εὐδιακόπους
5 αὐτῶν εἶναι τοὺς δεσμούς. ῥύματα δὲ καὶ πλείω ταύ-
ταις ἐνῆψαν, οἷς ἔμελλον οἱ λέμβοι ῥυμουλκοῦντες
οὐκ ἐάσειν φέρεσθαι κατὰ ποταμοῦ, βίᾳ δὲ πρὸς τὸν
ῥοῦν κατέχοντες παρακομιεῖν καὶ περαιώσειν ἐπὶ τού-
6 των τὰ θηρία. μετὰ δὲ ταῦτα χοῦν ἔφερον ἐπὶ πάσας
πολύν, ἕως ἐπιβάλλοντες ἐξωμοίωσαν, ὁμαλὴν καὶ
σύγχρουν ποιοῦντες τῇ διὰ τῆς χέρσου φερούσῃ πρὸς
7 τὴν διάβασιν ὁδῷ. τῶν δὲ θηρίων εἰθισμένων τοῖς
Ἰνδοῖς μέχρι μὲν πρὸς τὸ ὑγρὸν ἀεὶ πειθαρχεῖν, εἰς δὲ
τὸ ὕδωρ ἐμβαίνειν οὐδαμῶς ἔτι τολμῶντων, ἦγον διὰ
τοῦ χώματος δύο προθέμενοι θηλείας, πειθαρχούντων
8 αὐταῖς τῶν θηρίων. ἐπεὶ δ' ἐπὶ τὰς τελευταίας ἐπέστη-
σαν σχεδίας, διακόψαντες τοὺς δεσμούς, οἷς προσήρ-
τηντο πρὸς τὰς ἄλλας, καὶ τοῖς λέμβοις ἐπισπα-
σάμενοι τὰ ῥύματα, ταχέως ἀπέσπασαν ἀπὸ τοῦ
9 χώματος τά τε θηρία καὶ τὰς ὑπ' αὐτοῖς σχεδίας. οὗ
γενομένου διαταραχθέντα τὰ ζῷα κατὰ μὲν τὰς ἀρχὰς
ἐστρέφετο καὶ κατὰ πάντα τόπον ὥρμα· περιεχόμενα

ther side, prolonging the bridge out into the stream. They secured the side of it which faced the current by cables attached to the trees that grew on the bank, so that the whole structure might remain in place and not be shifted by the current. When they had made the whole bridge or pier of rafts about two hundred feet long they attached to the end of it two particularly compact ones, very firmly fastened to each other, but so connected with the rest that the lashings could easily be cut. They attached to these several towing lines by which boats were to tow them, not allowing them to be carried down stream, but holding them up against the current, and thus were to convey the elephants which would be in them across. After this they piled up a quantity of earth on all the line of rafts, until the whole was on the same level and of the same appearance as the path on shore leading to the crossing. The animals were always accustomed to obey their mahouts up to the water, but would never enter it on any account, and they now drove them along over the earth with two females in front, whom they obediently followed. As soon as they set foot on the last rafts the ropes which held these fast to the others were cut, and the boats pulling taut, the towing lines rapidly tugged away from the pile of earth the elephants and the rafts on which they stood. Hereupon the animals becoming very alarmed at first turned round and ran about in all directions, but as they were shut in on all sides by the stream

δὲ πανταχόθεν ὑπὸ τοῦ ῥεύματος ἀπεδειλία καὶ μένειν
10 ἠναγκάζετο κατὰ χώραν. καὶ τοιούτῳ δὴ τρόπῳ
προσαρμοζομένων ἀεὶ σχεδιῶν δυεῖν, τὰ πλεῖστα τῶν
11 θηρίων ἐπὶ τούτων διεκομίσθη, τινὰ δὲ κατὰ μέσον
τὸν πόρον ἀπέρριψεν εἰς τὸν ποταμὸν αὐτὰ διὰ τὸν
φόβον· ὧν τοὺς μὲν Ἰνδοὺς ἀπολέσθαι συνέβη πάν-
12 τας, τοὺς δ' ἐλέφαντας διασωθῆναι. διὰ γὰρ τὴν
δύναμιν καὶ τὸ μέγεθος τῶν προβοσκίδων ἐξαίροντες
ταύτας ὑπὲρ τὸ ὑγρὸν καὶ διαπνέοντες, ἅμα δ' ἐκ-
φυσῶντες πᾶν τὸ παρεμπῖπτον, ἀντέσχον, τὸ πολὺ
καθ' ὕδατος ὀρθοὶ ποιούμενοι τὴν πορείαν.

47. Περαιωθέντων δὲ τῶν θηρίων, ἀναλαβὼν Ἀν-
νίβας τοὺς ἐλέφαντας καὶ τοὺς ἱππεῖς προῆγε τούτοις
ἀπουραγῶν παρὰ τὸν ποταμὸν ἀπὸ θαλάττης ὡς ἐπὶ
τὴν ἕω, ποιούμενος τὴν πορείαν ὡς εἰς τὴν μεσόγαιον
2 τῆς Εὐρώπης. ὁ δὲ Ῥοδανὸς ἔχει τὰς μὲν πηγὰς ὑπὲρ
τὸν Ἀδριατικὸν μυχὸν πρὸς τὴν ἑσπέραν νευούσας, ἐν
τοῖς ἀποκλίνουσι μέρεσι τῶν Ἄλπεων ὡς πρὸς τὰς
ἄρκτους, ῥεῖ δὲ πρὸς [τὰς] δύσεις χειμερινάς, ἐκ-
3 βάλλει δ' εἰς τὸ Σαρδῷον πέλαγος. φέρεται δ' ἐπὶ
πολὺ δι' αὐλῶνος, οὗ πρὸς μὲν τὰς ἄρκτους Ἄρδυες
Κελτοὶ κατοικοῦσι, τὴν δ' ἀπὸ μεσημβρίας αὐτοῦ
πλευρὰν ὁρίζουσι πᾶσαν αἱ πρὸς ἄρκτον κεκλιμέναι
4 τῶν Ἄλπεων παρώρειαι. τὰ δὲ πεδία τὰ περὶ τὸν
Πάδον, ὑπὲρ ὧν ἡμῖν εἴρηται διὰ πλειόνων, ἀπὸ τοῦ
κατὰ τὸν Ῥοδανὸν αὐλῶνος διαζευγνύουσιν αἱ τῶν
προειρημένων ὀρῶν ἀκρώρειαι, λαμβάνουσαι τὴν ἀρ-
χὴν ἀπὸ Μασσαλίας ἕως ἐπὶ τὸν τοῦ παντὸς Ἀδρίου

122

they finally grew afraid and were compelled to keep quiet. In this manner, by continuing to attach two rafts to the end of the structure, they managed to get most of them over on these, but some were so frightened that they threw themselves into the river when halfway across. The mahouts of these were all drowned, but the elephants were saved, for owing to the power and length of their trunks they kept them above the water and breathed through them, at the same time spouting out any water that got into their mouths and so held out, most of them passing through the water on their feet.

47. After the elephants had been put across, Hannibal, taking them and his cavalry and forming these into a rearguard, advanced up the river bank away from the sea in an easterly direction as though making for the center of Europe. The Rhone rises northwest of the head of the Adriatic on the northern slope of the Alps, and running in a southwesterly direction, falls into the Sardinian Sea. A great part of its course is through a deep valley, to the north of which lives the Celtic tribe of the Ardyes,[86] while on the south it is bounded for its whole extent by the northern spurs of the Alps. The plain of the Po which I described above at length is separated from the Rhone valley by the lofty main chain of these mountains, which starting from Marseilles extends to the head of the Adriatic. It is this

[86] Unknown.

5 μυχόν· ἃς τόθ᾽ ὑπεράρας Ἀννίβας ἀπὸ τῶν κατὰ τὸν
Ῥοδανὸν τόπων ἐνέβαλεν εἰς Ἰταλίαν.

6 Ἔνιοι δὲ τῶν γεγραφότων περὶ τῆς ὑπερβολῆς
ταύτης, βουλόμενοι τοὺς ἀναγινώσκοντας ἐκπλήττειν
τῇ περὶ τῶν προειρημένων τόπων παραδοξολογίᾳ,
λανθάνουσιν ἐμπίπτοντες εἰς δύο τὰ πάσης ἱστορίας
ἀλλοτριώτατα· καὶ γὰρ ψευδολογεῖν καὶ μαχόμενα
7 γράφειν αὑτοῖς ἀναγκάζονται. ἅμα μὲν γὰρ τὸν Ἀννί-
βαν ἀμίμητόν τινα παρεισάγοντες στρατηγὸν καὶ
τόλμῃ καὶ προνοίᾳ τοῦτον ὁμολογουμένως ἀποδεικνύ-
8 ουσιν ἡμῖν ἀλογιστότατον, ἅμα δὲ καταστροφὴν οὐ
δυνάμενοι λαμβάνειν οὐδ᾽ ἔξοδον τοῦ ψεύδους θεοὺς
καὶ θεῶν παῖδας εἰς πραγματικὴν ἱστορίαν παρει-
9 σάγουσιν. ὑποθέμενοι γὰρ τὰς ἐρυμνότητας καὶ τρα-
χύτητας τῶν Ἀλπεινῶν ὀρῶν τοιαύτας ὥστε μὴ οἷον
ἵππους καὶ στρατόπεδα, σὺν δὲ τούτοις ἐλέφαντας,
ἀλλὰ μηδὲ πεζοὺς εὐζώνους εὐχερῶς ἂν διελθεῖν,
ὁμοίως δὲ καὶ τὴν ἔρημον τοιαύτην τινὰ περὶ τοὺς
τόπους ὑπογράψαντες ἡμῖν ὥστ᾽ εἰ μὴ θεὸς ἤ τις ἥρως
ἀπαντήσας τοῖς περὶ τὸν Ἀννίβαν ὑπέδειξε τὰς ὁδούς,
ἐξαπορήσαντας ἂν καταφθαρῆναι πάντας, ὁμολογου-
μένως ἐκ τούτων εἰς ἑκάτερον τῶν προειρημένων
ἁμαρτημάτων ἐμπίπτουσι.

48. πρῶτον μὲν γὰρ ἂν τίς φανείη στρατηγὸς
ἀλογιστότερος Ἀννίβου τίς καὶ σκαιότερος ἡγεμών,
2 ὃς τοσούτων ἡγούμενος δυνάμεων καὶ τὰς μεγίστας
ἐλπίδας ἔχων ἐν τούτοις τοῦ κατορθώσειν τοῖς ὅλοις,
οὔτε τὰς ὁδοὺς οὔτε τόπους, ὡς οὗτοί φασιν, οὔτε ποῦ

chain which Hannibal now crossed to enter Italy from the Rhone valley.

Some of the writers who have described this passage of the Alps, from the wish to impress their readers by the marvels they recount of these mountains, are betrayed into two vices ever most alien to true history; for they are compelled to make both false statements and statements which contradict each other. While on the one hand introducing Hannibal as a commander of unequaled courage and foresight, they incontestably represent him to us as entirely wanting in prudence, and again, being unable to bring their series of falsehoods to any close or issue they introduce gods and the sons of gods into the sober history of facts. By representing the Alps as being so steep and rugged that not only horses and troops accompanied by elephants, but even active men on foot would have difficulty in passing, and at the same time picturing to us the desolation of the country as being such, that unless some god or hero had met Hannibal and showed him the way, his whole army would have gone astray and perished utterly, they unquestionably fall into both the above vices.

48. For in the first place can we imagine a more imprudent general or a more incompetent leader than Hannibal would have been, if with so large an army under his command and all his hopes of ultimate success resting on it, he did not know the roads and the country, as these writers

3 πορεύεται τὸ παράπαν οὔτε πρὸς τίνας ἐγίνωσκε, τὸ δὲ
πέρας οὐδ' εἰ καθόλου [τοὐναντίον] δυνατοῖς ἐπιβάλ-
4 λεται πράγμασιν; ἀλλ' ὅπερ οἱ τοῖς ὅλοις ἐπταικότες
καὶ κατὰ πάντα τρόπον ἐξαποροῦντες οὐχ ὑπομέ-
νουσιν, ὥστ' εἰς ἀπρονοήτους καθιέναι τόπους μετὰ
δυνάμεως, τοῦτο περιτιθέασιν οἱ συγγραφεῖς Ἀννίβᾳ
τῷ τὰς μεγίστας ἐλπίδας ἀκεραίους ἔχοντι περὶ τῶν
5 καθ' αὑτὸν πραγμάτων. ὁμοίως δὲ καὶ τὰ περὶ τῆς
ἐρημίας, ἔτι δ' ἐρυμνότητος καὶ δυσχωρίας τῶν τόπων
6 ἔκδηλον ποιεῖ τὸ ψεῦδος αὐτῶν. οὐχ ἱστορήσαντες
γὰρ ὅτι συμβαίνει τοὺς Κελτοὺς τοὺς παρὰ τὸν Ῥο-
δανὸν ποταμὸν οἰκοῦντας οὐχ ἅπαξ οὐδὲ δὶς πρὸ τῆς
Ἀννίβου παρουσίας, οὐδὲ μὴν πάλαι, προσφάτως δέ,
μεγάλοις στρατοπέδοις ὑπερβάντας τὰς Ἄλπεις
παρατετάχθαι μὲν Ῥωμαίοις, συνηγωνίσθαι δὲ Κελ-
τοῖς τοῖς τὰ περὶ τὸν Πάδον πεδία κατοικοῦσι, κα-
7 θάπερ ἡμεῖς ἐν τοῖς πρὸ τούτων ἐδηλώσαμεν, πρὸς δὲ
τούτοις οὐκ εἰδότες ὅτι πλεῖστον ἀνθρώπων φῦλον
κατ' αὐτὰς οἰκεῖν συμβαίνει τὰς Ἄλπεις, ἀλλ' ἀγνο-
οῦντες ἕκαστα τῶν εἰρημένων ἥρω τινά φασιν ἐπιφα-
8 νέντα συνυποδεῖξαι τὰς ὁδοὺς αὐτοῖς. ἐξ ὧν εἰκότως
ἐμπίπτουσιν εἰς τὸ παραπλήσιον τοῖς τραγῳδιο-
γράφοις. καὶ γὰρ ἐκείνοις πᾶσιν αἱ καταστροφαὶ τῶν
δραμάτων προσδέονται θεοῦ καὶ μηχανῆς διὰ τὸ τὰς
πρώτας ὑποθέσεις ψευδεῖς καὶ παραλόγους λαμβά-
9 νειν, τούς τε συγγραφέας ἀνάγκη τὸ παραπλήσιον
πάσχειν καὶ ποιεῖν ἥρωάς τε καὶ θεοὺς ἐπιφαινομέ-
νους, ἐπειδὰν τὰς ἀρχὰς ἀπιθάνους καὶ ψευδεῖς ὑπο-

126

say,[87] and had absolutely no idea where he was marching or against whom, or in fact if his enterprise were feasible or not? What they would have us believe is that Hannibal, who had met with no check to diminish his high hopes of success, ventured on a course that no general, even after a crushing defeat and utterly at his wits' end, would take, to march, that is, into a country as to which he had no information. Similarly, in what they say about the loneliness, and the extreme steepness and difficulty of the road, the falsehood is manifest. For they never took the trouble to learn that the Celts who live near the Rhone not on one or on two occasions only before Hannibal's arrival but often, and not at any remote date but quite recently, had crossed the Alps with large armies and met the Romans in the field side by side with the Celts who inhabit the plain of the Po (as I narrated in an earlier Book) nor are they aware that there is a considerable population in the Alps themselves; but in entire ignorance of all this they tell us that some hero appeared and showed the road. The natural consequence is that they get into the same difficulties as tragic dramatists all of whom, to bring their dramas to a close, require a *deus ex machina*, as the data they choose on which to found their plots are false and contrary to reasonable probability. These writers are necessarily in the same strait and invent apparitions of heroes and gods, since the beginnings on which they build are false and improbable; for

[87] P. states that some of the earlier writers said that Hannibal was not well prepared in advance for his march; see on 34. 1.

στήσωνται. πῶς γὰρ οἷόν τε παραλόγοις ἀρχαῖς εὔ-
10 λογον ἐπιθεῖναι τέλος; Ἀννίβας γε μήν, οὐχ ὡς οὗτοι
γράφουσι, λίαν δὲ περὶ ταῦτα πραγματικῶς ἐχρῆτο
11 ταῖς ἐπιβολαῖς. καὶ γὰρ τὴν τῆς χώρας ἀρετήν, εἰς ἣν
ἐπεβάλετο καθιέναι, καὶ τὴν τῶν ὄχλων ἀλλοτριότητα
πρὸς Ῥωμαίους ἐξητάκει σαφῶς, εἴς τε τὰς μεταξὺ
δυσχωρίας ὁδηγοῖς καὶ καθηγεμόσιν ἐγχωρίοις ἐχρῆ-
12 το τοῖς τῶν αὐτῶν ἐλπίδων μέλλουσι κοινωνεῖν. ἡμεῖς
δὲ περὶ τούτων εὐθαρσῶς ἀποφαινόμεθα διὰ τὸ περὶ
τῶν πράξεων παρ' αὐτῶν ἱστορηκέναι τῶν παρατετευ-
χότων τοῖς καιροῖς, τοὺς δὲ τόπους κατωπτευκέναι καὶ
τῇ διὰ τῶν Ἄλπεων αὐτοὶ κεχρῆσθαι πορείᾳ γνώσεως
ἕνεκα καὶ θέας.

49. Οὐ μὴν ἀλλὰ Πόπλιος μὲν ὁ τῶν Ῥωμαίων
στρατηγὸς ἡμέραις ὕστερον τρισὶ τῆς ἀναζυγῆς τῆς
τῶν Καρχηδονίων παραγενόμενος ἐπὶ τὴν τοῦ ποτα-
μοῦ διάβασιν, καὶ καταλαβὼν ὡρμηκότας τοὺς
2 ὑπεναντίους, ἐξενίσθη μὲν ὡς ἐνδέχεται μάλιστα, πε-
πεισμένος οὐδέποτ' ἂν αὐτοὺς τολμῆσαι τῇδε ποιήσα-
σθαι τὴν εἰς Ἰταλίαν πορείαν, διὰ τὸ πλῆθος καὶ τὴν
ἀθεσίαν τῶν κατοικούντων τοὺς τόπους βαρβάρων.
3 θεωρῶν δὲ τετολμηκότας, αὖθις ἐπὶ τὰς ναῦς ἠπείγετο,
4 καὶ παραγενόμενος ἐνεβίβαζε τὰς δυνάμεις. καὶ τὸν
μὲν ἀδελφὸν ἐξέπεμπεν ἐπὶ τὰς ἐν Ἰβηρίᾳ πράξεις,
αὐτὸς δὲ πάλιν ὑποστρέψας εἰς Ἰταλίαν ἐποιεῖτο τὸν
πλοῦν, σπεύδων καταταχῆσαι τοὺς ὑπεναντίους διὰ
Τυρρηνίας πρὸς τὴν τῶν Ἄλπεων ὑπερβολήν.
5 Ἀννίβας δὲ ποιησάμενος ἑξῆς ἐπὶ τέτταρας ἡμέρας

how is it possible to finish conformably to reason what has been begun in defiance of it? Of course Hannibal did not act as these writers describe, but conducted his plans with sound practical sense. He had ascertained by careful inquiry the richness of the country into which he proposed to descend and the aversion of the people to the Romans, and for the difficulties of the route he employed as guides and pioneers natives of the country, who were about to take part in his adventure. On these points I can speak with some confidence as I have inquired about the circumstances from men present on the occasion and have personally inspected the country and made the passage of the Alps[88] to learn for myself and see.

49. Now the Roman Consul Publius arrived at the crossing of river three days after the departure of the Carthaginians, and finding the enemy gone was in the highest degree astonished, as he had been convinced that they would never venture to march on Italy by this route owing to the number and faithlessness of the native inhabitants. On seeing that they had done so he returned with all speed to his ships and began to embark his forces. Sending his brother to conduct the campaign in Spain, he himself turned back and made sail for Italy with the design of marching rapidly through Etruria and reaching the foot of the pass over the Alps before the enemy.

Hannibal, marching steadily from the crossing place

[88] The date of this passage is disputed, perhaps 151 or 150.

129

τὴν πορείαν ἀπὸ τῆς διαβάσεως ἧκε πρὸς τὴν καλου-
μένην Νῆσον, χώραν πολύοχλον καὶ σιτοφόρον,
ἔχουσαν δὲ τὴν προσηγορίαν ἀπ᾽ αὐτοῦ τοῦ συμπτώ-
6 ματος. ᾗ μὲν γὰρ ὁ Ῥοδανός, ᾗ δ᾽ Ἰσάρας προσαγο-
ρευόμενος, ῥέοντες παρ᾽ ἑκατέραν τὴν πλευράν, ἀπο-
κορυφοῦσιν αὐτῆς τὸ σχῆμα κατὰ τὴν πρὸς ἀλλήλους
7 σύμπτωσιν. ἔστι δὲ παραπλησία τῷ μεγέθει καὶ τῷ
σχήματι τῷ κατ᾽ Αἴγυπτον καλουμένῳ Δέλτα, πλὴν
ἐκείνου μὲν θάλαττα τὴν μίαν πλευρὰν καὶ τὰς τῶν
ποταμῶν ῥύσεις ἐπιζεύγνυσι, ταύτης δ᾽ ὄρη δυσ-
πρόσοδα καὶ δυσέμβολα καὶ σχεδὸν ὡς εἰπεῖν ἀπρόσ-
8 ιτα. πρὸς ἣν ἀφικόμενος, καὶ καταλαβὼν ἐν αὐτῇ δύ᾽
ἀδελφοὺς ὑπὲρ τῆς βασιλείας στασιάζοντας καὶ μετὰ
9 στρατοπέδων ἀντικαθημένους ἀλλήλοις, ἐπισπωμένου
τοῦ πρεσβυτέρου καὶ παρακαλοῦντος εἰς τὸ συμ-
πρᾶξαι καὶ συμπεριποιῆσαι τὴν ἀρχήν, [αὐτῷ] ὑπή-
κουσε, προδήλου σχεδὸν ὑπαρχούσης τῆς πρὸς τὸ
10 παρὸν ἐσομένης αὐτῷ χρείας. διὸ καὶ συνεπιθέμενος
καὶ συνεκβαλὼν τὸν ἕτερον πολλῆς ἐπικουρίας ἔτυχε
11 παρὰ τοῦ κρατήσαντος· οὐ γὰρ μόνον σίτῳ καὶ τοῖς
ἄλλοις ἐπιτηδείοις ἀφθόνως ἐχορήγησε τὸ στρατόπε-
δον, ἀλλὰ καὶ τῶν ὅπλων τὰ παλαιὰ καὶ τὰ πεπονη-
κότα πάντα διαλλάξας ἐκαινοποίησε πᾶσαν τὴν δύνα-
12 μιν εὐκαίρως, ἔτι δὲ τοὺς πλείστους ἐσθῆτι καὶ πρὸς
τούτοις ὑποδέσει κοσμήσας μεγάλην εὐχρηστίαν
13 παρέσχετο πρὸς τὰς τῶν ὀρῶν ὑπερβολάς. τὸ δὲ
μέγιστον, εὐλαβῶς διακειμένοις πρὸς τὴν διὰ τῶν
Ἀλλοβρίγων καλουμένων Γαλατῶν πορείαν ἀπουρα-

for four days,[89] reached a place called the "Island," a populous district producing abundance of corn and deriving its name from its situation; for the Rhone and Isère[90] running along each side of it meet at its point. It is similar in size and shape to the Egyptian Delta; only in that case the sea forms the base line uniting the two branches of the Nile, while here the base line is formed by a range of mountains difficult to climb or penetrate, and, one may say, almost inaccessible. On arriving there he found two brothers disputing the crown and posted over against each other with their armies, and on the elder one making overtures to him and begging him to assist in establishing him on the throne, he consented, it being almost a matter of certainty that under present circumstances this would be of great service to him. Having united with him therefore to attack and expel the other, he derived great assistance from the victor; for not only did he furnish the army with plenty of corn and other provisions but he replaced all their old and worn weapons by new ones, thus freshening up the whole force very opportunely. He also supplied most of them with warm clothing and footwear, things of the greatest possible service to them in crossing the mountains. But the most important of all was, that the Carthaginians being not at all easy on the subject of their passage through the terri-

[89] His route in crossing the Alps (through 56. 4) is the object of countless studies; a summary in WC 1. 382–387, more recently J. Seibert, "Der Alpenübergang Hannibals," *Gymnasium* 95 (1988) 21–73, and Hoyos (39. 5).

[90] The reading of the mss. is σκαρας, emended by Scaliger to Ἰσάρας. The river is undoubtedly the Isère.

γήσας μετὰ τῆς σφετέρας δυνάμεως ἀσφαλῆ παρεσκεύασε τὴν δίοδον αὐτοῖς, ἕως ἤγγισαν τῇ τῶν Ἄλπεων ὑπερβολῇ.

50. Ἀννίβας δ' ἐν ἡμέραις δέκα πορευθεὶς παρὰ τὸν ποταμὸν εἰς ὀκτακοσίους σταδίους ἤρξατο τῆς πρὸς τὰς Ἄλπεις ἀναβολῆς, καὶ συνέβη μεγίστοις αὐτὸν
2 περιπεσεῖν κινδύνοις. ἕως μὲν γὰρ ἐν τοῖς ἐπιπέδοις ἦσαν, ἀπείχοντο πάντες αὐτῶν οἱ κατὰ μέρος ἡγεμόνες τῶν Ἀλλοβρίγων, τὰ μὲν τοὺς ἱππεῖς δεδιότες,
3 τὰ δὲ τοὺς παραπέμποντας βαρβάρους· ἐπειδὴ δ' ἐκεῖνοι μὲν εἰς τὴν οἰκείαν ἀπηλλάγησαν, οἱ δὲ περὶ τὸν Ἀννίβαν ἤρξαντο προάγειν εἰς τὰς δυσχωρίας, τότε συναθροίσαντες οἱ τῶν Ἀλλοβρίγων ἡγεμόνες ἱκανόν τι πλῆθος, προκατελάβοντο τοὺς εὐκαίρους τόπους, δι' ὧν ἔδει τοὺς περὶ τὸν Ἀννίβαν κατ' ἀνάγ-
4 κην ποιεῖσθαι τὴν ἀναβολήν. εἰ μὲν οὖν ἔκρυψαν τὴν ἐπίνοιαν, ὁλοσχερῶς ἂν διέφθειραν τὸ στράτευμα τῶν Καρχηδονίων· νῦν δὲ καταφανεῖς γενόμενοι μεγάλα μὲν καὶ τοὺς περὶ Ἀννίβαν ἔβλαψαν, οὐκ ἐλάττω δ'
5 ἑαυτούς. γνοὺς γὰρ ὁ στρατηγὸς τῶν Καρχηδονίων ὅτι προκατέχουσιν οἱ βάρβαροι τοὺς εὐκαίρους τόπους, αὐτὸς μὲν καταστρατοπεδεύσας πρὸς ταῖς ὑπερ-
6 βολαῖς ἐπέμενε, προέπεμψε δέ τινας τῶν καθηγουμένων αὐτοῖς Γαλατῶν χάριν τοῦ κατασκέψασθαι τὴν
7 τῶν ὑπεναντίων ἐπίνοιαν καὶ τὴν ὅλην ὑπόθεσιν. ὧν πραξάντων τὸ συνταχθέν, ἐπιγνοὺς ὁ στρατηγὸς ὅτι τὰς μὲν ἡμέρας ἐπιμελῶς παρευτακτοῦσι καὶ τηροῦσι τοὺς τόπους οἱ πολέμιοι, τὰς δὲ νύκτας εἴς τινα παρα-

tory of the Allobroges, he protected them in the rear with his own forces and enabled them to reach the foot of the pass in safety.

50. After a ten days' march of eight hundred stades[91] along the bank of the Isère Hannibal began the ascent of the Alps and now found himself involved in very great difficulties. For as long as they had been in flat country, the various chiefs of the Allobroges had left them alone, being afraid both of the cavalry and of the barbarians who were escorting them. But when the latter had set off on their return home, and Hannibal's troops began to advance into the difficult region, the Allobrogian chieftains got together a considerable force and occupied advantageous positions on the road by which the Carthaginians would be obliged to ascend. Had they only kept their project secret, they would have utterly annihilated the Carthaginian army, but, as it was, it was discovered, and though they inflicted a good deal of damage on Hannibal, they did as much injury to themselves; for the Carthaginian general having learnt that the barbarians had seized on these critical positions, encamped himself at the foot of the pass, and remaining there sent on in advance some of his Gaulish guides, to reconnoitre and report on the enemy's plan and the whole situation. His orders were executed, and on learning that the enemy remained most strictly at their post during the daytime but retired at night to a neighboring township, he

[91] The figure is much too high.

κειμένην πόλιν ἀπαλλάττονται, πρὸς ταύτην τὴν ὑπό-
θεσιν ἁρμοζόμενος συνεστήσατο πρᾶξιν τοιαύτην.
8 ἀναλαβὼν τὴν δύναμιν προῆγεν ἐμφανῶς, καὶ συνεγ-
γίσας ταῖς δυσχωρίαις οὐ μακρὰν τῶν πολεμίων
9 κατεστρατοπέδευσε. τῆς δὲ νυκτὸς ἐπιγενομένης, συν-
τάξας τὰ πυρὰ καίειν, τὸ μὲν πλεῖον μέρος τῆς δυνά-
μεως αὐτοῦ κατέλιπε, τοὺς δ' ἐπιτηδειοτάτους εὐζώ-
νους ποιήσας διῆλθε τὰ στενὰ τὴν νύκτα καὶ κατέσχε
τοὺς ὑπὸ τῶν πολεμίων προκαταληφθέντας τόπους,
ἀποκεχωρηκότων τῶν βαρβάρων κατὰ τὴν συνήθειαν
εἰς τὴν πόλιν.

51. οὗ συμβάντος καὶ τῆς ἡμέρας ἐπιγενομένης, οἱ
βάρβαροι συνθεασάμενοι τὸ γεγονὸς τὰς μὲν ἀρχάς
2 ἀπέστησαν τῆς ἐπιβολῆς· μετὰ δὲ ταῦτα θεωροῦντες
τὸ τῶν ὑποζυγίων πλῆθος καὶ τοὺς ἱππεῖς δυσχερῶς
ἐκμηρυομένους καὶ μακρῶς τὰς δυσχωρίας, ἐξεκλή-
θησαν ὑπὸ τοῦ συμβαίνοντος ἐξάπτεσθαι τῆς πο-
3 ρείας. τούτου δὲ γενομένου, καὶ κατὰ πλείω μέρη
προσπεσόντων τῶν βαρβάρων, οὐχ οὕτως ὑπὸ τῶν
ἀνδρῶν ὡς ὑπὸ τῶν τόπων πολὺς ἐγίνετο φθόρος τῶν
Καρχηδονίων, καὶ μάλιστα τῶν ἵππων καὶ τῶν ὑπο-
4 ζυγίων. οὔσης γὰρ οὐ μόνον στενῆς καὶ τραχείας τῆς
προσβολῆς, ἀλλὰ καὶ κρημνώδους, ἀπὸ παντὸς κινή-
ματος καὶ πάσης ταραχῆς ἐφέρετο κατὰ τῶν κρημνῶν
5 ὁμόσε τοῖς φορτίοις πολλὰ τῶν ὑποζυγίων. καὶ
μάλιστα τὴν τοιαύτην ταραχὴν ἐποίουν οἱ τραυματι-
ζόμενοι τῶν ἵππων· τούτων γὰρ οἱ μὲν ἀντίοι συμ-
πίπτοντες τοῖς ὑποζυγίοις, ὁπότε διαπτοηθεῖεν ἐκ τῆς

adapted his measures to this intelligence and arranged the following plan. He advanced openly with his whole army, and on approaching the difficult points he encamped not far from the enemy. As soon as it was night, he ordered the fires to be lit, and leaving the greater part of his forces there, took the men most fitted for the enterprise, whom he had lightened of their heavy armor, and passing through the narrow part of the road occupied the posts abandoned by the enemy, who had retired as usual to the town.

51. At daylight the enemy observed what had happened and at first desisted from their project, but afterwards on seeing the long string of sumpter-animals and horsemen slowly and with difficulty winding up the narrow path, they were tempted by this to molest their march. On their doing so and attacking at several different points, the Carthaginians suffered great loss chiefly in horses and sumpter-mules, not so much at the hands of the barbarians as owing to the ground. For the road up the pass being not only narrow and uneven but precipitous, the least movement or disturbance caused many of the animals to be pushed over the precipice with their packs. It was chiefly the horses on being wounded which caused the disturbance, some of them, terrified by the pain, turning and meeting the pack

πλαγῆς, οἱ δὲ κατὰ τὴν εἰς τοὔμπροσθεν ὁρμὴν
ἐξωθοῦντες πᾶν τὸ παραπῖπτον ἐν ταῖς δυσχωρίαις,
6 μεγάλην ἀπειργάζοντο ταραχήν. εἰς ἃ βλέπων Ἀννί-
βας, καὶ συλλογιζόμενος ὡς οὐδὲ τοῖς διαφυγοῦσι τὸν
κίνδυνον ἔστι σωτηρία τοῦ σκευοφόρου διαφθαρέν-
τος, ἀναλαβὼν τοὺς προκατασχόντας τὴν νύκτα τὰς
ὑπερβολὰς ὥρμησε παραβοηθήσων τοῖς τῇ πορείᾳ
7 προλαβοῦσιν. οὗ γενομένου πολλοὶ μὲν τῶν πολεμίων
ἀπώλλυντο διὰ τὸ ποιεῖσθαι τὴν ἔφοδον ἐξ ὑπερ-
8 δεξίων τὸν Ἀννίβαν, οὐκ ἐλάττους δὲ καὶ τῶν ἰδίων· ὁ
γὰρ κατὰ τὴν πορείαν θόρυβος ἐξ ἀμφοῖν ηὔξετο διὰ
9 τὴν τῶν προειρημένων κραυγὴν καὶ συμπλοκήν. ἐπεὶ
δὲ τοὺς μὲν πλείστους τῶν Ἀλλοβρίγων ἀπέκτεινε,
τοὺς δὲ λοιποὺς τρεψάμενος ἠνάγκασε φυγεῖν εἰς τὴν
οἰκείαν, τότε δὴ τὸ μὲν ἔτι περιλειπόμενον πλῆθος τῶν
ὑποζυγίων καὶ τῶν ἵππων μόλις καὶ ταλαιπώρως διή-
10 νυε τὰς δυσχωρίας, αὐτὸς δὲ συναθροίσας ὅσους
ἠδύνατο πλείστους ἐκ τοῦ κινδύνου, προσέβαλε πρὸς
τὴν πόλιν, ἐξ ἧς ἐποιήσαντο τὴν ὁρμὴν οἱ πολέμιοι.
11 καταλαβὼν δὲ σχεδὸν ἔρημον διὰ τὸ πάντας ἐκκλη-
θῆναι πρὸς τὰς ὠφελείας, ἐγκρατὴς ἐγένετο τῆς πό-
λεως. ἐκ δὲ τούτου πολλὰ συνέβη τῶν χρησίμων αὐτῷ
12 πρός τε τὸ παρὸν καὶ πρὸς τὸ μέλλον. παραυτίκα μὲν
γὰρ ἐκομίσατο πλῆθος ἵππων καὶ ὑποζυγίων καὶ τῶν
ἅμα τούτοις ἑαλωκότων ἀνδρῶν, εἰς δὲ τὸ μέλλον ἔσχε
μὲν καὶ σίτου καὶ θρεμμάτων ἐπὶ δυεῖν καὶ τρισὶν
13 ἡμέραις εὐπορίαν, τὸ δὲ συνέχον, φόβον ἐνειργάσατο

animals and others rushing on ahead and pushing aside in the narrow path everything that came in their way, thus creating a general confusion. Hannibal, on seeing this and reflecting that there would be no chance of safety even for those who escaped from the battle if the pack train were destroyed, took with him the men who had occupied the heights at night and hastened to render assistance to the head of the marching column. He inflicted great loss on the Allobroges, as he was charging from higher ground, but the loss was equally heavy among his own troops, since the column on the march was thrown into further confusion in both directions at once owing to the shouting and struggling of those taking part in this combat. It was only when he had put the greater part of the Allobroges to the sword and compelled the rest to take to flight and run for their own land, that the remainder of the pack train and the horses got slowly and with great difficulty over the dangerous part, and he himself rallying as many troops as he could after the fight, attacked the town from which the enemy had issued to make their onslaught. He found it nearly deserted, as all the inhabitants had been tempted out by hope of pillage, and seized on it. This proved of great service to him for the future as well as the present; for not only did he recover a number of pack animals and horses and the men who had been captured together with them, but he got a supply of corn and cattle amply sufficient for two or three days, and what was most important, he struck such

τοῖς ἑξῆς, πρὸς τὸ μὴ τολμᾶν αὐτῷ ῥᾳδίως ἐγχειρεῖν
μηδένα τῶν παρακειμένων ταῖς ἀναβολαῖς.

52. Τότε μὲν οὖν αὐτοῦ ποιησάμενος τὴν παρεμ-
2 βολήν, καὶ μίαν ἐπιμείνας ἡμέραν, αὖθις ὥρμα. ταῖς
δ' ἑξῆς μέχρι μέν τινος ἀσφαλῶς διῆγε τὴν στρατιάν·
ἤδη δὲ τεταρταῖος ὢν αὖθις εἰς κινδύνους παρεγένετο
3 μεγάλους. οἱ γὰρ περὶ τὴν δίοδον οἰκοῦντες συμφρο-
νήσαντες ἐπὶ δόλῳ συνήντων αὐτῷ, θαλλοὺς ἔχοντες
καὶ στεφάνους· τοῦτο γὰρ σχεδὸν πᾶσι τοῖς βαρ-
βάροις ἐστὶ σύνθημα φιλίας, καθάπερ τὸ κηρύκειον
4 τοῖς Ἕλλησιν. εὐλαβῶς δὲ διακείμενος πρὸς τὴν τοι-
αύτην πίστιν Ἀννίβας ἐξήτασε φιλοτίμως τὴν ἐπί-
5 νοιαν αὐτῶν καὶ τὴν ὅλην ἐπιβολήν. τῶν δὲ φασκόν-
των καλῶς εἰδέναι καὶ τὴν τῆς πόλεως ἅλωσιν καὶ τὴν
τῶν ἐγχειρησάντων αὐτὸν ἀδικεῖν ἀπώλειαν, καὶ δια-
σαφούντων ὅτι πάρεισι διὰ ταῦτα, βουλόμενοι μήτε
ποιῆσαι μήτε παθεῖν μηδὲν δυσχερές, ὑπισχνουμένων
6 δὲ καὶ δώσειν ἐξ αὐτῶν ὅμηρα, πολὺν μὲν χρόνον
εὐλαβεῖτο καὶ διηπίστει τοῖς λεγομένοις, συλλογι-
ζόμενος ⟨δ' ὡς δεξάμενος⟩ μὲν τὰ προτεινόμενα, τάχ'
ἂν ἴσως εὐλαβεστέρους καὶ πραοτέρους ποιῆσαι τοὺς
παραγεγονότας, μὴ προσδεξάμενος δὲ προδήλους ἕξει
πολεμίους αὐτούς, συγκατένευσε τοῖς λεγομένοις καὶ
7 συνυπεκρίθη τίθεσθαι φιλίαν πρὸς αὐτούς. τῶν δὲ
βαρβάρων τὰ ὅμηρα παραδόντων καὶ θρέμμασι χο-
ρηγούντων ἀφθόνως, καὶ καθόλου διδόντων σφᾶς αὐ-
τοὺς εἰς τὰς χεῖρας ἀπαρατηρήτως, ἐπὶ ποσὸν ἐπί-
στευσαν οἱ περὶ τὸν Ἀννίβαν, ὥστε καὶ καθηγεμόσιν

138

terror into the next tribes that none of those in the neighborhood of the ascent were likely to venture to molest him.

52. For the present, he encamped here, and after a stay of one day resumed his march. For the following days he conducted the army in safety up to a certain point, but on the fourth day he was again placed in great danger. The natives near the pass conspired together and came out to meet him with treacherous intentions, holding branches and wreaths, which nearly all the barbarians use as tokens of friendship, just as we Greeks use the herald's staff. Hannibal, who was a little suspicious of such proffers of alliance, took great pains to ascertain what their project and general motives were. When they told him that they knew all about the capture of the city and the destruction of those who had attempted to do him wrong, and assured him that for this reason they were come to him, as they neither wished to inflict nor to suffer any injury, and on their promising to give him hostages from among themselves, he for long hesitated, distrusting their word. But, reflecting that if he accepted their offers, he might perhaps make them more chary of attacking him and more pacific, but that if he refused, they would certainly be his declared enemies, he finally agreed to their proposals, and feigned to accept their friendships. Upon the barbarians now delivering the hostages and providing him with cattle in abundance, and altogether putting themselves unreservedly into his hands, he trusted in them so far as to employ them

8 αὐτοῖς χρῆσθαι πρὸς τὰς ἑξῆς δυσχωρίας. προπο-
ρευομένων δ' αὐτῶν ἐπὶ δύ' ἡμέραις, συναθροισθέντες
οἱ προειρημένοι καὶ συνακολουθήσαντες ἐπιτίθενται,
φάραγγά τινα δύσβατον καὶ κρημνώδη περαιουμένων
αὐτῶν.

53. ἐν ᾧ καιρῷ πάντας ἂν ἄρδην ἀπολέσθαι
συνέβη τοὺς περὶ τὸν Ἀννίβαν, εἰ μὴ δεδιότες ἀκμὴν
ἐπὶ ποσὸν καὶ προορώμενοι τὸ μέλλον τὰ μὲν σκευο-
φόρα καὶ τοὺς ἱππεῖς εἶχον ἐν τῇ πρωτοπορείᾳ, τοὺς
2 δ' ὁπλίτας ἐπὶ τῆς οὐραγίας. τούτων δ' ἐφεδρευόντων
ἔλαττον συνέβη γενέσθαι τὸ πάθος· οὗτοι γὰρ ἔστε-
3 ξαν τὴν ἐπιφορὰν τῶν βαρβάρων. οὐ μὴν ἀλλὰ καὶ
τούτου συγκυρήσαντος πολύ τι πλῆθος καὶ τῶν ἀν-
4 δρῶν καὶ τῶν ὑποζυγίων καὶ τῶν ἵππων διεφθάρη. τῶν
γὰρ τόπων ὑπερδεξίων ὄντων τοῖς πολεμίοις, ἀντι-
παράγοντες οἱ βάρβαροι ταῖς παρωρείαις, καὶ τοῖς
μὲν τὰς πέτρας ἐπικυλίοντες, τοὺς δ' ἐκ χειρὸς τοῖς
λίθοις τύπτοντες, εἰς ὁλοσχερῆ διατροπὴν καὶ κίν-
5 δυνον ἦγον, οὕτως ὥστ' ἀναγκασθῆναι τὸν Ἀννίβαν
μετὰ τῆς ἡμισείας δυνάμεως νυκτερεῦσαι περί τι λευ-
κόπετρον ὀχυρὸν χωρὶς τῶν ἵππων καὶ τῶν ὑποζυ-
γίων, ἐφεδρεύοντα τούτοις, ἕως ἐν ὅλῃ τῇ νυκτὶ ταῦτα
6 μόλις ἐξεμηρύσατο τῆς χαράδρας. τῇ δ' ἐπαύριον τῶν
πολεμίων χωρισθέντων, συνάψας τοῖς ἱππεῦσι καὶ
τοῖς ὑποζυγίοις προῆγε πρὸς τὰς ὑπερβολὰς τὰς
ἀνωτάτω τῶν Ἄλπεων, ὁλοσχερεῖ μὲν οὐδενὶ περι-
πίπτων ἔτι συστήματι τῶν βαρβάρων, κατὰ μέρη δὲ
7 καὶ κατὰ τόπους παρενοχλούμενος ὑπ' αὐτῶν· ὧν οἱ

as guides for the next difficult part of the road. But after two days' march these same barbarians collecting and following on the heels of the Carthaginians, attacked them as they were traversing a certain difficult and precipitous gorge.

53. On this occasion Hannibal's whole army would have been utterly destroyed, had he not still been a little apprehensive and foreseeing such a contingency placed the pack train and cavalry at the head of the column and the heavy infantry in the rear. As the latter now acted as a covering force, the disaster was less serious, the infantry meeting the brunt of the attack. But in spite of all this a great many men, pack animals, and horses were lost. For the enemy being on higher ground skirted along the slopes and either by rolling rocks down or by hurling stones at close quarters threw the Carthaginians into such extreme peril and confusion that Hannibal was compelled to pass the night with half of his force at a certain place defended by bare rocks and separated from his horses and pack train, whose advance he waited to cover, until after a whole night's labor they managed to extricate themselves from the defile. Next day, the enemy having taken their departure, he joined the cavalry and pack animals and advanced to the summit of the pass, encountering no longer any massed force of barbarians, but molested from time to time and in certain places by some of them who took advantage of the ground

μὲν ἀπὸ τῆς οὐραγίας, οἱ δ᾽ ἀπὸ τῆς πρωτοπορείας
ἀπέσπων τῶν σκευοφόρων ἔνια, προσπίπτοντες εὐκαί-
ρως. μεγίστην δ᾽ αὐτῷ παρείχετο χρείαν τὰ θηρία·
8 καθ᾽ ὃν γὰρ ἂν τόπον ὑπάρχοι τῆς πορείας ταῦτα,
πρὸς τοῦτο τὸ μέρος οὐκ ἐτόλμων οἱ πολέμιοι προσ-
ιέναι, τὸ παράδοξον ἐκπληττόμενοι τῆς τῶν ζῴων
9 φαντασίας. ἐναταῖος δὲ διανύσας εἰς τὰς ὑπερβολὰς
αὐτοῦ κατεστρατοπέδευσε, καὶ δύ᾽ ἡμέρας προσέμεινε,
βουλόμενος ἅμα μὲν ἀναπαῦσαι τοὺς διασῳζομένους,
10 ἅμα δὲ προσδέξασθαι τοὺς ἀπολειπομένους. ἐν ᾧ
καιρῷ συνέβη πολλοὺς μὲν ἵππους τῶν ἀπεπτοη-
μένων, πολλὰ δ᾽ ὑποζύγια τῶν ἀπερριφότων τὰ φορ-
τία παραδόξως ἀναδραμεῖν τοῖς στίβοις ἑπόμενα καὶ
συνάψαι πρὸς τὴν παρεμβολήν.

54. τῆς δὲ χιόνος ἤδη περὶ τοὺς ἄκρους ἀθροι-
ζομένης διὰ τὸ συνάπτειν τὴν τῆς Πλειάδος δύσιν,
θεωρῶν τὰ πλήθη δυσθύμως διακείμενα καὶ διὰ τὴν
προγεγενημένην ταλαιπωρίαν καὶ διὰ τὴν ἔτι προσ-
2 δοκωμένην, ἐπειρᾶτο συναθροίσας παρακαλεῖν, μίαν
ἔχων ἀφορμὴν εἰς τοῦτο τὴν τῆς Ἰταλίας ἐνάργειαν·
οὕτως γὰρ ὑποπέπτωκε τοῖς προειρημένοις ὄρεσιν
ὥστε συνθεωρουμένων ἀμφοῖν ἀκροπόλεως φαίνεσθαι
3 διάθεσιν ἔχειν τὰς Ἄλπεις τῆς ὅλης Ἰταλίας. διόπερ
ἐνδεικνύμενος αὐτοῖς τὰ περὶ τὸν Πάδον πεδία, καὶ
καθόλου τῆς εὐνοίας ὑπομιμνήσκων τῆς τῶν κατοι-
κούντων αὐτὰ Γαλατῶν, ἅμα δὲ καὶ τὸν τῆς Ῥώμης
αὐτῆς τόπον ὑποδεικνύων, ἐπὶ ποσὸν εὐθαρσεῖς ἐποί-
4 ησε τοὺς ἀνθρώπους. τῇ δ᾽ ἐπαύριον ἀναζεύξας ἐνήρ-

to attack him either from the rear or from the front and carry off some of the pack animals. In these circumstances the elephants were of the greatest service to him; for the enemy never dared to approach that part of the column in which these animals were, being terrified by the strangeness of their appearance. After an ascent of nine days Hannibal reached the summit, and encamping there remained for two days to rest the survivors of his army and wait for stragglers. During this interval a good many of the horses which had broken away in terror and a number of those sumpter-animals which had thrown off their packs returned strangely enough, having followed the track of the march, and came into the camp.

54. As it was now close on the setting of the Pleiads snow had already gathered on the summit,[92] and noticing that the men were in bad spirits owing to all they had suffered up to now and expected to suffer he summoned them to a meeting and attempted to cheer them up, relying chiefly for this purpose on the actual view of Italy, which lies so close under these mountains, that when both are viewed together the Alps stand to the whole of Italy in the relation of a citadel to a city. Showing them, therefore, the plain of the Po, and reminding them of the friendly feelings of the Gauls inhabiting it, while at the same time pointing out the situation of Rome itself, he to some extent restored their spirits. Next day he broke up his camp and began the descent. During this he encountered no enemy,

[92] About September/October.

χετο τῆς καταβάσεως. ἐν ᾗ πολεμίοις μὲν οὐκέτι
περιέτυχε πλὴν τῶν λάθρᾳ κακοποιούντων, ὑπὸ δὲ τῶν
τόπων καὶ τῆς χιόνος οὐ πολλῷ λείποντας ἀπέβαλε
5 τῶν κατὰ τὴν ἀνάβασιν φθαρέντων. οὔσης γὰρ στε-
νῆς καὶ κατωφεροῦς τῆς καταβάσεως, τῆς δὲ χιόνος
ἄδηλον ποιούσης ἑκάστοις τὴν ἐπίβασιν, πᾶν τὸ
παραπεσὸν τῆς ὁδοῦ καὶ σφαλὲν ἐφέρετο κατὰ τῶν
6 κρημνῶν. οὐ μὴν ἀλλὰ ταύτην μὲν ὑπέφερον τὴν
ταλαιπωρίαν, ἅτε συνήθεις ὄντες ἤδη τοῖς τοιούτοις
7 κακοῖς· ἅμα δὲ τῷ παραγενέσθαι πρὸς τοιοῦτον τόπον,
ὃν οὔτε τοῖς θηρίοις οὔτε τοῖς ὑποζυγίοις δυνατὸν ἦν
παρελθεῖν διὰ τὴν στενότητα, σχεδὸν ἐπὶ τρί᾽ ἡμι-
στάδια τῆς ἀπορρῶγος καὶ πρὸ τοῦ μὲν οὔσης, τότε δὲ
καὶ μᾶλλον ἔτι προσφάτως ἀπερρωγυίας, ἐνταῦθα
πάλιν ἀθυμῆσαι καὶ διατραπῆναι συνέβη τὸ πλῆθος.
8 τὸ μὲν οὖν πρῶτον ἐπεβάλετο περιελθεῖν τὰς δυσχω-
ρίας ὁ τῶν Καρχηδονίων στρατηγός· ἐπιγενομένης δὲ
χιόνος καὶ ταύτην ἀδύνατον ποιούσης τὴν πορείαν,
ἀπέστη τῆς ἐπιβολῆς.

55. τὸ γὰρ συμβαῖνον ἴδιον ἦν καὶ παρηλλαγμέ-
νον. ἐπὶ γὰρ τὴν προϋπάρχουσαν χιόνα καὶ διαμεμε-
νηκυῖαν ἐκ τοῦ πρότερον χειμῶνος ἄρτι τῆς ἐπ᾽ ἔτους
πεπτωκυίας, ταύτην μὲν εὐδιάκοπτον εἶναι συνέβαινε
καὶ διὰ τὸ πρόσφατον οὖσαν ἁπαλὴν ὑπάρχειν καὶ
2 διὰ τὸ μηδέπω βάθος ἔχειν. ὁπότε δὲ ταύτην διαπατή-
σαντες ἐπὶ τὴν ὑποκάτω καὶ συνεστηκυῖαν ἐπιβαῖεν,
οὐκέτι διέκοπτον, ἀλλ᾽ ἐπέπλεον ὀλισθάνοντες ἀμφο-
τέροις ἅμα τοῖς ποσί, καθάπερ ἐπὶ τῇ γῇ συμβαίνει

except a few skulking marauders, but owing to the difficulties of the ground and the snow his losses were nearly as heavy as on the ascent. The descending path was very narrow and steep, and as both men and beasts could not tell on what they were treading owing to the snow, all that stepped wide of the path or stumbled were dashed down the precipice. This trial, however, they put up with, being by this time familiar with such sufferings, but they at length reached a place where it was impossible for either the elephants or the pack animals to pass owing to the extreme narrowness of the path, a previous landslip having carried away about one and a half stades of the face of the mountain and a further landslip having recently occurred, and here the soldiers once more became disheartened and discouraged. The Carthaginian general at first thought of avoiding the difficult part by a detour, but as a fresh fall of snow made progress impossible he had to abandon this project.

55. The state of matters was altogether peculiar and unusual. The new snow which had fallen on the top of the old snow remaining since the previous winter, was itself yielding, both owing to its softness, being a fresh fall, and because it was not yet very deep, but when they had trodden through it and set foot on the congealed snow beneath it, they no longer sunk in it, but slid along it with both feet, as

3 τοῖς διὰ τῶν ἀκροπήλων πορευομένοις. τὸ δὲ συν-
4 εξακολουθοῦν τούτοις ἔτι δυσχερέστερον ὑπῆρχεν. οἱ
μὲν γὰρ ἄνδρες οὐ δυνάμενοι τὴν κάτω χιόνα δια-
κόπτειν, ὁπότε πεσόντες βουληθεῖεν ἢ τοῖς γόνασιν ἢ
ταῖς χερσὶ προσεξερείσασθαι πρὸς τὴν ἐξανάστασιν,
τότε καὶ μᾶλλον ἐπέπλεον ἅμα πᾶσι τοῖς ἐρείσμασιν,
5 ἐπὶ πολὺ καταφερῶν ὄντων τῶν χωρίων· τὰ δ᾽ ὑπο-
ζύγια διέκοπτεν, ὅτε πέσοι, τὴν κάτω χιόνα κατὰ τὴν
διανάστασιν· διακόψαντα δ᾽ ἔμενε μετὰ τῶν φορτίων
οἷον καταπεπηγότα διά τε τὸ βάρος καὶ διὰ τὸ πῆγμα
6 τῆς προϋπαρχούσης χιόνος. ὅθεν ἀποστὰς τῆς τοι-
αύτης ἐλπίδος ἐστρατοπέδευσε περὶ τὴν ῥάχιν, δια-
μησάμενος τὴν ἐπ᾽ αὐτῇ χιόνα, καὶ μετὰ ταῦτα παρα-
στήσας τὰ πλήθη τὸν κρημνὸν ἐξῳκοδόμει μετὰ
7 πολλῆς ταλαιπωρίας. τοῖς μὲν οὖν ὑποζυγίοις καὶ τοῖς
ἵπποις ἱκανὴν ἐποίησε πάροδον ἐν ἡμέρᾳ μιᾷ. διὸ καὶ
ταῦτα μὲν εὐθέως διαγαγὼν καὶ καταστρατοπεδεύσας
περὶ τοὺς ἐκφεύγοντας ἤδη τὴν χιόνα τόπους διαφῆκε
8 πρὸς τὰς νομάς, τοὺς δὲ Νομάδας ἀνὰ μέρος προῆγε
πρὸς τὴν οἰκοδομίαν, καὶ μόλις ἐν ἡμέραις τρισὶ
κακοπαθήσας διήγαγε τὰ θηρία. καὶ τάδε συνέβαινε
9 κακῶς ὑπὸ τοῦ λιμοῦ διατεθεῖσθαι· τῶν γὰρ Ἄλπεων
τὰ μὲν ἄκρα καὶ τὰ πρὸς τὰς ὑπερβολὰς ἀνήκοντα
τελέως ἄδενδρα καὶ ψιλὰ πάντ᾽ ἔστι διὰ τὸ συνεχῶς
ἐπιμένειν τὴν χιόνα καὶ θέρους καὶ χειμῶνος, τὰ δ᾽
ὑπὸ μέσην τὴν παρώρειαν ἐξ ἀμφοῖν τοῖν μεροῖν
ὑλοφόρα καὶ δενδροφόρα καὶ τὸ ὅλον οἰκήσιμ᾽ ἔστιν.

56. Ἀννίβας δὲ συναθροίσας ὁμοῦ πᾶσαν τὴν

happens to those who walk on ground with a coat of mud on it. But what followed on this was even more trying. As for the men, when, unable to pierce the lower layer of snow, they fell and then tried to help themselves to rise by the support of their knees and hands, they slid along still more rapidly on these, the slope being exceedingly steep. But the animals, when they fell, broke through the lower layer of snow in their efforts to rise, and remained there with their packs as if frozen into it, owing to their weight and the congealed condition of this old snow. Giving up this project, then, Hannibal encamped on the ridge, sweeping it clear of snow, and next set the soldiers to work to build up the path along the cliff, a most toilsome task. In one day he had made a passage sufficiently wide for the pack train and horses; so he at once took these across and encamping on ground free of snow, sent them out to pasture, and then took the Numidians in relays to work at building up the path, so that with great difficulty in three days he managed to get the elephants across, but in a wretched condition from hunger; for the summits of the Alps and the parts near the top of the passes are all quite treeless and bare owing to the snow lying there continuously both winter and summer, but the slopes halfway up on both sides are grassy and wooded and on the whole inhabitable.

56. Hannibal having now got all his forces together con-

δύναμιν κατέβαινε, καὶ τριταῖος ἀπὸ τῶν προειρημέ-
2 νων κρημνῶν διανύσας ἥψατο τῶν ἐπιπέδων, πολλοὺς
μὲν ἀπολωλεκὼς τῶν στρατιωτῶν ὑπό τε τῶν πολε-
μίων καὶ τῶν ποταμῶν ἐν τῇ καθόλου πορείᾳ, πολλοὺς
δ' ὑπὸ τῶν κρημνῶν καὶ τῶν δυσχωριῶν κατὰ τὰς
Ἄλπεις οὐ μόνον ἄνδρας, ἔτι δὲ πλείους ἵππους καὶ
3 ὑποζύγια. τέλος δὲ τὴν μὲν πᾶσαν πορείαν ἐκ Καινῆς
πόλεως ἐν πέντε μησὶ ποιησάμενος, τὴν δὲ τῶν Ἄλ-
πεων ὑπερβολὴν ἡμέραις δεκαπέντε, κατῆρε τολμη-
ρῶς εἰς τὰ περὶ τὸν Πάδον πεδία καὶ τὸ τῶν Ἰνσόμ-
4 βρων ἔθνος, ἔχων τὸ διασῳζόμενον μέρος τῆς μὲν τῶν
Λιβύων δυνάμεως πεζοὺς μυρίους καὶ δισχιλίους, τῆς
δὲ τῶν Ἰβήρων εἰς ὀκτακισχιλίους, ἱππεῖς δὲ τοὺς
πάντας οὐ πλείους ἑξακισχιλίων, ὡς αὐτὸς ἐν τῇ
στήλῃ τῇ περὶ τοῦ πλήθους ἐχούσῃ τὴν ἐπιγραφὴν
ἐπὶ Λακινίῳ διασαφεῖ.
5 Κατὰ δὲ τοὺς αὐτοὺς καιρούς, ὡς ἐπάνω προεῖπα,
Πόπλιος ἀπολελοιπὼς τὰς δυνάμεις Γναΐῳ τἀδελφῷ,
καὶ παρακεκληκὼς αὐτὸν ἔχεσθαι τῶν ἐν Ἰβηρίᾳ
πραγμάτων καὶ πολεμεῖν ἐρρωμένως Ἀσδρούβᾳ, κατ-
6 έπλευσε μετ' ὀλίγων αὐτὸς εἰς Πίσας. ποιησάμενος δὲ
τὴν πορείαν διὰ Τυρρηνίας, καὶ παραλαβὼν τὰ παρὰ
τῶν ἑξαπελέκεων στρατόπεδα τὰ προκαθήμενα καὶ
προσπολεμοῦντα τοῖς Βοίοις, ἧκε πρὸς τὰ περὶ τὸν
Πάδον πεδία καὶ καταστρατοπεδεύσας ἐπεῖχε τοῖς
πολεμίοις, σπεύδων συμβαλεῖν εἰς μάχην.
57. Ἡμεῖς δ' ἐπειδὴ καὶ τὴν διήγησιν καὶ τοὺς
ἡγεμόνας ἀμφοτέρων καὶ τὸν πόλεμον εἰς Ἰταλίαν

tinued the descent, and in three days' march from the precipice just described reached flat country. He had lost many of his men by the hands of the enemy in the crossing of rivers and on the march in general, and the precipices and difficulties of the Alps had cost him not only many men, but a far greater number of horses and sumpter-animals. The whole march from New Carthage had taken him five months, and he had spent fifteen days in crossing the Alps, and now, when he thus boldly descended into the plain of the Po and the territory of the Insubres, his surviving forces[93] numbered twelve thousand African and eight thousand Iberian foot, and not more than six thousand horse in all, as he himself states in the inscription on the column at Lacinium relating to the number of his forces.

About the same time, as I stated above, Publius Scipio, leaving his forces with his brother Gnaeus with orders to conduct operations in Spain and vigorously combat Hasdrubal, arrived at sea at Pisa with a small following. Marching through Etruria and taking over from the Praetors the frontier legions which were engaged with the Boii, he reached the plain of the Po, and encamping there, waited for the enemy, being anxious to give him battle.

57. Now that I have brought my narrative and the war and the two generals into Italy, I desire, before entering

---

[93] The figures may be close to the truth; for Lacinium see 33. 18.

ἠγάγομεν, πρὸ τοῦ τῶν ἀγώνων ἄρξασθαι βραχέα
βουλόμεθα περὶ τῶν ἁρμοζόντων τῇ πραγματείᾳ διελ-
2 θεῖν. ἴσως γὰρ δή τινες ἐπιζητήσουσι πῶς πεποιη-
μένοι τὸν πλεῖστον λόγον ὑπὲρ τῶν κατὰ Λιβύην καὶ
κατ' Ἰβηρίαν τόπων οὔτε περὶ τοῦ καθ' Ἡρακλέους
στήλας στόματος οὐδὲν ἐπὶ πλεῖον εἰρήκαμεν οὔτε
περὶ τῆς ἔξω θαλάττης καὶ τῶν ἐν ταύτῃ συμβαι-
3 νόντων ἰδιωμάτων, οὐδὲ μὴν περὶ τῶν Βρεττανικῶν
νήσων καὶ τῆς τοῦ καττιτέρου κατασκευῆς, ἔτι δὲ τῶν
ἀργυρείων καὶ χρυσείων τῶν κατ' αὐτὴν Ἰβηρίαν,
ὑπὲρ ὧν οἱ συγγραφεῖς ἀμφισβητοῦντες πρὸς ἀλλή-
4 λους τὸν πλεῖστον διατίθενται λόγον. ἡμεῖς δ' οὐχὶ
νομίζοντες ἀλλότριον εἶναι τοῦτο τὸ μέρος τῆς ἱστο-
ρίας διὰ τοῦτο παρελείπομεν, ἀλλὰ πρῶτον μὲν οὐ
βουλόμενοι παρ' ἕκαστα διασπᾶν τὴν διήγησιν οὐδ'
ἀποπλανᾶν ἀπὸ τῆς πραγματικῆς ὑποθέσεως τοὺς
5 φιληκοοῦντας, δεύτερον δὲ κρίνοντες οὐ διερριμμένην
οὐδ' ἐν παρέργῳ ποιήσασθαι τὴν περὶ αὐτῶν μνήμην,
ἀλλὰ κατ' ἰδίαν καὶ τόπον καὶ καιρὸν ἀπονείμαντες τῷ
μέρει τούτῳ καθ' ὅσον οἷοί τ' ἐσμὲν τὴν ἀλήθειαν περὶ
6 αὐτῶν ἐξηγήσασθαι. διόπερ οὐ χρὴ θαυμάζειν οὐδ' ἐν
τοῖς ἑξῆς, ἐὰν ἐπί τινας τόπους ἐρχόμενοι τοιούτους
παραλείπωμεν τοῦτο τὸ μέρος διὰ τὰς προειρημένας
7 αἰτίας. εἰ δέ τινες πάντως ἐπιζητοῦσι κατὰ τόπον καὶ
κατὰ μέρος τῶν τοιούτων ἀκούειν, ἴσως ἀγνοοῦσι
παραπλήσιόν τι πάσχοντες τοῖς λίχνοις τῶν δειπνη-
8 τῶν. καὶ γὰρ ἐκεῖνοι πάντων ἀπογευόμενοι τῶν παρα-
κειμένων οὔτε κατὰ τὸ παρὸν οὐδενὸς ἀληθινῶς ἀπο-

upon the struggle, to say a few words on what I think proper to my method in this work.[94] Some readers will perhaps ask themselves why, since most of what I have said relates to Africa and Spain, I have not said a word more about the mouth of the Mediterranean at the Pillars of Hercules, or about the Outer Sea and its peculiarities, or about the British Isles and the method of obtaining tin, and the gold and silver mines in Spain itself, all matters concerning which authors dispute with each other at great length. I have omitted these subjects not because I think they are foreign to my history, but in the first place because I did not wish to be constantly interrupting the narrative and distracting readers from the actual subject, and next because I decided not to make scattered and casual allusions to such matters, but assigning the proper place and time to their special treatment to give as true an account of all as is in my power. No one then need be surprised when in the course of history I reach such localities, if I avoid for the reason here stated any description of them. But if there be any who insist on such descriptions of each place that may be mentioned, they are perhaps unaware that they are much in the case of gourmands at a supper party who taste everything on the table and neither truly enjoy any dish at

[94] Chapters 57–59, a digression on the knowledge of geography as vital for understanding history, have been inserted after 146 (59. 4) as part of the expanded edition: see n. on 4. 1.

λαύουσι τῶν βρωμάτων οὔτ᾽ εἰς τὸ μέλλον ὠφέλιμον
ἐξ αὐτῶν τὴν ἀνάδοσιν καὶ τροφὴν κομίζονται, πᾶν δὲ
9 τοὐναντίον, οἵ τε περὶ τὴν ἀνάγνωσιν τὸ παραπλήσιον
ποιοῦντες οὔτε τῆς παραυτίκα διαγωγῆς ἀληθινῶς
οὔτε τῆς εἰς τὸ μέλλον ὠφελείας στοχάζονται δεόντως.

58. Διότι μὲν οὖν εἰ καί τι τῶν τῆς ἱστορίας μερῶν
ἄλλο, καὶ τοῦτο προσδεῖ λόγου καὶ διορθώσεως ἀλη-
θινωτέρας, προφανὲς ἐκ πολλῶν, μάλιστα δ᾽ ἐκ τού-
2 των. σχεδὸν γὰρ πάντων, εἰ δὲ μή γε, τῶν πλείστων
συγγραφέων πεπειραμένων μὲν ἐξηγεῖσθαι τὰς ἰδιό-
τητας καὶ θέσεις τῶν περὶ τὰς ἐσχατιὰς τόπων τῆς
3 καθ᾽ ἡμᾶς οἰκουμένης, ἐν πολλοῖς δὲ τῶν πλείστων
διημαρτηκότων, παραλείπειν μὲν οὐδαμῶς καθήκει,
ῥητέον δέ τι πρὸς αὐτοὺς οὐκ ἐκ παρέργου καὶ διερ-
4 ριμμένως, ἀλλ᾽ ἐξ ἐπιστάσεως, καὶ ῥητέον οὐκ ἐπι-
τιμῶντας οὐδ᾽ ἐπιπλήττοντας, ἐπαινοῦντας δὲ μᾶλλον
καὶ διορθουμένους τὴν ἄγνοιαν αὐτῶν, γινώσκοντας
ὅτι κἀκεῖνοι τῶν νῦν καιρῶν ἐπιλαβόμενοι πολλὰ τῶν
αὐτοῖς εἰρημένων εἰς διόρθωσιν ἂν καὶ μετάθεσιν
5 ἤγαγον. ἐν μὲν γὰρ τῷ προγεγονότι χρόνῳ σπανίους
ἂν εὕροι τις τῶν Ἑλλήνων τοὺς ἐπιβεβλημένους
πολυπραγμονεῖν τὰ κατὰ τὰς ἐσχατιὰς διὰ τὸ τῆς
6 ἐπιβολῆς ἀδύνατον. πολλοὶ μὲν γὰρ ἦσαν οἱ κατὰ
θάλατταν τότε κίνδυνοι καὶ δυσεξαρίθμητοι, πολλα-
7 πλάσιοι δὲ τούτων οἱ κατὰ γῆν. ἀλλ᾽ εἰ καί τις ἢ κατ᾽
ἀνάγκην ἢ κατὰ προαίρεσιν ἐξίκοιτο πρὸς τὰ πέρατα
8 τῆς οἰκουμένης, οὐδ᾽ οὕτως ἤνυε τὸ προκείμενον. δυσ-
χερὲς μὲν γὰρ ἐπὶ πλέον τινῶν αὐτόπτην γενέσθαι διὰ

the moment nor digest any enough to derive beneficial nourishment from it in the future. So those who act in the same way about reading do not properly attain either present entertainment or future benefit.

58. That no part of history requires more circumspection and more correction by the light of truth than this is evident from many considerations and chiefly from the following. While nearly all authors or at least the greater number have attempted to describe the peculiarities and the situation of the countries at the extremities of the known world, most of them are mistaken on many points. We must therefore by no means pass over the subject, but we must say a word to them, and that not casually and by scattered allusions, but giving due attention to it, and in what we say we must not find fault with or rebuke them, but rather be grateful to them and correct them when wrong, knowing as we do that they too, had they the privilege of living at the present day, would correct and modify many of their own statements. In old times, indeed, we find very few Greeks who attempted to inquire into the outlying parts of the world, owing to the practical impossibility of doing so; for the sea had so many perils that it is difficult to enumerate them, and the land ever so many more. Again, even if anyone by his own choice or by the force of circumstances reached the extremity of the world, that did not mean that he was able to accomplish his purpose. For it was a difficult matter to see many things at all closely with one's own eyes, owing to some of the countries

τὸ τοὺς μὲν ἐκβεβαρβαρῶσθαι, τοὺς δ' ἐρήμους εἶναι
τόπους, ἔτι δὲ χαλεπώτερον τὸ περὶ τῶν ὁραθέντων
διὰ λόγου τι γνῶναι καὶ μαθεῖν διὰ τὸ τῆς φωνῆς
9 ἐξηλλαγμένον. ἐὰν δὲ καὶ γνῷ τις, ἔτι τῶν πρὸ τοῦ
δυσχερέστερον τὸ τῶν ἑωρακότων τινὰ μετρίῳ χρῆ-
σθαι τρόπῳ καὶ καταφρονήσαντα τῆς παραδοξολο-
γίας καὶ τερατείας ἑαυτοῦ χάριν προτιμῆσαι τὴν ἀλή-
θειαν καὶ μηδὲν τῶν πάρεξ ὄντων ἡμῖν ἀναγγεῖλαι.

59. διόπερ οὐ δυσχεροῦς, ἀλλ' ἀδυνάτου σχεδὸν
ὑπαρχούσης κατά γε τοὺς προγεγονότας καιροὺς τῆς
ἀληθοῦς ἱστορίας ὑπὲρ τῶν προειρημένων, οὐκ εἴ τι
παρέλιπον οἱ συγγραφεῖς ἢ διήμαρτον, ἐπιτιμᾶν
2 αὐτοῖς ἄξιον, ἀλλ' ἐφ' ὅσον ἔγνωσάν τι καὶ προ-
εβίβασαν τὴν ἐμπειρίαν τὴν περὶ τούτων ἐν τοιούτοις
3 καιροῖς, ἐπαινεῖν καὶ θαυμάζειν αὐτοὺς δίκαιον. ἐν δὲ
τοῖς καθ' ἡμᾶς τῶν μὲν κατὰ τὴν Ἀσίαν διὰ τὴν
Ἀλεξάνδρου δυναστείαν, τῶν δὲ λοιπῶν τόπων διὰ τὴν
Ῥωμαίων ὑπεροχὴν σχεδὸν ἁπάντων πλωτῶν καὶ πο-
4 ρευτῶν γεγονότων, ἀπολελυμένων δὲ καὶ τῶν πρακτι-
κῶν ἀνδρῶν τῆς περὶ τὰς πολεμικὰς καὶ πολιτικὰς
πράξεις φιλοτιμίας, ἐκ δὲ τούτων πολλὰς καὶ μεγάλας
ἀφορμὰς εἰληφότων εἰς τὸ πολυπραγμονεῖν καὶ φιλο-
5 μαθεῖν περὶ τῶν προειρημένων, δέον ἂν εἴη καὶ βέλ-
τιον γινώσκειν κἀληθινώτερον ὑπὲρ τῶν πρότερον
6 ἀγνοουμένων. ὅπερ ἡμεῖς αὐτοί τε πειρασόμεθα ποι-
εῖν, λαβόντες ἁρμόζοντα τόπον ἐν τῇ πραγματείᾳ τῷ
μέρει τούτῳ, τούς τε φιλοπευστοῦντας ὁλοσχερέστε-
ρον βουλησόμεθα συνεπιστῆσαι περὶ τῶν προειρημέ-

being utterly barbarous and others quite desolate, and it was still more difficult to get information about the things one did see, owing to the difference of the language. Then, even if anyone did see for himself and observe the facts, it was even still more difficult for him to be moderate in his statements, to scorn all talk of marvels and monsters and, preferring truth for its own sake, to tell us nothing beyond it.

59. As, therefore, it was almost impossible in old times to give a true account of the regions I speak of, we should not find fault with the writers for their omissions or mistakes, but should praise and admire them, considering the times they lived in, for having ascertained something on the subject and advanced our knowledge. But in our own times since, owing to Alexander's empire in Asia and that of the Romans in other parts of the world, nearly all regions have become approachable by sea or land, and since our men of action in Greece are relieved from the ambitions of a military or political career and have therefore ample means for inquiry and study, we ought to be able to arrive at a better knowledge and something more like the truth about lands which were formerly little known. This is what I myself will attempt to do when I find a suitable place in this work for introducing the subject, and I shall then ask those who are curious about such things to give their undi-

7 νων, ἐπειδὴ καὶ τὸ πλεῖον τούτου χάριν ὑπεδεξάμεθα
τοὺς κινδύνους [καὶ τὰς κακοπαθείας] τοὺς συμβάν-
τας ἡμῖν ἐν πλάνῃ τῇ κατὰ Λιβύην καὶ κατ᾽ Ἰβηρίαν,
ἔτι δὲ Γαλατίαν καὶ τὴν ἔξωθεν ταύταις ταῖς χώραις
8 συγκυροῦσαν θάλατταν, ἵνα διορθωσάμενοι τὴν τῶν
προγεγονότων ἄγνοιαν ἐν τούτοις γνώριμα ποιήσωμεν
τοῖς Ἕλλησι καὶ ταῦτα τὰ μέρη τῆς οἰκουμένης.

9 Νῦν δ᾽ ἀναδραμόντες ἐπὶ τὴν παρέκβασιν τῆς
διηγήσεως πειρασόμεθα δηλοῦν τοὺς γενομένους ἐκ
παρατάξεως ἐν Ἰταλίᾳ Ῥωμαίοις καὶ Καρχηδονίοις
ἀγῶνας.

60. Τὸ μὲν οὖν πλῆθος τῆς δυνάμεως, ὅσον ἔχων
Ἀννίβας ἐνέβαλεν εἰς Ἰταλίαν, ἤδη δεδηλώκαμεν.
2 μετὰ δὲ τὴν εἰσβολὴν καταστρατοπεδεύσας ὑπ᾽ αὐτὴν
τὴν παρώρειαν τῶν Ἄλπεων τὰς μὲν ἀρχὰς ἀνελάμ-
3 βανε τὰς δυνάμεις. οὐ γὰρ μόνον ὑπὸ τῶν ἀναβάσεων
καὶ καταβάσεων, ἔτι δὲ τραχυτήτων τῶν κατὰ τὰς
ὑπερβολάς, δεινῶς τεταλαιπωρήκει τὸ σύμπαν αὐτῷ
στρατόπεδον, ἀλλὰ καὶ τῇ τῶν ἐπιτηδείων σπάνει καὶ
ταῖς τῶν σωμάτων ἀθεραπευσίαις κακῶς ἀπήλλαττε.
4 πολλοὶ δὲ καὶ καθυφεῖνθ᾽ ἑαυτοὺς ὁλοσχερῶς διὰ τὴν
ἔνδειαν καὶ συνέχειαν τῶν πόνων. οὔτε γὰρ διακομί-
ζειν εἰς τοσαύτας μυριάδας διὰ τοιούτων τόπων δαψι-
λῆ τὰ πρὸς τὴν τροφὴν οἷοί τ᾽ ἦσαν, ἅ τε καὶ παρ-
εκόμιζον ἅμα τῇ τῶν ὑποζυγίων καταφθορᾷ, καὶ
5 τούτων τὰ πλεῖστα συναπώλλυτο. διόπερ ὁρμήσας
ἀπὸ τῆς τοῦ Ῥοδανοῦ διαβάσεως, πεζοὺς μὲν εἰς
ὀκτακισχιλίους καὶ τρισμυρίους ἔχων, ἱππεῖς δὲ πλεί-

vided attention to me, in view of the fact that I underwent the perils of journeys[95] through Africa, Spain, and Gaul, and of voyages on the seas that lie on the farther side of these countries,[96] mostly for this very purpose of correcting the errors of former writers and making those parts of the world also known to the Greeks.

But now returning to the point at which I digressed from my narrative, I shall attempt to describe the battles between the Romans and Carthaginians in Italy.

60. I have already stated the strength of Hannibal's army when he entered Italy. Once arrived there he at first encamped at the very foot of the Alps to refresh his forces. For his men had not only suffered terribly from the toil of ascent and descent of the passes and the roughness of the road but they were also in wretched condition owing to the scarcity of provisions and neglect of their persons, many having fallen into a state of utter despondency from prolonged toil and want of food. For it had been impossible to transport over such ground a plentiful supply of provisions for so many thousand men, and with the loss of the pack animals the greater part of what they were carrying perished. So that while Hannibal started from the passage of the Rhone with thirty-eight thousand foot and more than

95 P. has seen Africa, Spain, and Gaul and has crossed the Alps (48. 12).

96 On his expedition along the Atlantic coast of Africa see Pliny *HN* 5.9.10 with J. Desanges, *Recherches sur l' activité des Méditerranéens aux confines de l' Afrique* (Paris 1978), 121–147.

ους ὀκτακισχιλίων, σχεδόν που τὴν ἡμίσειαν τῆς
δυνάμεως, καθάπερ ἐπάνω προεῖπον, ἐν ταῖς ὑπερ-
6 βολαῖς διέφθειρεν. οἵ γε μὴν σωθέντες καὶ ταῖς ἐπι-
φανείαις καὶ τῇ λοιπῇ διαθέσει διὰ τὴν συνέχειαν τῶν
προειρημένων πόνων οἷον ἀποτεθηριωμένοι πάντες
7 ἦσαν. πολλὴν οὖν ποιούμενος πρόνοιαν Ἀννίβας τῆς
ἐπιμελείας αὐτῶν ἀνεκτᾶτο καὶ τὰς ψυχὰς ἅμα καὶ τὰ
8 σώματα τῶν ἀνδρῶν, ὁμοίως δὲ καὶ τῶν ἵππων. μετὰ
δὲ ταῦτα, προσανειληφυίας ἤδη τῆς δυνάμεως, τῶν
Ταυρίνων, οἳ τυγχάνουσι πρὸς τῇ παρωρείᾳ κατοι-
κοῦντες, στασιαζόντων μὲν πρὸς τοὺς Ἴνσομβρας,
9 ἀπιστούντων δὲ τοῖς Καρχηδονίοις, τὸ μὲν πρῶτον
αὐτοὺς εἰς φιλίαν προυκαλεῖτο καὶ συμμαχίαν· οὐχ
ὑπακουόντων δέ, περιστρατοπεδεύσας τὴν βαρυτάτην
10 πόλιν ἐν τρισὶν ἡμέραις ἐξεπολιόρκησε. κατασφάξας
δὲ τοὺς ἐναντιωθέντας αὐτῷ τοιοῦτον ἐνειργάσατο
φόβον τοῖς σύνεγγυς κατοικοῦσι τῶν βαρβάρων ὥστε
πάντας ἐκ χειρὸς παραγίνεσθαι, διδόντας αὐτοὺς εἰς
11 τὴν πίστιν. τὸ δὲ λοιπὸν πλῆθος τῶν τὰ πεδία κατοι-
κούντων Κελτῶν ἐσπούδαζε μὲν κοινωνεῖν τοῖς Καρ-
χηδονίοις τῶν πραγμάτων κατὰ τὴν ἐξ ἀρχῆς
12 ἐπιβολήν· παρηλλαχότων δὲ τῶν Ῥωμαϊκῶν στρατο-
πέδων ἤδη τοὺς πλείστους αὐτῶν καὶ διακεκλεικότων,
ἡσυχίαν ἦγον· τινὲς δὲ καὶ συστρατεύειν ἠναγκάζοντο
13 τοῖς Ῥωμαίοις. εἰς ἃ βλέπων Ἀννίβας ἔκρινε μὴ
μέλλειν, ἀλλὰ προάγειν εἰς τοὔμπροσθεν καὶ πράττειν
τι πρὸς τὸ θαρρῆσαι τοὺς βουλομένους μετέχειν σφί-
σι τῶν αὐτῶν ἐλπίδων.

eight thousand horse he lost in crossing the passes, as I said above, about half his whole force,[97] while the survivors, owing to the continued hardships they had suffered, had become in their external appearance and general condition more like beasts than men. Hannibal, therefore, made every provision for carefully attending to the men and the horses likewise until they were restored in body and spirit. After this, his forces having now picked up their strength when the Taurini who live at the foot of the mountains quarreled with the Insubres and showed no confidence in the Carthaginians, he at first made overtures for their friendship and alliance, but on their rejecting these he encamped round their chief city[98] and reduced it in three days. By massacring those who had been opposed to him he struck such terror into the neighboring tribes of barbarians that they all came in at once and submitted to him. The remaining Celtic inhabitants of the plain were impatient to join the Carthaginians, as had been their original design, but as the Roman legions had advanced beyond most of them and cut them off, they kept quiet, some even being compelled to serve with the Romans. Hannibal, in view of this, decided not to delay, but to advance and try by some action to encourage those who wished to take part in his enterprise.

[97] Heavy as Hannibal's losses were, they hardly amounted to half his army.

[98] An early settlement close to Turin.

61. Προθέμενος δὲ ταῦτα, καὶ τὸν Πόπλιον ἀκούων
ἤδη διαβεβηκέναι τὸν Πάδον μετὰ τῶν δυνάμεων καὶ
σύνεγγυς εἶναι, τὸ μὲν πρῶτον ἠπίστει τοῖς προσ-
2 αγγελλομένοις, ἐνθυμούμενος μὲν ὅτι πρότερον ἡμέ-
ραις ὀλίγαις αὐτὸν ἀπέλιπε περὶ τὴν τοῦ Ῥοδανοῦ
διάβασιν, καὶ συλλογιζόμενος τόν τε πλοῦν τὸν ἀπὸ
Μασσαλίας εἰς Τυρρηνίαν ὡς μακρὸς καὶ δυσπαρα-
3 κόμιστος εἴη, πρὸς δὲ τούτοις τὴν πορείαν ἱστορῶν
τὴν ἀπὸ τοῦ Τυρρηνικοῦ πελάγους διὰ τῆς Ἰταλίας
μέχρι πρὸς τὰς Ἄλπεις ὡς πολλὴ καὶ δυσδίοδος
ὑπάρχει στρατοπέδοις. πλειόνων δὲ καὶ σαφεστέρως
4 ἀεὶ προσαγγελλόντων, ἐθαύμαζε καὶ κατεπέπληκτο
τὴν ὅλην ἐπιβολὴν καὶ τὴν πρᾶξιν τοῦ στρατηγοῦ. τὸ
δὲ παραπλήσιον συνέβαινε πάσχειν καὶ τὸν Πόπλιον·
5 τὰς μὲν γὰρ ἀρχὰς οὐδ' ἐπιβαλέσθαι τῇ διὰ τῶν
Ἄλπεων ἤλπισε πορείᾳ τὸν Ἀννίβαν δυνάμεσιν ἀλλο-
φύλοις· εἰ δὲ καὶ τολμήσαι, καταφθαρήσεσθαι προ-
δήλως αὐτὸν ὑπελάμβανε. διόπερ ἐν τοιούτοις ὢν
διαλογισμοῖς, ὡς ἐπυνθάνετο καὶ σεσῶσθαι καὶ πολι-
6 ορκεῖν αὐτὸν ἤδη τινὰς πόλεις ἐν Ἰταλίᾳ, κατεπέ-
πληκτο τὴν τόλμαν καὶ τὸ παράβολον τἀνδρός. τὸ δ'
αὐτὸ συνέβαινε καὶ τοῖς ἐν τῇ Ῥώμῃ πεπονθέναι περὶ
7 τῶν προσπιπτόντων. ἄρτι γὰρ τῆς τελευταίας φήμης
καταληγούσης ὑπὲρ τῶν Καρχηδονίων ὅτι Ζάκανθαν
8 εἰλήφασι, καὶ πρὸς ταύτην βεβουλευμένων τὴν ἔννοι-
αν, καὶ τὸν μὲν ἕνα τῶν στρατηγῶν ἐξαπεσταλκότων
εἰς τὴν Λιβύην, ὡς αὐτὴν τὴν Καρχηδόνα πολιορκή-
σοντα, τὸν ἕτερον δ' εἰς Ἰβηρίαν, ὡς πρὸς Ἀννίβαν

61. Such was the purpose he had in view when the news reached him that Publius had already crossed the Po with his forces and was quite near at hand. At first he refused to believe it, reflecting that he had left him only a few days previously near the crossing of the Rhone and that the coasting voyage from Marseilles to Etruria was long and difficult, and learning further by inquiry that the road through Italy from the Tyrrhenian Sea to the Alps was likewise very long and not suited for the march of troops. But when more messengers continued to arrive bringing the same news in a more definite form, he was struck with amazement at the whole project of the Consul and the way he had carried it out. Publius had very much the same feeling; for at first he had never expected that Hannibal would even attempt to cross the Alps with foreign forces, and if he ventured on it he thought that certain destruction awaited him. So that, his anticipations being such, when he heard that Hannibal was safe and was already besieging towns in Italy he was amazed too at his daring and venturesomeness. In Rome itself the intelligence had much the same effect. The stir created by the last news of the Carthaginians—that they had captured Saguntum—had only just subsided, measures had been taken to meet this situation by sending one Consul to Libya who was to besiege Carthage itself, and the other to Spain to fight, as they thought,

ἐκεῖ διαπολεμήσοντα, παρῆν ἀγγελία διότι πάρεστιν
Ἀννίβας μετὰ δυνάμεως καὶ πολιορκεῖ τινας ἤδη πό-
9 λεις ἐν Ἰταλίᾳ. διότι καὶ παραδόξου φανέντος αὐτοῖς
τοῦ γινομένου, διαταραχθέντες παραχρῆμα πρὸς τὸν
Τεβέριον εἰς τὸ Λιλύβαιον ἐξαπέστελλον, δηλοῦντες
μὲν τὴν παρουσίαν τῶν πολεμίων, οἰόμενοι δὲ δεῖν
ἀφέμενον τῶν προκειμένων κατὰ σπουδὴν βοηθεῖν
10 τοῖς ἰδίοις πράγμασιν. ὁ δὲ Τεβέριος τοὺς μὲν ἀπὸ τοῦ
στόλου παραυτίκα συναθροίσας ἐξέπεμψε, παραγγεί-
λας ποιεῖσθαι τὸν πλοῦν ὡς ἐπ᾽ οἴκου· τὰς δὲ πεζικὰς
δυνάμεις ἐξώρκισε διὰ τῶν χιλιάρχων, τάξας ἡμέραν
ἐν ᾗ δεήσει πάντας ἐν Ἀριμίνῳ γενέσθαι κοιταίους.
11 αὕτη δ᾽ ἔστι πόλις παρὰ τὸν Ἀδρίαν ἐπὶ τῷ πέρατι
κειμένη τῶν περὶ τὸν Πάδον πεδίων ὡς ἀπὸ μεσημ-
12 βρίας. πανταχόθεν δὲ τοῦ κινήματος ἅμα γινομένου,
καὶ τῶν συμβαινόντων πᾶσι παρὰ δόξαν προσπιπτόν-
των, ἦν παρ᾽ ἑκάστοις ἐπίστασις ὑπὲρ τοῦ μέλλοντος
οὐκ εὐκαταφρόνητος.

62. Κατὰ δὲ τὸν καιρὸν τοῦτον ἤδη συνεγγίζοντες
ἀλλήλοις Ἀννίβας καὶ Πόπλιος ἐπεβάλοντο παρακα-
λεῖν τὰς ἑαυτῶν δυνάμεις, ἑκάτερος προθέμενος τὰ
2 πρέποντα τοῖς παροῦσι καιροῖς. Ἀννίβας μὲν οὖν διὰ
τοιοῦδέ τινος ἐνεχείρει τρόπου ποιεῖσθαι τὴν παραί-
3 νεσιν. συναγαγὼν γὰρ τὰ πλήθη παρήγαγε νεανί-
σκους τῶν αἰχμαλώτων, οὓς εἰλήφει κακοποιοῦντας
τὴν πορείαν ἐν ταῖς περὶ τὰς Ἄλπεις δυσχωρίαις.
4 τούτους δὲ κακῶς διετίθετο, παρασκευαζόμενος πρὸς
τὸ μέλλον· καὶ γὰρ δεσμοὺς εἶχον βαρεῖς καὶ τῷ λιμῷ

162

with Hannibal there; and now news came that Hannibal was in Italy with his army and already laying siege to some cities. The thing therefore seemed altogether astounding to them, and in great alarm they sent urgent orders to Tiberius at Lilybaeum, informing him of the arrival of the enemy and bidding him abandon his present project and hasten to the help of his own country. Tiberius at once collected the crews of his fleet and dispatched it with orders to make for home. From his soldiers he exacted through the Tribunes an oath that they would all be at Ariminum on a certain day before bedtime. This is a city on the Adriatic at the southern edge of the plains of the Po. So that as there was great stir and activity all round, and as the news that arrived was what nobody expected, there was on both sides that intense concern for the future.

62. Hannibal and Publius were now near each other, and they both thought it proper to address their troops in a manner suitable to the occasion. The device by which Hannibal tried to encourage his men was as follows. Mustering the troops, he brought forward certain young men from among the prisoners he had taken molesting his march in the difficult part of the Alpine pass. He had purposely, with a view to the use he was going to make of them, ill-used them: they wore heavy fetters, they had suffered

συνέσχηντο καὶ ταῖς πληγαῖς αὐτῶν τὰ σώματα δι-
5 έφθαρτο. καθίσας οὖν τούτους εἰς τὸ μέσον προέθηκε
πανοπλίας Γαλατικάς, οἵαις εἰώθασιν οἱ βασιλεῖς
αὐτῶν, ὅταν μονομαχεῖν μέλλωσι, κατακοσμεῖσθαι·
πρὸς δὲ τούτοις ἵππους παρέστησε καὶ σάγους εἰσ-
6 ήνεγκε πολυτελεῖς. κἄπειτα τῶν νεανίσκων ἤρετο τίνες
αὐτῶν βούλονται διαγωνίσασθαι πρὸς ἀλλήλους, ἐφ'
ᾧ τὸν μὲν νικήσαντα τὰ προκείμενα λαμβάνειν ἆθλα,
τὸν δ' ἡττηθέντα τῶν παρόντων ἀπηλλάχθαι κακῶν,
7 τελευτήσαντα τὸν βίον. πάντων δ' ἀναβοησάντων
ἅμα καὶ δηλούντων ὅτι βούλονται μονομαχεῖν, κλη-
ρώσασθαι προσέταξε, καὶ δύο τοὺς λαχόντας καθο-
πλισαμένους ἐκέλευσε μάχεσθαι πρὸς ἀλλήλους.
8 παραυτίκα μὲν οὖν ἀκούσαντες οἱ νεανίσκοι ταῦτα,
καὶ τὰς χεῖρας ἐξαίροντες, εὔχοντο τοῖς θεοῖς, σπεύ-
9 δων ἕκαστος αὐτὸς γενέσθαι τῶν λαχόντων. ἐπεὶ δ'
ἐδηλώθη τὰ κατὰ τὸν κλῆρον, ἦσαν οἱ μὲν εἰληχότες
10 περιχαρεῖς, οἱ δ' ἄλλοι τοὐναντίον. γενομένης δὲ τῆς
μάχης οὐχ ἧττον ἐμακάριζον οἱ περιλειπόμενοι τῶν
αἰχμαλώτων τὸν τεθνεῶτα τοῦ νενικηκότος, ὡς πολ-
λῶν καὶ μεγάλων κακῶν ἐκείνου μὲν ἀπολελυμένου,
11 σφᾶς δ' αὐτοὺς ἀκμὴν ὑπομένοντας. ἦν δὲ παραπλη-
σία καὶ περὶ τοὺς πολλοὺς τῶν Καρχηδονίων ἡ διάλη-
ψις· ἐκ παραθέσεως γὰρ θεωρουμένης τῆς τῶν ἀγο-
μένων καὶ ζώντων ταλαιπωρίας, τούτους μὲν ἠλέουν,
τὸν δὲ τεθνεῶτα πάντες ἐμακάριζον.

63. Ἀννίβας δὲ διὰ τῶν προειρημένων τὴν προ-
κειμένην διάθεσιν ἐνεργασάμενος ταῖς τῶν δυνάμεων

much from hunger, and their bodies were disfigured by the mark of blows. Placing them in the middle of the meeting he exhibited some Gaulish suits of armor, such as their kings are wont to deck themselves with when about to engage in single combat. In addition to these he placed there some horses and had some rich military cloaks brought in. He then asked the young men which of them were willing to do combat with each other, the prizes exhibited being destined for the victor, while the vanquished would be delivered by death from his present misery. When all shouted out with one voice that they were willing to fight, he ordered them to draw lots, and the two on whom the lot fell to arm themselves and do combat. The young men, the moment they heard this, lifted up their hands and prayed to the gods, each eager to be himself one of the chosen. When the result was announced, those on whom the lot had fallen were overjoyed and the rest mournful and dejected, and after the combat was over the remaining prisoners congratulated the fallen champion no less than the victor, as having been set free from many and grievous evils which they themselves were left alive to suffer. The sentiment of most of the Carthaginians was identical; for looking on the misery of the other prisoners as they were led away alive, they pitied them on comparing their fate with that of the dead whom they all pronounced to be fortunate.

63. When Hannibal had by this means produced the disposition he desired in the minds of his troops, he rose

2 ψυχαῖς, μετὰ ταῦτα προελθὼν αὐτὸς τούτου χάριν ἔφη
παρεισάγειν τοὺς αἰχμαλώτους, ἵν᾽ ἐπὶ τῶν ἀλλοτρίων
συμπτωμάτων ἐναργῶς θεασάμενοι τὸ συμβαῖνον
βέλτιον ὑπὲρ τῶν σφίσι παρόντων βουλεύωνται πρα-
3 γμάτων. εἰς παραπλήσιον γὰρ αὐτοὺς ἀγῶνα καὶ
καιρὸν τὴν τύχην συγκεκλεικέναι καὶ παραπλήσια
4 τοῖς νῦν ἆθλα προτεθεικέναι. δεῖν γὰρ ἢ νικᾶν ἢ
θνήσκειν ἢ τοῖς ἐχθροῖς ὑποχειρίους γενέσθαι ζῶν-
τας. εἶναι δ᾽ ἐκ μὲν τοῦ νικᾶν ἆθλον οὐχ ἵππους καὶ
σάγους, ἀλλὰ τὸ πάντων ἀνθρώπων γενέσθαι μακα-
5 ριωτάτους, κρατήσαντας τῆς Ῥωμαίων εὐδαιμονίας,
ἐκ δὲ τοῦ μαχομένους τι παθεῖν διαγωνιζομένους ἕως
τῆς ἐσχάτης ἀναπνοῆς ὑπὲρ τῆς καλλίστης ἐλπίδος
μεταλλάξαι τὸν βίον ἐν χειρῶν νόμῳ, μηδενὸς κακοῦ
6 λαβόντας πεῖραν, τοῖς δ᾽ ἡττωμένοις καὶ διὰ τὴν πρὸς
τὸ ζῆν ἐπιθυμίαν ὑπομένουσι φεύγειν ἢ κατ᾽ ἄλλον
τινὰ τρόπον ἑλομένοις τὸ ζῆν παντὸς κακοῦ καὶ πάσης
7 ἀτυχίας μετασχεῖν. οὐδένα γὰρ οὕτως ἀλόγιστον οὐδὲ
νωθρὸν αὐτῶν ὑπάρχειν, ὃς μνημονεύων μὲν τοῦ μή-
κους τῆς ὁδοῦ τῆς διηνυσμένης ἐκ τῶν πατρίδων,
μνημονεύων δὲ τοῦ πλήθους τῶν μεταξὺ πολεμίων,
εἰδὼς δὲ τὰ μεγέθη τῶν ποταμῶν ὧν διεπέρασεν,
ἐλπίσαι ποτ᾽ ἂν ὅτι φεύγων εἰς τὴν οἰκείαν ἀφίξεται.
8 διόπερ ᾤετο δεῖν αὐτούς, ἀποκεκομμένης καθόλου τῆς
τοιαύτης ἐλπίδος, τὴν αὐτὴν διάληψιν ποιεῖσθαι περὶ
τῶν καθ᾽ αὑτοὺς πραγμάτων ἥνπερ ἀρτίως ἐποιοῦντο
9 περὶ τῶν ἀλλοτρίων συμπτωμάτων. καθάπερ γὰρ ἐπ᾽
ἐκείνων τὸν μὲν νικήσαντα καὶ τεθνεῶτα πάντες ἐμα-

and told them[99] that he had brought the prisoners before them designedly in order that clearly seeing in the person of others what they might themselves have to suffer, they should thence take better counsel at the present crisis. "Fortune," he said, "has brought you to a like pass, she has shut you in on a like listed field of combat, and the prizes and prospects she offers you are the same. For either you must conquer, or die, or fall alive into the hands of your foes. For you the prize of victory is not to possess horses and cloaks, but to be the most envied of mankind, masters of all the wealth of Rome. The prize of death on the battle-field is to depart from life in the heat of the fight, struggling till your last breath for the noblest of objects and without having learnt to know suffering. But what awaits those of you who are vanquished and for the love of life consent to fly, or who preserve their lives by any other means, is to have every evil and every misfortune for their lot. There is not one of you so dull and unreflecting as to hope to reach his home by flight, when he remembers the length of the road he traversed from his native land, the numbers of the enemies that lie between, and the size of the rivers he crossed. I beg you, therefore, cut off as you are entirely from any such hope, to take the same view of your own situation that you have just expressed regarding that of others. For as you all accounted both the victor and the

[99] The speech is fictitious, as is the following one by Scipio, 64. 3ff.

κάριζον, τοὺς δὲ ζῶντας ἠλέουν, οὕτως ᾤετο δεῖν καὶ
περὶ τῶν καθ᾽ αὑτοὺς διαλαμβάνειν, καὶ πάντας ἰέναι
πρὸς τοὺς ἀγῶνας, μάλιστα μὲν νικήσοντας, ἂν δὲ μὴ
10 τοῦτ᾽ ᾖ δυνατόν, ἀποθανουμένους. τὴν δὲ τοῦ ζῆν
ἡττημένους ἐλπίδα κατὰ μηδένα τρόπον ἠξίου λαμβά-
11 νειν ἐν νῷ. τούτῳ γὰρ χρησαμένων αὐτῶν τῷ λογισμῷ
καὶ τῇ προθέσει ταύτῃ καὶ τὸ νικᾶν ἅμα καὶ τὸ
12 σῴζεσθαι προδήλως σφίσι συνεξακολουθήσειν. πάν-
τας γὰρ τοὺς ἢ κατὰ προαίρεσιν ἢ κατ᾽ ἀνάγκην
τοιαύτῃ προθέσει κεχρημένους οὐδέποτε διεψεῦσθαι
13 τοῦ κρατεῖν τῶν ἀντιταξαμένων. ὅταν δὲ δὴ καὶ τοῖς
πολεμίοις συμβαίνῃ τὴν ἐναντίαν ἐλπίδα ταύτης ὑπ-
άρχειν, ὃ νῦν ἐστι περὶ Ῥωμαίους, ὥστε φεύγουσι
πρόδηλον εἶναι τοῖς πλείστοις τὴν σωτηρίαν, παρα-
κειμένης αὐτοῖς τῆς οἰκείας, δῆλον ὡς ἀνυπόστατος
14 γίνοιτ᾽ ἂν ἡ τῶν ἀπηλπικότων τόλμα. τῶν δὲ πολλῶν
ἀποδεχομένων τό τε παράδειγμα καὶ τοὺς λόγους, καὶ
λαμβανόντων ὁρμὴν καὶ παράστασιν οἵαν ὁ παρακα-
λῶν ἐσπούδασε, τότε μὲν ἐπαινέσας αὐτοὺς διαφῆκε,
τῇ δ᾽ ἐπαύριον ἀναζυγὴν ἅμα τῷ φωτὶ παρήγγειλε.

64. Πόπλιος δὲ περὶ τὰς αὐτὰς ἡμέρας τὸν Πάδον
ποταμὸν ἤδη πεπεραιωμένος, τὸν δὲ Τίκινον κρίνων
εἰς τοὔμπροσθεν διαβαίνειν, τοῖς μὲν ἐπιτηδείοις γε-
φυροποιεῖν παρήγγειλε, τὰς δὲ λοιπὰς δυνάμεις συν-
2 αγαγὼν παρεκάλει. τὰ μὲν οὖν πολλὰ τῶν λεγομένων
ἦν περί τε τοῦ τῆς πατρίδος ἀξιώματος καὶ τῶν
προγονικῶν πράξεων, τὰ δὲ τοῦ παρεστῶτος καιροῦ
3 τοιάδε. ἔφη γὰρ δεῖν καὶ μηδεμίαν μὲν εἰληφότας

fallen fortunate and pitied the survivors, so now should you think about yourselves and go all of you to battle resolved to conquer if you can, and if this be impossible, to die. And I implore you not to let the hope of living after defeat enter your minds at all. If you reason and purpose as I urge upon you, it is clear that victory and safety will follow; for none ever who either by necessity or choice formed such a resolve have been deceived in their hope of putting their enemies to flight. And when the enemy have the opposite hope, as is now the case with the Romans, most of them being sure of finding safety in flight as their homes are near at hand, it is evident that the courage of those who despair of safety will carry all before it." The object lesson and the speech were well received by the troops, in whom they produced the enthusiasm and self-confidence that the speaker desired, and after commending them he dismissed them, ordering them to be ready to start at daybreak.

64. At about the same date Publius Scipio, who had already crossed the Po and had decided to advance across the Ticinus, ordered those qualified for that task to build a bridge and, summoning a meeting of the rest of his forces, addressed them. Most of what he said related to the exalted position of their country and the achievements of their ancestors; what concerned the present situation was as follows. He said that even if they had had no recent ex-

πεῖραν ἐπὶ τοῦ παρόντος τῶν ὑπεναντίων, αὐτὸ δὲ
τοῦτο γινώσκοντας ὅτι μέλλουσι πρὸς Καρχηδονίους
κινδυνεύειν, ἀναμφισβήτητον ἔχειν τὴν τοῦ νικᾶν ἐλ-
4 πίδα, καὶ καθόλου δεινὸν ἡγεῖσθαι καὶ παράλογον, εἰ
τολμῶσι Καρχηδόνιοι Ῥωμαίοις ἀντοφθαλμεῖν, πολ-
λάκις μὲν ὑπ' αὐτῶν ἡττημένοι, πολλοὺς δ' ἐξενηνο-
χότες φόρους, μόνον δ' οὐχὶ δουλεύοντες αὐτοῖς ἤδη
5 τοσούτους χρόνους. ὅταν δέ, χωρὶς τῶν προειρημένων,
καὶ τῶν νῦν παρόντων ἀνδρῶν ἔχωμεν ἐπὶ ποσὸν
πεῖραν ὅτι [μόνον] οὐ τολμῶσι κατὰ πρόσωπον ἰδεῖν
ἡμᾶς τίνα χρὴ διάληψιν ποιεῖσθαι περὶ τοῦ μέλλοντος
6 τοὺς ὀρθῶς λογιζομένους; καὶ μὴν οὔτε τοὺς ἱππεῖς
συμπεσόντας τοῖς παρ' αὐτῶν ἱππεῦσι περὶ τὸν Ῥο-
δανὸν ποταμὸν ἀπαλλάξαι καλῶς, ἀλλὰ πολλοὺς ἀπο-
βαλόντας αὐτῶν φυγεῖν αἰσχρῶς μέχρι τῆς ἰδίας
7 παρεμβολῆς, τόν τε στρατηγὸν αὐτῶν καὶ τὴν σύμπα-
σαν δύναμιν, ἐπιγνόντας τὴν παρουσίαν τῶν ἡμετέ-
ρων στρατιωτῶν, φυγῇ παραπλησίαν ποιήσασθαι
τὴν ἀποχώρησιν, καὶ παρὰ τὴν αὐτῶν προαίρεσιν διὰ
τὸν φόβον κεχρῆσθαι τῇ διὰ τῶν Ἄλπεων πορείᾳ.
8 παρεῖναι δὲ καὶ νῦν ἔφη τὸν Ἀννίβαν, κατεφθαρκότα
μὲν τὸ πλεῖστον μέρος τῆς δυνάμεως, τὸ δὲ περι-
λειπόμενον ἀδύνατον καὶ δύσχρηστον ἔχοντα διὰ τὴν
κακουχίαν· ὁμοίως δὲ καὶ τῶν ἵππων τοὺς μὲν πλεί-
στους ἀπολωλεκότα, τοὺς δὲ λοιποὺς ἠχρειωκότα διὰ
9 τὸ μῆκος καὶ τὴν δυσχέρειαν τῆς ὁδοῦ. δι' ὧν ἐπι-
δεικνύειν ἐπειρᾶτο διότι μόνον ἐπιφανῆναι δεῖ τοῖς
10 πολεμίοις. μάλιστα δ' ἠξίου θαρρεῖν αὐτοὺς βλέ-

perience of the enemy, the knowledge alone that they were going to fight against Carthaginians should give them unshaken hope of victory. They should regard it as altogether an outrageous and surprising thing that Carthaginians should dare to face Romans, by whom they had been so often beaten, to whom they had paid so much tribute, and whose slaves almost they had been for so many years. "But now," he went on to say, "when apart from this we can judge more or less by our own experience that these actual men here on the spot do not venture to look us in the face, what should our opinion be as to the future, if we estimate chances correctly? Why! not even their cavalry when they met ours near the Rhone came off well, but after losing many of their number fled disgracefully to their own camp, upon which their general and all his forces, as soon as they knew our soldiers were coming, made a retreat more resembling a flight, and contrary to their original intention chose the route through the Alps from pure fear of us. Hannibal has now arrived," he said, "but he has lost most of his army and the rest are weak and useless owing to hardship; he has lost most of his horses too, and those he has left he has rendered fit for nothing by the length and difficulty of his march." From all this he tried to convince them that they had only to show themselves to the enemy. He bade them above all be encour-

ποντας εἰς τὴν αὑτοῦ παρουσίαν· οὐδέποτε γὰρ ἂν
ἀπολιπὼν τὸν στόλον καὶ τὰς ἐν Ἰβηρίᾳ πράξεις, ἐφ'
ἃς ἀπεστάλη, δεῦρο μετὰ τοιαύτης ἐλθεῖν σπουδῆς, εἰ
μὴ καὶ λίαν ἐκ τῶν κατὰ λόγον ἑώρα τὴν πρᾶξιν
ταύτην ἀναγκαίαν μὲν οὖσαν τῇ πατρίδι, πρόδηλον δ'
11 ἐν αὑτῇ τὴν νίκην ὑπάρχουσαν. πάντων δὲ καὶ διὰ τὴν
τοῦ λέγοντος πίστιν καὶ διὰ τὴν τῶν λεγομένων ἀλή-
θειαν ἐκθύμως ἐχόντων πρὸς τὸ κινδυνεύειν, ἀπο-
δεξάμενος αὐτῶν τὴν ὁρμὴν διαφῆκε, προσπαρακα-
λέσας ἑτοίμους εἶναι πρὸς τὸ παραγγελλόμενον.

65. Τῇ δὲ κατὰ πόδας ἡμέρᾳ προῆγον ἀμφότεροι
παρὰ τὸν ποταμὸν ἐκ τοῦ πρὸς τὰς Ἄλπεις μέρους,
ἔχοντες εὐώνυμον μὲν οἱ Ῥωμαῖοι, δεξιὸν δὲ τὸν ῥοῦν
2 οἱ Καρχηδόνιοι. γνόντες δὲ τῇ δευτέρᾳ διὰ τῶν προνο-
μευόντων ὅτι σύνεγγύς εἰσιν ἀλλήλων, τότε μὲν αὐτοῦ
3 καταστρατοπεδεύσαντες ἔμειναν. τῇ δ' ἐπαύριον
πᾶσαν τὴν ἵππον ἀναλαβόντες ἀμφότεροι, Πόπλιος δὲ
καὶ τῶν πεζῶν τοὺς ἀκοντιστάς, προῆγον διὰ τοῦ
πεδίου, σπεύδοντες κατοπτεῦσαι τὰς ἀλλήλων δυνά-
4 μεις. ἅμα δὲ τῷ πλησιάζειν αὐτοῖς καὶ συνιδεῖν τὸν
κονιορτὸν ἐξαιρόμενον, εὐθέως συνετάττοντο πρὸς
5 μάχην. ὁ μὲν οὖν Πόπλιος, προθέμενος τοὺς ἀκον-
τιστὰς καὶ τοὺς ἅμα τούτοις Γαλατικοὺς ἱππεῖς, τοὺς
6 δὲ λοιποὺς ἐν μετώπῳ καταστήσας, προῄει βάδην. ὁ
δ' Ἀννίβας τὴν μὲν κεχαλινωμένην ἵππον καὶ πᾶν τὸ
στάσιμον αὐτῆς κατὰ πρόσωπον τάξας ἀπήντα τοῖς
πολεμίοις, τοὺς δὲ Νομαδικοὺς ἱππεῖς ἀφ' ἑκατέρου
7 τοῦ κέρατος ἡτοιμάκει πρὸς κύκλωσιν. ἀμφοτέρων δὲ

aged by his own presence, for never would he have abandoned his fleet and the Spanish expedition on which he was dispatched, and made such haste to reach Italy, had it not been evident to him that he was doing a necessary service to his country and that victory was a matter of certainty. When all the troops, owing to the authority of the speaker, and the truth of what he said, showed themselves most ardent for a battle, he commended their alacrity and dismissed them, bidding them hold themselves in readiness to execute his orders.

65. Next day they both advanced along the Po on the bank nearest the Alps, the Romans having the stream on their left and the Carthaginians on their right. Learning on the following day from their foragers that they were near each other, they both encamped where they were and remained there for the present. But next morning both generals took the whole of their cavalry, and Publius his javelineers also, and advanced through the plain with the object of reconnoitering each other's forces. Upon their approaching each other and seeing the clouds of dust they at once got into order for action.[100] Publius, placing his javelineers and the Gaulish cavalry which was with them in front and the rest behind, advanced slowly. Hannibal, putting his bridled cavalry and all the heavier part of it in front, led them to meet the enemy, having his Numidian horse ready on each wing to execute an outflanking move-

[100] The battle of Ticinus.

καὶ τῶν ἡγεμόνων καὶ τῶν ἱππέων φιλοτίμως δια-
κειμένων πρὸς τὸν κίνδυνον, τοιαύτην συνέβη γενέ-
σθαι τὴν πρώτην σύμπτωσιν ὥστε τοὺς ἀκοντιστὰς
μὴ φθάσαι τὸ πρῶτον ἐκβαλόντας βέλος, φεύγειν δ᾽
ἐγκλίναντας εὐθέως διὰ τῶν διαστημάτων ὑπὸ τὰς
παρ᾽ αὐτῶν ἴλας, καταπλαγέντας τὴν ἐπιφορὰν καὶ
περιδεεῖς γενομένους μὴ συμπατηθῶσιν ὑπὸ τῶν ἐπι-
8 φερομένων ἱππέων. οἱ μὲν οὖν κατὰ πρόσωπον ἀλλή-
λοις συμπεσόντες ἐπὶ πολὺν χρόνον ἐποίουν ἰσόρ-
9 ροπον τὸν κίνδυνον· ὁμοῦ γὰρ ἦν ἱππομαχία καὶ
πεζομαχία διὰ τὸ πλῆθος τῶν παρακαταβαινόντων
10 ἀνδρῶν ἐν αὐτῇ τῇ μάχῃ. τῶν δὲ Νομάδων κυκλω-
σάντων καὶ κατόπιν ἐπιπεσόντων, οἱ μὲν πεζακον-
τισταὶ τὸ πρῶτον διαφυγόντες τὴν σύμπτωσιν τῶν
ἱππέων τότε συνεπατήθησαν ὑπὸ τοῦ πλήθους καὶ τῆς
11 ἐπιφορᾶς τῶν Νομάδων· οἱ δὲ κατὰ πρόσωπον ἐξ
ἀρχῆς διαμαχόμενοι πρὸς τοὺς Καρχηδονίους, πολ-
λοὺς μὲν αὐτῶν ἀπολωλεκότες, ἔτι δὲ πλείους τῶν
Καρχηδονίων διεφθαρκότες, συνεπιθεμένων ἀπ᾽ οὐρᾶς
τῶν Νομάδων, ἐτράπησαν, οἱ μὲν πολλοὶ σποράδες,
τινὲς δὲ περὶ τὸν ἡγεμόνα συστραφέντες.

66. Πόπλιος μὲν οὖν ἀναζεύξας προσῆγε διὰ τῶν
πεδίων ἐπὶ τὴν τοῦ Πάδου γέφυραν, σπεύδων φθάσαι
2 διαβιβάσας τὰ στρατόπεδα. θεωρῶν γὰρ τοὺς μὲν
τόπους ἐπιπέδους ὄντας, τοὺς δ᾽ ὑπεναντίους ἱπποκρα-
τοῦντας, αὐτὸν δὲ βαρυνόμενον ὑπὸ τοῦ τραύματος,
εἰς ἀσφαλὲς ἔκρινε δεῖν ἀποκαταστῆσαι τὰς δυνάμεις.
3 Ἀννίβας δὲ μέχρι μέν τινος ὑπέλαβε τοῖς πεζικοῖς

174

ment. Both of the leaders and their cavalry were so anxious
to join battle that at the opening of the action the jave-
lineers had no time to discharge their first volley, but gave
way at once and retired through the gaps behind the troops
of their own cavalry, in terror of the impending charge and
fearful of being trodden under foot by the horsemen who
were bearing down on them. The cavalry met front to front
and for some time maintained an evenly balanced contest,
the engagement being both a cavalry and infantry one,
owing to the number of men who dismounted during its
progress. When, however, the Numidians outflanked the
Romans and took them in the rear, the javelineers on foot
who had at first escaped from the charge of the cavalry
were now ridden down by the numbers and force of the
Numidians, while the cavalry, who from the outset had
been facing the Carthaginians, after suffering heavy loss
and inflicting still greater on the enemy, being now at-
tacked by the Numidians also in the rear, broke into flight,
most of them scattering in every direction but a few gath-
ering closely round the Consul.

66. Publius now broke up his camp and advanced
through the plain to the bridge of the Po, hastening to get
his legions across before it was too late. For since the coun-
try was all flat, since the enemy was superior in cavalry, and
since he himself was severely wounded, he decided to
place his forces in safety. Hannibal had at first supposed

στρατοπέδοις αὐτοὺς διακινδυνεύειν· συνιδὼν δὲ κεκι-
νηκότας ἐκ τῆς παρεμβολῆς, ἕως μὲν τοῦ πρώτου
4 ποταμοῦ καὶ τῆς ἐπὶ τούτῳ γεφύρας ἠκολούθει, κατα-
λαβὼν δὲ τὰς μὲν πλείστας τῶν σανίδων ἀνεσπασμέ-
νας, τοὺς δὲ φυλάττοντας τὴν γέφυραν ἔτι περὶ τὸν
ποταμὸν ὑπολειπομένους, τούτων μὲν ἐγκρατὴς ἐγέ-
5 νετο, σχεδὸν ἑξακοσίων ὄντων τὸν ἀριθμόν· τοὺς δὲ
λοιποὺς ἀκούων ἤδη πολὺ προειληφέναι, μεταβαλό-
μενος αὖθις εἰς τἀναντία παρὰ τὸν ποταμὸν ἐποιεῖτο
τὴν πορείαν, σπεύδων ἐπὶ τόπον εὐγεφύρωτον ἀφικέ-
6 σθαι τοῦ Πάδου. καταλύσας δὲ δευτεραῖος καὶ γεφυ-
ρώσας τοῖς ποταμίοις πλοίοις τὴν διάβασιν Ἀσδρού-
βᾳ μὲν ἐπέταξε διακομίζειν τὸ πλῆθος, αὐτὸς δὲ δια-
βὰς εὐθέως ἐχρημάτιζε τοῖς παραγεγονόσι πρεσβευ-
7 ταῖς ἀπὸ τῶν σύνεγγυς τόπων. ἅμα γὰρ τῷ γενέσθαι
τὸ προτέρημα πάντες ἔσπευδον οἱ παρακείμενοι Κελ-
τοὶ κατὰ τὴν ἐξ ἀρχῆς πρόθεσιν καὶ φίλοι γίνεσθαι
καὶ χορηγεῖν καὶ συστρατεύειν τοῖς Καρχηδονίοις.
8 ἀποδεξάμενος δὲ τοὺς παρόντας φιλανθρώπως καὶ
κομισάμενος τὰς δυνάμεις ἐκ τοῦ πέραν, προῆγε παρὰ
τὸν ποταμόν, τὴν ἐναντίαν ποιούμενος τῇ πρόσθεν
παρόδῳ· κατὰ ῥοῦν γὰρ ἐποιεῖτο τὴν πορείαν, σπεύ-
9 δων συνάψαι τοῖς ὑπεναντίοις. ὁ δὲ Πόπλιος, περαιω-
θεὶς τὸν Πάδον καὶ στρατοπεδεύσας περὶ πόλιν Πλα-
κεντίαν, ἥτις ἦν ἀποικία Ῥωμαίων, ἅμα μὲν αὐτὸν
ἐθεράπευε καὶ τοὺς ἄλλους τραυματίας, ἅμα δὲ τὰς
δυνάμεις εἰς ἀσφαλὲς ἀπηρεῖσθαι νομίζων, ἦγε τὴν
10 ἡσυχίαν. Ἀννίβας δὲ παραγενόμενος δευτεραῖος ἀπὸ

that the Romans would risk an infantry engagement, but on seeing that they had moved out of their camp, following them as far as the bridge over the first river,[101] but finding most of the planking of it torn up, but the force set to guard it still remaining at their post by the river side, he took them prisoners to the number of about six hundred, and on hearing that the rest of the Romans were far in advance of him he now wheeled round and marched in the opposite direction up the Po with the object of reaching a place where it was easy to bridge it. After two days' march he halted and, constructing a bridge of boats, ordered Hasdrubal to see to the passage of the army and he himself crossing at once gave a hearing to the envoys who had arrived from the districts round. For immediately upon his success, all the neighboring Celts hastened, as had been their wish from the outset, to make alliance with the Carthaginians, to provide them with supplies and to send them contingents. He received them all courteously, and being now joined by his troops from the opposite bank, he advanced along the Po in the opposite direction to his previous march; for now he marched down stream with the object of encountering the enemy. Meanwhile Publius, having crossed the Po and encamped at Placentia, a Roman colony, where he occupied himself with the cure of himself and the other wounded, and thinking that his forces were now firmly established in a safe position, made no move. But two days after his crossing Hannibal ap-

101 The Ticinus.

τῆς διαβάσεως ἐγγὺς τῶν πολεμίων, τῇ τρίτῃ παρ-
11 έταξε τὴν δύναμιν ἐν συνόψει τοῖς ὑπεναντίοις. οὐ-
δενὸς δὲ σφίσιν ἀντιεξάγοντος, κατεστρατοπέδευσε
λαβὼν περὶ πεντήκοντα στάδια τὸ μεταξὺ διάστημα
τῶν στρατοπέδων.

67. Οἱ δὲ συστρατευόμενοι Κελτοὶ τοῖς Ῥωμαίοις,
θεωροῦντες ἐπικυδεστέρας τὰς τῶν Καρχηδονίων ἐλ-
πίδας, συνταξάμενοι πρὸς ἀλλήλους, καιρὸν ἐπετή-
ρουν πρὸς ἐπίθεσιν, μένοντες ἐν ταῖς ἑαυτῶν ἕκαστοι
2 σκηναῖς. δειπνοποιησαμένων δὲ καὶ κατακοιμισθέν-
των τῶν ἐν τῷ χάρακι, παρελθεῖν ἐάσαντες τὸ πλεῖον
μέρος τῆς νυκτὸς καθωπλισμένοι περὶ τὴν ἑωθινὴν
φυλακὴν ἐπιτίθενται τοῖς σύνεγγυς τῶν Ῥωμαίων
3 παραστρατοπεδεύουσι. καὶ πολλοὺς μὲν αὐτῶν ἀπ-
έκτειναν, οὐκ ὀλίγους δὲ κατετραυμάτισαν· τέλος δὲ
τὰς κεφαλὰς ἀποτεμόντες τῶν τεθνεώτων ἀπεχώρουν
πρὸς τοὺς Καρχηδονίους, ὄντες πεζοὶ μὲν εἰς δισχι-
4 λίους, ἱππεῖς δὲ μικρῷ λείποντες διακοσίων. Ἀννίβας
δὲ φιλοφρόνως ἀποδεξάμενος αὐτῶν τὴν παρουσίαν,
τούτους μὲν εὐθέως παρακαλέσας καὶ δωρεὰς ἑκά-
στοις τὰς ἁρμοζούσας ἐπαγγειλάμενος ἐξέπεμψεν εἰς
τὰς αὐτῶν πόλεις, δηλώσοντας μὲν τὰ πεπραγμένα
τοῖς πολίταις, παρακαλέσοντας δὲ πρὸς τὴν αὐτοῦ
5 συμμαχίαν. ᾔδει γὰρ ὅτι πάντες κατ' ἀνάγκην αὐτῷ
κοινωνήσουσι τῶν πραγμάτων, ἐπιγνόντες τὸ γεγονὸς
ἐκ τῶν σφετέρων πολιτῶν παρασπόνδημα κατὰ τῶν
6 Ῥωμαίων. ἅμα δὲ τούτοις καὶ τῶν Βοίων παραγεγο-
νότων, καὶ τοὺς τρεῖς ἄνδρας ἐγχειριζόντων αὐτῷ τοὺς

peared close at hand and next day drew up his army in full view of the enemy. Upon their refusing his challenge, he encamped at a distance of about fifty stades from the Roman position.

67. The Celtic contingents in the Roman army, seeing that the prospects of the Carthaginians were now brighter, had come to an understanding with each other, and while all remaining quiet in their tents were waiting for an opportunity to attack the Romans. All in the entrenched camp had had their supper and retired to rest, and the Celts, letting the greater part of the night go by, armed themselves about the morning watch and fell upon the Romans who were encamped nearest to them. They killed or wounded many, and finally, cutting off the heads of the slain, went over to the Carthaginians, being in number about two thousand foot and rather less than two hundred horse. They were gladly welcomed on their arrival by Hannibal, who at once, after addressing some words of encouragement to them and promising suitable gifts to all, sent them off to their own cities to announce to their countrymen what they had done and urge them to join him. For he was now quite sure that all must needs take his part on learning of this act of treachery to the Romans on the part of their own countrymen. When at the same time the Boii came to him and delivered up to him the three Roman officials[102]

---

[102] For their names see *MRR* 1. 240 and 3. 130–131. The reference is to 40.10.

ἐπὶ τὴν διάδοσιν τῆς χώρας ὑπὸ Ῥωμαίων ἐξαπε-
σταλμένους, ὧν κατ' ἀρχὰς ἐκυρίευσαν τοῦ πολέμου,
7 παρασπονδήσαντες, καθάπερ ἐπάνω προεῖπον, ἀπο-
δεξάμενος Ἀννίβας τὴν εὔνοιαν αὐτῶν, ὑπὲρ μὲν τῆς
φιλίας καὶ συμμαχίας ἔθετο πρὸς τοὺς παρόντας
πίστεις· τούς γε μὴν ἄνδρας αὐτοῖς ἀπέδωκε, παραγ-
γείλας τηρεῖν, ἵνα παρὰ τούτων κομίσωνται τοὺς
αὐτῶν ὁμήρους κατὰ τὴν ἐξ ἀρχῆς πρόθεσιν.

8 Πόπλιος δὲ σχετλιάζων ἐπὶ τῷ γεγονότι παρα-
σπονδήματι, καὶ συλλογισάμενος ὅτι πάλαι τῶν Κελ-
τῶν πρὸς αὐτοὺς ἀλλοτρίως διακειμένων, τούτων ἐπι-
γεγονότων πάντας τοὺς πέριξ Γαλάτας συμβήσεται
πρὸς τοὺς Καρχηδονίους ἀπονεύειν, ἔγνω δεῖν εὐλα-
9 βηθῆναι τὸ μέλλον. διόπερ ἐπιγενομένης τῆς νυκτὸς
ὑπὸ τὴν ἑωθινὴν ἀναζεύξας, ἐποιεῖτο τὴν πορείαν ὡς
ἐπὶ τὸν Τρεβίαν ποταμὸν καὶ τοὺς τούτῳ συνάπτοντας
γεωλόφους, πιστεύων τῇ τε τῶν τόπων ὀχυρότητι καὶ
τοῖς παροικοῦσι τῶν συμμάχων.

68. Ἀννίβας δὲ τὴν ἀναζυγὴν αὐτῶν ἐπιγνούς,
παραυτίκα μὲν τοὺς Νομαδικοὺς ἱππεῖς ἐξαπέστελλε,
μετ' οὐ πολὺ δὲ τοὺς ἄλλους, τούτοις δ' ἐκ ποδὸς τὴν
2 δύναμιν ἔχων αὐτὸς εἴπετο κατόπιν. οἱ μὲν οὖν Νο-
μάδες εἰς ἔρημον τὴν στρατοπεδείαν ἐμπεσόντες ταύ-
3 την ἐνεπίμπρασαν. ὃ δὴ καὶ σφόδρα συνήνεγκε τοῖς
Ῥωμαίοις, ὡς εἴπερ οὗτοι κατὰ πόδας ἀκολουθήσαν-
τες συνῆψαν ταῖς ἀποσκευαῖς, πολλοὺς ἂν αὐτῶν ὑπὸ
τῶν ἱππέων ἐν τοῖς ἐπιπέδοις συνέβη διαφθαρῆναι.
4 νῦν δ' οἱ πλείους ἔφθασαν διαβάντες τὸν Τρεβίαν

charged with the partition of their lands, whom, as I mentioned above, they had originally captured by treachery, Hannibal welcomed their friendly advances and made a formal alliance with them through the envoys. He gave the three Romans, however, back to them, advising them to keep them in order through them to get their own hostages back, as had been their original design.

Publius was much concerned at this act of treachery, and taking into consideration that as the Celts had been disaffected for some time, now with this additional incentive all the Gauls round about would go over to the Carthaginians, decided to take precautions for the future. In consequence he broke up his camp the next night a little before daybreak and marched towards the river Trebia and the hills in its neighborhood, relying on the natural strength of the country and the loyalty of the neighboring allies.

68. Hannibal, on being apprised of their departure, at once sent off his Numidian horse, and shortly afterwards the rest of his cavalry, and himself with his army followed close behind. The Numidians, finding the camp deserted, stopped to set fire to it, which proved of great advantage to the Romans, for had the cavalry at once followed them up and overtaken the baggage train they would have suffered great loss in the flat country. As it was, most of them succeeded in crossing the Trebia, but those who were left be-

ποταμόν· τῶν δὲ καταλειφθέντων ἐπὶ τῆς οὐραγίας οἱ
μὲν διεφθάρησαν, οἱ δὲ ζῶντες ἑάλωσαν ὑπὸ τῶν
Καρχηδονίων.

5   Πόπλιος μὲν οὖν διαβὰς τὸν προειρημένον ποτα-
6 μὸν ἐστρατοπέδευσε περὶ τοὺς πρώτους λόφους, καὶ
περιλαβὼν τάφρῳ καὶ χάρακι τὴν παρεμβολὴν ἀνεδέ-
χετο μὲν τὸν Τεβέριον καὶ τὰς μετ' ἐκείνου δυνάμεις·
ἐθεράπευε δ' αὐτὸν ἐπιμελῶς, σπουδάζων, εἰ δύναιτο
7 κοινωνῆσαι τοῦ μέλλοντος κινδύνου. Ἀννίβας δὲ περὶ
τετταράκοντα σταδίους ἀποσχὼν τῶν πολεμίων, αὐ-
8 τοῦ κατεστρατοπέδευσε. τὸ δὲ τῶν Κελτῶν πλῆθος τὸ
τὰ πεδία κατοικοῦν, συνεξεστηκὸς ταῖς τῶν Καρχη-
δονίων ἐλπίσι, δαψιλῶς μὲν ἐχορήγει τὸ στρατόπεδον
τοῖς ἐπιτηδείοις, ἕτοιμον δ' ἦν παντὸς κοινωνεῖν ἔργου
καὶ κινδύνου τοῖς περὶ τὸν Ἀννίβαν.

9   Οἱ δ' ἐν τῇ Ῥώμῃ, προσπεπτωκότων τῶν κατὰ τὴν
ἱππομαχίαν, ἐξενίζοντο μὲν τῷ τὸ συμβεβηκὸς εἶναι
παρὰ τὴν προσδοκίαν, οὐ μὴν ἠπόρουν γε σκήψεων
10 πρὸς τὸ μὴ δοκεῖν αὐτοῖς ἧτταν εἶναι τὸ γεγονός, ἀλλ'
οἱ μὲν ᾐτιῶντο τὴν τοῦ στρατηγοῦ προπέτειαν, οἱ δὲ
τὴν τῶν Κελτῶν ἐθελοκάκησιν, στοχαζόμενοι διὰ τῆς
11 τελευταίας ἀποστάσεως. καθόλου δὲ τῶν πεζικῶν
στρατοπέδων ἀκεραίων ὄντων ἀκεραίους εἶναι διελάμ-
12 βανον τὰς ὑπὲρ τῶν ὅλων ἐλπίδας. ὅθεν καὶ συνάψαν-
τος τοῦ Τεβερίου καὶ τῶν μετ' ἐκείνου στρατοπέδων,
καὶ διαπορευομένων διὰ τῆς Ῥώμης, ἐξ ἐπιφανείας
13 ἐδόξαζον κριθήσεσθαι τὴν μάχην. ἀθροισθέντων δὲ
τῶν στρατιωτῶν κατὰ τὸν ὅρκον εἰς Ἀρίμινον, ἀναλα-

hind in the extreme rear were either cut to pieces or captured by the Carthaginians.

Publius, crossing the Trebia, encamped on the first hills he reached and fortifying his camp[103] with a trench and palisade awaited the arrival of Tiberius and his forces. In the meantime he attended carefully to the treatment of his wound, as he was anxious to be able to take part in the coming battle. Hannibal encamped at a distance of about forty stades from the enemy. The numerous Celtic population of the plain, enthusiastically taking up the cause of the Carthaginians, kept the camp furnished with abundance of provisions and were ready to take their part in any of Hannibal's operations or battles.

When the news of the cavalry engagement reached Rome they were surprised that it had not resulted as they would have expected, but were in no want of pretexts to convince themselves that it was not a defeat, some of them putting it down to the Consul's rashness and some to wilful poltroonery on the part of the Celts, assuming this from their subsequent desertion. But on the whole, as their infantry forces were still unimpaired, their trust in final success was likewise undiminished. So that when Tiberius and his legions arrived and marched through the city,[104] the general opinion was that they had only to show themselves to decide the battle. On the soldiers, as they had pledged themselves by oath, assembling at Ariminum, the Consul

---

[103] See the map for it and the battle in WC 1. 398.

[104] An error, as this was unconstitutional: Mommsen, *Staatsr.* 1. 63.

βὼν αὐτοὺς ὁ στρατηγὸς προῆγε, σπεύδων συνάψαι
14 τοῖς περὶ τὸν Πόπλιον. συμμίξας δὲ καὶ καταστρατο-
πεδεύσας παρ' αὐτοῖς ταῖς οἰκείαις δυνάμεσι, τὸ μὲν
πλῆθος ἀνελάμβανε τῶν ἀνδρῶν, ὡς ἂν ἐκ Λιλυβαίου
τετταράκοντα συνεχῶς ἡμέρας πεπεζοπορηκότων εἰς
Ἀρίμινον· τὰς δὲ παρασκευὰς ἐποιεῖτο πάσας ὡς πρὸς
15 μάχην, αὐτὸς δ' ἐπιμελῶς συνήδρευε τῷ Ποπλίῳ, τὰ
μὲν ἤδη γεγονότα πυνθανόμενος, περὶ δὲ τῶν παρόν-
των συνδιανοούμενος.

69. Κατὰ δὲ τοὺς αὐτοὺς καιροὺς Ἀννίβας πραξι-
κοπήσας πόλιν Κλαστίδιον, ἐνδόντος αὐτῷ τοῦ πε-
πιστευμένου παρὰ Ῥωμαίων, ἀνδρὸς Βρεντεσίνου,
2 κατέσχε. γενόμενος δὲ κύριος τῆς φρουρᾶς καὶ τῆς
τοῦ σίτου παραθέσεως, τούτῳ μὲν πρὸς τὸ παρὸν
ἐχρήσατο, τοὺς δὲ παραληφθέντας ἄνδρας ἀβλαβεῖς
3 μεθ' ἑαυτοῦ προῆγε, δεῖγμα βουλόμενος ἐκφέρειν τῆς
σφετέρας προαιρέσεως πρὸς τὸ μὴ δεδιότας ἀπελ-
πίζειν τὴν παρ' αὐτοῦ σωτηρίαν τοὺς ὑπὸ τῶν καιρῶν
4 καταλαμβανομένους. τὸν δὲ προδότην ἐτίμησε μεγα-
λείως, ἐκκαλέσασθαι σπουδάζων τοὺς ἐπὶ πραγμάτων
ταττομένους πρὸς τὰς Καρχηδονίων ἐλπίδας.

5 Μετὰ δὲ ταῦτα συνθεωρήσας τινὰς τῶν Κελτῶν, οἳ
κατῴκουν μεταξὺ τοῦ Πάδου καὶ τοῦ Τρεβία ποταμοῦ,
πεποιημένους μὲν καὶ πρὸς αὐτὸν φιλίαν, διαπεμ-
πομένους δὲ καὶ πρὸς Ῥωμαίους, καὶ πεπεισμένους τῷ
τοιούτῳ τρόπῳ τὴν παρ' ἀμφοῖν ἀσφάλειαν αὐτοῖς
6 ὑπάρξειν, ἐξαποστέλλει πεζοὺς μὲν δισχιλίους, ἱππεῖς
δὲ Κελτοὺς καὶ Νομάδας εἰς χιλίους, προστάξας ἐπι-

put himself at their head and advanced with all speed to join Publius. When he had done so he encamped with his own forces near Scipio's, to refresh his men after their forty days' continuous march from Lilybaeum to Ariminum.[105] Meanwhile he made all preparations for a battle and had many close conferences with Scipio, ascertaining the truth about what had occurred, and discussing the present situation with him.

69. At about the same time the town of Clastidium[106] was betrayed to Hannibal by a native of Brundisium, to whom the Romans had entrusted it, the garrison and all the stores of grain falling into his hands. The latter he used for his present needs, but he took the men he had captured with him without doing them any hurt, wishing to furnish an example of his disposition, so that those who were overtaken by adversity should not be terrified and give up hope of their lives being spared by him. He generously rewarded the traitor, as he was anxious to win over those in positions of authority to the Carthaginian cause.

After this, on observing that some of the Celts who lived between the Trebia and the Po had made alliance with himself, but were negotiating with the Romans also, under the idea that thus they would be safe from both, he dispatched two thousand foot and about a thousand Celtic

[105] 61.10.
[106] Modern Casteggio near Placentia.

7 δραμεῖν αὐτῶν τὴν χώραν. τῶν δὲ πραξάντων τὸ
προσταχθὲν καὶ πολλὴν περιβαλομένων λείαν, εὐθέως
οἱ Κελτοὶ παρῆσαν ἐπὶ τὸν χάρακα τῶν Ῥωμαίων,
8 δεόμενοι σφίσι βοηθεῖν. Τεβέριος δὲ καὶ πάλαι ζητῶν
ἀφορμὴν τοῦ πράττειν τι, τότε λαβὼν πρόφασιν ἐξ-
απέστειλε τῶν μὲν ἱππέων τὸ πλεῖστον μέρος, πεζοὺς
9 δὲ σὺν τούτοις ἀκοντιστὰς εἰς χιλίους. σπουδῇ δὲ
τούτων προσμιξάντων πέραν τοῦ Τρεβία καὶ διαμα-
χομένων τοῖς πολεμίοις ὑπὲρ τῆς λείας, ἐτράπησαν οἱ
Κελτοὶ σὺν τοῖς Νομάσι καὶ τὴν ἀποχώρησιν ἐπὶ τὸν
10 ἑαυτῶν ἐποιοῦντο χάρακα. ταχὺ δὲ συννοήσαντες τὸ
γινόμενον οἱ προκαθήμενοι τῆς τῶν Καρχηδονίων
παρεμβολῆς ἐντεῦθεν ταῖς ἐφεδρείαις ἐβοήθουν τοῖς
πιεζομένοις· οὗ γενομένου τραπέντες οἱ Ῥωμαῖοι πά-
λιν ἐποιοῦντο τὴν ἀπόλυσιν εἰς τὴν ἑαυτῶν παρεμ-
11 βολήν. Τεβέριος δὲ συνορῶν τὸ γινόμενον, πάντας
ἐπαφῆκε τοὺς ἵππους καὶ τοὺς ἀκοντιστάς. τούτου δὲ
συμπεσόντος, αὖθις ἐγκλίναντες οἱ Κελτοὶ πρὸς τὴν
12 ἑαυτῶν ἀσφάλειαν ἀπεχώρουν. ὁ δὲ στρατηγὸς τῶν
Καρχηδονίων, ἀπαράσκευος ὢν πρὸς τὸ κρίνειν τὰ
ὅλα, καὶ νομίζων δεῖν μηδέποτε χωρὶς προθέσεως
μηδ᾽ ἐκ πάσης ἀφορμῆς ποιεῖσθαι τοὺς ὁλοσχερεῖς
13 κινδύνους, ὅπερ εἶναι φατέον ἡγεμόνος ἔργον ἀγαθοῦ,
τότε μὲν ἐπέσχε τοὺς παρ᾽ αὐτοῦ συνεγγίσαντας τῷ
χάρακι, καὶ στῆναι μὲν ἐκ μεταβολῆς ἠνάγκασε, διώ-
κειν δὲ καὶ συμπλέκεσθαι τοῖς πολεμίοις ἐκώλυσε, διὰ
14 τῶν ὑπηρετῶν καὶ σαλπιγκτῶν ἀνακαλούμενος. οἱ δὲ
Ῥωμαῖοι βραχὺν ἐπισχόντες χρόνον ἀνέλυσαν, ὀλί-

and Numidian horse with orders to raid their country. On his orders being executed and a large amount of booty secured, the Celts at once came into the Roman camp asking for help. Tiberius had long been on the lookout for some ground justifying an active step and now that he had this pretext sent out the greater part of his cavalry and about a thousand javelineers on foot. Making all dispatch they met the enemy beyond the Trebia and on their disputing possession of the booty with them the Celts and Numidians gave way and began to retire on their own camp. Those in command of the advanced posts outside the Carthaginian camp soon understood what had happened and sent out a covering force to support the fugitives, upon which the Romans in their turn were put to flight and fell back on their camp. Tiberius on seeing this ordered out all his remaining cavalry and javelineers, and when these had joined the rest, the Celts again gave way and retreated to a position of safety. The Carthaginian general, as he was not at this time prepared for a general battle, and took the view that a decisive engagement should never be undertaken on any chance pretext and without a definite purpose—as we must pronounce to be the part of a good general[107]—made the men in retreat halt and face about when they approached the camp, but he would not allow them to advance and engage the enemy, calling them back by his officers and buglers. The Romans after waiting for a short

[107] Here and in 70.11 P. speaks as a fellow general about Hannibal.

γους μὲν αὐτῶν ἀποβαλόντες, πλείους δὲ τῶν Καρχη-
δονίων διεφθαρκότες.

70. Ὁ δὲ Τεβέριος μετεωρισθεὶς καὶ περιχαρὴς
γενόμενος ἐπὶ τῷ προτερήματι, φιλοτίμως εἶχε πρὸς
2 τὸ τὴν ταχίστην κρῖναι τὰ ὅλα. προέκειτο μὲν οὖν
αὐτῷ κατὰ τὴν ἰδίαν γνώμην χρῆσθαι τοῖς παροῦσι,
διὰ τὸ τὸν Πόπλιον ἀρρωστεῖν· ὅμως δὲ βουλόμενος
προσλαβέσθαι καὶ τὴν τοῦ συνάρχοντος γνώμην,
3 ἐποιεῖτο λόγους περὶ τούτων πρὸς αὐτόν. ὁ δὲ Πόπλιος
4 τὴν ἐναντίαν εἶχε διάληψιν περὶ τῶν ἐνεστώτων· τὰ
γὰρ στρατόπεδα χειμασκήσαντα βελτίω τὰ παρ᾽ αὐ-
τῶν ὑπελάμβανε γενήσεσθαι, τήν τε τῶν Κελτῶν
ἀθεσίαν οὐκ ἐμμενεῖν ἐν τῇ πίστει, τῶν Καρχηδονίων
ἀπραγούντων καὶ τὴν ἡσυχίαν ἀναγκαζομένων ἄγειν,
5 ἀλλὰ καινοτομήσειν τι πάλιν κατ᾽ ἐκείνων. πρὸς δὲ
τούτοις αὐτὸς ὑγιασθεὶς ἐκ τοῦ τραύματος ἀληθινὴν
6 παρέξεσθαι χρείαν ἤλπιζε τοῖς κοινοῖς πράγμασι. διὸ
καὶ τοιούτοις χρώμενος λογισμοῖς μένειν ἠξίου τὸν
7 Τεβέριον ἐπὶ τῶν ὑποκειμένων. ὁ δὲ προειρημένος ᾔδει
μὲν ἕκαστα τούτων ἀληθινῶς λεγόμενα καὶ δεόντως,
ὑπὸ δὲ τῆς φιλοδοξίας ἐλαυνόμενος καὶ καταπιστεύων
τοῖς πράγμασι παραλόγως ἔσπευδε κρῖναι δι᾽ αὑτοῦ
τὰ ὅλα καὶ μήτε τὸν Πόπλιον δύνασθαι παρατυχεῖν
τῇ μάχῃ μήτε τοὺς ἐπικαθεσταμένους στρατηγοὺς
φθάσαι παραλαβόντας τὴν ἀρχήν· οὗτος γὰρ ἦν ὁ
8 χρόνος. διόπερ οὐ τὸν τῶν πραγμάτων καιρὸν ἐκλεγό-
μενος, ἀλλὰ τὸν ἴδιον, ἔμελλε τοῦ δέοντος σφαλή-
σεσθαι προφανῶς.

time retired after losing a few of their own number, but inflicting a larger loss on the Carthaginians.

70. Tiberius, elated and overjoyed by his success, was all eagerness to bring on a decisive battle as soon as possible. He was, it is true, at liberty to act as he thought best owing to the illness of Scipio, but wishing to have his colleague's opinion he spoke to him on the subject. Scipio's view of the situation was just the opposite. He considered that their legions would be all the better for a winter's drilling, and that the notoriously treacherous Celts would not remain loyal to the Carthaginians if the latter were kept in forced inaction, but would throw them over in their turn. Besides he hoped himself when his wound was healed to be of some real service in their joint action.[108] On all these grounds therefore he advised Tiberius to let matters remain as they were. Tiberius was quite conscious of the truth and cogency of all these reasons, but, urged on by his ambition and with an unreasonable confidence in his fortune, he was eager to deliver the decisive blow himself and did not wish Publius to be able to be present at the battle, or that the Consuls designate should enter upon office before all was over—it being now nearly the time for this. Since, then, he did not choose the time indicated by circumstances, but his own time, his action was bound to be mistaken.

[108] WC comments on P.'s prejudice against Sempronius.

9 Ὁ δ᾽ Ἀννίβας, παραπλησίους ἔχων ἐπινοίας Πο-
πλίῳ περὶ τῶν ἐνεστώτων, κατὰ τοὐναντίον ἔσπευδε
συμβαλεῖν τοῖς πολεμίοις, θέλων μὲν πρῶτον ἀκεραί-
10 οις ἀποχρήσασθαι ταῖς τῶν Κελτῶν ὁρμαῖς, δεύτερον
ἀνασκήτοις καὶ νεοσυλλόγοις συμβαλεῖν τοῖς τῶν
Ῥωμαίων στρατοπέδοις, τρίτον ἀδυνατοῦντος ἔτι τοῦ
Ποπλίου ποιήσασθαι τὸν κίνδυνον, τὸ δὲ μέγιστον
πράττειν τι καὶ μὴ προΐεσθαι διὰ κενῆς τὸν χρόνον.
11 τῷ γὰρ εἰς ἀλλοτρίαν καθέντι χώραν στρατόπεδα καὶ
παραδόξοις ἐγχειροῦντι πράγμασιν εἷς τρόπος ἐστὶν
οὗτος σωτηρίας, τὸ συνεχῶς καινοποιεῖν ἀεὶ τὰς τῶν
συμμάχων ἐλπίδας.
12 Ἀννίβας μὲν οὖν, εἰδὼς τὴν ἐσομένην ὁρμὴν τοῦ
Τεβερίου, πρὸς τούτοις ἦν.
71. πάλαι δὲ συνεωρακὼς μεταξὺ τῶν στρατοπέδων
τόπον, ἐπίπεδον μὲν καὶ ψιλόν, εὐφυῆ δὲ πρὸς ἐνέδραν
διά τι ῥεῖθρον ἔχον ὀφρῦν, ἐπὶ δὲ ταύτης ἀκάνθας
καὶ βάτους συνεχεῖς ἐπιπεφυκότας, ἐγίνετο πρὸς τῷ
2 στρατηγεῖν τοὺς ὑπεναντίους. ἔμελλε δ᾽ εὐχερῶς λή-
σειν· οἱ γὰρ Ῥωμαῖοι πρὸς μὲν τοὺς ὑλώδεις τόπους
ὑπόπτως εἶχον διὰ τὸ τοὺς Κελτοὺς ἀεὶ τιθέναι τὰς
ἐνέδρας ἐν τοῖς τοιούτοις χωρίοις, τοῖς δ᾽ ἐπιπέδοις
3 καὶ ψιλοῖς ἀπεπίστευον, οὐκ εἰδότες ὅτι καὶ πρὸς τὸ
λαθεῖν καὶ πρὸς τὸ μηδὲν παθεῖν τοὺς ἐνεδρεύσαντας
εὐφυέστεροι τυγχάνουσιν ὄντες τῶν ὑλωδῶν, διὰ τὸ
δύνασθαι μὲν ἐκ πολλοῦ προορᾶν πάντα τοὺς ἐνεδρεύ-
οντας, εἶναι δ᾽ ἐπιπροσθήσεις ἱκανὰς ἐν τοῖς πλεί-
4 στοις τόποις. τὸ γὰρ τυχὸν ῥεῖθρον μετὰ βραχείας

Hannibal's view of the situation was very much the same as Scipio's; so that he on the other hand was anxious to force a battle on the enemy, wishing in the first place to avail himself of the enthusiasm of the Celts while still fresh, secondly to encounter the Roman legions while still newly levied and undrilled, thirdly to fight the battle before Scipio had recovered, but most of all to be up and doing and not let the time slip away resultlessly. For when a general has brought his army into a foreign country and is engaged in such a risky enterprise, his only hope of safety lies in constantly keeping alive the hopes of his allies.

Such, then, was the purpose of Hannibal, who knew that Tiberius was sure to be aggressively inclined.

71. He had long ago noticed a place between the two camps, flat indeed and treeless, but well adapted for an ambuscade, as it was traversed by a watercourse with steep banks densely overgrown with brambles and other thorny plants, and here he proposed to lay a stratagem to surprise the enemy. It was probable that he would easily elude their vigilance; for the Romans, while very suspicious of thickly wooded ground, which the Celts usually chose for their ambuscades, were not at all afraid of flat and treeless places, not being aware that they are better adapted than woods for the concealment and security of an ambush, because the men can see all round them for a long distance and have at the same time sufficient cover in most cases. Any watercourse with a slight bank and reeds or bracken or

ὀφρύος, ποτὲ δὲ κάλαμοι καὶ πτέρεις καί τι γένος
ἀκανθῶν, οὐ μόνον πεζούς, ἀλλὰ καὶ τοὺς ἱππεῖς
ἐνίοτε δύναται κρύπτειν, ἐὰν βραχέα τις προνοηθῇ τοῦ
τὰ μὲν ἐπίσημα τῶν ὅπλων ὕπτια τιθέναι πρὸς τὴν
γῆν, τὰς δὲ περικεφαλαίας ὑποτιθέναι τοῖς ὅπλοις.

5 πλὴν ὅ γε τῶν Καρχηδονίων στρατηγὸς κοινολογη-
θεὶς Μάγωνι τἀδελφῷ καὶ τοῖς συνέδροις περὶ τοῦ
μέλλοντος ἀγῶνος, συγκατατιθεμένων αὐτῷ πάντων

6 ταῖς ἐπιβολαῖς, ἅμα τῷ δειπνοποιήσασθαι τὸ στρατό-
πεδον ἀνακαλεσάμενος Μάγωνα τὸν ἀδελφόν, ὄντα
νέον μέν, ὁρμῆς δὲ πλήρη καὶ παιδομαθῆ περὶ τὰ
πολεμικά, συνέστησε τῶν ἱππέων ἄνδρας ἑκατὸν καὶ

7 πεζοὺς τοὺς ἴσους. ἔτι δὲ τῆς ἡμέρας οὔσης ἐξ ὅλου
τοῦ στρατοπέδου σημηνάμενος τοὺς εὐρωστοτάτους
παρήγγελκει δειπνοποιησαμένους ἥκειν ἐπὶ τὴν αὐτοῦ

8 σκηνήν. παρακαλέσας δὲ καὶ παραστήσας τούτοις
τὴν πρέπουσαν ὁρμὴν τῷ καιρῷ, παρήγγελλε δέκα
τοὺς ἀνδρωδεστάτους ἕκαστον ἐπιλεξάμενον ἐκ τῶν
ἰδίων τάξεων ἥκειν εἴς τινα τόπον ὃν ᾔδει τῆς στρατο-

9 πεδείας. τῶν δὲ πραξάντων τὸ συνταχθέν, τούτους μὲν
ὄντας ἱππεῖς χιλίους καὶ πεζοὺς ἄλλους τοσούτους
ἐξαπέστειλε νυκτὸς εἰς τὴν ἐνέδραν, συστήσας ὁδη-
γοὺς καὶ τἀδελφῷ διαταξάμενος περὶ τοῦ καιροῦ τῆς

10 ἐπιθέσεως· αὐτὸς δ' ἅμα τῷ φωτὶ τοὺς Νομαδικοὺς
ἱππεῖς συναγαγών, ὄντας φερεκάκους διαφερόντως,
παρεκάλεσε καί τινας δωρεὰς ἐπαγγειλάμενος τοῖς
ἀνδραγαθήσασι προσέταξε πελάσαντας τῷ τῶν ἐναν-
τίων χάρακι κατὰ σπουδὴν ἐπιδιαβαίνειν τὸν ποταμὸν

192

some kind of thorny plants can be made use of to conceal not only infantry, but even the dismounted horsemen at times, if a little care be taken to lay shields with conspicuous devices inside uppermost on the ground and hide the helmets under them. The Carthaginian general now consulted with his brother Mago and the rest of the staff about the coming battle, and on their all approving of his plan, after the troops had had their supper, he summoned Mago, who was still quite young, but full of martial enthusiasm and trained from boyhood in the art of war, and put under his command a hundred men from the cavalry and the same number of infantry. During the day he had ordered these men, whom he had marked as the most stouthearted in his army, to come to his tent after supper. After addressing them and working up their zeal to the required pitch, he ordered each of them to pick out ten of the bravest men from his own company and to come to a certain place in the camp known to them. They did as they were bidden and in the night he sent out the whole force, which now amounted to a thousand horse and as many foot, to the ambuscade, furnishing them with guides and giving his brother orders about the time to attack. At daybreak he mustered his Numidian horsemen, all men capable of great endurance, whom he ordered, after having addressed them and promised certain gifts to those who distinguished themselves, to ride up to the enemy's camp, and crossing the river with all speed to draw out the Romans by

καὶ προσακροβολιζομένους κινεῖν τοὺς πολεμίους,
βουλόμενος ἀναρίστους καὶ πρὸς τὸ μέλλον ἀπαρα-
11 σκεύους λαβεῖν τοὺς ὑπεναντίους. τοὺς δὲ λοιποὺς
ἡγεμόνας ἀθροίσας ὁμοίως παρεκάλεσε πρὸς τὸν κίν-
δυνον, καὶ πᾶσιν ἀριστοποιεῖσθαι παρήγγειλε καὶ
περὶ τὴν τῶν ὅπλων καὶ τῶν ἵππων γίνεσθαι θερα-
πείαν.

72. Ὁ δὲ Τεβέριος ἅμα τῷ συνιδεῖν ἐγγίζοντας
τοὺς Νομαδικοὺς ἱππεῖς παραυτίκα μὲν αὐτὴν τὴν
ἵππον ἐξαπέστελλε, προστάξας ἔχεσθαι καὶ συμπλέ-
2 κεσθαι τοῖς πολεμίοις. ἑξῆς δὲ τούτοις ἐξέπεμπε τοὺς
πεζακοντιστὰς εἰς ἑξακισχιλίους· ἐκίνει δὲ καὶ τὴν
λοιπὴν δύναμιν ἐκ τοῦ χάρακος, ὡς ἐξ ἐπιφανείας
κριθησομένων τῶν ὅλων, ἐπαιρόμενος τῷ τε πλήθει
τῶν ἀνδρῶν καὶ τῷ γεγονότι τῇ προτεραίᾳ περὶ τοὺς
3 ἱππεῖς εὐημερήματι. οὔσης δὲ τῆς ὥρας περὶ χειμε-
ρινὰς τροπὰς καὶ τῆς ἡμέρας νιφετώδους καὶ ψυχρᾶς
διαφερόντως, τῶν δ' ἀνδρῶν καὶ τῶν ἵππων σχεδὸν ὡς
εἰπεῖν ἁπάντων ἀναρίστων ἐκπεπορευμένων, τὸ μὲν
4 πρῶτον ὁρμῇ καὶ προθυμίᾳ τὸ πλῆθος περιῆν· ἐπιγε-
νομένης δὲ τῆς τοῦ Τρεβία ποταμοῦ διαβάσεως, καὶ
προσαναβεβηκότος τῷ ῥεύματι διὰ τὸν ἐν τῇ νυκτὶ
γενόμενον ἐν τοῖς ὑπὲρ τὰ στρατόπεδα τόποις ὄμβρον,
μόλις ἕως τῶν μασθῶν οἱ πεζοὶ βαπτιζόμενοι διέβαι-
5 νον· ἐξ ὧν ἐκακοπάθει τὸ στρατόπεδον ὑπό τε τοῦ
ψύχους καὶ τῆς ἐνδείας, ὡς ἂν ἤδη καὶ τῆς ἡμέρας
6 προβαινούσης. οἱ δὲ Καρχηδόνιοι, κατὰ σκηνὰς βε-
βρωκότες καὶ πεπωκότες, καὶ τοὺς ἵππους ἡτοιμα-

shooting at them, his wish being to get the enemy to fight him before they had breakfasted or made any preparations. He then collected the other officers and exhorted them likewise to battle, and he ordered the whole army to get their breakfasts and to see to their arms and horses.

72. Tiberius, when he saw the Numidian horse approaching, sent out at first only his cavalry with orders to close with the enemy. He next dispatched about six thousand javelineers on foot and then began to move his whole army out of the camp, thinking that the mere sight of them would decide the issue, so much confidence did his superiority in numbers and the success of his cavalry on the previous day give him. The time of year was about the winter solstice,[109] and the day exceedingly cold and snowy, while the men and horses nearly all left the camp without having had their morning meal. At first their enthusiasm and eagerness sustained them, but when they had to cross the Trebia, swollen as it was owing to the rain that had fallen during the night higher up the valley than where the armies were, the infantry had great difficulty in crossing, as the water was breast high. The consequence was that the whole force suffered much from cold and also from hunger, as the day was now advancing. The Carthaginians, on the contrary, who had eaten and drunk in their tents and

[109] December.

κότες, ἠλείφοντο καὶ καθωπλίζοντο περὶ τὰ πυρὰ
7 πάντες. Ἀννίβας δὲ τὸν καιρὸν ἐπιτηρῶν, ἅμα τῷ
συνιδεῖν διαβεβηκότας τοὺς Ῥωμαίους τὸν ποταμὸν
προβαλόμενος ἐφεδρείαν τοὺς λογχοφόρους καὶ Βαλι-
αρεῖς, ὄντας εἰς ὀκτακισχιλίους, ἐξῆγε τὴν δύναμιν.
8 καὶ προαγαγὼν ὡς ὀκτὼ στάδια πρὸ τῆς στρατο-
πεδείας τοὺς μὲν πεζοὺς ἐπὶ μίαν εὐθεῖαν παρενέβαλε,
περὶ δισμυρίους ὄντας τὸν ἀριθμόν, Ἴβηρας καὶ Κελ-
9 τοὺς καὶ Λίβυας, τοὺς δ᾽ ἱππεῖς διελὼν ἐφ᾽ ἑκάτερον
παρέστησε τὸ κέρας, πλείους ὄντας μυρίων σὺν τοῖς
παρὰ τῶν Κελτῶν συμμάχοις, τὰ δὲ θηρία μερίσας
10 πρὸ τῶν κεράτων, δι᾽ ἀμφοτέρων προεβάλετο. Τεβέ-
ριος δὲ κατὰ τὸν αὐτὸν καιρὸν τοὺς μὲν ἱππεῖς ἀνεκα-
λεῖτο, θεωρῶν οὐκ ἔχοντας ὅτι χρήσονται τοῖς ὑπε-
ναντίοις διὰ τὸ τοὺς Νομάδας ἀποχωρεῖν μὲν εὐχερῶς
καὶ σποράδην, ἐπικεῖσθαι δὲ πάλιν ἐκ μεταβολῆς
τολμηρῶς καὶ θρασέως· τὸ γὰρ τῆς Νομαδικῆς μάχης
11 ἴδιόν ἐστι τοῦτο· τοὺς δὲ πεζοὺς παρενέβαλε κατὰ τὰς
εἰθισμένας παρ᾽ αὐτοῖς τάξεις, ὄντας τοὺς μὲν Ῥωμαί-
ους εἰς μυρίους ἑξακισχιλίους, τοὺς δὲ συμμάχους εἰς
12 δισμυρίους. τὸ γὰρ τέλειον στρατόπεδον παρ᾽ αὐτοῖς
πρὸς τὰς ὁλοσχερεῖς ἐπιβολὰς ἐκ τοσούτων ἀνδρῶν
ἐστιν, ὅταν ὁμοῦ τοὺς ὑπάτους ἑκατέρους οἱ καιροὶ
13 συνάγωσι. μετὰ δὲ ταῦτα τοὺς ἱππεῖς ἐφ᾽ ἑκάτερον
θεὶς τὸ κέρας, ὄντας εἰς τετρακισχιλίους, ἐπῄει τοῖς
ὑπεναντίοις σοβαρῶς, ἐν τάξει καὶ βάδην ποιούμενος
τὴν ἔφοδον.

73. ἤδη δὲ σύνεγγυς ὄντων ἀλλήλοις, συνεπλέ-

looked after their horses, were all anointing and arming themselves round their fires. Hannibal, who was waiting for his opportunity, when he saw that the Romans had crossed the river, threw forward as a covering force his pikemen and slingers about eight thousand in number and led out his army. After advancing for about eight stades he drew up his infantry, about twenty thousand in number, and consisting of Spaniards, Celts, and Africans, in a single line, while he divided his cavalry, numbering, together with the Celtic allies, more than ten thousand, and stationed them on each wing, dividing also his elephants and placing them in front of the wings so that his flanks were doubly protected. Tiberius now recalled his cavalry, perceiving that they could not cope with the enemy, as the Numidians easily scattered and retreated, but afterwards wheeled round and attacked with great daring—these being their peculiar tactics. He drew up his infantry in the usual Roman order. They numbered about sixteen thousand Romans and twenty thousand allies, this being the strength of their complete army for decisive operations, when the Consuls chance to be united. Afterwards placing his cavalry, numbering about four thousand, on each wing he advanced on the enemy in imposing style marching in order at a slow step.

73. When they were nearly at close quarters, the light-

2 κησαν οἱ προκείμενοι τῶν δυνάμεων εὔζωνοι. τούτου
δὲ συμβάντος, οἱ μὲν Ῥωμαῖοι κατὰ πολλοὺς τρόπους
ἡλαττοῦντο, τοῖς δὲ Καρχηδονίοις ὑπερδέξιον γίνε-
3 σθαι συνέβαινε τὴν χρείαν, ἅτε δὴ τῶν μὲν Ῥωμαίων
πεζακοντιστῶν κακοπαθούντων ἐξ ὄρθρου καὶ προει-
μένων τὰ πλεῖστα βέλη κατὰ τὴν πρὸς τοὺς Νομάδας
συμπλοκήν, τῶν δὲ καταλειπομένων βελῶν ἠχρειω-
4 μένων αὐτοῖς διὰ τὴν συνέχειαν τῆς νοτίδος. παρα-
πλήσια δὲ τούτοις συνέβαινε καὶ περὶ τοὺς ἱππεῖς
γίνεσθαι καὶ περὶ τὸ σύμπαν αὐτοῖς στρατόπεδον.
5 περί γε μὴν τοὺς Καρχηδονίους ὑπῆρχε τἀναντία
τούτων· ἀκμαῖοι γὰρ παρατεταγμένοι καὶ νεαλεῖς ἀεὶ
6 πρὸς τὸ δέον εὐχρήστως καὶ προθύμως εἶχον. διόπερ
ἅμα τῷ δέξασθαι διὰ τῶν διαστημάτων τοὺς προκιν-
δυνεύοντας καὶ συμπεσεῖν τὰ βαρέα τῶν ὅπλων ἀλλή-
λοις, οἱ μὲν ἱππεῖς οἱ τῶν Καρχηδονίων εὐθέως ἀπ'
ἀμφοῖν τοῖν κεράτοιν ἐπίεζον τοὺς ὑπεναντίους, ὡς ἂν
τῷ πλήθει πολὺ διαφέροντες καὶ ταῖς ἀκμαῖς αὐτῶν τε
καὶ τῶν ἵππων διὰ τὴν προειρημένην ἀκεραιότητα
7 περὶ τὴν ἔξοδον· τοῖς δὲ Ῥωμαίοις τῶν ἱππέων ὑποχω-
ρησάντων καὶ ψιλωθέντων τῶν τῆς φάλαγγος κερά-
των, οἵ τε λογχοφόροι τῶν Καρχηδονίων καὶ τὸ τῶν
Νομάδων πλῆθος, ὑπεραίροντες τοὺς προτεταγμένους
τῶν ἰδίων καὶ πρὸς τὰ κέρατα προσπίπτοντες τοῖς
Ῥωμαίοις, πολλὰ καὶ κακὰ διειργάζοντο καὶ μάχε-
8 σθαι τοῖς κατὰ πρόσωπον οὐκ εἴων. οἱ δ' ἐν τοῖς
βαρέσιν ὅπλοις, παρ' ἀμφοῖν τὰς πρώτας ἔχοντες καὶ
μέσας τῆς ὅλης παρεμβολῆς τάξεις, ἐπὶ πολὺν χρόνον

armed troops in the van of each army began the combat, and here the Romans labored under many disadvantages, the efficiency of the Carthaginians being much superior, since the Roman javelineers had had a hard time since daybreak, and had spent most of their missiles in the skirmish with the Numidians, while those they had left had been rendered useless by the continued wet weather. The cavalry and the whole army were in much the same state, whereas just the opposite was the case with the Carthaginians, who, standing in their ranks fresh and in first-rate condition, were ready to give efficient support wherever it was required. So when the skirmishers had retired through the gaps in their line and the heavy-armed infantry met, the Carthaginian cavalry at once pressed on both flanks of the enemy, being greatly superior in numbers and in the condition of themselves and their horses, having, as I explained above, started quite fresh. When the Roman cavalry fell back and left the flanks of the infantry exposed, the Carthaginian pikemen and the Numidians in a body, dashing past their own troops that were in front of them, fell on the Romans from both flanks, damaging them severely and preventing them from dealing with the enemy in their front. The heavy-armed troops on both sides, who occupied the advanced center of the whole formation, main-

ἐμάχοντο συστάδην, ἐφάμιλλον ποιούμενοι τὸν κίν-
δυνον.

74. ἐν ᾧ καιρῷ διαναστάντων τῶν ἐκ τῆς ἐνέδρας
Νομάδων, καὶ προσπεσόντων ἄφνω κατὰ νώτου τοῖς
ἀγωνιζομένοις περὶ τὰ μέσα, μεγάλην ταραχὴν καὶ
δυσχρηστίαν συνέβαινε γίνεσθαι περὶ τὰς τῶν Ῥω-
2 μαίων δυνάμεις. τέλος δ' ἀμφότερα τὰ κέρατα τῶν
περὶ τὸν Τεβέριον πιεζούμενα κατὰ πρόσωπον μὲν
ὑπὸ τῶν θηρίων, πέριξ δὲ καὶ κατὰ τὰς ἐκ τῶν πλα-
γίων ἐπιφανείας ὑπὸ τῶν εὐζώνων, ἐτράπησαν καὶ
συνεωθοῦντο κατὰ τὸν διωγμὸν πρὸς τὸν ὑποκείμενον
3 ποταμόν. τούτου δὲ συμβάντος, οἱ κατὰ μέσον τὸν
κίνδυνον ταχθέντες τῶν Ῥωμαίων, οἱ μὲν κατόπιν
ἐφεστῶτες ὑπὸ τῶν ἐκ τῆς ἐνέδρας προσπεσόντων
4 ἀπώλλυντο καὶ κακῶς ἔπασχον, οἱ δὲ περὶ τὰς πρώτας
χώρας ἐπαναγκασθέντες ἐκράτησαν τῶν Κελτῶν καὶ
μέρους τινὸς τῶν Λιβύων, καὶ πολλοὺς αὐτῶν ἀποκτεί-
5 ναντες διέκοψαν τὴν τῶν Καρχηδονίων τάξιν. θεω-
ροῦντες δὲ τοὺς ἀπὸ τῶν ἰδίων κεράτων ἐκπεπιεσμέ-
νους, τὸ μὲν ἐπιβοηθεῖν τούτοις ἢ πάλιν εἰς τὴν
ἑαυτῶν ἀπιέναι παρεμβολὴν ἀπέγνωσαν, ὑφορώμενοι
μὲν τὸ πλῆθος τῶν ἱππέων, κωλυόμενοι δὲ διὰ τὸν
ποταμὸν καὶ τὴν ἐπιφορὰν καὶ συστροφὴν τοῦ κατὰ
6 κεφαλὴν ὄμβρου. τηροῦντες δὲ τὰς τάξεις ἀθρόοι μετ'
ἀσφαλείας ἀπεχώρησαν εἰς Πλακεντίαν, ὄντες οὐκ
7 ἐλάττους μυρίων. τῶν δὲ λοιπῶν οἱ μὲν πλεῖστοι περὶ
τὸν ποταμὸν ἐφθάρησαν ὑπό τε τῶν θηρίων καὶ τῶν
8 ἱππέων, οἱ δὲ διαφυγόντες τῶν πεζῶν καὶ τὸ πλεῖστον

tained for long a hand-to-hand combat with no advantage on either side.

74. But now the Numidians issued from their ambuscade and suddenly attacked the enemy's center from the rear, upon which the whole Roman army was thrown into the utmost confusion and distress. At length both of Tiberius' wings, hard pressed in front by the elephants and all round their flanks by the light-armed troops, turned and were driven by their pursuers back on the river behind them. After this, while the rear of the Roman center was suffering heavy loss from the attack of the ambuscade, those in the van, thus forced to advance, defeated the Celts and part of the Africans, and after killing many of them broke through the Carthaginian line. But seeing that both their flanks had been forced off the field, they despaired of giving help there and of returning to their camp, afraid as they were of the very numerous cavalry and hindered by the river and the force and heaviness of the rain which was pouring down on their heads. They kept, however, in close order and retired on Placentia, being not less than ten thousand in number. Of the remainder the greater part were killed near the river by the elephants and cavalry, but the few infantry who escaped and most of the cavalry re-

μέρος τῶν ἱππέων, πρὸς τὸ προειρημένον σύστημα
ποιούμενοι τὴν ἀποχώρησιν, ἀνεκομίσθησαν ἅμα
9 τούτοις εἰς Πλακεντίαν. τὸ δὲ τῶν Καρχηδονίων στρα-
τόπεδον, ἕως τοῦ ποταμοῦ καταδιῶξαν τοὺς πολεμί-
ους, ὑπὸ δὲ τοῦ χειμῶνος οὐκέτι δυνάμενον πορρωτέρω
10 προβαίνειν, ἐπανῆλθε πάλιν εἰς τὴν παρεμβολήν. καὶ
πάντες ἐπὶ μὲν τῇ μάχῃ περιχαρεῖς ἦσαν, ὡς κατωρ-
θωκότες· συνέβαινε γὰρ ὀλίγους μὲν τῶν Ἰβήρων καὶ
11 Λιβύων, τοὺς δὲ πλείους ἀπολωλέναι τῶν Κελτῶν· ὑπὸ
δὲ τῶν ὄμβρων καὶ τῆς ἐπιγινομένης χιόνος οὕτως
διετίθεντο δεινῶς ὥστε τὰ μὲν θηρία διαφθαρῆναι
πλὴν ἑνός, πολλοὺς δὲ καὶ τῶν ἀνδρῶν ἀπόλλυσθαι
καὶ τῶν ἵππων διὰ τὸ ψῦχος.

75. Ὁ δὲ Τεβέριος, εἰδὼς μὲν τὰ συμβεβηκότα,
βουλόμενος δὲ κατὰ δύναμιν ἐπικρύπτεσθαι τοὺς ἐν
τῇ Ῥώμῃ τὸ γεγονός, ἔπεμψε τοὺς ἀπαγγελοῦντας ὅτι
μάχης γενομένης τὴν νίκην αὐτῶν ὁ χειμὼν ἀφείλετο.
2 οἱ δὲ Ῥωμαῖοι παραυτίκα μὲν ἐπίστευον τοῖς προσ-
πίπτουσι· μετ' οὐ πολὺ δὲ πυνθανόμενοι τοὺς μὲν
Καρχηδονίους καὶ τὴν παρεμβολὴν τὴν αὑτῶν τηρεῖν
καὶ τοὺς Κελτοὺς πάντας ἀπονενευκέναι πρὸς τὴν
3 ἐκείνων φιλίαν, τοὺς δὲ παρ' αὑτῶν ἀπολελοιπότας
τὴν παρεμβολὴν ἐκ τῆς μάχης ἀνακεχωρηκέναι καὶ
συνηθροῖσθαι πάντας εἰς τὰς πόλεις, καὶ χορηγεῖ-
σθαι δὲ τοῖς ἀναγκαίοις ἐκ θαλάττης ἀνὰ τὸν Πάδον
ποταμόν, καὶ λίαν σαφῶς ἔγνωσαν τὰ γεγονότα περὶ
4 τὸν κίνδυνον. διὸ καὶ παραδόξου φανέντος αὐτοῖς τοῦ
πράγματος περὶ τὰς λοιπὰς παρασκευὰς διαφερόντως

treated to join the body I just mentioned and with them got safely into Placentia. The Carthaginian army, after pursuing the enemy as far as the river, being unable to advance further owing to the storm, returned to their camp. They were all highly elated at the result of the battle, regarding it as a signal success; for very few Africans and Spaniards had been killed, the chief loss having fallen on the Celts. They suffered so severely, however, from the rain and the snow that followed that all the elephants perished except one, and many men and horses also died of the cold.

75. Tiberius, though well knowing the facts, wished as far as possible to conceal them from those in Rome, and therefore sent messengers to announce that a battle had taken place and that the storm had deprived him of the victory. The Romans at first gave credence to this news, but when shortly afterwards they learnt that the Carthaginians still kept their camp and that all the Celts had gone over to them, but that their own forces had abandoned their camp and retreated from the field and were now all collected in cities, and getting their supplies up from the sea by the river Po, they quite realized what had been the result of the battle. Therefore, although they were much taken by surprise, they adopted all manner of steps to prepare for

ἐγίνοντο καὶ περὶ φυλακὴν τῶν προκειμένων τόπων,
πέμποντες εἰς Σαρδόνα καὶ Σικελίαν στρατόπεδα,
πρὸς δὲ τούτοις εἰς Τάραντα προφυλακὰς καὶ τῶν
ἄλλων τόπων εἰς τοὺς εὐκαίρους· παρεσκεύασαν δὲ
5 καὶ ναῦς ἑξήκοντα πεντήρεις. Γνάιος δὲ Σερουίλιος καὶ
Γάιος Φλαμίνιος, οἵπερ ἔτυχον ὕπατοι τότε καθεστα-
μένοι, συνῆγον τοὺς συμμάχους καὶ κατέγραφον τὰ
6 παρ᾽ αὑτοῖς στρατόπεδα. παρῆγον δὲ καὶ τὰς ἀγορὰς
τὰς μὲν εἰς Ἀρίμινον, τὰς δ᾽ εἰς Τυρρηνίαν, ὡς ἐπὶ
7 τούτοις ποιησόμενοι τοῖς τόποις τὴν ἔξοδον. ἔπεμψαν
δὲ καὶ πρὸς Ἱέρωνα περὶ βοηθείας, ὃς καὶ πεντακο-
σίους αὐτοῖς ἐξαπέστειλε Κρῆτας καὶ χιλίους πελτο-
φόρους· πάντα δὲ καὶ πανταχόθεν ἐνεργῶς ἡτοίμαζον.
8 τότε γάρ εἰσι φοβερώτατοι Ῥωμαῖοι καὶ κοινῇ καὶ
κατ᾽ ἰδίαν, ὅταν αὐτοὺς περιστῇ φόβος ἀληθινός.

76. Κατὰ δὲ τοὺς αὐτοὺς καιροὺς Γνάιος Κορνήλιος
ὁ καταλειφθεὶς ὑπὸ τἀδελφοῦ Ποπλίου στρατηγὸς ἐπὶ
τῆς ναυτικῆς δυνάμεως, καθάπερ ἐπάνω προεῖπον,
ἀναχθεὶς ἀπὸ τῶν τοῦ Ῥοδανοῦ στομάτων παντὶ τῷ
στόλῳ, προσέσχε τῆς Ἰβηρίας πρὸς τοὺς κατὰ τὸ
2 καλούμενον Ἐμπόριον τόπους. ἀρξάμενος δ᾽ ἐντεῦθεν
ἀποβάσεις ἐποιεῖτο, καὶ τοὺς μὲν ἀπειθοῦντας ἐπο-
λιόρκει τῶν τὴν παραλίαν κατοικούντων ἕως Ἴβηρος
ποταμοῦ, τοὺς δὲ προσδεχομένους ἐφιλανθρώπει, τὴν
ἐνδεχομένην ποιούμενος περὶ αὐτῶν προμήθειαν.
3 ἀσφαλισάμενος δὲ τοὺς προσκεχωρηκότας τῶν παρα-
θαλαττίων προῆγε παντὶ τῷ στρατεύματι, ποιούμενος
4 τὴν πορείαν εἰς τὴν μεσόγαιον· πολὺ γὰρ ἤδη καὶ τὸ

the war and especially to protect exposed points, dispatching legions to Sardinia and Sicily and sending garrisons to Tarentum and other suitable places, and getting ready also a fleet of sixty quinqueremes. Gnaeus Servilius and Gaius Flaminius, the Consuls designate,[110] were busy mustering the allies and enrolling their own legions, sending depots of supplies at the same time to Ariminum and Etruria which they meant to be their bases in the campaign. They also applied for help to Hiero,[111] who sent them five hundred Cretans and a thousand light infantry, and on all sides they made active preparations. For the Romans both in public and in private are most to be feared when they stand in real danger.

76. During this time Gnaeus Cornelius Scipio, who, as I said,[112] had been left by his brother Publius in command of the naval forces, sailing from the mouths of the Rhone with his whole fleet to the place in Spain called Emporium, and starting from there made a series of landings, reducing by siege the towns on the coast as far as the Ebro, which refused his advances, but bestowing favors on those which accepted them and taking all possible precautions for their safety. After securing all the seaboard places which had submitted to him he advanced with his whole army into the interior, having now got together also a considerable

110 They took office on March 1, 217.

111 The king was bound by a treaty to Rome (1.16.9), but independent enough to support Carthage against the rebellious mercenaries (1.83.1). *RE* Hieron 1503–1511 (W. Otto).

112 49.4.

συμμαχικὸν ἠθροίκει τῶν Ἰβήρων. ἅμα δὲ προϊὼν ἃς
5 μὲν προσήγετο, τὰς δὲ κατεστρέφετο τῶν πόλεων. τῶν
δὲ Καρχηδονίων, οὓς ἔχων ἐπὶ τούτων ἀπελείφθη τῶν
τόπων Ἄννων, ἀντιστρατοπεδευσάντων αὐτοῖς περὶ
πόλιν προσαγορευομένην Κίσσαν, συμβαλὼν ὁ Γνάι-
ος ἐκ παρατάξεως καὶ νικήσας τῇ μάχῃ πολλῶν μὲν
χρημάτων ἐγένετ' ἐγκρατής, ὡς ἂν ἁπάσης τῆς ἀπο-
σκευῆς τῶν εἰς Ἰταλίαν ὁρμησάντων παρὰ τούτοις
6 ἀπολελειμμένης, πάντας δὲ τοὺς ἐντὸς Ἴβηρος ποτα-
μοῦ συμμάχους ἐποιήσατο καὶ φίλους, ζωγρίᾳ δὲ τόν
τε τῶν Καρχηδονίων στρατηγὸν Ἄννωνα καὶ τὸν τῶν
7 Ἰβήρων Ἀνδοβάλην ἔλαβε. τοῦτον δὲ συνέβαινε τύ-
ραννον μὲν εἶναι τῶν κατὰ τὴν μεσόγαιον τόπων,
8 εὔνουν δὲ διαφερόντως ἀεί ποτε Καρχηδονίοις. ταχὺ
δὲ συνεὶς τὸ γεγονὸς Ἀσδρούβας, ἧκε παραβοηθῶν
9 διαβὰς τὸν Ἴβηρα ποταμόν. καὶ καταμαθὼν ἀπολε-
λειμμένους τοὺς ἀπὸ τοῦ στόλου τῶν Ῥωμαίων, ῥαθύ-
μως καὶ κατατεθαρρηκότως ἀναστρεφομένους διὰ τὸ
10 προτέρημα τῶν πεζικῶν στρατοπέδων, παραλαβὼν
ἀπὸ τῆς ἑαυτοῦ δυνάμεως πεζοὺς μὲν εἰς ὀκτακισ-
χιλίους (ἱππεῖς δὲ περὶ χιλίους), καὶ καταλαβὼν ἐσκε-
δασμένους κατὰ τῆς χώρας τοὺς ἀπὸ τῶν πλοίων,
πολλοὺς μὲν αὐτῶν ἀπέκτεινε, τοὺς δὲ λοιποὺς ἠνάγ-
11 κασε φυγεῖν ἐπὶ τὰς ναῦς. οὗτος μὲν οὖν ἀναχωρήσας,
καὶ διαβὰς αὖθις τὸν Ἴβηρα ποταμόν, ἐγίνετο περὶ
παρασκευὴν καὶ φυλακὴν τῶν ἐντὸς τοῦ ποταμοῦ
τόπων, ποιούμενος τὴν παραχειμασίαν ἐν Καινῇ πό-
12 λει. ὁ δὲ Γνάιος συνάψας τῷ στόλῳ, καὶ τοὺς αἰτίους

force of Iberian allies. He won over some of the towns on the line of his march and subdued others, and when the Carthaginians who had been left to guard this district under the command of Hanno[113] encamped opposite to him near a city called Cissa, Gnaeus defeated them in a pitched battle, possessing himself of a large amount of valuable booty—all the heavy baggage of the army that had set out for Italy having been left under their charge—securing the alliance of all the tribes north of the Ebro and taking prisoners the Carthaginian general Hanno and the Iberian general Andobales.[114] The latter was despot of all central Iberia and a strenuous supporter of the Carthaginians. Hasdrubal soon got news of the disaster and crossing the Ebro came to the rescue. Learning that the crews of the Roman ships had been left behind and were off their guard and unduly confident owing to the success of the land forces, he took with him about eight thousand infantry and a thousand cavalry from his own force, and finding the men from the ships scattered over the country, killed a large number of them and compelled the remainder to take refuge on board their vessels. He then retreated, and recrossing the Ebro busied himself with fortifying and garrisoning the places south of the Ebro, passing the winter in New Carthage. Gnaeus, on rejoining the fleet, inflicted the

[113] 35.4.

[114] Well-known king of the Ilergetai. Later released, he played a major role in Spain until his death in 205. *RE* Indibilis 1325–1327 (F. Münzer). His brother Mandonius is mentioned repeatedly with him.

THE HISTORIES OF POLYBIUS

τῶν συμβεβηκότων κατὰ τοὺς παρ᾿ αὑτοῖς ἐθισμοὺς
κολάσας, τὸ λοιπὸν ἤδη συναγαγὼν ἐπὶ ταὐτὸ τήν
τε πεζὴν καὶ τὴν ναυτικὴν στρατιὰν ἐν Ταρράκωνι
13 τὴν παραχειμασίαν ἐποιεῖτο. διαδοὺς δὲ τὴν λείαν
ἴσως τοῖς στρατιώταις μεγάλην εὔνοιαν καὶ προθυ-
μίαν ἐνειργάσατο πρὸς τὸ μέλλον.

77. Καὶ τὰ μὲν κατὰ τὴν Ἰβηρίαν ἐν τούτοις ἦν.
ἐνισταμένης δὲ τῆς ἐαρινῆς ὥρας, Γάιος μὲν Φλα-
μίνιος ἀναλαβὼν τὰς αὑτοῦ δυνάμεις προῆγε διὰ
Τυρρηνίας καὶ κατεστρατοπέδευσε πρὸ τῆς τῶν Ἀρ-
2 ρητίνων πόλεως, Γνάιος δὲ Σερουίλιος τοὔμπαλιν ὡς
ἐπ᾿ Ἀριμίνου, ταύτῃ παρατηρήσων τὴν εἰσβολὴν τῶν
3 ὑπεναντίων. Ἀννίβας δὲ παραχειμάζων ἐν τῇ Κελτικῇ
τοὺς μὲν Ῥωμαίους τῶν ἐκ τῆς μάχης αἰχμαλώτων ἐν
φυλακῇ συνεῖχε, τὰ μέτρια τῶν ἐπιτηδείων διδούς,
4 τοὺς δὲ συμμάχους αὐτῶν τὸ μὲν πρῶτον ἐν τῇ πάσῃ
φιλανθρωπίᾳ διεξῆγε, μετὰ δὲ ταῦτα συναγαγὼν παρ-
εκάλει, φάσκων οὐκ ἐκείνοις ἥκειν πολεμήσων, ἀλλὰ
5 Ῥωμαίοις ὑπὲρ ἐκείνων. διόπερ ἔφη δεῖν αὐτούς, ἐὰν
ὀρθῶς φρονῶσιν, ἀντέχεσθαι τῆς πρὸς αὐτὸν φιλίας.
6 παρεῖναι γὰρ πρῶτον μὲν τὴν ἐλευθερίαν ἀνακτη-
σόμενος Ἰταλιώταις. ὁμοίως δὲ τὰς πόλεις καὶ τὴν
χώραν, ἣν ὑπὸ Ῥωμαίων ἀπολωλεκότες ἕκαστοι τυγ-
7 χάνουσι, συναποσώσων. ταῦτα δ᾿ εἰπὼν ἀφῆκε πάντας
χωρὶς λύτρων εἰς τὴν οἰκείαν, βουλόμενος ἅμα μὲν
προκαλεῖσθαι διὰ τοιούτου τρόπου πρὸς αὐτὸν τοὺς
κατοικοῦντας τὴν Ἰταλίαν, ἅμα δ᾿ ἀπαλλοτριοῦν τῆς

208

customary penalty[115] on those responsible for what had happened, and now uniting his land and sea forces went into winter quarters at Tarraco. By dividing the booty in equal shares among his soldiers he made them very well disposed to him and ready to do their best in the future.

77. Such was the state of matters in Spain. In the early spring Gaius Flaminius with his army advanced through Etruria and encamped before Arretium,[116] while Gnaeus Servilius advanced as far as Ariminum to watch for the invasion of the enemy from that side. Hannibal, who was wintering in Cisalpine Gaul, kept the Roman prisoners he had taken in the battle in custody, giving them just sufficient to eat, but to the prisoners from the allies he continued to show the greatest kindness, and afterwards called a meeting of them and addressed them, saying that he had not come to make war on them, but on the Romans for their sakes and therefore if they were wise they should embrace his friendship, for he had come first of all to reestablish the liberty of the peoples of Italy and also to help them to recover the cities and territories of which the Romans had deprived them. Having spoken so, he dismissed them all to their homes without ransom, his aim in doing so being both to gain over the inhabitants of Italy to his own cause and to alienate their affections from Rome, provok-

115 The *decimatio* as described in 6.38. *RE decimatio* 2272 (O. Fiebiger).
116 Arezzo.

πρὸς Ῥωμαίους εὐνοίας, ἐρεθίζειν δὲ τοὺς δοκοῦντας
πόλεσιν ἢ λιμέσιν ἠλαττῶσθαί τι διὰ τῆς Ῥωμαίων
ἀρχῆς.

78. Ἐχρήσατο δέ τινι καὶ Φοινικικῷ στρατηγήματι
2 τοιούτῳ κατὰ τὴν παραχειμασίαν. ἀγωνιῶν γὰρ τὴν
ἀθεσίαν τῶν Κελτῶν καὶ τὰς ἐπιβουλὰς τὰς περὶ τὸ
σῶμα διὰ τὸ πρόσφατον τῆς πρὸς αὐτοὺς συστάσεως,
κατεσκευάσατο περιθετὰς τρίχας, ἁρμοζούσας ταῖς
κατὰ τὰς ὁλοσχερεῖς διαφορὰς τῶν ἡλικιῶν ἐπιπρε-
3 πείαις, καὶ ταύταις ἐχρῆτο συνεχῶς μετατιθέμενος·
ὁμοίως δὲ καὶ τὰς ἐσθῆτας μετελάμβανε τὰς καθη-
4 κούσας ἀεὶ ταῖς περιθεταῖς. δι' ὧν οὐ μόνον τοῖς
αἰφνιδίως ἰδοῦσι δύσγνωστος ἦν ἀλλὰ καὶ τοῖς ἐν
συνηθείᾳ γεγονόσι.

5 Θεωρῶν δὲ τοὺς Κελτοὺς δυσχεραίνοντας ἐπὶ τῷ
τὸν πόλεμον ἐν τῇ παρ' αὐτῶν χώρᾳ λαμβάνειν τὴν
τριβήν, σπεύδοντας δὲ καὶ μετεώρους ὄντας εἰς τὴν
πολεμίαν, προφάσει μὲν διὰ τὴν πρὸς Ῥωμαίους ὀρ-
γήν, τὸ δὲ πλεῖον διὰ τὰς ὠφελείας, ἔκρινε τὴν ταχί-
στην ἀναζευγνύειν καὶ συνεκπληροῦν τὰς τῶν δυνάμε-
6 ων ὁρμάς. διόπερ ἅμα τῷ τὴν ὥραν μεταβάλλειν,
πυνθανόμενος τῶν μάλιστα τῆς χώρας δοκούντων
ἐμπειρεῖν, τὰς μὲν ἄλλας ἐμβολὰς τὰς εἰς τὴν πολε-
μίαν μακρὰς εὕρισκε καὶ προδήλους τοῖς ὑπεναντίοις,
τὴν δὲ διὰ τῶν ἑλῶν εἰς Τυρρηνίαν φέρουσαν, δυσχε-
ρῆ μέν, σύντομον δὲ καὶ παράδοξον φανησομένην
7 τοῖς περὶ τὸν Φλαμίνιον. ἀεὶ δέ πως οἰκεῖος ὢν τῇ
φύσει τούτου τοῦ μέρους, ταύτῃ προέθετο ποιεῖσθαι

ing at the same time to revolt those who thought their cities or harbors had suffered damage by Roman rule.

78. During this winter he also adopted a truly Punic artifice. Fearing the treachery of the Celts and possible attempts on his life, owing to his establishment of the friendly relations with them being so very recent, he had a number of wigs made, dyed to suit the appearance of persons differing widely in age, and kept constantly changing them, at the same time also dressing in a style that suited the wig, so that not only those who had seen him but for a moment, but even his familiars found difficulty in recognizing him.

Observing that the Celts were dissatisfied at the prosecution of the war in their own territory, but were eagerly looking forward to an invasion of that of the enemy, professedly owing to their hatred of the Romans, but as a fact chiefly in hope of booty, he decided to be on the move as soon as possible and satisfy the desire of his troops. As soon, then, as the weather began to change[117] he ascertained by inquiring from those who knew the country best that the other routes for invading the Roman territory were both long and obvious to the enemy, but that the road through the marshes to Etruria[118] was difficult indeed but expeditious and calculated to take Flaminius by surprise. As he was by nature always inclined to such expedients, he

[117] Hannibal seems to have left camp in May.
[118] Probably the route from Bologna to Pistoia.

8 τὴν πορείαν. διαδοθείσης δὲ τῆς φήμης ἐν τῷ στρατο-
πέδῳ διότι μέλλει διά τινων ἑλῶν ἄγειν αὐτοὺς ὁ
στρατηγός, πᾶς τις εὐλαβῶς εἶχε πρὸς τὴν πορείαν,
ὑφορώμενος βάραθρα καὶ τοὺς λιμνώδεις τῶν τόπων.

79. Ἀννίβας δ' ἐπιμελῶς ἐξητακὼς τεναγώδεις καὶ
στερεοὺς ὑπάρχοντας τοὺς κατὰ τὴν δίοδον τόπους,
ἀναζεύξας εἰς μὲν τὴν πρωτοπορείαν ἔθηκε τοὺς Λί-
βυας καὶ Ἴβηρας καὶ πᾶν τὸ χρησιμώτερον μέρος
τῆς σφετέρας δυνάμεως, συγκαταμίξας αὐτοῖς τὴν
ἀποσκευήν, ἵνα πρὸς τὸ παρὸν εὐπορῶσι τῶν ἐπιτη-
2 δείων· πρὸς γὰρ τὸ μέλλον εἰς τέλος ἀφροντίστως
εἶχε περὶ παντὸς τοῦ σκευοφόρου, λογιζόμενος ὡς ἐὰν
ἅψηται τῆς πολεμίας, ἡττηθεὶς μὲν οὐ προσδεήσεται
τῶν ἀναγκαίων, κρατῶν δὲ τῶν ὑπαίθρων οὐκ ἀπορή-
3 σει τῶν ἐπιτηδείων. ἐπὶ δὲ τοῖς προειρημένοις ἐπέβαλε
4 τοὺς Κελτούς, ἐπὶ δὲ πᾶσι τοὺς ἱππεῖς. ἐπιμελητὴν δὲ
τῆς οὐραγίας τὸν ἀδελφὸν ἀπέλιπε Μάγωνα τῶν τε
λοιπῶν χάριν καὶ μάλιστα τῆς τῶν Κελτῶν μαλακίας
καὶ φυγοπονίας, ἵν' ἐὰν κακοπαθοῦντες τρέπωνται
πάλιν εἰς τοὐπίσω, κωλύῃ διὰ τῶν ἱππέων καὶ προσ-
5 φέρῃ τὰς χεῖρας αὐτοῖς. οἱ μὲν οὖν Ἴβηρες καὶ
Λίβυες δι' ἀκεραίων τῶν ἑλῶν ποιούμενοι τὴν πορείαν
μετρίως κακοπαθοῦντες ἤννον, ἅτε καὶ φερέκακοι
πάντες ὄντες καὶ συνήθεις ταῖς τοιαύταις ταλαιπω-
6 ρίαις. οἱ δὲ Κελτοὶ δυσχερῶς μὲν εἰς τοὔμπροσθεν
προύβαινον, τεταραγμένων καὶ διαπεπατημένων εἰς
βάθος τῶν ἑλῶν, ἐπιπόνως δὲ καὶ ταλαιπώρως ὑπέμε-
νον τὴν κακοπάθειαν, ἄπειροι πάσης τῆς τοιαύτης

decided to march by this road. When the news spread in the camp that the general was going to lead them through marshes, everyone was very reluctant to start, imagining that there would be deep bogs and quagmires.

79. But Hannibal had made careful inquiries, and having ascertained that the water on the ground they would have to pass over was shallow and the bottom solid, broke up his quarters and started, placing in the van the Africans and Spaniards and all the most serviceable portion of his army, intermingling the baggage train with them, so that for the present they might be kept supplied with food. For as regards the future he did not trouble himself about the pack animals at all, as he calculated that on reaching the enemy's country he would, if defeated, have no need of provisions, and if he gained command of the open country would be in no want of supplies. Behind the troops I mentioned he placed the Celts and in the extreme rear his cavalry, leaving his brother Mago in charge of the rearguard. This course he took for various reasons, but chiefly owing to the softness and aversion to labor of the Celts, so that if, owing to the hardships they suffered, they tried to turn back Mago could prevent them by falling on them with his cavalry. The Spaniards and Africans for their part, as the marshes were still firm when they marched over them, got across without suffering seriously, being all inured to fatigue and accustomed to such hardships, but the Celts not only progressed with difficulty, the marshes being now cut up and trodden down to some depth, but were much fatigued and distressed by the severity of the task, being

7 ὄντες κακουχίας. ἐκωλύοντο δὲ πάλιν ἀπονεύειν εἰς
8 τοὐπίσω διὰ τοὺς ἐφεστῶτας αὐτοῖς ἱππεῖς. πάντες
μὲν οὖν ἐκακοπάθουν, καὶ μάλιστα διὰ τὴν ἀγρυπνί-
αν, ὡς ἂν ἑξῆς ἡμέρας τέτταρας καὶ τρεῖς νύκτας
συνεχῶς δι' ὕδατος ποιούμενοι τὴν πορείαν· διαφερόν-
τως γε μὴν ἐπόνουν καὶ κατεφθείρονθ' ὑπὲρ τοὺς
9 ἄλλους οἱ Κελτοί. τῶν δ' ὑποζυγίων αὐτοῦ τὰ πλεῖστα
πίπτοντα διὰ τοὺς πηλοὺς ἀπώλλυντο, μίαν παρ-
10 εχόμενα χρείαν ἐν τῷ πεσεῖν τοῖς ἀνθρώποις· καθεζό-
μενοι γὰρ ἐπ' αὐτῶν καὶ τῶν σκευῶν σωρηδὸν ὑπὲρ τὸ
ὑγρὸν ὑπερεῖχον, καὶ τῷ τοιούτῳ τρόπῳ βραχὺ μέρος
11 τῆς νυκτὸς ἀπεκοιμῶντο. οὐκ ὀλίγοι δὲ καὶ τῶν ἵππων
τὰς ὁπλὰς ἀπέβαλον διὰ τὴν συνέχειαν τῆς διὰ τῶν
12 πηλῶν πορείας. Ἀννίβας δὲ μόλις ἐπὶ τοῦ περι-
λειφθέντος θηρίου διεσώθη μετὰ πολλῆς ταλαιπω-
ρίας, ὑπεράλγὴς ὢν διὰ τὴν βαρύτητα τῆς ἐπενεχθεί-
σης ὀφθαλμίας αὐτῷ, δι' ἣν καὶ τέλος ἐστερήθη τῆς
μιᾶς ὄψεως, οὐκ ἐπιδεχομένου τοῦ καιροῦ καταμονὴν
οὐδὲ θεραπείαν διὰ τὸ τῆς περιστάσεως ἀδύνατον.

80. Διαπεράσας δὲ παραδόξως τοὺς ἑλώδεις τό-
πους, καὶ καταλαβὼν ἐν Τυρρηνίᾳ τὸν Φλαμίνιον
στρατοπεδεύοντα πρὸ τῆς τῶν Ἀρρητίνων πόλεως,
τότε μὲν αὐτοῦ πρὸς τοῖς ἕλεσι κατεστρατοπέδευσε,
2 βουλόμενος τήν τε δύναμιν ἀναλαβεῖν καὶ πολυ-
πραγμονῆσαι τὰ περὶ τοὺς ὑπεναντίους καὶ τοὺς προ-
3 κειμένους τῶν τόπων. πυνθανόμενος δὲ τὴν μὲν χώραν
τὴν πρόσθεν πολλῆς γέμειν ὠφελείας, τὸν δὲ Φλαμί-
νιον ὀχλοκόπον μὲν καὶ δημαγωγὸν εἶναι τέλειον,

quite unused to suffering of the kind. They were pre-
vented, however, from turning back by the cavalry in their
rear. All the army, indeed, suffered much, and chiefly from
want of sleep, as they had to march through water for four
days[119] and three nights continuously, but the Celts were
much more worn out and lost more men than the rest.
Most of the pack animals fell and perished in the mud, the
only service they rendered being that when they fell the
men piled the packs on their bodies and lay upon them, be-
ing thus out of the water and enabled to snatch a little sleep
during the night. Many of the horses also lost their hooves
by the continuous march through the mud. Hannibal him-
self on the sole remaining elephant got across with much
difficulty and suffering, being in great pain from a severe
attack of ophthalmia, which finally led to the loss of one
eye as he had no time to stop and apply any treatment to it,
the circumstances rendering that impossible.

80. Having thus almost beyond expectation crossed the
marshes, and, finding that Flaminius was encamped in
Etruria before the city of Arretium, he pitched his camp
for the present at the edge of the marshes, with the view of
refreshing his forces and getting information about the en-
emy and about the country in front of him. On learning
that this country promised a rich booty, and that Flaminius
was a thorough mob-courtier and demagogue,[120] with no

119 Not to be taken literally.
120 The same bias toward Flaminius as in 2.21.8.

πρὸς ἀληθινῶν δὲ καὶ πολεμικῶν πραγμάτων χει-
ρισμὸν οὐκ εὐφυῆ, πρὸς δὲ τούτοις καταπεπιστευκέναι
4 τοῖς σφετέροις πράγμασι, συνελογίζετο διότι παραλ-
λάξαντος αὐτοῦ τὴν ἐκείνων στρατοπεδείαν καὶ καθ-
έντος εἰς τοὺς ἔμπροσθεν τόπους, τὰ μὲν ἀγωνιῶν τὸν
ἐπιτωθασμὸν τῶν ὄχλων οὐ δυνήσεται περιορᾶν δηου-
μένην τὴν χώραν, τὰ δὲ κατηληγηκὼς παρέσται προ-
χείρως εἰς πάντα τόπον ἑπόμενος, σπουδάζων δι᾽
αὐτοῦ ποιήσασθαι τὸ προτέρημα καὶ μὴ προσδέξα-
5 σθαι τὴν παρουσίαν τοῦ τὴν ἴσην ἀρχὴν ἔχοντος. ἐξ
ὧν πολλοὺς αὐτὸν ὑπελάμβανε παραδώσειν καιροὺς
πρὸς ἐπίθεσιν. πάντα δ᾽ ἐμφρόνως ἐλογίζετο ταῦτα
καὶ πραγματικῶς·

81. οὐ γὰρ εἰκὸς ἄλλως εἰπεῖν, ὡς εἴ τις οἴεται
κυριώτερόν τι μέρος εἶναι στρατηγίας τοῦ γνῶναι τὴν
προαίρεσιν καὶ φύσιν τοῦ τῶν ἐναντίων ἡγεμόνος,
2 ἀγνοεῖ καὶ τετύφωται. καθάπερ γὰρ ἐπὶ τῶν κατ᾽
ἄνδρα καὶ ζυγὸν ἀγωνισμάτων δεῖ τὸν μέλλοντα
νικᾶν συνθεωρεῖν πῶς δυνατὸν ἐφικέσθαι τοῦ σκοποῦ
καὶ τί γυμνὸν ἢ ποῖον ἔξοπλον μέρος φαίνεται τῶν
3 ἀνταγωνιστῶν, οὕτως χρὴ καὶ τοὺς ὑπὲρ τῶν ὅλων
προεστῶτας σκοπεῖν οὐχ ὅπου τι τοῦ σώματος γυμ-
νόν, ἀλλὰ ποῦ τῆς ψυχῆς εὐχείρωτόν τι παραφαίνεται
4 τοῦ τῶν ἐναντίων ἡγεμόνος. ἐπειδὴ πολλοὶ μὲν διὰ
ῥᾳθυμίαν καὶ τὴν σύμπασαν ἀργίαν οὐ μόνον τὰς
κοινὰς πράξεις, ἀλλὰ καὶ τοὺς ἰδίους καταπροΐενται
5 βίους ἄρδην. πολλοὶ δὲ διὰ τὴν πρὸς τὸν οἶνον ἐπι-
θυμίαν οὐδ᾽ ὑπνῶσαι δύνανται χωρὶς ἀλλοιώσεως καὶ

216

talent for the practical conduct of war and exceedingly self-confident withal, he calculated that if he passed by the Roman army and advanced into the country in his front, the Consul would on the one hand never look on while he laid it waste for fear of being jeered at by his soldiery; and on the other hand he would be so grieved that he would be ready to follow anywhere, in his anxiety to gain the coming victory himself without waiting for the arrival of his colleague. From all this he concluded that Flaminius would give him plenty of opportunities of attacking him.

81. And all this reasoning on his part was very wise and sound. For there is no denying that he who thinks that there is anything more essential to a general than the knowledge of his opponent's principles and character, is both ignorant and foolish. For as in combats between man and man and rank and rank, he who means to conquer must observe how best to attain his aim, and what naked or unprotected part of the enemy is visible, so he who is in command must try to see in the enemy's general not what part of his body is exposed, but what are the weak spots that can be discovered in his mind. For there are many men who, owing to indolence and general inactivity, bring to utter ruin not only the welfare of the state but their private fortunes as well; while there are many others so fond of wine that they cannot even go to sleep without fuddling

6 μέθης, ἔνιοι δὲ διὰ τὰς τῶν ἀφροδισίων ὁρμὰς καὶ τὴν
ἐν τούτοις ἔκπληξιν οὐ μόνον πόλεις καὶ βίους ἀνα-
στάτους πεποιήκασιν, ἀλλὰ καὶ τὸ ζῆν αὐτῶν ἀφή-
7 ρηνται μετ᾽ αἰσχύνης. καὶ μὴν δειλία καὶ βλακεία κατ᾽
ἰδίαν μὲν αὐτοῖς ὄνειδος ἐπιφέρει τοῖς ἔχουσι, περὶ δὲ
τὸν τῶν ὅλων ἡγεμόνα γενομένη κοινόν ἐστι καὶ
8 μέγιστον συμπτωμάτων. οὐ γὰρ μόνον ἀπράκτους
ποιεῖ τοὺς ὑποταττομένους, πολλάκις δὲ καὶ κινδύνους
9 ἐπιφέρει τοὺς μεγίστους τοῖς πεπιστευκόσι. προπέτειά
γε μὴν καὶ θρασύτης καὶ θυμὸς ἄλογος, ἔτι δὲ κενο-
δοξία καὶ τῦφος, εὐχείρωτα μὲν τοῖς ἐχθροῖς, ἐπισφα-
λέστατα δὲ τοῖς φίλοις. πρὸς γὰρ πᾶσαν ἐπιβουλήν,
10 ἐνέδραν, ἀπάτην ἕτοιμος ὅ γε τοιοῦτος. διόπερ εἴ τις
δύναιτο συννοεῖν τὰ περὶ τοὺς πέλας ἁμαρτήματα καὶ
τῇδέ που προσιέναι τοῖς ὑπεναντίοις, ᾗ μάλιστα καὶ
δι᾽ ὧν εὐχείρωτός ἔσθ᾽ ὁ προεστὼς τῶν πολεμίων,
11 τάχιστ᾽ ἂν τῶν ὅλων κατακρατοίη. καθάπερ γὰρ νεὼς
ἐὰν ἀφέλῃ τις τὸν κυβερνήτην, τὸ ὅλον αὐτανδρὶ
σκάφος ὑποχείριον γίνεται τοῖς ἐχθροῖς, τὸν αὐτὸν
τρόπον ἐὰν τὸν προεστῶτα [πόλεμον] δυνάμεως χει-
ρώσηταί τις κατὰ τὰς ἐπιβολὰς καὶ συλλογισμούς,
αὐτανδρὶ γίνεται πολλάκις κρατεῖν τῶν ἀντιτατто-
μένων.
12 Ἃ δὴ καὶ τότε προϊδόμενος καὶ συλλογισάμενος
Ἀννίβας περὶ τοῦ τῶν ἐναντίων ἡγεμόνος οὐ δι-
εσφάλη τῆς ἐπιβολῆς.

82. ὡς γὰρ θᾶττον ποιησάμενος ἀναζυγὴν ἀπὸ τῶν
κατὰ τὴν Φαισόλαν τόπων καὶ μικρὸν ὑπεράρας τὴν

themselves with drink; and some, owing to their abandonment to venery and the consequent derangement of their minds, have not only ruined their countries and their fortunes but brought their lives to a shameful end. But cowardice and stupidity are vices which, disgraceful as they are in private to those who have them, are when found in a general the greatest of public calamities. For not only do they render his army inefficient but often expose those who confide in him to the greatest perils. Rashness on the other hand on his part and undue boldness and blind anger, as well as vaingloriousness and conceit, are easy to be taken advantage of by his enemy and are most dangerous to his friends; for such a general is the easy victim of all manner of plots, ambushes, and cheatery. Therefore the leader who will soonest gain a decisive victory, is he who is able to perceive the faults of others, and to choose that manner and means of attacking the enemy which will take full advantage of the weaknesses of their commander. For just as a ship if deprived of its pilot will fall with its whole crew into the hands of the enemy, so the general who is his opponent's master in strategy and reasoning may often capture his whole army.

And in this case too, as Hannibal had correctly foreseen and reckoned on the conduct of Flaminius, his plan had the success he expected.

82. For as soon as he left the neighborhood of Faesulae

τῶν Ῥωμαίων στρατοπεδείαν ἐνέβαλεν εἰς τὴν προ-
2 κειμένην χώραν, εὐθέως μετέωρος ἦν ὁ Φλαμίνιος καὶ
θυμοῦ πλήρης, δοξάζων ἑαυτὸν ὑπὸ τῶν ἐναντίων
καταφρονεῖσθαι. μετὰ δὲ ταῦτα πορθουμένης τῆς χώ-
3 ρας, καὶ πανταχόθεν τοῦ καπνοῦ σημαίνοντος τὴν
καταφθορὰν αὐτῆς, ἐσχετλίαζε, δεινὸν ἡγούμενος τὸ
4 γινόμενον. διὸ καὶ τινῶν οἰομένων δεῖν μὴ προχείρως
ἐπακολουθεῖν μηδὲ συμπλέκεσθαι τοῖς πολεμίοις, φυ-
λάττεσθαι δὲ καὶ προσέχειν τὸ πλῆθος τῶν ἱππέων,
μάλιστα δὲ καὶ τὸν ἕτερον ὕπατον προσλαβεῖν καὶ
πᾶσιν ἐπὶ ταὐτὸ τοῖς στρατοπέδοις ὁμοῦ ποιήσασθαι
5 τὸν κίνδυνον, οὐχ οἷον προσεῖχε τοῖς λεγομένοις, ἀλλ᾽
6 οὐδ᾽ ἀνείχετο τῶν ἀποφαινομένων ταῦτα, παρεκάλει δ᾽
αὐτοὺς ἐν νῷ λαμβάνειν τί λέγειν εἰκὸς τοὺς ἐν τῇ
πατρίδι τῆς μὲν χώρας καταφθειρομένης σχεδὸν ἕως
πρὸς αὐτὴν τὴν Ῥώμην, αὐτῶν δὲ κατόπιν τῶν πολε-
7 μίων ἐν Τυρρηνίᾳ στρατοπεδευόντων. τέλος δὲ ταῦτ᾽
εἰπών, ἀναζεύξας προῆγε μετὰ τῆς δυνάμεως, οὐ και-
ρόν, οὐ τόπον προορώμενος, μόνον δὲ σπεύδων συμ-
πεσεῖν τοῖς πολεμίοις, ὡς προδήλου τῆς νίκης αὐτοῖς
8 ὑπαρχούσης· τηλικοῦτον γὰρ προενεβεβλήκει κατελ-
πισμὸν τοῖς ὄχλοις ὥστε πλείους εἶναι τῶν τὰ ὅπλα
φερόντων τοὺς ἐκτὸς παρεπομένους τῆς ὠφελείας χά-
ριν, κομίζοντας ἁλύσεις καὶ πέδας καὶ πᾶσαν τὴν
τοιαύτην παρασκευήν.

9 Ὅ γε μὴν Ἀννίβας ἅμα μὲν εἰς τοὔμπροσθεν ὡς
πρὸς τὴν Ῥώμην προῄει διὰ τῆς Τυρρηνίας, εὐώνυμον
μὲν πόλιν ἔχων τὴν προσαγορευομένην Κυρτώνιον

and advancing a short way beyond the Roman camp invaded the country in front of him, Flaminius swelled with fury and resentment, thinking that the enemy were treating him with contempt. And when very soon they began to lay waste the country, and the smoke rising from all quarters told its tale of destruction, he was still more indignant, regarding this as insufferable. So that when some of his officers gave it as their opinion that he should not instantly pursue and engage the enemy, but remain on his guard and beware of their numerous cavalry, and when they especially urged him to wait until his colleague joined him and to give battle with all their united legions, he not only paid no attention to the advice, but could not listen with patience to those who offered it, begging them to consider what would be said in Rome if, while the country was laid waste almost up to the walls, the army remained encamped in Etruria in the rear of the enemy. Finally, with these words, he broke up his camp, and advanced with his army, utterly regardless of time or place, but bent only on falling in with the enemy, as if victory were a dead certainty. He had even inspired the people with such confident hopes that the soldiery were outnumbered by the rabble that followed him for the sake of the booty, bringing chains, fetters, and other such implements.

Hannibal in the meantime while advancing on Rome through Etruria, with the city of Cortona and its hills on his

καὶ τὰ ταύτης ὄρη, δεξιὰν δὲ τὴν Ταρσιμέννην καλου-
10 μένην λίμνην· ἅμα δὲ προάγων ἐπυρπόλει καὶ κατ-
έφθειρε τὴν χώραν, βουλόμενος ἐκκαλέσασθαι τὸν
11 θυμὸν τῶν ὑπεναντίων. ἐπεὶ δὲ τὸν Φλαμίνιον ἤδη
συνάπτοντα καθεώρα, τόπους δ᾽ εὐφυεῖς συνθεώρησε
πρὸς τὴν χρείαν, ἐγίνετο πρὸς τὸ διακινδυνεύειν.

83. ὄντος δὲ κατὰ τὴν δίοδον αὐλῶνος ἐπιπέδου,
τούτου δὲ παρὰ μὲν τὰς εἰς μῆκος πλευρὰς ἑκατέρας
βουνοὺς ἔχοντος ὑψηλοὺς καὶ συνεχεῖς, παρὰ δὲ τὰς
εἰς πλάτος κατὰ μὲν τὴν ἀντικρὺ λόφον ἐπικείμενον
ἐρυμνὸν καὶ δύσβατον, κατὰ δὲ τὴν ἀπ᾽ οὐρᾶς λίμνην
τελείως στενὴν ἀπολείπουσαν πάροδον ὡς εἰς τὸν
2 αὐλῶνα παρὰ τὴν παρώρειαν, διελθὼν τὸν αὐλῶνα
παρὰ τὴν λίμνην, τὸν μὲν κατὰ πρόσωπον τῆς πορείας
λόφον αὐτὸς κατελάβετο, καὶ τοὺς Ἴβηρας καὶ τοὺς
3 Λίβυας ἔχων ἐπ᾽ αὐτοῦ κατεστρατοπέδευσε, τοὺς δὲ
Βαλιαρεῖς καὶ λογχοφόρους κατὰ τὴν πρωτοπορείαν
ἐκπεριάγων ὑπὸ τοὺς ἐν δεξιᾷ βουνοὺς τῶν παρὰ τὸν
αὐλῶνα κειμένων, ἐπὶ πολὺ παρατείνας ὑπέστειλε,
4 τοὺς δ᾽ ἱππεῖς καὶ τοὺς Κελτοὺς ὁμοίως τῶν εὐωνύμων
βουνῶν κύκλῳ περιαγαγὼν παρεξέτεινε συνεχεῖς,
ὥστε τοὺς ἐσχάτους εἶναι κατ᾽ αὐτὴν τὴν εἴσοδον τὴν
παρά τε τὴν λίμνην καὶ τὰς παρωρείας φέρουσαν εἰς
τὸν προειρημένον τόπον.

5 Ὁ μὲν οὖν Ἀννίβας, ταῦτα προκατασκευασάμενος
τῆς νυκτὸς καὶ περιειληφὼς τὸν αὐλῶνα ταῖς ἐνέδραις,
6 τὴν ἡσυχίαν εἶχεν. ὁ δὲ Φλαμίνιος εἵπετο κατόπιν,
7 σπεύδων συνάψαι [τῶν πολεμίων]· κατεστρατοπεδευ-

left and the Trasimene lake on his right, continued to burn
and devastate the country on his way, with the view of pro-
voking the enemy. When he saw Flaminius already ap-
proaching him and had also observed a position favorable
for his purpose, he made his plans for battle.

83. The road led through a narrow strip of level ground
with a range of high hills on each side of it lengthwise. This
defile was overlooked in front crosswise by a steep hill dif-
ficult to climb, and behind it lay the lake, between which
and the hill side the passage giving access to the defile
was quite narrow. Hannibal coasting the lake and passing
through the defile occupied himself the hill in front, en-
camping on it with his Spaniards and Africans; his slingers
and pikemen he brought round from the vanguard by a de-
tour and stationed them in an extended line under the hills
to the right of the defile, and similarly taking his cavalry
and the Celts round the hills on the left he placed them in a
continuous line under these hills, so that the last of them
were just at the entrance to the defile, lying between the
hillside and the lake.

Having made all these preparations during the night
and thus encompassed the defile with troops waiting in
ambush, Hannibal remained quiet. Flaminius was follow-
ing close on his steps impatient to overtake him. He had

κὼς δὲ τῇ προτεραίᾳ πρὸς αὐτῇ τῇ λίμνῃ τελέως ὀψὲ
τῆς ὥρας, μετὰ ταῦτα τῆς ἡμέρας ἐπιγενομένης, εὐ-
θέως ὑπὸ τὴν ἑωθινὴν ἦγε τὴν πρωτοπορείαν παρὰ
τὴν λίμνην εἰς τὸν ὑποκείμενον αὐλῶνα, βουλόμενος
ἐξάπτεσθαι τῶν πολεμίων.

84. οὔσης δὲ τῆς ἡμέρας ὁμιχλώδους διαφερόντως,
Ἀννίβας ἅμα τῷ τὸ πλεῖστον μέρος τῆς πορείας εἰς
τὸν αὐλῶνα προσδέξασθαι καὶ συνάπτειν πρὸς αὐτὸν
ἤδη τὴν τῶν ἐναντίων πρωτοπορείαν, ἀποδοὺς τὰ
συνθήματα καὶ διαπεμψάμενος πρὸς τοὺς ἐν ταῖς
ἐνέδραις, συνεπεχείρει πανταχόθεν ἅμα τοῖς πολε-
2 μίοις. οἱ δὲ περὶ τὸν Φλαμίνιον παραδόξου γενομένης
αὐτοῖς τῆς ἐπιφανείας, ἔτι δὲ δυσσυνόπτου τῆς κατὰ
τὸν ἀέρα περιστάσεως ὑπαρχούσης, καὶ τῶν πολε-
μίων κατὰ πολλοὺς τόπους ἐξ ὑπερδεξίου καταφερο-
μένων καὶ προσπιπτόντων, οὐχ οἷον παραβοηθεῖν
ἐδύναντο πρός τι τῶν δεομένων οἱ ταξίαρχοι καὶ
χιλίαρχοι τῶν Ῥωμαίων, ἀλλ᾽ οὐδὲ συννοῆσαι τὸ
3 γινόμενον. ἅμα γὰρ οἱ μὲν κατὰ πρόσωπον, οἱ δ᾽ ἀπ᾽
4 οὐρᾶς, οἱ δ᾽ ἐκ τῶν πλαγίων αὐτοῖς προσέπιπτον, διὸ
καὶ συνέβη τοὺς πλείστους ἐν αὐτῷ τῷ τῆς πορείας
σχήματι κατακοπῆναι, μὴ δυναμένους αὐτοῖς βοη-
θεῖν, ἀλλ᾽ ὡς ἂν εἰ προδεδομένους ὑπὸ τῆς τοῦ προ-
5 εστῶτος ἀκρισίας. ἔτι γὰρ διαβουλευόμενοι τί δεῖ
6 πράττειν ἀπώλλυντο παραδόξως. ἐν ᾧ καιρῷ καὶ τὸν
Φλαμίνιον αὐτὸν δυσχρηστούμενον καὶ περικακοῦντα
τοῖς ὅλοις προσπεσόντες τινὲς τῶν Κελτῶν ἀπέκτει-
7 ναν. ἔπεσον οὖν τῶν Ῥωμαίων κατὰ τὸν αὐλῶνα

encamped[121] the night before at a very late hour close to the lake itself; and next day as soon as it was dawn he led his vanguard along the lake to the above-mentioned defile, with the view of coming in touch with the enemy.

84. It was an unusually misty morning, and Hannibal, as soon as the greater part of the enemy's column had entered the defile and when the head was already in contact with him, giving the signal for battle and sending notice to those in the ambuscades, attacked the Romans from all sides at the same time. The sudden appearance of the enemy took Flaminius completely by surprise, and as the condition of the atmosphere rendered it very difficult to see, and their foes were charging down on them in so many places from higher ground, the Roman Centurions and Tribunes were not only unable to take any effectual measures to set things right, but could not even understand what was happening. They were charged at one and the same instant from the front, from the rear, and from the flanks, so that most of them were cut to pieces in marching order as they were quite unable to protect themselves, and, as it were, betrayed by their commander's lack of judgment. For while they were still occupied in considering what was best to do, they were being slaughtered without realizing how. Flaminius himself, who was in the utmost dismay and dejection, was here attacked and slain by certain Celts. So there fell in the valley about fifteen thousand of the Romans, un-

[121] For his camp and the site of the battle see the map in WC 1. 416 and pp. 415–418.

σχεδὸν εἰς μυρίους καὶ πεντακισχιλίους, οὔτ᾽ εἴκειν
τοῖς παροῦσιν οὔτε πράττειν οὐδὲν δυνάμενοι, τοῦτο δ᾽
ἐκ τῶν ἐθισμῶν αὐτὸ περὶ πλείστου ποιούμενοι, τὸ μὴ
8 φεύγειν μηδὲ λείπειν τὰς τάξεις. οἱ δὲ κατὰ πορείαν
μεταξὺ τῆς λίμνης καὶ τῆς παρωρείας ἐν τοῖς στενοῖς
συγκλεισθέντες αἰσχρῶς, ἔτι δὲ μᾶλλον ταλαιπώρως
9 διεφθείροντο. συνωθούμενοι [μὲν] γὰρ εἰς τὴν λίμνην
οἱ διὰ τὴν παράστασιν τῆς διανοίας ὁρμῶντες ἐπὶ τὸ
νήχεσθαι σὺν τοῖς ὅπλοις ἀπεπνίγοντο, τὸ δὲ πολὺ
πλῆθος μέχρι μὲν τοῦ δυνατοῦ προβαῖνον εἰς τὴν
λίμνην ἔμενε τὰς κεφαλὰς αὐτὰς ὑπὲρ τὸ ὑγρὸν ὑπερ-
10 ίσχον· ἐπιγενομένων δὲ τῶν ἱππέων, καὶ προδήλου
γενομένης ἀπωλείας, ἐξαίροντες τὰς χεῖρας καὶ δεό-
μενοι ζωγρεῖν καὶ πᾶσαν προϊέμενοι φωνὴν τὸ τελευ-
ταῖον οἱ μὲν ὑπὸ τῶν πολεμίων, τινὲς δὲ παρακαλέ-
11 σαντες αὑτοὺς διεφθάρησαν. ἑξακισχίλιοι δ᾽ ἴσως τῶν
κατὰ τὸν αὐλῶνα τοὺς κατὰ πρόσωπον νικήσαντες
παραβοηθεῖν μὲν τοῖς ἰδίοις καὶ περίστασθαι τοὺς
ὑπεναντίους ἠδυνάτουν, διὰ τὸ μηδὲν συνορᾶν τῶν
γινομένων, καίπερ μεγάλην δυνάμενοι πρὸς τὰ ὅλα
12 παρέχεσθαι χρείαν· ἀεὶ δὲ τοῦ πρόσθεν ὀρεγόμενοι,
προῆγον πεπεισμένοι συμπεσεῖσθαί τισιν, ἕως ἔλα-
13 θον ἐκπεσόντες πρὸς τοὺς ὑπερδεξίους τόπους. γενό-
μενοι δ᾽ ἐπὶ τῶν ἄκρων, καὶ τῆς ὁμίχλης ἤδη πεπτω-
κυίας, συνέντες τὸ γεγονὸς ἀτύχημα, καὶ ποιεῖν οὐδὲν
ὄντες ἔτι δυνατοὶ διὰ τὸ τοῖς ὅλοις ἐπικρατεῖν καὶ
πάντα προκατέχειν ἤδη τοὺς πολεμίους, συστραφέν-
14 τες ἀπεχώρησαν εἴς τινα κώμην Τυρρηνίδα. μετὰ δὲ

able either to yield to circumstances, or to achieve anything, but deeming it, as they had been brought up to do, their supreme duty not to fly or quit their ranks. Those again who had been shut in between the hillside and the lake perished in a shameful and still more pitiable manner. For when they were forced into the lake in a mass, some of them quite lost their wits and trying to swim in their armor were drowned, but the greater number, wading into the lake as far as they could, stood there with only their heads out of the water, and when the cavalry approached them, and death stared them in the face, though lifting up their hands and entreating to be spared in the most piteous terms, they were finally dispatched either by the enemy or by encouraging each other to kill themselves. About six thousand of those in the defile, who had defeated the enemy in their front, were unable to render any assistance to their own army or to get to the rear of their adversaries, as they could see nothing of what was happening, although they might have been of very material service. They simply continued to press forward in the belief that they were sure to meet with someone until they found themselves isolated on the high ground and on reaching the crest of the hill, the mist having now broken, they perceived the extent of the disaster, but were no longer able to help, as the enemy were now completely victorious and in occupation of all the ground. They therefore retired in a body to a certain

τὴν μάχην ἀποσταλέντος ὑπὸ τοῦ στρατηγοῦ μετὰ
τῶν Ἰβήρων καὶ λογχοφόρων Μαάρβα καὶ περιστρα-
τοπεδεύσαντος τὴν κώμην, ποικίλης αὐτοῖς ἀπορίας
περιεστώσης, ἀποθέμενοι τὰ ὅπλα παρέδοσαν αὑτοὺς
ὑποσπόνδους, ὡς τευξόμενοι τῆς σωτηρίας.

15 Τὰ μὲν οὖν περὶ τὸν ὅλον κίνδυνον τὸν γενόμενον
ἐν Τυρρηνίᾳ Ῥωμαίοις καὶ Καρχηδονίοις τοῦτον ἐπ-
ετελέσθη τὸν τρόπον.

85. Ἀννίβας δέ, πρὸς αὑτὸν ἐπαναχθέντων τῶν
ὑποσπόνδων, ὁμοίως δὲ καὶ τῶν ἄλλων αἰχμαλώτων,
συναγαγὼν πάντας, ὄντας πλείους τῶν μυρίων καὶ
2 πεντακισχιλίων, πρῶτον μὲν διεσάφησεν ὅτι Μαάρ-
βας οὐκ εἴη κύριος ἄνευ τῆς αὑτοῦ γνώμης διδοὺς τὴν
ἀσφάλειαν τοῖς ὑποσπόνδοις, μετὰ δὲ ταῦτα κατηγο-
3 ρίαν ἐποιήσατο Ῥωμαίων. λήξας δὲ τούτων, ὅσοι μὲν
ἦσαν Ῥωμαῖοι τῶν ἑαλωκότων, διέδωκεν εἰς φυλακὴν
ἐπὶ τὰ τάγματα, τοὺς δὲ συμμάχους ἀπέλυσε χωρὶς
4 λύτρων ἅπαντας εἰς τὴν οἰκείαν, ἐπιφθεγξάμενος τὸν
αὐτὸν ὃν καὶ πρόσθεν λόγον ὅτι πάρεστι πολεμήσων
οὐκ Ἰταλιώταις, ἀλλὰ Ῥωμαίοις ὑπὲρ τῆς Ἰταλιωτῶν
5 ἐλευθερίας. τὴν δ' ἑαυτοῦ δύναμιν ἀνελάμβανε, καὶ
τῶν νεκρῶν τῶν ἐκ τῆς σφετέρας δυνάμεως τοὺς
ἐπιφανεστάτους ἔθαψεν, ὄντας εἰς τριάκοντα τὸν
ἀριθμόν· οἱ μὲν γὰρ πάντες εἰς χιλίους καὶ πεντα-
6 κοσίους ἔπεσον, ὧν ἦσαν οἱ πλείους Κελτοί. ταῦτα δὲ
πράξας διενοεῖτο μετὰ τἀδελφοῦ καὶ τῶν φίλων ποῦ
καὶ πῶς δεῖ ποιεῖσθαι τὴν ὁρμήν, εὐθαρσὴς ὢν ἤδη
περὶ τῶν ὅλων.

Etruscan village. After the battle, on Maharbal[122] being sent by the general with the Spaniards and pikemen to surround the village, finding themselves beset by a complication of dangers they laid down their arms and surrendered on condition of their lives being spared.

Such was the result of the battle in Etruria between the Romans and Carthaginians.

85. Hannibal, when the prisoners who had surrendered on terms as well as the others were brought to him, assembled the whole body, more than fifteen thousand in number, and after informing them in the first place that Maharbal had no authority without consulting him to promise the former their safety, launched out into an invective against the Romans, and at the end of it distributed such of the prisoners as were Romans among his troops to keep guard over, and setting all the allies free, sent them to their homes, adding, as on a previous occasion,[123] that he was not come to fight with the Italians, but with the Romans for the freedom of Italy. He now allowed his own troops to rest and paid the last honors to those of the highest rank among the fallen, about thirty in number, his whole loss having been about fifteen hundred, most of them Celts. After this he consulted with his brother and friends as to where and how it was best to deliver his attack, being now quite confident of final success.

122 *RE* Maharbal 523–524 (V. Ehrenberg).
123 77.4.

7   Εἰς δὲ τὴν Ῥώμην προσπεσόντος ἤδη τοῦ γεγο-
νότος ἀτυχήματος, στέλλεσθαι μὲν ἢ ταπεινοῦν τὸ
συμβεβηκὸς οἱ προεστῶτες τοῦ πολιτεύματος ἠδυ-
νάτουν διὰ τὸ μέγεθος τῆς συμφορᾶς, λέγειν δὲ τοῖς
πολλοῖς ἠναγκάζοντο τὰ γεγονότα, συναθροίσαντες
8 τὸν δῆμον εἰς ἐκκλησίαν. διόπερ ἅμα τῷ τὸν στρα-
τηγὸν εἰπεῖν τοῖς ὄχλοις ἀπὸ τῶν ἐμβόλων ὅτι Λειπό-
μεθα μάχῃ μεγάλῃ, τηλικαύτην συνέβη γενέσθαι δια-
τροπὴν ὥστε τοῖς παραγενομένοις ἐφ᾽ ἑκατέρων τῶν
καιρῶν πολλῷ μεῖζον τότε φανῆναι τὸ γεγονὸς ἢ παρ᾽
αὐτὸν τὸν τῆς μάχης καιρόν. καὶ τοῦτ᾽ εἰκότως συν-
9 έβη. πολλῶν γὰρ χρόνων ἄπειροι καὶ τοῦ ῥήματος καὶ
τοῦ πράγματος ὑπάρχοντες τῆς ὁμολογουμένης ἥττης
οὐ μετρίως οὐδὲ κατὰ σχῆμα τὴν περιπέτειαν ἔφερον.
10 οὐ μὴν ἥ γε σύγκλητος, ἀλλ᾽ ἐπὶ τοῦ καθήκοντος
ἔμενε λογισμοῦ, καὶ διενοεῖτο περὶ τοῦ μέλλοντος πῶς
καὶ τί πρακτέον ἑκάστοις εἴη.

    86. Κατὰ δὲ τοὺς τῆς μάχης καιροὺς Γνάιος Σερου-
ίλιος ὁ προκαθήμενος ὕπατος ἐπὶ τῶν κατ᾽ Ἀρίμινον
2 τόπων, οὗτοι δ᾽ εἰσὶν ἐπὶ τῆς παρὰ τὸν Ἀδρίαν πλευ-
ρᾶς, οὗ συνάπτει τὰ Γαλατικὰ πεδία πρὸς τὴν ἄλλην
Ἰταλίαν, οὗ μακρὰν τῆς εἰς θάλατταν ἐκβολῆς τῶν
3 τοῦ Πάδου στομάτων, ἀκούσας εἰσβεβληκότα τὸν
Ἀννίβαν εἰς Τυρρηνίαν ἀντιστρατοπεδεύειν τῷ Φλα-
μινίῳ, πᾶσι μὲν ἐπεβάλετο τοῖς στρατοπέδοις αὐτὸς
συνάπτειν· ἀδυνατῶν δὲ διὰ τὸ τῆς στρατιᾶς βάρος,
Γάιον Κεντήνιον κατὰ σπουδὴν δοὺς τετρακισχιλίους
ἱππεῖς προεξαπέστειλε, βουλόμενος, εἰ δέοιθ᾽ οἱ και-

On the news of the defeat reaching Rome the chiefs of the state were unable to conceal or soften down the facts, owing to the magnitude of the calamity, and were obliged to summon a meeting of the commons and announce it. When the Praetor therefore from the Rostra said, "We have been defeated in a great battle," it produced such consternation that to those who were present on both occasions the disaster seemed much greater now than during the actual battle. And this was quite natural; for since for many years they had had no experience of the word or fact of avowed defeat, they could not bear the reverse with moderation and dignity. This was not, however, the case with the Senate, which remained self-possessed, taking thought for the future as to what should be done by everyone, and how best to do it.

86. At the time of the battle Gnaeus Servilius, the Consul in command in the district of Ariminum (the district that is on the coast of the Adriatic where the plain of Cisalpine Gaul joins the rest of Italy not far from the mouths of the river Po), hearing that Hannibal had invaded Etruria and was encamped opposite Flaminius, formed the project of joining the latter with his whole army, but as this was impossible owing to the weight of his forces he dispatched Gaius Centenius[124] at once in advance, giving him four thousand horse, intending them, if

[124] *MRR* 1. 245.

ροί, πρὸ τῆς αὑτοῦ παρουσίας τούτους καταταχεῖν.
4 Ἀννίβας δέ, μετὰ τὴν μάχην προσαγγελθείσης αὐτῷ
τῆς τῶν ὑπεναντίων βοηθείας, ἐξαποστέλλει Μαάρ-
βαν, ἔχοντα τοὺς λογχοφόρους καὶ τι μέρος τῶν
5 ἱππέων. οἳ καὶ συμπεσόντες τοῖς περὶ τὸν Γάιον ἐν
αὐτῇ μὲν τῇ πρώτῃ συμπλοκῇ σχεδὸν τοὺς ἡμίσεις
αὐτῶν διέφθειραν, τοὺς δὲ λοιποὺς εἴς τινα λόφον
συνδιώξαντες τῇ κατὰ πόδας ἡμέρᾳ πάντας ἔλαβον
6 ὑποχειρίους. ἐν δὲ τῇ Ῥώμῃ, τριταίας οὔσης τῆς κατὰ
τὴν μάχην προσαγγελίας, καὶ μάλιστα τότε τοῦ
πάθους κατὰ τὴν πόλιν ὡς ἂν εἰ φλεγμαίνοντος, ἐπι-
γενομένης καὶ ταύτης τῆς περιπετείας, οὐ μόνον τὸ
πλῆθος, ἀλλὰ καὶ τὴν σύγκλητον αὐτὴν συνέβη δια-
7 τραπῆναι. διὸ καὶ παρέντες τὴν κατ’ ἐνιαυτὸν ἀγωγὴν
τῶν πραγμάτων καὶ τὴν αἵρεσιν τῶν ἀρχόντων, μει-
ζόνως ἐπεβάλοντο βουλεύεσθαι περὶ τῶν ἐνεστώτων,
νομίζοντες αὐτοκράτορος δεῖσθαι στρατηγοῦ τὰ πρά-
γματα καὶ τοὺς περιστῶτας καιρούς.

8   Ἀννίβας δέ, κατατεθαρρηκὼς τοῖς ὅλοις ἤδη, τὸ
μὲν συνεγγίζειν τῇ Ῥώμῃ κατὰ τὸ παρὸν ἀπεδο-
κίμασε· τὴν δὲ χώραν ἐπιπορευόμενος ἀδεῶς ἐπόρθει,
9 ποιούμενος τὴν πορείαν ὡς ἐπὶ τὸν Ἀδρίαν. διανύσας
τε τήν τε τῶν Ὄμβρων καλουμένην χώραν καὶ τὴν
τῶν Πικέντων ἧκε δεκαταῖος πρὸς τοὺς κατὰ τὸν
10 Ἀδρίαν τόπους, πολλῆς μὲν λείας γεγονὼς ἐγκρατής,
ὥστε μήτ’ ἄγειν μήτε φέρειν δύνασθαι τὸ στρατό-
πεδον τὰς ὠφελείας, πολὺ δὲ πλῆθος ἀνθρώπων ἀπ-
11 εκταγκὼς κατὰ τὴν δίοδον· καθάπερ γὰρ ἐν ταῖς τῶν

the situation were critical, to press on and arrive before himself. When, after the battle, news reached Hannibal of the approach of these reinforcements, he sent off Maharbal with the pikemen and part of the cavalry. Encountering Gaius, they killed about half of his force in their first attack, and pursuing the others to a hill, made them all prisoners on the following day. Three days after the news of the great battle had reached Rome, and just when throughout the city the sore, so to speak, was most violently inflamed, came the tidings of this fresh disaster, and now not only the populace but the Senate too were thrown into consternation. Abandoning therefore the system of government by magistrates elected annually they decided to deal with the present situation more radically, thinking that the state of affairs and the impending peril demanded the appointment of a single general with full powers.

Hannibal, now fully assured of success, dismissed the idea of approaching Rome for the present, but began to ravage the country unmolested, advancing towards the Adriatic. Passing through Umbria and Picenum he reached the coast on the tenth day, having possessed himself of so large an amount of booty that his army could not drive or carry it all off and having killed a number of people on his road. For, as at the capture of cities by assault, the order

πόλεων καταλήψεσι, καὶ τότε παράγγελμά τι δεδομέ-
νον ἦν φονεύειν τοὺς ὑποπίπτοντας τῶν ἐν ταῖς ἡλι-
κίαις. ταῦτα δ' ἐποίει διὰ τὸ προϋπάρχον αὐτῷ μῖσος
ἔμφυτον πρὸς Ῥωμαίους.

87. ἐν ᾧ καιρῷ καταστρατοπεδεύσας παρὰ τὸν
Ἀδρίαν ἐν χώρᾳ πρὸς πάντα τὰ γεννήματα διαφερού-
σῃ μεγάλην ἐποιεῖτο σπουδὴν ὑπὲρ τῆς ἀναλήψεως
καὶ θεραπείας τῶν ἀνδρῶν, οὐχ ἧττον δὲ καὶ τῶν
2 ἵππων. ὡς ἂν γὰρ ὑπαίθρου τῆς παραχειμασίας γεγε-
νημένης ἐν τοῖς κατὰ Γαλατίαν τόποις ὑπό τε τοῦ
ψύχους καὶ τῆς ἀνηλειψίας, ἔτι δὲ τῆς μετὰ ταῦτα διὰ
τῶν ἑλῶν πορείας καὶ ταλαιπωρίας, ἐπεγεγόνει σχε-
δὸν ἅπασι τοῖς ἵπποις, ὁμοίως δὲ καὶ τοῖς ἀνδράσιν ὁ
3 λεγόμενος λιμόψωρος καὶ τοιαύτη καχεξία. διὸ γενό-
μενος ἐγκρατὴς χώρας εὐδαίμονος ἐσωματοποίησε
μὲν τοὺς ἵππους, ἀνεκτήσατο δὲ τά τε σώματα καὶ τὰς
ψυχὰς τῶν στρατιωτῶν· μετακαθώπλισε δὲ τοὺς Λίβυ-
ας εἰς τὸν Ῥωμαϊκὸν τρόπον ἐκλεκτοῖς ὅπλοις, ὡς ἂν
4 γεγονὼς κύριος τοσούτων σκύλων. ἐξαπέστειλε δὲ
κατὰ θάλατταν ἐν τῷ καιρῷ τούτῳ καὶ τοὺς διασα-
φήσοντας εἰς τὴν Καρχηδόνα περὶ τῶν γεγονότων·
τότε γὰρ πρῶτον ἥψατο θαλάττης, ἀφ' οὗ τὴν εἰσβο-
5 λὴν ἐποιήσατο τὴν εἰς Ἰταλίαν. ἐφ' οἷς ἀκούσαντες
μεγαλείως ἐχάρησαν οἱ Καρχηδόνιοι, καὶ πολλὴν
ἐποιοῦντο σπουδὴν καὶ πρόνοιαν ὑπὲρ τοῦ κατὰ πάντα
τρόπον ἐπικουρεῖν καὶ τοῖς ἐν Ἰταλίᾳ καὶ τοῖς ἐν
Ἰβηρίᾳ πράγμασι.

6   Ῥωμαῖοι δὲ δικτάτορα μὲν κατέστησαν Κόιντον

had been given to put to the sword all adults who fell into their hands, Hannibal acting thus owing to his inveterate hatred of the Romans.

87. He now encamped near the Adriatic in a country abounding in all kinds of produce, and paid great attention to recruiting the health of his men as well as of his horses by proper treatment. In consequence of the cold from which they had suffered while wintering in the open in Gaul, combined with their being unable to get the friction with oil to which they were accustomed, and owing also to the hardships of the subsequent march through the marshes, nearly all the horses as well as the men had been attacked by scurvy and its evil results. So that, now he was in occupation of such a rich country, he built up his horses and restored the physical and mental condition of his men. He also rearmed the Africans in the Roman fashion with select weapons, being, as he now was, in possession of a very large quantity of captured arms. He also sent at this time messengers to Carthage by sea with the news of what had happened, this being the first time he had come in touch with the sea since he invaded Italy. The news was received with great rejoicing by the Carthaginians, who hastened to take steps to support in every possible manner the two campaigns in Italy and in Spain.

The Romans had appointed as Dictator Quintus Fa-

Φάβιον, ἄνδρα καὶ φρονήσει διαφέροντα καὶ πεφυκότα καλῶς. ἔτι γοῦν ἐπεκαλοῦντο καὶ καθ' ἡμᾶς οἱ ταύτης τῆς οἰκίας Μάξιμοι, τοῦτο δ' ἔστι μέγιστοι,

7 διὰ τὰς ἐκείνου τἀνδρὸς ἐπιτυχίας καὶ πράξεις. ὁ δὲ δικτάτωρ ταύτην ἔχει τὴν διαφορὰν τῶν ὑπάτων· τῶν μὲν γὰρ ὑπάτων ἑκατέρῳ δώδεκα πελέκεις ἀκολου

8 θοῦσι, τούτῳ δ' εἴκοσι καὶ τέτταρες, κἀκεῖνοι μὲν ἐν πολλοῖς προσδέονται τῆς συγκλήτου πρὸς τὸ συντελεῖν τὰς ἐπιβολάς, οὗτος δ' ἔστιν αὐτοκράτωρ στρατηγός, οὗ κατασταθέντος παραχρῆμα διαλύεσθαι συμβαίνει πάσας τὰς ἀρχὰς ἐν τῇ Ῥώμῃ πλὴν τῶν

9 δημάρχων. οὐ μὴν ἀλλὰ περὶ μὲν τούτων ἐν ἄλλοις ἀκριβεστέραν ποιησόμεθα τὴν διαστολήν. ἅμα δὲ τῷ δικτάτορι κατέστησαν ἱππάρχην Μάρκον Μινύκιον. οὗτος δὲ τέτακται μὲν ὑπὸ τὸν αὐτοκράτορα, γίνεται δ' οἷον εἰ διάδοχος τῆς ἀρχῆς ἐν τοῖς ἐκείνου περισπασμοῖς.

88. Ἀννίβας δὲ κατὰ βραχὺ μεταθεὶς τὴν παρεμβολὴν ἐνδιέτριβε τῇ παρὰ τὸν Ἀδρίαν χώρᾳ, καὶ τοὺς μὲν ἵππους ἐκλούων τοῖς παλαιοῖς οἴνοις διὰ τὸ πλῆθος ἐξεθεράπευσε τὴν καχεξίαν αὐτῶν καὶ τὴν ψώραν,

2 παραπλησίως δὲ καὶ τῶν ἀνδρῶν τοὺς μὲν τραυματίας ἐξυγίασε, τοὺς δὲ λοιποὺς εὐέκτας παρεσκεύασε καὶ

3 προθύμους εἰς τὰς ἐπιφερομένας χρείας. διελθὼν δὲ καὶ καταφθείρας τήν τε Πραιτεττιανὴν καὶ τὴν Ἀδριανὴν ἔτι δὲ τὴν Μαρρουκίνην καὶ Φρεντανὴν χώραν,

4 ὥρμησε ποιούμενος τὴν πορείαν εἰς τὴν Ἰαπυγίαν. ἧς διῃρημένης εἰς τρεῖς ὀνομασίας, καὶ τῶν μὲν προσ

bius,[125] a man of admirable judgment and great natural gifts, so much so that still in my own day the members of this family bear the name of Maximus, "Greatest," owing to the achievements and success of this man.[126] A dictator differs from the Consuls in these respects, that while each of the Consuls is attended by twelve lictors, the Dictator has twenty-four, and that while the Consuls require in many matters the cooperation of the Senate, the Dictator is a general with absolute powers, all the magistrates in Rome, except the Tribunes, ceasing to hold office[127] on his appointment. However, I will deal with this subject in greater detail later.[128] At the same time they appointed Marcus Minucius[129] Master of the Horse. The Master of the Horse is subordinate to the Dictator but becomes as it were his successor when the Dictator is otherwise occupied.

88. Hannibal now shifting his camp from time to time continued to remain in the country near the Adriatic, and by bathing his horses with old wine, of which there was abundance, he thoroughly set right their mangy condition. In like manner he completely cured his wounded, and made the rest of his men sound in body and ready to perform cheerfully the services that would be required of them. After passing through and devastating the territories of Praetutia, Hadriana, Marrucina, and Frentana he marched on towards Iapygia. This province is divided

---

[125] *MRR* 1. 243.   [126] Untrue: the *cognomen* was inherited from the consul of 322.

[127] Untrue: they all continued to serve under the dictator.

[128] This is lost.

[129] *MRR* 1. 243.

αγορευομένων Δαυνίων ‹τῶν δὲ Πευκετίων›, τῶν δὲ
5 Μεσσαπίων, εἰς πρώτην ἐνέβαλε τὴν Δαυνίαν. ἀρ-
ξάμενος δὲ ταύτης ἀπὸ Λουκαρίας, οὔσης ἀποικίας
6 Ῥωμαίων, ἐπόρθει τὴν χώραν. μετὰ δὲ ταῦτα κατα-
στρατοπεδεύσας περὶ τὸ καλούμενον Οἰβώνιον ἐπέ-
τρεχε τὴν Ἀργυριππανὴν καὶ πᾶσαν ἀδεῶς ἐληλάτει
τὴν Δαυνίαν.

7   Ἐν ᾧ καιρῷ καὶ Φάβιος μετὰ τὴν κατάστασιν
θύσας τοῖς θεοῖς ἐξώρμησε μετὰ τοῦ συνάρχοντος καὶ
τῶν ἐκ τοῦ καιροῦ καταγραφέντων τεττάρων στρατο-
8 πέδων. συμμίξας δὲ ταῖς ἀπ᾽ Ἀριμίνου βοηθούσαις
δυνάμεσι περὶ τὴν Ναρνίαν, Γνάιον μὲν τὸν ὑπάρ-
χοντα στρατηγὸν ἀπολύσας τῆς κατὰ γῆν στρατείας
ἐξαπέστειλε μετὰ παραπομπῆς εἰς τὴν Ῥώμην, ἐντει-
λάμενος, ἐάν τι κατὰ θάλατταν κινῶνται Καρχηδόνιοι,
9 βοηθεῖν ἀεὶ τοῖς ὑποπίπτουσι καιροῖς, αὐτὸς δὲ μετὰ
τοῦ συνάρχοντος παραλαβὼν τὰς δυνάμεις ἀντεστρα-
τοπέδευσε τοῖς Καρχηδονίοις περὶ τὰς Αἴκας καλου-
μένας, ἀπέχων τῶν πολεμίων περὶ πεντήκοντα στα-
δίους.

89. Ἀννίβας δὲ συνεὶς τὴν παρουσίαν τοῦ Φαβίου,
καὶ βουλόμενος ἐξ ἐφόδου καταπλήξασθαι τοὺς ὑπ-
εναντίους, ἐξαγαγὼν τὴν δύναμιν καὶ συνεγγίσας τῷ
τῶν Ῥωμαίων χάρακι παρετάξατο. χρόνον δέ τινα
μείνας, οὐδενὸς ἐπεξιόντος αὖθις ἀνεχώρησεν εἰς τὴν
2 ἑαυτοῦ παρεμβολήν. ὁ γὰρ Φάβιος διεγνωκὼς μήτε
παραβάλλεσθαι μήτε διακινδυνεύειν, στοχάζεσθαι δὲ
πρῶτον καὶ μάλιστα τῆς ἀσφαλείας τῶν ὑποταττο-

among three peoples, the Daunii, Peucetii and Messapii, and it was the territory of the Daunii that Hannibal first invaded. Starting from Luceria, a Roman colony[130] in this district, he laid waste the surrounding country. He next encamped near Vibinum[131] and overran the territory of Argyripa and plundered all Daunia unopposed.

At the same time Fabius on his appointment, after sacrificing to the gods, also took the field with his colleague and the four legions which had been raised for the emergency. Joining near Narnia the army from Ariminum, he relieved Gnaeus the present general of his command on land and sent him with an escort to Rome with orders to take the steps that circumstances called for should the Carthaginians make any naval movements. Himself with his Master of the Horse taking the whole army under his command, he encamped opposite the Carthaginians near Aecae about six miles from the enemy.

89. When he learnt that Fabius had arrived, Hannibal, wishing to strike such a blow as would effectually cow the enemy, led his forces out and drew them up in order of battle at a short distance from the Roman camp, but after waiting some time, as nobody came out to meet him, he retired again to his own camp. For Fabius, having determined not to expose himself to any risk or to venture on a battle, but to make the safety of the army under his com-

---

[130] Since 314.
[131] Modern Bovino.

3 μένων, ἔμενε βεβαίως ἐπὶ τῆς διαλήψεως ταύτης. τὰς
μὲν οὖν ἀρχὰς κατεφρονεῖτο καὶ παρεῖχε λόγον ὡς
ἀποδεδειλιακὼς καὶ καταπεπληγμένος τὸν κίνδυνον,
τῷ τὲ χρόνῳ πάντας ἠνάγκασε παρομολογῆσαι καὶ
συγχωρεῖν ὡς οὔτε νουνεχέστερον οὔτε φρονιμώτερον
οὐδένα δυνατὸν ἦν χρῆσθαι τοῖς τότε περιεστῶσι
4 καιροῖς. ταχὺ δὲ καὶ τὰ πράγματα προσεμαρτύρησε
5 τοῖς λογισμοῖς αὐτοῦ. καὶ τοῦτ' εἰκότως ἐγένετο. τὰς
μὲν γὰρ τῶν ὑπεναντίων δυνάμεις συνέβαινε γεγυμ-
νάσθαι μὲν ἐκ τῆς πρώτης ἡλικίας συνεχῶς ἐν τοῖς
πολεμικοῖς, ἡγεμόνι δὲ χρῆσθαι συντεθραμμένῳ σφί-
σι καὶ παιδομαθεῖ περὶ τὰς ἐν τοῖς ὑπαίθροις χρείας,
6 νενικηκέναι δὲ πολλὰς μὲν ἐν Ἰβηρίᾳ μάχας, δὶς δὲ
Ῥωμαίους ἑξῆς καὶ τοὺς συμμάχους αὐτῶν, τὸ δὲ
μέγιστον ἀπεγνωκότας πάντα μίαν ἔχειν ἐλπίδα τῆς
7 σωτηρίας τὴν ἐν τῷ νικᾶν· περὶ δὲ τὴν τῶν Ῥωμαίων
8 στρατιὰν τἀναντία τούτοις ὑπῆρχε. διόπερ εἰς μὲν τὸν
ὑπὲρ τῶν ὅλων κίνδυνον οὐχ οἷός τ' ἦν συγκατα-
βαίνειν, προδήλου τῆς ἐλαττώσεως ὑπαρχούσης· εἰς
δὲ τὰ σφέτερα προτερήματα τοῖς λογισμοῖς ἀναχωρή-
σας ἐν τούτοις διέτριβε καὶ διὰ τούτων ἐχείριζε τὸν
9 πόλεμον. ἦν δὲ τὰ προτερήματα Ῥωμαίων ἀκατά-
τριπτα χορήγια καὶ χειρῶν πλῆθος.

90. διόπερ κατὰ τοὺς ἑξῆς χρόνους ἀντιπαρῆγε τοῖς
πολεμίοις ἀεὶ καὶ τοὺς εὐκαίρους προκατελάμβανε
2 τόπους κατὰ τὴν ἐμπειρίαν. ἔχων δὲ κατὰ νώτου τὰς
χορηγίας ἀφθόνους, οὐδέποτε τοὺς στρατιώτας ἠφίει
προνομεύειν οὐδὲ χωρίζεσθαι καθάπαξ ἐκ τοῦ χάρα-

mand his first and chief aim, adhered steadfastly to his pur-
pose. At first, it is true, he was despised for this, and gave
people occasion to say that he was playing the coward and
was in deadly fear of an engagement, but as time went on,
he forced everyone to confess and acknowledge that it was
impossible for anyone to deal with the present situation in
a more sensible and prudent manner. Very soon indeed
facts testified to the wisdom of his conduct, and this was no
wonder. For the enemy's forces had been trained in actual
warfare constantly from their earliest youth, they had a
general who had been brought up together with them and
was accustomed from childhood to operations in the field,
they had won many battles in Spain and had twice in suc-
cession beaten the Romans and their allies, and what was
most important, they had cast to the winds everything else,
and their only hope of safety lay in victory. The circum-
stances of the Roman army were the exact opposite, and
therefore Fabius was not able to meet the enemy in a gen-
eral battle, as it would evidently result in a reverse, but on
due consideration he fell back on those means in which the
Romans had the advantage, confined himself to these, and
regulated his conduct of the war thereby. These advan-
tages of the Romans lay in inexhaustible supplies of provi-
sions and men.

90. He, therefore, during the period which followed
continued to move parallel to the enemy, always occupying
in advance the positions which his knowledge of the coun-
try told him were the most advantageous. Having always
a plentiful store of provisions in his rear he never allowed
his soldiers to forage or to straggle from the camp on any

κος, ἄθρους δ᾽ ἀεὶ καὶ συνεστραμμένους τηρῶν ἐφή-
3 δρευε τοῖς τόποις καὶ καιροῖς. καὶ πολλοὺς τῶν πολε-
μίων ἀποσπωμένους ἀπὸ τῆς ἰδίας παρεμβολῆς ἐπὶ
τὰς προνομὰς διὰ τὸ καταφρονεῖν ὑποχειρίους ἐλάμ-
4 βανε καὶ κατέφθειρε τῷ τοιούτῳ τρόπῳ. ταῦτα δ᾽
ἐποίει, βουλόμενος ἅμα μὲν ἀφ᾽ ὡρισμένου πλήθους
ἐλαττοῦν ἀεὶ τοὺς ὑπεναντίους, ἅμα δὲ τὰς τῶν ἰδίων
δυνάμεων ψυχὰς προηττημένας τοῖς ὅλοις διὰ τῶν
κατὰ μέρος προτερημάτων κατὰ βραχὺ σωματοποιεῖν
5 καὶ προσαναλαμβάνειν. εἰς ὁλοσχερῆ δὲ κρίσιν ἐξ
6 ὁμολόγου συγκαταβαίνειν οὐδαμῶς οἷός τ᾽ ἦν. οὐ μὴν
Μάρκῳ γε τῷ συνάρχοντι τούτων οὐδὲν ἤρεσκε. σύμ-
ψηφον δὲ τοῖς ὄχλοις ποιῶν αὑτὸν τὸν μὲν Φάβιον
κατελάλει πρὸς πάντας, ὡς ἀγεννῶς χρώμενον τοῖς
πράγμασι καὶ νωθρῶς, αὐτὸς δὲ πρόθυμος ἦν παρα-
βάλλεσθαι καὶ διακινδυνεύειν.

7 Οἱ δὲ Καρχηδόνιοι καταφθείραντες τοὺς προειρη-
μένους τόπους ὑπερέβαλον τὸν Ἀπεννῖνον, καὶ κατά-
ραντες εἰς τὴν Σαυνῖτιν χώραν, οὖσαν εὐδαίμονα καὶ
πολλῶν χρόνων ἀπολέμητον, ἐν τοιαύτῃ περιουσίᾳ
τῶν ἐπιτηδείων ἦσαν ὥστε μήτε χρωμένους μήτε
8 καταφθείροντας ἀνύειν δύνασθαι τὰς λείας. κατέδρα-
μον δὲ καὶ τὴν Οὐενεουεντανήν, Ῥωμαίων ἀποικίαν
ὑπάρχουσαν· εἷλον δὲ καὶ πόλιν Οὐενουσίαν, ἀτείχι-
στον οὖσαν καὶ πολλῆς καὶ παντοδαπῆς ἀποσκευῆς
9 γέμουσαν. οἱ δὲ Ῥωμαῖοι κατόπιν μὲν εἵποντο συν-
εχῶς, μιᾶς καὶ δυεῖν ἡμερῶν ὁδὸν ἀπέχοντες, ἐγγίζειν
γε μὴν καὶ συμπλέκεσθαι τοῖς πολεμίοις οὐχ οἷοί τ᾽

pretext, but keeping them continually massed together watched for such opportunities as time and place afforded. In this manner he continued to take or kill numbers of the enemy, who despising him had strayed far from their own camp in foraging. He acted so in order, on the one hand, to keep in reducing the strictly limited numbers of the enemy, and, on the other, with the view of gradually strengthening and restoring by partial successes the spirits of his own troops, broken as they were by the general reverses. He was, however, not at all disposed to respond to the enemy's challenge and meet him in a set battle. But all this much displeased his colleague Marcus, who, echoing the popular verdict, ran down Fabius to all for his craven and slow conduct of the campaign, while he himself was most eager to risk a battle.

The Carthaginians, after ravaging the country I mentioned, crossed the Apennines and descended into the territory of the Samnites, which was very fertile and had not for long been visited by war, so that they had such abundance of provisions that they could not succeed either in using or in destroying all their booty. They also overran the territory of Beneventum,[132] a Roman colony, and took the city of Venusia,[133] which was unwalled and full of all manner of property. The Romans continued to hang on their rear at a distance of one or two days' march, refusing to approach nearer and engage the enemy. Hannibal, conse-

---

[132] Roman colony in 268, with change of name from Maleventum.

[133] See WC 1. 424.

10 ἦσαν. διόπερ Ἀννίβας, ὁρῶν τὸν Φάβιον φυγομα-
χοῦντα μὲν προδήλως, τοῖς δ᾽ ὅλοις οὐκ ἐκχωροῦντα
τῶν ὑπαίθρων, ὥρμησε τολμηρῶς εἰς τὰ περὶ Καπύην
πεδία, καὶ τούτων εἰς τὸν προσαγορευόμενον Φάλερ-
11 νον τόπον, πεπεισμένος δυεῖν θάτερον, ἢ μάχεσθαι
τοὺς πολεμίους ἀναγκάσειν ἢ πᾶσι δῆλον ποιήσειν
ὅτι κρατεῖ τῶν ὅλων καὶ παραχωροῦσι Ῥωμαῖοι τῶν
12 ὑπαίθρων αὐτοῖς. οὗ γενομένου καταπλαγείσας ἤλ-
πιζε τὰς πόλεις ὁρμήσειν πρὸς τὴν ἀπὸ Ῥωμαίων
13 ἀπόστασιν. ἕως γὰρ τότε δυσὶ μάχαις ἤδη λελειμ-
μένων αὐτῶν οὐδεμία πόλις ἀπέστη τῶν κατὰ τὴν
Ἰταλίαν πρὸς Καρχηδονίους, ἀλλὰ διετήρουν τὴν πί-
14 στιν, καίπερ ἔνιαι πάσχουσαι κακῶς. ἐξ ὧν καὶ παρα-
σημήναιτ᾽ ἄν τις τὴν κατάπληξιν καὶ καταξίωσιν
παρὰ τοῖς συμμάχοις τοῦ Ῥωμαίων πολιτεύματος.

91. Οὐ μὴν ἀλλ᾽ ὅ γ᾽ Ἀννίβας εἰκότως ἐπὶ τούτους
2 κατήντα τοὺς λογισμούς. τὰ γὰρ πεδία τὰ κατὰ
Καπύην ἐπιφανέστατα μέν ἐστι τῶν κατὰ τὴν Ἰταλίαν
καὶ διὰ τὴν ἀρετὴν καὶ διὰ τὸ κάλλος καὶ διὰ τὸ πρὸς
αὐτῇ κεῖσθαι τῇ θαλάττῃ καὶ τούτοις χρῆσθαι τοῖς
ἐμπορίοις, εἰς ἃ σχεδὸν ἐκ πάσης τῆς οἰκουμένης
3 κατατρέχουσιν οἱ πλέοντες εἰς Ἰταλίαν. περιέχουσι δὲ
καὶ τὰς ἐπιφανεστάτας καὶ καλλίστας πόλεις τῆς
4 Ἰταλίας ἐν αὐτοῖς. τὴν μὲν γὰρ παραλίαν αὐτῶν
Σενουεσανοὶ καὶ Κυμαῖοι καὶ Δικαιαρχῖται νέμονται,
πρὸς δὲ τούτοις Νεαπολῖται, τελευταῖον δὲ τὸ τῶν
5 Νουκερίνων ἔθνος. τῆς δὲ μεσογαίου τὰ μὲν πρὸς τὰς
ἄρκτους Καληνοὶ καὶ Τιανῖται κατοικοῦσι, τὰ δὲ πρὸς

quently, seeing that Fabius, while obviously wishing to avoid a battle, had no intention at all of withdrawing altogether from the open country, made a bold dash at Falernum in the plain of Capua,[134] counting with certainty on one of two alternatives: either he would compel the enemy to fight or make it plain to everybody that he was winning and that the Romans were abandoning the country to him. Upon this happening he hoped that the towns would be much impressed and hasten to throw off their allegiance to Rome. For up to now, although the Romans had been beaten in two battles, not a single Italian city had revolted to the Carthaginians, but all remained loyal, although some suffered much. From which one may estimate the awe and respect that the allies felt for the Roman state.

91. Hannibal, however, had sufficient reason for reckoning as he did. The plain round Capua is the most celebrated in all Italy, both for its fertility and beauty and proximity to the sea, and because it is served by those seaports at which voyages to Italy from nearly all parts of the world land. It also contains the most celebrated and finest cities in Italy. On the coast lie Sinuessa, Cumae,[135] and Dicaearchea, and following on these Naples and finally Nuceria. In the interior we find on the north Cales and Teanum and

---

[134] The *ager Falernus*, ceded by Capua to Rome in 340.

[135] Cumae, Dicaearchea, and Neapolis are all Greek colonies; the first two had fallen to the Oscans. *RE* Kyme 2476–2478 (J. Weiss), *RE* Puteoli 2036–2060 (W. Frederiksen), and *RE* Neapolis 2112–2122 (H. Philipp).

6 ἕω καὶ μεσημβρίαν Δαύνιοι καὶ Νωλανοί. κατὰ μέσα
δὲ τὰ πεδία κεῖσθαι συμβαίνει τὴν πασῶν ποτε μακα-
7 ριωτάτην γεγονυῖαν πόλιν Καπύην. ἐπιεικέστατος δὲ
καὶ παρὰ τοῖς μυθογράφοις ὁ περὶ τούτων τῶν πεδίων
λέγεται λόγος· προσαγορεύεται δὲ καὶ ταῦτα Φλε-
γραῖα, καθάπερ καὶ ἕτερα τῶν ἐπιφανῶν πεδίων· θεούς
γε μὴν μάλιστα περὶ τούτων εἰκὸς ἠρικέναι διὰ τὸ
8 κάλλος καὶ τὴν ἀρετὴν αὐτῶν. ἅμα δὲ τοῖς προ-
ειρημένοις ὀχυρὰ δοκεῖ καὶ δυσέμβολα τελέως εἶναι
τὰ πεδία· τὰ μὲν γὰρ θαλάττῃ, τὸ δὲ πλεῖον ὄρεσι
μεγάλοις πάντῃ καὶ συνεχέσι περιέχεται, δι᾽ ὧν εἰσ-
βολαὶ τρεῖς ὑπάρχουσι μόνον ἐκ τῆς μεσογαίου, στε-
9 ναὶ καὶ δύσβατοι, μία μὲν ἀπὸ τῆς Σαυνίτιδος, ‹δευ-
τέρα δ᾽ ἀπὸ τῆς Λατίνης,› ἡ δὲ κατάλοιπος ἀπὸ τῶν
10 κατὰ τοὺς Ἱρπίνους τόπων. διόπερ ἔμελλον εἰς ταῦτα
καταστρατοπεδεύσαντες ὥσπερ εἰς θέατρον οἱ Καρ-
χηδόνιοι καταπλήξεσθαι μὲν τῷ παραλόγῳ πάντας,
αὐτοὶ δ᾽ ἐξ ὁμολόγου φανήσεσθαι τῶν ὑπαίθρων κρα-
τοῦντες.

92. Ἀννίβας μὲν οὖν τοιούτοις χρησάμενος λογισ-
μοῖς, καὶ διελθὼν ἐκ τῆς Σαυνίτιδος τὰ στενὰ κατὰ
τὸν Ἐριβιανὸν καλούμενον λόφον, κατεστρατοπέδευ-
σε παρὰ τὸν Ἄθυρνον ποταμόν, ὃς σχεδὸν δίχα διαι-
2 ρεῖ τὰ προειρημένα πεδία. καὶ τὴν μὲν παρεμβολὴν ἐκ
τοῦ πρὸς Ῥώμην μέρους εἶχε, ταῖς δὲ προνομαῖς πᾶν
3 ἐπιτρέχων ἐπόρθει τὸ πεδίον ἀδεῶς. Φάβιος δὲ κατ-
επέπληκτο μὲν τὴν ἐπιβολὴν καὶ τόλμαν τῶν ὑπεναν-
4 τίων, τοσούτῳ δὲ μᾶλλον ἐπὶ τῶν κεκριμένων ἔμενεν. ὁ

east and south the Daunii and Nolani, while in the very middle of the plain lies Capua, once the wealthiest of all (these) cities. The mythical tale concerning this plain, and other celebrated plains which like it are called Phlegraean,[136] has indeed much semblance of probability; for it was quite natural that they should have been a special cause of strife among the gods owing to their beauty and fertility. Besides the above advantages the whole plain of Capua is strongly protected by nature and difficult of approach, being completely surrounded on one side by the sea and for the greater part by lofty mountain ranges, through which there are only three passes from the interior, all of them narrow and difficult, one from Samnium, the second from Latium, and the third from the country of the Hirpini. The Carthaginians, then, by quartering themselves in this plain made of it a kind of theater, in which they were sure to create a deep impression on all by their unexpected appearance, giving a spectacular exhibition of the timidity of their enemy and themselves demonstrating indisputably that they were in command of the country.

92. Such being Hannibal's anticipations, he left Samnium and traversing the pass near the hill called Eribianus encamped beside the river Athyrnus, which approximately cuts this plain in half. Establishing his camp on the side of the river towards Rome he overran and plundered the whole plain unmolested. Fabius, though taken aback by the audacity of this stroke on the part of the enemy, continued all the more to adhere to his deliberate plan. But his

---

[136] The *campi Phlegraei*, originally the plain of Pallene in Chalcidice, from where the name was transferred to various places, among them the Campanian plain.

δὲ συνάρχων αὐτοῦ Μάρκος καὶ πάντες οἱ κατὰ τὸ
στρατόπεδον χιλίαρχοι καὶ ταξίαρχοι νομίζοντες ἐν
καλῷ τοὺς πολεμίους ἀπειληφέναι, σπεύδειν ᾤοντο
δεῖν καὶ συνάπτειν εἰς τὰ πεδία καὶ μὴ περιορᾶν τὴν

5 ἐπιφανεστάτην χώραν δῃουμένην. Φάβιος δὲ μέχρι
μὲν τοῦ συνάψαι τοῖς τόποις ἔσπευδε καὶ συνυπε-
κρίνετο τοῖς προθύμως καὶ φιλοκινδύνως διακειμένοις,

6 ἐγγίσας δὲ τῷ Φαλέρνῳ ταῖς μὲν παρωρείαις ἐπιφαι-
νόμενος ἀντιπαρῆγε τοῖς πολεμίοις, ὥστε μὴ δοκεῖν

7 τοῖς αὑτῶν συμμάχοις ἐκχωρεῖν τῶν ὑπαίθρων, εἰς δὲ
τὸ πεδίον οὐ καθίει τὴν δύναμιν, εὐλαβούμενος τοὺς
ὁλοσχερεῖς κινδύνους διά τε τὰς προειρημένας αἰτίας
καὶ διὰ τὸ προφανῶς ἱπποκρατεῖν παρὰ πολὺ τοὺς
ὑπεναντίους.

8 Ἀννίβας δ' ἐπειδὴ καταπειράσας τῶν πολεμίων καὶ
καταφθείρας πᾶν τὸ πεδίον ἤθροισε λείας ἄπλετον

9 πλῆθος, ἐγίνετο πρὸς ἀναζυγήν, βουλόμενος μὴ κατα-
φθεῖραι τὴν λείαν, ἀλλ' εἰς τοιοῦτον ἀπερείσασθαι
τόπον, ἐν ᾧ δυνήσεται ποιήσασθαι καὶ τὴν παραχει-
μασίαν, ἵνα μὴ μόνον κατὰ τὸ παρὸν εὐωχίαν, ἀλλὰ
συνεχῶς δαψίλειαν ἔχῃ τῶν ἐπιτηδείων τὸ στρατό-

10 πεδον. Φάβιος δὲ καὶ κατανοῶν αὐτοῦ τὴν ἐπιβολήν,
ὅτι προχειρίζεται ποιεῖσθαι τὴν ἐπάνοδον ᾗπερ ἐποιή-
σατο καὶ τὴν εἴσοδον, καὶ θεωρῶν τοὺς τόπους στε-
νοὺς ὄντας καὶ καθ' ὑπερβολὴν εὐφυεῖς πρὸς ἐπίθεσιν,

11 ἐπ' αὐτῆς μὲν τῆς διεκβολῆς περὶ τετρακισχιλίους
ἐπέστησε, παρακαλέσας χρήσασθαι τῇ προθυμίᾳ
σὺν καιρῷ μετὰ τῆς τῶν τόπων εὐφυΐας, αὐτὸς δὲ τὸ

colleague Marcus and all the tribunes and centurions in his army, thinking they had caught Hannibal famously, urged him to make all haste to reach the plain and not allow the finest part of the country to be devastated. Fabius did bestir himself to reach the district, sharing in so far the view of the more eager and venturesome spirits, but when he came in view of the enemy on approaching Falernum, while moving along the hills parallel to them so as not to appear to the allies to be abandoning the open country, he did not bring his army down into the plain, avoiding a general action both for the above-mentioned reasons and because the Carthaginians were obviously much his superiors in cavalry.

Hannibal, having thus done his best to provoke the Romans by laying the whole plain waste, found himself in possession of a huge amount of booty and decided to withdraw, as he wished not to waste the booty, but to secure it in such a place which would also serve as his winter quarters, so that his army should not only fare sumptuously for the present, but continue to have abundance of provisions. Fabius, divining that his plan was to retire by the same pass by which he had entered, and seeing that owing to its narrowness the place was exceedingly favorable for delivering an attack, stationed about four thousand men at the actual pass, bidding them act at the proper time with all spirit, while availing themselves fully of the advan-

πολὺ μέρος ἔχων τῆς δυνάμεως, ἐπί τινα λόφον ὑπερ-
δέξιον πρὸ τῶν στενῶν κατεστρατοπέδευσε.

93. παραγενομένων δὲ τῶν Καρχηδονίων, καὶ ποιη-
σαμένων τὴν παρεμβολὴν ἐν τοῖς ἐπιπέδοις ὑπ' αὐτὴν
τὴν παρώρειαν, τὴν μὲν λείαν αὐτῶν ἤλπισεν ἀδη-
ρίτως περισυρεῖν, ὡς δὲ τὸ πολὺ καὶ τοῖς ὅλοις πέρας
2 ἐπιθήσειν διὰ τὴν τῶν τόπων εὐκαιρίαν. καὶ δὴ περὶ
ταῦτα καὶ πρὸς τούτοις ἐγίνετο τοῖς διαβουλίοις, δια-
νοούμενος πῇ καὶ πῶς χρήσεται τοῖς τόποις καὶ τίνες
3 καὶ πόθεν πρῶτον ἐγχειρήσουσι τοῖς ὑπεναντίοις. Ἀν-
νίβας δέ, ταῦτα πρὸς τὴν ἐπιοῦσαν ἡμέραν παρα-
σκευαζομένων τῶν πολεμίων, συλλογιζόμενος ἐκ τῶν
εἰκότων, οὐκ ἔδωκε χρόνον οὐδ' ἀναστροφὴν ταῖς
4 ἐπιβολαῖς αὐτῶν, ἀνακαλεσάμενος δὲ τὸν ἐπὶ τῶν
λειτουργιῶν τεταγμένον Ἀσδρούβαν παρήγγειλε
λαμπάδας δεσμεύειν ἐκ τῆς ξηρᾶς καὶ παντοδαπῆς
ὕλης κατὰ τάχος ὡς πλείστας, καὶ τῶν ἐργατῶν βοῶν
ἐκλέξαντ' ἐκ πάσης τῆς λείας τοὺς εὐρωστοτάτους εἰς
5 δισχιλίους ἀθροῖσαι πρὸ τῆς παρεμβολῆς. γενομένου
δὲ τούτου, συναγαγὼν ὑπέδειξε τοῖς λειτουργοῖς ὑπερ-
βολήν τινα μεταξὺ κειμένην τῆς αὑτοῦ στρατοπεδείας
καὶ τῶν στενῶν, δι' ὧν ἔμελλε ποιεῖσθαι τὴν πορείαν,
πρὸς ἣν ἐκέλευε προσελαύνειν τοὺς βοῦς ἐνεργῶς καὶ
μετὰ βίας, ὅταν δοθῇ τὸ παράγγελμα, μέχρι συν-
6 άψωσι τοῖς ἄκροις. μετὰ δὲ τοῦτο δειπνοποιησαμένοις
7 ἀναπαύεσθαι καθ' ὥραν παρήγγειλε πᾶσιν. ἅμα δὲ τῷ
κλῖναι τὸ τρίτον μέρος τῆς νυκτὸς εὐθέως ἐξῆγε τοὺς
λειτουργούς, καὶ προσδεῖν ἐκέλευσε πρὸς τὰ κέρατα

tage of the ground. He himself with the greater part of his army encamped on a hill in front of the pass and overlooking it.[137]

93. When the Carthaginians arrived and made their camp on the level ground just under the hill, Fabius thought that at least he would be able to carry away their booty without their disputing it and possibly even to put an end to the whole campaign owing to the great advantage his position gave him. He was in fact entirely occupied in considering at what point and how he should avail himself of local conditions, and with what troops he should attack, and from which direction. But while the enemy were making these preparations for next day, Hannibal, conjecturing that they would act so, gave them no time or leisure to develop their plan, but summoning Hasdrubal, who was in command of the Army Service, ordered him to get as many fagots as possible of any kind of dry wood made promptly and to collect in the front of the camp about two thousand of the strongest plough oxen among all the captured stock. When this had been done, he collected the army servants and pointed out to them a rise in the ground between his own camp and the pass through which he was about to march. For this eminence he ordered them to drive the oxen whenever they received the word as furiously as they could till they reached the top. He next ordered all his men to get their supper and retire to rest early. When the third watch of the night was nearly over he led out the army servants and ordered them to bind the fagots to the horns

[137] See the map in WC 1. 428.

8 τοῖς βουσὶ τὰς λαμπάδας. ταχὺ δὲ τούτου γενομένου
διὰ τὸ πλῆθος, ἀνάψαι παρήγγειλε πάσας, καὶ τοὺς
μὲν βοῦς ἐλαύνειν καὶ προσβάλλειν πρὸς τὰς ἀκρω-
9 ρείας ἐπέταξε, τοὺς δὲ λογχοφόρους κατόπιν ἐπιστή-
σας τούτοις ἕως μέν τινος συνεργεῖν παρεκελεύετο
τοῖς ἐλαύνουσιν, ὅταν δὲ τὴν πρώτην ἅπαξ ὁρμὴν
λάβη τὰ ζῷα, παρατρέχοντας παρὰ τὰ πλάγια καὶ
συγκρούοντας ἅμα τῶν ὑπερδεξίων ἀντέχεσθαι τόπων
καὶ προκαταλαμβάνειν τὰς ἀκρωρείας, ἵνα παραβοη-
θῶσι καὶ συμπλέκωνται τοῖς πολεμίοις, ἐάν που συν-
10 αντῶσι πρὸς τὰς ὑπερβολάς. κατὰ δὲ τὸν καιρὸν
τοῦτον αὐτὸς ἀναλαβὼν πρῶτα μὲν τὰ βαρέα τῶν
ὅπλων, ἐπὶ δὲ τούτοις τοὺς ἱππεῖς, ἑξῆς δὲ τὴν λείαν,
ἐπὶ δὲ πᾶσι τοὺς Ἴβηρας καὶ Κελτούς, ἧκε πρὸς τὰ
στενὰ καὶ τὰς διεκβολάς.

94. τῶν δὲ Ῥωμαίων οἱ μὲν ἐπὶ τοῖς στενοῖς φυλάτ-
τοντες, ἅμα τῷ συνιδεῖν τὰ φῶτα προσβάλλοντα πρὸς
τὰς ὑπερβολάς, νομίσαντες ταύτῃ ποιεῖσθαι τὴν
ὁρμὴν τὸν Ἀννίβαν, ἀπολιπόντες τὰς δυσχωρίας παρ-
2 εβοήθουν τοῖς ἄκροις. ἐγγίζοντες δὲ τοῖς βουσὶν
ἠποροῦντο διὰ τὰ φῶτα, μεῖζόν τι τοῦ συμβαίνοντος
καὶ δεινότερον ἀναπλάττοντες καὶ προσδοκῶντες. ἐπι-
3 γενομένων δὲ τῶν λογχοφόρων, οὗτοι μὲν βραχέα
πρὸς ἀλλήλους ἀκροβολισάμενοι, τῶν βοῶν αὐτοῖς
ἐμπιπτόντων, ἔμειναν διαστάντες ἐπὶ τῶν ἄκρων
ἀμφότεροι, καὶ προσανεῖχον καραδοκοῦντες τὴν ἐπι-
φάνειαν τῆς ἡμέρας, διὰ τὸ μὴ δύνασθαι γνῶναι τὸ
4 γινόμενον. Φάβιος δὲ τὰ μὲν ἀπορούμενος ἐπὶ τῷ

of the oxen. This was soon done as there were plenty of hands, and he now bade them light all the fagots and drive the oxen up to the ridge. Placing his pikemen behind these men, he ordered them to help the drivers up to a certain point, but as soon as the animals were well started on their career, to run along on each side of them and keep them together, making for the higher ground. They were then to occupy the ridge, so that if the enemy advanced to any part of it, they might meet and attack him. At the same time he himself with his heavy-armed troops in front, next them his cavalry, next the captured cattle, and finally the Spaniards and Celts, made for the narrow gorge of the pass.

94. The Romans who were guarding the gorge, as soon as they saw the lights advancing up the slope, thinking that Hannibal was pressing on rapidly in that direction, left the narrow part of the pass and advanced to the hill to meet the enemy. But when they got near the oxen they were entirely puzzled by the lights, fancying that they were about to encounter something much more formidable than the reality. When the pikemen came up, both forces skirmished with each other for a short time, and then when the oxen rushed in among them they drew apart and remained on the heights waiting until day should break, not being able to understand what was the matter. Fabius, partly because

συμβαίνοντι καὶ κατὰ τὸν ποιητὴν ὀισσάμενος δόλον
εἶναι, τὰ δὲ κατὰ τὴν ἐξ ἀρχῆς ὑπόθεσιν οὐδαμῶς
κρίνων ἐκκυβεύειν οὐδὲ παραβάλλεσθαι τοῖς ὅλοις,
ἦγε τὴν ἡσυχίαν ἐπὶ τῷ χάρακι καὶ προσεδέχετο τὴν
5 ἡμέραν. κατὰ δὲ τὸν καιρὸν τοῦτον Ἀννίβας, προχω-
ρούντων αὐτῷ τῶν πραγμάτων κατὰ τὴν ἐπιβολήν,
τήν τε δύναμιν διεκόμισε διὰ τῶν στενῶν μετ᾽ ἀσφα-
λείας καὶ τὴν λείαν, λελοιπότων τοὺς τόπους τῶν
6 παραφυλαττόντων τὰς δυσχωρίας. ἅμα δὲ τῷ φωτὶ
συνιδὼν τοὺς ἐν τοῖς ἄκροις ἀντικαθημένους τοῖς
λογχοφόροις, ἐπαπέστειλέ τινας τῶν Ἰβήρων· οἳ καὶ
συμμίξαντες κατέβαλον μὲν τῶν Ῥωμαίων εἰς χιλί-
ους, ῥᾳδίως δὲ τοὺς παρὰ σφῶν εὐζώνους ἐκδεξάμενοι
κατεβίβασαν.

7   Ἀννίβας μὲν οὖν τοιαύτην ἐκ τοῦ Φαλέρνου ποιη-
σάμενος τὴν ἔξοδον, λοιπὸν ἤδη στρατοπεδεύων
ἀσφαλῶς κατεσκέπτετο καὶ προυνοεῖτο περὶ τῆς χει-
μασίας ποῦ καὶ πῶς ποιήσεται, μέγαν φόβον καὶ
πολλὴν ἀπορίαν παρεστακὼς ταῖς πόλεσι καὶ τοῖς
8 κατὰ τὴν Ἰταλίαν ἀνθρώποις. Φάβιος δὲ κακῶς μὲν
ἤκουε παρὰ τοῖς πολλοῖς, ὡς ἀνάνδρως ἐκ τοιούτων
τόπων προέμενος τοὺς ὑπεναντίους, οὐ μὴν ἀφίστατό
9 γε τῆς προθέσεως. καταναγκασθεὶς δὲ μετ᾽ ὀλίγας
ἡμέρας ἐπί τινας ἀπελθεῖν θυσίας εἰς τὴν Ῥώμην,
παρέδωκε τῷ συνάρχοντι τὰ στρατόπεδα, καὶ πολλὰ
χωριζόμενος ἐνετείλατο μὴ τοσαύτην ποιεῖσθαι σπου-
δὴν ὑπὲρ τοῦ βλάψαι τοὺς πολεμίους ἡλίκην ὑπὲρ τοῦ
10 μηδὲν αὐτοὺς παθεῖν δεινόν. ὧν οὐδὲ μικρὸν ἐν νῷ

he was at a loss to know what was occurring, and as Homer says, deeming it to be a trick, and partly because he adhered to his former resolve not to risk or hazard a general engagement, remained quiet in his camp waiting for daylight. Meanwhile Hannibal, whose plan had been entirely successful, brought his army and all his booty safely through the gorge, those who had been guarding the difficult passage having quitted their post. When at daybreak he saw the Romans on the hill drawn up opposite his pikemen, he sent there some Spaniards as a reinforcement. Attacking the Romans they killed about a thousand and easily relieved and brought down their own light infantry.

Hannibal, having thus effected his retirement from the Falernian plain, remained now safely in camp and began to take thought where and how he should establish his winter quarters. He had spread great terror and perplexity through all the cities and peoples of Italy. Fabius, though generally reproached for his craven conduct in letting the enemy escape from such a situation, still did not abandon his policy. But a few days afterwards he was compelled to leave for Rome to perform certain sacrifices and handed over his legions to his Master of the Horse, enjoining on him strictly, in taking leave, not to attach so much importance to damaging the enemy as to avoiding disaster for himself. Marcus, instead of paying any attention to this ad-

τιθέμενος Μάρκος ἔτι λέγοντος αὐτοῦ ταῦτα πρὸς τῷ
παραβάλλεσθαι καὶ τῷ διακινδυνεύειν ὅλος καὶ πᾶς
ἦν.

95. Τὰ μὲν οὖν κατὰ τὴν Ἰταλίαν τοιαύτην εἶχε τὴν
2 διάθεσιν. κατὰ δὲ τοὺς αὐτοὺς καιροὺς ταῖς προ-
ειρημέναις πράξεσιν Ἀσδρούβας ὁ τεταγμένος ἐπὶ
τῆς Ἰβηρίας στρατηγός, κατηρτικὼς ἐν τῇ παραχει-
μασίᾳ τὰς ὑπὸ τἀδελφοῦ καταλειφθείσας τριάκοντα
ναῦς, καὶ δέκα προσπεπληρωκὼς ἄλλας, ἀρχομένης
τῆς θερείας ἀνήχθη τετταράκοντα ναυσὶ κατα-
φράκτοις ἐκ Καινῆς πόλεως, προχειρισάμενος Ἀμίλ-
3 καν τοῦ στόλου ναύαρχον. ἅμα δὲ καὶ τὴν πεζὴν ἐκ
τῆς παραχειμασίας ἠθροικὼς δύναμιν ἀνέζευξε· καὶ
ταῖς μὲν ναυσὶ παρὰ τὴν χέρσον ἐποιεῖτο τὸν πλοῦν,
τοῖς δὲ πεζοῖς τὴν πορείαν παρὰ τὸν αἰγιαλόν, σπεύ-
δων ἀμφοτέραις ἅμα ταῖς δυνάμεσι καταζεῦξαι πρὸς
4 τὸν Ἴβηρα ποταμόν. Γνάιος δὲ τὰς ἐπιβολὰς συλ-
λογιζόμενος τῶν Καρχηδονίων, τὸ μὲν πρῶτον ἐπ-
εβάλετο ⟨κατὰ γῆν καὶ⟩ κατὰ θάλατταν ἐκ τῆς παρα-
5 χειμασίας ποιεῖσθαι τὴν ἀπάντησιν. ἀκούων δὲ τὸ
πλῆθος τῶν δυνάμεων καὶ τὸ μέγεθος τῆς παρα-
σκευῆς, τὸ μὲν κατὰ γῆν ἀπαντᾶν ἀπεδοκίμασε, συμ-
πληρώσας δὲ πέντε καὶ τριάκοντα ναῦς, καὶ λαβὼν ἐκ
τοῦ πεζικοῦ στρατεύματος τοὺς ἐπιτηδειοτάτους ἄν-
δρας πρὸς τὴν ἐπιβατικὴν χρείαν ἀνήχθη, καὶ κατῆρε
δευτεραῖος ἐκ Ταρράκωνος εἰς τοὺς περὶ τὸν Ἴβηρα
6 ποταμὸν τόπους. καθορμισθεὶς δὲ τῶν πολεμίων ἐν
ἀποστήματι περὶ τοὺς ὀγδοήκοντα σταδίους, προ-

vice, was, even while Fabius was tendering it, entirely wrapped up in the project of risking a great battle.

95. Such was the position of affairs in Italy. Contemporaneously with these events Hasdrubal, the Carthaginian commander in Spain,[138] after fitting out during the winter the thirty ships his brother had left him, and manning ten others, put out at the beginning of summer from New Carthage with his fleet of forty decked ships, appointing Hamilcar his admiral. At the same time he collected his troops from their winter quarters and took the field. His fleet sailed close to the shore and his army marched along the beach, his object being to halt with both forces near the Ebro. Gnaeus,[139] conjecturing that this was the plan of the Carthaginians, first of all designed to quit his winter quarters and meet them both by land and sea, but on learning the strength of their forces and the extensive scale of their preparations he renounced the project of meeting them by land, and manning thirty-five ships and embarking on them as marines the men from his army most suited for this service, appeared off the Ebro the day after sailing from Tarraco. Anchoring at a distance of about eighty

138 P. continues where he left off in 76.13.
139 *MRR* 1.247 n. 10 for Scipio's position.

ἀπέστειλε κατασκεψομένας δύο ναῦς ταχυπλοούσας
Μασσαλιητικάς· καὶ γὰρ προκαθηγοῦντο καὶ προ-
εκινδύνευον οὗτοι καὶ πᾶσαν ἀποτόμως σφίσι παρ-
7 είχοντο τὴν χρείαν. εὐγενῶς γάρ, εἰ καί τινες ἕτεροι,
κεκοινωνήκασι Ῥωμαίοις πραγμάτων καὶ Μασσαλιῶ-
ται, πολλάκις μὲν καὶ μετὰ ταῦτα, μάλιστα δὲ κατὰ
8 τὸν Ἀννιβιακὸν πόλεμον. διασαφούντων δὲ τῶν ἐπὶ
τὴν κατασκοπὴν ἐκπεμφθέντων ὅτι περὶ τὸ στόμα τοῦ
ποταμοῦ συμβαίνει τὸν τῶν ὑπεναντίων ὁρμεῖν στό-
λον, ἀνήγετο κατὰ σπουδήν, βουλόμενος ἄφνω προσ-
πεσεῖν τοῖς πολεμίοις.

96. οἱ δὲ περὶ τὸν Ἀσδρούβαν, σημηνάντων αὐτοῖς
τῶν σκοπῶν ἐκ πολλοῦ τὸν ἐπίπλουν τῶν ὑπεναντίων,
ἅμα τὰς πεζικὰς ἐξέταττον δυνάμεις παρὰ τὸν αἰγι-
αλόν, καὶ τοῖς πληρώμασι παρήγγελλον ἐμβαίνειν εἰς
2 τὰς ναῦς. ἤδη δὲ καὶ τῶν Ῥωμαίων σύνεγγυς ὄντων,
σημήναντες πολεμικὸν ἀνήγοντο, κρίναντες ναυμα-
χεῖν. συμβαλόντες δὲ τοῖς πολεμίοις βραχὺν μέν τινα
χρόνον ἀντεποιήσαντο τῆς νίκης, μετ' οὐ πολὺ δὲ
3 πρὸς τὸ κλίνειν ὥρμησαν. ἡ γὰρ ἐφεδρεία τῶν πεζῶν
ἡ περὶ τὸν αἰγιαλὸν οὐχ οὕτως αὐτοὺς ὤνησε θάρσος
παριστάνουσα πρὸς τὸν κίνδυνον ὡς ἔβλαψε τὴν ἐλ-
4 πίδα τῆς σωτηρίας ἑτοίμην παρασκευάζουσα. πλὴν
δύο μὲν αὐτάνδρους νῆας ἀποβαλόντες, τεττάρων δὲ
τοὺς ταρσοὺς καὶ τοὺς ἐπιβάτας, ἔφευγον ἐκκλίναντες
5 εἰς γῆν. ἐπικειμένων δὲ τῶν Ῥωμαίων αὐτοῖς ἐκθύμως,
τὰς μὲν ναῦς ἐξέβαλον εἰς τὸν αἰγιαλόν, αὐτοὶ δ'
ἀποπηδήσαντες ἐκ τῶν πλοίων ἐσῴζοντο πρὸς τοὺς

stades from the enemy he sent on two swift Massaliot ships to reconnoitre, for these used to head the line both in sailing and in battle, and there was absolutely no service they were not ready to render. Indeed if any people have given generous support to the Romans it is the people of Marseilles[140] both on many subsequent occasions and especially in the Hannibalic War. When the scouts reported that the enemy's fleet was anchored off the mouth of the river, he weighed anchor and advanced rapidly, wishing to fall upon them suddenly.

96. Hasdrubal, to whom his lookout men had given early notice of the approach of the enemy, drew up his land forces on the beach and ordered his crews to embark. The Romans being now close at hand, he gave the signal for battle, having decided on a naval action. The Carthaginians on meeting the enemy contested the victory only for a short time and then began to give way. For the covering military force on the beach did not benefit them so much by the confidence it inspired as it damaged them by ensuring an easy and safe retreat. After losing two ships with all their crews and the oars and marines of four others, they fell back on the shore. On the Romans pursuing them vigorously they ran their ships aground and leaping out of

[140] The city, founded c. 600 by Greeks from the Ionian city of Phocaea, had been instrumental in alerting Rome to the danger from the Barcid family in Spain. The Massaliotai remained loyal supporters of Rome against Hannibal.

6 παρατεταγμένους. οἱ δὲ Ῥωμαῖοι τολμηρῶς συνεγ-
γίσαντες τῇ γῇ, καὶ τὰ δυνάμενα κινεῖσθαι τῶν πλοί-
ων ἀναδησάμενοι, μετὰ χαρᾶς ὑπερβαλλούσης ἀπέ-
πλεον, νενικηκότες μὲν ἐξ ἐφόδου τοὺς ὑπεναντίους,
κρατοῦντες δὲ τῆς θαλάττης, εἴκοσι δὲ καὶ πέντε ναῦς
ἔχοντες τῶν πολεμίων.

7   Τὰ μὲν οὖν κατὰ τὴν Ἰβηρίαν ἀπὸ τούτων ἐπι-
κυδεστέρας εἰλήφει τοῖς Ῥωμαίοις τὰς ἐλπίδας διὰ τὸ
8 προειρημένον κατόρθωμα. οἱ δὲ Καρχηδόνιοι, προσ-
πεσόντος αὐτοῖς τοῦ γεγονότος ἐλαττώματος, παρα-
χρῆμα πληρώσαντες ἑβδομήκοντα νῆας ἐξαπέστει-
λαν, κρίναντες ἀναγκαῖον εἶναι πρὸς πάσας τὰς
9 ἐπιβολὰς ἀντέχεσθαι τῆς θαλάττης. αἳ τὸ μὲν πρῶτον
εἰς Σαρδόν', ἐκεῖθεν δὲ πρὸς τοὺς περὶ Πίσας τόπους
τῆς Ἰταλίας προσέβαλον, πεπεισμένων τῶν ἐπιπλε-
10 όντων συμμίξειν ἐνθάδε τοῖς περὶ τὸν Ἀννίβαν. ταχὺ
δὲ τῶν Ῥωμαίων ἀναχθέντων ἐπ' αὐτοὺς ἐξ αὐτῆς τῆς
Ῥώμης ἑκατὸν εἴκοσι σκάφεσι πεντηρικοῖς, πυθό-
μενοι τὸν ἀνάπλουν, οὗτοι μὲν αὖθις ἀπέπλευσαν εἰς
τὴν Σαρδόνα, μετὰ δὲ ταῦτα πάλιν εἰς Καρχηδόνα.
11 Γνάιος δὲ Σερουίλιος, ἔχων τὸν προειρημένον στόλον,
ἕως μέν τινος ἐπηκολούθει τοῖς Καρχηδονίοις, συν-
12 άψειν πεπεισμένος, πολὺ δὲ καθυστερῶν ἀπέγνω. καὶ
τὸ μὲν πρῶτον τῆς Σικελίας Λιλυβαίῳ προσέσχε·
μετὰ δὲ ταῦτα καταπλεύσας τῆς Λιβύης ὡς ἐπὶ τὴν
τῶν Κερκινητῶν νῆσον, καὶ λαβὼν παρ' αὐτῶν χρή-
13 ματα τοῦ μὴ πορθῆσαι τὴν χώραν, ἀπηλλάγη. κατὰ
δὲ τὸν ἀνάπλουν γενόμενος κύριος νήσου Κοσσύρου,

them took refuge with the troops. The Romans very boldly approached the shore, and taking in tow such ships as were in a condition to float, sailed off in high spirits, having beaten the enemy at the first onslaught, established their supremacy at sea and possessed themselves of five and twenty of the enemy's ships.[141]

Owing to this success the prospects of the Romans in Spain began thenceforth to look brighter. But the Carthaginians, on the news of their defeat, at once manned and dispatched seventy ships, regarding the command of the sea as necessary for all their projects. These ships touched first at Sardinia and then at Pisa in Italy, the commander believing they would meet Hannibal there, but on learning that the Romans had at once put to sea from Rome itself with a hundred and twenty quinqueremes to attack them, they sailed back again to Sardinia and thence to Carthage. Gnaeus Servilius,[142] the commander of this Roman fleet, followed up the Carthaginians for a certain distance, believing he would overtake them, but on being left a long way behind, he gave up the chase. He first of all put in at Lilybaeum in Sicily and afterwards sailed to the African island of Cercina,[143] which he quitted after receiving from the inhabitants a sum of money on condition of his not laying the country waste. On his return voyage he possessed

---

[141] Scipio's victory at the Ebro naval battle. Such a battle is described in a long papyrus fragment from Sosylus (for whom see 20.5), in which, as in P., the Massaliotai are praised for their valor, *FGrH* 176, F 1. It may be this battle, but Jacoby in his commentary is skeptical.

[142] *MRR* 1.242.

[143] In the lesser Syrtes.

καὶ φρουρὰν εἰς τὸ πολισμάτιον εἰσαγαγών, αὖθις εἰς
14 τὸ Λιλύβαιον κατῆρε. καὶ τὸ λοιπὸν οὗτος μὲν αὐτοῦ
συνορμίσας τὸν στόλον μετ᾽ οὐ πολὺν χρόνον αὐτὸς
ἀνεκομίσθη πρὸς τὰς πεζικὰς δυνάμεις.

97. Οἱ δ᾽ ἐκ τῆς συγκλήτου, πυθόμενοι τὸ γεγονὸς
προτέρημα διὰ τοῦ Γναΐου περὶ τὴν ναυμαχίαν, καὶ
νομίσαντες χρήσιμον εἶναι, μᾶλλον δ᾽ ἀναγκαῖον, τὸ
μὴ προΐεσθαι τὰ κατὰ τὴν Ἰβηρίαν, ἀλλ᾽ ἐνίστασθαι
2 τοῖς Καρχηδονίοις καὶ τὸν πόλεμον αὔξειν, προχει-
ρισάμενοι ναῦς εἴκοσι καὶ στρατηγὸν ἐπιστήσαντες
Πόπλιον Σκιπίωνα κατὰ τὴν ἐξ ἀρχῆς πρόθεσιν, ἐξ-
απέστελλον μετὰ σπουδῆς πρὸς τὸν ἀδελφὸν Γναῖον,
κοινῇ πράξοντα μετ᾽ ἐκείνου τὰ κατὰ τὴν Ἰβηρίαν.
3 πάνυ γὰρ ἠγωνίων μὴ κρατήσαντες Καρχηδόνιοι τῶν
τόπων ἐκείνων, καὶ περιποιησάμενοι χορηγίας ἀφθό-
νους καὶ χεῖρας, ἀντιποιήσωνται μὲν τῆς θαλάττης
ὁλοσχερέστερον, συνεπίθωνται δὲ τοῖς κατὰ τὴν Ἰτα-
λίαν, στρατόπεδα πέμποντες καὶ χρήματα τοῖς περὶ
4 τὸν Ἀννίβαν. διόπερ ἐν μεγάλῳ τιθέμενοι καὶ τοῦτον
τὸν πόλεμον, ἐξαπέστειλαν τάς τε ναῦς καὶ τὸν Πό-
πλιον. ὃς καὶ παραγενόμενος εἰς Ἰβηρίαν καὶ συμ-
μίξας τἀδελφῷ μεγάλην παρεῖχε χρείαν τοῖς κοινοῖς
5 πράγμασιν. οὐδέποτε γὰρ πρότερον θαρρήσαντες δια-
βῆναι τὸν Ἴβηρα ποταμόν, ἀλλ᾽ ἀσμενίζοντες τῇ τῶν
ἐπὶ τάδε φιλίᾳ καὶ συμμαχίᾳ, τότε διέβησαν καὶ τότε
πρῶτον ἐθάρρησαν ἀντιποιεῖσθαι τῶν πέραν πραγ-
μάτων, μεγάλα καὶ ταὐτομάτου συνεργήσαντος σφίσι
πρὸς τοὺς περιεστῶτας καιρούς.

himself of the island of Cossyrus,[144] and leaving a garrison in the small town returned to Lilybaeum. After laying up his fleet in harbor there, he very shortly went off to join the land forces.

97. The Senate on hearing of Gnaeus Scipio's success in the naval battle, thinking it advantageous or rather imperative not to neglect the affairs of Spain but to keep up the pressure on the Carthaginians and increase their forces, got ready twenty ships, and placing them, as they had originally decided,[145] under the command of Publius Scipio, dispatched him at once to join his brother Gnaeus and operate in Spain together with him. For they were very apprehensive lest the Carthaginians should master that country, and, collecting abundance of supplies and soldiers, make a more serious effort to regain the command of the sea and thus support the invasion of Italy by sending troops and money to Hannibal. Treating this war, then, also as of great moment they dispatched Publius with his fleet, and on reaching Iberia and joining his brother he rendered great service in their joint operations. For the Romans, who had never before dared to cross the Ebro, but had been content with the friendship and alliance of the peoples on its north bank, now crossed it, and for the first time ventured to aim at acquiring dominion on the other side, chance also greatly contributing to advance their prospects in the following manner.

[144] Modern Pantelleria, part of the Roman province Sicilia.
[145] 40.2.

6 Ἐπειδὴ γὰρ καταπληξάμενοι τοὺς περὶ τὴν διάβα-
σιν οἰκοῦντας τῶν Ἰβήρων ἧκον πρὸς τὴν τῶν Ζακαν-
θαίων πόλιν, ἀποσχόντες σταδίους ὡς τετταράκοντα
περὶ τὸ τῆς Ἀφροδίτης ἱερὸν κατεστρατοπέδευσαν,
7 λαβόντες τόπον εὐφυῶς κείμενον πρός τε τὴν ἀπὸ τῶν
πολεμίων ἀσφάλειαν καὶ πρὸς τὴν ἐκ θαλάττης χορη-
8 γίαν· ὁμοῦ γὰρ αὐτοῖς συνέβαινε καὶ τὸν στόλον
ποιεῖσθαι τὸν παράπλουν. ἔνθα δὴ γίνεταί τις πραγ-
μάτων περιπέτεια τοιάδε.

98. καθ᾽ οὓς καιροὺς Ἀννίβας ἐποιεῖτο τὴν πορείαν
εἰς Ἰταλίαν, ὅσαις πόλεσιν ἠπίστησε τῶν κατὰ τὴν
Ἰβηρίαν, ἔλαβε παρὰ τούτων ὅμηρα τοὺς υἱεῖς τῶν
ἐπιφανεστάτων ἀνδρῶν· οὓς πάντας εἰς τὴν Ζακαν-
θαίων ἀπέθετο πόλιν διά τε τὴν ὀχυρότητα καὶ διὰ τὴν
2 τῶν ἀπολειπομένων ἐπ᾽ αὐτῆς ἀνδρῶν πίστιν. ἦν δέ
τις ἀνὴρ Ἴβηρ, Ἀβίλυξ ὄνομα, κατὰ μὲν τὴν δόξαν
καὶ τὴν τοῦ βίου περίστασιν οὐδενὸς δεύτερος Ἰβή-
ρων, κατὰ δὲ τὴν πρὸς Καρχηδονίους εὔνοιαν καὶ
3 πίστιν πολύ τι διαφέρειν δοκῶν τῶν ἄλλων. οὗτος
θεωρῶν τὰ πράγματα, καὶ νομίσας ἐπικυδεστέρας
εἶναι τὰς τῶν Ῥωμαίων ἐλπίδας, συνελογίσατο παρ᾽
ἑαυτῷ περὶ τῆς τῶν ὁμήρων προδοσίας συλλογισμὸν
4 Ἰβηρικὸν καὶ βαρβαρικόν. πεισθεὶς γὰρ διότι δύνα-
ται μέγας γενέσθαι παρὰ Ῥωμαίοις προσενεγκάμενος
ἐν καιρῷ πίστιν ἅμα καὶ χρείαν, ἐγίνετο πρὸς τῷ
παρασπονδήσας τοὺς Καρχηδονίους ἐγχειρίσαι τοὺς
5 ὁμήρους τοῖς Ῥωμαίοις. θεωρῶν δὲ τὸν Βώστορα τὸν
τῶν Καρχηδονίων στρατηγόν, ὃς ἀπεστάλη μὲν ὑπ᾽

264

When after overawing the Iberian tribes dwelling near the crossing of the Ebro they reached Saguntum, they encamped at a distance of about five miles from the town near the temple of Venus, choosing a place well situated both as regards security from the enemy and facility for obtaining supplies from the sea, since their fleet was coasting down together with them.

98. Here a remarkable development of events occurred. When Hannibal was starting on his march for Italy he took as hostages from those cities in Iberia on which he did not rely the sons of their principal men, and all these he placed in Saguntum owing to the strength of the place and the loyalty of the officers he left in charge of it. Now there was a certain Iberian named Abilyx, second to none in Iberia in rank and wealth and with the reputation of being more devoted and loyal to the Carthaginians than anyone else. Reviewing the situation and thinking that the prospects of the Romans were now the brightest, he reasoned with himself in a manner thoroughly Spanish and barbarian on the question of betraying the hostages. For, being convinced that if he both rendered the Romans a timely service and gave them proof of his good faith, he would become very influential with them, he formed the scheme of playing the traitor to the Carthaginians and handing over the hostages to the Romans. The Carthaginian general, Bostar, whom Hasdrubal had sent to op-

Ἀσδρούβου κωλύσων τοὺς Ῥωμαίους διαβαίνειν τὸν
ποταμόν, οὐ θαρρήσας δὲ τοῦτο ποιεῖν, ἀνακεχωρη-
κὼς ἐστρατοπέδευε τῆς Ζακάνθης ἐν τοῖς πρὸς θάλατ-
ταν μέρεσι, τοῦτον μὲν ἄκακον ὄντα τὸν ἄνδρα καὶ
6 πρᾷον τῇ φύσει, πιστῶς δὲ τὰ πρὸς αὐτὸν διακείμενον,
ποιεῖται λόγους ὑπὲρ τῶν ὁμήρων πρὸς τὸν Βώστορα,
φάσκων, ἐπειδὴ διαβεβήκασι Ῥωμαῖοι τὸν ποταμόν,
οὐκέτι δύνασθαι Καρχηδονίους φόβῳ συνέχειν τὰ
κατὰ τὴν Ἰβηρίαν, προσδεῖσθαι δὲ τοὺς καιροὺς τῆς
7 τῶν ὑποταττομένων εὐνοίας· νῦν οὖν ἠγγικότων Ῥω-
μαίων, καὶ προσκαθεζομένων τῇ Ζακάνθῃ, καὶ κιν-
δυνευούσης τῆς πόλεως, ἐὰν ἐξαγαγὼν τοὺς ὁμήρους
ἀποκαταστήσῃ τοῖς γονεῦσι καὶ ταῖς πόλεσιν, ἐκλύ-
σειν μὲν αὐτὸν τῶν Ῥωμαίων τὴν φιλοτιμίαν· τοῦτο
γὰρ αὐτὸ καὶ μάλιστα σπουδάζειν ἐκείνους πρᾶξαι,
8 κυριεύοντας τῶν ὁμήρων· ἐκκαλέσεσθαι δὲ τὴν τῶν
Ἰβήρων πάντων πρὸς Καρχηδονίους εὔνοιαν, προϊδό-
μενον τὸ μέλλον καὶ προνοηθέντα τῆς τῶν ὁμήρων
ἀσφαλείας. τὴν δὲ χάριν αὐξήσειν ἔφη πολλαπλα-
9 σίαν, αὐτὸς γενόμενος χειριστὴς τοῦ πράγματος. ἀπο-
καθιστάνων γὰρ εἰς τὰς πόλεις τοὺς παῖδας οὐ μόνον
τὴν παρ' αὐτῶν εὔνοιαν ἐπισπάσεσθαι τῶν γεννη-
σάντων, ἀλλὰ καὶ παρὰ τῶν πολλῶν, ὑπὸ τὴν ὄψιν
τιθεὶς διὰ τοῦ συμβαίνοντος τὴν Καρχηδονίων πρὸς
10 τοὺς συμμάχους αἵρεσιν καὶ μεγαλοψυχίαν. προσ-
δοκᾶν δ' αὐτὸν ἐκέλευσε καὶ δώρων πλῆθος ἰδίᾳ παρὰ
τῶν τὰ τέκνα κομιζομένων· παραδόξως γὰρ ἑκάστους
ἐγκρατεῖς γινομένους τῶν ἀναγκαιοτάτων ἅμιλλαν

pose the Romans if they tried to cross the Ebro, but who had not ventured to do so, had now retreated and encamped between Saguntum and the sea. Abilyx, perceiving that he was of a guileless and mild disposition and placed full confidence in himself, approached him on the subject of the hostages, saying that now the Romans had once crossed the river it was no longer possible for the Carthaginians to control the Iberians by fear, but that present circumstances required the goodwill of all the subject peoples. So now, when the Romans had approached and were encamped close to Saguntum and the city was in danger, if he brought the hostages out and restored them to their parents and cities, he would in the first place frustrate the ambitious project of the Romans, who were bent on taking just the same step if they got the hostages into their hands, and further he would elicit the gratitude of all the Iberians to the Carthaginians by thus foreseeing the future and taking thought for the safety of the hostages. This act of grace, he said, would be very much enhanced, if Bostar would let him take the matter in hand personally. For in restoring the children to the cities not only would he gain him the goodwill of their parents but that of the mass of the people, by thus bringing actually before their eyes this evidence of the magnanimous conduct of Carthage toward her allies. He told Bostar also that he could count on numerous presents to himself from those to whom their children were returned; for each and all, on thus unexpectedly

ποιήσεσθαι τῆς εἰς τὸν κύριον τῶν πραγμάτων εὐερ-
11 γεσίας. παραπλήσια δὲ τούτοις ἕτερα καὶ πλείω πρὸς
τὸν αὐτὸν τρόπον διαλεχθεὶς ἔπεισε τὸν Βώστορα
συγκαταθέσθαι τοῖς λεγομένοις.

99. καὶ τότε μὲν ἐπανῆλθε, ταξάμενος ἡμέραν, ᾗ
παρέσται μετὰ τῶν ἐπιτηδείων πρὸς τὴν ἀνακομιδὴν
2 τῶν παίδων. παραγενηθεὶς δὲ νυκτὸς ἐπὶ τὸ τῶν Ῥω-
μαίων στρατόπεδον, καὶ συμμίξας τισὶ τῶν συστρα-
τευομένων ἐκείνοις Ἰβήρων, διὰ τούτων εἰσῆλθε πρὸς
3 τοὺς στρατηγούς. ἐκλογιζόμενος δὲ διὰ πλειόνων τὴν
ἐσομένην ὁρμὴν καὶ μετάπτωσιν πρὸς αὐτοὺς τῶν
Ἰβήρων, ἐὰν ἐγκρατεῖς γένωνται τῶν ὁμήρων, ἐπηγ-
4 γείλατο παραδώσειν αὐτοῖς τοὺς παῖδας. τῶν δὲ περὶ
τὸν Πόπλιον ὑπερβολῇ προθύμως δεξαμένων τὴν ἐλ-
πίδα καὶ μεγάλας ὑπισχνουμένων δωρεάς, τότε μὲν εἰς
τὴν ἰδίαν ἀπηλλάγη, συνθέμενος ἡμέραν καὶ καιρὸν
καὶ τόπον, ἐν ᾧ δεήσει τοὺς ἐκδεξομένους αὐτὸν ὑπο-
5 μένειν. μετὰ δὲ ταῦτα παραλαβὼν τοὺς ἐπιτηδείους
τῶν φίλων ἧκε πρὸς τὸν Βώστορα, καὶ παραδοθέντων
αὐτῷ τῶν παίδων ἐκ τῆς Ζακάνθης, νυκτὸς ποιη-
σάμενος τὴν ἔξοδον, ὡς θέλων λαθεῖν, παραπορευθεὶς
τὸν χάρακα τῶν πολεμίων ἧκε πρὸς τὸν τεταγμένον
καιρὸν καὶ τόπον καὶ πάντας ἐνεχείρισε τοὺς ὁμήρους
6 τοῖς ἡγεμόσι τῶν Ῥωμαίων. οἱ δὲ περὶ τὸν Πόπλιον
ἐτίμησάν τε διαφερόντως τὸν Ἀβίλυγα καὶ πρὸς τὴν
ἀποκατάστασιν τῶν ὁμήρων εἰς τὰς πατρίδας ἐχρή-
7 σαντο τούτῳ, συμπέμψαντες τοὺς ἐπιτηδείους. ὃς ἐπι-
πορευόμενος τὰς πόλεις καὶ διὰ τῆς τῶν παίδων ἀπο-

receiving back their dearest, would vie with each other in heaping benefits on the author of the measure. By these and more words to the like effect he persuaded Bostar to assent to his proposal.

99. For the present he left to return home, fixing the day on which he would come with his followers to escort the children. At night he went to the Roman camp, and having found some of the Iberians who were serving in the army, gained access through them to the generals. Pointing out at some length how the Iberians if they recovered their hostages would with one impulse go over to the Romans, he undertook to give up the children to them. Publius, to whom the prospect was exceedingly welcome, having promised him a great reward, he now left for his own country, having fixed a day and agreed on the hour and place at which those who were to take over the hostages should await him. After this, taking his most intimate friends with him, he came to Bostar; and on the children being handed over to him from Saguntum, he sallied out from the town by night as if to keep the matter secret, and marching along the enemies' entrenched camp reached the appointed place at the appointed hour and delivered all the hostages to the Roman generals. Publius bestowed large rewards on Abilyx, and employed him in the restoration of the hostages to their respective countries, sending certain of his friends with him. Going from city to city, and bringing, by the repatriation of the children, the gentle-

καταστάσεως τιθεὶς ὑπὸ τὴν ὄψιν τὴν τῶν Ῥωμαίων
πρᾳότητα καὶ μεγαλοψυχίαν παρὰ τὴν Καρχηδονίων
ἀπιστίαν καὶ βαρύτητα, καὶ προσπαρατιθεὶς τὴν
αὑτοῦ μετάθεσιν, πολλοὺς Ἰβήρων παρώρμησε πρὸς
8 τὴν τῶν Ῥωμαίων φιλίαν. Βώστωρ δὲ παιδικώτερον ἢ
κατὰ τὴν ἡλικίαν δόξας ἐγκεχειρικέναι τοὺς ὁμήρους
τοῖς πολεμίοις οὐκ εἰς τοὺς τυχόντας ἐπεπτώκει κιν-
9 δύνους. καὶ τότε μὲν ἤδη τῆς ὥρας κατεπειγούσης
διέλυον εἰς παραχειμασίαν ἀμφότεροι τὰς δυνάμεις,
ἱκανοῦ τινος ἐκ τῆς τύχης γεγονότος συνεργήματος
τοῖς Ῥωμαίοις τοῦ περὶ τοὺς παῖδας πρὸς τὰς ἐπι-
κειμένας ἐπιβολάς.

100. Καὶ τὰ μὲν κατὰ τὴν Ἰβηρίαν ἐν τούτοις ἦν. ὁ
δὲ στρατηγὸς Ἀννίβας, ὅθεν ἀπελίπομεν, πυνθανό-
μενος παρὰ τῶν κατασκόπων πλεῖστον ὑπάρχειν σῖ-
τον ἐν τῇ περὶ τὴν Λουκαρίαν καὶ τὸ καλούμενον
Γερούνιον χώρᾳ, πρὸς δὲ τὴν συναγωγὴν εὐφυῶς
2 ἔχειν τὸ Γερούνιον, κρίνας ἐκεῖ ποιεῖσθαι τὴν παρα-
χειμασίαν, προῆγε ποιούμενος τὴν πορείαν παρὰ τὸ
Λίβυρνον ὄρος ἐπὶ τοὺς προειρημένους τόπους. ἀφικό-
3 μενος δὲ πρὸς τὸ Γερούνιον, ὃ τῆς Λουκαρίας ἀπέχει
διακόσια στάδια, τὰς μὲν ἀρχὰς διὰ λόγων τοὺς
ἐνοικοῦντας εἰς φιλίαν προυκαλεῖτο καὶ πίστεις ἐδίδου
τῶν ἐπαγγελιῶν, οὐδενὸς δὲ προσέχοντος, πολιορκεῖν
4 ἐπεβάλετο. ταχὺ δὲ γενόμενος κύριος, τοὺς μὲν οἰκή-
τορας κατέφθειρε, τὰς δὲ πλείστας οἰκίας ἀκεραίους
διεφύλαξε καὶ τὰ τείχη, βουλόμενος σιτοβολίοις χρή-
5 σασθαι πρὸς τὴν παραχειμασίαν. τὴν δὲ δύναμιν πρὸ

ness and magnanimity of the Romans into manifest con-
trast with the suspiciousness and harshness of the Cartha-
ginians, at the same time exhibiting the example of his own
change of sides, he induced many of the Iberians to be-
come allies of Rome. Bostar was judged in thus handing
over the hostages to the enemy to have acted more like a
child than became his years, and was in serious danger of
his life. For the present both sides, as the season was now
advanced, broke up their forces for the winter; chance in
this matter of the children having materially contributed
to assist the projects the Romans had in view.

100. Such was the position of affairs in Spain. Hannibal,
whom we left[146] in Italy looking out for winter quarters,
learning from his scouts that there was plenty of corn in the
country round Luceria[147] and Gerunium, and that the best
place for collecting supplies was Gerunium, decided to
winter there and advanced to this district, marching past
Mount Libyrnus.[148] On reaching Gerunium, which is two
hundred stades from Luceria, he at first sent messages
to the inhabitants asking for their alliance and offering
pledges of the advantages he promised them, but as they
paid no attention to them he began the siege. He soon took
the city, upon which he put the inhabitants to the sword,
but kept the walls and most of the houses uninjured, in-
tending to use them as corn magazines for the winter. He

[146] 94.7.

[147] 88.5, in Apulia as is Gerunium.

[148] Probably corrupt; most likely *Mons Tifernus* (modern
Matese).

τῆς πόλεως παρεμβαλὼν ὠχυρώσατο τάφρῳ καὶ χά-
6 ρακι τὴν στρατοπεδείαν. γενόμενος δ' ἀπὸ τούτων, τὰ
μὲν δύο μέρη τῆς δυνάμεως ἐπὶ τὴν σιτολογίαν
ἐξέπεμπε προστάξας καθ' ἑκάστην ἡμέραν τακτὸν
ἀναφέρειν μέτρον ἕκαστον τοῖς ἰδίοις ἐπιβολὴν τοῦ
τάγματος τοῖς προκεχειρισμένοις ἐπὶ τὴν οἰκονομίαν
7 ταύτην, τῷ δὲ τρίτῳ μέρει τήν τε στρατοπεδείαν ἐτήρει
8 καὶ τοῖς σιτολογοῦσι παρεφήδρευε κατὰ τόπους. οὔ-
σης δὲ τῆς μὲν χώρας τῆς πλείστης εὐεφόδου καὶ
πεδιάδος, τῶν δὲ συναγόντων ὡς ἔπος εἰπεῖν ἀνα-
ριθμήτων, ἔτι δὲ τῆς ὥρας ἀκμαζούσης πρὸς τὴν
συγκομιδήν, ἄπλετον συνέβαινε καθ' ἑκάστην ἡμέραν
ἀθροίζεσθαι τοῦ σίτου τὸ πλῆθος.

101. Μάρκος δὲ παρειληφὼς τὰς δυνάμεις παρὰ
Φαβίου, τὸ μὲν πρῶτον ἀντιπαρῆγε ταῖς ἀκρωρείαις,
πεπεισμένος ἀεὶ περὶ τὰς ὑπερβολὰς συμπεσεῖσθαί
2 ποτε τοῖς Καρχηδονίοις. ἀκούσας δὲ τὸ μὲν Γερούνιον
τοὺς περὶ τὸν Ἀννίβαν ἤδη κατέχειν, τὴν δὲ χώραν
σιτολογεῖν, πρὸ δὲ τῆς πόλεως χάρακα βεβλημένους
στρατοπεδεύειν, ἐπιστρέψας ἐκ τῶν ἀκρωρειῶν κατ-
έβαινε κατὰ τὴν ἐπὶ τὰ πεδία κατατείνουσαν ῥάχιν.
3 ἀφικόμενος δ' ἐπὶ τὴν ἄκραν, ἣ κεῖται μὲν ἐπὶ τῆς
Λαρινάτιδος χώρας, προσαγορεύεται δὲ Καλήνη, κατ-
εστρατοπέδευσε περὶ ταύτην, πρόχειρος ὢν ἐκ παντὸς
4 τρόπου συμπλέκεσθαι τοῖς πολεμίοις. Ἀννίβας δὲ
θεωρῶν ἐγγίζοντας τοὺς πολεμίους, τὸ μὲν τρίτον
μέρος τῆς δυνάμεως εἴασε σιτολογεῖν, τὰ δὲ δύο μέρη
λαβὼν καὶ προελθὼν ἀπὸ τῆς πόλεως ἑκκαίδεκα στα-

encamped his army before the town, fortifying his camp with a trench and palisade. When he had completed this he sent two divisions of his army out to gather corn, ordering each to bring in each day for its own use the quantity imposed by those in charge of the commissariat. With the remaining third he guarded the camp and covered the foraging parties here and there. As most of the country was flat and easy to overrun, and the foragers were one might say infinite in number, and the weather was very favorable for fetching in the grain, an enormous quantity was collected every day.

101. Minucius on taking over the command from Fabius at first followed the Carthaginians along the hills, always expecting to encounter them when attempting to cross. But on hearing that Hannibal had already occupied Gerunium, and was foraging in the district, and had established himself in a fortified camp before the city, he turned and descended from the hills by a ridge that slopes down to the town. Arriving at the height in the territory of Larinum called Calena he encamped there, being eager at all hazards to engage the enemy. Hannibal, seeing the approach of the Romans, left the third part of his army to forage, and taking the other two-thirds advanced sixteen stades from

δίους πρὸς τοὺς πολεμίους, ἐπί τινος βουνοῦ κατε-
στρατοπέδευσε, βουλόμενος ἅμα μὲν καταπλήξασθαι
τοὺς ὑπεναντίους, ἅμα δὲ τοῖς σιτολογοῦσι τὴν ἀσφά-
5 λειαν παρασκευάζειν. μετὰ δὲ ταῦτα γεωλόφου τινὸς
ὑπάρχοντος μεταξὺ τῶν στρατοπέδων, ὃς εὐκαίρως
καὶ σύνεγγυς ἐπέκειτο τῇ τῶν πολεμίων παρεμβολῇ,
τοῦτον ἔτι νυκτὸς ἐξαποστείλας περὶ δισχιλίους τῶν
6 λογχοφόρων κατελάβετο. οὓς ἐπιγενομένης τῆς ἡμέ-
ρας συνιδὼν Μάρκος ἐξῆγε τοὺς εὐζώνους καὶ προσ-
7 έβαλε τῷ λόφῳ. γενομένου δ' ἀκροβολισμοῦ νεανικοῦ,
τέλος ἐπεκράτησαν οἱ Ῥωμαῖοι, καὶ μετὰ ταῦτα τὴν
ὅλην στρατοπεδείαν μετεβίβασαν εἰς τοῦτον τὸν τό-
8 πον. ὁ δ' Ἀννίβας ἕως μέν τινος διὰ τὴν ἀντιστρατο-
πεδείαν συνεῖχε τὸ πλεῖστον μέρος τῆς δυνάμεως ἐφ'
9 αὑτόν. πλειόνων δὲ γενομένων ἡμερῶν, ἠναγκάζετο
τοὺς μὲν ἐπὶ τὴν νομὴν τῶν θρεμμάτων ἀπομερίζειν,
10 τοὺς δ' ἐπὶ τὴν σιτολογίαν, σπουδάζων κατὰ τὴν ἐν
ἀρχῇ πρόθεσιν μήτε τὴν λείαν καταφθεῖραι τόν τε
σῖτον ὡς πλεῖστον συναγαγεῖν, ἵνα πάντων ᾖ κατὰ
τὴν παραχειμασίαν δαψίλεια τοῖς ἀνδράσι, μὴ χεῖρον
11 δὲ τοῖς ὑποζυγίοις καὶ τοῖς ἵπποις· εἶχε γὰρ τὰς
πλείστας ἐλπίδας τῆς αὑτοῦ δυνάμεως ἐν τῷ τῶν
ἱππέων τάγματι.

102. Καθ' ὃν δὴ καιρὸν Μάρκος, συνθεωρήσας τὸ
πολὺ μέρος τῶν ὑπεναντίων ἐπὶ τὰς προειρημένας
χρείας κατὰ τῆς χώρας σκεδαννύμενον, λαβὼν τὸν
ἀκμαιότατον καιρὸν τῆς ἡμέρας ἐξῆγε τὴν δύναμιν,
2 καὶ συνεγγίσας τῇ παρεμβολῇ τῶν Καρχηδονίων τὰ

the town and encamped on a hill with the view of overaw-ing the enemy and affording protection to the foragers. There was a certain hillock between the two armies, and observing that it lay close to the enemy's camp and com-manded it, he sent two thousand of his pikemen in the night to occupy it. Marcus, catching sight of them at day-break, led out his light-armed troops and attacked the hill. A brisk skirmish took place in which the Romans were vic-torious, and afterwards they transferred their whole army to this hill. Hannibal for a certain time kept the whole of his forces within the camp owing to the propinquity of the enemy; but after some days he was compelled to tell off a portion to pasture the animals, and send others to forage for corn, as he was anxious, according to his original plan, to avoid loss in the live stock he had captured and to collect as much corn as possible, so that for the whole winter there should be plenty of everything both for his men and also for the horses and pack animals; for it was on his cavalry above all that he placed reliance.

102. Minucius, remarking that the greater number of the enemy were dispersed over the country on these ser-vices, chose the time when the day was at its height to lead out his forces, and on approaching the enemy's camp, drew

μὲν βαρέα τῶν ὅπλων ἐξέταξε, τοὺς δ' ἱππεῖς καὶ τοὺς
εὐζώνους κατὰ μέρη διελὼν ἐπαφῆκε τοῖς προνομεύ-
3 ουσι, παραγγείλας μηδένα ζωγρεῖν. Ἀννίβας δὲ τού-
του συμβάντος εἰς ἀπορίαν ἐνεπεπτώκει μεγάλην·
οὔτε γὰρ ἀντεξάγειν τοῖς παρατεταγμένοις ἀξιόχρεως
ἦν οὔτε παραβοηθεῖν τοῖς ἐπὶ τῆς χώρας διεσπαρ-
4 μένοις. τῶν δὲ Ῥωμαίων οἱ μὲν ἐπὶ τοὺς προνομεύ-
οντας ἐξαποσταλέντες πολλοὺς τῶν ἐσκεδασμένων
ἀπέκτειναν· οἱ δὲ παρατεταγμένοι τέλος εἰς τοῦτ' ἦλ-
θον καταφρονήσεως ὥστε καὶ διασπᾶν τὸν χάρακα
5 καὶ μόνον οὐ πολιορκεῖν τοὺς Καρχηδονίους. ὁ δ'
Ἀννίβας ἦν μὲν ἐν κακοῖς, ὅμως δὲ χειμαζόμενος
ἔμενε, τοὺς πελάζοντας ἀποτριβόμενος καὶ μόλις δια-
6 φυλάττων τὴν παρεμβολήν, ἕως Ἀσδρούβας ἀναλα-
βὼν τοὺς ἀπὸ τῆς χώρας συμπεφευγότας εἰς τὸν
χάρακα τὸν περὶ τὸ Γερούνιον, ὄντας εἰς τετρακισχι-
7 λίους, ἧκε παραβοηθῶν. τότε δὲ μικρὸν ἀναθαρρήσας
ἐπεξῆλθε, καὶ βραχὺ πρὸ τῆς στρατοπεδείας παρεμ-
βαλὼν μόλις ἀπεστρέψατο τὸν ἐνεστῶτα κίνδυνον.
8 Μάρκος δὲ πολλοὺς μὲν ἐν τῇ περὶ τὸν χάρακα συμ-
πλοκῇ τῶν πολεμίων ἀποκτείνας, ἔτι δὲ πλείους ἐπὶ
τῆς χώρας διεφθαρκώς, τότε μὲν ἐπανῆλθε μεγάλας
9 ἐλπίδας ἔχων ὑπὲρ τοῦ μέλλοντος. τῇ δ' ἐπαύριον ἐκ-
λιπόντων τὸν χάρακα τῶν Καρχηδονίων, ἐπέβη καὶ
10 κατελάβετο τὴν ἐκείνων παρεμβολήν. ὁ γὰρ Ἀννίβας
διαγωνιάσας τοὺς Ῥωμαίους μὴ καταλαβόμενοι
νυκτὸς ἔρημον ὄντα τὸν ἐπὶ τῷ Γερουνίῳ χάρακα
κύριοι γένωνται τῆς ἀποσκευῆς καὶ τῶν παραθέσεων,

up his legionaries, and dividing his cavalry and light-armed infantry into several troops sent them out to attack the foragers, with orders to take no prisoners. Hannibal hereupon found himself in a very difficult position, being neither strong enough to march out and meet the enemy nor able to go to the assistance of those of his men who were scattered over the country. The Romans who had been dispatched to attack the foraging parties, killed numbers of them, and finally the troops drawn up in line reached such a pitch of contempt for the enemy that they began to pull down the palisade and very nearly stormed the Carthaginian camp. Hannibal was in sore straits, but notwithstanding the tempest that had thus overtaken him he continued to drive off all assailants and with difficulty to hold his camp, until Hasdrubal, with those who had fled from the country for refuge to the camp before Gerunium, about four thousand in number, came to succor him. He now regained a little confidence, and sallying from the camp drew up his troops a short distance in front of it and with difficulty averted the impending peril. Minucius, after killing many of the enemy in the engagement at the camp and still more throughout the country, now retired, but with great hopes for the future, and next day, on the Carthaginians evacuating their camp, occupied it himself. For Hannibal, fearful lest the Romans, finding the camp at Gerunium deserted at night, should capture his baggage and stores,

ἔκρινεν αὐτὸς ἀναχωρεῖν καὶ πάλιν ἐκεῖ ποιεῖσθαι τὴν
11 στρατοπεδείαν. ἀπὸ δὲ τούτων τῶν καιρῶν οἱ μὲν
Καρχηδόνιοι ταῖς προνομαῖς εὐλαβέστερον ἐχρῶντο
καὶ φυλακτικώτερον, οἱ δὲ Ῥωμαῖοι τἀναντία θαρρα-
λεώτερον καὶ προπετέστερον.

103. Οἱ δ' ἐν τῇ Ῥώμῃ, προσπεσόντος σφίσι τοῦ
γεγονότος μειζόνως ἢ κατὰ τὴν ἀλήθειαν, περιχαρεῖς
ἦσαν διὰ τὸ πρῶτον μὲν ἐκ τῆς προϋπαρχούσης ὑπὲρ
τῶν ὅλων δυσελπιστίας οἷον εἰ μεταβολήν τινα πρὸς
2 τὸ βέλτιον αὐτοῖς προφαίνεσθαι, δεύτερον δὲ καὶ διὰ
τὸ δοκεῖν τὸν πρὸ τούτου χρόνον τὴν ἀπραγίαν καὶ
κατάπληξιν τῶν στρατοπέδων μὴ παρὰ τὴν τῶν δυνά-
μεων ἀποδειλίασιν, ἀλλὰ παρὰ τὴν τοῦ προεστῶτος
3 εὐλάβειαν γεγονέναι. διὸ καὶ τὸν μὲν Φάβιον ᾐτιῶντο
καὶ κατεμέμφοντο πάντες ὡς ἀτόλμως χρώμενον τοῖς
καιροῖς, τὸν δὲ Μάρκον ἐπὶ τοσοῦτον ηὖξον διὰ τὸ
συμβεβηκὸς ὥστε τότε γενέσθαι τὸ μηδέποτε γεγο-
4 νός· αὐτοκράτορα γὰρ κἀκεῖνον κατέστησαν, πεπει-
σμένοι ταχέως αὐτὸν τέλος ἐπιθήσειν τοῖς πράγμασι·
καὶ δὴ δύο δικτάτορες ἐγεγόνεισαν ἐπὶ τὰς αὐτὰς
πράξεις, ὃ πρότερον οὐδέποτε συνεβεβήκει παρὰ Ῥω-
5 μαίοις. τῷ δὲ Μάρκῳ διασαφηθείσης τῆς τε τοῦ πλή-
θους εὐνοίας καὶ τῆς παρὰ τοῦ δήμου δεδομένης
ἀρχῆς αὐτῷ, διπλασίως παρωρμήθη πρὸς τὸ παρα-
6 βάλλεσθαι καὶ κατατολμᾶν τῶν πολεμίων. ἧκε δὲ καὶ
Φάβιος ἐπὶ τὰς δυνάμεις οὐδὲν ἠλλοιωμένος ὑπὸ τῶν
συμβεβηκότων, ἔτι δὲ βεβαιότερον μένων ἐπὶ τῆς ἐξ
7 ἀρχῆς διαλήψεως. θεωρῶν δὲ τὸν Μάρκον ἐκπεφυση-

decided to return and encamp there again. Henceforth the Carthaginians were much more cautious and guarded in foraging, while the Romans on the contrary, foraged with greater confidence and temerity.

103. People in Rome, when an exaggerated account of this success reached the city, were overjoyed, partly because this change for the better relieved their general despondency, and in the next place because they inferred that the former inaction and disheartenment of their army was not the result of any want of courage in the soldiers, but of the excessive caution of the general. All therefore found fault with Fabius, accusing him of not making a bold use of his opportunities, while Marcus's reputation rose so much owing to this event that they took an entirely unprecedented step, investing him like the Dictator[149] with absolute power, in the belief that he would very soon put an end to the war. So two Dictators were actually appointed for the same field of action, a thing which had never before happened at Rome. When Minucius was informed of his popularity at home and the office given him by the people's decree, he grew twice as eager to run risks and take some bold action against the enemy. Fabius now returned to the army wholly unchanged by recent circumstances, and adhering even more firmly than before to his original determination. Observing that Minucius was unduly elated and

[149] *MRR* 1. 243. Livy's statement (22.25–26) that he was given an *imperium* equal to that of Fabius may be preferable.

μένον καὶ πρὸς πάντ᾽ ἀντιφιλονικοῦντα καὶ καθόλου
πολὺν ὄντα πρὸς τῷ διακινδυνεύειν, αἵρεσιν αὐτῷ
προύτεινε τοιαύτην, ἢ κατὰ μέρος ἄρχειν ἢ διελόμενον
τὰς δυνάμεις χρῆσθαι τοῖς σφετέροις στρατοπέδοις
8 κατὰ τὴν αὑτοῦ προαίρεσιν. τοῦ δὲ καὶ λίαν ἀσμένως
δεξαμένου τὸν μερισμόν, διελόμενοι τὸ πλῆθος χωρὶς
ἐστρατοπέδευσαν ἀλλήλων, ἀπέχοντες ὡς δώδεκα
σταδίους.

104. Ἀννίβας δὲ τὰ μὲν ἀκούων τῶν ἁλισκομένων
αἰχμαλώτων, τὰ δὲ θεωρῶν ἐκ τῶν πραττομένων ᾔδει
τήν τε τῶν ἡγεμόνων πρὸς ἀλλήλους φιλοτιμίαν καὶ
2 τὴν ὁρμὴν καὶ τὴν φιλοδοξίαν τοῦ Μάρκου. διόπερ οὐ
καθ᾽ αὑτοῦ, πρὸς αὑτοῦ δὲ νομίσας εἶναι τὰ συμ-
βαίνοντα περὶ τοὺς ἐναντίους, ἐγίνετο περὶ τὸν Μάρ-
κον, σπουδάζων τὴν τόλμαν ἀφελέσθαι καὶ προκατα-
3 λαβεῖν αὐτοῦ τὴν ὁρμήν. οὔσης δέ τινος ὑπεροχῆς
μεταξὺ τῆς αὑτοῦ καὶ τῆς τοῦ Μάρκου στρατοπεδείας
δυναμένης ἑκατέρους βλάπτειν, ἐπεβάλετο καταλα-
βεῖν ταύτην. σαφῶς δὲ γινώσκων ἐκ τοῦ προγεγονό-
τος κατορθώματος ὅτι παρέσται βοηθῶν ἐκ χειρὸς
4 πρὸς ταύτην τὴν ἐπιβολήν, ἐπινοεῖ τι τοιοῦτον. τῶν
γὰρ τόπων τῶν περὶ τὸν λόφον ὑπαρχόντων ψιλῶν
μέν, πολλὰς δὲ παντοδαπὰς ἐχόντων περικλάσεις καὶ
κοιλότητας, ἐξέπεμψε τῆς νυκτὸς εἰς τὰς ἐπιτηδειο-
τάτας ὑποβολὰς ἀνὰ διακοσίους καὶ τριακοσίους,
πεντακοσίους μὲν ἱππεῖς, ψιλοὺς δὲ καὶ πεζοὺς τοὺς
5 πάντας εἰς πεντακισχιλίους. ἵνα δὲ μὴ πρῲ κατοπτευ-
θῶσιν ὑπὸ τῶν εἰς τὰς προνομὰς ἐκπορευομένων, ἅμα

was jealously opposing him in every way and altogether strongly disposed to risk a battle, he offered for his choice, either that he should be in full command on alternate days, or that he should take half the army and use his own legions in any way he thought fit. Minucius having readily agreed to the division of the army, they divided it and encamped apart at a distance of about twelve stades from each other.

104. Hannibal, partly from what he heard from prisoners and partly from what he saw was going on, was aware of the rivalry of the two generals and of Minucius' impulsiveness and ambition. Considering, then, the present circumstances of the enemy were not against him but in his favor, he turned his attention to Minucius, being anxious to put a stop to his venturesomeness and anticipate his offensive. There was a small eminence between his own camp and that of Minucius capable of being used against either of them, and this he decided to occupy. Well knowing that owing to his previous achievement Minucius would instantly advance to frustrate this project, he devised the following stratagem. The ground round the hill was treeless but had many irregularities and hollows of every description in it, and he sent out at night to the most suitable positions for ambuscade, in bodies of two or three hundred, five hundred horse and about five thousand light-armed and other infantry. In order that they should not be observed in the early morning by the Romans who were go-

τῷ διαυγάζειν κατελάμβανε τοῖς εὐζώνοις τὸν λόφον.
6 ὁ δὲ Μάρκος θεωρῶν τὸ γινόμενον, καὶ νομίσας ἑρ-
μαῖον εἶναι, παραυτίκα μὲν ἐξαπέστειλε τοὺς ψιλούς,
κελεύσας ἀγωνίζεσθαι καὶ διαμάχεσθαι περὶ τοῦ τό-
7 που, μετὰ δὲ ταῦτα τοὺς ἱππεῖς· ἑξῆς δὲ τούτοις κατ-
όπιν αὐτὸς ἦγε συνεχῆ τὰ βαρέα τῶν ὅπλων, καθάπερ
καὶ πρότερον, ἑκάστων ποιούμενος παραπλήσιον τὸν
χειρισμόν.
  105. ἄρτι δὲ τῆς ἡμέρας διαφαινούσης καὶ πάντων
ταῖς τε διανοίαις καὶ τοῖς ὄμμασι περιεσπασμένων
περὶ τοὺς ἐν τῷ γεωλόφῳ κινδυνεύοντας, ἀνύποπτος
2 ἦν ἡ τῶν ἐνεδρευόντων ὑποβολή. τοῦ δ᾽ Ἀννίβου
συνεχῶς μὲν ἐπαποστέλλοντος τοῖς ἐν τῷ λόφῳ τοὺς
βοηθήσοντας, ἑπομένου δὲ κατὰ πόδας αὐτοῦ μετὰ
τῶν ἱππέων καὶ τῆς δυνάμεως, ταχέως συνέβη καὶ
3 τοὺς ἱππεῖς συμπεσεῖν ἀλλήλοις. οὗ γενομένου, καὶ
πιεζομένων τῶν Ῥωμαίων εὐζώνων ὑπὸ τοῦ πλήθους
τῶν ἱππέων, ἅμα μὲν οὗτοι καταφεύγοντες εἰς τὰ
4 βαρέα τῶν ὅπλων θόρυβον ἐποίουν, ἅμα δὲ τοῦ συν-
θήματος ἀποδοθέντος τοῖς ἐν ταῖς ἐνέδραις, παντα-
χόθεν ἐπιφαινομένων καὶ προσπιπτόντων τούτων,
οὐκέτι περὶ τοὺς εὐζώνους μόνον, ἀλλὰ περὶ πᾶν τὸ
στράτευμα μέγας κίνδυνος συνειστήκει τοῖς Ῥωμαί-
5 οις. κατὰ δὲ τὸν καιρὸν τοῦτον Φάβιος, θεωρῶν τὸ
γινόμενον καὶ διαγωνιάσας μὴ σφαλῶσι τοῖς ὅλοις,
ἐξῆγε τὰς δυνάμεις καὶ κατὰ σπουδὴν ἐβοήθει τοῖς
6 κινδυνεύουσι. ταχὺ δὲ συνεγγίσαντος αὐτοῦ, πάλιν
ἀναθαρρήσαντες οἱ Ῥωμαῖοι, καίπερ λελυκότες ἤδη

ing out to forage, he occupied the hill with his light-armed troops as soon as it was daybreak. Minucius, seeing this and thinking it a favorable chance, sent out at once his light infantry with orders to engage the enemy and dispute the position. Afterwards he sent his cavalry too and next followed in person leading his legions in close order, as on the former occasion, operating exactly in the same manner as then.

105. The day was just dawning, and the minds and eyes of all were engrossed in the battle on the hill, so that no one suspected that the ambuscade had been posted. Hannibal kept constantly sending reinforcements to his men on the hill, and when he very shortly followed himself with his cavalry and the rest of his force, the cavalry on both sides soon came into action. Upon this, the Roman light infantry were forced off the field by the numbers of the Carthaginian horse, and, falling back on the legions, threw them into confusion, while at the same time, on the signal being given to those lying in ambush, they appeared from all directions and attacked, upon which not only the Roman light infantry but their whole army found itself in a most perilous position. It was now that Fabius, seeing the state of matters and seriously fearing a total disaster, came up in haste with his own army to assist. On his approach the Romans again plucked up courage, although they had now

τὴν ὅλην τάξιν, αὖθις ἀθροιζόμενοι περὶ τὰς σημαίας
ἀνεχώρουν καὶ κατέφευγον ὑπὸ τὴν τούτων ἀσφά-
λειαν, πολλοὺς μὲν ἀπολελωκότες τῶν εὐζώνων, ἔτι δὲ
πλείους ἐκ τῶν ταγμάτων καὶ τοὺς ἀρίστους ἄνδρας.

7 οἱ δὲ περὶ τὸν Ἀννίβαν καταπλαγέντες τὴν ἀκεραι-
ότητα καὶ σύνταξιν τῶν παραβεβοηθηκότων στρατο-
8 πέδων, ἀπέστησαν τοῦ διωγμοῦ καὶ τῆς μάχης. τοῖς
μὲν οὖν παρ᾽ αὐτὸν γενομένοις τὸν κίνδυνον ἦν ἐναρ-
γὲς ὅτι διὰ μὲν τὴν Μάρκου τόλμαν ἀπόλωλε τὰ ὅλα,
διὰ δὲ τὴν εὐλάβειαν τοῦ Φαβίου σέσωσται καὶ πρὸ
9 τοῦ καὶ νῦν· τοῖς δ᾽ ἐν τῇ Ῥώμῃ τότ᾽ ἐγένετο φανερὸν
ὁμολογουμένως τί διαφέρει στρατιωτικῆς προπετείας
καὶ κενοδοξίας στρατηγικὴ πρόνοια καὶ λογισμὸς
10 ἑστὼς καὶ νουνεχής. οὐ μὴν ἀλλ᾽ οἱ μὲν Ῥωμαῖοι,
διδαχθέντες ὑπὸ τῶν πραγμάτων, καὶ βαλόμενοι χά-
ρακα πάλιν ἕνα πάντες, ἐστρατοπέδευσαν ὁμόσε, καὶ
λοιπὸν ἤδη Φαβίῳ προσεῖχον τὸν νοῦν καὶ τοῖς ὑπὸ
11 τούτου παραγγελλομένοις. οἱ δὲ Καρχηδόνιοι τὸν μὲν
μεταξὺ τόπον τοῦ βουνοῦ καὶ τῆς σφετέρας παρεμ-
βολῆς διετάφρευσαν, περὶ δὲ τὴν κορυφὴν τοῦ κατα-
ληφθέντος λόφου χάρακα περιβαλόντες καὶ φυλακὴν
ἐπιστήσαντες λοιπὸν ἤδη πρὸς τὴν χειμασίαν ἀσφα-
λῶς ἡτοιμάζοντο.

106. Τῆς δὲ τῶν ἀρχαιρεσίων ὥρας συνεγγιζούσης,
εἵλοντο στρατηγοὺς οἱ Ῥωμαῖοι Λεύκιον Αἰμίλιον καὶ
Γάιον Τερέντιον. ὧν κατασταθέντων οἱ μὲν δικτάτορες
2 ἀπέθεντο τὴν ἀρχήν, οἱ δὲ προϋπάρχοντες ὕπατοι,
Γνάιος Σερουίλιος καὶ Μάρκος Ῥηγοῦλος ὁ μετὰ τὴν

to these orders and owing to circumstances, but only numerous skirmishes and minor engagements took place in which the Roman commanders had the advantage, their conduct of the campaign being generally thought to have been both courageous and skillful.

107. All through the winter and spring the two armies remained encamped opposite each other, and it was not until the season was advanced enough for them to get supplies from the year's crops that Hannibal moved his forces out of the camp near Gerunium. Judging that it was in his interest to compel the enemy to fight by every means in his power, he seized on the citadel of a town called Cannae,[152] in which the Romans had collected the corn and other supplies from the country round Canusium, conveying hence to their camp from time to time enough to supply their wants. The city itself had previously been razed, but the capture now of the citadel and stores caused no little commotion in the Roman army; for they were distressed at the fall of the place not only owing to the loss of their supplies, but because it commanded the surrounding district. They continued, therefore, to send constant messages to Rome asking how they should act, stating that if they approached the enemy they would not be able to escape a battle, as the country was being pillaged and the temper of all the allies

---

[152] The date of the battle (June or August 216) is still disputed. As for the location, the right side of the Aufidus river is now preferred (as opposed to the left).

μάχεσθαι καὶ συμβάλλειν τοῖς πολεμίοις. τοῖς μὲν
οὖν περὶ τὸν Γνάιον ἐπισχεῖν ἔτι διεσάφησαν, αὐτοὶ

8 δὲ τοὺς ὑπάτους ἐξαπέστελλον. συνέβαινε δὲ πάντας
εἰς τὸν Αἰμίλιον ἀποβλέπειν καὶ πρὸς τοῦτον ἀπερεί-
δεσθαι τὰς πλείστας ἐλπίδας διά τε τὴν ἐκ τοῦ λοιποῦ
βίου καλοκἀγαθίαν καὶ διὰ τὸ μικροῖς πρότερον χρό-
νοις ἀνδρωδῶς ἅμα καὶ συμφερόντως δοκεῖν κεχει-

9 ρικέναι τὸν πρὸς Ἰλλυριοὺς πόλεμον. προέθεντο δὲ
στρατοπέδοις ὀκτὼ διακινδυνεύειν, ὃ πρότερον οὐδέ-
ποτ' ἐγεγόνει παρὰ Ῥωμαίοις, ἑκάστου τῶν στρατο-
πέδων ἔχοντος ἄνδρας εἰς πεντακισχιλίους χωρὶς τῶν

10 συμμάχων. Ῥωμαῖοι γάρ, καθά που καὶ πρότερον
εἰρήκαμεν, ἀεί ποτε τέτταρα στρατόπεδα προχειρί-
ζονται. τὸ δὲ στρατόπεδον⟩ πεζοὺς μὲν λαμβάνει περὶ

11 τετρακισχιλίους, ἱππεῖς δὲ διακοσίους. ἐπὰν δέ τις
ὁλοσχερεστέρα προφαίνηται χρεία, τοὺς μὲν πεζοὺς
ἐν ἑκάστῳ στρατοπέδῳ ποιοῦσι περὶ πεντακισχιλίους,

12 τοὺς δ' ἱππεῖς τριακοσίους. τῶν δὲ συμμάχων τὸ μὲν
τῶν πεζῶν πλῆθος πάρισον ποιοῦσι τοῖς Ῥωμαϊκοῖς
στρατοπέδοις, τὸ δὲ τῶν ἱππέων ὡς ἐπίπαν τριπλά-

13 σιον. τούτων δὲ τοὺς ἡμίσεις τῶν συμμάχων καὶ τὰ
δύο στρατόπεδα δόντες ἑκατέρῳ τῶν ὑπάτων ἐξαπο-

14 στέλλουσιν ἐπὶ τὰς πράξεις. καὶ τοὺς μὲν πλείστους
ἀγῶνας δι' ἑνὸς ὑπάτου καὶ δύο στρατοπέδων καὶ τοῦ
προειρημένου πλήθους τῶν συμμάχων κρίνουσι, σπα-
νίως δὲ πᾶσι πρὸς ἕνα καιρὸν καὶ πρὸς ἕνα χρῶνται

15 κίνδυνον. τότε γε μὴν οὕτως ἐκπλαγεῖς ἦσαν καὶ

was uncertain. The Senate decided to give the enemy battle, but they ordered Servilius to wait, and dispatched the Consuls to the front. It was to Aemilius that the eyes of all were directed, and they placed their chiefest hope in him, owing to his general high character, and because a few years previously he was thought to have conducted the Illyrian war[153] with courage and advantage to the state. They decided to bring eight legions[154] into the field, a thing which had never been done before by the Romans, each legion consisting of about five thousand men apart from the allies. For, as I previously explained, they regularly employ four legions, each numbering about four thousand foot and two hundred horse, but on occasions of exceptional gravity they raise the number of foot in each legion to five thousand and that of the cavalry to three hundred. They make the number of the allied infantry equal to that of the Roman legions, but, as a rule, the allied cavalry are three times as numerous as the Roman. They give each of the Consuls half of the allies and two legions when they dispatch them to the field, and most of their wars are decided by one Consul with two legions and the above number of allies, it being only on rare occasions that they employ all their forces at one time and in one battle. But now they

153 The second, against Demetrius of Pharus, in 219 (3.18–19).

154 Four strengthened legions rather than eight, according to P. Brunt, *Italian manpower 225 B.C.–A. D. 14* (Oxford 1971) 419.

κατάφοβοι τὸ μέλλον ὡς οὐ μόνον τέτταρσιν, ἀλλ᾽
ὀκτὼ στρατοπέδοις Ῥωμαϊκοῖς ὁμοῦ προῄρηντο δια-
κινδυνεύειν.

108. Διὸ καὶ παρακαλέσαντες τοὺς περὶ τὸν Αἰμί-
λιον, καὶ πρὸ ὀφθαλμῶν θέντες τὸ μέγεθος τῶν εἰς
ἑκάτερον τὸ μέρος ἀποβησομένων ἐκ τῆς μάχης, ἐξ-
απέστειλαν, ἐντειλάμενοι σὺν καιρῷ κρίνειν τὰ ὅλα
2 γενναίως καὶ τῆς πατρίδος ἀξίως. οἳ καὶ παραγενό-
μενοι πρὸς τὰς δυνάμεις καὶ συναθροίσαντες τὰ πλή-
θη τήν τε τῆς συγκλήτου γνώμην διεσάφησαν τοῖς
πολλοῖς καὶ παρεκάλουν τὰ πρέποντα τοῖς παρεστῶσι
καιροῖς, ἐξ αὐτοπαθείας τοῦ Λευκίου διατιθεμένου
3 τοὺς λόγους. ἦν δὲ τὰ πλεῖστα τῶν λεγομένων πρὸς
τοῦτον τείνοντα τὸν νοῦν, τὸν ὑπὲρ τῶν νεωστὶ γεγονό-
των συμπτωμάτων· ὧδε γὰρ καὶ τῇδέ που συνέβαινε
διατετράφθαι καὶ προσδεῖσθαι παραινέσεως τοὺς
4 πολλούς. διόπερ ἐπειρᾶτο συνιστάνειν ὅτι τῶν μὲν ἐν
ταῖς προγεγενημέναις μάχαις ἐλαττωμάτων οὐχ ἓν
οὐδὲ δεύτερον, καὶ πλείω δ᾽ ἂν εὕροι τις αἴτια, δι᾽ ἃ
5 τοιοῦτον αὐτῶν ἐξέβη τὸ τέλος, ἐπὶ δὲ τῶν νῦν καιρῶν
οὐδεμία λείπεται πρόφασις, ἐὰν ἄνδρες ὦσι, τοῦ μὴ
6 νικᾶν τοὺς ἐχθρούς. τότε μὲν γὰρ οὔτε τοὺς ἡγεμόνας
ἀμφοτέρους οὐδέποτε συνηγωνίσθαι τοῖς στρατοπέ-
δοις, οὔτε ταῖς δυνάμεσι κεχρῆσθαι γεγυμνασμέναις,
7 ἀλλὰ νεοσυλλόγοις κἀοράτοις παντὸς δεινοῦ· τό τε
μέγιστον, ἐπὶ τοσοῦτον ἀγνοεῖσθαι παρ᾽ αὐτοῖς πρό-
τερον τὰ κατὰ τοὺς ὑπεναντίους ὥστε σχεδὸν μηδ᾽
ἑωρακότας τοὺς ἀνταγωνιστὰς παρατάττεσθαι καὶ

were so alarmed and anxious as to the future that they decided to bring into action not four legions but eight.

108. Therefore after exhorting Aemilius and putting before his eyes the magnitude of the results which in either event the battle would bring about, they dispatched him with orders to decide the issue, when the time came, bravely and worthily of his country. On reaching the army he assembled the soldiers and conveyed to them the decision of the Senate, addressing them in a manner befitting the occasion and in words that evidently sprang from his heart. The greater part of his speech was devoted to accounting for the former reverses, for it was particularly the impression created by these that made the men disheartened and in need of encouragement. He attempted therefore to impress upon them, that while not one or two but many causes could be found owing to which the previous battles resulted in defeat, there was at present, if they behaved like men, no reason at all left why they should not be victorious. "For then," he said,[155] "the two Consuls never gave battle with their united armies, nor were the forces they disposed of well trained, but raw levies who had never looked danger in the face. But the most important consideration of all is that our troops were then so ignorant of the enemy that one might almost say they ventured on decisive

[155] The following speech is fictitious, as is Hannibal's in 111.

8 συγκαταβαίνειν εἰς τοὺς ὁλοσχερεῖς κινδύνους. οἱ μὲν
γὰρ περὶ τὸν Τρεβίαν ποταμὸν σφαλέντες, ἐκ Σικε-
λίας τῇ προτεραίᾳ παραγενηθέντες, ἅμα τῷ φωτὶ τῇ
9 κατὰ πόδας ἡμέρᾳ παρετάξαντο· τοῖς δὲ κατὰ Τυρρη-
νίαν ἀγωνισαμένοις οὐχ οἷον πρότερον, ἀλλ' οὐδ' ἐν
αὐτῇ τῇ μάχῃ συνιδεῖν ἐξεγένετο τοὺς πολεμίους διὰ
10 τὸ περὶ τὸν ἀέρα γενόμενον σύμπτωμα. νῦν γε μὴν
πάντα τἀναντία τοῖς προειρημένοις ὑπάρχει.

109. πρῶτον γὰρ ἡμεῖς ἀμφότεροι πάρεσμεν οὐ
μόνον αὐτοὶ κοινωνήσοντες ὑμῖν τῶν κινδύνων, ἀλλὰ
καὶ τοὺς ἐκ τοῦ πρότερον ἔτους ἄρχοντας ἑτοίμους
παρεσκευάκαμεν πρὸς τὸ μένειν καὶ μετέχειν τῶν
2 αὐτῶν ἀγώνων. ὑμεῖς γε μὴν οὐ μόνον ἑωράκατε τοὺς
καθοπλισμούς, τὰς τάξεις, τὰ πλήθη τῶν πολεμίων,
ἀλλὰ καὶ διαμαχόμενοι μόνον οὐ καθ' ἑκάστην ἡμέ-
3 ραν δεύτερον ἐνιαυτὸν ἤδη διατελεῖτε. πάντων οὖν τῶν
κατὰ μέρος ἐναντίως ἐχόντων ταῖς προγεγενημέναις
μάχαις εἰκὸς καὶ τὸ τέλος ἐναντίον ἐκβήσεσθαι τοῦ
4 νῦν ἀγῶνος. καὶ γὰρ ἄτοπον, μᾶλλον δ' ὡς εἰπεῖν
ἀδύνατον, ἐν μὲν τοῖς κατὰ μέρος ἀκροβολισμοῖς
ἴσους πρὸς ἴσους συμπίπτοντας τὸ πλεῖον ἐπικρατεῖν,
ὁμοῦ δὲ πάντας παραταξαμένους, πλείους ὄντας ἢ
5 διπλασίους τῶν ὑπεναντίων, ἐλαττωθῆναι. διόπερ, ὦ
ἄνδρες, πάντων ὑμῖν παρεσκευασμένων πρὸς τὸ νι-
κᾶν, ἑνὸς προσδεῖται τὰ πράγματα, τῆς ὑμετέρας
βουλήσεως καὶ προθυμίας, ὑπὲρ ἧς οὐδὲ παρακαλεῖ-
6 σθαι πλείω πρέπειν ὑμῖν ὑπολαμβάνω. τοῖς μέν γε
μισθοῦ παρά τισι στρατευομένοις ἢ τοῖς κατὰ συμμα-

battles with them without ever having set eyes on them. Those who were worsted at the Trebia had only arrived from Sicily the day before, and at daybreak on the following morning went into action, while those who fought in Etruria not only had not seen their enemies before, but could not even see them in the battle itself owing to the condition of the atmosphere. But now all the circumstances are precisely the opposite of what they were then.

109. For in the first place we, the Consuls, are both present, and are not only about to share your perils ourselves but have given you also the Consuls of last year to stand by you and participate in the struggle. And you yourselves have not only seen how the enemy are armed, how they dispose their forces, and what is their strength, but for two years now you have been fighting with them nearly every day. As, therefore, all the conditions are now the reverse of those in the battles I spoke of, we may anticipate that the result of the present battle will likewise be the opposite. For it would be a strange or rather indeed impossible thing, that after meeting your enemies on equal terms in so many separate skirmishes and in most cases being victorious, now when you confront them with your united forces and outnumber them by more than two to one you should be beaten. Therefore, my men, every measure having been taken to secure victory for you, one thing alone is wanting, your own zeal and resolution, and as to this it is not, I think, fitting that I should exhort you further. For those who in some countries serve for hire or for those who

χίαν ὑπὲρ τῶν πέλας μέλλουσι κινδυνεύειν, οἷς κατ'
αὐτὸν τὸν ἀγῶνα καιρός ἐστι δεινότατος, τὰ δ' ἐκ τῶν
ἀποβαινόντων βραχεῖαν ἔχει διαφοράν, ἀναγκαῖος ὁ

7 τῆς παρακλήσεως γίνεται τρόπος· οἷς δέ, καθάπερ
ὑμῖν νῦν, οὐχ ὑπὲρ ἑτέρων, ἀλλ' ὑπὲρ σφῶν αὐτῶν καὶ
πατρίδος καὶ γυναικῶν καὶ τέκνων ὁ κίνδυνος συν-
έστηκε, καὶ πολλαπλασίαν τὰ μετὰ ταῦτα συμβαί-
νοντα τὴν διαφορὰν ἔχει τῶν ἐνεστώτων ἀεὶ κινδύνων,

8 ὑπομνήσεως μόνον, παρακλήσεως δ' οὐ προσδεῖ. τίς
γὰρ οὐκ ἂν βούλοιτο μάλιστα μὲν νικᾶν ἀγωνιζό-
μενος, εἰ δὲ μὴ τοῦτ' εἴη δυνατόν, τεθνάναι πρόσθεν
μαχόμενος ἢ ζῶν ἐπιδεῖν τὴν τῶν προειρημένων ὕβριν

9 καὶ καταφθοράν; διόπερ, ὦ ἄνδρες, χωρὶς τῶν ὑπ'
ἐμοῦ λεγομένων, αὐτοὶ λαμβάνοντες πρὸ ὀφθαλμῶν
τὴν ἐκ τοῦ λείπεσθαι καὶ τοῦ νικᾶν διαφορὰν καὶ τὰ
συνεξακολουθοῦντα τούτοις, οὕτως ἑαυτοὺς παραστή-
σεσθε πρὸς τὴν μάχην ὡς τῆς πατρίδος οὐ κινδυνευ-
ούσης νῦν αὐτοῖς τοῖς στρατοπέδοις, ἀλλὰ τοῖς ὅλοις.

10 τί γὰρ ἔτι προσθεῖσα τοῖς ὑποκειμένοις, ἐὰν ἄλλως
πως τὰ παρόντα κριθῇ, περιγενήσεται τῶν ἐχθρῶν,

11 οὐκ ἔχει. πᾶσαν γὰρ τὴν αὑτῆς προθυμίαν καὶ δύνα-
μιν εἰς ὑμᾶς ἀπήρεισται, καὶ πάσας τὰς ἐλπίδας ἔχει

12 τῆς σωτηρίας ἐν ὑμῖν. ὧν ὑμεῖς αὐτὴν μὴ διαψεύσητε
νῦν, ἀλλ' ἀπόδοτε μὲν τῇ πατρίδι τὰς ἁρμοζούσας
χάριτας, φανερὸν δὲ πᾶσιν ἀνθρώποις ποιήσατε διότι
καὶ τὰ πρότερον ἐλαττώματα γέγονεν οὐ διὰ τὸ Ῥω-
μαίους χείρους ἄνδρας εἶναι Καρχηδονίων, ἀλλὰ δι'
ἀπειρίαν τῶν τότε μαχομένων καὶ διὰ τὰς ἐκ τῶν

are about to fight for their neighbors by the terms of an alliance, the moment of greatest peril is during the battle itself, but the result makes little difference to them, and in such a case exhortation is necessary. But those who like you are about to fight not for others, but for yourselves, your country, and your wives and children, and for whom the results that will ensue are of vastly more importance than the present peril, require not to be exhorted to do their duty but only to be reminded of it. For what man is there who would not wish before all things to conquer in the struggle, or if this be not possible, to die fighting rather than witness the outrage and destruction of all that is dearest to him? Therefore, my men, even without these words of mine, fix your eyes on the difference between defeat and victory and on all that must follow upon either, and enter on this battle as if not your country's legions but her existence were at stake. For if the issue of the day be adverse, she has no further resources to overcome her foes; but she has centered all her power and spirit in you, and in you lies her sole hope of safety. Do not cheat her, then, of this hope, but now pay the debt of gratitude you owe to her, and make it clear to all men that our former defeats were not due to the Romans being less brave than the Carthaginians, but to the inexperience of those who fought for us then and to the

13 καιρῶν περιστάσεις. τότε μὲν οὖν ταῦτα καὶ τοιαῦτα
παρακαλέσας ὁ Λεύκιος διαφῆκε τοὺς πολλούς.

110. Τῇ δ' ἐπαύριον ἀναζεύξαντες ἦγον τὴν δύναμιν
οὗ τοὺς πολεμίους ἤκουον στρατοπεδεύειν. δευτεραῖοι
δ' ἐπιβαλόντες παρενέβαλον, περὶ πεντήκοντα στα-
2 δίους ἀποσχόντες τῶν πολεμίων. ὁ μὲν οὖν Λεύκιος,
συνθεασάμενος ἐπιπέδους καὶ ψιλοὺς ὄντας τοὺς
πέριξ τόπους, οὐκ ἔφη δεῖν συμβάλλειν ἱπποκρα-
τούντων τῶν πολεμίων, ἀλλ' ἐπισπᾶσθαι καὶ προάγειν
μᾶλλον εἰς τόπους τοιούτους ἐν οἷς τὸ πλέον ἔσται διὰ
3 τῶν πεζικῶν στρατοπέδων ἡ μάχη. τοῦ δὲ Γαΐου διὰ
τὴν ἀπειρίαν ὑπὲρ τῆς ἐναντίας ὑπάρχοντος γνώμης,
ἦν ἀμφισβήτησις καὶ δυσχρηστία περὶ τοὺς ἡγεμό-
4 νας, ὃ πάντων ἐστὶ σφαλερώτατον. τῆς δ' ἡγεμονίας
τῷ Γαΐῳ καθηκούσης εἰς τὴν ἐπιοῦσαν ἡμέραν διὰ τὸ
παρὰ μίαν ἐκ τῶν ἐθισμῶν μεταλαμβάνειν τὴν ἀρχὴν
τοὺς ὑπάτους, ἀναστρατοπεδεύσας προῆγε, βουλό-
μενος ἐγγίσαι τοῖς πολεμίοις, πολλὰ διαμαρτυρο-
5 μένου καὶ κωλύοντος τοῦ Λευκίου. ὁ δ' Ἀννίβας ἀνα-
λαβὼν τοὺς εὐζώνους καὶ τοὺς ἱππεῖς ἀπήντα, καὶ
προσπεσὼν ἔτι κατὰ πορείαν οὖσι παραδόξως συν-
6 επλέκετο, καὶ πολὺν ἐν αὐτοῖς ἐποιεῖτο θόρυβον. οἱ δὲ
Ῥωμαῖοι τὴν μὲν πρώτην ἐπιφορὰν ἐδέξαντο, προ-
θέμενοί τινας τῶν ἐν τοῖς βαρέσι καθοπλισμοῖς· μετὰ
δὲ ταῦτα τοὺς ἀκοντιστὰς καὶ τοὺς ἱππεῖς ἐπαφέντες
ἐπροτέρουν κατὰ τὴν ὅλην συμπλοκὴν διὰ τὸ τοῖς μὲν
Καρχηδονίοις μηδὲν ἐφεδρεύειν ἀξιόλογον, τοῖς δὲ
Ῥωμαίοις ἀναμεμιγμένας τοῖς εὐζώνοις ὁμόσε κιν-

force of circumstances." Having addressed the troops in these words Aemilius dismissed them.

110. Next day the Consuls broke up their camp and advanced towards the place where they heard that of the enemy was. Coming in view of them on the second day, they encamped at a distance of about five miles from them. Aemilius, seeing that the district round was flat and treeless, was opposed to attacking the enemy there as they were superior in cavalry, his advice being to lure them on by advancing into a country where the battle would be decided rather by the infantry. As Terentius,[156] owing to his inexperience, was of the contrary opinion, difficulties and disputes arose between the generals, one of the most pernicious things possible. Terentius was in command next day—the two Consuls according to the usual practice commanding on alternate days—and he broke up his camp and advanced with the object of approaching the enemy in spite of Aemilius's strong protests and efforts to prevent him. Hannibal met him with his light-armed troops and cavalry and surprising him while still on the march disordered the Romans much. They met, however, the first charge by advancing some of their heavy infantry, and afterwards sending forwards also their javelineers and cavalry got the better in the whole engagement, as the Carthaginians had no considerable covering force, while they themselves had some companies of their le-

---

[156] Terentius is treated by P. in similar ways as Flaminius, the consul of the previous year and loser of the battle at lake Trasimene.

7 δυνεύειν τινὰς σπείρας. τότε μὲν οὖν ἐπιγενομένης
νυκτὸς ἐχωρίσθησαν ἀπ' ἀλλήλων, οὐ κατὰ τὴν ἐλπί-
δα τοῖς Καρχηδονίοις ἐκβάσης τῆς ἐπιθέσεως· εἰς δὲ

8 τὴν ἐπαύριον ὁ Λεύκιος, οὔτε μάχεσθαι κρίνων οὔτε
μὴν ἀπάγειν ἀσφαλῶς τὴν στρατιὰν ἔτι δυνάμενος,
τοῖς μὲν δυσὶ μέρεσι κατεστρατοπέδευσε παρὰ τὸν

9 Αὔφιδον καλούμενον ποταμόν, ὃς μόνος διαρρεῖ τὸν
Ἀπεννῖνον· τοῦτο δ' ἔστιν ὄρος συνεχές, ὃ διείργει
πάσας τὰς κατὰ τὴν Ἰταλίαν ῥύσεις, τὰς μὲν εἰς τὸ
Τυρρηνικὸν πέλαγος, τὰς δ' εἰς τὸν Ἀδρίαν· δι' οὗ
ῥέοντα συμβαίνει τὸν Αὔφιδον τὰς μὲν πηγὰς ἔχειν ἐν
τοῖς πρὸς τὸ Τυρρηνικὸν κλίμασι τῆς Ἰταλίας, ποι-
εῖσθαι δὲ τὴν ἐκβολὴν εἰς τὸν Ἀδρίαν· τῷ δὲ τρίτῳ

10 πέραν, ἀπὸ διαβάσεως πρὸς τὰς ἀνατολάς, ἐβάλετο
χάρακα, τῆς μὲν ἰδίας παρεμβολῆς περὶ δέκα στα-
δίους ἀποσχών, τῆς δὲ τῶν ὑπεναντίων μικρῷ πλεῖον,

11 βουλόμενος διὰ τούτων προκαθῆσθαι μὲν τῶν ἐκ τῆς
πέραν παρεμβολῆς προνομευόντων, ἐπικεῖσθαι δὲ
τοῖς παρὰ τῶν Καρχηδονίων.

111. Ἀννίβας δὲ κατὰ τὸν αὐτὸν καιρὸν θεωρῶν ὅτι
καλεῖ τὰ πράγματα μάχεσθαι καὶ συμβάλλειν τοῖς
πολεμίοις, εὐλαβούμενος δὲ μὴ διατέτραπται τὸ πλῆ-
θος ἐκ τοῦ προγεγονότος ἐλαττώματος, κρίνας προσ-
δεῖσθαι παρακλήσεως τὸν καιρὸν συνῆγε τοὺς πολ-

2 λούς. ἀθροισθέντων δέ, περιβλέψαι κελεύσας πάντας
εἰς τοὺς πέριξ τόπους, ἤρετο τί μεῖζον εὔξασθαι τοῖς
θεοῖς κατὰ τοὺς παρόντας ἐδύναντο καιρούς, δοθείσης
αὐτοῖς ἐξουσίας, τοῦ παρὰ πολὺ τῶν πολεμίων ἱππο-

gions fighting mixed with the light-armed troops. The fall of night now made them draw off from each other, the attack of the Carthaginians not having had the success they hoped. Next day Aemilius, who neither judged it advisable to fight nor could now withdraw the army in safety, encamped with two-thirds of it on the bank of the river Aufidus. This is the only river which traverses the Apennines, the long chain of mountains separating all the Italian streams, those on one side descending to the Tyrrhenian sea and those on the other to the Adriatic. The Aufidus, however, runs right through these mountains, having its source on the side of Italy turned to the Tyrrhenian Sea and falling into the Adriatic. For the remaining portion of his army he fortified a position on the farther side of the river, to the east of the ford, at a distance of nearly two kilometers from his own camp and rather more from that of the enemy, intending thus to cover the foraging parties from his main camp across the river and harass those of the Carthaginians.

111. Hannibal now seeing that it was imperative for him to give battle and attack the enemy, and careful lest his soldiers might be disheartened by this recent reverse, thought that the occasion demanded some words of exhortation and called a meeting of the men. When they were assembled he bade them all look at the country round, and asked them what greater boon they could in their present circumstances crave from the gods, if they had their choice, than to fight the decisive battle on such ground,

κρατοῦντας ἐν τοιούτοις τόποις διακριθῆναι περὶ τῶν
3 ὅλων. πάντων δὲ τὸ ῥηθὲν ἐπισημηναμένων διὰ τὴν
ἐνάργειαν, Τούτου τοιγαροῦν, ἔφη, πρῶτον μὲν τοῖς
θεοῖς ἔχετε χάριν· ἐκεῖνοι γὰρ ἡμῖν συγκατασκευ-
άζοντες τὴν νίκην εἰς τοιούτους τόπους ἤχασι τοὺς
4 ἐχθρούς· δεύτερον δ' ἡμῖν, ὅτι καὶ μάχεσθαι τοὺς
πολεμίους συνηναγκάσαμεν, οὐ γὰρ ἔτι δύνανται
τοῦτο διαφυγεῖν, καὶ μάχεσθαι προφανῶς ἐν τοῖς
5 ἡμετέροις προτερήμασι. τὸ δὲ παρακαλεῖν ὑμᾶς νῦν
διὰ πλειόνων εὐθαρσεῖς καὶ προθύμους εἶναι πρὸς τὸν
6 κίνδυνον οὐδαμῶς μοι δοκεῖ καθήκειν. ὅτε μὲν γὰρ
ἀπείρως διέκεισθε τῆς πρὸς Ῥωμαίους μάχης, ἔδει
τοῦτο ποιεῖν, καὶ μεθ' ὑποδειγμάτων ἐγὼ πρὸς ὑμᾶς
7 πολλοὺς διεθέμην λόγους· ὅτε δὲ κατὰ τὸ συνεχὲς
τρισὶ μάχαις τηλικαύταις ἐξ ὁμολογουμένου νενι-
κήκατε Ῥωμαίους, ποῖος ἂν ἔτι λόγος ὑμῖν ἰσχυ-
8 ρότερον παραστῆσαι θάρσος αὐτῶν τῶν ἔργων; διὰ
μὲν οὖν τῶν πρὸ τοῦ κινδύνων κεκρατήκατε τῆς χώρας
καὶ τῶν ἐκ ταύτης ἀγαθῶν κατὰ τὰς ἡμετέρας ἐπαγ-
γελίας, ἀψευστούντων ἡμῶν ἐν πᾶσι τοῖς πρὸς ὑμᾶς
εἰρημένοις· ὁ δὲ νῦν ἀγὼν ἐνέστηκε περὶ τῶν πόλεων
9 καὶ τῶν ἐν αὐταῖς ἀγαθῶν. οὗ κρατήσαντες κύριοι μὲν
ἔσεσθε παραχρῆμα πάσης Ἰταλίας, ἀπαλλαγέντες δὲ
τῶν νῦν πόνων, γενόμενοι συμπάσης ἐγκρατεῖς τῆς
Ῥωμαίων εὐδαιμονίας, ἡγεμόνες ἅμα καὶ δεσπόται
10 πάντων γενήσεσθε διὰ ταύτης τῆς μάχης. διόπερ
οὐκέτι λόγων, ἀλλ' ἔργων ἐστὶν ἡ χρεία· θεῶν γὰρ
βουλομένων ὅσον οὔπω βεβαιώσειν ὑμῖν πέπεισμαι

greatly superior as they were to the enemy in cavalry. As they could see this for themselves they all applauded and, he continued:[157] "In the first place then thank the gods for this; for it is they who working to aid you to victory have led the enemy on to such ground, and next thank myself for compelling them to fight, a thing they can no longer avoid, and to fight here where the advantages are manifestly ours. I do not think it at all my duty to exhort you at further length to be of good heart and eager for the battle, and this is why. Then, when you had no experience of what a battle with the Romans was, this was necessary, and I often addressed you, giving examples, but now that you have beyond dispute beaten the Romans consecutively in three great battles, what words of mine could confirm your courage more than your own deeds? For by these former battles you have gained possession of the country and all its wealth, even as I promised you, and not a word I spoke but has proved true; and the coming battle will be for the cities and their wealth. Your victory will make you at once masters of all Italy, and through this one battle you will be freed from your present toil, you will possess yourselves of all the vast wealth of Rome, and will be lords and masters of all men and all things. Therefore no more words are wanted, but deeds; for if it be the will of the gods I am con-

---

[157] See at 108.6.

11 τὰς ἐπαγγελίας. ταῦτα δὲ καὶ τούτοις παραπλήσια
διαλεχθείς, προθύμως αὐτὸν ἐπισημαινομένου τοῦ
πλήθους, ἐπαινέσας καὶ δεξάμενος αὐτῶν τὴν ὁρμὴν
ἀφῆκε, καὶ παραχρῆμα κατεστρατοπέδευσε, ποιού-
μενος τὸν χάρακα παρὰ τὴν αὐτὴν πλευρὰν τοῦ ποτα-
μοῦ τῇ μείζονι στρατοπεδείᾳ τῶν ὑπεναντίων.

112. Τῇ δ' ἐχομένῃ περὶ παρασκευὴν καὶ θεραπείαν
παρήγγειλε γίνεσθαι πᾶσι. τῇ δ' ἑξῆς παρὰ τὸν ποτα-
μὸν ἐξέταττε τὰ στρατόπεδα, καὶ δῆλος ἦν μάχεσθαι
2 σπεύδων τοῖς ὑπεναντίοις. ὁ δὲ Λεύκιος, δυσαρεστού-
μενος μὲν τοῖς τόποις, ὁρῶν δ' ὅτι ταχέως ἀναγκασθή-
σονται μεταστρατοπεδεύειν οἱ Καρχηδόνιοι διὰ τὸν
πορισμὸν τῶν ἐπιτηδείων, εἶχε τὴν ἡσυχίαν, ἀσφα-
3 λισάμενος ταῖς ἐφεδρείαις τὰς παρεμβολάς. Ἀννίβας
δὲ χρόνον ἱκανὸν μείνας, οὐδενὸς ἀντεξιόντος, τὴν μὲν
λοιπὴν δύναμιν αὖθις εἰς χάρακα κατέστησε, τοὺς δὲ
Νομάδας ἐπαφῆκε τοῖς ὑδρευομένοις ἀπὸ τῆς ἐλάτ-
4 τονος παρεμβολῆς. τῶν δὲ Νομάδων ἕως πρὸς αὐτὸν
τὸν χάρακα προσπιπτόντων καὶ διακωλυόντων τὴν
ὑδρείαν, ὅ τε Γάιος ἔτι μᾶλλον ἐπὶ τούτοις παρωξύ-
νετο, τά τε πλήθη πρὸς τὸν κίνδυνον ὁρμὴν εἶχε καὶ
5 δυσχερῶς ἔφερε τὰς ὑπερθέσεις. βαρύτατος γὰρ δὴ
πᾶσιν ἀνθρώποις ὁ τοῦ μέλλειν γίνεται χρόνος· ὅταν
δ' ἅπαξ κριθῇ, ὅ τι ἂν ᾖ πάσχειν πάντων τῶν δοκούν-
των εἶναι δεινῶν ὑπομενετέον.

6 Εἰς δὲ τὴν Ῥώμην προσπεπτωκότος ὅτι παραστρα-
τοπεδεύουσιν ἀλλήλοις καὶ συμπλοκαὶ γίνονται τῶν
προκινδυνευόντων ἀν' ἑκάστην ἡμέραν, ὀρθὴ καὶ περί-

fident that I shall fulfil my promises forthwith." After he had spoken further to this effect, the army applauded him heartily, whereupon he thanked them and acknowledging their spirit dismissed them, and immediately pitched his camp, placing his entrenchments by the same bank of the river with the larger camp of the enemy.

112. Next day he ordered all his troops to look to their persons and their armament, and on the day following he drew up his army along the river with the evident intention of giving battle as soon as possible. Aemilius was not pleased with the ground, and seeing that the Carthaginians would soon have to shift their camp in order to obtain supplies, kept quiet, after securing his two camps by covering forces. Hannibal, after waiting for some time without anyone coming out to meet him, withdrew again the rest of his army into their entrenchments, but sent out the Numidians to intercept the water bearers from the lesser Roman camp. When the Numidians came up to the actual palisade of the camp and prevented the men from watering, not only was this a further stimulus to Terentius, but the soldiers displayed great eagerness for battle and ill brooked further delay. For nothing is more trying to men in general than prolonged suspense, but once the decision has been taken, they make a shift to endure patiently all that they regard as the depth of misery.

When the news reached Rome that the armies were encamped opposite each other and that engagements between the outposts occurred every day, there was the ut-

7 φόβος ἦν ἡ πόλις, δεδιότων μὲν τῶν πολλῶν τὸ
μέλλον διὰ τὸ πολλάκις ἤδη προηττῆσθαι, προορω-
μένων δὲ καὶ προλαμβανόντων τὰ συμβησόμενα ταῖς
8 ἐννοίαις, ἐὰν σφάλλωνται τοῖς ὅλοις. πάντα δ᾽ ἦν τὰ
παρ᾽ αὐτοῖς λόγια πᾶσι τότε διὰ στόματος, σημείων
δὲ καὶ τεράτων πᾶν μὲν ἱερόν, πᾶσα δ᾽ ἦν οἰκία
πλήρης, ἐξ ὧν εὐχαὶ καὶ θυσίαι καὶ θεῶν ἱκετηρίαι καὶ
9 δεήσεις ἐπεῖχον τὴν πόλιν. δεινοὶ γὰρ ἐν ταῖς περι-
στάσεσι Ῥωμαῖοι καὶ θεοὺς ἐξιλάσασθαι κἀνθρώ-
πους καὶ μηδὲν ἀπρεπὲς μηδ᾽ ἀγεννὲς ἐν τοῖς τοιούτοις
καιροῖς ἡγεῖσθαι τῶν περὶ ταῦτα συντελουμένων.

113. Ὁ δὲ Γάιος ἅμα τῷ παραλαβεῖν τῇ κατὰ
πόδας ἡμέρᾳ τὴν ἀρχήν, ἄρτι τῆς κατὰ τὸν ἥλιον
ἀνατολῆς ἐπιφαινομένης, ἐκίνει τὴν δύναμιν ἐξ ἑκατέ-
2 ρας ἅμα τῆς παρεμβολῆς, καὶ τοὺς μὲν ἐκ τοῦ μείζο-
νος χάρακος διαβιβάζων τὸν ποταμὸν εὐθέως παρ-
ενέβαλε, τοὺς δ᾽ ἐκ θατέρου συνάπτων τούτοις ἐπὶ τὴν
αὐτὴν εὐθεῖαν ἐξέταττε, λαμβάνων πᾶσι τὴν ἐπι-
3 φάνειαν τὴν πρὸς μεσημβρίαν. τοὺς μὲν οὖν τῶν
Ῥωμαίων ἱππεῖς παρ᾽ αὐτὸν τὸν ποταμὸν ἐπὶ τοῦ
δεξιοῦ κέρατος κατέστησε, τοὺς δὲ πεζοὺς συνεχεῖς
τούτοις ἐπὶ τῆς αὐτῆς εὐθείας ἐξέτεινε, πυκνοτέρας ἢ
πρόσθεν τὰς σημαίας καθιστάνων, καὶ ποιῶν πολλα-
4 πλάσιον τὸ βάθος ἐν ταῖς σπείραις τοῦ μετώπου· τοὺς
δὲ τῶν συμμάχων ἱππεῖς εἰς τὸ λαιὸν κέρας παρ-
ενέβαλε· πάσης δὲ τῆς δυνάμεως προέστησε τοὺς
5 εὐζώνους ἐν ἀποστάσει. ἦσαν δὲ σὺν τοῖς συμμάχοις
πεζῶν μὲν εἰς ὀκτὼ μυριάδας, ἱππεῖς δὲ μικρῷ πλείους

most excitement and fear in the city, as most people dreaded the result owing to their frequent previous reverses, and foresaw and anticipated in imagination the consequences of total defeat. All the oracles that had ever been delivered to them were in men's mouths, every temple and every house was full of signs and prodigies, so that vows, sacrifices, supplicatory processions and litanies pervaded the town. For in seasons of danger the Romans are much given to propitiating both gods and men, and there is nothing at such times in rites of the kind that they regard as unbecoming or beneath their dignity.

113. Next day it was Terentius' turn to take the command, and just after sunrise he began to move his forces out of both camps. Crossing the river with those from the larger camp he at once put them in order of battle, drawing up those from the other camp next to them in the same line, the whole army facing south. He stationed the Roman cavalry close to the river on the right wing and the foot next to them in the same line, placing the maniples closer together than was formerly the usage and making the depth of each many times exceed its front. The allied horse he drew up on his left wing, and in front of the whole force at some distance he placed his light-armed troops. The whole army, including the allies, numbered about eighty thousand foot and rather more than six thousand horse. Han-

6 τῶν ἑξακισχιλίων. Ἀννίβας δὲ κατὰ τὸν αὐτὸν καιρὸν
τοὺς μὲν Βαλιαρεῖς καὶ λογχοφόρους διαβιβάσας τὸν
ποταμὸν προεβάλετο τῆς δυνάμεως, τοὺς δὲ λοιποὺς
ἐξαγαγὼν ἐκ τοῦ χάρακος καὶ περαιώσας κατὰ διτ-
τοὺς τόπους τὸ ῥεῖθρον ἀντετάττετο τοῖς πολεμίοις.
7 ἐτίθει δ᾽ ἐπ᾽ αὐτὸν μὲν τὸν ποταμόν, ἐπὶ τῶν εὐωνύμων,
τοὺς Ἴβηρας καὶ Κελτοὺς ἱππεῖς ἀντίους τοῖς τῶν
Ῥωμαίων ἱππεῦσι, συνεχεῖς δὲ τούτοις πεζοὺς τοὺς
ἡμίσεις τῶν ἐν τοῖς βαρέσι καθοπλισμοῖς Λιβύων,
ἑξῆς δὲ τοῖς εἰρημένοις Ἴβηρας καὶ Κελτούς. παρὰ δὲ
τούτοις τὸ λοιπὸν μέρος ἔθηκε τῶν Λιβύων, ἐπὶ δὲ τοῦ
8 δεξιοῦ κέρως ἐπέταξε τοὺς Νομαδικοὺς ἱππεῖς. ἐπεὶ δὲ
πάντ᾽ ἐπὶ μίαν εὐθεῖαν ἐξέτεινε, μετὰ ταῦτα λαβὼν τὰ
μέσα τῶν Ἰβήρων καὶ Κελτῶν τάγματα προῆγε, καὶ
τἆλλα τούτοις ἐκ τοῦ κατὰ λόγον παρίστανε ζυγοῦν-
τα, μηνοειδὲς ποιῶν τὸ κύρτωμα καὶ λεπτύνων τὸ
9 τούτων αὐτῶν σχῆμα, βουλόμενος ἐφεδρείας μὲν
τάξιν ἐν τῇ μάχῃ τοὺς Λίβυας αὐτῶν ἔχειν, προκιν-
δυνεῦσαι δὲ τοῖς Ἴβηρσι καὶ Κελτοῖς·

114. Ἦν δ᾽ ὁ καθοπλισμὸς τῶν μὲν Λιβύων Ῥωμαϊ-
κός, οὓς πάντας Ἀννίβας τοῖς ἐκ τῆς προγεγενημένης
2 μάχης σκύλοις ἐκλέξας κατακεκοσμήκει· τῶν δ᾽ Ἰβή-
ρων καὶ Κελτῶν ὁ μὲν θυρεὸς ἦν παραπλήσιος, τὰ δὲ
3 ξίφη τὴν ἐναντίαν εἶχε διάθεσιν· τῆς μὲν γὰρ οὐκ
ἔλαττον τὸ κέντημα τῆς καταφορᾶς ἴσχυε πρὸς τὸ
βλάπτειν, ἡ δὲ Γαλατικὴ μάχαιρα μίαν εἶχε χρείαν
4 τὴν ἐκ καταφορᾶς, καὶ ταύτην ἐξ ἀποστάσεως. ἐναλ-
λὰξ δὲ ταῖς σπείραις αὐτῶν παρατεταγμένων, καὶ τῶν

nibal at the same time sent his slingers and pikemen over the river and stationed them in front, and leading the rest of his forces out of camp he crossed the stream in two places and drew them up opposite the enemy. On his left close to the river he placed his Spanish and Celtic horse facing the Roman cavalry, next these half his heavy-armed Africans, then the Spanish and Celtic infantry, and after them the other half of the Africans, and finally, on his right wing, his Numidian horse. After thus drawing up his whole army in a straight line, he took the central companies of the Spaniards and Celts and advanced with them, keeping the rest of them in contact with these companies, in accordance with his plan to produce a crescent-shaped formation, the line of the flanking companies growing thinner as it was prolonged, his object being to employ the Africans as a reserve force and to begin the action with the Spaniards and Celts.

114. The Africans were armed in the Roman fashion, Hannibal having equipped them with the choicest of the arms captured in the previous battles. The shields of the Spaniards and Celts were very similar, but their swords were entirely different, those of the Spaniards thrusting with as deadly effect as they cut, but the Gaulish sword being only able to slash and requiring a long sweep to do so. As they were drawn up in alternate companies, the Gauls

μὲν Κελτῶν γυμνῶν, τῶν δ᾽ Ἰβήρων λινοῖς περιπορ-
φύροις χιτωνίσκοις κεκοσμημένων κατὰ τὰ πάτρια,
ξενίζουσαν ἅμα καὶ καταπληκτικὴν συνέβαινε γίνε-
5 σθαι τὴν πρόσοψιν. ἦν δὲ τὸ μὲν τῶν ἱππικῶν πλῆθος
τὸ σύμπαν τοῖς Καρχηδονίοις εἰς μυρίους, τὸ δὲ τῶν
πεζῶν οὐ πολὺ πλείους τετρακισμυρίων σὺν τοῖς Κελ-
6 τοῖς. εἶχε δὲ τὸ μὲν δεξιὸν τῶν Ῥωμαίων Αἰμίλιος, τὸ
δ᾽ εὐώνυμον Γάιος, τὰ δὲ μέσα Μάρκος καὶ Γνάιος οἱ
7 τῷ πρότερον ἔτει στρατηγοῦντες. τῶν δὲ Καρχηδο-
νίων τὸ μὲν εὐώνυμον Ἀσδρούβας εἶχε, τὸ δὲ δεξιὸν
Ἄννων· ἐπὶ δὲ τοῖς μέσοις αὐτὸς ἦν Ἀννίβας, ἔχων
8 μεθ᾽ ἑαυτοῦ Μάγωνα τὸν ἀδελφόν. βλεπούσης δὲ τῆς
μὲν τῶν Ῥωμαίων τάξεως πρὸς μεσημβρίαν, ὡς
ἐπάνω προεῖπα, τῆς δὲ τῶν Καρχηδονίων πρὸς τὰς
ἄρκτους, ἑκατέροις ἀβλαβῆ συνέβαινε γίνεσθαι τὴν
κατὰ τὸν ἥλιον ἀνατολήν.

115. Γενομένης δὲ τῆς συμπλοκῆς τῆς πρώτης ἐκ
τῶν προτεταγμένων, τὰς μὲν ἀρχὰς αὐτῶν τῶν εὐζώ-
2 νων ἐπ᾽ ἴσον ἦν ὁ κίνδυνος, ἅμα δὲ τῷ τοὺς Ἴβηρας
καὶ Κελτοὺς ἱππεῖς ἀπὸ τῶν εὐωνύμων πελάσαι τοῖς
Ῥωμαίοις ἐποίουν οὗτοι μάχην ἀληθινὴν καὶ βαρβα-
3 ρικήν· οὐ γὰρ ἦν κατὰ νόμους ἐξ ἀναστροφῆς καὶ
μεταβολῆς ὁ κίνδυνος, ἀλλ᾽ εἰσάπαξ συμπεσόντες
ἐμάχοντο συμπλεκόμενοι κατ᾽ ἄνδρα, παρακαταβαί-
4 νοντες ἀπὸ τῶν ἵππων. ἐπειδὴ δ᾽ ἐκράτησαν οἱ παρὰ
τῶν Καρχηδονίων καὶ τοὺς μὲν πλείστους ἀπέκτειναν
ἐν τῇ συμπλοκῇ, πάντων ἐκθύμως καὶ γενναίως δια-
γωνιζομένων τῶν Ῥωμαίων, τοὺς δὲ λοιποὺς ἤλαυνον

naked and the Spaniards in short tunics bordered with purple, their national dress, they presented a strange and terrifying appearance. The Carthaginian cavalry numbered about ten thousand, and their infantry, including the Celts, did not much exceed forty thousand. The Roman right wing was under the command of Aemilius, the left under that of Terentius, and the center under the Consuls of the previous year, Marcus Atilius and Gnaeus Servilius. Hasdrubal commanded the Carthaginian left, Hanno the right, and Hannibal himself with his brother Mago the center. Since the Roman army, as I said, faced south and the Carthaginians north, they were neither of them inconvenienced by the rising sun.

115. The advanced guards were the first to come into action, and at first when only the light infantry were engaged neither side had the advantage; but when the Spanish and Celtic horse on the left wing came into collision with the Roman cavalry, the struggle that ensued was truly barbaric; for there were none of the normal wheeling evolutions, but having once met they dismounted and fought man to man. The Carthaginians finally got the upper hand, killed most of the enemy in the melee, all the Romans fighting with desperate bravery, and began to drive the rest

παρὰ τὸν ποταμὸν φονεύοντες καὶ προσφέροντες τὰς
χεῖρας ἀπαραιτήτως, τότε δὴ τὰ πεζικὰ στρατόπεδα
5 διαδεξάμενα τοὺς εὐζώνους συνέπεσεν ἀλλήλοις. ἐπὶ
βραχὺ μὲν οὖν τῶν Ἰβήρων καὶ τῶν Κελτῶν ἔμενον αἱ
τάξεις καὶ διεμάχοντο τοῖς Ῥωμαίοις γενναίως· μετὰ
δὲ ταῦτα τῷ βάρει θλιβόμενοι κλίνοντες ὑπεχώρουν
6 εἰς τοὔπισω, λύσαντες τὸν μηνίσκον. αἱ δὲ τῶν Ῥω-
μαίων σπεῖραι κατὰ τὴν ἐκθυμίαν ἑπόμεναι τούτοις
διέκοψαν ῥᾳδίως τὴν τῶν ὑπεναντίων τάξιν, ἅτε δὴ
τῶν μὲν Κελτῶν ἐπὶ λεπτὸν ἐκτεταγμένων, αὐτοὶ δὲ
πεπυκνωκότες ἀπὸ τῶν κεράτων ἐπὶ τὰ μέσα καὶ τὸν
7 κινδυνεύοντα τόπον· οὐ γὰρ ἅμα συνέβαινε τὰ κέρατα
καὶ τὰ μέσα συμπίπτειν, ἀλλὰ πρῶτα τὰ μέσα, διὰ τὸ
τοὺς Κελτοὺς ἐν μηνοειδεῖ σχήματι τεταγμένους πολὺ
προπεπτωκέναι τῶν κεράτων, ἅτε τοῦ μηνίσκου τὸ
8 κύρτωμα πρὸς τοὺς πολεμίους ἔχοντος. πλὴν ἑπόμενοί
γε τούτοις οἱ Ῥωμαῖοι καὶ συντρέχοντες ἐπὶ τὰ μέσα
καὶ τὸν εἴκοντα τόπον τῶν πολεμίων οὕτως ἐπὶ πολὺ
προέπεσον ὥστ' ἐξ ἑκατέρου τοῦ μέρους κατὰ τὰς ἐκ
τῶν πλαγίων ἐπιφανείας τοὺς Λίβυας αὐτῶν γενέσθαι
9 τοὺς ἐν τοῖς βαρέσι καθοπλισμοῖς· ὧν οἱ μὲν ἀπὸ τοῦ
δεξιοῦ κέρατος κλίναντες ἐπ' ἀσπίδα καὶ τὴν ἐμβολὴν
ἐκ δόρατος ποιούμενοι παρίσταντο παρὰ πλευρὰν τοῖς
10 πολεμίοις, οἱ δ' ἀπὸ τῶν εὐωνύμων ἐπὶ δόρυ ποιού-
μενοι τὴν κλίσιν ἐξ ἀσπίδος ἐπιπαρενέβαλλον, αὐτοῦ
11 τοῦ πράγματος ὃ δέον ἦν ποιεῖν ὑποδεικνύντος. ἐξ οὗ
συνέβη κατὰ τὴν Ἀννίβου πρόνοιαν μέσους ἀπο-
ληφθῆναι τοὺς Ῥωμαίους ὑπὸ τῶν Λιβύων κατὰ τὴν

along the river, cutting them down mercilessly, and it was now that the heavy infantry on each side took the place of the light-armed troops and met. For a time the Spaniards and Celts kept their ranks and struggled bravely with the Romans, but soon, borne down by the weight of the legions, they gave way and fell back, breaking up the crescent. The Roman maniples, pursuing them furiously, easily penetrated the enemy's front, since the Celts were deployed in a thin line while they themselves had crowded up from the wings to the center where the fighting was going on. For the centers and wings did not come into action simultaneously, but the centers first, as the Celts were drawn up in a crescent and a long way in advance of their wings, the convex face of the crescent being turned towards the enemy. The Romans, however, following up the Celts and pressing on to the center and that part of the enemy's line which was giving way, progressed so far that they now had the heavy-armed Africans on both of their flanks. Hereupon the Africans on the right wing facing to the left and then beginning from the right charged upon the enemy's flank, while those on the left faced to the right and dressing by the left, did the same, the situation itself indicating to them how to act. The consequence was that, as Hannibal had designed the Romans, straying too far in pursuit of the Celts, were caught between the two divi-

12 ἐπὶ τοὺς Κελτοὺς παράπτωσιν. οὗτοι μὲν οὖν οὐκέτι
φαλαγγηδόν, ἀλλὰ κατ᾽ ἄνδρα καὶ κατὰ σπείρας
στρεφόμενοι πρὸς τοὺς ἐκ τῶν πλαγίων προσπεπτω-
κότας ἐποιοῦντο τὴν μάχην.

116. Λεύκιος δέ, καίπερ ὢν ἐξ ἀρχῆς ἐπὶ τοῦ δεξιοῦ
κέρατος καὶ μετασχὼν ἐπί τι τοῦ τῶν ἱππέων ἀγῶνος,
2 ὅμως ἔτι τότε διεσῴζετο. βουλόμενος δὲ τοῖς κατὰ τὴν
παράκλησιν λόγοις ἀκολούθως ἐπ᾽ αὐτῶν γίνεσθαι
τῶν ἔργων, καὶ θεωρῶν τὸ συνέχον τῆς κατὰ τὸν
ἀγῶνα κρίσεως ἐν τοῖς πεζικοῖς στρατοπέδοις κεί-
3 μενον, παριππεύων ἐπὶ τὰ μέσα τῆς ὅλης παρατάξεως
ἅμα μὲν αὐτὸς συνεπλέκετο καὶ προσέφερε τὰς χεῖρας
τοῖς ὑπεναντίοις, ἅμα δὲ παρεκάλει καὶ παρώξυνε τοὺς
4 παρ᾽ αὑτοῦ στρατιώτας. τὸ δὲ παραπλήσιον Ἀννίβας
ἐποίει· καὶ γὰρ οὗτος ἐξ ἀρχῆς ἐπὶ τούτοις τοῖς μέρε-
σιν ἐπέστη τῆς δυνάμεως.

5 Οἱ δὲ Νομάδες ἀπὸ τοῦ δεξιοῦ κέρατος προσ-
πίπτοντες τοῖς ὑπεναντίοις ἱππεῦσι τοῖς ἐπὶ τῶν εὐω-
νύμων τεταγμένοις μέγα μὲν οὔτ᾽ ἐποίουν οὐδὲν οὔτ᾽
ἔπασχον διὰ τὴν ἰδιότητα τῆς μάχης, ἀπράκτους γε
μὴν τοὺς πολεμίους παρεσκεύαζον, περισπῶντες καὶ
6 πανταχόθεν προσπίπτοντες. ἐπεὶ δ᾽ οἱ περὶ τὸν
Ἀσδρούβαν, ἀποκτείναντες τοὺς περὶ τὸν ποταμὸν
ἱππεῖς πλὴν παντελῶς ὀλίγων, παρεβοήθησαν ἀπὸ
τῶν εὐωνύμων τοῖς Νομάσι, τότε προϊδόμενοι τὴν
ἔφοδον αὐτῶν οἱ σύμμαχοι τῶν Ῥωμαίων ἱππεῖς,
7 ἐκκλίναντες ἀπεχώρουν. ἐν ᾧ καιρῷ πραγματικὸν δο-
κεῖ ποιῆσαι καὶ φρόνιμον ἔργον Ἀσδρούβας· θεωρῶν

sions of the enemy, and they now no longer kept their compact formation but turned singly or in companies to deal with the enemy who was falling on their flanks.

116. Aemilius, though he had been on the right wing from the outset and had taken part in the cavalry action, was still safe and sound; but wishing to act up to what he had said in his address to the troops, and to be present himself at the fighting, and seeing that the decision of the battle lay mainly with the legions, he rode along to the center of the whole line, where he not only threw himself personally into the combat and exchanged blows with the enemy but kept cheering on and exhorting his men. Hannibal, who had been in this part of the field since the commencement of the battle, did likewise.

The Numidians meanwhile on the right wing, attacking the cavalry opposite them on the Roman left, neither gained any great advantage nor suffered any serious loss owing to their peculiar mode of fighting, but they kept the enemy's cavalry out of action by drawing them off and attacking them from all sides at once. Hasdrubal, having by this time cut up very nearly all the enemy's cavalry by the river, came up from the left to help the Numidians, and now the Roman allied horse, seeing that they were going to be charged by him, broke and fled. Hasdrubal at this juncture appears to have acted with great skill and prudence;

γὰρ τοὺς Νομάδας τῷ τε πλήθει πολλοὺς ὄντας καὶ
πρακτικωτάτους καὶ φοβερωτάτους τοῖς ἅπαξ ἐγκλί-
νασι, τοὺς μὲν φεύγοντας παρέδωκε τοῖς Νομάσι,
πρὸς δὲ τὴν τῶν πεζῶν μάχην ἡγεῖτο, σπεύδων παρα-
8 βοηθῆσαι τοῖς Λίβυσι. προσπεσὼν δὲ τοῖς Ῥωμαϊ-
κοῖς στρατοπέδοις κατὰ νώτου, καὶ ποιούμενος ἐκ
διαδοχῆς ταῖς ἴλαις ἐμβολὰς ἅμα κατὰ πολλοὺς τό-
πους, ἐπέρρωσε μὲν τοὺς Λίβυας, ἐταπείνωσε δὲ καὶ
9 κατέπληξε ταῖς ψυχαῖς τοὺς Ῥωμαίους. ἐν ᾧ καιρῷ
καὶ Λεύκιος Αἰμίλιος περιπεσὼν βιαίοις πληγαῖς ἐν
χειρῶν νόμῳ μετήλλαξε τὸν βίον, ἀνὴρ πάντα τὰ
δίκαια τῇ πατρίδι κατὰ τὸν λοιπὸν βίον καὶ κατὰ τὸν
10 ἔσχατον καιρόν, εἰ καί τις ἕτερος, ποιήσας. οἱ δὲ
Ῥωμαῖοι, μέχρι μὲν ἐμάχοντο κατὰ τὰς ἐπιφανείας
11 στρεφόμενοι πρὸς τοὺς κεκυκλωκότας, ἀντεῖχον· ἀεὶ
δὲ τῶν πέριξ ἀπολλυμένων, καὶ κατὰ βραχὺ συγ-
κλειόμενοι, τέλος αὐτοῦ πάντες, ἐν οἷς καὶ Μάρκος καὶ
Γνάιος, ἔπεσον, οἱ τὸ πρότερον ἔτος ὕπατοι γεγονότες,
ἄνδρες ἀγαθοὶ καὶ τῆς Ῥώμης ἄξιοι γενόμενοι κατὰ
12 τὸν κίνδυνον. κατὰ δὲ τὸν τούτων φόνον καὶ τὴν
συμπλοκὴν οἱ Νομάδες ἑπόμενοι τοῖς φεύγουσι τῶν
ἱππέων τοὺς μὲν πλείστους ἀπέκτειναν, τοὺς δὲ κατ-
13 εκρήμνισαν ἀπὸ τῶν ἵππων. ὀλίγοι δέ τινες εἰς Οὐ-
ενουσίαν διέφυγον, ἐν οἷς ἦν καὶ Γάιος Τερέντιος ὁ
τῶν Ῥωμαίων στρατηγός, ἀνὴρ αἰσχρὰν μὲν τὴν
φυγήν, ἀλυσιτελῆ δὲ τὴν ἀρχὴν τὴν αὑτοῦ τῇ πατρίδι
πεποιημένος.

117. Ἡ μὲν οὖν περὶ Κάνναν γενομένη μάχη Ῥω-

for in view of the fact that the Numidians were very numerous and most efficient and formidable when in pursuit of a flying foe he left them to deal with the Roman cavalry and led his squadrons on to where the infantry were engaged with the object of supporting the Africans. Attacking the Roman legions in the rear and delivering repeated charges at various points all at once, he raised the spirits of the Africans and cowed and dismayed the Romans. It was here that Lucius Aemilius fell in the thick of the fight after receiving several dreadful wounds, and of him we may say that if there ever was a man who did his duty by his country both all through his life and in these last times, it was he. The Romans as long as they could turn and present a front on every side to the enemy, held out, but as the outer ranks continued to fall, and the rest were gradually huddled in and surrounded, they finally all were killed where they stood, among them Marcus[158] and Gnaeus, the Consuls of the preceding year, who had borne themselves in the battle like brave men worthy of Rome. While this murderous combat was going on, the Numidians following up the flying cavalry killed most of them and unseated others. A few escaped to Venusia, among them being the Consul Gaius Terentius, who disgraced himself by his flight[159] and in his tenure of office had been most unprofitable to his country.

117. Such was the outcome of the battle at Cannae be-

[158] Marcus Atilius, elected in place of Flaminius.
[159] The alternative reading τὴν ψυχήν (instead of τὴν φυγήν) would give "a man base in spirit."

μαίων καὶ Καρχηδονίων ἐπετελέσθη τὸν τρόπον τοῦ-
τον, μάχη γενναιοτάτους ἄνδρας ἔχουσα καὶ τοὺς

2 νικήσαντας καὶ τοὺς ἡττηθέντας. δῆλον δὲ τοῦτ᾽ ἐγέ-
νετ᾽ ἐξ αὐτῶν τῶν πραγμάτων. τῶν μὲν γὰρ ἑξακισχι-
λίων ἱππέων ἑβδομήκοντα μὲν εἰς Οὐενουσίαν μετὰ
Γαΐου διέφυγον, περὶ τριακοσίους δὲ τῶν συμμάχων

3 σποράδες εἰς τὰς πόλεις ἐσώθησαν· ἐκ δὲ τῶν πεζῶν
μαχόμενοι μὲν ἑάλωσαν εἰς μυρίους, οὐ δ᾽ ἐντὸς ὄντες
τῆς μάχης, ἐξ αὐτοῦ δὲ τοῦ κινδύνου τρισχίλιοι μόνον

4 ἴσως εἰς τὰς παρακειμένας πόλεις διέφυγον. οἱ δὲ
λοιποὶ πάντες, ὄντες εἰς ἑπτὰ μυριάδας, ἀπέθανον
εὐγενῶς, τὴν μεγίστην χρείαν παρεσχημένου τοῖς
Καρχηδονίοις εἰς τὸ νικᾶν καὶ τότε καὶ πρὸ τοῦ τοῦ

5 τῶν ἱππέων ὄχλου. καὶ δῆλον ἐγένετο τοῖς ἐπιγινο-
μένοις ὅτι κρεῖττόν ἐστι πρὸς τοὺς τῶν πολέμων
καιροὺς ἡμίσεις ἔχειν πεζούς, ἱπποκρατεῖν δὲ τοῖς
ὅλοις, μᾶλλον ἢ πάντα πάρισα τοῖς πολεμίοις ἔχοντα

6 διακινδυνεύειν. τῶν δὲ μετ᾽ Ἀννίβου Κελτοὶ μὲν ἔπε-
σον εἰς τετρακισχιλίους, Ἴβηρες δὲ καὶ Λίβυες εἰς
χιλίους καὶ πεντακοσίους, ἱππεῖς δὲ περὶ διακοσίους.

7 Οἱ δὲ ζωγρηθέντες τῶν Ῥωμαίων ἐκτὸς ἐγένοντο

8 τοῦ κινδύνου, καὶ διὰ τοιαύτην αἰτίαν. Λεύκιος ἀπ-
έλιπε μυρίους πεζοὺς ἐπὶ τῆς ἑαυτοῦ παρεμβολῆς, ἵν᾽
ἐὰν μὲν Ἀννίβας ὀλιγωρήσας τοῦ χάρακος ἐκτάξῃ
πᾶσι, παραπεσόντες οὗτοι κατὰ τὸν τῆς μάχης καιρὸν

9 ἐγκρατεῖς γένωνται τῆς τῶν πολεμίων ἀποσκευῆς, ἐὰν
δὲ προϊδόμενος τὸ μέλλον ἀπολίπῃ φυλακὴν ἀξιό-
χρεων, πρὸς ἐλάττους αὐτοῖς ὁ περὶ τῶν ὅλων γένηται

tween the Romans and Carthaginians, a battle in which both the victors and the vanquished displayed conspicuous bravery, as was evinced by the facts.[160] For of the six thousand cavalry, seventy escaped to Venusia with Terentius, and about three hundred of the allied horse reached different cities in scattered groups. Of the infantry about ten thousand were captured fighting but not in the actual battle, while only perhaps three thousand escaped from the field to neighboring towns. All the rest, numbering about seventy thousand, died bravely. Both on this occasion and on former ones their numerous cavalry had contributed most to the victory of the Carthaginians, and it demonstrated to posterity that in times of war it is better to give battle with half as many infantry as the enemy and an overwhelming force of cavalry than to be in all respects his equal. Of Hannibal's army there fell about four thousand Celts, fifteen hundred Spaniards and Africans and two hundred cavalry.

The Romans who were made prisoners were not in the battle for the following reason. Lucius had left a force of ten thousand foot in his own camp, in order that, if Hannibal, neglecting his camp, employed his whole army in the field, they might during the battle gain entrance there and capture all the enemy's baggage: if, on the other hand, Hannibal, guessing this danger, left a strong garrison in the camp, the force opposed to the Romans would be reduced

[160] ". . . any estimate of casualties is likely to be unreliable" (WC 1.440).

10 κίνδυνος. ἑάλωσαν δὲ τοιούτῳ τινὶ τρόπῳ. καταλιπόν-
τος Ἀννίβου φυλακὴν ἀρκοῦσαν ἐπὶ τοῦ χάρακος,
ἅμα τῷ κατάρξασθαι τὴν μάχην κατὰ τὸ συνταχθὲν
ἐπολιόρκουν οἱ Ῥωμαῖοι προσβάλλοντες τοὺς ἀπολε-
λειμμένους ἐν τῷ τῶν Καρχηδονίων χάρακι. τὸ μὲν
11 οὖν πρῶτον ἀντεῖχον· ἤδη δ' αὐτῶν πιεζομένων, ἐπει-
δὴ κατὰ πάντα τὰ μέρη τὴν μάχην Ἀννίβας ἔκρινε,
καὶ τότε παραβοηθήσας καὶ τρεψάμενος συνέκλεισε
τοὺς Ῥωμαίους εἰς τὴν ἰδίαν παρεμβολήν, καὶ δισχι-
λίους μὲν αὐτῶν ἀπέκτεινε, τῶν δὲ λοιπῶν ἐγκρατὴς
12 ἐγένετο ζωγρίᾳ πάντων. ὁμοίως δὲ καὶ τοὺς ἐπὶ τὰ
κατὰ τὴν χώραν ἐρύματα συμπεφευγότας ἐκπολιορ-
κήσαντες οἱ Νομάδες ἐπανῆγον, ὄντας εἰς δισχιλίους
τῶν εἰς φυγὴν τραπέντων ἱππέων.

118. Βραβευθείσης δὲ τῆς μάχης τὸν προειρημένον
τρόπον, ἀκόλουθον εἰλήφει τὰ ὅλα κρίσιν τοῖς ὑπ'
2 ἀμφοτέρων προσδοκωμένοις. Καρχηδόνιοι μὲν γὰρ
διὰ τῆς πράξεως ταύτης παραχρῆμα τῆς μὲν λοιπῆς
3 παραλίας σχεδὸν πάσης ἦσαν ἐγκρατεῖς· Ταραντῖνοί
τε γὰρ εὐθέως ἐνεχείριζον αὑτούς, Ἀργυριππανοὶ δὲ
καὶ Καμπανῶν τινες ἐκάλουν τὸν Ἀννίβαν, οἱ δὲ
λοιποὶ πάντες ἀπέβλεπον ἤδη τότε πρὸς Καρχηδο-
4 νίους· μεγάλας δ' εἶχον ἐλπίδας ἐξ ἐφόδου καὶ τῆς
5 Ῥώμης αὐτῆς ἔσεσθαι κύριοι· Ῥωμαῖοί γε μὴν τὴν
Ἰταλιωτῶν δυναστείαν παραχρῆμα διὰ τὴν ἧτταν
ἀπεγνώκεισαν, ἐν μεγάλοις δὲ φόβοις καὶ κινδύνοις
ἦσαν περί τε σφῶν αὐτῶν καὶ περὶ τοῦ τῆς πατρίδος
ἐδάφους, ὅσον οὔπω προσδοκῶντες ἥξειν αὐτὸν τὸν

in numbers. The circumstances of their capture were more or less as follows. Hannibal had left an adequate force to guard his camp, and when the battle opened, the Romans, as they had been ordered, delivered an assault on this force. At first they held out, but as they were beginning to be hard pressed, Hannibal, who was now victorious in every part of the field, came to their assistance, and routing the Romans shut them up in their own camp. He killed two thousand of them and afterwards made all the rest prisoners. The Numidians also reduced the various strongholds throughout the country which had given shelter to the flying enemy and brought in the fugitives, consisting of about two thousand horse.

118. The result of the battle being as I have described, the general consequences that had been anticipated on both sides followed. The Carthaginians by this action became at once masters of almost all the rest of the coast,[161] Tarentum immediately surrendering, while Argyrippa and some Campanian towns invited Hannibal to come to them, and the eyes of all were now turned to the Carthaginians, who had great hopes of even taking Rome itself at the first assault. The Romans on their part owing to this defeat at once abandoned all hope of retaining their supremacy in Italy, and were in the greatest fear about their own safety and that of Rome, expecting Hannibal every moment to

---

[161] Less attractive is the reading "of the rest of Italy" ('Ιταλίας instead of παραλίας).

6 Ἀννίβαν. καὶ γὰρ ὥσπερ ἐπιμετρούσης καὶ συνεπα-
γωνιζομένης τοῖς γεγονόσι τῆς τύχης συνέβη μετ᾽
ὀλίγας ἡμέρας, τοῦ φόβου κατέχοντος τὴν πόλιν, καὶ
τὸν εἰς τὴν Γαλατίαν στρατηγὸν ἀποσταλέντ᾽ εἰς
ἐνέδραν ἐμπεσόντα παραδόξως ἄρδην ὑπὸ τῶν Κελ-
7 τῶν διαφθαρῆναι μετὰ τῆς δυνάμεως. οὐ μὴν ἥ γε
σύγκλητος οὐδὲν ἀπέλειπε τῶν ἐνδεχομένων, ἀλλὰ
παρεκάλει μὲν τοὺς πολλούς, ἠσφαλίζετο δὲ τὰ κατὰ
τὴν πόλιν, ἐβουλεύετο δὲ περὶ τῶν ἐνεστώτων ἀνδρω-
δῶς. τοῦτο δ᾽ ἐγένετο φανερὸν ἐκ τῶν μετὰ ταῦτα
8 συμβάντων· ὁμολογουμένως γὰρ τῶν Ῥωμαίων ἡττη-
θέντων τότε καὶ παραχωρησάντων τῆς ἐν τοῖς ὅπλοις
9 ἀρετῆς, τῇ τοῦ πολιτεύματος ἰδιότητι καὶ τῷ βου-
λεύεσθαι καλῶς οὐ μόνον ἀνεκτήσαντο τὴν τῆς Ἰτα-
λίας δυναστείαν, νικήσαντες μετὰ ταῦτα Καρχηδο-
νίους, ἀλλὰ καὶ τῆς οἰκουμένης ἁπάσης ἐγκρατεῖς
ἐγένοντο μετ᾽ ὀλίγους χρόνους.

10 Διόπερ ἡμεῖς ταύτην μὲν τὴν βύβλον ἐπὶ τούτων
τῶν ἔργων καταστρέψωμεν, ἃ περιέλαβεν Ἰβηρικῶν
καὶ τῶν Ἰταλικῶν ἡ τετταρακοστὴ πρὸς ταῖς ἑκατὸν
11 ὀλυμπιάσι δηλώσαντες· ὅταν δὲ τὰς Ἑλληνικὰς
πράξεις τὰς κατὰ τὴν αὐτὴν ὀλυμπιάδα γενομένας
διεξιόντες ἐπιστῶμεν τοῖς καιροῖς τούτοις, τότ᾽ ἤδη
προθέμενοι ψιλῶς τὸν ὑπὲρ αὐτῆς τῆς Ῥωμαίων πολι-
12 τείας ποιησόμεθα λόγον, νομίζοντες οὐ μόνον πρὸς
τὴν τῆς ἱστορίας σύνταξιν οἰκείαν εἶναι τὴν περὶ
αὐτῆς ἐξήγησιν, ἀλλὰ καὶ πρὸς τὰς τῶν πολιτευμάτων
διορθώσεις καὶ κατασκευὰς μεγάλα συμβάλλεσθαι
τοῖς φιλομαθοῦσι καὶ πραγματικοῖς τῶν ἀνδρῶν.

appear. It seemed indeed as if Fortune were taking part against them in their struggle with adversity and meant to fill the cup to overflowing; for but a few days afterwards, while the city was yet panic-stricken, the praetor[162] they had sent to Cisalpine Gaul was surprised by the Celts in an ambush and he and his force utterly destroyed. Yet the Senate neglected no means in its power, but exhorted and encouraged the populace, strengthened the defenses of the city, and deliberated on the situation with manly coolness. And subsequent events made this manifest. For though the Romans were now incontestably beaten and their military reputation shattered, yet by the peculiar virtues of their constitution[163] and by wise counsel they not only recovered their supremacy in Italy and afterwards defeated the Carthaginians, but in a few years made themselves masters of the whole world.

I therefore end this Book at this point, having now described the events in Spain and Italy that occurred in the 140th Olympiad. When I have brought down the history of Greece in the same Olympiad to the same date, I shall pause to premise to the rest of the history a separate account of the Roman constitution; for I think that a description of it is not only germane to the whole scheme of my work, but will be of great service to students and practical statesmen for forming or reforming other constitutions.

[162] Lucius Postumius Albinus, already twice consul (in 234 and 229), elected praetor for 216 and killed with his army by the Boii: *RE* Postumius no. 40, 912–914 (F. Münzer).

[163] The constitution provided the means for survival in Rome's most serious crisis. For this reason P. promises (118.11) to give a description of it, delivered in book 6.

ΙΣΤΟΡΙΩΝ ΤΕΤΑΡΤΗ

1. Ἐν μὲν τῇ πρὸ ταύτης βύβλῳ τὰς αἰτίας ἐδη-
λώσαμεν τοῦ δευτέρου συστάντος Ῥωμαίοις καὶ Καρ-
χηδονίοις πολέμου, καὶ τὰ περὶ τῆς εἰσβολῆς τῆς εἰς
2 Ἰταλίαν Ἀννίβου διήλθομεν, πρὸς δὲ τούτοις ἐξηγη-
σάμεθα τοὺς γενομένους αὐτοῖς ἀγῶνας πρὸς ἀλλή-
λους μέχρι τῆς μάχης τῆς περὶ τὸν Αὔφιδον ποταμὸν
3 καὶ πόλιν Κάνναν γενομένης· νῦν δὲ τὰς Ἑλληνικὰς
διέξιμεν πράξεις τὰς κατὰ τοὺς αὐτοὺς καιροὺς ἐπιτε-
λεσθείσας τοῖς προειρημένοις καὶ ἀπὸ τῆς ἑκατοστῆς
4 καὶ τετταρακοστῆς ὀλυμπιάδος, πρότερον ἀναμνή-
σαντες διὰ βραχέων τοὺς ἐντυγχάνοντας τῇ πραγ-
ματείᾳ τῆς κατασκευῆς ἣν ἐν τῇ δευτέρᾳ βύβλῳ περὶ
τῶν Ἑλληνικῶν ἐποιησάμεθα, καὶ μάλιστα περὶ τοῦ
τῶν Ἀχαιῶν ἔθνους, διὰ τὸ καὶ τοῦτο τὸ πολίτευμα
παράδοξον ἐπίδοσιν λαβεῖν εἴς τε τοὺς πρὸ ἡμῶν καὶ
5 καθ᾽ ἡμᾶς καιρούς. ἀρξάμενοι γὰρ ἀπὸ Τισαμενοῦ
τῶν Ὀρέστου παίδων ἑνός, καὶ φήσαντες αὐτοὺς ἀπὸ
μὲν τούτου βασιλευθῆναι κατὰ γένος ἕως εἰς Ὤγυ-
γον, μετὰ δὲ ταῦτα καλλίστῃ προαιρέσει χρησα-
μένους δημοκρατικῆς πολιτείας τὸ μὲν πρῶτον ὑπὸ
τῶν ἐκ Μακεδονίας βασιλέων διασπασθῆναι κατὰ

BOOK IV

1. In the preceding Book after pointing out the causes of the second war between Rome and Carthage, I described the invasion of Italy by Hannibal, and the engagements which took place between the belligerents up to the battle on the river Aufidus at the town of Cannae. I shall now give an account of the contemporary events in Greece from the 140th Olympiad onwards, after briefly recalling to the minds of my readers the sketch I gave in my second Book of Greek affairs and especially of the growth of the Achaean League, the progress of that state having been surprisingly rapid in my own time and earlier. Beginning their history with Tisamenus, one of Orestes' sons, I stated that they were ruled by kings of his house down to the reign of Ogygus, after which they adopted a most admirable democratic constitution, until for a time their League

220–216 B.C.

6 πόλεις καὶ κώμας, ἑξῆς δὲ τούτοις ἐπεβαλόμεθα λέ-
γειν πῶς αὖθις ἤρξαντο συμφρονεῖν καὶ πότε, καὶ
7 τίνες αὐτοῖς πρῶτοι συνέστησαν. τούτοις δ' ἐπομένως
ἐδηλώσαμεν τίνι τρόπῳ καὶ ποίᾳ προαιρέσει προσ-
αγόμενοι τὰς πόλεις ἐπεβάλοντο Πελοποννησίους
πάντας ὑπὸ τὴν αὐτὴν ἄγειν ὀνομασίαν καὶ πολιτείαν.
8 καθολικῶς δὲ περὶ τῆς προειρημένης ἐπιβολῆς ἀπο-
φηνάμενοι, μετὰ ταῦτα τῶν κατὰ μέρος ἔργων κατὰ τὸ
συνεχὲς ἐπιψαύοντες εἰς τὴν Κλεομένους τοῦ Λακεδαι-
9 μονίων βασιλέως ἔκπτωσιν κατηντήσαμεν. συγκεφα-
λαιωσάμενοι δὲ τὰς ἐκ τῆς προκατασκευῆς πράξεις
ἕως τῆς Ἀντιγόνου καὶ Σελεύκου καὶ Πτολεμαίου
τελευτῆς, ἐπειδὴ περὶ τοὺς αὐτοὺς καιροὺς πάντες
οὗτοι μετήλλαξαν, λοιπὸν ἐπηγγειλάμεθα τῆς αὑτῶν
πραγματείας ἀρχὴν ποιήσασθαι τὰς ἑξῆς τοῖς προει-
ρημένοις πράξεις,

2. καλλίστην ὑπόστασιν ὑπολαμβάνοντες εἶναι
ταύτην διὰ τὸ πρῶτον μὲν τὴν Ἀράτου σύνταξιν ἐπὶ
τούτους καταστρέφειν τοὺς καιρούς, οἷς συνάπτοντες
τὴν διήγησιν τὸν ἀκόλουθον ὑπὲρ τῶν Ἑλλήνων
2 ἀποδιδόναι προηρήμεθα λόγον, δεύτερον δὲ διὰ τὸ καὶ
τοὺς χρόνους οὕτως συντρέχειν τοὺς ἑξῆς καὶ τοὺς
πίπτοντας ὑπὸ τὴν ἡμετέραν ἱστορίαν ὥστε τοὺς μὲν
καθ' ἡμᾶς εἶναι τοὺς δὲ κατὰ τοὺς πατέρας ἡμῶν, ἐξ
οὗ συμβαίνει τοῖς μὲν αὐτοὺς ἡμᾶς παραγεγονέναι τὰ
3 δὲ παρὰ τῶν ἑωρακότων ἀκηκοέναι. τὸ γὰρ ἀνωτέρω
προσλαμβάνειν τοῖς χρόνοις, ὡς ἀκοὴν ἐξ ἀκοῆς
γράφειν, οὐκ ἐφαίνεθ' ἡμῖν ἀσφαλεῖς ἔχειν οὔτε τὰς

was dissolved into cities and villages by the kings of Macedon. Next I went on to tell how they subsequently began to reunite, and which were the first cities to league themselves, and following on this I pointed out in what manner and on what principle they tried to attract other cities and formed the design of uniting all the Peloponnesians in one polity and under one name. After a general survey of this design, I gave a brief but continuous sketch of events in detail up to the dethronement of Cleomenes, king of Sparta. Rounding off, next, the occurrences dealt with in my introductory sketch up to the deaths of Antigonus Doson, Seleucus Ceraunus, and Ptolemy Euergetes, which all took place about the same time, I announced that I would enter on my main history with the events immediately following the above period.

2. This I considered to be the best starting point, because in the first place, Aratus's book terminates just at this period and I had decided on taking up and carrying on the narrative of Greek affairs from the date at which he leaves off, and secondly because the period following on this date and included in my history coincides with my own and the preceding generation, so that I have been present at some of the events and have the testimony of eyewitnesses for others. It seemed to me indeed that if I comprised events of an earlier date, repeating mere hearsay evidence, I should be safe neither in my estimates nor in my asser-

4 διαλήψεις οὔτε τὰς ἀποφάσεις. μάλιστα δ' ἀπὸ τούτων
ἠρξάμεθα τῶν καιρῶν διὰ τὸ καὶ τὴν τύχην ὡσανεὶ
κεκαινοποιηκέναι πάντα τὰ κατὰ τὴν οἰκουμένην ἐν
5 τοῖς προειρημένοις καιροῖς. Φίλιππος μὲν γὰρ ὁ Δη-
μητρίου κατὰ φύσιν υἱός, ἔτι παῖς ὤν, ἄρτι παρ-
6 ελάμβανε τὴν Μακεδόνων ἀρχήν· Ἀχαιὸς δὲ τῆς ἐπὶ
τάδε τοῦ Ταύρου δυναστεύων οὐ μόνον προστασίαν
7 εἶχε βασιλικὴν ἀλλὰ καὶ δύναμιν· ὁ δὲ Μέγας ἐπι-
κληθεὶς Ἀντίοχος μικροῖς ἀνώτερον χρόνοις, τοῦ
ἀδελφοῦ Σελεύκου μετηλλαχότος, ἔτι κομιδῇ νέος ὤν
8 τὴν ἐν Συρίᾳ διεδέδεκτο βασιλείαν. ἅμα δὲ τούτοις
Ἀριαράθης παρέλαβε τὴν Καππαδοκῶν ἀρχήν. ὁ δὲ
Φιλοπάτωρ Πτολεμαῖος ἐν τοῖς αὐτοῖς καιροῖς τῶν
9 κατ' Αἴγυπτον ἐγεγόνει κύριος. Λυκοῦργος δὲ Λακε-
δαιμονίων μετ' οὐ πολὺ κατεστάθη βασιλεύς. ᾕρηντο
δὲ Καρχηδόνιοι προσφάτως ἐπὶ τὰς προειρημένας
10 πράξεις στρατηγὸν αὐτῶν Ἀννίβαν. οὕτως δὲ τοι-
αύτης περὶ πάσας τὰς δυναστείας καινοποιίας οὔσης
ἔμελλε πραγμάτων ἔσεσθαι καινῶν ἀρχή· τοῦτο γὰρ
δὴ πέφυκε καὶ φιλεῖ συμβαίνειν κατὰ φύσιν. ὃ καὶ
11 τότε συνέβη γενέσθαι· Ῥωμαῖοι μὲν γὰρ καὶ Καρ-
χηδόνιοι τὸν προειρημένον ἐνεστήσαντο πόλεμον, Ἀν-
τίοχος δὲ καὶ Πτολεμαῖος ἅμα τούτοις τὸν ὑπὲρ τῆς
Κοίλης Συρίας, Ἀχαιοὶ δὲ καὶ Φίλιππος τὸν πρὸς
Αἰτωλοὺς καὶ Λακεδαιμονίους, ὧν τὰς αἰτίας συνέβη
γενέσθαι τοιαύτας.

---

1 F. W. Walbank, *Philip V of Macedon* (Cambridge 1940).

tions. But my chief reason for beginning at this date, was that Fortune had then so to speak rebuilt the world. For Philip, son of Demetrius,[1] being still quite a boy, had inherited the throne of Macedonia, Achaeus,[2] the ruler of all Asia on this side of the Taurus, had now not only the state, but the power of a king, Antiochus surnamed "The Great"[3] who was still very young had but a short time previously, on the death of his brother Seleucus,[4] succeeded him in Syria, Ariarathes[5] at the same time had become king of Cappadocia, and Ptolemy Philopator[6] king of Egypt, while not long afterwards began the reign of Lycurgus, king of Sparta.[7] The Carthaginians also had but recently appointed Hannibal to be their general in the campaign I mentioned. Since therefore the personalities of the rulers were everywhere new, it was evident that a new series of events would begin, this being the natural and usual consequence. And such indeed was the case; for the Romans and Carthaginians now entered on the war I mentioned, Antiochus and Ptolemy on that for Coele-Syria, and the Achaeans and Philip on that against the Aetolians and Spartans.

[2] J. D. Grainger, *A Seleukid Prosopography and Gazetteer* (Leiden 1999) 5. See n. on 48.1.   [3] H. H. Schmitt, *Untersuchungen zur Geschichte Antiochos' des Grossen und seiner Zeit* (Wiesbaden 1964); J. Ma, *Antiochus III and the Cities of Western Asia Minor* (Oxford 1999). For the date of the acceptation of the title *Megas* see Ma 272–276.   [4] Seleucus III, 225–223. *RE* Seleukos 1241–1242 (F. Stähelin).   [5] King Ariarathes IV, c. 220-c.163.   [6] *RE* Ptolemaios 1678–1698 (H. Volkmann). W. Huss, *Ägypten in hellenistischer Zeit 332–30 v. Chr.* (Munich 2001) 381- 472.   [7] P. Cartledge and A. Spawforth, *Hellenistic and Roman Sparta: a Tale of Two Cities*, London/New York (1989) 62–65 (Cartledge).

3. Αἰτωλοὶ πάλαι μὲν δυσχερῶς ἔφερον τὴν εἰρήνην καὶ τὰς ἀπὸ τῶν ἰδίων ὑπαρχόντων δαπάνας ὡς ἂν εἰθισμένοι μὲν ζῆν ἀπὸ τῶν πέλας, δεόμενοι δὲ πολλῆς χορηγίας διὰ τὴν ἔμφυτον ἀλαζονείαν, ᾗ δουλεύοντες ἀεὶ πλεονεκτικὸν καὶ θηριώδη ζῶσι βίον, οὐδὲν οἰ-

2 κεῖον, πάντα δ᾽ ἡγούμενοι πολέμια· οὐ μὴν ἀλλὰ τὸν πρὸ τοῦ χρόνου, ἕως Ἀντίγονος ἔζη, δεδιότες Μακε-

3 δόνας ἦγον ἡσυχίαν. ἐπειδὴ δ᾽ ἐκεῖνος μετήλλαξε τὸν βίον παῖδα καταλιπὼν Φίλιππον, καταφρονήσαντες ἐζήτουν ἀφορμὰς καὶ προφάσεις τῆς εἰς Πελοπόν-νησον ἐπιπλοκῆς, ἀγόμενοι κατὰ τὸ παλαιὸν ἔθος ἐπὶ τὰς ἐκ ταύτης ἁρπαγάς, ἅμα δὲ καὶ νομίζοντες ἀξιό-χρεως εἶναι σφᾶς πρὸς τὸ πολεμεῖν αὐτοῖς Ἀχαιοῖς.

4 ὄντες δ᾽ ἐπὶ ταύτης τῆς προθέσεως, βραχέα ταυτο-μάτου σφίσι συνεργήσαντος ἔλαβον ἀφορμὰς πρὸς τὴν ἐπιβολὴν τοιαύτας.

5 Δωρίμαχος ὁ Τριχωνεὺς ἦν μὲν υἱὸς Νικοστράτου τοῦ παρασπονδήσαντος τὴν τῶν Παμβοιωτίων πανή-γυριν, νέος δ᾽ ὢν καὶ πλήρης Αἰτωλικῆς ὁρμῆς καὶ πλεονεξίας ἐξαπεστάλη κατὰ κοινὸν εἰς τὴν τῶν Φιγα-

6 λέων πόλιν, ἥτις ἔστι μὲν ἐν Πελοποννήσῳ, κεῖται δὲ πρὸς τοῖς τῶν Μεσσηνίων ὅροις, ἐτύγχανε δὲ τότε

---

8 R. Flacelière, *Les Aitoliens à Delphes. Contribution à l'his-toire de la Grèce centrale au IIIe siècle av. J.-C.* (Paris 1937); J. Scholten, *The Politics of Plunder. Aitolians and their Koinon in the Early Hellenistic Era, 279–217 B.C.* (Berkeley/Los Angeles/Lon-don) 2000.

9 King Antigonus Doson (see at 2.45.5).

3. The causes of the latter were as follows. The Aetolians[8] had for long been dissatisfied with peace and with an outlay limited to their own resources, as they had been accustomed to live on their neighbors, and required abundance of funds, owing to that natural covetousness, enslaved by which they always lead a life of greed and aggression, like beasts of prey, with no ties of friendship but regarding everyone as an enemy. Nevertheless up to now, as long as Antigonus[9] was alive, they kept quiet owing to their fear of Macedonia, but when that king died leaving Philip still a child to succeed him, they thought they could ignore this king and began to look out for pretexts and grounds for interfering in the affairs of the Peloponnese, giving way to their old habit of looking for pillage from that country and thinking they were a match for the Achaeans now the latter were isolated. Such being their bent and purpose, and chance favoring them in a certain measure, they found the following pretext for putting their design in execution.

222 B.C.

Dorimachus of Trichonium[10] was the son of that Nicostratus who broke the solemn truce at the Pamboeotian congress. He was a young man full of the violent and aggressive spirit of the Aetolians and was sent on a public mission to Phigalea, a city in the Peloponnese near the Messenian border[11] and at that time in alliance with the

[10] For Aetolians named by P. see the alphabetical list in J. D. Grainger, *Aitolian Prosopographical Studies* (Leiden 2000). Scopas (5. 1) will return in the service of the Ptolemies.

[11] In Arcadia, with the famous temple of Apollo at Bassae: *RE* Phigaleia 2065–2085; Suppl. 7. 1030–1032; Suppl. 14. 383–384 (E. Meyer).

7 συμπολιτευομένη τοῖς Αἰτωλοῖς, λόγῳ μὲν παραφυ-
λάξων τήν τε χώραν καὶ τὴν πόλιν τῶν Φιγαλέων,
ἔργῳ δὲ κατασκόπου τάξιν ἔχων τῶν ἐν Πελοποννήσῳ
8 πραγμάτων. συνδραμόντων δὲ πειρατῶν καὶ παρα-
γενομένων πρὸς αὐτὸν εἰς τὴν Φιγάλειαν, οὐκ ἔχων
τούτοις ἀπὸ τοῦ δικαίου συμπαρασκευάζειν ὠφελείας
διὰ τὸ μένειν ἔτι τότε τὴν κοινὴν εἰρήνην τοῖς Ἕλλησι
9 τὴν ὑπ' Ἀντιγόνου συντελεσθεῖσαν, τέλος ἀπορού-
μενος ἐπέτρεψε τοῖς πειραταῖς λῄζεσθαι τὰ τῶν Μεσ-
10 σηνίων θρέμματα, φίλων ὄντων καὶ συμμάχων. τὸ μὲν
οὖν πρῶτον ἠδίκουν τὰ περὶ τὰς ἐσχατιὰς ποίμνια,
μετὰ δὲ ταῦτα προβαινούσης τῆς ἀπονοίας ἐνεχείρη-
σαν καὶ τὰς ἐπὶ τῶν ἀγρῶν οἰκίας ἐκκόπτειν, ἀνυπο-
11 νοήτως τὰς νύκτας ἐπιφαινόμενοι. τῶν δὲ Μεσσηνίων
ἐπὶ τούτοις ἀγανακτούντων καὶ διαπρεσβευομένων
πρὸς τὸν Δωρίμαχον τὰς μὲν ἀρχὰς παρήκουε, βουλό-
μενος τὰ μὲν ὠφελεῖν τοὺς ὑπ' αὐτὸν ταττομένους, τὰ
δ' αὐτὸς ὠφελεῖσθαι μερίτης γινόμενος τῶν λαμβανο-
12 μένων· πλεοναζούσης δὲ τῆς παρουσίας τῶν πρεσβει-
ῶν διὰ τὴν συνέχειαν τῶν ἀδικημάτων, αὐτὸς ἥξειν
ἐπὶ τὴν Μεσσήνην ἔφη δικαιολογησόμενος πρὸς τοὺς
13 ἐγκαλοῦντας τοῖς Αἰτωλοῖς. ἐπειδὴ δὲ παρεγένετο,
προσπορευομένων αὐτῷ τῶν ἠδικημένων τοὺς μὲν δι-
έσυρε χλευάζων, τῶν δὲ κατανίστατο, τοὺς δ' ἐξ-
έπληττε λοιδορῶν.

4. Ἔτι δ' αὐτοῦ παρεπιδημοῦντος ἐν τῇ Μεσσήνῃ,
συνεγγίσαντες τῇ πόλει νυκτὸς οἱ πειραταὶ καὶ προσ-
βαλόντες κλίμακας ἐξέκοψαν τὸ Χυρῶνος καλούμενον

Aetolian League; professedly to guard the city and its territory, but really to act as a spy on Peloponnesian affairs. When a recently formed band of brigands came to join him there, and he could not provide them with any legitimate pretext for plundering, as the general peace[12] in Greece established by Antigonus still continued, he finally, finding himself at a loss, gave them leave to make forays on the cattle of the Messenians[13] who were friends and allies of the Aetolians. At first, then, they only raided the flocks on the border, but later, growing ever more insolent, they took to breaking into the country houses, surprising the unsuspecting inmates by night. When the Messenians grew indignant at this and sent envoys to Dorimachus to complain, he at first paid no attention, as he wished not only to benefit the men under him but himself also by taking his share of their captures. But when such embassies began to arrive more frequently, owing to the continuance of the outrages, he announced that he would come himself to Messene to plead his cause against those who accused the Aetolians, and on appearing there when the victims approached him, he ridiculed and jeered at some of them, attacked some by recrimination and intimidated others by abusive language.

4. While he was still staying in Messene the banditti approached the city by night, and with the aid of scaling ladders broke into the farm called Chyron's, where after

[12] Of 224, *StV* 507.

[13] For the events of this time concerning Messene see *RE* Suppl. 15. 270–272 (E. Meyer).

ἐπαύλιον, καὶ τοὺς μὲν ἀμυνομένους ἀπέσφαξαν, τοὺς
δὲ λοιποὺς τῶν οἰκετῶν δήσαντες καὶ τὰ κτήνη μετ᾽
2 αὐτῶν ἀπήγαγον. οἱ δὲ τῶν Μεσσηνίων ἔφοροι πάλαι
μὲν ἐπί τε τοῖς γινομένοις καὶ τῇ παρεπιδημίᾳ τοῦ
Δωριμάχου διαλγοῦντες, τότε δὲ καὶ προσενυβρίζε-
σθαι δόξαντες, ἀνεκαλοῦντ᾽ αὐτὸν εἰς τὰς συναρχίας.
3 ἐν ᾧ καιρῷ Σκύρων, ὃς ἦν μὲν ἔφορος τότε τῶν
Μεσσηνίων εὐδοκίμει δὲ καὶ κατὰ τὸν ἄλλον βίον
παρὰ τοῖς πολίταις, συνεβούλευε μὴ προΐεσθαι τὸν
Δωρίμαχον ἐκ τῆς πόλεως, ἐὰν μὴ τὰ μὲν ἀπολωλότα
πάντα τοῖς Μεσσηνίοις ἀποκαταστήσῃ, περὶ δὲ τῶν
τεθνεώτων δωσιδίκους παράσχῃ τοὺς ἠδικηκότας.
4 πάντων δ᾽ ἐπισημηναμένων ὡς δίκαια λέγοντος τοῦ
Σκύρωνος, διοργισθεὶς ὁ Δωρίμαχος εὐήθεις αὐτοὺς
ἔφη τελέως ὑπάρχειν, εἰ Δωρίμαχον οἴονται νῦν προ-
πηλακίζειν, ἀλλ᾽ οὐ τὸ κοινὸν τῶν Αἰτωλῶν· καὶ καθό-
λου δεινὸν ἡγεῖτο τὸ γινόμενον, καὶ κοινῆς αὐτοὺς
ἐπιστροφῆς ἔφη τεύξεσθαι, καὶ τοῦτο πείσεσθαι δι-
5 καίως. ἦν δέ τις κατ᾽ ἐκείνους τοὺς καιροὺς ἄνθρωπος
ἀσυρὴς ἐν τῇ Μεσσήνῃ, τῶν ἐξηρμένων τὸν ἄνδρα
κατὰ πάντα τρόπον, ὄνομα Βαβύρτας, ᾧ τις εἰ περι-
έθηκε τὴν καυσίαν καὶ χλαμύδα τοῦ Δωριμάχου, μὴ
6 οἷόν τ᾽ εἶναι διαγινώσκειν· ἐπὶ τοσοῦτον ἐξωμοίωτο
κατά τε τὴν φωνὴν καὶ τἆλλα μέρη τοῦ σώματος τῷ
προειρημένῳ. καὶ τοῦτ᾽ οὐκ ἐλάνθανε τὸν Δωρίμαχον.
7 ὁμιλοῦντος οὖν αὐτοῦ ἀνατατικῶς τότε καὶ μάλα ὑπερ-
ηφάνως τοῖς Μεσσηνίοις, περιοργισθεὶς ὁ Σκύρων
"νομίζεις γὰρ ἡμῖν" ἔφη "σοῦ μέλειν ἢ τῆς σῆς

killing those who offered resistance they bound the rest of
the slaves and carried them off together with the cattle.
The Messenian Ephors, who had long been annoyed by all
that took place and by Dorimachus' stay in the town,
thought this was adding insult to injury and summoned
him before their college. On this occasion Scyron, then
one of the ephors, and otherwise highly esteemed by the
citizens, advised them not to let Dorimachus escape from
the city, unless he made good all the losses of the
Messenians and delivered up to justice those guilty of mur-
der. When all signified their approval of what Scyron said,
Dorimachus flew into a passion, and said they were utter
simpletons if they thought it was Dorimachus they were
now affronting and not the Aetolian League. He thought
the whole affair altogether outrageous, and they would re-
ceive such public chastisement for it as would serve them
right. There was at this time a certain lewd fellow at
Messene, one of those who had in every way renounced his
claim to be a man, called Babyrtas. If anyone had dressed
this man up in Dorimachus' sun hat and chlamys it would
have been impossible to distinguish the two, so exact was
the resemblance both in voice and in person, and of this
Dorimachus was perfectly aware. Upon his speaking now
in this threatening and overbearing manner, Scyron grew
very angry and said, "Do you think we care a fig for you or

8 ἀνατάσεως, Βαβύρτα;" ῥηθέντος δὲ τούτου παραυτίκα
μὲν εἴξας ὁ Δωρίμαχος τῇ περιστάσει συνεχώρησε
πάντων ἐπιστροφὴν ποιήσεσθαι τῶν γεγονότων ἀδι-
9 κημάτων τοῖς Μεσσηνίοις, ἐπανελθὼν δ᾽ εἰς τὴν Αἰτω-
λίαν οὕτω πικρῶς ἤνεγκε καὶ βαρέως τὸ ῥηθὲν ὡς
οὐδεμίαν ἄλλην ἔχων εὔλογον πρόφασιν δι᾽ αὐτὸ
τοῦτο τοῖς Μεσσηνίοις ἐξέκαυσε τὸν πόλεμον.

5. Στρατηγὸς μὲν οὖν ὑπῆρχε τῶν Αἰτωλῶν Ἀρί-
στων· οὗτος δὲ διά τινας σωματικὰς ἀσθενείας
ἀδύνατος ὢν πρὸς πολεμικὴν χρείαν, ἅμα δὲ καὶ
συγγενὴς ὑπάρχων Δωριμάχου καὶ Σκόπα, τρόπον
2 τινὰ παρακεχωρήκει τούτῳ τῆς ὅλης ἀρχῆς. ὁ δὲ
Δωρίμαχος κατὰ κοινὸν μὲν οὐκ ἐτόλμα παρακαλεῖν
τοὺς Αἰτωλοὺς εἰς τὸν κατὰ τῶν Μεσσηνίων πόλεμον
διὰ τὸ μηδεμίαν ἔχειν ἀξίαν λόγου πρόφασιν, ἀλλ᾽
ὁμολογουμένως ἐκ παρανομίας καὶ σκώμματος γεγο-
3 νέναι τὴν ὁρμήν· ἀφέμενος δὲ τῆς ἐπινοίας ταύτης ἰδίᾳ
προετρέπετο τὸν Σκόπαν κοινωνῆσαι τῆς ἐπιβολῆς
αὐτῷ τῆς κατὰ τῶν Μεσσηνίων, ὑποδεικνύων μὲν τὴν
ἀπὸ Μακεδόνων ἀσφάλειαν διὰ τὴν ἡλικίαν τοῦ προ-
εστῶτος (οὐ γὰρ εἶχε πλεῖον ἐτῶν τότε Φίλιππος
4 ἑπτακαίδεκα), παρατιθεὶς δὲ τὴν Λακεδαιμονίων ἀλλο-
τριότητα πρὸς τοὺς Μεσσηνίους, ἀναμιμνήσκων δὲ
τῆς Ἠλείων πρὸς σφᾶς εὐνοίας καὶ συμμαχίας, ἐξ ὧν
ἀσφαλῆ τὴν εἰσβολὴν τὴν εἰς τὴν Μεσσηνίαν ἐσο-
5 μένην αὐτοῖς ἀπέφαινεν. τὸ δὲ συνέχον τῆς Αἰτωλικῆς
προτροπῆς, ὑπὸ τὴν ὄψιν ἐτίθει τὰς ἐσομένας ὠφε-
λείας ἐκ τῆς τῶν Μεσσηνίων χώρας, οὔσης ἀπρο-

your threats, Babyrtas?" Upon his saying this Dorimachus, yielding for the moment to circumstances, consented to give satisfaction for all damage inflicted on the Messenians, but on his return to Aetolia he continued to resent his taunt so bitterly, that without having any other plausible pretext he stirred up a war against Messene on account of this alone.[14]

5. The Strategus[15] of the Aetolians at this time was   221 B.C.
Ariston. Being himself incapacitated for service in the field by certain bodily infirmities and being related to Dorimachus and Scopas, he had more or less ceded his whole office to the latter. Dorimachus did not venture to exhort the Aetolians by public speeches to make war on Messene, since he really had no valid pretext, but, as every body knew, his animus was due to his own lawless violence and his resentment of a jibe. So he desisted from any such plan, and took to urging on Scopas in private to join him in his project against the Messenians, pointing out to him that they were safe as regards Macedonia owing to the youth of its ruler—Philip being now not more than seventeen— calling his attention to the hostility of the Lacedaemonians to the Messenians, and reminding him that Elis was the friend and ally of the Aetolians; from all which facts he deduced that they would be quite safe in invading Messenia. But next—this being the most convincing argument to an Aetolian—he pictured to him the great booty that they would get from Messenia, the country being without warn-

14 In fact, the result of an Aetolian decision: J. V. A. Fine, *AJPhil* 61 (1940) 137–158.
15 The highest magistrate of the Aetolian League, elected for one year.

νοήτου καὶ διαμεμενηκυίας ἀκεραίου μόνης τῶν ἐν
6 Πελοποννήσῳ κατὰ τὸν Κλεομενικὸν πόλεμον. ἐπὶ δὲ
πᾶσι τούτοις συνίστανε τὴν ἐξακολουθήσουσαν εὔνοι-
7 αν σφίσι παρὰ τοῦ τῶν Αἰτωλῶν πλήθους. Ἀχαιοὺς
δ᾿, ἂν μὲν κωλύσωσι τὴν δίοδον, οὐκ ἐρεῖν ἐγκλήματα
τοῖς ἀμυνομένοις, ἐὰν δ᾿ ἀγάγωσι τὴν ἡσυχίαν, οὐκ
8 ἐμποδιεῖν αὐτοῖς πρὸς τὴν ἐπιβολήν. πρὸς δὲ Μεσ-
σηνίους προφάσεως οὐκ ἀπορήσειν ἔφη· πάλαι γὰρ
αὐτοὺς ἀδικεῖν, Ἀχαιοῖς καὶ Μακεδόσιν ἐπηγγελμέ-
9 νους κοινωνήσειν τῆς συμμαχίας. ταῦτα δ᾿ εἰπὼν καὶ
παραπλήσια τούτοις ἕτερα πρὸς τὴν αὐτὴν ὑπόθεσιν,
τοιαύτην ὁρμὴν παρέστησε τῷ Σκόπᾳ καὶ τοῖς τούτου
φίλοις ὥστε οὔτε κοινὴν τῶν Αἰτωλῶν προσδεξάμενοι
σύνοδον οὔτε τοῖς ἀποκλήτοις συμμεταδόντες, οὐδὲ
10 μὴν ἄλλο τῶν καθηκόντων οὐδὲν πράξαντες, κατὰ δὲ
τὰς αὐτῶν ὁρμὰς καὶ κρίσεις διαλαβόντες ἅμα Μεσ-
σηνίοις Ἠπειρώταις Ἀχαιοῖς Ἀκαρνᾶσι Μακεδόσι
πόλεμον ἐξήνεγκαν.

6. Καὶ κατὰ μὲν θάλατταν παραχρῆμα πειρατὰς
ἐξέπεμψαν, οἳ παρατυχόντες πλοίῳ βασιλικῷ τῶν ἐκ
Μακεδονίας περὶ Κύθηρα τοῦτό τε εἰς Αἰτωλίαν κατα-
γαγόντες αὔτανδρον, τούς τε ναυκλήρους καὶ τοὺς
2 ἐπιβάτας, σὺν δὲ τούτοις τὴν ναῦν ἀπέδοντο. τῆς δ᾿
Ἠπείρου τὴν παραλίαν ἐπόρθουν, συγχρώμενοι πρὸς
τὴν ἀδικίαν ταῖς τῶν Κεφαλλήνων ναυσίν. ἐπεβά-

---

16 A primary assembly of all adult male citizens, the legislative
body of the Confederation.

ing of invasion and being the only one in Greece that the Cleomenic war had spared. Finally he dwelt on the popularity they themselves would gain in Aetolia. The Achaeans, he said, if they opposed their passage, could not complain if the Aetolians met force by force, but if they kept quiet they would not stand in the way of the project. Against the Messenians they would have no difficulty in finding a grievance, for they had long been inflicting wrong on the Aetolians by promising to ally themselves with the Achaeans and Macedonians. By these arguments and others in the same sense, he made Scopas and his friends so eager for the enterprise that without waiting for the General Assembly[16] of the Aetolians, without taking the Special Council[17] into their confidence, without in fact taking any proper steps, but acting solely as their own passion and their private judgment dictated, they made war all at once on the Messenians,[18] Epirots, Achaeans, Acarnanians, and Macedonians.

6. By sea they immediately sent out privateers, who falling in with a ship of the royal Macedonian navy near Cythera brought her to Aetolia with all her crew, and there sold the officers, the troops, and the ship herself. Afterwards they pillaged, the coast of Epirus, being aided in these outrages by the Cephallenian fleet. They also made

[17] The so-called *apokletoi*, a committee of more than thirty members, elected from members of the Council, implementing the policy adopted by the assembly: J. A. O. Larsen, *Greek Federal States* (Oxford 1968) 200.   [18] The Messenians excepted, the other states were all members of the "Hellenic League," founded by Antigonus Doson in 224, *StV* 507. In 9.2 the Messenians wish to join the alliance and in 16.1 do so.

λοντο δὲ καὶ τῆς Ἀκαρνανίας Θύριον καταλαβέσθαι.
3 ἅμα δὲ τούτοις λάθρᾳ διὰ Πελοποννήσου τινὰς πέμ-
ψαντες ἐν μέσῃ τῇ τῶν Μεγαλοπολιτῶν χώρᾳ κατ-
έσχον τὸ καλούμενον ὀχύρωμα Κλάριον, ᾧ λαφυρο-
πωλείῳ χρησάμενοι διῆγον ἐν τούτῳ πρὸς τὰς
4 ἁρπαγάς. οὐ μὴν ἀλλὰ τοῦτο μὲν Τιμόξενος ὁ τῶν
Ἀχαιῶν στρατηγός, παραλαβὼν Ταυρίωνα τὸν ἐπὶ
τῶν ἐν Πελοποννήσῳ βασιλικῶν πραγμάτων ὑπ' Ἀν-
τιγόνου καταλελειμμένον, ἐξεπολιόρκησε τελέως ἐν
5 ὀλίγαις ἡμέραις· ὁ γὰρ βασιλεὺς Ἀντίγονος Κόρινθον
μὲν εἶχε κατὰ τὸ τῶν Ἀχαιῶν συγχώρημα διὰ τοὺς
Κλεομενικοὺς καιρούς, Ὀρχομενὸν δὲ κατὰ κράτος
ἑλὼν οὐκ ἀποκατέστησε τοῖς Ἀχαιοῖς ἀλλὰ σφετε-
6 ρισάμενος κατεῖχε, βουλόμενος, ὥς γ' ἐμοὶ δοκεῖ, μὴ
μόνον τῆς εἰσόδου κυριεύειν τῆς εἰς Πελοπόννησον,
ἀλλὰ καὶ τὴν μεσόγαιαν αὐτῆς παραφυλάττειν διὰ
7 τῆς ἐν Ὀρχομενῷ φρουρᾶς καὶ παρασκευῆς. οἱ δὲ περὶ
τὸν Δωρίμαχον καὶ Σκόπαν παρατηρήσαντες τὸν και-
ρόν, ἐν ᾧ λοιπὸς ἦν Τιμοξένῳ μὲν ὀλίγος ἔτι χρόνος
τῆς ἀρχῆς, Ἄρατος δὲ καθίστατο μὲν εἰς τὸν ἐνιαυτὸν
8 τὸν ἐπιόντα στρατηγὸς ὑπὸ τῶν Ἀχαιῶν, οὔπω δὲ
ἔμελλε τὴν ἀρχὴν ἕξειν, συναθροίσαντες πανδημεὶ
τοὺς Αἰτωλοὺς ἐπὶ τὸ Ῥίον, καὶ παρασκευασάμενοι
πορθμεῖα καὶ τὰς Κεφαλλήνων ἑτοιμάσαντες ναῦς,
διεβίβασαν τοὺς ἄνδρας εἰς Πελοπόννησον καὶ προ-

---

19 Modern Hagios Vasilios. It was there that the Roman-Aeto-

an attempt to seize Thyrium[19] in Acarnania. At the same time, sending a small force secretly through the Peloponnese, they occupied the fort called Clarium[20] in the middle of the territory of Megalopolis, and continued to use it as a base for forays and a market for a sale of booty. This place, however, was shortly afterwards besieged and captured in a few days by Timoxenus,[21] the Achaean Strategus, with the aid of Taurion,[22] the officer left by Antigonus in charge of Peloponnesian affairs. I should explain that Antigonus continued to hold Corinth, which the Achaeans had given up to him, to further his purposes in the Cleomenic war, but that after storming Orchomenus[23] he did not restore it to the Achaeans, but annexed and occupied it, wishing, as I think, not only to be master of the entrance into the Peloponnese, but to safeguard his interests in the interior by means of his garrison and arsenal at Orchomenus. Dorimachus and Scopas waited for the time when Timoxenus' year of office had nearly expired, and Aratus, who had been appointed Strategus for the ensuing year[24] by the Achaeans, would not yet be in office, and then, collecting the whole of the Aetolian forces at Rhium and preparing ferryboats as well as the Cephallenian ships, they conveyed their men over to the Peloponnese and began to

lian treaty was found, *IG* IX 1², 241 and *Addenda*. O. Dany, *Akarnanien im Hellenismus* (Munich 1999) 217.   [20] Unknown.

[21] He was four times *strategus* of the Achaean Confederation; here he is in his third year, 221/0. *RE* Timoxenos 1366 (F. Stähelin).   [22] General of Antigonus Doson and Philip V. A. B. Tataki, *Macedonians Abroad* (Athens 1998) 439.

[23] Once Achaean, then Aetolian, conquered by King Antigonus in 226.   [24] 220/19.

9 ἦγον ἐπὶ τὴν Μεσσηνίαν. ποιούμενοι δὲ τὴν πορείαν
διὰ τῆς Πατρέων καὶ Φαραιέων καὶ Τριταιέων χώρας
ὑπεκρίνοντο μὲν βούλεσθαι μηδὲν ἀδίκημα ποιεῖν εἰς
10 τοὺς Ἀχαιούς, οὐ δυναμένου δὲ τοῦ πλήθους ἀπ-
έχεσθαι τῆς χώρας διὰ τὴν πρὸς τὰς ὠφελείας ἀκρα-
σίαν κακοποιοῦντες αὐτὴν καὶ λυμαινόμενοι διῆεσαν,
11 μέχρι παρεγενήθησαν εἰς τὴν Φιγάλειαν. ποιησάμε-
νοι δὲ τὴν ὁρμὴν ἐντεῦθεν αἰφνιδίως καὶ θρασέως
ἐνέβαλον εἰς τὴν τῶν Μεσσηνίων χώραν, οὔτε τῆς
ὑπαρχούσης αὐτοῖς ἐκ παλαιῶν χρόνων πρὸς τοὺς
Μεσσηνίους φιλίας καὶ συμμαχίας οὐδ᾽ ἡντινοῦν ποι-
ησάμενοι πρόνοιαν οὔτε τῶν κατὰ κοινὸν ὡρισμένων
12 δικαίων παρ᾽ ἀνθρώποις, ἅπαντα δ᾽ ἐν ἐλάττονι θέμε-
νοι τῆς σφετέρας πλεονεξίας ἀδεῶς ἐπόρθουν, οὐ τολ-
μώντων ἐπεξιέναι καθόλου τῶν Μεσσηνίων.

7. Οἱ δ᾽ Ἀχαιοί, καθηκούσης αὐτοῖς ἐκ τῶν νόμων
συνόδου κατὰ τὸν καιρὸν τοῦτον, ἧκον εἰς Αἴγιον.
2 συνελθόντες δ᾽ εἰς τὴν ἐκκλησίαν, καὶ τῶν τε Πατρέων
καὶ Φαραιέων ἀπολογιζομένων τὰ γεγονότα περὶ τὴν
χώραν αὐτῶν ἀδικήματα κατὰ τὴν τῶν Αἰτωλῶν δί-
οδον, τῶν τε Μεσσηνίων παρόντων κατὰ πρεσβείαν
καὶ δεομένων σφίσι βοηθεῖν ἀδικουμένοις καὶ παρα-
3 σπονδουμένοις, διακούσαντες τῶν λεγομένων, καὶ
συναγανακτοῦντες μὲν τοῖς Πατρεῦσι καὶ Φαραιεῦσι
συμπάσχοντες δὲ ταῖς τῶν Μεσσηνίων ἀτυχίαις,
4 μάλιστα δὲ νομίζοντες εἶναι δεινὸν εἰ μήτε συγχω-
ρήσαντος τοῖς Αἰτωλοῖς μηδενὸς τὴν δίοδον, μήτε
καθάπαξ ἐπιβαλόμενοι παραιτεῖσθαι, κατετόλμησαν

advance towards Messenia. On their march through the
territory of Patrae, Pharae, and Tritaea, they pretended in-
deed not to wish to inflict any hurt on the Achaeans, but as
the men could not keep their hands off the country, owing
to their passion for pillaging, they went through it, spoiling
and damaging, until they reached Phigalea. Thence by a
bold and sudden rush they invaded Messenia, utterly re-
gardless both of their long-existing alliance and friend-
ship[25] with the Messenians and of the established law
of nations. Subordinating everything to their own selfish
greed, they pillaged the country unmolested, the Messen-
ians not daring to come out at all to attack them.

7. This being the time fixed by law for the meeting of
their Federal Assembly,[26] the Achaean deputies gathered
at Aegium; and when the assembly met, the members from
Patrae and Pharae gave an account of the injuries done to
their country during the passage of the Aetolians, while
an embassy from Messene arrived begging for help, as
they had been treacherously and unjustly attacked. The
Achaeans listened to these statements, and as they shared
the indignation of the people of Patrae and Pharae, and
sympathized with the Messenians in their misfortune, but
chiefly since they thought it outrageous that the Aetolians
without getting leave of passage from anyone and without
making the least attempt to justify the action, had ventured

[25] 3.9.

[26] The lively discussion about Achaean assemblies is reviewed
by WC 3. 406–414.

ἐπιβῆναι στρατοπέδῳ τῆς Ἀχαΐας παρὰ τὰς συνθή-
5 κας, ἐπὶ πᾶσι τούτοις παροξυνθέντες ἐψηφίσαντο
βοηθεῖν τοῖς Μεσσηνίοις καὶ συνάγειν τὸν στρατη-
γὸν τοὺς Ἀχαιοὺς ἐν τοῖς ὅπλοις, ὃ δ᾽ ἂν τοῖς συνελ-
6 θοῦσι βουλευομένοις δόξῃ, τοῦτ᾽ εἶναι κύριον. ὁ μὲν
οὖν Τιμόξενος ὁ τότε ἔτι ὑπάρχων στρατηγός, ὅσον
οὔπω ληγούσης τῆς ἀρχῆς, ἅμα δὲ τοῖς Ἀχαιοῖς
ἀπιστῶν διὰ τὸ ῥᾳθύμως αὐτοὺς ἐσχηκέναι κατὰ τὸ
παρὸν περὶ τὴν ἐν τοῖς ὅπλοις γυμνασίαν, ἀνεδύετο
τὴν ἔξοδον καὶ καθόλου τὴν συναγωγὴν τῶν ὄχλων·
7 μετὰ γὰρ τὴν Κλεομένους τοῦ Σπαρτιατῶν βασιλέως
ἔκπτωσιν κάμνοντες μὲν τοῖς προγεγονόσι πολέμοις,
πιστεύοντες δὲ τῇ παρούσῃ καταστάσει πάντες ὠλι-
γώρησαν Πελοποννήσιοι τῆς περὶ τὰ πολεμικὰ παρα-
8 σκευῆς· ὁ δ᾽ Ἄρατος σχετλιάζων καὶ παροξυνόμενος
ἐπὶ τῇ τόλμῃ τῶν Αἰτωλῶν θυμικώτερον ἐχρῆτο τοῖς
πράγμασιν, ἅτε καὶ προϋπαρχούσης αὐτοῖς ἀλλο-
9 τριότητος ἐκ τῶν ἐπάνω χρόνων. διὸ καὶ συνάγειν
ἔσπευδε τοὺς Ἀχαιοὺς ἐν τοῖς ὅπλοις καὶ συμβαλεῖν
10 πρόθυμος ἦν τοῖς Αἰτωλοῖς. τέλος δὲ πένθ᾽ ἡμέραις
πρότερον τοῦ καθήκοντος αὐτῷ χρόνου παραλαβὼν
παρὰ τοῦ Τιμοξένου τὴν δημοσίαν σφραγῖδα πρός τε
τὰς πόλεις ἔγραφε καὶ συνῆγε τοὺς ἐν ταῖς ἡλικίαις
11 μετὰ τῶν ὅπλων εἰς τὴν Μεγάλην πόλιν. ὑπὲρ οὗ δοκεῖ
μοι πρέπον εἶναι βραχέα προειπεῖν διὰ τὴν ἰδιότητα
τῆς φύσεως.

8. Ἄρατος γὰρ ἦν τὰ μὲν ἄλλα τέλειος ἀνὴρ εἰς τὸν
2 πραγματικὸν τρόπον· καὶ γὰρ εἰπεῖν καὶ διανοηθῆναι

to enter Achaea in arms contrary to treaty,[27] they were so exasperated by all these considerations that they voted that help should be given to the Messenians, that the Strategus should call a general levy of the Achaeans, and that this levy when it met should have full power to decide on what was to be done. Now Timoxenus, who was still Strategus, both because his term of office had very nearly expired, and because he had little confidence in the Achaean forces which had latterly much neglected their drilling, shrank from taking the field and even from levying the troops. For the fact is that ever since the fall of King Cleomenes of Sparta all the Peloponnesians, worn out as they were by the previous wars and trusting to the permanency of the present state of tranquillity, had paid no attention at all to preparations for war. But Aratus, incensed and exasperated by the audacity of the Aetolians, entered upon the business with much greater warmth, especially as there was a difference of long standing with that people. He 220 B.C. therefore was in a hurry to call the levy of the Achaeans and to take the field against the Aetolians, and at length receiving the public seal from Timoxenus five days before the proper date of his entering office, wrote to the different cities with orders that all citizens of military age should present themselves in arms at Megalopolis.

Before proceeding I think I should say a few words about Aratus owing to the singularity of his character.

8. He had in general all the qualities that go to make a perfect man of affairs. He was a powerful speaker and a

[27] Of 239 (2.44.1).

καὶ στέξαι τὸ κριθὲν δυνατός, καὶ μὴν ἐνεγκεῖν τὰς
πολιτικὰς διαφορὰς πράως καὶ φίλους ἐνδήσασθαι
3 καὶ συμμάχους προσλαβεῖν οὐδενὸς δεύτερος, ἔτι δὲ
πράξεις ἀπάτας ἐπιβουλὰς συστήσασθαι κατὰ τῶν
πολεμίων καὶ ταύτας ἐπὶ τέλος ἀγαγεῖν διὰ τῆς αὐτοῦ
4 κακοπαθείας καὶ τόλμης δεινότατος. ἐναργῆ δὲ τῶν
τοιούτων μαρτύρια καὶ πλείω μέν, ἐκφανέστατα δὲ
τοῖς ἱστορηκόσι κατὰ μέρος περί τε τῆς Σικυῶνος καὶ
Μαντινείας καταλήψεως καὶ περὶ τῆς Αἰτωλῶν ἐκ τῆς
Πελληνέων πόλεως ἐκβολῆς, τὸ δὲ μέγιστον, περὶ τῆς
5 ἐπ᾿ Ἀκροκόρινθον πράξεως. ὁ δ᾿ αὐτὸς οὗτος ὅτε τῶν
ὑπαίθρων ἀντιποιήσασθαι βουληθείη, νωθρὸς μὲν ἐν
ταῖς ἐπινοίαις, ἄτολμος δ᾿ ἐν ταῖς ἐπιβολαῖς, ἐν ὄψει δ᾿
6 οὐ μένων τὸ δεινόν. διὸ καὶ τροπαίων ἐπ᾿ αὐτὸν βλε-
πόντων ἐπλήρωσε τὴν Πελοπόννησον, καὶ τῇδέ πῃ
7 τοῖς πολεμίοις ἀεί ποτ᾿ ἦν εὐχείρωτος. οὕτως αἱ τῶν
ἀνθρώπων φύσεις οὐ μόνον τοῖς σώμασιν ἔχουσί τι
πολυειδές, ἔτι δὲ μᾶλλον ταῖς ψυχαῖς, ὥστε τὸν αὐτὸν
ἄνδρα μὴ μόνον ἐν τοῖς διαφέρουσι τῶν ἐνεργημάτων
πρὸς ἃ μὲν εὐφυῶς ἔχειν πρὸς ἃ δὲ ἐναντίως, ἀλλὰ καὶ
περί τινα τῶν ὁμοειδῶν πολλάκις τὸν αὐτὸν καὶ
συνετώτατον εἶναι καὶ βραδύτατον, ὁμοίως δὲ καὶ
8 τολμηρότατον καὶ δειλότατον. οὐ παράδοξα ταῦτά γε,
συνήθη δὲ καὶ γνώριμα τοῖς βουλομένοις συνεφι-
9 στάνειν. τινὲς μὲν γὰρ ἐν ταῖς κυνηγίαις εἰσὶ τολμη-
ροὶ πρὸς τὰς τῶν θηρίων συγκαταστάσεις, οἱ δ᾿ αὐτοὶ
πρὸς ὅπλα καὶ πολεμίους ἀγεννεῖς, καὶ τῆς γε πολε-
μικῆς χρείας τῆς κατ᾿ ἄνδρα μὲν καὶ κατ᾿ ἰδίαν εὐ-

clear thinker and had the faculty of keeping his own coun-
sel. In his power of dealing suavely with political oppo-
nents, of attaching friends to himself and forming fresh
alliances he was second to none. He also had a marvel-
lous gift for devising *coups de main*, stratagems, and ruses
against the enemy, and for executing such with the utmost
personal courage and endurance. Of this we have many
clear proofs, but the most conspicuous instances are the
detailed accounts we possess of his seizure of Sicyon and
Mantinea, his expulsion of the Aetolians from Pellene, and
first and foremost his surprise of the Acrocorinthus.[28] But
this very same man, when he undertook field operations,
was slow in conception, timid in performance, and devoid
of personal courage. The consequence was that he filled
the Peloponnese with trophies commemorating his de-
feats, and in this respect the enemy could always get the
better of him. So true is it that there is something multi-
form in the nature not only of men's bodies, but of their
minds, so that not merely in pursuits of a different class the
same man has a talent for some and none for others, but of-
ten in the case of such pursuits as are similar the same man
may be most intelligent and most dull, or most audacious
and most cowardly. Nor is this a paradox, but a fact familiar
to careful observers. For instance some men are most bold
in facing the charge of savage beasts in the chase but are
poltroons when they meet an armed enemy, and again in
war itself some are expert and efficient in a single combat,

[28] In 243 (2.43.4).

χερεῖς καὶ πρακτικοί, κοινῇ δὲ καὶ μετὰ πολεμικῆς
10 [ἐνίων] συντάξεως ἄπρακτοι. Θετταλῶν γοῦν ἱππεῖς
κατ᾿ ἴλην μὲν καὶ φαλαγγηδὸν ἀνυπόστατοι, χωρὶς δὲ
παρατάξεως πρὸς καιρὸν καὶ τόπον κατ᾿ ἄνδρα κιν-
δυνεῦσαι δύσχρηστοι καὶ βραδεῖς· Αἰτωλοὶ δὲ τούτων
11 τἀναντία. Κρῆτες δὲ καὶ κατὰ γῆν καὶ κατὰ θάλατταν
πρὸς μὲν ἐνέδρας καὶ λῃστείας καὶ κλοπὰς πολεμίων
καὶ νυκτερινὰς ἐπιθέσεις καὶ πάσας τὰς μετὰ δόλου
καὶ κατὰ μέρος χρείας ἀνυπόστατοι, πρὸς δὲ τὴν ἐξ
ὁμολόγου καὶ κατὰ πρόσωπον φαλαγγηδὸν ἔφοδον
ἀγεννεῖς καὶ πλάγιοι ταῖς ψυχαῖς· Ἀχαιοὶ δὲ καὶ
12 Μακεδόνες τἀναντία τούτων. ταῦτα μὲν εἰρήσθω μοι
χάριν τοῦ μὴ διαπιστεῖν τοὺς ἀναγινώσκοντας τοῖς
λεγομένοις, ἐάν που περὶ τῶν αὐτῶν ἀνδρῶν ἐναντίας
ἀποφάσεις ποιώμεθα περὶ τὰ παραπλήσια τῶν ἐπιτη-
δευμάτων.

9. Ἀθροισθέντων δὲ τῶν ἐν ταῖς ἡλικίαις μετὰ τῶν
ὅπλων εἰς τὴν Μεγάλην πόλιν κατὰ δόγμα τῶν Ἀχαι-
2 ῶν (ἀπὸ γὰρ τούτων παρεξέβημεν), καὶ τῶν Μεσσηνί-
ων αὖθις ἐπιπορευθέντων ἐπὶ τὸ πλῆθος καὶ δεομένων
μὴ περιιδεῖν σφᾶς οὕτω προφανῶς παρασπονδου-
μένους, βουλομένων δὲ καὶ τῆς κοινῆς συμμαχίας
μετασχεῖν καὶ σπευδόντων ὁμοῦ τοῖς ἄλλοις ἐπιγρα-
3 φῆναι, περὶ μὲν τῆς συμμαχίας οἱ προεστῶτες τῶν
Ἀχαιῶν ἀπέλεγον, οὐ φάσκοντες δυνατὸν εἶναι χωρὶς
4 Φιλίππου καὶ τῶν συμμάχων οὐδένα προσλαβεῖν (ἔτι
γὰρ ἔνορκος ἔμενε πᾶσιν ἡ γεγενημένη συμμαχία δι᾿
Ἀντιγόνου κατὰ τοὺς Κλεομενικοὺς καιροὺς Ἀχαιοῖς

but inefficient when in a body and when standing in the ranks and sharing the risk with their comrades. For example the Thessalian cavalry are irresistible when in squadrons and brigades, but slow and awkward when dispersed and engaging the enemy single-handed as they chance to encounter them. The Aetolian horse are just the reverse. The Cretans both by land and sea are irresistible in ambuscades, forays, tricks played on the enemy, night attacks, and all petty operations which require fraud, but they are cowardly and downhearted in the massed face-to-face charge of an open battle. It is just the reverse with the Achaeans and Macedonians. I say this in order that my readers may not refuse to trust my judgment, because in some cases I make contrary pronouncements regarding the conduct of the same men even when engaged in pursuits of a like nature.

9. When the men of military age had assembled in arms at Megalopolis in accordance with the decree of the Achaeans—it was at this point that I digressed from my narrative—and when the Messenians again presented themselves before the people, entreating them not to disregard the flagrant breach of treaty committed against them, and at the same time offering to join the general alliance and begging that they should at once be enrolled[29] among the members, the Achaean magistrates refused the latter request on the ground that they were not empowered to receive additional members without consulting Philip and the rest of the allies. For the alliance was still in force which Antigonus had concluded during the Cleo-

[29] See on 5.1.

THE HISTORIES OF POLYBIUS

Ἠπειρώταις Φωκεῦσι Μακεδόσι Βοιωτοῖς Ἀκαρνᾶσι
5 Θετταλοῖς), ἐξελεύσεσθαι δὲ καὶ βοηθήσειν αὐτοῖς
ἔφασαν, ἐὰν ὅμηρα δῶσιν οἱ παραγεγονότες τοὺς
ἑαυτῶν υἱεῖς εἰς τὴν τῶν Λακεδαιμονίων πόλιν χάριν
τοῦ μὴ διαλυθήσεσθαι πρὸς Αἰτωλοὺς χωρὶς τῆς τῶν
Ἀχαιῶν βουλήσεως. ἐστρατοπέδευον δὲ καὶ Λακεδαι-
6 μόνιοι, κατὰ τὴν συμμαχίαν ἐξεληλυθότες, ἐπὶ τοῖς
τῶν Μεγαλοπολιτῶν ὅροις, ἐφέδρων καὶ θεωρῶν μᾶλ-
7 λον ἢ συμμάχων ἔχοντες τάξιν. Ἄρατος δὲ τὸν τρό-
πον τοῦτον τὰ πρὸς Μεσσηνίους διαπράξας ἔπεμπε
πρὸς τοὺς Αἰτωλούς, διασαφῶν τὰ δεδογμένα καὶ
παρακελευόμενος ἐπανάγειν ἐκ τῆς τῶν Μεσσηνίων
χώρας καὶ τῆς Ἀχαΐας μὴ ψαύειν· εἰ δὲ μή, διότι
8 χρήσεται τοῖς ἐπιβαίνουσιν ὡς πολεμίοις. Σκόπας δὲ
καὶ Δωρίμαχος ἀκούσαντες τὰ λεγόμενα καὶ γνόντες
ἠθροισμένους τοὺς Ἀχαιούς, ἡγοῦντο συμφέρειν σφί-
9 σι τότε πείθεσθαι τοῖς παραγγελλομένοις. παραυτίκα
μὲν οὖν ἐξαπέστελλον γραμματοφόρους εἴς τε Κυλλή-
νην καὶ πρὸς Ἀρίστωνα τὸν τῶν Αἰτωλῶν στρατηγόν,
ἀξιοῦντες κατὰ σπουδὴν αὐτοῖς ἀποστέλλειν τὰ πορ-
θμεῖα τῆς Ἠλείας εἰς τὴν Φειάδα καλουμένην νῆσον·
10 αὐτοὶ δὲ μετὰ δύο ἡμέρας ἀνέζευξαν γέμοντες τῆς
λείας, καὶ προῆγον ὡς ἐπὶ τὴν Ἠλείαν. ἀεὶ γάρ ποτε
τῆς τῶν Ἠλείων ἀντείχοντο φιλίας Αἰτωλοὶ χάριν τοῦ
διὰ τούτων ἐπιπλοκὰς λαμβάνειν πρὸς τὰς ἁρπαγὰς
τὰς ἐκ Πελοποννήσου καὶ λῃστείας.

10. Ὁ δ' Ἄρατος ἐπιμείνας δύο ἡμέρας, καὶ πιστεύ-

menic war between the Achaeans, Epirots, Phocians, Macedonians, Boeotians, Acarnanians, and Thessalians. They, however, agreed to march out to their assistance on condition that the envoys deposited in Sparta their own sons as hostages, to ensure that the Messenians should not come to terms with the Aetolians without the consent of the Achaeans. I should mention that the Spartans, too, had marched out according to the terms of the alliance,[30] and were encamped on the borders of the territory of Megalopolis, in the position rather of reserves and spectators than of allies. Aratus having thus carried out his intentions regarding the Messenians, sent a message to the Aetolians informing them of the resolutions, and demanding that they should evacuate Messenia and not set foot in Achaea, or he would treat trespassers as enemies. Scopas and Dorimachus, having listened to this message and knowing that the Achaean forces were assembled, thought it best for the time to cede[31] to this demand. They therefore at once sent dispatches to Ariston, the Aetolian Strategus at Cyllene, begging him to send them the transports as soon as possible to the island called Pheias off the coast of Elis.[32] After two days they themselves took their departure loaded with booty and advanced towards Elis; for the Aetolians have always courted the friendship of the Eleans, as through them they could get in touch with the rest of the Peloponnese for purposes of foraying and raiding.

10. Aratus waited two days: and thinking foolishly that

[30] With Achaea only, not with the "Hellenic League."

[31] Ursinus' emendation πείθεσθαι gives the required meaning, which τίθεσθαι of the ms. does not.

[32] For the location of Cyllene and Pheias see WC 1.458.

σας εὐήθως ὅτι ποιήσονται τὴν ἐπάνοδον καθάπερ
ὑπεδείκνυσαν, τοὺς μὲν λοιποὺς Ἀχαιοὺς καὶ τοὺς

2 Λακεδαιμονίους διαφῆκε πάντας εἰς τὴν οἰκείαν, τρισ-
χιλίους δ᾽ ἔχων πεζοὺς καὶ τριακοσίους ἱππεῖς καὶ
τοὺς ἅμα τῷ Ταυρίωνι στρατιώτας προῆγε τὴν ἐπὶ
Πάτρας, ἀντιπαράγειν τοῖς Αἰτωλοῖς προαιρούμενος.

3 οἱ δὲ περὶ τὸν Δωρίμαχον πυνθανόμενοι τοὺς τὸν
Ἄρατον ἀντιπαράγειν αὐτοῖς καὶ συμμένειν, τὰ μὲν
διαγωνιάσαντες μὴ κατὰ τὴν εἰς τὰς ναῦς ἔμβασιν
ἐπιθῶνται σφίσι περισπωμένοις, τὰ δὲ σπουδάζοντες

4 συγχέαι τὸν πόλεμον, τὴν μὲν λείαν ἀπέστειλαν ἐπὶ
τὰ πλοῖα, συστήσαντες τοὺς ἱκανοὺς καὶ τοὺς ἐπιτη-
δείους πρὸς τὴν διακομιδήν, προσεντειλάμενοι τοῖς
ἐκπεμπομένοις ταῦτα πρὸς τὸ Ῥίον ἀπαντᾶν ὡς ἐντεῦ-

5 θεν ποιησόμενοι τὴν ἔμβασιν, αὐτοὶ δὲ τὸ μὲν πρῶτον
ἐφήδρευον τῇ τῆς λείας ἐξαποστολῇ περιέποντες,
μετὰ δὲ ταῦτα προῆγον ἐκ μεταβολῆς ὡς ἐπ᾽ Ὀλυμ-

6 πίας. ἀκούοντες δὲ τοὺς περὶ τὸν Ταυρίωνα μετὰ τοῦ
προειρημένου πλήθους περὶ τὴν Κλειτορίαν εἶναι, καὶ
νομίζοντες οὐδ᾽ ὡς δυνήσεσθαι τὴν ἀπὸ τοῦ Ῥίου
διάβασιν ἄνευ κινδύνου ποιήσασθαι καὶ συμπλοκῆς,

7 ἔκριναν συμφέρειν τοῖς σφετέροις πράγμασιν ὡς
τάχιστα συμμῖξαι τοῖς περὶ τὸν Ἄρατον ἀκμὴν ὀλί-
γοις οὖσι καὶ τοῦ μέλλοντος ἀνυπονοήτοις, ὑπολα-

8 βόντες, ἂν μὲν τρέψωνται τούτους, προκατασύραντες
τὴν χώραν ἀσφαλῆ ποιήσεσθαι τὴν ἀπὸ τοῦ Ῥίου
διάβασιν, ἐν ᾧ μέλλει καὶ βουλεύεται συναθροίζεσθαι

9 πάλιν τὸ τῶν Ἀχαιῶν πλῆθος, ἂν δὲ καταπλαγέντες

the Aetolians would return by the way they had indicated, dismissed to their homes all the rest of the Achaeans and Lacedaemonians, and taking with him three thousand foot, three hundred horse, and Taurion's troops, advanced in the direction of Patrae with the intention of keeping on the flank of the Aetolians. Dorimachus, on learning that Aratus was hanging on his flank and had not broken up all his force, fearful on the one hand lest he should attack them while occupied in embarking and eager also to stir up war, sent his booty off to the ships, under charge of a sufficient force of competent men to superintend the passage, ordering those in charge of the ships to meet him at Rhium where it was his intention to embark, while he himself at first accompanied the booty to protect it during its shipment and afterwards reversed the direction of his march and advanced towards Olympia. There he heard that Taurion with the forces I mentioned above was in the neighborhood of Cleitor, and judging that, this being so, he would not be able to embark at Rhium in security and without an engagement, he thought it most in his interest to make all haste to encounter Aratus, whose army was still weak and who had no suspicion of his intention. He thought that if he defeated him, he could ravage the country with impunity and then embark safely at Rhium, while Aratus was occupied in taking measures for again mustering the Achaeans, whereas, if Aratus were intimidated and

φυγομαχῶσι καὶ μὴ βούλωνται συμβάλλειν οἱ περὶ
τὸν Ἄρατον, ἄνευ κινδύνου ποιήσεσθαι τὴν ἀπόλυσιν,
10 ὁπόταν αὐτοῖς δοκῇ συμφέρειν. οὗτοι μὲν οὖν τοιού-
τοις χρησάμενοι λογισμοῖς προῆγον, καὶ κατεστρα-
τοπέδευσαν περὶ Μεθύδριον τῆς Μεγαλοπολίτιδος.

11. Οἱ δὲ τῶν Ἀχαιῶν ἡγεμόνες, συνέντες τὴν
παρουσίαν τῶν Αἰτωλῶν, οὕτως κακῶς ἐχρήσαντο
τοῖς πράγμασιν ὥσθ' ὑπερβολὴν ἀνοίας μὴ κατα-
2 λιπεῖν. ἀναστρέψαντες γὰρ ἐκ τῆς Κλειτορίας κατ-
3 εστρατοπέδευσαν περὶ Καφύας, τῶν δ' Αἰτωλῶν ποι-
ουμένων τὴν πορείαν ἀπὸ Μεθυδρίου παρὰ τὴν τῶν
Ὀρχομενίων πόλιν ἐξάγοντες τοὺς Ἀχαιοὺς ἐν τῷ τῶν
Καφυέων πεδίῳ παρενέβαλον, πρόβλημα ποιούμενοι
4 τὸν δι' αὐτοῦ ῥέοντα ποταμόν. οἱ δ' Αἰτωλοὶ καὶ διὰ
τὰς μεταξὺ δυσχωρίας (ἦσαν γὰρ ἔτι πρὸ τοῦ ποτα-
μοῦ τάφροι καὶ πλείους δύσβατοι) καὶ διὰ τὴν ἐπί-
φασιν τῆς ἑτοιμότητος τῶν Ἀχαιῶν πρὸς τὸν κίνδυνον
τοῦ μὲν ἐγχειρεῖν τοῖς ὑπεναντίοις κατὰ τὴν ἐξ ἀρχῆς
5 πρόθεσιν ἀπεδειλίασαν, μετὰ δὲ πολλῆς εὐταξίας
ἐποιοῦντο τὴν πορείαν ὡς ἐπὶ τὰς ὑπερβολὰς ἐπὶ τὸν
Ὀλύγυρτον, ἀσμενίζοντες εἰ μή τις αὐτοῖς ἐγχειροίη
6 καὶ βιάζοιτο κινδυνεύειν. οἱ δὲ περὶ τὸν Ἄρατον, τῆς
μὲν πρωτοπορείας τῶν Αἰτωλῶν ἤδη προσβαινούσης
πρὸς τὰς ὑπερβολάς, τῶν δ' ἱππέων οὐραγούντων διὰ
τοῦ πεδίου καὶ συνεγγιζόντων τῷ προσαγορευομένῳ
Προπόδι τῆς παρωρείας, ἐξαποστέλλουσι τοὺς ἱππεῖς
καὶ τοὺς εὐζώνους, Ἐπίστρατον ἐπιστήσαντες τὸν
Ἀκαρνᾶνα, καὶ συντάξαντες ἐξάπτεσθαι τῆς οὐραγίας

refused a battle, he could safely withdraw whenever he thought fit. Acting therefore on these considerations he advanced and encamped near Methydrium in the territory of Megalopolis.

11. The Achaean commanders, when they became aware of the approach of the Aetolians, mismanaged matters to such an extent that it was impossible for anyone to have acted more stupidly. For, returning from the territory of Cleitor, they encamped near Caphyae,[33] and when the Aetolians began to march from Methydrium past Orchomenus, they led out the Achaean forces and drew them up in the plain of Caphyae, with the river which traverses it in their front. The Aetolians, both owing to the difficulties of the ground between the two armies—for besides the river there were several awkward ditches—and owing to the display of readiness for battle on the part of the Achaeans, were afraid of attacking the enemy as they had intended, but marched in admirable order towards the heights by Olygyrtus, thinking themselves lucky if no one attacked them and forced them to fight. But Aratus, when the van of the Aetolians was already beginning to mount the heights, and while their cavalry were protecting their rear and approaching the spot at the foot of the hill called Propous, or Foothill, sent out his cavalry and light-armed infantry under the command of the Acarnanian Epistratus, ordering him to get into touch with the enemy's rear and harass

---

[33] At the northwest end of the northern plain of Orchomenus.

7 καὶ καταπειράζειν τῶν πολεμίων. καίτοι γε εἰ μὲν ἦν
   κινδυνευτέον, οὐ πρὸς τὴν οὐραγίαν ἐχρῆν συμπλέ-
   κεσθαι διηνυκότων ἤδη τῶν πολεμίων τοὺς ὁμαλοὺς
   τόπους, πρὸς δὲ τὴν πρωτοπορείαν εὐθέως ἐμβαλόν-
8 των εἰς τὸ πεδίον· οὕτως γὰρ ἂν τὸν ἀγῶνα συνέβη
   γενέσθαι τὸν ὅλον ἐν τοῖς ἐπιπέδοις καὶ πεδινοῖς
   τόποις, οὗ τοὺς μὲν Αἰτωλοὺς δυσχρηστοτάτους εἶναι
   συνέβαινε διά τε τὸν καθοπλισμὸν καὶ τὴν ὅλην
   σύνταξιν, τοὺς δ᾽ Ἀχαιοὺς εὐχρηστοτάτους καὶ δυνα-
9 μικωτάτους διὰ τἀναντία τῶν προειρημένων. νῦν δ᾽
   ἀφέμενοι τῶν οἰκείων τόπων καὶ καιρῶν εἰς τὰ τῶν πο-
   λεμίων προτερήματα συγκατέβησαν. τοιγαροῦν ἀκό-
   λουθον τὸ τέλος ἐξέβη τοῦ κινδύνου ταῖς ἐπιβολαῖς.

   12. ἐξαπτομένων γὰρ τῶν εὐζώνων τηροῦντες οἱ τῶν
   Αἰτωλῶν ἱππεῖς τὴν τάξιν ἀπεχώρουν εἰς τὴν παρ-
   ώρειαν, σπεύδοντες συνάψαι τοῖς παρ᾽ αὑτῶν πεζοῖς.
2 οἱ δὲ περὶ τὸν Ἄρατον οὔτε κατιδόντες καλῶς τὸ
   γινόμενον οὔτ᾽ ἐκλογισάμενοι δεόντως τὸ μετὰ ταῦτα
   συμβησόμενον, ἅμα τῷ τοὺς ἱππεῖς ἰδεῖν ὑποχω-
3 ροῦντας ἐλπίσαντες αὐτοὺς φεύγειν, τοὺς μὲν ἀπὸ τῶν
   κεράτων θωρακίτας ἐξαπέστειλαν, παραγγείλαντες
   βοηθεῖν καὶ συνάπτειν τοῖς παρ᾽ αὑτῶν εὐζώνοις,
   αὐτοὶ δ᾽ ἐπὶ κέρας κλίναντες τὴν δύναμιν ἦγον μετὰ
4 δρόμου καὶ σπουδῆς. οἱ δὲ τῶν Αἰτωλῶν ἱππεῖς δια-
   νύσαντες τὸ πεδίον, ἅμα τῷ συνάψαι τοῖς πεζοῖς αὐτοὶ
5 μὲν ὑπὸ τὴν παρώρειαν ὑποστείλαντες ἔμενον, τοὺς δὲ
   πεζοὺς ἤθροιζον πρὸς τὰ πλάγια καὶ παρεκάλουν,
   ἑτοίμως πρὸς τὴν κραυγὴν ἀνατρεχόντων καὶ παρα-

them. Now if he had decided to engage the enemy, he should not have attacked their rear after they had already got over the level ground, but their van the moment they entered the plain; for thus the whole battle would have been on flat ground, where the Aetolians are very inefficient, owing to their armament and general tactics, while the Achaeans, owing to their total difference in both these respects, are very capable and strong. But now neglecting to avail themselves of the time and place that suited them they yielded up every advantage to the enemy. In consequence the result of the battle was what naturally follows on such an opening.

12. For when the light-armed troops got in touch with them, the Aetolian cavalry retired to the foot of the hill in good order with the object of joining their infantry. But Aratus, who had neither observed well what was happening nor calculated properly what would follow, thinking, the moment he saw the cavalry retreating, that they were in flight, sent the cuirassed troops from his wings with orders to join and support his light-armed force, while he himself, forming his men in column, led them on at the double. The Aetolian horse, having traversed the plain, joined their infantry, and while halting there, themselves under the shelter of the hill, began to collect the infantry on their flanks by calling on them, the men on the march giving a ready ear to their shouts and running back and fall-

6 βοηθούντων ἀεὶ τῶν ἐκ τῆς πορείας. ἐπεὶ δ' ἀξιο-
μάχους ὑπέλαβον εἶναι σφᾶς αὐτοὺς κατὰ τὸ πλῆθος,
συστραφέντες ἐνέβαλον τοῖς προμαχομένοις τῶν
Ἀχαϊκῶν ἱππέων καὶ ψιλῶν· ὄντες δὲ πλείους καὶ
ποιούμενοι τὴν ἔφοδον ἐξ ὑπερδεξίου πολὺν μὲν χρό-
νον ἐκινδύνευσαν, τέλος δ' ἐτρέψαντο τοὺς συγκα-
7 θεστῶτας. ἐν δὲ τῷ τούτους ἐγκλίναντας φεύγειν οἱ
παραβοηθοῦντες θωρακῖται κατὰ πορείαν ἀτάκτως
ἐπιπαραγενόμενοι καὶ σποράδην, οἱ μὲν ἀποροῦντες
ἐπὶ τοῖς γινομένοις, οἱ δὲ συμπίπτοντες ἀντίοις τοῖς
φεύγουσι κατὰ τὴν ἀποχώρησιν, ἀναστρέφειν ἠναγ-
8 κάζοντο καὶ τὸ παραπλήσιον ποιεῖν· ἐξ οὗ συνέβαινε
τοὺς μὲν ἐκ τῆς συγκαταστάσεως ἡττηθέντας μὴ
πλείους εἶναι πεντακοσίων, τοὺς δὲ φεύγοντας πλείους
9 δισχιλίων. τοῦ δὲ πράγματος αὐτοῦ διδάσκοντος τοὺς
Αἰτωλοὺς ὃ δεῖ ποιεῖν, εἵποντο κατόπιν ἐπιπολαστι-
10 κῶς καὶ κατακόρως χρώμενοι τῇ κραυγῇ. ποιουμένων
δὲ τῶν Ἀχαϊκῶν τὴν ἀποχώρησιν πρὸς τὰ βαρέα τῶν
ὅπλων ὡς μενόντων ὑπὸ ταῖς ἀσφαλείαις ἐπὶ τῆς ἐξ
ἀρχῆς τάξεως, τὸ μὲν πρῶτον εὐσχήμων ἐγένεθ' ἡ φυ-
11 γὴ καὶ σωτήριος· συνθεασάμενοι δὲ καὶ τούτους λε-
λοιπότας τὰς τῶν τόπων ἀσφαλείας καὶ μακροὺς ὄν-
τας ἐν πορείᾳ καὶ διαλελυμένους, οἱ μὲν αὐτῶν εὐθέως
διαρρέοντες ἀτάκτως ἐποιήσαντο τὴν ἀποχώρησιν ἐπὶ
12 τὰς παρακειμένας πόλεις, οἱ δὲ συμπίπτοντες ἀντίοις
τοῖς ἐπιφερομένοις φαλαγγίταις οὐ προσεδέοντο τῶν
πολεμίων, αὐτοὶ δὲ σφᾶς αὐτοὺς ἐκπλήττοντες ἠνάγ-
13 καζον φεύγειν προτροπάδην. ἐχρῶντο δὲ τῇ φυγῇ

ing in to help. When they thought they were sufficiently strong, they formed up close and fell upon the leading lines of the Achaean horse and light infantry. As they were superior in number, and as they were charging from higher ground, after a somewhat lengthy struggle they at length put their adversaries to flight. When these gave way and ran, the cuirassed men who were hurrying up to help them, and kept arriving in no order and in batches, some of them being at a loss to know what was the matter and others coming into collision with the fugitives, were compelled to turn round and take to flight also. The consequence was that while those routed on the field were not above five hundred, the number of those in flight exceeded two thousand. The circumstances of the moment making it clear to the Aetolians what was to be done, they followed on the heel of the enemy with insolent and continued shouts. The retreat of the Achaeans was at first an honorable retirement, as it seemed, to a position of safety, since they imagined they were falling back on their heavy-armed troops whom they supposed to be still strong in their original position. But upon seeing that the latter also had quitted their strong position and were already far off and marching in a straggling line, some of them at once dispersed and fled in disorder to the neighboring towns, while those who encountered the men of their own phalanx marching in the opposite direction, had no need of the enemy, but threw their comrades as well as themselves into a panic and forced them to headlong flight. They fled,

κατὰ τὴν ἀποχώρησιν, ὡς προείπομεν, ἐπὶ τὰς πόλεις·
ὅ τε γὰρ Ὀρχομενὸς αἵ τε Καφύαι σύνεγγυς οὖσαι
πολλοὺς ὤνησαν. μὴ γὰρ τούτου συμβάντος ἅπαντες
ἂν ἐκινδύνευσαν διαφθαρῆναι παραλόγως.

14   Ὁ μὲν οὖν περὶ Καφύας γενόμενος κίνδυνος τοῦτον
ἀπέβη τὸν τρόπον·

13. οἱ δὲ Μεγαλοπολῖται συνέντες τοὺς Αἰτωλοὺς
περὶ τὸ Μεθύδριον ἐστρατοπεδευκότας, ἧκον ἀπὸ σάλ-
πιγγος πανδημεὶ βοηθοῦντες τῇ κατὰ πόδας ἡμέρᾳ

2   τῆς μάχης, καὶ μεθ᾽ ὧν ζώντων ἤλπισαν κινδυνεύσειν
πρὸς τοὺς ὑπεναντίους, τούτους ἠναγκάζοντο θάπτειν

3   ὑπὸ τῶν ἐχθρῶν τετελευτηκότας. ὀρύξαντες δὲ τάφρον
ἐν τῷ τῶν Καφυέων πεδίῳ, καὶ συναθροίσαντες τοὺς
νεκρούς, ἐκήδευσαν μετὰ πάσης φιλοτιμίας τοὺς ἠτυ-
χηκότας.

4   Οἱ δ᾽ Αἰτωλοὶ παραδόξως δι᾽ αὐτῶν τῶν ἱππέων καὶ
τῶν ψιλῶν ποιήσαντες τὸ προτέρημα, λοιπὸν ἤδη μετ᾽

5   ἀσφαλείας διὰ μέσης Πελοποννήσου διῇεσαν. ἐν ᾧ
καιρῷ καταπειράσαντες μὲν τῆς Πελληνέων πόλεως,
κατασύραντες δὲ τὴν Σικυωνίαν χώραν, τέλος κατὰ
τὸν ἰσθμὸν ἐποιήσαντο τὴν ἀπόλυσιν.

6   Τὴν μὲν οὖν αἰτίαν καὶ τὴν ἀφορμὴν ὁ συμμαχικὸς
πόλεμος ἔσχεν ἐκ τούτων, τὴν δ᾽ ἀρχὴν ἐκ τοῦ μετὰ

7   ταῦτα γενομένου δόγματος ἁπάντων τῶν συμμάχων, ὃ
συνελθόντες εἰς τὴν τῶν Κορινθίων πόλιν ἐπεκύρω-
σαν, διαπρυτανεύσαντος τὸ διαβούλιον Φιλίππου τοῦ
βασιλέως.

14. τὸ δὲ τῶν Ἀχαιῶν πλῆθος μετά τινας ἡμέρας

as I said, to the towns, Orchomenus and Caphyae being quite near and affording refuge to many: for if this had not been the case the whole force would have run the risk of a destruction as complete as unexpected.

Such was the issue of the battle of Caphyae.

13. The Megalopolitans, on hearing that the Aetolians were encamped at Methydrium, summoned their whole levy by trumpet and arrived to help the day after the battle, so that they were compelled to bury, slain by the foe, the very men side by side with whom they had expected to stand and meet that foe in battle. Digging a trench in the plain of Caphyae, they collected the bodies and interred the unfortunates with all due honors.

The Aetolians, having in this remarkable manner won a battle with their cavalry and light infantry alone, continued to advance henceforth in safety through the middle of the Peloponnese. After making an attempt on Pellene during their march and pillaging the territory of Sicyon,[34] they finally withdrew by way of the Isthmus.

Such was the cause and pretext of the Social War,[35] its beginning being the resolution passed by all the allies, who assembling at Corinth under the presidency of King Philip, confirmed this measure.

14. A few days afterwards the Achaean Federal Assem-

---

[34] Aratus, having lost the battle, now witnesses the fields of his city pillaged.

[35] Having sketched the background for the war, P. points forward to its beginning (in chapter 25).

ἀθροισθὲν εἰς τὴν καθήκουσαν σύνοδον, πικρῶς
διέκειτο καὶ κοινῇ καὶ κατ᾽ ἰδίαν πρὸς τὸν Ἄρατον ὡς
τούτον ὁμολογουμένως αἴτιον γεγονότα τοῦ προειρη-
2 μένου συμπτώματος. διὸ καὶ τῶν ἀντιπολιτευομένων
κατηγορούντων αὐτοῦ καὶ φερόντων ἀπολογισμοὺς
ἐναργεῖς, ἔτι μᾶλλον ἠγανάκτει καὶ παρωξύνετο τὸ
3 πλῆθος. ἐδόκει γὰρ πρῶτον ἁμάρτημα προφανὲς εἶναι
τὸ μηδέπω τῆς ἀρχῆς αὐτῷ καθηκούσης προλαβόντα
τὸν ἀλλότριον καιρὸν ἀναδέχεσθαι τοιαύτας πράξεις
4 ἐν αἷς συνῄδει πολλάκις αὐτῷ διεσφαλμένῳ· δεύτερον
δὲ καὶ μεῖζον τούτου τὸ διαφεῖναι τοὺς Ἀχαιοὺς ἀκμὴν
ἐν μέσῳ Πελοποννήσου τῶν Αἰτωλῶν ὑπαρχόντων,
ἄλλως τε καὶ προδιειληφότα διότι σπεύδουσιν οἱ περὶ
τὸν Σκόπαν καὶ Δωρίμαχον κινεῖν τὰ καθεστῶτα καὶ
5 συνταράξαι τὸν πόλεμον· τρίτον δὲ τὸ συμβαλεῖν τοῖς
ὑπεναντίοις οὕτω μετ᾽ ὀλίγων μηδεμιᾶς κατεπειγού-
σης ἀνάγκης, δυνάμενον ἀσφαλῶς εἰς τὰς παρακειμέ-
νας πόλεις ἀποχωρῆσαι καὶ συναγαγεῖν τοὺς Ἀχαι-
οὺς καὶ τότε συμβαλεῖν τοῖς πολεμίοις, εἰ τοῦτο
6 πάντως ἡγεῖτο συμφέρειν· τελευταῖον καὶ μέγιστον τὸ
προθέμενον καὶ συμβαλεῖν οὕτως εἰκῇ καὶ ἀσκόπως
χρήσασθαι τοῖς πράγμασιν ὥστε παρέντα τὰ πεδία
καὶ τὴν τῶν ὁπλιτῶν χρείαν δι᾽ αὐτῶν τῶν εὐζώνων
ταῖς παρωρείαις πρὸς Αἰτωλοὺς ποιήσασθαι τὸν κίν-
δυνον, οἷς οὐδὲν ἦν τούτου προυργιαίτερον οὐδὲ οἰκει-
7 ότερον. οὐ μὴν ἀλλ᾽ ἅμα τῷ προελθόντα τὸν Ἄρατον
ἀναμνῆσαι μὲν τῶν προπεπολιτευμένων καὶ πεπρα-
γμένων πρότερον αὐτῷ, φέρειν δ᾽ ἀπολογισμοὺς περὶ

bly held its regular general meeting, at which both the whole body and the individual members showed themselves very bitterly disposed towards Aratus as having indisputably caused the late disaster, and so when his political opponents accused him, producing clear proofs of his culpability, the Assembly became still more exasperated and embittered against him. For the general opinion was that he had manifestly erred in the first place in usurping his predecessor's office before the time in order to undertake the sort of enterprise in which to his own knowledge he had often failed. His second and graver error lay in his having disbanded the Achaeans while the Aetolians were still in the very heart of the Peloponnese, especially as he had been previously aware that Scopas and Dorimachus were doing their best to disturb the existing settlement and stir up war. Thirdly, he had engaged the enemy with such a small force, when there was no urgent necessity to do so, as he might have retired safely to the towns close at hand and reassembled the Achaean forces before giving battle. But his fourth and greatest error was, that when he had decided to fight he managed matters so casually and inconsiderately, that neglecting to avail himself of the plain and make a proper use of his hoplites, he elected to fight on the hill, with only his light-armed troops, against Aetolians to whom nothing is more advantageous and familiar than such conditions. Nevertheless, when Aratus rose, and after reminding them of his conduct of affairs and achievements in the past, defended himself against the accusa-

τῶν ἐγκαλουμένων ὡς οὐ γέγονεν αἴτιος τῶν συμβε-
βηκότων, αἰτεῖσθαι δὲ συγγνώμην εἰ καί τι παρεώρα-
κε κατὰ τὸν γενόμενον κίνδυνον, οἴεσθαι δὲ δεῖν καὶ
καθόλου σκοπεῖσθαι τὰ πράγματα μὴ πικρῶς ἀλλ'
8 ἀνθρωπίνως, οὕτως ταχέως καὶ μεγαλοψύχως μετεμε-
λήθη τὸ πλῆθος ὥστε καὶ τοῖς συνεπιτιθεμένοις αὐτῷ
τῶν ἀντιπολιτευομένων ἐπὶ πολὺ δυσαρεστῆσαι καὶ
περὶ τῶν ἑξῆς πάντα βουλεύεσθαι κατὰ τὴν Ἀράτου
γνώμην.
9 Ταῦτα μὲν οὖν εἰς τὴν προτέραν ἔπεσεν ὀλυμπιάδα,
τὰ δ' ἑξῆς εἰς τὴν τετταρακοστὴν ἐπὶ ταῖς ἑκατόν.

15. ἦν δὲ τὰ δόξαντα τοῖς Ἀχαιοῖς ταῦτα· πρεσβεύ-
ειν πρὸς Ἠπειρώτας Βοιωτοὺς Φωκέας Ἀκαρνᾶνας
2 Φίλιππον, καὶ διασαφεῖν τίνα τρόπον Αἰτωλοὶ παρὰ
τὰς συνθήκας μεθ' ὅπλων ἤδη δὶς εἰσβεβληκότες
εἴησαν εἰς τὴν Ἀχαΐαν, καὶ παρακαλεῖν αὐτοὺς βοη-
θεῖν κατὰ τὰς ὁμολογίας, προσδέξασθαι δὲ καὶ τοὺς
3 Μεσσηνίους εἰς τὴν συμμαχίαν· τὸν δὲ στρατηγὸν
ἐπιλέξαι τῶν Ἀχαιῶν πεζοὺς μὲν πεντακισχιλίους
ἱππεῖς δὲ πεντακοσίους, καὶ βοηθεῖν τοῖς Μεσσηνίοις,
4 ἐὰν ἐπιβαίνωσιν Αἰτωλοὶ τῆς χώρας αὐτῶν· συντάξα-
σθαι δὲ καὶ πρὸς Λακεδαιμονίους καὶ πρὸς Μεσση-
νίους ὅσους δεήσοι παρ' ἀμφοῖν ὑπάρχειν ἱππεῖς καὶ
5 πεζοὺς πρὸς τὰς κοινὰς χρείας. δοξάντων δὲ τούτων οἱ
μὲν Ἀχαιοὶ φέροντες γενναίως τὸ γεγονὸς οὔτε τοὺς
Μεσσηνίους ἐγκατέλιπον οὔτε τὴν αὐτῶν πρόθεσιν, οἱ
δὲ πρὸς τοὺς συμμάχους καθεσταμένοι τὰς πρεσβείας
6 ἐπετέλουν, ὁ δὲ στρατηγὸς τοὺς μὲν ἐκ τῆς Ἀχαΐας

tions, maintaining that he was not responsible for what occurred; and when he asked their pardon if he had possibly been guilty of any oversight in the battle, and said he thought that in general it was better to view facts in no spirit of bitterness, but with human charity: he produced such a rapid and generous revulsion of feeling in the Assembly, that they remained for long displeased with those of his political opponents who had joined in the attack on him, and as to the immediate future adopted Aratus' opinion in every matter. This took place in the previous Olympiad;[36] what follows falls in the 140th.

224–220
B.C.

220–216
B.C.

15. The resolution passed by the Achaeans was as follows: To send embassies to the Epirots, Boeotians, Phocians, Acarnanians, and to Philip, pointing out how the Aetolians had twice, in direct breach of the treaty, entered Achaea in arms, and begging for assistance according to the terms of their alliance and also for the admission of the Messenians into the confederacy. The Strategus of the Achaeans was to levy a force of five thousand foot and five hundred horse, and to go to the assistance of the Messenians, should the Aetolians invade their country. He was further to arrange with Sparta and Messene how many cavalry and infantry each state should contribute for the needs of the League. Having passed this resolution the Achaeans continued to bear their late reverse bravely, and neither abandoned the Messenians nor their own purpose. The ambassadors sent to the allies executed their instructions, and the Strategus enrolled in Achaea the number

[36] The assembly of 14.1 fell around August 1, 220, as it coincided with the beginning of the Olympic year.

ἄνδρας ἐπέλεγε κατὰ τὸ δόγμα, πρὸς δὲ τοὺς Λακε-
δαιμονίους καὶ Μεσσηνίους συνετάττετο πεζοὺς μὲν
παρ' ἑκατέρων ὑπάρχειν δισχιλίους καὶ πεντακοσίους

7 ἱππεῖς δὲ πεντήκοντα καὶ διακοσίους, ὥστ' εἶναι τὸ
πᾶν σύστημα πρὸς τὰς ἐπιγινομένας χρείας πεζοὺς
μὲν μυρίους ἱππεῖς δὲ χιλίους.

8 Οἱ δ' Αἰτωλοί, παραγενομένης αὐτοῖς τῆς καθηκού-
σης ἐκκλησίας, συνελθόντες ἐβουλεύσαντο πρός τε
Λακεδαιμονίους καὶ Μεσσηνίους καὶ τοὺς ἄλλους
πάντας εἰρήνην ἄγειν, κακοπραγμονοῦντες καὶ βου-
λόμενοι φθείρειν καὶ λυμαίνεσθαι τοὺς τῶν Ἀχαιῶν

9 συμμάχους· πρὸς αὐτοὺς δὲ τοὺς Ἀχαιούς, ἐὰν μὲν
ἀφιστῶνται τῆς τῶν Μεσσηνίων συμμαχίας, ἄγειν
ἐψηφίσαντο τὴν εἰρήνην, εἰ δὲ μή, πολεμεῖν, πρᾶγμα

10 πάντων ἀλογώτατον. ὄντες γὰρ αὐτοὶ σύμμαχοι καὶ
τῶν Ἀχαιῶν καὶ τῶν Μεσσηνίων, εἰ μὲν οὗτοι πρὸς
ἀλλήλους φιλίαν ἄγοιεν καὶ συμμαχίαν, τὸν πόλεμον
τοῖς Ἀχαιοῖς ἐπήγγελλον, εἰ δὲ ἔχθραν ἕλοιντο πρὸς
τοὺς Μεσσηνίους, τὴν εἰρήνην αὐτοῖς ἐποίουν κατὰ

11 μόνας, ὥστε μηδ' ὑπὸ λόγον πίπτειν τὴν ἀδικίαν
αὐτῶν διὰ τὸ παρηλλαγμένον αὐτῶν τῶν ἐγχειρη-
μάτων.

16. Οἱ δ' Ἠπειρῶται καὶ Φίλιππος ὁ βασιλεὺς
ἀκούσαντες τῶν πρέσβεων τοὺς μὲν Μεσσηνίους εἰς

2 τὴν συμμαχίαν προσέλαβον, ἐπὶ δὲ τοῖς ὑπὸ τῶν
Αἰτωλῶν πεπραγμένοις παραυτίκα μὲν ἠγανάκτησαν,
οὐ μὴν ἐπὶ πλεῖον ἐθαύμασαν διὰ τὸ μηδὲν παράδοξον
τῶν εἰθισμένων δέ τι πεποιηκέναι τοὺς Αἰτωλούς.

of men decided on, and arranged with the Lacedaemonians and Messenians that they should each send two thousand five hundred foot and two hundred and fifty horse, so that the whole force available for the coming campaign amounted to ten thousand foot and a thousand horse.

The Aetolians, when the time came, met in the appropriate assembly and voted to maintain peace with the Lacedaemonians, Messenians, and all the other states, with the mischievous design of corrupting and spoiling the allies of the Achaeans. As regards the Achaeans themselves they voted to be at peace with them if they abandoned the Messenian alliance, but if this alliance were maintained to go to war with them. Nothing could have been more unreasonable. For they were themselves allies of both the Achaeans and Messenians, and now if these two states remained in alliance with each other they threatened to declare war on the Achaeans, but they offered a separate peace to the Achaeans if they chose to be at enmity with the Messenians. So that no reasonable explanation can be given of their iniquity, so utterly wrongheaded were their designs.

16. The Epirots and Philip, after listening to the envoys, agreed to receive the Messenians into the alliance.[37] They felt a momentary indignation at the proceedings of the Aetolians, but were not deeply shocked at them, as the Aetolians had not acted in a manner to surprise anyone, but simply as is their habit. Consequently their resentment

---

[37] The wish of the Messenians (9.2) is now granted by a vote of the members of the alliance.

3 διόπερ οὐδ' ὠργίσθησαν ἐπὶ πλεῖον, ἀλλ' ἐψηφίσαντο
   τὴν εἰρήνην ἄγειν πρὸς αὐτούς· οὕτως ἡ συνεχὴς
   ἀδικία συγγνώμης τυγχάνει μᾶλλον τῆς σπανίου καὶ
4 παραδόξου πονηρίας. Αἰτωλοὶ γοῦν τούτῳ τῷ τρόπῳ
   χρώμενοι καὶ λῃστεύοντες συνεχῶς τὴν Ἑλλάδα, καὶ
   πολέμους ἀνεπαγγέλτους φέροντες πολλοῖς, οὐδ' ἀπο-
   λογίας ἔτι κατηξίουν τοὺς ἐγκαλοῦντας, ἀλλὰ καὶ
   προσεχλεύαζον εἴ τις αὐτοὺς εἰς δικαιοδοσίας προκα-
   λοῖτο περὶ τῶν γεγονότων ἢ καὶ νὴ Δία τῶν μελλόν-
5 των. οἱ δὲ Λακεδαιμόνιοι προσφάτως μὲν ἠλευθερωμέ-
   νοι δι' Ἀντιγόνου καὶ διὰ τῆς τῶν Ἀχαιῶν φιλοτιμίας,
   ὀφείλοντες δὲ Μακεδόσι καὶ Φιλίππῳ μηδὲν ὑπεναν-
   τίον πράττειν, διαπεμψάμενοι λάθρᾳ πρὸς τοὺς Αἰτω-
   λοὺς φιλίαν δι' ἀπορρήτων ἔθεντο καὶ συμμαχίαν.
6   Ἤδη δ' ἐπιλελεγμένων τῶν Ἀχαϊκῶν νεανίσκων
   καὶ συντεταγμένων ὑπὲρ τῆς βοηθείας τῶν Λακεδαι-
   μονίων καὶ Μεσσηνίων, Σκερδιλαΐδας ὁμοῦ καὶ Δη-
   μήτριος ὁ Φάριος ἔπλευσαν ἐκ τῆς Ἰλλυρίδος ἐνε-
   νήκοντα λέμβοις ἔξω τοῦ Λίσσου παρὰ τὰς πρὸς
7 Ῥωμαίους συνθήκας. οἳ τὸ μὲν πρῶτον τῇ Πύλῳ
   προσμίξαντες καὶ ποιησάμενοι προσβολὰς ἀπέπεσον·
8 μετὰ δὲ ταῦτα Δημήτριος μὲν ἔχων τοὺς πεντήκοντα
   τῶν λέμβων ὥρμησεν ἐπὶ νήσων, καὶ περιπλέων τινὰς
   μὲν ἠργυρολόγει τινὰς δ' ἐπόρθει τῶν Κυκλάδων,
9 Σκερδιλαΐδας δὲ ποιούμενος τὸν πλοῦν ὡς ἐπ' οἴκου
   προσεῖχε πρὸς Ναύπακτον μετὰ τετταράκοντα λέμ-

was of brief duration, and they voted to remain at peace with the Aetolians. So true is it that persistent wrongdoing is more readily pardoned than occasional and startling acts of iniquity. The Aetolians at least, continuing to behave in this manner, constantly pillaging Greece and committing frequent acts of war without declaration, not only never thought it worth the trouble to defend themselves against complaints, but ridiculed anyone who called them to account for their past offenses or even for their future designs. As for the Lacedaemonians, though they had been so recently set free[38] through Antigonus, and through the spirited action of the Achaeans, and should not have in any way acted against the Macedonians and Philip, they sent privately to the Aetolians and made a secret alliance[39] with them.

The Achaean levy of young men had been enrolled, and the Lacedaemonians and Messenians had contracted to send their contingents, when Scerdilaïdas,[40] together with Demetrius of Pharos,[41] sailed from Illyria with a fleet of ninety boats and passed Lissus, thus breaking the treaty[42] with Rome. They touched first at Pylos and made some attacks on it which failed. Demetrius now with fifty of the boats started for the islands, and sailing through the Cyclades pillaged or levied blackmail on some of them. Scerdilaïdas on his voyage home touched at Naupactus

38 Not all the Spartans saw it that way: 22.3ff.
39 Hardly a formal treaty: 22.5.
40 See 2.5.6; *RE* Skerdilaïdas (Suppl. 5), 978–979 (K. Fiehn).
41 For his flight from Pharos to the court of Philip V see 3.19.8.
42 2.12.3.

βων, πεισθεὶς Ἀμυνᾷ τῷ βασιλεῖ τῶν Ἀθαμάνων, ὃς
10 ἐτύγχανε κηδεστὴς ὑπάρχων αὐτοῦ, ποιησάμενος δὲ
συνθήκας πρὸς Αἰτωλοὺς δι' Ἀγελάου περὶ τοῦ μερι-
σμοῦ τῶν λαφύρων ὑπέσχετο συνεμβαλεῖν ὁμόσε τοῖς
Αἰτωλοῖς εἰς τὴν Ἀχαΐαν.

11   Συνθέμενοι δὲ ταῦτα πρὸς τὸν Σκερδιλαΐδαν οἱ περὶ
τὸν Ἀγέλαον καὶ Δωρίμαχον καὶ Σκόπαν, πραττο-
μένης αὐτοῖς τῆς τῶν Κυναιθέων πόλεως, συναθροί-
σαντες πανδημεὶ τοὺς Αἰτωλοὺς ἐνέβαλον εἰς τὴν
Ἀχαΐαν μετὰ τῶν Ἰλλυριῶν.

17. Ἀρίστων δ' ὁ τῶν Αἰτωλῶν στρατηγός, οὐ
προσποιούμενος οὐδὲν τῶν γινομένων, ἦγε τὴν ἡσυ-
χίαν ἐπὶ τῆς οἰκείας, φάσκων οὐ πολεμεῖν τοῖς Ἀχαι-
οῖς ἀλλὰ διατηρεῖν τὴν εἰρήνην, εὔηθες καὶ παιδικὸν
2 πρᾶγμα ποιῶν· δῆλον γὰρ ὡς εὐήθη καὶ μάταιον εἰκὸς
φαίνεσθαι τὸν τοιοῦτον, ὅταν ὑπολαμβάνῃ τοῖς λό-
3 γοις ἐπικρύψασθαι τὰς τῶν πραγμάτων ἐναργείας. οἱ
δὲ περὶ τὸν Δωρίμαχον διὰ τῆς Ἀχαιάτιδος ποιη-
σάμενοι τὴν πορείαν ἧκον ἄφνω πρὸς τὴν Κύναιθαν.
4 συνέβαινε δὲ τοὺς Κυναιθεῖς ὄντας Ἀρκάδας ἐκ πολ-
λῶν χρόνων [ἐν] ἀκαταπαύστοις καὶ μεγάλαις συν-
εσχῆσθαι στάσεσι, καὶ πολλὰς μὲν κατ' ἀλλήλων
πεποιῆσθαι σφαγὰς καὶ φυγάς, πρὸς δὲ τούτοις ἁρ-
5 παγὰς ὑπαρχόντων, ἔτι δὲ γῆς ἀναδασμούς, τέλος δ'
ἐπικρατῆσαι τοὺς τὰ τῶν Ἀχαιῶν αἱρουμένους καὶ
κατασχεῖν τὴν πόλιν, φυλακὴν ἔχοντας τῶν τειχῶν

---

43 Either King Amynander or his similarly named predecessor.
A letter of Amynander (without title) to the Ionian city of Teus,

with his forty boats at the request of Amynas,[43] the king of Athamania, who was his connexion by marriage. Here, having come to terms with the Aetolians through Agelaus about the division of the spoil, he promised to join them in invading Achaea.

Agelaus, Dorimachus, and Scopas were negotiating for the betrayal to them of the city of Cynaetha, and having made this arrangement with Scerdilaïdas, they collected the Aetolian forces *en masse* and invaded Achaea with the Illyrians.

17. Meanwhile Ariston, the Aetolian Strategus, in pretended ignorance of what was going on, kept quiet in Aetolia, asserting that he was not making war on the Achaeans but keeping the peace; which was most foolish and childish on his part. For it is obvious that a man who thinks he can cloak by words the clear evidence of facts must be regarded as a foolish and futile person. Dorimachus, marching through Achaea, appeared suddenly before Cynaetha.[44] The people of Cynaetha, who are Arcadians, had been for many years vexed by the never-ending and embittered strife of factions; there had been constant massacres, expulsions, robbery of goods, and redistribution of lands by the one party or the other, and now at length the Achaean party had the upper hand and were in possession of the city, the Achaeans furnishing them with a

dated c. 203/2, survives: Rigsby, *Asylia. Territorial Inviolability in the Hellenistic World* (Berkeley 1996) no. 135. For more on Amynander see Index to vol. 5. For Athamania see M.-F. Baslez, in P. Cabanes (ed.), *L'Illyrie méridionale et l'Épire dans l'Antiquité* (Adora 1987) 167–173.

44 *RE* Cynaetha 2479–2482 (E. Pieske) and Suppl. 9. 384 (E. Meyer).

καὶ στρατηγὸν τῆς πόλεως ἐξ Ἀχαΐας. τούτων δ'

6 οὕτως ἐχόντων, ὀλίγοις ἔμπροσθεν χρόνοις τῆς τῶν
Αἰτωλῶν παρουσίας διαπεμπομένων τῶν φυγάδων
πρὸς τοὺς ἐν τῇ πόλει καὶ δεομένων διαλυθῆναι πρὸς

7 αὐτοὺς καὶ κατάγειν σφᾶς εἰς τὴν οἰκείαν, πεισθέντες
οἱ κατέχοντες τὴν πόλιν ἐπρέσβευον πρὸς τὸ τῶν
Ἀχαιῶν ἔθνος, βουλόμενοι μετὰ τῆς ἐκείνων γνώμης

8 ποιεῖσθαι τὰς διαλύσεις. ἐπιχωρησάντων δ' ἑτοίμως
διὰ τὸ πεπεῖσθαι σφίσιν ἀμφοτέρους εὐνοήσειν, ἅτε
τῶν μὲν κατεχόντων τὴν πόλιν ἐν τοῖς Ἀχαιοῖς ἐχόν-
των πάσας τὰς ἐλπίδας, τῶν δὲ καταπορευομέν-
ων μελλόντων τυγχάνειν τῆς σωτηρίας διὰ τὴν τῶν

9 Ἀχαιῶν συγκατάθεσιν, οὕτως ἀποστείλαντες τὴν
παραφυλακὴν καὶ τὸν στρατηγὸν ἐκ τῆς πόλεως οἱ
Κυναιθεῖς διελύσαντο καὶ κατήγαγον τοὺς φυγάδας,
ὄντας σχεδὸν εἰς τριακοσίους, λαβόντες πίστεις τῶν

10 παρ' ἀνθρώποις νομιζομένων τὰς ἰσχυροτάτας. οἱ δὲ
κατανοστήσαντες οὐχ ὡς αἰτίας ἢ προφάσεως ἐπι-
γενομένης τοῦ δοκεῖν ἄλλης διαφορᾶς ἀρχὴν αὑτοῖς
τινα γεγενῆσθαι, τὸ δ' ἐναντίον παραχρῆμα κατελ-
θόντες εὐθέως ἐπεβούλευον τῇ πατρίδι καὶ τοῖς σώ-

11 σασι. καί μοι δοκοῦσι, καθ' ὃν καιρὸν ἐπὶ τῶν σφα-
γίων τοὺς ὅρκους καὶ τὰς πίστεις ἐδίδοσαν ἀλλήλοις,
τότε μάλιστα διανοεῖσθαι περί τε τῆς εἰς τὸ θεῖον καὶ

12 τοὺς πιστεύσαντας ἀσεβείας. ἅμα γὰρ τῷ μετασχεῖν
τῆς πολιτείας εὐθέως ἐπεσπῶντο τοὺς Αἰτωλοὺς καὶ
τούτοις ἔπραττον τὴν πόλιν, σπεύδοντες τοὺς σώσαν-
τας ἅμα καὶ τὴν θρέψασαν ἄρδην ἀπολέσαι.

garrison to hold the walls and a military governor of the city. Such was the state of affairs, when a short time before the arrival of the Aetolians, upon the exiles sending frequent messages to those in the city entreating them to be reconciled and permit them to return home, the party in possession agreeing, sent envoys to the Achaean League, wishing the reconciliation to be with their consent. The Achaeans readily agreed, as they felt sure that they would thus gain the goodwill of both factions, since those who were masters of the city were entirely devoted to them and the home-coming exiles would owe their safe return to the consent of the League. Accordingly, the Cynaetheans dismissed the garrison and commandant from the city and recalled the exiles, who numbered about three hundred, exacting from them such pledges as are generally regarded among mankind as most binding. But these repatriated citizens, not because they had any cause or pretext subsequent to their readmission for suspecting that other contentions were imminent, but on the contrary from the very moment of their return, set about conspiring against their city and their preservers. I am even inclined to think that at the very instant when they were mutually pledging their faith by solemn oaths over the sacrifice, their minds were full of the impious project of breaking their faith to heaven and to those who trusted in them. For no sooner were they again associated in the government than they began to solicit the Aetolians and offer to betray the city to them, taking the safest and swiftest means of bringing to utter destruction those to whom they owed their safety and the city in whose lap they had been nourished.

18. Τὴν δὲ πρᾶξιν τοιᾷδέ τινι τόλμῃ καὶ τοιούτῳ
2 τρόπῳ συνεστήσαντο. πολέμαρχοι τῶν κατεληλυθό-
τῶν τινὲς ἐγεγόνεισαν· ταύτην δὲ συμβαίνει τὴν ἀρ-
χὴν κλείειν τὰς πύλας καὶ τὸν μεταξὺ χρόνον κυρι-
εύειν τῶν κλειδῶν, ποιεῖσθαι δὲ καὶ τὸ καθ᾽ ἡμέραν
3 τὴν δίαιταν ἐπὶ τῶν πυλώνων. οἱ μὲν οὖν Αἰτωλοὶ
διεσκευασμένοι καὶ τὰς κλίμακας ἑτοίμας ἔχοντες
4 ἐπετήρουν τὸν καιρόν· οἱ δὲ πολεμαρχοῦντες τῶν φυ-
γάδων, κατασφάξαντες τοὺς συνάρχοντας ἐπὶ τοῦ
5 πυλῶνος, ἀνέῳξαν τὴν πύλην. οὗ συμβάντος τινὲς μὲν
τῶν Αἰτωλῶν διὰ ταύτης εἰσέπιπτον, τινὲς δὲ τὰς
κλίμακας προσερείσαντες ἐβιάσαντο διὰ τούτων καὶ
6 κατελάμβανον τὸ τεῖχος. οἱ δ᾽ ἐν τῇ πόλει πάντες
ἐκπλαγεῖς ὄντες ἐπὶ τοῖς συντελουμένοις, ἀπόρως καὶ
δυσχρήστως εἶχον πρὸς τὸ συμβαῖνον· οὔτε γὰρ πρὸς
τοὺς διὰ τῆς πύλης εἰσπίπτοντας οἷοί τ᾽ ἦσαν βοηθεῖν
ἀπερισπάστως διὰ τοὺς πρὸς τὰ τείχη προσβάλλον-
τας, οὐδὲ μὴν τοῖς τείχεσιν ἐπαμύνειν διὰ τοὺς τῇ
7 πύλῃ βιαζομένους. οἱ δ᾽ Αἰτωλοὶ διὰ ταύτας τὰς αἰ-
τίας ταχέως ἐγκρατεῖς γενόμενοι τῆς πόλεως τῶν
ἀδίκων ἔργων ἐν τοῦτ᾽ ἔπραξαν δικαιότατον· πρώτους
γὰρ τοὺς εἰσαγαγόντας καὶ προδόντας αὐτοῖς τὴν
πόλιν κατασφάξαντες διήρπασαν τοὺς τούτων βίους.
8 ὁμοίως δὲ καὶ τοῖς ἄλλοις ἐχρήσαντο πᾶσιν. τὸ δὲ
τελευταῖον ἐπισκηνώσαντες ἐπὶ τὰς οἰκίας ἐξετοιχω-
ρύχησαν μὲν τοὺς βίους, ἐστρέβλωσαν δὲ πολλοὺς
τῶν Κυναιθέων, οἷς ἠπίστησαν ἔχειν κεκρυμμένον

18. The *coup de main* by which they executed their project was as follows. Some among the returned exiles held the office of Polemarch.[45] It is the duty of these magistrates to shut the gates: they keep the keys in their custody until the gates are reopened and by day reside in the gatehouses. The Aetolians then lay in readiness with their scaling ladders awaiting the moment for attack. The Polemarchs of the party which had been in exile, after murdering their colleagues at one of the gatehouses, opened the gate, upon which some of the Aetolians rushed in through it, while others, planting their ladders against the wall, took forcible possession of the fortifications by this means. All the inhabitants were seized with consternation at this and knew not what course to take in these difficult circumstances. For neither were their hands free to oppose those who were streaming in through the gate, owing to the attack on the walls, nor could they defend the walls properly owing to the forcing of the gate. For these reasons the Aetolians soon made themselves masters of the town, and thereupon, amid all their iniquities, performed one act of exemplary justice. For in the first place they killed and plundered the property of the traitors who had introduced them into the city. All the rest of the citizens were treated in the same way. Finally, they quartered themselves in the houses and thoroughly pillaged all the property, putting to the torture many of the Cynaetheans

[45] Magistrate, originally commander in war. *RE* Polemarchos (Suppl. 4), 1097–1134 (H. Schaefer).

διάφορον ἢ κατασκεύασμα ἢ ἄλλο τι τῶν πλείονος
ἀξίων.

9   Τοῦτον δὲ τὸν τρόπον λωβησάμενοι τοὺς Κυναιθεῖς
ἀνεστρατοπέδευσαν, ἀπολιπόντες φυλακὴν τῶν τει-
10   χῶν, καὶ προῆγον ὡς ἐπὶ Λούσων· καὶ παραγενόμενοι
πρὸς τὸ τῆς Ἀρτέμιδος ἱερόν, ὃ κεῖται μὲν μεταξὺ
Κλείτορος καὶ Κυναίθης, ἄσυλον δὲ νενόμισται παρὰ
τοῖς Ἕλλησιν, ἀνετείνοντο διαρπάσειν τὰ θρέμματα
11   τῆς θεοῦ καὶ τἄλλα τὰ περὶ τὸν ναόν. οἱ δὲ Λουσιᾶται
νουνεχῶς δόντες τινὰ τῶν κατασκευασμάτων τῆς θεοῦ,
παρῃτήσαντο τὴν τῶν Αἰτωλῶν ἀσέβειαν [καὶ] τοῦ
12   μηδὲν παθεῖν ἀνήκεστον. οἱ δὲ δεξάμενοι, παραχρῆμα
ἀναζεύξαντες, προσεστρατοπέδευσαν τῇ τῶν Κλειτο-
ρίων πόλει.

19. Κατὰ δὲ τοὺς καιροὺς τούτους ὁ τῶν Ἀχαιῶν
στρατηγὸς Ἄρατος ἐξαπέστειλε μὲν πρὸς Φίλιππον
παρακαλῶν βοηθεῖν, συνῆγε δὲ τοὺς ἐπιλέκτους, μετε-
πέμπετο δὲ παρὰ Λακεδαιμονίων καὶ Μεσσηνίων τοὺς
2   διατεταγμένους κατὰ τὰς ὁμολογίας. οἱ δ᾽ Αἰτωλοὶ
τὸ μὲν πρῶτον παρεκάλουν τοὺς Κλειτορίους ἀπο-
στάντας τῶν Ἀχαιῶν αἱρεῖσθαι τὴν πρὸς αὑτοὺς συμ-
3   μαχίαν, τῶν δὲ Κλειτορίων ἁπλῶς οὐ προσιεμένων
τοὺς λόγους προσβολὰς ἐποιοῦντο, καὶ προσερείδον-
τες τὰς κλίμακας τοῖς τείχεσι κατεπείραζον τῆς πό-
4   λεως. ἀμυνομένων δὲ γενναίως καὶ τολμηρῶς τῶν

46 Arcadian city with temple of Artemis Hemera, excavated in
1898–1899 (W. Reichel—Ad. Wilhelm, *JÖAI* 4, 1901, 1–15 and

whom they suspected of having concealed money, plate, or other valuables.

After this cruel treatment of the Cynaetheans, they took their departure, leaving a garrison to guard the walls and advanced towards Lusi.[46] On arriving at the temple of Artemis which lies between Cleitor[47] and Cynaetha, and is regarded as inviolable by the Greeks, they threatened to lift the cattle of the goddess and plunder the other property about the temple. But the people of Lusi very wisely induced them to refrain from their impious purpose and commit no serious outrage by giving them some of the sacred furniture. On receiving this they at once left the place and encamped before Cleitor.

19. Meanwhile Aratus, the Achaean Strategus, had sent to Philip begging for help, was collecting the Achaean levy, and had sent for the contingent which the Messenians and Lacedaemonians had agreed to furnish.

The Aetolians in the first place invited the Cleitorians to abandon their alliance with the Achaeans and form one with themselves. When the Cleitorians absolutely refused to listen to them, they began an assault, and attempted to take the town by escalading. But on meeting with a gallant and determined resistance from the inhabitants they

64–89). A prestigious contest, the *Hemerasia*, was held in honor of the goddess. *RE* Lusoi 1890–1899 (F. Bölte), with map showing Cynaetha, Lusi and Cleitor, p. 1894. The understanding with the Aetolians (18.11–12) is reflected in the Aetolian grant of inviolability for Lousoi (*IG* IX 1² 135).

[47] *RE* Kleitor 661–664 (H. von Geisau); Suppl. 9, 383–384 and 12, 523 (E. Meyer).

ἔνδον εἴξαντες τοῖς πράγμασιν ἀνεστρατοπέδευσαν,
καὶ προαγαγόντες αὖθις ὡς ἐπὶ τὴν Κύναιθαν, ὅμως
5 τὰ θρέμματα τῆς θεοῦ περισύραντες ἀπήγαγον. καὶ τὸ
μὲν πρῶτον παρεδίδοσαν τοῖς Ἠλείοις τὴν Κύναιθαν·
οὐ βουλομένων δὲ προσδέξασθαι τῶν Ἠλείων ἐπεβά-
λοντο μὲν δι᾽ αὑτῶν κατέχειν τὴν πόλιν, στρατηγὸν
6 ἐπιστήσαντες Εὐριπίδαν, μετὰ δὲ ταῦτα πάλιν δείσαν-
τες ἐκ τῶν προσαγγελλομένων τὴν ἐκ Μακεδονίας
βοήθειαν, ἐμπρήσαντες τὴν πόλιν ἀπηλλάγησαν, καὶ
προῆγον αὖτις ὡς ἐπὶ τὸ Ῥίον, ταύτῃ κρίνοντες ποι-
7 εῖσθαι τὴν διάβασιν. ὁ δὲ Ταυρίων πυνθανόμενος τὴν
τῶν Αἰτωλῶν εἰσβολὴν καὶ τὰ περὶ τὴν Κύναιθαν
πεπραγμένα, θεωρῶν δὲ τὸν Δημήτριον τὸν Φάριον
ἀπὸ τῶν νήσων εἰς τὰς Κεγχρεὰς καταπεπλευκότα,
παρεκάλει τοῦτον βοηθῆσαι τοῖς Ἀχαιοῖς καὶ δι-
ισθμίσαντα τοὺς λέμβους ἐπιτίθεσθαι τῇ τῶν Αἰτω-
8 λῶν διαβάσει. ὁ δὲ Δημήτριος λυσιτελῆ μὲν οὐκ
εὐσχήμονα δὲ πεποιημένος τὴν ἀπὸ τῶν νήσων ἐπά-
νοδον διὰ τὸν τῶν Ῥοδίων ἐπ᾽ αὐτὸν ἀνάπλουν, ἄσμε-
νος ὑπήκουσε τῷ Ταυρίωνι, προσδεξαμένου ἐκείνου
9 τὴν εἰς τὴν ὑπέρβασιν τῶν λέμβων δαπάνην. οὗτος
μὲν οὖν ὑπερισθμίσας, καὶ δυσὶ καθυστερήσας ἡμέ-
ραις τῆς τῶν Αἰτωλῶν διαβάσεως, προκατασύρας
τινὰς τόπους τῆς παραλίας τῆς τῶν Αἰτωλῶν κατήχθη
10 πάλιν εἰς τὴν Κόρινθον· Λακεδαιμόνιοι δὲ τὸ μὲν
πέμπειν τὰς βοηθείας κατὰ τὴν διάταξιν ἐνεκάκησαν,

---

48 For their role in policing the sea see H.-U. Wiemer, *Krieg*,

yielded to the force of circumstances, and breaking up their camp advanced again towards Cynaetha, raiding and driving off the sacred cattle in spite of having undertaken not to do so. At first they wished to hand over Cynaetha to the Eleans; but on the latter declining they decided to hold the town themselves, appointing Euripidas commandant. But afterwards, as they were afraid from the intelligence they received of a relief force coming from Macedonia, they burnt the city and withdrew, marching again to Rhium, whence they had decided to make the crossing. Taurion had learnt of the Aetolian invasion and the fate of Cynaetha; and seeing that Demetrius of Pharos had sailed back from the islands to Cenchreae, begged him to assist the Achaeans, and after conveying his boats across the Isthmus, to fall upon the Aetolians during their crossing. Demetrius, whose return from his expedition to the islands had been much to his advantage indeed, but somewhat ignominious, as the Rhodians[48] were sailing to attack him, lent a ready ear to Taurion, who had engaged to meet the expense of transporting the boats. But having traversed the Isthmus[49] and missed the crossing of the Aetolians by two days, he returned again to Corinth, after raiding some places on the Aetolian coast. The Lacedaemonians had culpably omitted to send the stipulated con-

---

Handel und Politik. Untersuchungen zur Geschichte des hellenistischen Rhodos (Berlin 2002) 137–142.

[49] The *diolkos* was a stone trackway across the isthmus, built in the archaic period, for ships (or cargo) traveling between the gulfs. It was forty stades (about five miles) long (Strab. 8.2.1) and is attested as used for warships as early as 412 (Th. 8.7) and as late as A.D. 883. G. Rapsaet—M. Tolley, *BCH* 117 (1993) 233–261.

βραχεῖς δέ τινας παντελῶς ἱππεῖς καὶ πεζούς, στοχα-
11 ζόμενοι τοῦ δοκεῖν μόνον, ἐξέπεμψαν. Ἄρατος δὲ τοὺς
Ἀχαιοὺς ἔχων πολιτικώτερον ἢ στρατηγικώτερον
12 ὑπὲρ τῶν παρόντων ἐβουλεύσατο· μέχρι γὰρ τούτου
τὴν ἡσυχίαν ἦγε, προσανέχων καὶ μεμνημένος τῆς
προγεγενημένης συμφορᾶς, ἕως οὗ πάντα διαπρα-
ξάμενοι κατὰ τὰς αὑτῶν προαιρέσεις οἱ περὶ τὸν
Σκόπαν καὶ Δωρίμαχον ἐπανῆλθον εἰς τὴν οἰκείαν,
καίπερ διὰ τόπων ποιούμενοι τὰς πορείας εὐεπιθέτων
καὶ στενῶν καὶ μόνου σαλπιγκτοῦ δεομένων.

13 Κυναιθεῖς δὲ μεγάλοις ἀτυχήμασιν ὑπ' Αἰτωλῶν
καὶ μεγάλαις συμφοραῖς περιπεσόντες ὅμως πάντων
ἀνθρώπων ἔδοξαν ἠτυχηκέναι δικαιότατα.

20. ἐπειδὴ δὲ κοινῇ τὸ τῶν Ἀρκάδων ἔθνος ἔχει τινὰ
παρὰ πᾶσι τοῖς Ἕλλησιν ἐπ' ἀρετῇ φήμην, οὐ μόνον
διὰ τὴν ἐν τοῖς ἤθεσι καὶ βίοις φιλοξενίαν καὶ φιλαν-
θρωπίαν, μάλιστα δὲ διὰ τὴν εἰς τὸ θεῖον εὐσέβειαν,
2 ἄξιον βραχὺ διαπορῆσαι περὶ τῆς Κυναιθέων ἀγρι-
ότητος, πῶς ὄντες ὁμολογουμένως Ἀρκάδες τοσοῦτο
κατ' ἐκείνους τοὺς καιροὺς διήνεγκαν τῶν ἄλλων Ἑλ-
3 λήνων ὠμότητι καὶ παρανομίᾳ. δοκοῦσι δέ μοι, διότι
τὰ καλῶς ὑπὸ τῶν ἀρχαίων ἐπινενοημένα καὶ φυσικῶς
συντεθεωρημένα περὶ πάντας τοὺς κατοικοῦντας τὴν
Ἀρκαδίαν, ταῦτα δὴ πρῶτοι καὶ μόνοι τῶν Ἀρκάδων
4 ἐγκατέλιπον. μουσικὴν γάρ, τήν γε ἀληθῶς μουσικήν,
πᾶσι μὲν ἀνθρώποις ὄφελος ἀσκεῖν, Ἀρκάσι δὲ καὶ
5 ἀναγκαῖον. οὐ γὰρ ἡγητέον μουσικήν, ὡς Ἔφορός
φησιν ἐν τῷ προοιμίῳ τῆς ὅλης πραγματείας, οὐδα-

tingent of men, but dispatched quite an insignificant number of horse and foot to save appearances. But Aratus who had his Achaeans, displayed rather on this occasion the caution of a politician than the courage of a general; for he made no move, fearful of committing himself and mindful of his recent reverse, until Scopas and Dorimachus, having accomplished all they had purposed, returned home, and this although their march had taken them through narrow defiles, most advantageous for an attacking force and where a call of the bugle would have been sufficient.

The Cynaetheans, on whom the Aetolians had brought this terrible disaster, were, however, generally esteemed to have deserved their fate more than any men ever did.

20. Since the Arcadian nation on the whole has a very high reputation for virtue among the Greeks, due not only to their humane and hospitable character and usages, but especially to their piety to the gods, it is worth while to give a moment's consideration to the question of the savagery of the Cynaetheans,[50] and ask ourselves why, though unquestionably of Arcadian stock, they so far surpassed all other Greeks at this period in cruelty and wickedness. I think the reason was that they were the first and indeed only people in Arcadia to abandon an admirable institution, introduced by their forefathers with a nice regard for the natural conditions under which all the inhabitants of that country live. For the practice of music, I mean real music, is beneficial to all men, but to Arcadians it is a necessity. For we must not suppose, as Ephorus, in the Preface to his History, making a hasty assertion quite unworthy

[50] Long digression, through 21.12, on the value of music, its love by Arcadians, and its disregard by (Arcadian) Cynaetheans.

μῶς ἁρμόζοντα λόγον αὑτῷ ῥίψας, ἐπ' ἀπάτῃ καὶ
6 γοητείᾳ παρεισῆχθαι τοῖς ἀνθρώποις· οὐδὲ τοὺς πα-
λαιοὺς Κρητῶν καὶ Λακεδαιμονίων αὐλὸν καὶ ῥυθμὸν
εἰς τὸν πόλεμον ἀντὶ σάλπιγγος εἰκῆ νομιστέον εἰσ-
7 αγαγεῖν, οὐδὲ τοὺς πρώτους Ἀρκάδων εἰς τὴν ὅλην
πολιτείαν τὴν μουσικὴν παραλαβεῖν ἐπὶ τοσοῦτον
ὥστε μὴ μόνον παισὶν οὖσιν ἀλλὰ καὶ νεανίσκοις
γενομένοις ἕως τριάκοντ' ἐτῶν κατ' ἀνάγκην σύντρο-
φον ποιεῖν αὐτήν, τἆλλα τοῖς βίοις ὄντας αὐστη-
8 ροτάτους. ταῦτα γὰρ πᾶσίν ἐστι γνώριμα καὶ συνήθη,
διότι σχεδὸν παρὰ μόνοις Ἀρκάσι πρῶτον μὲν οἱ
παῖδες ἐκ νηπίων ᾄδειν ἐθίζονται κατὰ νόμους τοὺς
ὕμνους καὶ παιᾶνας, οἷς ἕκαστοι κατὰ τὰ πάτρια τοὺς
9 ἐπιχωρίους ἥρωας καὶ θεοὺς ὑμνοῦσι· μετὰ δὲ ταῦτα
τοὺς Φιλοξένου καὶ Τιμοθέου νόμους μανθάνοντες
πολλῇ φιλοτιμίᾳ χορεύουσι κατ' ἐνιαυτὸν τοῖς Διονυ-
σιακοῖς αὐληταῖς ἐν τοῖς θεάτροις, οἱ μὲν παῖδες τοὺς
παιδικοὺς ἀγῶνας, οἱ δὲ νεανίσκοι τοὺς τῶν ἀνδρῶν
10 λεγομένους. ὁμοίως γε μὴν καὶ παρ' ὅλον τὸν βίον τὰς
ἀγωγὰς τὰς ἐν ταῖς συνουσίαις οὐχ οὕτως ποιοῦνται
διὰ τῶν ἐπεισάκτων ἀκροαμάτων ὡς δι' αὑτῶν, ἀνὰ
11 μέρος ᾄδειν ἀλλήλοις προστάττοντες. καὶ τῶν μὲν
ἄλλων μαθημάτων ἀρνηθῆναί τι μὴ γινώσκειν οὐδὲν
αἰσχρὸν ἡγοῦνται, τήν γε μὴν ᾠδὴν οὔτ' ἀρνηθῆναι
δύνανται διὰ τὸ κατ' ἀνάγκην πάντας μανθάνειν, οὔθ'
ὁμολογοῦντες ἀποτρίβεσθαι διὰ τὸ τῶν αἰσχρῶν παρ'
12 αὑτοῖς νομίζεσθαι τοῦτο. καὶ μὴν ἐμβατήρια μετ'
αὐλοῦ καὶ τάξεως ἀσκοῦντες, ἔτι δ' ὀρχήσεις ἐκπο-

of him, says, that music was introduced by men merely for the purpose of beguiling and bewitching; we should not think that the ancient Cretans and Lacedaemonians acted at haphazard in substituting the flute and rhythmic movement for the bugle in war, or that the early Arcadians had no good reason for incorporating music in their whole public life to such an extent that not only boys, but young men up to the age of thirty were compelled to study it constantly, although in other matters their lives were most austere. For it is a well-known fact, familiar to all, that it is hardly known except in Arcadia, that in the first place the boys from their earliest childhood are trained to sing in measure the hymns and paeans in which by traditional usage they celebrate the heroes and gods of each particular place: later they learn the measures of Philoxenus and Timotheus, and every year in the theater they compete keenly in dancing to the accompaniment of professional flute players, the boys in the contest proper to them and the young men in what is called the men's contest. And not only this, but through their whole life they entertain themselves at banquets not by listening to hired musicians but by their own efforts, calling for a song from each in turn. Whereas they are not ashamed of denying acquaintance with other studies, in the case of singing it is neither possible for them to deny a knowledge of it because they all are compelled to learn it, nor, if they confess to such knowledge can they excuse themselves, so great a disgrace is this considered in that country. Besides this the young men practice military parades to the music of the flute and per-

νοῦντες μετὰ κοινῆς ἐπιστροφῆς καὶ δαπάνης κατ᾽
ἐνιαυτὸν ἐν τοῖς θεάτροις ἐπιδείκνυνται τοῖς αὑτῶν
πολίταις οἱ νέοι.

21. ταῦτά τέ μοι δοκοῦσιν οἱ πάλαι παρεισαγαγεῖν
οὐ τρυφῆς καὶ περιουσίας χάριν, ἀλλὰ θεωροῦντες
μὲν τὴν ἑκάστων αὐτουργίαν καὶ συλλήβδην τὸ τῶν
βίων ἐπίπονον καὶ σκληρόν, θεωροῦντες δὲ τὴν τῶν
ἠθῶν αὐστηρίαν, ἥτις αὐτοῖς παρέπεται διὰ τὴν τοῦ
περιέχοντος ψυχρότητα καὶ στυγνότητα τὴν κατὰ τὸ
πλεῖστον ἐν τοῖς τόποις ὑπάρχουσαν, ᾧ συνεξομοι-
2 οῦσθαι πεφύκαμεν πάντες ἄνθρωποι κατ᾽ ἀνάγκην· οὐ
γὰρ δι᾽ ἄλλην, διὰ δὲ ταύτην τὴν αἰτίαν κατὰ τὰς
ἐθνικὰς καὶ τὰς ὁλοσχερεῖς διαστάσεις πλεῖστον ἀλ-
λήλων διαφέρομεν ἤθεσί τε καὶ μορφαῖς καὶ χρώμα-
3 σιν, ἔτι δὲ τῶν ἐπιτηδευμάτων τοῖς πλείστοις. βουλό-
μενοι δὲ μαλάττειν καὶ κιρνᾶν τὸ τῆς φύσεως αὔθαδες
καὶ σκληρόν, τά τε προειρημένα πάντα παρεισήγα-
γον, καὶ πρὸς τούτοις συνόδους κοινὰς καὶ θυσίας
πλείστας ὁμοίως ἀνδράσι καὶ γυναιξὶ κατείθισαν, ἔτι
4 δὲ χοροὺς παρθένων ὁμοῦ καὶ παίδων, καὶ συλλήβδην
πᾶν ἐμηχανήσαντο, σπεύδοντες τὸ τῆς ψυχῆς ἀτέ-
ραμνον διὰ τῆς τῶν ἐθισμῶν κατασκευῆς ἐξημεροῦν
5 καὶ πραΰνειν. ὧν Κυναιθεῖς ὀλιγωρήσαντες εἰς τέλος,
καὶ ταῦτα πλείστης δεόμενοι τῆς τοιαύτης ἐπικουρίας
διὰ τὸ σκληρότατον παρὰ πολὺ τῆς Ἀρκαδίας ἔχειν
ἀέρα καὶ τόπον, πρὸς αὐτὰς δὲ τὰς ἐν ἀλλήλοις
6 παρατριβὰς καὶ φιλοτιμίας ὁρμήσαντες, τέλος ἀπεθη-
ριώθησαν οὕτως ὥστε μηδ᾽ ἐν ὁποίᾳ γεγονέναι τῶν

fect themselves in dances and give annual performances in the theaters, all under state supervision and at the public expense.

21. Now all these practices I believe to have been introduced by the men of old time, not as luxuries and superfluities but because they had before their eyes the universal practice of personal manual labor in Arcadia, and in general the toilsomeness and hardship of the men's lives, as well as the harshness of character resulting from the cold and gloomy atmospheric conditions usually prevailing in these parts—conditions to which all men by their very nature must perforce assimilate themselves; there being no other cause than this why separate nations and peoples dwelling widely apart differ so much from each other in character, feature, and color as well as in the most of their pursuits. The primitive Arcadians, therefore, with the view of softening and tempering the stubbornness and harshness of nature, introduced all the practices I mentioned, and in addition accustomed the people, both men and women, to frequent festivals and general sacrifices, and dances of young men and maidens, and in fact resorted to every contrivance to render more gentle and mild, by the influence of the customs they instituted, the extreme hardness of the national character. The Cynaetheans, by entirely neglecting these institutions, though in special need of such influences, as their country is the most rugged and their climate the most inclement in Arcadia, and by devoting themselves exclusively to their local affairs and political rivalries, finally became so savage that in no city of

Ἑλληνίδων πόλεων ἀσεβήματα μείζονα καὶ συν-
7 εχέστερα. σημεῖον δὲ τῆς Κυναιθέων ἀτυχίας περὶ
τοῦτο τὸ μέρος καὶ τῆς τῶν ἄλλων Ἀρκάδων τοῖς
8 τοιούτοις τῶν ἐπιτηδευμάτων δυσαρεστήσεως· καθ᾽
οὓς γὰρ καιροὺς τὴν μεγάλην σφαγὴν ποιήσαντες
Κυναιθεῖς ἐπρέσβευσαν πρὸς Λακεδαιμονίους, εἰς ἃς
πόλεις ποτὲ Ἀρκαδικὰς εἰσῆλθον κατὰ τὴν ὁδόν, οἱ
μὲν ἄλλοι παραχρῆμα πάντες αὐτοὺς ἐξεκήρυξαν,
9 Μαντινεῖς δὲ μετὰ τὴν μεταλλαγὴν αὐτῶν καὶ καθαρ-
μὸν ἐποιήσαντο καὶ σφάγια περιήνεγκαν τῆς τε πό-
λεως κύκλῳ καὶ τῆς χώρας πάσης.
10   Ταῦτα μὲν οὖν ἡμῖν εἰρήσθω χάριν τοῦ μὴ διὰ μίαν
πόλιν τὸ κοινὸν ἦθος διαβάλλεσθαι τῶν Ἀρκάδων,
ὁμοίως δὲ καὶ τοῦ μὴ νομίσαντας ἐνίους τῶν κατοι-
κούντων τὴν Ἀρκαδίαν περιουσίας χάριν τὰ κατὰ
μουσικὴν ἐπὶ πλεῖον ἀσκεῖσθαι παρ᾽ αὐτοῖς ὀλιγωρεῖν
ἐγχειρῆσαι τούτου τοῦ μέρους, ἔτι δὲ καὶ Κυναιθέων
11 ἕνεκα, ἵν᾽ ἄν ποτ᾽ αὐτοῖς ὁ θεὸς εὖ δῷ, τραπέντες πρὸς
παιδείαν ἡμερῶσιν αὐτούς, καὶ μάλιστα ταύτης πρὸς
μουσικήν· οὕτως γὰρ μόνως ἂν λήξαιεν τῆς τότε περὶ
12 αὐτοὺς γενομένης ἀγριότητος. ἡμεῖς δ᾽ ἐπειδὴ τὰ περὶ
Κυναιθέων ὑποπίπτοντα δεδηλώκαμεν, αὖτις ἐπὶ τὴν
ἐκτροπὴν ἐπάνιμεν.
     22. Αἰτωλοὶ μὲν οὖν τοιαῦτα διεργασάμενοι κατὰ
τὴν Πελοπόννησον ἧκον εἰς τὴν οἰκείαν ἀσφαλῶς,
2 Φίλιππος δὲ μετὰ δυνάμεως βοηθῶν τοῖς Ἀχαιοῖς
παρῆν εἰς Κόρινθον, ὑστερήσας δὲ τοῦ καιροῦ ἀπέ-
στειλε βιβλιαφόρους πρὸς πάντας τοὺς συμμάχους,

Greece were greater and more constant crimes committed. As an indication of the deplorable condition of the Cynaetheans in this respect and the detestation of the other Arcadians for such practices I may mention the following: at the time when, after the great massacre, the Cynaetheans sent an embassy to Sparta, the other Arcadian cities which they entered on their journey gave them instant notice to depart by cry of herald, but the Mantineans after their departure even made a solemn purification by offering piacular sacrifices and carrying them round their city and all their territory.

I have said so much on this subject firstly in order that the character of the Arcadian nation should not suffer for the crimes of one city, and secondly to deter any other Arcadians from beginning to neglect music under the impression that its extensive practice in Arcadia serves no necessary purpose. I also spoke for the sake of the Cynaetheans themselves, in order that, if Heaven ever grant them better fortune, they may humanize themselves by turning their attention to education and especially to music; for by no other means can they hope to free themselves from that savagery which overtook them at this time. Having now said all that occurred to me on the subject of this people I return to the point whence I digressed.

22. The Aetolians, after these exploits in the Peloponnese, had returned home in safety, when Philip appeared at Corinth with an army to help the Achaeans. As he arrived too late for this, he sent couriers to all the allies, beg- 220 B.C.

παρακαλῶν πέμπειν ἑκάστους παρ᾽ αὐτῶν κατὰ σπου-
δὴν εἰς Κόρινθον τοὺς βουλευσομένους ὑπὲρ τῶν κοι-
3 νῇ συμφερόντων. αὐτὸς δ᾽ ἀναζεύξας ὡς ἐπὶ Τεγέας
προῆγε, πυνθανόμενος τοὺς Λακεδαιμονίους εἰς σφα-
4 γὰς καὶ ταραχὰς ἐμπεπτωκέναι πρὸς ἀλλήλους. οἱ
γὰρ Λακεδαιμόνιοι συνήθεις ὄντες βασιλεύεσθαι καὶ
πάντως τοῖς προεστῶσι πειθαρχεῖν, τότε προσφάτως
μὲν ἠλευθερωμένοι δι᾽ Ἀντιγόνου, βασιλέως δ᾽ οὐχ
ὑπάρχοντος παρ᾽ αὐτοῖς, ἐστασίαζον πρὸς σφᾶς, πάν-
τες ὑπολαμβάνοντες ἴσον αὐτοῖς μετεῖναι τῆς πολι-
5 τείας. τὰς μὲν οὖν ἀρχὰς οἱ μὲν δύο τῶν ἐφόρων
ἄδηλον εἶχον τὴν γνώμην, οἱ δὲ τρεῖς ἐκοινώνουν τοῖς
Αἰτωλοῖς τῶν πραγμάτων, πεπεισμένοι διὰ τὴν ἡλι-
κίαν τὸν Φίλιππον οὐδέπω δυνήσεσθαι τοῖς κατὰ τὴν
6 Πελοπόννησον πράγμασιν ἐπαρκεῖν. ἐπεὶ δ᾽ οἱ μὲν
Αἰτωλοὶ παρὰ τὴν προσδοκίαν αὐτῶν ἐκ Πελοποννή-
σου ταχεῖαν ἐποιήσαντο τὴν ἐπάνοδον, ὁ δὲ Φίλιππος
7 ἐκ Μακεδονίας ἔτι θᾶττω τὴν παρουσίαν, ἀπιστοῦντες
οἱ τρεῖς ἑνὶ τῶν δυεῖν Ἀδειμάντῳ διὰ τὸ συνειδέναι
μὲν σφίσι πάσας τὰς ἐπιβολάς, μὴ λίαν δὲ τοῖς
γινομένοις εὐδοκεῖν, ἠγωνίων μὴ συνεγγίσαντος τοῦ
βασιλέως πάντα τὰ πραττόμενα πρὸς τὸν Φίλιππον
8 ἐξηγήσηται. δι᾽ ἃ δὴ συλλαλήσαντές τισι τῶν νέων
ἐκήρυττον εἰς τὸ τῆς Χαλκιοίκου τέμενος μετὰ τῶν
ὅπλων ἰέναι τοὺς ἐν ταῖς ἡλικίαις ὡς τῶν Μακεδόνων
9 ἐπὶ τὴν πόλιν παραγινομένων. ταχὺ δὲ διὰ τὸ παρά-

---

51 Cf. 16.5.   52 For him, as for all other Spartans, see A.

ging them to send as soon as possible to Corinth representatives to discuss the measures necessary for the common service. He himself quitting Corinth advanced towards Tegea, as he had heard that intestine disturbances accompanied by massacres had broken out at Sparta. For the Lacedaemonians, who had been accustomed to be ruled by kings and to unconditional obedience to their rulers, now having recently gained their liberty[51] though Antigonus and finding themselves without a king, began to fall into factions, as they all thought they should have an equal share of political power. At first two of the ephors did not pronounce for either side, but the other three threw in their lot with the Aetolians, as they were convinced that owing to his tender age Philip would not yet be able to control Peloponnesian affairs. But when, contrary to their expectation, the Aetolians made a hasty retreat from the Peloponnese, and Philip was even quicker in arriving from Macedonia, the three ephors in question, very suspicious of one of the other two, Adeimantus,[52] as he was privy to all their projects and did not highly approve their attitude, were in much fear of his revealing all their designs to the king on his approach. Therefore, after a private conference with some of the younger men, they ordered by proclamation all those of military age to assemble in arms at the temple of Athene of the Brazen House[53] as the Macedonians were advancing on the city. At an order so

S. Bradford, *Prosopography of Lacedaemonians from the Death of Alexander the Great, 323 B.C., to the Sack of Sparta by Alaric, A.D. 396* (Munich 1977).

[53] The temple of Athena *Chalkioikos*, in which King Pausanias was starved to death (Thuc. 1.134).

δοξον ἀθροισθέντων, δυσαρεστῶν Ἀδείμαντος τοῖς
γινομένοις ἐπειρᾶτο προπορευθεὶς παρακαλεῖν καὶ δι-
10 δάσκειν διότι πρῴην ἔδει τὰ κηρύγματα ταῦτα καὶ
τοὺς ἀθροισμοὺς τοὺς ἐν τοῖς ὅπλοις παραγγέλλειν,
καθ᾽ ὃν καιρὸν τοὺς Αἰτωλοὺς πολεμίους ὄντας ἠκού-
ομεν τοῖς ὅροις τῆς χώρας ἡμῶν συνεγγίζειν, οὐ νῦν,
ὅτε Μακεδόνας τοὺς εὐεργέτας καὶ σωτῆρας πυνθανό-
11 μεθα πλησιάζειν μετὰ τοῦ βασιλέως. ἔτι δ᾽ αὐτοῦ
ταῦτ᾽ ἀνακρουομένου, προσπεσόντες οἱ παρακεκλημέ-
νοι τῶν νέων τοῦτόν τε συνεκέντησαν καὶ μετὰ τούτου
Σθενέλαον Ἀλκαμένη Θυέστην Βιωνίδαν, ἑτέρους τῶν
12 πολιτῶν καὶ πλείους. οἱ δὲ περὶ Πολυφόνταν καί τινες
ἅμα τούτοις, ἐμφρόνως προϊδόμενοι τὸ μέλλον, ἀπ-
εχώρησαν πρὸς τὸν Φύλιππον.

23. ταῦτα δὲ πράξαντες εὐθέως ἔπεμπον οἱ προ-
εστῶτες ἔφοροι τῶν πραγμάτων τοὺς κατηγορήσον-
τας πρὸς τὸν Φίλιππον τῶν ἀνῃρημένων καὶ παρακα-
λέσοντας αὐτὸν ἐπισχεῖν τὴν παρουσίαν, ἕως ἂν ἐκ
τοῦ γεγονότος κινήματος εἰς τὴν ἀποκατάστασιν ἔλθῃ
τὰ κατὰ τὴν πόλιν, γινώσκειν δὲ διότι πρόκειται
διατηρεῖν αὐτοῖς πάντα τὰ δίκαια καὶ φιλάνθρωπα
2 πρὸς Μακεδόνας· οἳ καὶ συμμίξαντες ἤδη περὶ τὸ
Παρθένιον ὄρος ὄντι τῷ βασιλεῖ διελέχθησαν ἀκολού-
3 θως ταῖς ἐντολαῖς. ὁ δὲ διακούσας παρεκάλεσε τοὺς
ἥκοντας κατὰ σπουδὴν ποιήσασθαι τὴν εἰς οἶκον
ἐπάνοδον, καὶ δηλοῦν τοῖς ἐφόροις ὅτι κατὰ τὸ συν-
εχὲς πορευθεὶς αὐτὸς μὲν ἐν Τεγέᾳ ποιήσεται τὴν
στρατοπεδείαν, ἐκείνους δ᾽ οἴεται δεῖν τὴν ταχίστην

strange and unexpected all rapidly assembled, upon which Adeimantus, who disapproved of this proceeding, came forward and tried to address the people, pointing out that "These proclamations and orders to assemble in arms should have been made of late when we heard that our enemies the Aetolians were near our frontier, and not now when we learn that the Macedonians, our benefactors and preservers, are approaching with their king." While he was still haranguing in this fashion, those young men who had been appointed to the task by the ephors fell upon him and ran him through as well as Sthenelaus, Alcamenes, Thyestes, Bionidas, and a good many other citizens. Polyphontas, however, and a few with him, foreseeing what was likely to occur, had wisely withdrawn and joined Philip.

23. After these proceedings the ephors now in power at once sent messengers to Philip bringing accusations against their victims, begging him to delay his arrival until the present disturbance had subsided and the town had resumed its normal condition, and informing him that it was their intention to maintain all their obligations to Macedonia and remain friendly. These messengers met the king near Mt. Parthenium and spoke according to their instructions. After listening to them, he bade them return home at once, and inform the ephors that for his own part he would continue his march and take up his quarters in Tegea, where he demanded that they should send him as soon as

ἐκπέμπειν ἄνδρας ἀξιοχρέους τοὺς κοινολογησομέ-

4 νους πρὸς αὐτὸν ὑπὲρ τῶν ἐνεστώτων. ποιησάντων δὲ
τὸ προσταχθὲν τῶν ἀπαντησάντων, διακούσαντες τὰ
παρὰ τοῦ βασιλέως οἱ προεστῶτες τῶν Λακεδαιμο-

5 νίων ἐξέπεμψαν ἄνδρας δέκα πρὸς τὸν Φίλιππον· οἳ
καὶ πορευθέντες εἰς τὴν Τέγεαν καὶ παρελθόντες εἰς τὸ
τοῦ βασιλέως συνέδριον, Ὠμίου προεστῶτος αὐτῶν,
κατηγόρησαν μὲν τῶν περὶ τὸν Ἀδείμαντον ὡς αἰτίων

6 γεγονότων τῆς κινήσεως, πάντα δ' ὑπισχνοῦνται ποι-
ήσειν αὐτοὶ τῷ Φιλίππῳ τὰ κατὰ τὴν συμμαχίαν, καὶ
μηδενὸς ἐν μηδενὶ φανήσεσθαι δεύτεροι κατὰ τὴν
πρὸς αὐτὸν εὔνοιαν τῶν δοκούντων ἀληθινῶν αὐτῷ

7 φίλων ὑπάρχειν. οἱ μὲν οὖν Λακεδαιμόνιοι ταῦτα καὶ
τούτοις παραπλήσια διαλεχθέντες μετέστησαν, οἱ δὲ
μετέχοντες τοῦ συνεδρίου διεφέροντο πρὸς ἀλλήλους

8 ταῖς γνώμαις. καὶ τινὲς μὲν εἰδότες τὴν κακοπραγμο-
σύνην τῶν ἐν τῇ Σπάρτῃ, καὶ πεπεισμένοι τοὺς περὶ
τὸν Ἀδείμαντον ἀπολωλέναι διὰ τὴν πρὸς αὐτοὺς
εὔνοιαν τούς τε Λακεδαιμονίους ἐπιβεβλῆσθαι κοινο-
πραγεῖν τοῖς Αἰτωλοῖς, συνεβούλευον τῷ Φιλίππῳ
παράδειγμα ποιῆσαι τοὺς Λακεδαιμονίους, χρησάμε-
νον αὐτοῖς τὸν αὐτὸν τρόπον ὅνπερ Ἀλέξανδρος ἐχρή-

9 σατο Θηβαίοις εὐθέως παραλαβὼν τὴν ἀρχήν· ἕτεροι
δὲ τῶν πρεσβυτέρων τὴν μὲν τοιαύτην ὀργὴν βαρυ-
τέραν ἀπέφαινον εἶναι τῶν γεγονότων, ἐπιτιμῆσαι δὲ
δεῖν τοῖς αἰτίοις, καὶ μεταστησάμενον τούτους ἐγχει-
ρίσαι τὸ πολίτευμα καὶ τὰς ἀρχὰς τοῖς αὑτοῦ φίλοις.

24. ὁ δὲ βασιλεὺς ἐπὶ πᾶσιν, εἰ χρὴ τοῦ βασιλέως

possible some persons of sufficient weight to discuss the present situation with him. The messengers obeyed, and the Lacedaemonian magistrates, on receiving the king's communication, dispatched ten envoys to Philip, the chief of the mission being Omias, who on reaching Tegea and presenting themselves before the king's council,[54] laid the responsibility of the late disturbance on Adeimantus, and engaged themselves to observe faithfully the terms of the alliance with Philip, and be second to none of those who were regarded as his true friends in their devotion to him. So the Lacedaemonians after these and other similar assurances withdrew, upon which there was a difference of opinion among the members of the council. Some knowing the evil disposition of the Spartan government, and convinced that Adeimantus and the others had met their fate owing to their favoring Macedonia, and that the project of the Lacedaemonians was to join the Aetolians advised Philip to make an example of Sparta, treating it in the same way as Alexander had treated Thebes[55] at the outset of his reign. But some of the older councillors declared that such vengeance was heavier than the offense deserved. Philip, they said, should punish the guilty parties and, removing them from office, place the government in the hands of his own friends.

24. Finally the king spoke, if indeed we are to suppose

[54] C. Habicht, "The Ruling Class in the Hellenistic Monarchies," in his *Hellenistic Monarchies. Selected Papers* (Ann Arbor 2006) 26–40 and 290.

[55] The destruction of the city in 335, which twenty years later was slowly rebuilt.

λέγειν τὰς τότε γνώμας· οὐ γὰρ εἰκὸς ἑπτακαιδεκαέτη
παῖδα περὶ τηλικούτων δύνασθαι πραγμάτων διευ-
2 κρινεῖν. ἀλλ᾽ ἡμῖν μὲν καθήκει τοῖς γράφουσι τὰς
κυρούσας τὰ διαβούλια γνώμας ἀνατιθέναι τοῖς προ-
εστῶσι τῶν ὅλων· τοὺς μέντοι γε ἀκούοντας αὐτοὺς
χρὴ συνυπονοεῖν διότι τῶν συνόντων, καὶ μάλιστα
τῶν παρακειμένων, εἰκός ἐστιν εἶναι τὰς τοιαύτας
3 ὑποθέσεις καὶ διαλήψεις, ὧν Ἀράτῳ τις ἐπιεικέστατ᾽
ἂν προσάπτοι τὴν τότε ῥηθεῖσαν ὑπὸ τοῦ βασιλέως
4 γνώμην. ὁ γὰρ Φίλιππος τὰ μὲν κατ᾽ ἰδίαν τῶν συμ-
μάχων εἰς αὑτοὺς ἀδικήματα καθήκειν ἔφησεν αὑτῷ
μέχρι λόγου καὶ γραμμάτων διορθοῦν καὶ συνεπιση-
5 μαίνεσθαι· τὰ δὲ πρὸς τὴν κοινὴν ἀνήκοντα συμμα-
χίαν, ταῦτ᾽ ἔφη μόνα δεῖν κοινῆς ἐπιστροφῆς καὶ
6 διορθώσεως τυγχάνειν ὑπὸ πάντων. Λακεδαιμονίων δὲ
μηδὲν εἰς τὴν κοινὴν συμμαχίαν ἐκφανὲς ἡμαρτηκό-
των, ἐπαγγελλομένων δὲ πάντα καὶ ποιεῖν τὰ δίκαια
πρὸς ἡμᾶς, οὐ καλῶς ἔχον εἶναι τὸ βουλεύεσθαί τι
7 περὶ αὐτῶν ἀπαραίτητον· καὶ γὰρ ἄτοπον τὸν μὲν
πατέρα πολεμίων ὄντων κρατήσαντα μηδὲν ποιῆσαι
δεινόν, αὐτὸν δ᾽ ἐφ᾽ οὕτω μικρᾶς αἰτίας ἀνήκεστόν τι
8 βουλεύεσθαι περὶ αὐτῶν. ἐπικυρωθείσης δὲ ταύτης
τῆς γνώμης, ὅτι δεῖ παριδεῖν τὸ γεγονός, εὐθέως ὁ
βασιλεὺς Πετραῖον τῶν αὑτοῦ φίλων ἅμα τοῖς περὶ
τὸν Ὠμίαν ἐξαπέστελλε παρακαλέσοντα τοὺς πολ-

---

56 The king does not (as in 25.6) mean his natural father,
Demetrius II, but his stepfather, Antigonus Doson, as he does in

that the opinion he delivered was his own; for it is scarcely probable that a boy of seventeen should be able to decide about such grave matters. It is, however, the duty of us writers to attribute to the supreme ruler the expression of opinion which prevailed at his council, while it is open for the reader to suspect that such decisions and the arguments on which they rest are due to his associates and especially to those closest to his person. Among these in the present case Aratus is the one to whom we may most plausibly attribute the opinion delivered by the king. Philip said that, as far as regarded injuries inflicted by the allies on themselves, it was not incumbent on him to go beyond correcting and censuring such either by word of mouth or by letter; but that only injuries inflicted on the whole alliance called for punishment and redress by the joint action of all. As the Lacedaemonians had not committed any manifest offense against the alliance as a whole, and had engaged to meet faithfully all their obligations to himself, it would not be right to treat them with excessive harshness. Considering indeed that his father[56] after conquering them as enemies, had done them no hurt, it would ill become himself to take extreme vengeance on them for such a trifling fault. When the council had voted to act thus and overlook the incident, the king sent Petraeus,[57] one of his friends, together with Omias, to exhort the people in

two letters (*I. Labraunda* 5, lines 7 and 48; 7, line 12). The reference is to the battle of Sellasia, 2.65–69.

[57] He reappears in 5.16.7. He was more probably a Thessalian from Larisa than a Macedonian: C. Habicht, *Ancient Macedonia* 1 (Thessaloniki 1970) 278–279.

λοὺς ἀντέχεσθαι τῆς πρὸς αὐτὸν καὶ Μακεδόνας εὐ-
νοίας, ἅμα δὲ δώσοντα καὶ ληψόμενον τοὺς ὅρκους
9 περὶ συμμαχίας. αὐτὸς δὲ μετὰ τῆς δυνάμεως ἀνα-
ζεύξας προῆγε πάλιν ὡς ἐπὶ Κορίνθου, καλὸν δεῖγμα
τῆς ἑαυτοῦ προαιρέσεως τοῖς συμμάχοις ἐκτεθειμένος
ἐν τῇ πρὸς τοὺς Λακεδαιμονίους ἀποφάσει.

25. Καταλαβὼν δὲ τοὺς ἀπὸ τῶν συμμαχίδων
παραγεγονότας εἰς τὴν Κόρινθον συνήδρευε καὶ δι-
ελάμβανε μετὰ τούτων τί δεῖ ποιεῖν καὶ πῶς χρήσα-
2 σθαι τοῖς Αἰτωλοῖς. ἐγκαλούντων δὲ Βοιωτῶν μὲν ὅτι
συλήσαιεν τὸ τῆς Ἀθηνᾶς τῆς Ἰτωνίας ἱερὸν εἰρήνης
ὑπαρχούσης, Φωκέων δὲ διότι στρατεύσαντες ἐπ' Ἄμ-
βρυσον καὶ Δαύλιον ἐπιβάλοιντο καταλαβέσθαι τὰς
3 πόλεις, Ἠπειρωτῶν δὲ καθότι πορθήσαιεν αὐτῶν τὴν
χώραν, Ἀκαρνάνων δὲ παραδεικνυόντων τίνα τρόπον
συστησάμενοι πρᾶξιν ἐπὶ Θύριον νυκτὸς ἔτι καὶ
4 προσβαλεῖν τολμήσαιεν τῇ πόλει, πρὸς δὲ τούτοις
Ἀχαιῶν ἀπολογιζομένων ὡς καταλάβοιντο μὲν τῆς
Μεγαλοπολίτιδος Κλάριον, πορθήσαιεν δὲ διεξιόντες
τὴν Πατρέων καὶ Φαραιέων χώραν, διαρπάσαιεν δὲ
Κύναιθαν, συλήσαιεν δὲ τὸ τῆς ἐν Λούσοις Ἀρτέμιδος
ἱερόν, πολιορκήσαιεν δὲ Κλειτορίους, ἐπιβουλεύσαιεν
δὲ κατὰ μὲν θάλατταν Πύλῳ, κατὰ δὲ γῆν ἄρτι συν-
οικιζομένῃ τῇ Μεγαπολιτῶν πόλει σπεύδοντες μετὰ
5 τῶν Ἰλλυριῶν ἀνάστατον αὐτὴν ποιῆσαι, διακούσαν-
τες τούτων οἱ τῶν συμμάχων σύνεδροι πάντες ὁμο-
θυμαδὸν ἐκφέρειν ἐβουλεύσαντο τοῖς Αἰτωλοῖς τὸν
6 πόλεμον. προθέμενοι δὲ τὰς προειρημένας αἰτίας ἐν

Sparta to remain faithful to their friendship with himself and the Macedonians and to exchange oaths confirming the alliance. He himself broke up his camp and began to march back to Corinth, having in his decision about the Spartans given the allies an excellent specimen of the policy he meant to pursue.

25. As he found the deputies from the allied cities assembled at Corinth, he held a Council to deliberate on the measures to be taken with regard to the Aetolians. The Boeotians accused the Aetolians of having plundered the temple of Athene Itonia[58] in time of peace, the Phocians of having marched upon Ambrysus and Daulium and attempted to seize both cities, and the Epirots of having pillaged their territory. The Arcarnanians[59] pointed out how they had organized a *coup de main* against Thyrium and had gone so far as to attack the city under cover of night. The Achaeans related how they had occupied Clarium in the territory of Megalopolis, and during their passage through Achaea ravaged the country of Patrae and Pharae, how they had sacked Cynaetha and despoiled the temple of Artemis at Lusi, laid siege to Cleitor, and made attempts by sea on Pylos and by land on Megalopolis, which was only just in process of being repopulated,[60] intending to reduce it again to desolation with the help of the Illyrians. The deputies of the allies, after hearing all these complaints, decided unanimously to make war on Aetolia. After reciting the above reasons in the preamble of their decree, they

[58] See 3.5. There was also a federal shrine of the Thessalians for the goddess, discovered in the 1960s by D. Theocharis, *AD* 19 B, 1964 (1966), 244–249.   [59] The reference is to 6.2.

[60] After the destruction by Cleomenes in 223 (2.55.7).

τῷ δόγματι παρακατεβάλοντο ψήφισμα, προσδιασα-
φοῦντες ὅτι συνανασώσουσι τοῖς συμμάχοις εἴ τινα
κατέχουσιν αὐτῶν Αἰτωλοὶ χώραν ἢ πόλιν, ἀφ' οὗ
Δημήτριος ὁ Φιλίππου κατὰ φύσιν πατὴρ μετήλλαξε·
7 παραπλησίως δὲ καὶ τοὺς ὑπὸ τῶν καιρῶν ἠναγ-
κασμένους ἀκουσίως μετέχειν τῆς Αἰτωλῶν συμπολι-
τείας, ὅτι πάντας τούτους ἀποκαταστήσουσιν εἰς τὰ
πάτρια πολιτεύματα, χώραν ἔχοντας καὶ πόλεις τὰς
αὐτῶν, ἀφρουρήτους ἀφορολογήτους ἐλευθέρους ὄν-
τας, πολιτείαις καὶ νόμοις χρωμένους τοῖς πατρίοις.
8 συνανακομιεῖσθαι δὲ καὶ τοῖς Ἀμφικτύοσιν ἔγραψαν
τοὺς νόμους καὶ τὴν περὶ τὸ ἱερὸν ἐξουσίαν, ἣν Αἰτω-
λοὶ παρῄρηνται νῦν, βουλόμενοι τῶν κατὰ τὸ ἱερὸν
ἐπικρατεῖν αὐτοί.

26. Τούτου δὲ τοῦ δόγματος κυρωθέντος κατὰ τὸ
πρῶτον ἔτος τῆς ἑκατοστῆς καὶ τετταρακοστῆς ὀλυμ-
πιάδος ὁ μὲν συμμαχικὸς προσαγορευόμενος πόλεμος
ἀρχὴν εἰλήφει δικαίαν καὶ πρέπουσαν τοῖς γεγονόσιν
2 ἀδικήμασιν, οἱ δὲ σύνεδροι παραχρῆμα πρεσβευτὰς
ἐξαπέστελλον πρὸς τοὺς συμμάχους, ἵνα παρ' ἑκά-
στοις διὰ τῶν πολλῶν ἐπικυρωθέντος τοῦ δόγματος
ἐκφέρωσι πάντες τοῖς Αἰτωλοῖς τὸν ἀπὸ τῆς χώρας
3 πόλεμον. ἔπεμψε δὲ καὶ τοῖς Αἰτωλοῖς ἐπιστολὴν ὁ
Φίλιππος διασαφῶν, ἵν' εἴ τι λέγειν ἔχουσι δίκαιον
ὑπὲρ τῶν ἐγκαλουμένων, ἔτι καὶ νῦν συνελθόντες διὰ
4 λόγου ποιῶνται τὴν διεξαγωγήν· εἰ δ' ὑπειλήφασι,
διότι χωρὶς κοινοῦ δόγματος λεηλατοῦσι καὶ πορ-
θοῦσι πάντας, οὐκ ἀμυνεῖσθαι τοὺς ἀδικουμένους, ἐὰν

subjoined a declaration that they would recover for the allies any city or land occupied by the Aetolians since the death of Demetrius, father of Philip; and likewise concerning those who had been compelled by circumstances to join the Aetolian League against their will, they pledged themselves that they should be reinstated in their ancient form of government, and should remain in possession of their cities and lands, without garrisons, exempt from tribute, and completely independent, in the enjoyment of their traditional constitution and laws. They also added a clause engaging to recover for the Amphictyonic Council its ancient laws, and its authority over the Delphic temple, of which it had been deprived by the Aetolians,[61] who wished to control the affairs of the temple themselves.

26. This decree was passed in the first year of the 140th Olympiad and the war known as the Social War thus began, a just war and a fitting sequel to the crimes that had been committed. The Congress at once sent envoys to the allies, so that on the confirmation of the decree by the popular Assembly in each state they might all join in offensive warfare against the Aetolians. Philip also sent a letter to the Aetolians, informing them that, if they had any just defense against the accusations with which they had been charged, they still had time to meet and arrive at a settlement by conference. If, however, they imagined that because they pillaged and despoiled every part of Greece without any previous declaration of war by their League,

220 B.C.

[61] For the changes made by them see F. Lefèvre, *L'amphictionie pyléo-delphique*: *histoire et institutions* (Paris 1998) 116–134 and P. Sánchez, *L'amphictionie des Pyles et de Delphes* (Stuttgart 2001) 270–300.

δ' ἀμύνωνται, νομισθήσεσθαι τούτους κατάρχειν τοῦ
5 πολέμου, πάντων αὐτοὺς εὐηθεστάτους εἶναι. κομι-
σάμενοι δ' οἱ τῶν Αἰτωλῶν ἄρχοντες τὴν ἐπιστολὴν
ταύτην, τὸ μὲν πρῶτον ἐλπίσαντες οὐχ ἥξειν τὸν
Φίλιππον, συνέθεντο ῥητὴν ἡμέραν ἐν ᾗ πρὸς τὸ Ῥίον
6 ἀπαντήσουσι· γνόντες δὲ παραγινόμενον, ἀπέστειλαν
γραμματοφόρον διασαφοῦντες ὡς οὐ δύνανται πρὸ
τῆς τῶν Αἰτωλῶν συνόδου δι' αὑτῶν οὐδὲν ὑπὲρ τῶν
7 ὅλων οἰκονομεῖν. οἱ δ' Ἀχαιοὶ συνελθόντες εἰς τὴν
καθήκουσαν σύνοδον τό τε δόγμα πάντες ἐπεκύρωσαν
8 καὶ τὸ λάφυρον ἐπεκήρυξαν κατὰ τῶν Αἰτωλῶν. προσ-
ελθόντος δὲ καὶ τοῦ βασιλέως πρὸς τὴν βουλὴν ἐν
Αἰγίῳ καὶ διαλεχθέντος διὰ πλειόνων, τὰ ῥηθέντα μετ'
εὐνοίας ἀπεδέξαντο καὶ τὰ προϋπάρχοντα φιλάνθρω-
πα τοῖς προγόνοις ἀνενεώσαντο πρὸς αὐτὸν τὸν Φί-
λιππον.

27. Κατὰ δὲ τοὺς αὐτοὺς καιροὺς Αἰτωλοί, συν-
άψαντος τοῦ τῶν ἀρχαιρεσίων χρόνου, στρατηγὸν
αὐτῶν εἵλοντο Σκόπαν, ὃς ἐγεγόνει πάντων τῶν προ-
2 ειρημένων ἀδικημάτων αἴτιος. ὑπὲρ ὧν οὐκ οἶδα πῶς
χρὴ λέγειν. τὸ γὰρ κοινῷ μὲν δόγματι μὴ πολεμεῖν,
πανδημεὶ δὲ στρατεύοντας ἄγειν καὶ φέρειν τὰ τῶν
πέλας, καὶ κολάζειν μὲν μηδένα τῶν αἰτίων, στρατη-
γοὺς δ' αἱρεῖσθαι καὶ τιμᾶν τοὺς προεστῶτας τῶν
τοιούτων ἔργων, ἐμοὶ μὲν δοκεῖ τῆς πάσης γέμειν
3 κακοπραγμοσύνης· τί γὰρ ἂν ἄλλο τις τὰς τοιαύτας
κακίας ὀνομάσειεν; δῆλον δ' ἔσται τὸ λεγόμενον ἐκ
4 τούτων. Λακεδαιμόνιοι τὴν Καδμείαν Φοιβίδου παρα-

the injured parties were not to retaliate, or if they retaliated should be considered to have broken the peace, they were the most simpleminded people in the world. The Aetolian magistrates on the receipt of this letter at first, in the hope that Philip would not come, named a day on which they would meet him at Rhium, but on hearing that he was come there sent a courier to inform him that before the General Assembly of the Aetolians met they could take no steps on their own responsibility concerning any matters of state. The Achaeans, meeting in their regular annual Assembly,[62] unanimously confirmed the decree and made a proclamation declaring war on the Aetolians. Upon the king's attending the Council at Aegium and addressing them at length, they received his speech favorably and renewed with Philip in person the privileges[63] granted to the kings, his ancestors.

27. Meanwhile, it being the date of their annual election, the Aetolians elected as Strategus that very Scopas who had been the chief cause of all the outrages I have narrated above. I really scarcely find words in which to express myself about this matter. After declaring by a public decree that they were not going to war, to make an expedition in full force and pillage the countries of their neighbors and then, instead of punishing any of the guilty persons, to honor by electing to their chief offices the directors of these proceedings seems to me the very height of villainy; for how can we characterize otherwise such base conduct?—conduct the nature of which the following examples will serve to illustrate. When the Lacedaemo-

---

[62] See 7.1. [63] These included an annual oath of loyalty to the king, his right to summon an Achaean assembly, and others.

σπονδήσαντος τὸν μὲν αἴτιον ἐζημίωσαν τὴν δὲ φρου-
ρὰν οὐκ ἐξήγαγον, ὥσπερ λυομένης τῆς ἀδικίας διὰ
τῆς τοῦ πράξαντος βλάβης, παρὸν τἀναντία ποιεῖν·
5 τοῦτο γὰρ διέφερε τοῖς Θηβαίοις. πάλιν ἐκήρυττον
ἀφιέντες τὰς πόλεις ἐλευθέρας καὶ αὐτονόμους κατὰ
τὴν ἐπ᾽ Ἀνταλκίδου γενομένην εἰρήνην, τοὺς δ᾽ ἁρ-
6 μοστὰς οὐκ ἐξῆγον ἐκ τῶν πόλεων. Μαντινεῖς φίλους
ὄντας καὶ συμμάχους ἀναστάτους ποιήσαντες οὐκ
ἔφασαν ἀδικεῖν, ἐκ μιᾶς πόλεως εἰς πλείους αὐτοὺς
7 διοικίσαντες, ἀνοίᾳ μετὰ κακίας [χρώμενοι διὰ] τὸ δο-
κεῖν, ἐάν τις αὐτὸς ἐπιμύῃ, μηδὲ τοὺς πέλας ὁρᾶν.
8 ἀμφοτέροις τοίνυν ὁ ζῆλος οὗτος τῆς πολιτείας αἴτιος
κατέστη τῶν μεγίστων συμπτωμάτων· ὃν οὐδαμῶς
οὐδαμῇ ζηλωτέον, οὔτε κατ᾽ ἰδίαν οὔτε κοινῇ, τοὺς
ὀρθῶς βουλευομένους.

9   Ὁ δὲ βασιλεὺς Φίλιππος χρηματίσας τοῖς Ἀχαι-
οῖς ἀνέζευξε μετὰ τῆς δυνάμεως ἐπὶ Μακεδονίας,
σπεύδων ἐπὶ τὴν παρασκευὴν τῶν πρὸς τὸν πόλεμον,
10 οὐ μόνον τοῖς συμμάχοις ἀλλὰ πᾶσι τοῖς Ἕλλησι διὰ
τοῦ προειρημένου ψηφίσματος καλὰς ἐλπίδας ὑπο-
δεικνύων πρᾳότητος καὶ μεγαλοψυχίας βασιλικῆς.

      28. Ταῦτα δ᾽ ἐπράττετο κατὰ τοὺς αὐτοὺς καιροὺς

---

64 In 382: *RE* Phoibidas 347–348 (V. Ehrenberg).
65 *StV* 242 of 387/6.
66 In 385: *RE* Mantinea 1322–1323 (F. Bölte).
67 The textual restoration is Hultsch's.
68 The Spartan examples of this are perhaps a last-minute
insertion, originating in events of about 150.

nians gained possession of the Cadmea by the treachery of Phoebidas,[64] they punished the guilty general but did not withdraw the garrison, as if the injustice of the act were atoned for by the perpetrator being made to suffer for it, while if they had chosen, they might have done just the reverse, for the Thebans were concerned about the garrison, not about the man. Again by the terms of the peace of Antalcidas[65] the same people proclaimed all Greek cities free and autonomous, but did not withdraw their *harmosts* from them, and again in expelling from their homes the Mantineans,[66] who were their friends and allies, they maintained that they inflicted no wrong on them by transferring them from one city to several. In all this they exhibited their folly as well as their knavery, for they thought[67] that if a man shuts his own eyes his neighbors too are blind. Now to both states, the Aetolians and the Spartans, this unscrupulous policy[68] resulted in the greatest calamities, and it should never be an object of imitation in the public or private life of men who are well advised.

King Philip now having finished his business with the Achaeans left with his army for Macedonia[69] to hasten on the preparations for the war, having given by the above decree not only to the allies, but to all the Greeks a happy prospect of mildness in his rule and of that magnanimity which befits a king.

28. This took place at the same time that Hannibal, af-

[69] The first letter of Philip to Larisa (*SIG* 543) was not written then, as WC 1. 476 thought, but three years later, since the date is not (Philip's) "year 2" but "year 5": *Ancient Macedonia* 1 (1970) 273–279.

καθ᾽ οὓς Ἀννίβας, γεγονὼς ἤδη κύριος τῶν ἐντὸς
Ἴβηρος ποταμοῦ πάντων, ἐποιεῖτο τὴν ὁρμὴν ἐπὶ τὴν
2 Ζακανθαίων πόλιν. εἰ μὲν οὖν τὰς πρώτας ἐπιβολὰς
τὰς Ἀννίβου ταῖς Ἑλληνικαῖς πράξεσιν ἀπ᾽ ἀρχῆς
εὐθέως ἐπιπεπλέχθαι συνέβαινεν, δῆλον ὡς ἐν τῇ
προτέρᾳ βύβλῳ περὶ τούτων ἂν ἡμᾶς ἐναλλὰξ ἔδει
καὶ κατὰ παράθεσιν τοῖς Ἰβηρικοῖς πεποιῆσθαι τὴν
3 ἐξήγησιν, ἀκολουθοῦντας τοῖς καιροῖς· ἐπεὶ δὲ τά τε
κατὰ τὴν Ἰταλίαν καὶ κατὰ τὴν Ἑλλάδα καὶ κατὰ τὴν
Ἀσίαν τὰς μὲν ἀρχὰς τῶν πολέμων τούτων ἰδίας
εἰλήφει τὰς δὲ συντελείας κοινάς, καὶ τὴν ἐξήγησιν
περὶ αὐτῶν ἐκρίναμεν ποιήσασθαι κατ᾽ ἰδίαν, ἕως ἂν
ἐπὶ τὸν καιρὸν ἔλθωμεν τοῦτον ἐν ᾧ συνεπλάκησαν αἱ
προειρημέναι πράξεις ἀλλήλαις καὶ πρὸς ἓν τέλος
4 ἤρξαντο τὴν ἀναφορὰν ἔχειν (οὕτως γὰρ ἥ τε περὶ τὰς
ἀρχὰς ἑκάστων ἔσται διήγησις σαφὴς ἥ τε συμπλοκὴ
καταφανής, περὶ ἧς ἐν ἀρχαῖς ἐνεδειξάμεθα, παρα-
δείξαντες πότε καὶ πῶς καὶ δι᾽ ἃς αἰτίας γέγονεν),
λοιπὸν ἤδη κοινὴν ποιήσασθαι περὶ πάντων τὴν ἱστο-
5 ρίαν. ἐγένετο δὲ ἡ συμπλοκὴ τῶν πράξεων περὶ τὴν
τοῦ πολέμου συντέλειαν κατὰ τὸ τρίτον ἔτος τῆς
ἑκατοστῆς καὶ τετταρακοστῆς ὀλυμπιάδος. διὸ καὶ τὰ
μετὰ ταῦτα κοινῇ τοῖς καιροῖς ἀκολουθοῦντες ἐξηγη-
6 σόμεθα, τὰ δὲ πρὸ τοῦ κατ᾽ ἰδίαν, ὡς εἶπα, προσανα-
μιμνήσκοντες μόνον τῶν κατὰ τοὺς αὐτοὺς καιροὺς ἐν
τῇ προτέρᾳ βύβλῳ δεδηλωμένων, ἵνα μὴ μόνον εὐ-
παρακολούθητος ἀλλὰ καὶ καταπληκτικὴ γίνηται τοῖς
προσέχουσιν ἡ διήγησις.

ter subduing all Iberia south of the Ebro, began his attack on Saguntum.[70] Now had there been any connection at the outset between Hannibal's enterprise and the affairs of Greece it is evident that I should have included the latter in the previous Book, and, following the chronology, placed my narrative of them side by side in alternate sections with that of the affairs of Spain. But the fact being that the circumstances of Italy, Greece, and Asia were such that the beginnings of these wars were particular to each country, while their ends were common to all, I thought it proper to give a separate account of them, until reaching the date when these conflicts came into connexion with each other and began to tend towards one end—both the narratives of the beginnings of each war being thus made more lucid, and their interconnexion evident of them all, which I mentioned at the outset, indicating when, how, and for what reason it came about—and finally to make a single narrative of these areas. The interconnexion I speak of took place towards the end of the Social War in the third year of the 140th Olympiad. After this date therefore I shall give a general history of events in chronological order; but up to it, as I said, a separate account of each war, merely recalling the contemporary occurrences set forth in the previous Book, so that the whole narrative may not only be easy to follow but may make a due impression on my readers.

218 B.C.

[70] "P's wording here may (but does not necessarily) imply the confused notion of Saguntum as lying north of the Ebro (cf. II 13, 7 n [e])," WC 1. 476.

29. Φίλιππος δὲ παραχειμάζων ἐν Μακεδονίᾳ κατ-
έγραφε τὰς δυνάμεις πρὸς τὴν μέλλουσαν χρείαν
ἐπιμελῶς, ἅμα δὲ τούτοις ἠσφαλίζετο τὰ πρὸς τοὺς
2 ὑπερκειμένους τῆς Μακεδονίας βαρβάρους. μετὰ δὲ
ταῦτα συνελθὼν πρὸς Σκερδιλαΐδαν καὶ τολμηρῶς
δοὺς αὑτὸν εἰς τὰς χεῖρας διελέγετο περὶ φιλίας καὶ
3 συμμαχίας, καὶ τὰ μὲν ὑπισχνούμενος αὐτῷ συγκατα-
σκευάσειν τῶν κατὰ τὴν Ἰλλυρίδα πραγμάτων, τὰ δὲ
κατηγορῶν τῶν Αἰτωλῶν ὄντων εὐκατηγορήτων, ῥαδί-
4 ως ἔπεισε συγχωρεῖν τοῖς παρακαλουμένοις. μήποτε
γὰρ οὐδὲν διαφέρει τὰ κατ᾽ ἰδίαν ἀδικήματα τῶν
κοινῶν, ἀλλὰ πλήθει μόνον καὶ μεγέθει τῶν συμ-
βαινόντων. καὶ γὰρ κατ᾽ ἰδίαν τὸ τῶν ῥᾳδιουργῶν καὶ
κλεπτῶν φῦλον τούτῳ μάλιστα τῷ τρόπῳ σφάλλεται,
τῷ μὴ ποιεῖν ἀλλήλοις τὰ δίκαια, καὶ συλλήβδην διὰ
5 τὰς εἰς αὑτοὺς ἀθεσίας. ὃ καὶ τότε συνέβη γενέσθαι
περὶ τοὺς Αἰτωλούς. συνθέμενοι γὰρ τῷ Σκερδιλαΐδᾳ
δώσειν μέρος τι τῆς λείας, ἐὰν συνεισβάλῃ μετ᾽ αὐτῶν
6 εἰς τὴν Ἀχαΐαν, πεισθέντος καὶ ποιήσαντος τοῦτο
διαρπάσαντες τὴν τῶν Κυναιθέων πόλιν καὶ πολλὰ
περιελασάμενοι σώματα καὶ θρέμματα τὸν Σκερδι-
λαΐδαν οὐδενὸς μερίτην ἐποίησαν τῶν ἁλόντων.
7 διόπερ ὑποκαθημένης ἐκ τούτων αὐτῷ τῆς ὀργῆς,
βραχέα προσαναμνήσαντος τοῦ Φιλίππου ταχέως
ὑπήκουσε καὶ συνέθετο μεθέξειν τῆς κοινῆς συμ-
μαχίας, ἐφ᾽ ᾧ λαμβάνειν μὲν εἴκοσι τάλαντα κατ᾽
ἐνιαυτόν, πλεῖν δὲ λέμβοις τριάκοντα καὶ πολεμεῖν
τοῖς Αἰτωλοῖς κατὰ θάλατταν.

29. While wintering in Macedonia Philip spent his time in diligently levying troops for the coming campaign, and in securing his frontiers from attack by the barbarians of the interior. In the next place he met Scerdilaïdas, fearlessly putting himself in his power, and made him offers of friendship and alliance. By promising on the one hand to aid him in subduing Illyria and on the other hand by bringing accusations against the Aetolians, which was no difficult matter, he easily persuaded him to agree to his proposals. Public crimes, as a fact, differ from private ones only in the extent and quantity of their results. In private life also the whole tribe of thieves and swindlers come to grief most frequently by not treating their confederates justly and generally speaking by perfidy towards each other, and this was what happened now to the Aetolians. They had agreed with Scerdilaïdas to give him a part of the spoil if he joined them in their invasion of Achaea, and when he consented and did so and they had sacked Cynaetha, carrying off a large booty of slaves and cattle, they gave him no share at all of their captures. As he had been nursing anger against them for this ever since, it only required a brief mention by Philip of this grievance to make him at once consent and agree to become a member of the general alliance on condition of receiving an annual sum of twenty talents, in consideration of which he was to attack the Aetolians by sea with thirty boats.

30. Ὁ μὲν οὖν Φίλιππος περὶ ταῦτα διέτριβεν, οἱ δ᾽ ἐξαποσταλέντες πρέσβεις πρὸς τοὺς συμμάχους ἀφικόμενοι πρῶτον εἰς Ἀκαρνανίαν ἐνετύγχανον τούτοις.

2 οἱ δ᾽ Ἀκαρνᾶνες τό τε δόγμα γνησίως συνεπεκύρωσαν καὶ τὸν ἀπὸ χώρας πόλεμον ἐξήνεγκαν τοῖς Αἰτωλοῖς· καίπερ τούτοις, εἰ καί τισιν ἑτέροις, δίκαιον ἦν συγγνώμην ἔχειν ὑπερτιθεμένοις καὶ καταμέλλουσι καὶ καθόλου δεδιόσι τὸν ἀπὸ τῶν ἀστυγειτόνων πόλεμον

3 καὶ διὰ τὸ παρακεῖσθαι μὲν συντερμονοῦντας τῇ τῶν Αἰτωλῶν χώρᾳ, πολὺ δὲ μᾶλλον διὰ τὸ κατ᾽ ἰδίαν εὐχειρώτους ὑπάρχειν, τὸ δὲ μέγιστον, διὰ τὸ μικροῖς ἔμπροσθεν χρόνοις πεῖραν εἰληφέναι τῶν δεινοτάτων

4 διὰ τὴν πρὸς Αἰτωλοὺς ἀπέχθειαν. ἀλλά μοι δοκοῦσιν οἱ γνήσιοι τῶν ἀνδρῶν καὶ κοινῇ καὶ κατ᾽ ἰδίαν οὐδέποτε περὶ πλείονος οὐθὲν ποιεῖσθαι τοῦ καθήκοντος· ὅπερ Ἀκαρνᾶνες ἐν τοῖς πλείστοις καιροῖς οὐδενὸς τῶν Ἑλλήνων ἧττον εὑρίσκονται διατετηρηκότες, καίπερ ἀπὸ μικρᾶς ὁρμώμενοι δυνάμεως. οἷς οὐκ ὀκνη-

5 τέον κατὰ τὰς περιστάσεις κοινωνεῖν πραγμάτων, σπευστέον δὲ μᾶλλον, εἰ καί τισιν ἑτέροις τῶν Ἑλλήνων· καὶ γὰρ ἰδίᾳ καὶ κοινῇ στάσιμον ἔχουσί τι καὶ

6 φιλελεύθερον. Ἠπειρῶται δὲ ἐκ παραθέσεως διακούσαντες τῶν πρέσβεων τὸ μὲν δόγμα παραπλησίως ἐπεκύρωσαν, τὸν δὲ πόλεμον ἐκφέρειν ἐψηφίσαντο τοῖς Αἰτωλοῖς, ἐπειδὰν καὶ Φίλιππος ὁ βασιλεὺς

7 ἐξενέγκῃ, τοῖς δὲ παρὰ τῶν Αἰτωλῶν πρεσβευταῖς ἀπεκρίθησαν ὅτι δέδοκται τοῖς Ἠπειρώταις διατηρεῖν πρὸς αὐτοὺς τὴν εἰρήνην, ἀγεννῶς καὶ ποικίλως χρώ-

30. Philip, then, was thus occupied. Meanwhile the envoys sent to the allies proceeded first to Acarnania and communicated with the people. The Acarnanians acted with perfect straightforwardness, confirming the decree and agreeing to make war on the Aetolians from Acarnania, although they, if any people, might have been excused for deferring and hesitating and generally for dreading a war with a neighboring state, and this for three reasons: the first being the immediate neighborhood of Aetolia, the next and more important, their military weakness when isolated, but the gravest of all, the terrible suffering[71] they had recently undergone owing to their hostility to the Aetolians. But really straight and honorable men, both in public and private, value, I think, no considerations above their duty, and this principle the Acarnanians are found to have maintained on most occasions more firmly than any other people in Greece, although their resources were but slender. No one, then, should hesitate to seek the alliance of this people in a crisis; rather it should be embraced with more eagerness than that of any other Greek people; for both in public and in private they are characterized by steadfastness and love of liberty. The Epirots,[72] on the contrary, after receiving the envoys, while they also confirmed the decree and voted to make war on the Aetolians as soon as King Philip himself took the field, in their reply to the Aetolian embassy stated that they had passed a resolution to maintain peace with them, thus

220 B.C.

[71] See mainly 2.45.1.

[72] The praise of the Acarnanians is followed by harsh judgment on the Epirots.

409

8 μενοι τοῖς πράγμασιν. ἀπεστάλησαν δὲ καὶ πρὸς
βασιλέα Πτολεμαῖον πρέσβεις οἱ παρακαλέσοντες
αὐτὸν μήτε χρήματα πέμπειν τοῖς Αἰτωλοῖς μήτ᾽ ἄλλο
μηδὲν χορηγεῖν κατὰ Φιλίππου καὶ τῶν συμμάχων.

31. Μεσσήνιοι δέ, δι᾽ οὓς ὁ πόλεμος τὴν ἀρχὴν
ἔλαβε, τοῖς παραγενομένοις πρὸς αὐτοὺς ἀπεκρίθη-
σαν ὅτι τῆς Φιγαλείας κειμένης ἐπὶ τοῖς ὅροις αὐτῶν
καὶ ταττομένης ὑπ᾽ Αἰτωλούς, οὐκ ἂν ἐπιδέξαιντο τὸν
πόλεμον πρὶν ἢ ταύτην ἀπ᾽ Αἰτωλῶν ἀποσπασθῆναι
2 τὴν πόλιν. περὶ δὲ τῆς ἀποφάσεως ταύτης κατίσχυ-
σαν, οὐδαμῶς εὐδοκούντων τῶν πολλῶν, [Αἰτωλῶν οἱ]
ἐφορεύοντες Οἶνις καὶ Νίκιππος καί τινες ἕτεροι τῶν
ὀλιγαρχικῶν, ἀγνοοῦντες καὶ πολὺ παραπαίοντες τοῦ
3 δέοντος κατά γε τὴν ἐμὴν γνώμην. ἐγὼ γὰρ φοβερὸν
μὲν εἶναί φημι τὸν πόλεμον, οὐ μὴν οὕτω γε φοβερὸν
ὥστε πᾶν ὑπομένειν χάριν τοῦ μὴ προσδέξασθαι
4 πόλεμον, ἐπεὶ τί καὶ θρασύνομεν τὴν ἰσηγορίαν καὶ
παρρησίαν καὶ τὸ τῆς ἐλευθερίας ὄνομα πάντες, εἰ
5 μηδὲν ἔσται προυργιαίτερον τῆς εἰρήνης; οὐδὲ γὰρ
Θηβαίους ἐπαινοῦμεν κατὰ τὰ Μηδικά, διότι τῶν ὑπὲρ
τῆς Ἑλλάδος ἀποστάντες κινδύνων τὰ Περσῶν εἵλον-
το διὰ τὸν φόβον, οὐδὲ Πίνδαρον τὸν συναποφηνάμε-
νον αὐτοῖς ἄγειν τὴν ἡσυχίαν διὰ τῶνδε τῶν ποιη-
μάτων,

6   τὸ κοινόν τις ἀστῶν ἐν εὐδίᾳ τιθεὶς
        ἐρευνασάτω μεγαλάνορος ἡσυχίας τὸ φαιδρὸν
            φάος.

playing a part as ignoble as it was double-faced. Envoys were also sent to King Ptolemy[73] requesting him neither to send funds to the Aetolians, nor to furnish them with any other supplies for use against Philip and the allies.

31. The Messenians, on whose account the war began, replied to the envoys sent to them, that seeing that Phigalea lay on their borders and was subject to the Aetolians, they would not undertake the war until this city had been detached from the Aetolians. This resolution was by no means generally approved, but was forced through by the ephors Oenis and Nicippus and certain other members of the oligarchical party, who in my opinion were much mistaken and took a course which was far from being correct. That war is a terrible thing I agree, but it is not so terrible that we should submit to anything in order to avoid it. For why do we all vaunt our civic equality and liberty of speech and all that we mean by the word freedom, if nothing is more advantageous than peace? We do not indeed praise the Thebans because at the time of the Persian invasion they deserted Greece in the hour of peril and took the side of the Persians from fear, nor do we praise Pindar for confirming them in their resolution to remain inactive by the verses[74]

Stablish in calm the common weal,
Ye burghers all, and seek the light of lordly Peace
    that ever beameth bright.

---

[73] Ptolemy IV Philopator, 221–204. His predecessor had stopped the subsidies paid to the Achaeans in the 220s and had transferred them to King Cleomenes (2.51.1).

[74] Fr. 109 Snell-Maehler. P. has misunderstood Pindar, which renders his criticism unjust: Pindar spoke of internal peace within the city.

7 δόξας γὰρ παραυτίκα πιθανῶς εἰρηκέναι, μετ' οὐ πολὺ
πάντων αἰσχίστην εὑρέθη καὶ βλαβερωτάτην πεποιη-

8 μένος ἀπόφασιν· εἰρήνη γὰρ μετὰ μὲν τοῦ δικαίου καὶ
πρέποντος κάλλιστόν ἐστι κτῆμα καὶ λυσιτελέστατον,
μετὰ δὲ κακίας ἢ δειλίας ἐπονειδίστου πάντων αἴσχι-
στον καὶ βλαβερώτατον.

32. Οἱ δὲ τῶν Μεσσηνίων προεστῶτες, ὄντες ὀλι-
γαρχικοὶ καὶ στοχαζόμενοι τοῦ παραυτὰ κατ' ἰδίαν
λυσιτελοῦς, φιλοτιμότερον τοῦ δέοντος ἀεὶ διέκειντο

2 πρὸς τὴν εἰρήνην. διὸ πολλὰς μὲν περιστάσεις καὶ
καιροὺς ἔχοντες, ἐνίοτε δὲ φόβους καὶ κινδύνους διω-
λίσθανον· ἠθροίζετο δὲ κατὰ τὴν πρόθεσιν ταύτην ἀεὶ
τὸ κεφάλαιον αὐτοῖς, καὶ μεγίσταις ἐποίουν παλαίειν

3 τὴν πατρίδα συμφοραῖς. δοκῶ δ' ἔγωγε τὴν αἰτίαν
εἶναι ταύτην, ὅτι δυσὶ γειτνιῶτες ἔθνεσι τοῖς μεγί-
στοις τῶν κατὰ Πελοπόννησον, μᾶλλον δὲ σχεδὸν καὶ
τῶν Ἑλληνικῶν, λέγω δὲ τῷ τε τῶν Ἀρκάδων καὶ τῷ

4 τῶν Λακώνων, καὶ τοῦ μὲν ἐχθρῶς καὶ ἀκαταλλάκτως
ἀεί ποτε πρὸς αὐτοὺς ἔχοντος ἐξ οὗ καὶ κατέσχον τὴν
χώραν, τοῦ δὲ φιλικῶς καὶ κηδεμονικῶς, οὔτε τὴν πρὸς
Λακεδαιμονίους ἔχθραν εὐγενῶς ἀνελάμβανον οὔτε

5 τὴν πρὸς Ἀρκάδας φιλίαν. λοιπὸν ὅταν μὲν οὗτοι
πρὸς ἀλλήλους ἢ πρὸς ἑτέρους πολεμοῦντες ἐν περι-
σπασμοῖς ἦσαν, ἐγίνετο τὸ δέον αὐτοῖς· ἦγον γὰρ τὴν
εἰρήνην ἀεὶ παρευδιαζόμενοι διὰ τὴν τοῦ τόπου

6 παράπτωσιν· ὅταν δ' εὔσχολοι κἀπερίσπαστοι Λακε-

For though at the time this advice seemed plausible it was not long before the decision he recommended proved to be the source of the deepest disaster and disgrace. Peace indeed, with justice and honor is the fairest and most profitable of possessions, but when joined with baseness and disgraceful cowardice, nothing is more infamous and hurtful.

32. The oligarchs who were then in power in Messenia,[75] aiming at their own immediate advantage, were always too warm advocates of peace. Consequently though they often found themselves in critical situations and were sometimes exposed to grave peril, they always managed to slip through without friction. But the sum of the evils caused by this policy of their continued to accumulate, and at last their country was forced to struggle with the worst calamities. The cause of this I believe to be, that living as they did on the borders of two of the greatest peoples in the Peloponnese or even in Greece, the Arcadians and Laconians, of whom the latter had been their implacable enemies ever since their first occupation of the country, while the former were their friends and protectors, they were never thoroughly frank and wholehearted either in their enmity to the Lacedaemonians or in their friendship to the Arcadians. Consequently when the attention of these two peoples was distracted by wars between themselves or against other states, the Messenians were not ill treated, for they enjoyed tranquillity and peace owing to their country lying outside the theater of war. But when—

[75] P.'s criticism of the Messenians reflects their difficulties with the Achaeans, and especially with Megalopolis, at the time P. began his political career, between 180 and 168.

413

δαιμόνιοι γενηθέντες ἐτράπησαν πρὸς τὸ βλάπτειν
7 αὐτούς, οὔτ᾽ αὐτοὶ δι᾽ αὑτῶν ἀντοφθαλμεῖν ἐδύναντο
πρὸς τὸ βάρος τὸ Λακεδαιμονίων, οὔτε προκατεσκευ-
ασμένοι φίλους τοὺς ἀληθινῶς αὐτοῖς πάντα συνυπο-
στησομένους ἢ δουλεύειν ἠναγκάζοντο τούτοις ἀχθο-
φοροῦντες, ἢ φεύγοντες τὴν δουλείαν ἀνάστατοι
γίνεσθαι, λείποντες τὴν χώραν μετὰ τέκνων καὶ γυ-
8 ναικῶν, ὅπερ ἤδη πλεονάκις αὐτοῖς συνέβη παθεῖν οὐ
9 πάνυ πολλοῖς χρόνοις. εἴη μὲν οὖν οἱονεὶ συμφῦναι
τὴν νῦν ὑπάρχουσαν κατάστασιν Πελοποννησίοις,
10 ἵνα μηδενὸς δέῃ τῶν λέγεσθαι μελλόντων· ἐὰν δέ ποτε
κίνησιν καὶ μετάστασιν σχῇ ταῦτα, μίαν ὁρῶ Μεσση-
νίοις καὶ Μεγαλοπολίταις ἐλπίδα τοῦ δύνασθαι νέμε-
σθαι τὴν αὑτῶν χώραν τὸν πλείω χρόνον, ἐὰν συμ-
φρονήσαντες κατὰ τὴν Ἐπαμινώνδου γνώμην παντὸς
καιροῦ καὶ πράγματος ἕλωνται κοινωνεῖν ἀλλήλοις
ἀληθινῶς.

33. Ὁ δὲ λόγος οὗτος ἔχει μὲν ἴσως καὶ διὰ τῶν
2 πάλαι γεγονότων πίστιν. οἱ γὰρ Μεσσήνιοι πρὸς
ἄλλοις πολλοῖς καὶ παρὰ τὸν τοῦ Διὸς τοῦ Λυκαίου
βωμὸν ἀνέθεσαν στήλην ἐν τοῖς κατ᾽ Ἀριστομένην
καιροῖς, καθάπερ καὶ Καλλισθένης φησίν, γράψαντες
τὸ γράμμα τοῦτο·

---

[76] Nephew of Aristotle, from Olynthus, an historian who ac-
companied Alexander into the East until the king had him exe-
cuted in 327. *FGrH* 124 for the remains of his work; the present
quotation is F 23.

ever the Lacedaemonians, finding themselves again at leisure and undistracted, took to maltreating them, they could neither face the might of Sparta alone, nor had they secured for themselves friends who would be ready to stand by them in all circumstances, and consequently they were compelled either to be the slaves and carriers of the Lacedaemonians, or if they wished to avoid slavery, to break up their homes and abandon their country with their wives and children, a fate which overtook them more than once in a comparatively short period of time. Heaven grant that the present tranquillity of the Peloponnese may be firmly established, so that the advice I am about to give may not be required; but should there be a change and a recurrence of disturbances the only hope I see for the Messenians and Megalopolitans of being able to continue in possession of their countries, is for them, as Epaminondas advised, to be of one mind and resolve on wholehearted cooperation in all circumstances and in all action.

33. This counsel may perhaps find some support from circumstances that took place many years previously. For besides many other things I might mention, the Messenians set up in the time of Aristomenes, as Callisthenes[76] tells us, a pillar beside the altar of Zeus Lycaeus[77] bearing the inscription:[78]

[77] *RE* Lykaios 2235–2244 (E. Meyer) and Lykaia 2231–2235 (K. Scherling).

[78] The epigram is also quoted in Paus. 4.22.7, with Μεσσήνης in line 2.

3   πάντως ὁ χρόνος εὗρε δίκην ἀδίκῳ βασιλῆι,
        εὗρε δὲ Μεσσήνη σὺν Διὶ τὸν προδότην
        ῥηιδίως. χαλεπὸν δὲ λαθεῖν θεὸν ἄνδρ' ἐπίορκον.
        χαῖρε, Ζεῦ βασιλεῦ, καὶ σάω Ἀρκαδίαν.

4   Ἐπεὶ γὰρ τῆς αὑτῶν ἐστερήθησαν, οἱονεὶ περὶ
        δευτέρας πατρίδος, ὥς γ' ἐμοὶ δοκεῖ, τοῖς θεοῖς εὐχό-
        μενοι σῴζειν τὴν Ἀρκαδίαν, τοῦτ' ἀνέθεσαν τὸ γράμ-
5   μα. καὶ τοῦτο εἰκότως ἐποίουν· οὐ γὰρ μόνον αὐτοὺς
        Ἀρκάδες ὑποδεξάμενοι κατὰ τὴν ἔκπτωσιν τὴν ἐκ τῆς
        ἰδίας ὑπὸ τὸν Ἀριστομένειον πόλεμον ὁμεστίους ἐποι-
        ήσαντο καὶ πολίτας, ἀλλὰ καὶ τὰς θυγατέρας ἐψη-
6   φίσαντο τοῖς ἐν ἡλικίᾳ διδόναι τῶν Μεσσηνίων, πρὸς
        δὲ τούτοις ἀναζητήσαντες τὴν Ἀριστοκράτους τοῦ
        βασιλέως προδοσίαν ἐν τῇ μάχῃ τῇ καλουμένῃ περὶ
        Τάφρον αὐτόν τ' ἀνεῖλον καὶ τὸ γένος αὐτοῦ πᾶν
7   ἠφάνισαν. οὐ μὴν ἀλλὰ καὶ χωρὶς τῶν πάλαι τὰ
        τελευταῖα γεγονότα μετὰ τὸν Μεγάλης πόλεως καὶ
        Μεσσήνης συνοικισμὸν ἱκανὴν ἂν παράσχοι πίστιν
8   τοῖς ὑφ' ἡμῶν εἰρημένοις. καθ' οὓς γὰρ καιρούς, τῆς
        περὶ Μαντίνειαν μάχης τῶν Ἑλλήνων ἀμφιδήριτον
        ἐχούσης τὴν νίκην διὰ τὸν Ἐπαμινώνδου θάνατον,
        ἐκώλυον Λακεδαιμόνιοι μετέχειν τῶν σπονδῶν Μεσ-
        σηνίους, ἀκμὴν σφετεριζόμενοι ταῖς ἐλπίσι τὴν Μεσ-
9   σηνίαν, ἐπὶ τοσοῦτο διέσπευσαν Μεγαλοπολῖται καὶ
        πάντες οἱ κοινωνοῦντες Ἀρκάδων τῆς αὑτῶν συμ-
        μαχίας ὥστε Μεσσηνίους μὲν ὑπὸ τῶν συμμάχων
        προσδεχθῆναι καὶ μετασχεῖν τῶν ὅρκων καὶ διαλύ-

Time faileth ne'er to find the unjust and bring
A righteous doom on an unrighteous king.
Messene now, with ease, for Zeus did speed,
Found out the traitor. Yea, 'tis hard indeed
For the forsworn to hide him from God's eye.
All hail, O Zeus, the king; save Arcady.

It was, as a fact, after they had lost their own country
that they dedicated this inscription praying the gods to
save Arcadia as if it were a second fatherland[79] to them.
And in this they were quite justified; for the Arcadians not
only received them on their expulsion from Messenia in
the Aristomenean War, taking them to their homes and
making them citizens, but passed a resolution to give their
daughters in marriage to those Messenians who were of
proper age. In addition to this, after holding an inquiry
into the treachery of the king Aristocrates in the battle of
the Trench, they put him and his whole family to death.
But, apart from these remote events, my assertion derives
sufficient support from what eventually took place after
the foundation of the cities of Megalopolis and Messene.
For at the time when, after the battle of Mantinea, the re-
sult of which was doubtful owing to the death of Epami-
nondas, the Spartans refused to allow the Messenians to
participate in the truce, as they still hoped to reannex
Messenia, the Megalopolitans and all the Arcadians in alli-
ance with them were so active in their efforts, that the
Messenians were received by the allies and included in the

[79] For the wars of the Messenians against Sparta see the bulk
of Pausanias, book 4.

σεων, Λακεδαιμονίους δὲ μόνους ἐκσπόνδους γενέ-
10 σθαι τῶν Ἑλλήνων. ἃ τίς οὐκ ἂν τῶν ἐπιγινομένων ἐν
νῷ τιθέμενος νομίσειε καλῶς εἰρῆσθαι τὰ μικρῷ πρό-
τερον ὑφ' ἡμῶν δεδηλωμένα;

11   Ταῦτα μὲν οὖν εἰρήσθω μοι χάριν Ἀρκάδων καὶ
Μεσσηνίων, ἵνα μνημονεύοντες τῶν συμβεβηκότων
αὐτοῖς περὶ τὰς πατρίδας ἀτυχημάτων ὑπὸ Λακεδαι-
μονίων ἀληθινῶς ἀντέχωνται τῆς πρὸς αὐτοὺς εὐνοίας
12 καὶ πίστεως, καὶ μήτε φόβον ὑφορώμενοι μήτ' εἰρήνης
ἐπιθυμοῦντες ἐγκαταλείπωσιν ἀλλήλους ἐν ταῖς ὁλο-
σχερέσι περιστάσεσιν.

34. Λακεδαιμόνιοι δὲ τῶν εἰθισμένων ἐποίησάν τι
(τοῦτο γὰρ συνεχὲς ἦν τοῖς προειρημένοις)· τέλος γὰρ
τοὺς παρὰ τῶν συμμάχων πρέσβεις ἀναποκρίτους
ἀπέστειλαν. οὕτως ἐξηπόρησαν ὑπὸ τῆς ἀλογίας καὶ
2 κακίας τῆς αὑτῶν. καί μοι δοκεῖ τοῦτ' ἀληθὲς εἶναι,
διότι πολλάκις τολμᾶν περιττὸν εἰς ἄνοιαν καὶ τὸ
3 μηδὲν καταντᾶν εἴωθεν. οὐ μὴν ἀλλὰ μετὰ ταῦτα,
κατασταθέντων ἐφόρων ἄλλων, οἱ κινήσαντες ἐξ ἀρ-
χῆς τὰ πράγματα καὶ γενόμενοι τῆς προειρημένης
σφαγῆς αἴτιοι διεπέμποντο πρὸς τοὺς Αἰτωλούς, ἐπι-
4 σπώμενοι πρεσβευτήν. τῶν δὲ καὶ μάλ' ἀσμένως ὑπ-
ακουσάντων ἧκε μετ' ὀλίγον πρεσβεύων εἰς τὴν Λακε-
δαίμονα Μαχατᾶς. καὶ παραυτίκα προσῄει τοῖς
5 ἐφόροις ... οἰόμενοι δεῖν τῷ τε Μαχατᾷ δίδοσθαι τὴν
ἔφοδον ἐπὶ τοὺς πολλούς, καὶ βασιλέας καθιστάναι
κατὰ τὰ πάτρια, καὶ μὴ περιορᾶν τὸν πλείω χρόνον

general treaty[80] of peace, while the Lacedaemonians alone among the Greeks were excluded from it. Anyone in the future who takes this into consideration will agree that the opinion I advanced a little above is correct. I have spoken at such length on the subject for the sake of the Arcadians and Messenians, in order that, bearing in mind the misfortunes that have befallen their countries at the hands of the Lacedaemonians, they may adhere in the spirit as well as in the letter to their alliance and neither from fear of consequences or from a desire for peace desert each other in critical times.

34. To continue my account of the reception of the envoys, the Lacedaemonians acted in the manner usual with them, eventually dismissing the envoys from the allies without making any reply; so utterly incapable were they of arriving at a decision owing to the absurdity and viciousness of their late policy. Indeed it seems to me very true the saying that excessive daring ends in mere senselessness and nothingness. Subsequently, however, on the appointment of new ephors, the original movers of the sedition and authors of the massacre I described above sent messengers to the Aetolians inviting them to negotiate. The Aetolians were quite happy to agree to this, and shortly afterwards Machatas arrived in Sparta as their envoy and at once presented himself before the ephors [accompanied by members of the party which had invited him who] demanded that they should grant Machatas access to the general assembly[81] and appoint kings in accordance with the ancient constitution, for they must no longer permit the

80 Of 362/1, *StV* 292.   81 This assembly consisted of all freeborn Spartans thirty years of age and over.

παρὰ τοὺς νόμους καταλελυμένην τὴν τῶν Ἡρακλει-
6 δῶν ἀρχήν. οἱ δ' ἔφοροι δυσαρεστούμενοι μὲν τοῖς
ὅλοις πράγμασιν, οὐ δυνάμενοι δὲ πρὸς τὴν ὁρμὴν
ἀντοφθαλμεῖν ἀλλὰ δεδιότες τὴν τῶν νέων συστρο-
φήν, περὶ μὲν τῶν βασιλέων ἔφασαν μετὰ ταῦτα
βουλεύσεσθαι, τῷ δὲ Μαχατᾷ συνεχώρησαν δώσειν
7 τὴν ἐκκλησίαν. συναχθέντος δὲ τοῦ πλήθους παρ-
ελθὼν ὁ Μαχατᾶς παρεκάλει διὰ πλειόνων αὐτοὺς
αἱρεῖσθαι τὴν πρὸς Αἰτωλοὺς συμμαχίαν, εἰκῇ μὲν
καὶ θρασέως κατηγορῶν Μακεδόνων, ἀλόγως δὲ καὶ
8 ψευδῶς ἐγκωμιάζων τοὺς Αἰτωλούς. μεταστάντος δὲ
τούτου πολλῆς ἀμφισβητήσεως ἐτύγχανε τὸ πρᾶγμα·
τινὲς μὲν γὰρ συνηγόρουν τοῖς Αἰτωλοῖς καὶ συν-
τίθεσθαι πρὸς αὐτοὺς παρῄνουν τὴν συμμαχίαν, ἔνιοι
9 δὲ τούτοις ἀντέλεγον. οὐ μὴν ἀλλὰ τῶν πρεσβυτέρων
τινὲς ἐπιστήσαντες τὸ πλῆθος ἐπί τε τὰς Ἀντιγόνου
καὶ Μακεδόνων εὐεργεσίας ἐπί τε τὰς διὰ Χαριξένου
καὶ Τιμαίου βλάβας, ὅτε στρατεύσαντες Αἰτωλοὶ παν-
δημεὶ κατέφθειραν μὲν αὐτῶν τὴν χώραν, ἐξηνδραπο-
δίσαντο δὲ τὰς περιοίκους, ἐπεβούλευσαν δὲ τῇ Σπάρ-
τῃ μετὰ δόλου καὶ βίας τοὺς φυγάδας ἐπαγαγόντες,
10 ἐπ' ἄλλης ἐγένοντο γνώμης, καὶ τέλος ἐπείσθησαν
τηρεῖν τὴν πρὸς Φίλιππον καὶ Μακεδόνας συμμαχίαν.
11 γενομένων δὲ τούτων ὁ μὲν Μαχατᾶς ἄπρακτος ἐπα-
νῄει πάλιν εἰς τὴν οἰκείαν,

35. οἱ δ' ἐξ ἀρχῆς αἴτιοι γεγονότες τῆς κινήσεως,
οὐδαμῶς εἶξαι δυνάμενοι τοῖς παροῦσιν, αὖτις
ἐπεβάλοντο πρᾶγμα ποιεῖν πάντων ἀσεβέστατον,

royal house of the Heraclidae to be dethroned in defiance of law. The ephors, who were displeased by the whole proceeding, but were incapable of boldly confronting the party of violence as they were intimidated by the mob of young men, said that they would take time to decide about reestablishing the kings, but agreed to allow Machatas to address a meeting of the commons. On the people assembling, Machatas came forward and in a speech of some length exhorted them to declare for alliance with the Aetolians, bringing random and audacious accusations against the Macedonians and praising the Aetolians in terms as absurd as they were false. On his withdrawal an animated discussion took place, some speaking on behalf of the Aetolians and advising the conclusion of an alliance with them, while other speakers took the opposite view. However when some of the elder citizens reminded the people of the benefits conferred on them by Antigonus and the Macedonians and of the injuries they had received at the hands of Charixenus[82] and Timaeus[83]—when the Aetolians invading[84] Laconia in full force devastated the country, enslaved the villages of the Perioeci and formed a plot to capture Sparta, combining fraud and force to reinstate the exiles—the people were brought round to another opinion, and finally persuaded to maintain their alliance with Philip and the Macedonians. Hereupon Machatas returned home without effecting his purpose;

35. but the original authors of the sedition had no mind to give way and again resolved to commit a most impious crime, having debauched for this purpose some of the

[82] *LGPN* III A, Χαρίξενος, no. 2.

[83] *LGPN* III A, Τίμαιος, no. 3–5.   [84] In 240.

THE HISTORIES OF POLYBIUS

2 φθείραντές τινας τῶν νέων. κατὰ γάρ τινα θυσίαν
   πάτριον ἔδει τοὺς μὲν ἐν ταῖς ἡλικίαις μετὰ τῶν ὅπλων
   πομπεύειν ἐπὶ τὸν τῆς Ἀθηνᾶς τῆς Χαλκιοίκου νεών,
   τοὺς δ' ἐφόρους συντελεῖν τὰ περὶ τὴν θυσίαν, αὐτοῦ
3 περὶ τὸ τέμενος διατρίβοντας. ἐν τούτῳ τῷ καιρῷ τῶν
   πομπευόντων ἐν τοῖς ὅπλοις τινὲς τῶν νεανίσκων
   ἄφνω προσπεσόντες θύουσι τοῖς ἐφόροις ἀπέσφαξαν
   αὐτούς. καίτοι πᾶσι τοῖς καταφυγοῦσι τὴν ἀσφάλειαν
   παρεσκεύαζε τὸ ἱερόν, κἂν θανάτου τις ᾖ κατακε-
4 κριμένος· τότε δὲ διὰ τὴν ὠμότητα τῶν τολμώντων εἰς
   τοῦτ' ἦλθε καταφρονήσεως ὥστε περὶ τὸν βωμὸν καὶ
   τὴν τράπεζαν τῆς θεοῦ κατασφαγῆναι τοὺς ἐφόρους
5 ἅπαντας. ἑξῆς δὲ τούτου τἀκόλουθον τῇ προθέσει
   ποιοῦντες ἀνεῖλον μὲν τοὺς περὶ Γυρίδαν τῶν γερόν-
   των, ἐφυγάδευσαν δὲ τοὺς ἀντειπόντας τοῖς Αἰτωλοῖς,
   εἵλοντο δ' ἐξ αὑτῶν ἐφόρους, συνέθεντο δὲ πρὸς τοὺς
6 Αἰτωλοὺς τὴν συμμαχίαν. ἐποίουν δὲ ταῦτα, καὶ τήν
   τε πρὸς Ἀχαιοὺς ἀπέχθειαν καὶ τὴν πρὸς Μακεδόνας
   ἀχαριστίαν καὶ καθόλου τὴν πρὸς πάντας ἀλογίαν
   ὑπέμενον, οὐχ ἥκιστα διὰ Κλεομένη καὶ τὴν πρὸς
   ἐκεῖνον εὔνοιαν, ἐπελπίζοντες ἀεὶ καὶ προσδοκίαν
   ἔχοντες τῆς ἐκείνου παρουσίας ἅμα καὶ σωτηρίας.
7 οὕτως οἱ δυνάμενοι τῶν ἀνθρώπων ἐπιδεξίως ὁμιλεῖν
   τοῖς συμπεριφερομένοις οὐ μόνον παρόντες ἀλλὰ καὶ
   μακρὰν ἀφεστῶτες ἐγκαταλείπουσί τινα καὶ λίαν
8 ἰσχυρὰ τῆς πρὸς αὑτοὺς εὐνοίας αἰθύγματα. οἵ γε,
   χωρὶς τῶν ἄλλων, καὶ τότε, πολιτευόμενοι κατὰ τὰ
   πάτρια σχεδὸν ἤδη τρεῖς ἐνιαυτοὺς μετὰ τὴν Κλεο-

younger men. At a certain sacrifice of ancient institution the citizens of military age had to form a procession in arms and march to the temple of Athene of the Brazen House, while the ephors remained in the sanctuary to perform the sacrificial rites. Certain of the young men who took part in the procession chose the moment when the ephors were sacrificing for suddenly attacking and slaying them. It must be remembered that the holy place secured the safety of anyone who took sanctuary in it, even if he were condemned to death; and yet its sanctity was held in such slight esteem by those who had the heart to do this savage deed, that all the ephors were butchered at the very altar and table of the goddess. Continuing to pursue their purpose, they next killed Gyridas, one of the elders, expelled those who had spoken against the Aetolians, chose new ephors from their old faction and concluded the alliance with the Aetolians. Their chief motive for all these proceedings and for exhibiting enmity to the Achaeans, ingratitude to Macedonia, and a general lack of consideration in their conduct to all mankind, was their attachment to Cleomenes, to whose safe return they were always looking forward with confidence. So true is it that men who have the faculty of tactfully treating those about them do not only arouse devotion to their persons when present, but even when far away keep the spark of loyalty bright and alive in the hearts of their adherents. These men, apart from other considerations, had now during the nearly three years[85] they had passed under their old constitution since

[85] Referring to the battle of Sellasia in 222 (2.65–69).

μένους ἔκπτωσιν, οὐδ᾽ ἐπενόησαν οὐδέποτε βασιλεῖς
9 καταστῆσαι τῆς Σπάρτης· ἅμα δὲ τῷ τὴν φήμην
ἀφικέσθαι περὶ τῆς Κλεομένους τελευτῆς εὐθέως ὥρ-
μησαν ἐπὶ τὸ βασιλεῖς καθιστάναι τά τε πλήθη καὶ τὸ
10 τῶν ἐφόρων ἀρχεῖον. καὶ κατέστησαν οἱ κοινωνοῦντες
ἔφοροι τῆς αἱρέσεως τοῖς στασιώταις, οἱ καὶ τὴν πρὸς
Αἰτωλοὺς συνθέμενοι συμμαχίαν, ὑπὲρ ὧν τὸν ἄρτι
λόγον ἐποιησάμην, τὸν μὲν ἕνα νομίμως καὶ καθη-
κόντως, Ἀγησίπολιν, ὄντα μὲν παῖδα τὴν ἡλικίαν,
11 υἱὸν δὲ Ἀγησιπόλιδος τοῦ Κλεομβρότου· τὸν δὲ συν-
έβαινε βεβασιλευκέναι, καθ᾽ οὓς καιροὺς ἐξέπεσε
Λεωνίδης ἐκ τῆς ἀρχῆς, διὰ τὸ κατὰ γένος ὑπάρχειν
12 ἔγγιστα τῆς οἰκίας ταύτης. ἐπίτροπον δὲ τοῦ παιδὸς
εἵλοντο Κλεομένη, Κλεομβρότου μὲν υἱὸν Ἀγησιπόλι-
13 δος δὲ ἀδελφόν. ἀπὸ δὲ τῆς ἑτέρας οἰκίας ὄντων ἐκ τῆς
Ἱππομέδοντος θυγατρὸς Ἀρχιδάμῳ δυεῖν παίδων, ὃς
ἦν υἱὸς Εὐδαμίδου, ζῶντος δὲ καὶ Ἱππομέδοντος
ἀκμήν, ὃς ἦν υἱὸς Ἀγησιλάου τοῦ Εὐδαμίδου, καὶ
ἑτέρων δὲ πλειόνων ἀπὸ τῆς οἰκίας ὑπαρχόντων,
ἀπωτέρω μὲν τῶν προειρημένων προσηκόντων δὲ κατὰ
14 γένος, τούτους μὲν ἅπαντας ὑπερεῖδον, Λυκοῦργον δὲ
βασιλέα κατέστησαν, οὗ τῶν προγόνων οὐδεὶς ἐτε-
τεύχει τῆς προσηγορίας· ὃς δοὺς ἑκάστῳ τῶν ἐφόρων
τάλαντον Ἡρακλέους ἀπόγονος καὶ βασιλεὺς ἐγεγό-
15 νει τῆς Σπάρτης. οὕτως εὔωνα πανταχῇ τὰ καλὰ
γέγονεν. τοιγαροῦν οὐ παῖδες παίδων, ἀλλ᾽ αὐτοὶ
πρῶτοι τῆς ἀνοίας ἀπέτισαν τοὺς μισθοὺς οἱ κατα-
στήσαντες.

424

the dethronement of Cleomenes never thought of appointing new kings of Sparta; but the moment the report of his death reached them they at once urged the people and the ephors to create kings. The ephors belonging to the faction of disorder whom I mentioned above, the same who had concluded the alliance with the Aetolians, hereupon made a choice which was legal and proper in the case of the one king, Agesipolis, still a minor, but the son of Agesipolis son of Cleombrotus who had succeeded to the throne on the deposition of Leonidas as being the next in blood of that house. They appointed to be the boy's guardian Cleomenes, the son of Cleombrotus and brother of Agesipolis. But as for the other house, notwithstanding that Archidamus, the son of Eudamidas, had left two sons born to him by the daughter of Hippomedon[86] and that Hippomedon, who was the son of Agesilaus and grandson of Eudamidas, was still alive, there being also other members of the house more distant than these, but of the blood royal, they passed over all these and nominated as king Lycurgus, none of whose ancestors had borne this title, but he by giving each of the ephors a talent became a descendant of Heracles and king of Sparta, so cheap everywhere had distinctions become. But it happened in consequence that not their children's children, but the very men who made the appointment were the first to suffer for their folly.

[86] He left Sparta after the death of King Agis IV in 241, and served somewhat later as governor of the Hellespontic region and Thrace for King Ptolemy III: *PP* 14605; R. S. Bagnall, *The Administration of the Ptolemaic Possessions Outside Egypt* (Leiden 1976) 160–167; Ph. Gauthier, *Hist.* 28 (1979) 76–89.

36. Ὁ δὲ Μαχατᾶς πυθόμενος τὰ γεγονότα περὶ
τοὺς Λακεδαιμονίους ἧκε πάλιν ὑποστρέψας εἰς τὴν
Σπάρτην, καὶ παρεκάλει τοὺς ἐφόρους καὶ τοὺς βασι-
2 λέας ἐξενεγκεῖν τοῖς Ἀχαιοῖς τὸν πόλεμον· μόνως γὰρ
ἂν οὕτως ἔφη λῆξαι τὴν τῶν Λακεδαιμονίων φιλονει-
κίαν τῶν ἐκ παντὸς τρόπου διακοπτόντων τὴν πρὸς
Αἰτωλοὺς συμμαχίαν, τήν τε τῶν ἐν Αἰτωλίᾳ τὰ παρα-
3 πλήσια τούτοις πραττόντων. πεισθέντων δὲ τῶν ἐφό-
ρων καὶ τῶν βασιλέων ὁ μὲν Μαχατᾶς ἐπανῆλθε
συντετελεσμένος τὴν πρόθεσιν διὰ τὴν ἄγνοιαν τῶν
4 συμπραττόντων, ὁ δὲ Λυκοῦργος ἀναλαβὼν τοὺς
στρατιώτας καί τινας τῶν πολιτικῶν ἐνέβαλεν εἰς τὴν
Ἀργείαν, ἀφυλάκτως διακειμένων εἰς τέλος τῶν Ἀρ-
5 γείων διὰ τὴν προϋπάρχουσαν κατάστασιν. καὶ Πο-
λίχναν μὲν καὶ Πρασίας καὶ Λεύκας καὶ Κύφαντα
προσπεσὼν ἄφνω κατέσχεν, Γλυμπέσι δὲ καὶ Ζάρακι
6 προσπεσὼν ἀπέπεσε. τούτου δὲ ταῦτα πράξαντος ἐπ-
εκήρυξαν τὸ λάφυρον οἱ Λακεδαιμόνιοι κατὰ τῶν
Ἀχαιῶν. ἔπεισαν δὲ καὶ τοὺς Ἠλείους οἱ περὶ τὸν
Μαχατᾶν, παραπλήσια λέγοντες ἅπερ καὶ πρὸς τοὺς
Λακεδαιμονίους, ἐξενεγκεῖν τοῖς Ἀχαιοῖς τὸν πόλε-
μον.

7 Παραδόξως δὲ καὶ κατὰ νοῦν τοῖς Αἰτωλοῖς τῶν
πραγμάτων προκεχωρηκότων οὗτοι μὲν εὐθαρσῶς ἐνέ-
8 βαινον εἰς τὸν πόλεμον, οἱ δ' Ἀχαιοὶ τἀναντία· Φί-
λιππος μὲν γάρ, ἐφ' ᾧ τὰς ἐλπίδας εἶχον, ἀκμὴν
ἐγίνετο περὶ παρασκευήν, Ἠπειρῶται δ' ἔμελλον
πολεμεῖν, Μεσσήνιοι δ' ἡσυχίαν εἶχον, Αἰτωλοὶ δέ,

36. When Machatas heard what had happened in Sparta, he returned there and urged the ephors and kings to make war on the Achaeans, for that he said was the only means of putting a stop to the factious policy of those Lacedaemonians who wished by any and every means to break the alliance with the Aetolians and of those in Aetolia who were working for the same end. Upon the ephors and kings consenting, Machatas returned, having accomplished his purpose owing to the blindness of those who supported him. Lycurgus now, taking mercenaries and some of the citizens, invaded Argolis, the Argives being quite off their guard owing to the prevailing tranquillity. By a sudden assault he seized Polichna,[87] Prasiae, Leucae, and Cyphanta, but was repulsed in his attack on Glympes and Zarax. After these achievements of the king the Lacedaemonians declared war on the Achaeans. Machatas also persuaded the Eleans by the same arguments that he had used at Sparta to make war on the Achaeans.

Owing to their cause having thus prospered beyond their expectations the Aetolians entered on the war with confidence. But it was quite the opposite with the Achaeans; for Philip, in whom they chiefly trusted, had not completed his preparations, the Epirots were putting off the commencement of hostilities, the Messenians were entirely inactive, and the Aetolians, supported by the mis-

[87] For the locations of the places mentioned here see *RE* Sparta 1316–1317 (F. Bölte).

9 προσειληφότες τὴν Ἠλείων καὶ Λακεδαιμονίων ἄγνοι-
αν, πανταχόθεν περιεῖχον αὐτοὺς τῷ πολέμῳ.

37. Ἀράτῳ μὲν οὖν συνέβαινε κατὰ τὸν καιρὸν
τοῦτον ἤδη λήγειν τὴν ἀρχήν, Ἄρατον δὲ τὸν υἱὸν
αὐτοῦ καθεσταμένον ὑπὸ τῶν Ἀχαιῶν παραλαμβάνειν
2 τὴν στρατηγίαν. Αἰτωλῶν δ᾽ ἐστρατήγει Σκόπας, ὁ δὲ
χρόνος αὐτῷ τῆς ἀρχῆς μάλιστα τότε πως διῄρητο·
τὰς γὰρ ἀρχαιρεσίας Αἰτωλοὶ μὲν ἐποίουν μετὰ τὴν
φθινοπωρινὴν ἰσημερίαν εὐθέως, Ἀχαιοὶ δὲ τότε περὶ
3 τὴν τῆς Πλειάδος ἐπιτολήν. ἤδη δὲ τῆς θερείας ἐνι-
σταμένης, καὶ μετειληφότος Ἀράτου τοῦ νεωτέρου τὴν
στρατηγίαν, ἅμα πάντα τὰ πράγματα τὰς ἐπιβολὰς
4 ἐλάμβανε καὶ τὰς ἀρχάς. Ἀννίβας μὲν γὰρ ἐνεχείρει
κατὰ τοὺς καιροὺς τούτους Ζάκανθαν πολιορκεῖν, Ῥω-
μαῖοι δὲ Λεύκιον Αἰμίλιον εἰς τὴν Ἰλλυρίδα μετὰ
δυνάμεως ἐξαπέστελλον ἐπὶ Δημήτριον τὸν Φάριον·
5 ὑπὲρ ὧν ἐν τῇ προτέρᾳ βύβλῳ δεδηλώκαμεν. Ἀν-
τίοχος δέ, Πτολεμαΐδα καὶ Τύρον παραδόντος αὐτῷ
Θεοδότου, τοῖς κατὰ Κοίλην Συρίαν ἐγχειρεῖν ἐπεβάλ-
λετο· Πτολεμαῖος δὲ περὶ παρασκευὴν ἐγίνετο τοῦ
6 πρὸς Ἀντίοχον πολέμου. Λυκοῦργος δ᾽ ἀπὸ τῶν ὁμοί-
ων βουλόμενος ἄρχεσθαι Κλεομένει, τὸ τῶν Μεγα-
λοπολιτῶν Ἀθήναιον ἐπολιόρκει προσεστρατοπεδευ-
κώς. Ἀχαιοὶ δὲ μισθοφόρους ἱππεῖς καὶ πεζοὺς
7 ἤθροιζον εἰς τὸν περιεστῶτα πόλεμον· Φίλιππος δ᾽ ἐκ
Μακεδονίας ἐκίνει μετὰ τῆς δυνάμεως, ἔχων Μακε-
δόνων φαλαγγίτας μὲν μυρίους πελταστὰς δὲ πεντα-
κισχιλίους, ἅμα δὲ τούτοις ἱππεῖς ὀκτακοσίους.

taken policy of Elis and Sparta, had enclosed them in a circle of war.

37. Aratus' term of office was now expiring, and his son Aratus who had been elected in his place was on the point of succeeding him as strategus. Scopas was still the Aetolian strategus, his term of office being now about half through; for the Aetolians held their elections after the autumn equinox, but the Achaeans at about the time of the rising of the Pleiads.[88] The date at which the youn-   219 B.C.
ger Aratus assumed office, with the beginning of summer marked the commencement of activity in all quarters. As I narrated in the previous Book, Hannibal at this date was opening the siege of Saguntum and the Romans were dispatching Lucius Aemilius to Illyria[89] against Deme-trius of Pharos. Simultaneously Antiochus, Ptolemais and Tyre having been surrendered to him by Theodotus,[90] was about to invade Coele-Syria, Ptolemy was preparing for the war against Antiochus, Lycurgus, wishing to rival Cleo-menes at the outset of his campaign, had encamped before the Athenaeum[91] in the territory of Megalopolis and was investing it, the Achaeans were collecting mercenaries both horse and foot for the war which threatened them, and finally Philip was moving out of Macedonia with his forces consisting of ten thousand heavy-armed infantry, five thou-sand peltasts, and eight hundred horse, all the above being Macedonians.

[88] About May 22, 219 (WC).
[89] 3.16.7.
[90] More on this in 5.40.
[91] 2.46.5.

8 Ταῦτα μὲν οὖν ἅπαντ᾽ ἦν ἐν τοιαύταις ἐπιβολαῖς
καὶ παρασκευαῖς· κατὰ δὲ τοὺς αὐτοὺς καιροὺς ἐξ-
ήνεγκαν Ῥόδιοι Βυζαντίοις πόλεμον διά τινας τοι-
αύτας αἰτίας.

38. Βυζάντιοι κατὰ μὲν θάλατταν εὐκαιρότατον οἰ-
κοῦσι τόπον καὶ πρὸς ἀσφάλειαν καὶ πρὸς εὐδαι-
μονίαν πάντη τῶν ἐν τῇ καθ᾽ ἡμᾶς οἰκουμένῃ, κατὰ δὲ
2 γῆν πρὸς ἀμφότερα πάντων ἀφυέστατον. κατὰ μὲν
γὰρ θάλατταν οὕτως ἐπίκεινται τῷ στόματι τοῦ Πόν-
του κυρίως ὥστε μήτ᾽ εἰσπλεῦσαι μήτ᾽ ἐκπλεῦσαι
δυνατὸν εἶναι .. τῶν ἐμπόρων χωρὶς τῆς ἐκείνων βου-
3 λήσεως. ἔχοντος δὲ τοῦ Πόντου πολλὰ τῶν πρὸς τὸν
βίον εὐχρήστων τοῖς ἄλλοις ἀνθρώποις πάντων εἰσὶ
4 τούτων κύριοι Βυζάντιοι. πρὸς μὲν γὰρ τὰς ἀναγκαίας
τοῦ βίου χρείας τά τε θρέμματα καὶ τὸ τῶν εἰς τὰς
δουλείας ἀγομένων σωμάτων πλῆθος οἱ κατὰ τὸν
Πόντον ἡμῖν τόποι παρασκευάζουσι δαψιλέστατον
καὶ χρησιμώτατον ὁμολογουμένως, πρὸς δὲ περιου-
σίαν μέλι κηρὸν τάριχος ἀφθόνως ἡμῖν χορηγοῦσιν.
5 δέχονταί γε μὴν τῶν ἐν τοῖς παρ᾽ ἡμῖν τόποις περιτ-
τευόντων ἔλαιον καὶ πᾶν οἴνου γένος. σίτῳ δ᾽ ἀμείβον-
ται, ποτὲ μὲν εὐκαίρως διδόντες ποτὲ δὲ λαμβάνοντες.
6 πάντων δὴ τούτων ἢ κωλύεσθαι δέον ἦν ὁλοσχερῶς
τοὺς Ἕλληνας ἢ τελέως ἀλυσιτελῆ γίνεσθαι σφίσι
τὴν ἀλλαγὴν αὐτῶν, Βυζαντίων ἤτοι βουλομένων
ἐθελοκακεῖν καὶ συνδυάζειν ποτὲ μὲν Γαλάταις τοτὲ δὲ

---

92 Not quite: it began in summer 220 and ended before the

Such were the projects and preparations on all sides, and at the same time[92] the Rhodians went to war with the Byzantines for the following reasons.

38. The site of Byzantium[93] is as regards the sea more favorable to security and prosperity than that of any other city in the world known to us, but as regards the land it is most disadvantageous in both respects. For, as concerning the sea, it completely blocks the mouth of the Pontus[94] in such a manner that no one can sail in or out without the consent of the Byzantines. So that they have complete control over the supply of all those many products furnished by the Pontus which men in general require in their daily life. For as regards necessities it is an undisputed fact that the most plentiful supplies and best qualities of cattle and slaves reach us from the countries lying round the Pontus, while among luxuries the same countries furnish us with abundance of honey, wax, and preserved fish, while of the superfluous produce of our countries they take olive oil and every kind of wine. As for corn there is a give-and-take, they sometimes supplying us when we require it and sometimes importing it from us. The Greeks, then, would entirely lose all this commerce or it would be quite unprofitable to them, if the Byzantines were disposed to be deliberately unfriendly to them, and had made common cause formerly with the Gauls and more especially at pres-

end of the year; it took, therefore, parts of Ol. 140. 1 and 140. 2. For this war see *RE* Prusias I., 1088–1091 (C. Habicht).

[93] M. Rostovtzeff, *The Social and Economic History of the Hellenistic World* (Oxford 1941) 585–591, with notes.

[94] Massive article in *RE* Pontos Euxeinos (Suppl. 9), 866–1175 and 1911–1920 (Ch. M. Danoff).

πλείονα Θραξίν, ἢ τὸ παράπαν μὴ κατοικούντων τοὺς

7 τόπους· διά τε γὰρ τὴν στενότητα τοῦ πόρου καὶ τὸ
παρακείμενον πλῆθος τῶν βαρβάρων ἄπλους ἂν ἡμῖν

8 ἦν ὁμολογουμένως ὁ Πόντος. μέγιστα μὲν οὖν ἴσως
αὐτοῖς ἐκείνοις περιγίνεται λυσιτελῆ πρὸς τοὺς βίους

9 διὰ τὰς τῶν τόπων ἰδιότητας· ἅπαν γὰρ τὸ μὲν περιτ-
τεῦον παρ᾽ αὐτοῖς ἐξαγωγῆς, τὸ δὲ λεῖπον εἰσαγωγῆς
ἑτοίμου τυγχάνει καὶ λυσιτελοῦς ἄνευ πάσης κακο-

10 παθείας καὶ κινδύνου· πολλά γε μὴν καὶ τοῖς ἄλλοις
εὔχρηστα δι᾽ ἐκείνους, ὡς εἰρήκαμεν, ἀπαντᾷ. διὸ καὶ
κοινοί τινες ὡς εὐεργέται πάντων ὑπάρχοντες εἰκότως
ἂν οὐ μόνον χάριτος ἀλλὰ καὶ ἐπικουρίας κοινῆς
τυγχάνοιεν ὑπὸ τῶν Ἑλλήνων κατὰ τὰς ὑπὸ τῶν
βαρβάρων περιστάσεις.

11 Ἐπεὶ δὲ παρὰ τοῖς πλείστοις ἀγνοεῖσθαι συν-
έβαινε τὴν ἰδιότητα καὶ τὴν εὐφυΐαν τοῦ τόπου διὰ τὸ
μικρὸν ἔξω κεῖσθαι τῶν ἐπισκοπουμένων μερῶν τῆς

12 οἰκουμένης, βουλόμεθα δὲ πάντες εἰδέναι τὰ τοιαῦτα,
καὶ μάλιστα μὲν αὐτόπται γίνεσθαι τῶν ἐχόντων παρ-
ηλλαγμένον τι καὶ διαφέρον τόπων, εἰ δὲ μὴ τοῦτο
δυνατόν, ἐννοίας γε καὶ τύπους ἔχειν ἐν αὑτοῖς ὡς

13 ἔγγιστα τῆς ἀληθείας, ῥητέον ἂν εἴη τί τὸ συμβαῖνόν
ἐστι καὶ τί τὸ ποιοῦν τὴν τηλικαύτην καὶ τοιαύτην
εὐπορίαν τῆς προειρημένης πόλεως.

39. Ὁ δὴ καλούμενος Πόντος ἔχει τὴν μὲν περί-
μετρον ἔγγιστα τῶν δισμυρίων καὶ δισχιλίων στα-
δίων, στόματα δὲ διττὰ κατὰ διάμετρον ἀλλήλοις
κείμενα, τὸ μὲν ἐκ τῆς Προποντίδος τὸ δὲ ἐκ τῆς

ent with the Thracians, or if they had abandoned the place altogether. For, owing to the narrowness of the strait and the numbers of the barbarians on its banks, it would evidently be impossible for our ships to sail into the Pontus. Though perhaps the Byzantines themselves are the people who derive most financial benefit from the situation of their town, since they can readily export all their superfluous produce and import whatever they require on advantageous terms and without any danger or hardship, yet, as I said, they are of great service to other peoples. Therefore, as being the common benefactors of all, they naturally not only should meet with gratitude from the Greeks, but with general support when they are exposed to peril from the barbarians.

Now since the majority of people are unacquainted with the peculiar advantages of this site, as it lies somewhat outside those parts of the world which are generally visited, and as we all wish to have information about such matters, if possible visiting personally places so peculiar and interesting, but if this be out of our power, acquiring impressions and ideas of them as near the truth as possible, I had better state the facts of the case and explain what is the cause of the singular prosperity of this city.

39. The sea known as the Pontus is very nearly twenty-two thousand stades in circumference and has two mouths exactly opposite each other, one communicating with the Propontis and the other with the Palus Maeotis, which it-

Μαιώτιδος λίμνης, ἥτις αὐτὴ καθ᾽ αὑτὴν ὀκτακισχι-
2 λίων ἔχει σταδίων τὴν περιγραφήν. εἰς δὲ τὰ προειρη-
μένα κοιλώματα πολλῶν μὲν καὶ μεγάλων ποταμῶν ἐκ
τῆς Ἀσίας ἐκβαλλόντων, ἔτι δὲ μειζόνων καὶ πλειόνων
ἐκ τῆς Εὐρώπης, συμβαίνει τὴν μὲν Μαιῶτιν ἀναπλη-
ρουμένην ὑπὸ τούτων ῥεῖν εἰς τὸν Πόντον διὰ τοῦ
3 στόματος, τὸν δὲ Πόντον εἰς τὴν Προποντίδα. καλεῖ-
ται δὲ τὸ μὲν τῆς Μαιώτιδος στόμα Κιμμερικὸς
Βόσπορος, ὃ τὸ μὲν πλάτος ἔχει περὶ τριάκοντα στά-
4 δια τὸ δὲ μῆκος ἑξήκοντα, πᾶν δ᾽ ἐστὶν ἁλιτενές· τὸ δὲ
τοῦ Πόντου παραπλησίως ὀνομάζεται μὲν Βόσπορος
Θράκιος, ἔστι δὲ τὸ μὲν μῆκος ἐφ᾽ ἑκατὸν καὶ εἴκοσι
5 στάδια, τὸ δὲ πλάτος οὐ πάντη ταὐτόν. ἄρχει δὲ τοῦ
στόματος ἀπὸ μὲν τῆς Προποντίδος τὸ κατὰ Καλχη-
δόνα διάστημα καὶ Βυζάντιον, ὃ δεκατεττάρων ἐστὶ
6 σταδίων, ἀπὸ δὲ τοῦ Πόντου τὸ καλούμενον Ἱερόν, ἐφ᾽
οὗ τόπου φασὶ κατὰ τὴν ἐκ Κόλχων ἀνακομιδὴν
Ἰάσονα θῦσαι πρῶτον τοῖς δώδεκα θεοῖς· ὃ κεῖται μὲν
ἐπὶ τῆς Ἀσίας, ἀπέχει δὲ τῆς Εὐρώπης ἐπὶ δώδεκα
στάδια πρὸς τὸ καταντικρὺ κείμενον Σαραπεῖον τῆς
7 Θράκης. τοῦ δὲ ῥεῖν ἔξω κατὰ τὸ συνεχὲς τήν τε
Μαιῶτιν καὶ τὸν Πόντον εἰσὶν αἰτίαι διτταί, μία μὲν
αὐτόθεν καὶ πᾶσι προφανής, καθ᾽ ἥν, πολλῶν εἰσ-
πιπτόντων ῥευμάτων εἰς περιγραφὴν ἀγγείων ὡρι-
8 σμένων, πλεῖον ἀεὶ καὶ πλεῖον γίνεται τὸ ὑγρόν, ὃ
μηδεμιᾶς μὲν ὑπαρχούσης ἐκρύσεως δέον ἂν ἦν
προσαναβαῖνον ἀεὶ μείζω καὶ πλείω τοῦ κοιλώματος
περιλαμβάνειν τόπον, ὑπαρχουσῶν δ᾽ ἐκρύσεων

self has a circumference of eight thousand stades. As many large rivers from Asia and still more numerous and larger ones from Europe fall into these two basins, the Maeotis being thus replenished flows into the Pontus and the Pontus into the Propontis. The mouth of the Palus Maeotis is called the Cimmerian Bosporus; it is thirty stades in width and sixty in length and is all of no great depth. The mouth of the Pontus is similarly called the Thracian Bosporus and is a hundred and twenty stades long and not of the same width throughout. From the side of the Propontis its beginning is the passage between Calchedon and Byzantium which is fourteen stades in width. On the side of the Pontus it begins at the so-called Holy Place,[95] where they say that Jason on his voyage back from Colchis first sacrificed to the twelve gods. This lies in Asia and is about twelve stades distant from the opposite point in Thrace the temple of Sarapis.[96] There are two causes of the constant flow from the Palus Maeotis and the Pontus, one, at once evident to all, being that where many streams fall into basins of limited circumference the water constantly increase and, if there were no outlets, would continue to mount

[95] The famous "Hieron" of Zeus Urios, *RE* Zeus 346 (H. Schwabl). A. Moreno, "Hieron. The Ancient Sanctuary at the Mouth of the Black Sea," *Hesperia* 77 (2008) 655–709.

[96] Modern Rumeli Kawaghy; *RE* Bosporos 752 (E. Oberhummer).

ἀνάγκη τὸ προσγινόμενον καὶ πλεονάζον ὑπερπῖπτον
ἀπορρεῖν καὶ φέρεσθαι συνεχῶς διὰ τῶν ὑπαρχόντων
9 στομάτων· δευτέρα δέ, καθ᾽ ἥν, πολὺν καὶ παντοδαπὸν
χοῦν εἰσφερόντων εἰς τὰ προειρημένα κοιλώματα τῶν
ποταμῶν κατὰ τὰς τῶν ὄμβρων ἐπιτάσεις, ἐκπιεζό-
μενον τὸ ὑγρὸν ὑπὸ τῶν συνισταμένων ἐγχωμάτων ἀεὶ
προσαναβαίνει καὶ φέρεται κατὰ τὸν αὐτὸν λόγον διὰ
10 τῶν ὑπαρχουσῶν ἐκρύσεων. τῆς δ᾽ ἐγχώσεως καὶ τῆς
ἐπιρρύσεως ἀδιαπαύστου καὶ συνεχοῦς γινομένης ἐκ
τῶν ποταμῶν, καὶ τὴν ἀπόρρυσιν ἀδιάπαυστον καὶ
συνεχῆ γίνεσθαι διὰ τῶν στομάτων ἀναγκαῖον.
11   Αἱ μὲν οὖν ἀληθεῖς αἰτίαι τοῦ ῥεῖν ἔξω τὸν Πόντον
αἵδ᾽ εἰσίν, οὐκ ἐξ ἐμπορικῶν ἔχουσαι διηγημάτων τὴν
πίστιν, ἀλλ᾽ ἐκ τῆς κατὰ φύσιν θεωρίας, ἧς ἀκρι-
βεστέραν εὑρεῖν οὐ ῥᾴδιον·
        40. ἐπεὶ δ᾽ ἐπὶ τὸν τόπον ἐπέστημεν, οὐδὲν ἀφετέον
ἀργὸν οὐδ᾽ ἐν αὐτῇ τῇ φάσει κείμενον, ὅπερ οἱ πλεῖ-
στοι ποιεῖν εἰώθασι τῶν συγγραφέων, ἀποδεικτικῇ δὲ
μᾶλλον τῇ διηγήσει χρηστέον, ἵνα μηδὲν ἄπορον
ἀπολείπωμεν τῶν ζητουμένων τοῖς φιληκόοις. τοῦτο
2 γὰρ ἴδιόν ἐστι τῶν νῦν καιρῶν, ἐν οἷς πάντων πλωτῶν
καὶ πορευτῶν γεγονότων οὐκ ἂν ἔτι πρέπον εἴη ποιη-
ταῖς καὶ μυθογράφοις χρῆσθαι μάρτυσι περὶ τῶν
3 ἀγνοουμένων, ὅπερ οἱ πρὸ ἡμῶν πεποιήκασι περὶ τῶν
πλείστων, ἀπίστους ἀμφισβητουμένων παρεχόμενοι
βεβαιωτὰς κατὰ τὸν Ἡράκλειτον, πειρατέον δὲ δι᾽
αὐτῆς τῆς ἱστορίας ἱκανὴν παριστάναι πίστιν τοῖς
ἀκούουσιν.

higher and occupy a larger area of the basin. In the case, however, of there being outlets the surplus water runs off by these channels. The second cause is that as the rivers carry down into these basins after heavy rains quantities of all kinds of alluvial matter, the water in the seas is forcibly displaced by the banks thus formed and continues to mount and flow out in like manner through the existing outlets. As the influx and deposit of alluvium by the rivers is constant and continuous, the outflow through the mouths must likewise be constant and continuous.

The true reasons then of the current flowing from the Pontus are these, depending as they do not on the reports of traders but on reasoning from the facts of nature, a more accurate method than which it is not easy to find.

40. But since our attention is now fixed on this subject, I must leave no point unelaborated and barely stated, as is the habit of most writers, but must rather give a description of the facts supported by proofs, so that no doubts may be left in the reader's mind. For this is the characteristic of the present age, in which, all parts of the world being accessible by land or sea, it is no longer proper to cite the testimony of poets and mythographers regarding matters of which we are ignorant, as my predecessors have done on most subjects, "offering," as Heraclitus[97] says, "untrustworthy sureties for disputed facts," but we should aim at laying before our readers a narrative resting on its own credit.

[97] M. Marcovich, *Heraclitus* (Merida [Venezuela] 1967) 22, no. 6.

4   Φαμὲν δὴ χώννυσθαι μὲν καὶ πάλαι καὶ νῦν τὸν
Πόντον, χρόνῳ γε μὴν ὁλοσχερῶς ἐγχωσθήσεσθαι
τήν τε Μαιῶτιν καὶ τοῦτον, μενούσης γε δὴ τῆς αὐτῆς
τάξεως περὶ τοὺς τόπους, καὶ τῶν αἰτίων τῆς ἐγχώ-
σεως ἐνεργούντων κατὰ τὸ συνεχές. ὅταν γὰρ ὁ μὲν
5   χρόνος ἄπειρος ᾖ, τὰ δὲ κοιλώματα πάντη πάντως
ὡρισμένα, δῆλον ὡς, κἂν τὸ τυχὸν εἰσφέρηται, πλη-
6   ρωθήσονται τῷ χρόνῳ. κατὰ φύσιν γὰρ τὸ πεπε-
ρασμένον ἐν ἀπείρῳ χρόνῳ συνεχῶς γινόμενον ἢ
φθειρόμενον, κἂν κατ᾽ ἐλάχιστον γίνηται (τοῦτο γὰρ
νοείσθω νῦν), ἀνάγκη τελειωθῆναι κατὰ τὴν πρόθεσιν.
7   ὅταν δὲ μὴ τὸ τυχὸν ἀλλὰ καὶ λίαν πολύς τις εἰσ-
φέρηται χοῦς, φανερὸν ὡς οὐ ποτὲ ταχέως δὲ συμ-
8   βήσεται γενέσθαι τὸ νῦν δὴ λεγόμενον ὑφ᾽ ἡμῶν. ὃ δὴ
καὶ φαίνεται γινόμενον. τὴν μὲν οὖν Μαιῶτιν ἤδη
κεχῶσθαι συμβαίνει· τὸ γάρ τοι πλεῖστον αὐτῆς μέ-
ρος ἐν ἑπτὰ καὶ πέντε ὀργυιαῖς ἐστιν, διὸ καὶ πλεῖν
αὐτὴν οὐκέτι δύνανται ναυσὶ μεγάλαις χωρὶς καθηγε-
9   μόνος. οὖσά τ᾽ ἐξ ἀρχῆς θάλαττα σύρρους τῷ Πόντῳ,
καθάπερ οἱ παλαιοὶ συμφωνοῦσι, νῦν ἐστι λίμνη γλυ-
κεῖα, τῆς μὲν θαλάττης ἐκπεπιεσμένης ὑπὸ τῶν ἐγχω-
μάτων, τῆς δὲ τῶν ποταμῶν εἰσβολῆς ἐπικρατούσης.
10   ἔσται δὲ καὶ περὶ τὸν Πόντον παραπλήσιον, καὶ γίνε-
ται νῦν· ἀλλ᾽ οὐ λίαν τοῖς πολλοῖς ἐστι καταφανὲς διὰ
τὸ μέγεθος τοῦ κοιλώματος. τοῖς μέντοι γε βραχέα
συνεπιστήσασι καὶ νῦν ἐστι δῆλον τὸ γινόμενον.

41. τοῦ γὰρ Ἴστρου πλείοσι στόμασιν ἀπὸ τῆς
Εὐρώπης εἰς τὸν Πόντον εἰσβάλλοντος, συμβαίνει

I say then that the silting up[98] of the Pontus has gone on from time immemorial and still continues, and that in course of time both this sea and the Palus Maeotis will be entirely filled, if the existing local conditions remain the same and the causes of the alluvial deposit continue to act. For time being infinite, and the area of these basins being certainly limited, it is evident that even if the accretions were quite insignificant, the seas will be filled up in time; for by the law of nature if a finite quantity continually grows or decreases in infinite time, even if the increase or decrease be infinitesimal—for this is what I now assume— it stands to reason that the process must finally be completed. But when, as in this case, the increase is no small one, but a very large quantity of soil is being deposited, it is evident that what I state will happen not at some remote date, but very shortly. And it is indeed visibly happening. As for the Palus Maeotis it is already silted up, the greater part of it varying in depth between five and seven fathoms, so that large ships can no longer navigate it without a pilot. And while it was once, as all ancient authorities agree, a sea continuous with the Pontus, it is now a freshwater lake, the salt water having being forced out by the deposits and the inflow from the rivers prevailing. Some day it will be the same with the Pontus; in fact the thing is actually taking place, and although not very generally noticed owing to the large size of the basin, it is apparent to anyone who gives some slight attention to the matter.

41. For the Danube flowing from Europe and falling into the Pontus by several mouths, a bank formed of the

98 Danoff (n. 94) 899–900.

πρὸς τοῦτον σχεδὸν ἐπὶ χίλια στάδια συνεστάναι
ταινίαν ἡμέρας δρόμον ἀπέχουσαν τῆς γῆς [ἥτις νῦν
συνέστηκεν] ἐκ τῆς τοῖς στόμασιν εἰσφερομένης
2 ἰλύος· ἐφ᾽ ἣν ἔτι πελάγιοι τρέχοντες οἱ πλέοντες τὸν
Πόντον λανθάνουσιν ἐποκέλλοντες νυκτὸς ἐπὶ τοὺς
3 τόπους. καλοῦσι δ᾽ αὐτοὺς οἱ ναυτικοὶ Στήθη. τοῦ δὲ
μὴ παρ᾽ αὐτὴν συνίστασθαι τὴν γῆν ἀλλ᾽ ἐπὶ τὸ πολὺ
προωθεῖσθαι τὸν χοῦν ταύτην νομιστέον εἶναι τὴν
4 αἰτίαν. ἐφ᾽ ὅσον μὲν γὰρ αἱ ῥύσεις τῶν ποταμῶν διὰ
τὴν βίαν τῆς φορᾶς ἐπικρατοῦσι καὶ διωθοῦνται τὴν
θάλατταν, ἐπὶ τοσοῦτο καὶ τὴν γῆν καὶ πάντα τὰ
φερόμενα τοῖς ῥεύμασιν ἀνάγκη προωθεῖσθαι καὶ μὴ
5 λαμβάνειν μονὴν μηδὲ στάσιν ἁπλῶς· ὅταν δὲ διὰ τὸ
βάθος ἤδη καὶ πλῆθος τῆς θαλάττης ἐκλύηται τὰ
ῥεύματα, τότ᾽ εἰκὸς ἤδη κατὰ φύσιν φερόμενον κάτω
6 μονὴν καὶ στάσιν λαμβάνειν τὸν χοῦν. δι᾽ ἃ δὴ τῶν
μὲν λάβρων καὶ μεγάλων ποταμῶν τὰ μὲν χώματα
μακρὰν συνίσταται τὰ δὲ παρὰ τὴν χέρσον ἐστὶν
ἀγχιβαθῆ, τῶν δ᾽ ἐλαττόνων καὶ πράως ῥεόντων παρ᾽
7 αὐτὰς τὰς εἰσβολὰς οἱ θῖνες συνίστανται. μάλιστα δ᾽
ἔκδηλον γίνεται τοῦτο κατὰ τὰς τῶν ὄμβρων ἐπι-
φοράς· καὶ γὰρ τὰ τυχόντα τότε τῶν ῥείθρων, ἐπειδὰν
ἐπικρατήσωσι τοῦ κύματος κατὰ τὴν εἰσβολήν, προ-
ωθοῦσι τὸν χοῦν εἰς θάλατταν ἐπὶ τοσοῦτον ὥστε
πρὸς λόγον ἑκάστου γίνεσθαι τὴν ἀπόστασιν τῇ βίᾳ
8 τῶν ἐμπιπτόντων ῥευμάτων. τῷ δὲ μεγέθει τῆς προει-
ρημένης ταινίας καὶ καθόλου τῷ πλήθει τῶν εἰσ-
φερομένων λίθων καὶ ξύλων καὶ γῆς ὑπὸ τῶν ποταμῶν

matter discharged from these mouths and at a distance of one day's journey out to sea, stretches for about a hundred miles opposite them, and ships navigating the Pontus, while still far out at sea, often at night when sailing unwarily run aground on certain parts of this belt, which are known to sailors as "The Paps." The reason why the deposit is not formed close to the land but is projected so far we must consider to be as follows. As far as the currents of the rivers prevail owing to their strength and force a way through the sea, the earth and all other matter carried down by the stream must continue to be pushed forward and not suffered to rest or subside at all; but when owing to the increasing depth and volume of the sea the rivers lose their force, then of course the earth sinks by its natural weight and settles. This is why in the case of large and swift rivers the deposits are formed at a distance, the sea near the coast being deep, but in that of small and sluggish streams the sandbanks are close to their mouths. This becomes especially evident during heavy rains; for then insignificant streams when they have overpowered the surge at their mouths push forward their mud out to sea for a distance exactly proportionate to the force of their currents. We must not at all refuse to believe in the extent of the bank at the mouth of the Danube and in the quantity of stones, timber, and earth carried down by the rivers in gen-

9 οὐδαμῶς ἀπιστητέον, εὔηθες γάρ, θεωροῦντας ὑπὸ τὴν
ὄψιν τὸν τυχόντα χειμάρρουν ἐν βραχεῖ χρόνῳ πολ-
λάκις ἐκχαραδροῦντα μὲν καὶ διακόπτοντα τόπους
ἠλιβάτους, φέροντα δὲ πᾶν γένος ὕλης καὶ γῆς καὶ
λίθων, ἐπιχώσεις δὲ ποιούμενον τηλικαύτας ὥστ᾽ ἀλ-
λοιοῦν ἐνίοτε καὶ μηδὲ γινώσκειν ἐν βραχεῖ χρόνῳ
τοὺς αὐτοὺς τόπους.

42. ἐξ ὧν οὐκ εἰκὸς θαυμάζειν πῶς οἱ τηλικοῦτοι καὶ
τοιοῦτοι ποταμοὶ συνεχῶς ῥέοντες ἀπεργάζονταί τι
τῶν προειρημένων καὶ τέλος ἐκπληροῦσι τὸν Πόντον.

2 οὐ γὰρ εἰκὸς ἀλλ᾽ ἀναγκαῖον γενέσθαι τοῦτό γε προ-
φαίνεται κατὰ τὸν ὀρθὸν λόγον. σημεῖον δὲ τοῦ μέλ-
3 λοντος· ὅσῳ γάρ ἐστι νῦν ἡ Μαιῶτις γλυκυτέρα τῆς
Ποντικῆς θαλάττης, οὕτως θεωρεῖται διαφέρουσα
4 προφανῶς ἡ Ποντικὴ τῆς καθ᾽ ἡμᾶς. ἐξ ὧν δῆλον ὡς,
ὅταν ὁ χρόνος ἐν ᾧ πεπληρῶσθαι συμβαίνει τὴν
Μαιῶτιν, τοῦτον λάβῃ τὸν λόγον πρὸς τὸν χρόνον ὃν
ἔχει τὸ μέγεθος τοῦ κοιλώματος πρὸς τὸ κοίλωμα,
τότε συμβήσεται καὶ τὸν Πόντον τεναγώδη καὶ γλυ-
κὺν καὶ λιμνώδη γενέσθαι παραπλησίως τῇ Μαιώτιδι
5 λίμνῃ. καὶ θᾶττον δὲ τοῦτον ὑποληπτέον, ὅσῳ μείζους
καὶ πλείους εἰσὶν αἱ ῥύσεις τῶν εἰς τοῦτον ἐκπιπτόν-
των ποταμῶν.

6 Ταῦτα μὲν οὖν ἡμῖν εἰρήσθω πρὸς τοὺς ἀπίστως
διακειμένους, εἰ δὴ χώννυσθαι νῦν καὶ χωσθήσεσθαί
ποτε συμβήσεται τὸν Πόντον, καὶ λίμνη καὶ τέναγος
7 ἔσται τὸ τηλικοῦτον πέλαγος. ἔτι δὲ μᾶλλον εἰρήσθω
καὶ τῆς τῶν πλοϊζομένων ψευδολογίας καὶ τερατείας

eral. It would be folly to do so when we often see with our own eyes an insignificant torrent scooping out a bed and forcing its way through high ground, carrying down every kind of wood, stones, and earth and forming such vast deposits that the spot may in a short space of time be so changed in aspect as to be unrecognizable.

42. We should not therefore be surprised if such great rivers flowing continuously produce some such effect as I have stated, and finally fill up the Pontus; we must indeed anticipate this not as a probability but as a certainty if we reason rightly. The following is an indication of what may be expected. The Palus Maeotis is at present less salt than the Pontus, and we find that the Pontus correspondingly is decidedly less salt than the Mediterranean. From which it is evident that when a period has elapsed which stands to the time it takes to fill up the Palus Maeotis in the same proportion as the cubic capacity of the larger basin to that of the smaller, the Pontus will become, like the Palus Maeotis, a shallow freshwater lake. We must indeed anticipate this result still earlier, since the rivers that fall into the Pontus are larger and more numerous.

What I have said may suffice to satisfy the doubts of those who are unwilling to believe that the Pontus is filling up and will be filled up, and that so large a sea will be converted into a shallow lake. But I speak especially in view of the falsehoods and sensational tales of merchants, so that

χάριν, ἵνα μὴ παντὶ τῷ λεγομένῳ προσκεχηνέναι
παιδικῶς ἀναγκαζώμεθα διὰ τὴν ἀπειρίαν, ἔχοντες δ᾽
ἴχνη τῆς ἀληθείας ἐπὶ ποσὸν ἐξ αὐτῶν ἐπικρίνειν
δυνώμεθα τὸ λεγόμενον ὑπό τινων ἀληθῶς ἢ τοὐναν-
8 τίον. ἐπὶ δὲ τὸ συνεχὲς τῆς εὐκαιρίας τῶν Βυζαντίων
ἐπάνιμεν.

43. Τοῦ δὴ στόματος τοῦ τὸν Πόντον καὶ τὴν
Προποντίδα συνάπτοντος ὄντος ἑκατὸν εἴκοσι στα-
δίων τὸ μῆκος, καθάπερ ἀρτίως εἶπον, καὶ τοῦ μὲν
Ἱεροῦ τὸ πρὸς τὸν Πόντον πέρας ὁρίζοντος, τοῦ δὲ
κατὰ Βυζάντιον διαστήματος τὸ πρὸς τὴν Προπον-
2 τίδα, μεταξὺ τούτων ἐστὶν Ἑρμαῖον τῆς Εὐρώπης ἐπὶ
προοχῆς τινος ἀκρωτηριαζούσης ἐν τῷ στόματι κεί-
μενον, ὃ τῆς μὲν Ἀσίας ἀπέχει περὶ πέντε στάδια,
κατὰ τὸν στενώτατον δὲ τόπον ὑπάρχει τοῦ παντὸς
στόματος· ᾗ καὶ Δαρεῖον ζεῦξαί φασι τὸν πόρον, καθ᾽
3 ὃν χρόνον ἐποιεῖτο τὴν ἐπὶ Σκύθας διάβασιν. κατὰ
μὲν δὴ τὸν ἄλλον τόπον ἀπὸ τοῦ Πόντου παραπλήσιός
ἐστιν ἡ φορὰ τοῦ ῥεύματος διὰ τὴν ὁμοιότητα τῶν
παρ᾽ ἑκάτερον τὸ μέρος τῷ στόματι παρηκόντων τό-
4 πων· ἐπὰν δ᾽ εἰς τὸ τῆς Εὐρώπης Ἑρμαῖον, ᾗ στενώ-
τατον ἔφαμεν εἶναι, φερόμενος ἐκ τοῦ Πόντου καὶ
συγκλειόμενος ὁ ῥοῦς βίᾳ προσπέσῃ, τότε δὴ τραπεὶς
ὥσπερ ἀπὸ πληγῆς ἐμπίπτει τοῖς ἀντίπερας τῆς Ἀσί-
5 ας τόποις. ἐκεῖθεν δὲ πάλιν, οἷον ἐξ ὑποστροφῆς, τὴν
ἀνταπόδοσιν ποιεῖται πρὸς τὰ περὶ τὰς Ἑστίας ἄκρα
6 καλούμενα τῆς Εὐρώπης. ὅθεν αὖθις ὁρμήσας προσ-

we may not be obliged owing to ignorance to listen greedily like children to anything that is told us, but having now some traces of the truth in our minds may be more or less able to form an independent judgment as to the truth or falsehood of the reports made by this or that person.

43. I must now resume my account of the specially favorable situation of Byzantium. The channel connecting the Pontus and the Propontis being a hundred and twenty stades in length, as I just said,[99] the Holy Place marking its termination towards the Pontus and the strait of Byzantium that towards the Propontis, half way between these on the European side stands the Hermaeum[100] on a promontory running out into the channel at a distance of about five stades from Asia and situated at the narrowest part of the whole. It is here, they say, that Darius bridged the straits when he crossed to attack the Scythians. Now the force of the current from the Pontus has been so far uniform owing to the similarity of the country on each bank of the channel, but when it reaches the Hermaeum on the European side, which is, as I said, the narrowest point, this current from the Pontus[101] being confined and sweeping strongly against the headland, rebounds as if from a blow, and dashes against the opposite coast of Asia. It now again recoils from this coast and is carried against the promontory on the European bank known as the Hearths,[102] from

[99] 39.4.   [100] Probably Rumeli Hissar, where the Samian Mandrocles in 514 built a bridge for King Darius (Herod. 4.85–88; AP 6.341; Dion. Byz., ed. Güngerich, p. 24, 8–9, where the architect is called Androcles); RE Mandrokles 1040–1041 (E. Fabricius).   [101] Danoff (n. 94), 933–938.

[102] Modern Arnautköi; Dion. Byz., pp. 21.8–23.8.

πίπτει πρὸς τὴν βοῦν καλουμένην, ὅς ἐστι τῆς Ἀσίας
τόπος, ἐφ᾽ ὃν ἐπιστῆναί φασι πρῶτον οἱ μῦθοι τὴν Ἰὼ
7 περαιωθεῖσαν. πλὴν ὅ γε ῥοῦς τὸ τελευταῖον ὁρμήσας
ἀπὸ τῆς Βοὸς ἐπ᾽ αὐτὸ φέρεται τὸ Βυζάντιον, περι-
σχισθεὶς δὲ περὶ τὴν πόλιν βραχὺ μὲν εἰς τὸν κόλπον
αὐτοῦ διορίζει τὸν καλούμενον Κέρας, τὸ δὲ πλεῖον
8 πάλιν ἀπονεύει. διευτονεῖν μὲν οὖν οὐκέτι δύναται
πρὸς τὴν ἀντίπερας χώραν, ἐφ᾽ ἧς ἐστι Καλχηδών·
9 πλεονάκις γὰρ τὴν ἀνταπόδοσιν πεποιημένος καὶ τοῦ
πόρου πλάτος ἔχοντος ἤδη περὶ τοῦτον τὸν τόπον
ἐκλυόμενος ὁ ῥοῦς οὐκέτι βραχείας πρὸς ὀξεῖαν γω-
νίαν ποιεῖται τὰς ἀνακλάσεις ἐπὶ τὴν περαίαν, ἀλλὰ
10 μᾶλλον πρὸς ἀμβλεῖαν, διόπερ ἀπολιπὼν τὴν τῶν
Καλχηδονίων πόλιν φέρεται διὰ πόρου.

44. καὶ τὸ ποιοῦν τὴν μὲν τῶν Βυζαντίων πόλιν
εὐκαιροτάτην τὴν δὲ τῶν Καλχηδονίων τἀναντία,
τοῦτ᾽ ἐστὶ τὸ νῦν ὑφ᾽ ἡμῶν εἰρημένον, καίπερ ἀπὸ τῆς
ὄψεως ὁμοίας ἀμφοτέραις δοκούσης εἶναι τῆς θέσεως
2 πρὸς τὴν εὐκαιρίαν. ἀλλ᾽ ὅμως εἰς τὴν μὲν βουλη-
θέντα καταπλεῦσ᾽ οὐ ῥᾴδιον, πρὸς ἣν δέ, κἂν μὴ
βούλῃ, φέρει κατ᾽ ἀνάγκην ὁ ῥοῦς, καθάπερ ἀρτίως
3 εἴπομεν. σημεῖον δὲ τούτου· ἐκ Καλχηδόνος γὰρ οἱ
βουλόμενοι διαίρειν εἰς Βυζάντιον οὐ δύνανται πλεῖν
κατ᾽ εὐθεῖαν διὰ τὸν μεταξὺ ῥοῦν, ἀλλὰ παράγουσιν
4 ἐπί τε τὴν Βοῦν καὶ τὴν καλουμένην Χρυσόπολιν, ἣν

---

103 Dion. Byz., p. 34, 1–9.
104 The Golden Horn, its first mention; cf. Dion. Byz., p. 4, 2–
9; RE Keras 257–262 (E. Oberhummer).

which its force is once more deflected to the place on the Asiatic bank called the Cow,[103] where legend says that Io first found a footing after crossing. Finally the current runs rapidly from the Cow to Byzantium itself, and dividing into two near the city, sends off its smaller branch into the gulf known as the Horn,[104] while the larger branch is again deflected. It has however, no longer sufficient force to reach the coast opposite, on which stands Calchedon;[105] for as it has now several times crossed and recrossed the channel, which here is already of considerable width, the current has now become feebler, and ceases to make short rebounds to the opposite coast at an acute angle, but is rather deflected at an obtuse angle. It therefore fails to reach Calchedon and flows out through the strait.

44. What therefore makes the situation of Byzantium so favorable and that of Calchedon the reverse is the fact here stated. To look at them indeed you would say they were equally well placed, but nevertheless it is not easy to reach Calchedon by sea, if one wishes, while to Byzantium the current carries one whether one wishes or not, as I just said. Evidence of this is that those who wish to cross from Calchedon to Byzantium cannot sail in a straight course owing to the current between, but steer obliquely for the Cow and the place called Chrysopolis[106]—which the Athe-

[105] On the Asiatic shore opposite Byzantium. Founded by Megara earlier than Byzantium and called "city of the blind," because the founders did not recognize the superior site (44.1 ff.) of Byzantium. *RE* Kalchedon 1555–1559 (W. Ruge).

[106] Modern Scutari. The events referred to happened in 410, after Alcibiades' victory over the Spartans at Cyzicus.

Ἀθηναῖοι τότε κατασχόντες Ἀλκιβιάδου γνώμῃ,
παραγωγιάζειν ἐπεβάλοντο πρῶτον τοὺς εἰς Πόντον
πλέοντας, τὸ δ' ἔμπροσθεν ἀφιᾶσι κατὰ ῥοῦν, ᾧ φέ-
5 ρονται κατ' ἀνάγκην πρὸς τὸ Βυζάντιον. ὅμοια δὲ
τούτοις καὶ τὰ κατὰ τὸν ἐπὶ θάτερα πλοῦν ἐστι τῆς
6 Βυζαντίων πόλεως· ἄν τε γὰρ ἀφ' Ἑλλησπόντου τρέ-
χῃ τις τοῖς νότοις ἄν τ' ἐπὶ τὸν Ἑλλήσποντον ἐκ τοῦ
Πόντου τοῖς ἐτησίοις, παρὰ μὲν τὴν Εὐρώπην ἐκ τῆς
Βυζαντίων πόλεως ὀρθὸς ἅμα δ' εὐπαρακόμιστός
ἐστιν ὁ πλοῦς ἐπὶ τὰ τῆς Προποντίδος στενὰ κατ'
Ἄβυδον καὶ Σηστόν, κἀκεῖθεν ὡσαύτως πάλιν ἐπὶ τὸ
7 Βυζάντιον, ἀπὸ δὲ Καλχηδόνος παρὰ τὴν Ἀσίαν
τἀναντία τούτοις διὰ τὸ κολπώδη τὸν παράπλουν
ὑπάρχειν καὶ προτείνειν πολὺ τὴν τῶν Κυζικηνῶν
8 χώραν. ἀφ' Ἑλλησπόντου γὰρ φερόμενον εἰς Καλχη-
δόνα χρήσασθαι τῷ παρὰ τὴν Εὐρώπην πλῷ, κᾆπειτα
συνεγγίζοντα τοῖς κατὰ Βυζάντιον τόποις κάμπτειν
καὶ προστρέχειν πρὸς τὴν Καλχηδόνα διὰ τὸν ῥοῦν
9 καὶ τὰ προειρημένα δυσχερές. ὁμοίως δὲ πάλιν ἐκ-
πλέοντα προστρέχειν εὐθέως τῇ Θρᾴκῃ τελέως ἀδύ-
νατον διά τε τὸν μεταξὺ ῥοῦν καὶ διὰ τὸ τοὺς ἀνέμους
ἑκατέρους ἀντιπίπτειν πρὸς ἀμφοτέρας τὰς ἐπιβολάς,
10 ἐπειδήπερ εἰσάγει μὲν εἰς τὸν Πόντον νότος ἐξάγει δὲ
βορέας, καὶ τούτοις ἀνάγκη χρῆσθαι πρὸς ἑκάτερον
τὸν δρόμον τοῖς ἀνέμοις.

11   Τὰ μὲν οὖν τὴν κατὰ θάλατταν εὐκαιρίαν ποιοῦντα
Βυζαντίοις ταῦτ' ἐστίν, τὰ δὲ τὴν κατὰ γῆν ἀκαιρίαν
τὰ μέλλοντα ῥηθήσεσθαι.

nians once occupied by the advice of Alcibiades and used it when they first attempted to levy toll[107] on vessels bound for the Pontus—and from hence commit themselves to the current which perforce carries them to Byzantium. The approaches by sea to Byzantium from the other side are equally favorable. For those sailing with a south wind from the Hellespont, or from the Pontus to the Hellespont with the Etesian winds, find the course from Byzantium along the European coast to the commencement of the narrows of the Propontis at Sestus and Abydus a straight and easy one, and so is the return voyage to Byzantium. But the voyage from Calchedon along the Asiatic coast is the reverse of this, because one must follow the shores of a deep gulf, and the headland formed by the territory of Cyzicus runs out to a great distance. Nor can ships sailing from the Hellespont to Calchedon easily coast along Europe and then on approaching Byzantium turn and make for Calchedon, as the current and the circumstances mentioned above make it difficult. And similarly it is quite impossible for a ship leaving Calchedon to make the coast of Thrace at once owing to the current between, and owing to the wind. Both the south and north winds are adverse to both the attempts, since the south wind will carry one towards the Pontus and the north wind away from it, and these are the winds one must avail oneself of for the voyage from Calchedon to Hellespont or for the voyage back.

Such are the causes of the favorable position of Byzantium as regards the sea; its disadvantages on the land side being as follows.

[107] X. *HG* 1.1.22.

45. τῆς γὰρ Θράκης κύκλῳ περιεχούσης αὐτῶν τὴν χώραν οὕτως ὥστ᾽ ἐκ θαλάττης εἰς θάλατταν καθήκειν ἀίδιον ἔχουσι πόλεμον καὶ δυσχερῆ πρὸς τούτους.

2 οὔτε γὰρ παρασκευασάμενοι καὶ κρατήσαντες αὐτῶν εἰσάπαξ ἀποτρίψασθαι τὸν πόλεμον οἷοί τ᾽ εἰσὶ διὰ τὸ

3 πλῆθος καὶ τῶν ὄχλων καὶ τῶν δυναστῶν· ἐάν [τε] γὰρ ἑνὸς περιγένωνται, τρεῖς ἐπιβαίνουσιν ἐπὶ τὴν τούτων

4 χώραν ἄλλοι βαρύτεροι δυνάσται. καὶ μὴν οὐδ᾽ εἴξαντες καὶ συγκαταβάντες εἰς φόρους καὶ συνθήκας οὐδὲν ποιοῦσι πλέον· ἂν γὰρ ἑνὶ πρόωνταί τι, πεντα-

5 πλασίους δι᾽ αὐτὸ τοῦτο πολεμίους εὑρίσκουσι. διόπερ ἀιδίῳ συνέχονται καὶ δυσχερεῖ πολέμῳ· τί γὰρ ἐπισφαλέστερον ἀστυγείτονος καὶ βαρβάρου πολέμου;

6 τί δεινότερον; οὐ μὴν ἀλλὰ τούτοις τὸ παράπαν κακοῖς παλαίοντες κατὰ γῆν, χωρὶς τῶν ἄλλων τῶν παρεπομένων τῷ πολέμῳ κακῶν, ὑπομένουσί τινα καὶ

7 τιμωρίαν Ταντάλειον κατὰ τὸν ποιητήν. ἔχοντες γὰρ χώραν γενναιοτάτην, ὅταν διαπονήσωσι ταύτην καὶ γένηται τὸ τῶν καρπῶν πλῆθος τῷ κάλλει διαφέρον, κἄπειτα παραγενηθέντες οἱ βάρβαροι τοὺς μὲν κατα-

8 φθείρωσι τοὺς δὲ συναθροίσαντες ἀποφέρωσι, τότε δή, χωρὶς τῶν ἔργων καὶ τῆς δαπάνης, καὶ τὴν καταφθορὰν θεώμενοι διὰ τὸ κάλλος τῶν καρπῶν σχετλιάζουσι καὶ βαρέως φέρουσι τὸ συμβαῖνον.

9 Ἀλλ᾽ ὅμως τὸν μὲν ἀπὸ τῶν Θρᾳκῶν πόλεμον κατὰ τὴν συνήθειαν ἀναφέροντες ἔμενον ἐπὶ τῶν ἐξ ἀρχῆς

10 δικαίων πρὸς τοὺς Ἕλληνας, προσεπιγενομένων δὲ

45. As Thrace encompasses their territory so effectually as to extend from one sea to the other, they are engaged in perpetual and most difficult warfare with its inhabitants. They cannot on the one hand rid themselves of the war once for all by a carefully prepared attack resulting in victory, owing to the great number of the chieftains and their followers. For if they get the better of one, three other more powerful chieftains are sure to invade their territory. Nor are they at all better off if they give way and agree to terms and the payment of tribute; for the very fact of their making concessions to one chief raises against them enemies five times more numerous. So that they are, as I said, involved in a warfare both perpetual and most difficult; for what can be more full of peril, what more terrible than a war with near neighbors who are at the same time barbarians? Nay, such being in general the adverse circumstances against which they have to struggle on land, they have in addition to the other evils attendant on war to suffer too something like the torments of Tantalus that Homer describes; for, owners as they are of a most fertile country, when they have carefully cultivated it and a superb harvest is the result, and when the barbarians now appear and destroy part of the crops, collecting and carrying off the rest, then indeed, apart from their lost toil and expense, the very beauty of the harvest when they witness its destruction adds to their indignation and distress.

In spite of all, however, they continued to bear the burden to which they had grown accustomed of the war with the Thracians, without departing from their ancient engagements to the Greek states. But when they were at-

Γαλατῶν αὐτοῖς τῶν περὶ Κομοντόριον εἰς πᾶν ἦλθον
περιστάσεως.

46. οὗτοι δ' ἐκίνησαν μὲν ἅμα τοῖς περὶ Βρέννον ἐκ
τῆς οἰκείας, διαφυγόντες δὲ τὸν περὶ Δελφοὺς κίν-
δυνον καὶ παραγενόμενοι πρὸς τὸν Ἑλλήσποντον εἰς
μὲν τὴν Ἀσίαν οὐκ ἐπεραιώθησαν, αὐτοῦ δὲ κατ-
έμειναν διὰ τὸ φιλοχωρῆσαι τοῖς περὶ τὸ Βυζάντιον
2 τόποις. οἳ καὶ κρατήσαντες τῶν Θρᾳκῶν, καὶ κατα-
σκευασάμενοι βασίλειον τὴν Τύλιν, εἰς ὁλοσχερῆ
3 κίνδυνον ἦγον τοὺς Βυζαντίους. κατὰ μὲν οὖν τὰς
ἀρχὰς ἐν ταῖς ἐφόδοις αὐτῶν, ταῖς κατὰ Κομοντόριον
τὸν πρῶτον βασιλεύσαντα, δῶρα διετέλουν οἱ Βυζάν-
τιοι διδόντες ἀνὰ τρισχιλίους καὶ πεντακισχιλίους,
ποτὲ δὲ καὶ μυρίους χρυσοῦς, ἐφ' ᾧ μὴ καταφθείρειν
4 τὴν χώραν αὐτῶν. τέλος δ' ἠναγκάσθησαν ὀγδοή-
κοντα τάλαντα συγχωρῆσαι φόρον τελεῖν κατ' ἐνιαυ-
τὸν ἕως εἰς Καύαρον, ἐφ' οὗ κατελύθη μὲν ἡ βασιλεία,
τὸ δὲ γένος αὐτῶν ἐξεφθάρη πᾶν ὑπὸ Θρᾳκῶν ἐκ
5 μεταβολῆς ἐπικρατηθέν. ἐν οἷς καιροῖς ὑπὸ τῶν φό-
ρων πιεζούμενοι τὸ μὲν πρῶτον ἐπρέσβευον πρὸς τοὺς
Ἕλληνας, δεόμενοι σφίσι βοηθεῖν καὶ συγχορηγεῖν
6 εἰς τοὺς περιεστῶτας καιρούς· τῶν δὲ πλείστων παρ-
ολιγωρούντων ἐνεχείρησαν ἀπαναγκασθέντες παρ-
αγωγιάζειν τοὺς εἰς τὸν Πόντον πλέοντας.

---

108 Leader of the Celts surviving the battle of Lysimacheia in
277; he settled in Thrace and founded the kingdom at Tylis, south
of Mt. Haemus (46. 2); *RE* Tyle 1712 (E. Oberhummer).

tacked also by the Gauls under Comontorius,[108] they found themselves in very grave danger.

46. These Gauls had quitted their homes together with Brennus[109] and his Gauls, and after avoiding the disaster at Delphi reached the Hellespont, where instead of crossing to Asia, they remained on the spot, as they took a fancy to the country near Byzantium. Here when they had conquered the Thracians and had established their capital at Tylis, they placed the Byzantines in extreme danger. At first, during the inroads made under Comontorius the first king, the Byzantines continued to pay on each occasion three thousand, five thousand, and sometimes even ten thousand gold pieces to save their territory from being laid waste, and finally they were compelled to consent to pay an annual tribute of eighty talents down to the reign of Cavarus,[110] during which the kingdom came to an end and the whole tribe were in their turn conquered by the Thracians and annihilated. It was in these times that, being hard pressed by the tribute, they at first sent embassies to the Greeks imploring them to help them and contribute to relieve them in their distress and danger. But when most states paid no attention to their solicitations they were driven by sheer necessity to begin exacting duties from vessels trading with the Pontus.

[109] Led the attack on Delphi in 279 and took his own life after its failure.

[110] The last king of the Galatian realm at Tylis which fell to the Thracians ca. 213 (8.22). *RE* Kauaros (Suppl. 4), 881–882 (P. Schoch).

47. μεγάλης δὲ γενομένης τῆς ἀλυσιτελείας καὶ δυσχρηστίας πᾶσιν ἐκ τοῦ τέλος πράττειν τοὺς Βυζαντίους τῶν ἐξαγομένων ἐκ τοῦ Πόντου, δεινὸν ἡγοῦντο, καὶ πάντες ἐνεκάλουν οἱ πλοϊζόμενοι τοῖς Ῥοδίοις διὰ τὸ δοκεῖν τούτους προεστάναι τῶν κατὰ
2 θάλατταν. ἐξ οὗ συνέβη φῦναι τὸν πόλεμον ὑπὲρ οὗ νῦν ἡμεῖς ἱστορεῖν μέλλομεν.

3 Οἱ γὰρ Ῥόδιοι συνεξεγερθέντες ἅμα μὲν διὰ τὴν σφετέραν βλάβην ἅμα δὲ καὶ διὰ τὴν τῶν πέλας ἐλάττωσιν, τὸ μὲν πρῶτον παραλαβόντες τοὺς συμμάχους ἐπρέσβευον πρὸς τοὺς Βυζαντίους, ἀξιοῦντες
4 καταλύσειν αὐτοὺς τὸ παραγώγιον· οὐκ ἐντρεπομένων δὲ τοῖς ὅλοις, ἀλλὰ πεπεισμένων δίκαια λέγειν ἐκ τῆς ἀντικαταστάσεως τῆς γενομένης παρ᾽ αὐτοῖς τῶν περὶ τὸν Ἑκατόδωρον καὶ Ὀλυμπιόδωρον πρὸς τοὺς τῶν
5 Ῥοδίων πρεσβευτάς (οὗτοι γὰρ τότε προέστασαν τοῦ τῶν Βυζαντίων πολιτεύματος), τότε μὲν ἀπηλλάγησαν
6 οἱ Ῥόδιοι περάναντες οὐδέν, ἐπανελθόντες δὲ τὸν πόλεμον ἐψηφίσαντο τοῖς Βυζαντίοις διὰ τὰς προειρημέ-
7 νας αἰτίας. καὶ παραυτίκα πρεσβευτὰς ἐξαπέστελλον πρὸς Προυσίαν παρακαλοῦντες καὶ τοῦτον εἰς τὸν πόλεμον· ᾔδεσαν γὰρ τὸν Προυσίαν παρατριβόμενον ἔκ τινων πρὸς τοὺς Βυζαντίους.

48. τὸ δὲ παραπλήσιον ἐποίουν καὶ Βυζάντιοι· πρός τε γὰρ Ἄτταλον καὶ πρὸς Ἀχαιὸν ἔπεμπον πρέσβεις,

---

111 As the Athenians did in 410 (44.3), the Byzantines now began to exact transit tolls, after an attempt to raise money by a

47. When general inconvenience and loss of profit was caused by the Byzantines levying duties[111] on exports from the Pontus, all the traders were aggrieved and brought their complaint before the Rhodians who were considered the supreme authority in maritime matters. This was the origin of the war the history of which I am about to tell.

For the Rhodians, roused to action by the loss they suffered themselves and the detriment to neighboring states, at first together with their allies sent an embassy to Byzantium demanding the abolition of the duty. The Byzantines were not disposed to make any concession, being convinced of the justice of their cause by the terms in which Hecatodorus and Olympiodorus,[112] their chief magistrates at the time, replied to the Rhodian envoys. The Rhodians therefore took their departure without having accomplished anything, and on their return war was declared by Rhodes on Byzantium for the reasons above stated. They at once sent envoys to Prusias pressing him to take part in the war,[113] for they knew that for various reasons he was offended with the Byzantines.

48. The Byzantines took similar measures, sending envoys asking for help to Attalus[114] and Achaeus.[115] Attalus

reform of the coinage had failed: H. Seyrig, *Essays in Greek Coinage Presented to Stanley Robinson* (Oxford 1968) 181–192.

[112] Coins of Byzantium with the names of these men as eponyms date to these years: Seyrig (47.1), 182.

[113] For the war and its antecedents *RE* Prusias I., 1087–1091 (C. Habicht).   [114] Attalus I of Pergamum (241–197), the first of the dynasty to assume the royal title.   [115] The maternal uncle of Antiochus III, according to Beloch's reconstruction of the genealogy, followed by WC (with *stemma*, p. 501).

2 δεόμενοι σφίσι βοηθεῖν. ὁ μὲν οὖν Ἄτταλος ἦν πρό-
θυμος, εἶχε δὲ βραχεῖαν τότε ῥοπὴν ὡς ἂν ὑπ᾽ Ἀχαιοῦ
3 συνεληλαμένος εἰς τὴν πατρῴαν ἀρχήν· ὁ δὲ Ἀχαιὸς
κρατῶν μὲν τῆς ἐπὶ τάδε τοῦ Ταύρου, βασιλέα δὲ
προσφάτως αὐτὸν ἀναδεδειχὼς ἐπηγγέλλετο βοηθή-
4 σειν, ὑπάρχων δ᾽ ἐπὶ ταύτης τῆς προαιρέσεως τοῖς μὲν
Βυζαντίοις μεγάλην ἐλπίδα παρεσκεύαζε, τοῖς δὲ Ῥο-
5 δίοις καὶ Προυσίᾳ τἀναντία κατάπληξιν. Ἀχαιὸς γὰρ
ἦν μὲν Ἀντιόχου συγγενὴς τοῦ παρειληφότος τὴν ἐν
Συρίᾳ βασιλείαν, ἐγκρατὴς δ᾽ ἐγένετο τῆς προειρη-
6 μένης δυναστείας διά τινας τοιαύτας αἰτίας. Σελεύκου
μεταλλάξαντος τὸν βίον, ὃς ἦν Ἀντιόχου τοῦ προειρη-
μένου πατήρ, διαδεξαμένου δὲ τὴν βασιλείαν Σελεύ-
κου πρεσβυτάτου τῶν υἱῶν, ἅμα τούτῳ διὰ τὴν οἰκει-
ότητα συνυπερέβαλε τὸν Ταῦρον δυσὶ μάλιστά πως
7 ἔτεσι πρότερον τῶν νῦν λεγομένων καιρῶν. Σέλευκος
γὰρ ὁ νέος ὡς θᾶττον παρέλαβε τὴν βασιλείαν, πυν-
θανόμενος Ἄτταλον πᾶσαν ἤδη τὴν ἐπὶ τάδε τοῦ
Ταύρου δυναστείαν ὑφ᾽ αὑτὸν πεποιῆσθαι, παρωρ-
8 μήθη βοηθεῖν τοῖς σφετέροις πράγμασιν, ὑπερβαλὼν
δὲ μεγάλῃ δυνάμει τὸν Ταῦρον, καὶ δολοφονηθεὶς ὑπό
τε Ἀπατουρίου τοῦ Γαλάτου καὶ Νικάνορος, μετήλ-
9 λαξε τὸν βίον. Ἀχαιὸς δὲ κατὰ τὴν ἀναγκαιότητα τὸν
φόνον αὐτοῦ μετῆλθε παραχρῆμα, τοὺς περὶ τὸν
Νικάνορα καὶ τὸν Ἀπατούριον ἀποκτείνας, τῶν τε
δυνάμεων καὶ τῶν ὅλων πραγμάτων φρονίμως καὶ
10 μεγαλοψύχως προέστη. τῶν γὰρ καιρῶν παρόντων
αὐτῷ καὶ τῆς τῶν ὄχλων ὁρμῆς συνεργούσης εἰς τὸ

was heartily disposed to help, but his support at this time was of very little weight, as he had been confined within the limits of his ancestral dominions by Achaeus. But Achaeus, who was now master of all the country on this side of the Taurus and had recently assumed the royal title, promised his aid, and his decision to do so greatly raised the hopes of the Byzantines, while on the contrary, it alarmed Prusias and the Rhodians. Achaeus was a relative of that Antiochus who had just succeeded to the throne of Syria[116] and had acquired the dominion I stated by the following means. When on the death of Seleucus, father of this Antiochus, his eldest son Seleucus succeeded him, Achaeus in his quality of a kinsman accompanied the king on his expedition across the Taurus about two years before the time I am speaking of. For the young Seleucus, immediately on ascending the throne, having learnt that Attalus had appropriated all his dominions on this side Taurus hastened there to defend his interests. He crossed the Taurus at the head of a great army, but perished assassinated by the Gaul Apaturius and Nicanor. Achaeus, as his kinsman, at once avenged his murder by putting Nicanor and Apaturius to death, and taking the command of the army and the direction of affairs in his hands, conducted both with prudence and magnanimity. For though the opportunity was favorable and he was eagerly urged by the troops

226 B.C.

---

[116] Antiochus III (223–187) succeeded his brother Seleucus III (225–223).

διάδημα περιθέσθαι, τοῦτο μὲν οὐ προείλετο ποιῆσαι,
τηρῶν δὲ τὴν βασιλείαν Ἀντιόχῳ τῷ νεωτέρῳ τῶν
υἱῶν, ἐνεργῶς ἐπιπορευόμενος ἀνεκτᾶτο τὴν ἐπὶ τάδε
11 τοῦ Ταύρου πᾶσαν. τῶν δὲ πραγμάτων αὐτῷ παρα-
δόξως εὐροούντων, ἐπεὶ τὸν μὲν Ἄτταλον εἰς αὐτὸ τὸ
Πέργαμον συνέκλεισε τῶν δὲ λοιπῶν πάντων ἦν ἐγ-
κρατής, ἐπαρθεὶς τοῖς εὐτυχήμασι παρὰ πόδας ἐξώ-
12 κειλε, καὶ διάδημα περιθέμενος καὶ βασιλέα προσ-
αγορεύσας αὐτὸν βαρύτατος ἦν τότε καὶ φοβερώτατος
13 τῶν ἐπὶ τάδε τοῦ Ταύρου βασιλέων καὶ δυναστῶν· ᾧ
καὶ μάλιστα τότε Βυζάντιοι πιστεύσαντες ἀνεδέξαντο
τὸν πρὸς τοὺς Ῥοδίους καὶ Προυσίαν πόλεμον.

49. Ὁ δὲ Προυσίας ἐνεκάλει μὲν πρότερον τοῖς
Βυζαντίοις ὅτι ψηφισαμένων τινὰς εἰκόνας αὐτοῦ ταύ-
τας οὐχ ἀνετίθεσαν ἀλλ᾽ εἰς ἐπισυρμὸν καὶ λήθην
2 ἄγοιεν, δυσηρέστει δ᾽ αὐτοῖς καὶ ἐπὶ τῷ πᾶσαν προσ-
ενέγκασθαι φιλονεικίαν εἰς τὸ διαλῦσαι τὴν Ἀχαιοῦ
πρὸς Ἄτταλον ἔχθραν καὶ τὸν πόλεμον, νομίζων κατὰ
πολλοὺς τρόπους ἀλυσιτελῆ τοῖς αὑτοῦ πράγμασιν
3 ὑπάρχειν τὴν ἐκείνων φιλίαν. ἠρέθιζε δ᾽ αὐτὸν καὶ τὸ
δοκεῖν Βυζαντίους πρὸς μὲν Ἄτταλον εἰς τοὺς τῆς
Ἀθηνᾶς ἀγῶνας τοὺς συνθύσοντας ἐξαπεσταλκέναι,
πρὸς αὐτὸν δ᾽ εἰς τὰ Σωτήρια μηδένα πεπομφέναι.
4 διόπερ ἐκ πάντων τούτων ὑποικουρουμένης παρ᾽ αὐτῷ
τῆς ὀργῆς ἄσμενος ἐπελάβετο τῆς τῶν Ῥοδίων προ-
φάσεως, καὶ συγκαταθέμενος τοῖς πρεσβευταῖς ἐκεί-

to assume the diadem, he decided not to do so, and holding the throne for the younger brother Antiochus, advanced energetically and recovered the whole of the country on this side of Taurus. But when he met with a success that surpassed his expectations, having shut up Attalus in Pergamum itself and made himself master of all the rest of the country he was so elated by his good fortune that in a very short space of time he swerved clean away from rectitude, and having assumed the diadem and styled himself king[117] he was at this moment the most imposing and formidable of all the kings and potentates on this side Taurus. This was the man on whom the Byzantines most relied when they undertook the war against Rhodes and Prusias.

49. One of Prusias's grievances against the Byzantines was that after having voted certain statues of him they had never erected them, but had neglected and finally forgotten the matter. He was likewise displeased with them for having employed every effort to reconcile Achaeus with Attalus and put an end to the war between them, thinking that a friendship between these two princes was in many ways prejudicial to his own interests. He was also irritated because it was said that the Byzantines had sent to Attalus representatives to take part in the sacrifice held at the festival of Athene, whereas they had sent none to himself when he celebrated the Soteria.[118] Therefore as he continued to nurse resentment for all these offenses, he gladly availed himself of the pretext offered by the Rhodians and came to an agreement with their envoys demanding that

[117] In the fall of 220, at Laodicea in Phrygia, perhaps at the instigation of Ptolemy IV (or his minister Sosibius).

[118] What led to this festival of deliverance is unknown.

νους μὲν ᾤετο δεῖν κατὰ θάλατταν πολεμεῖν, αὐτὸς δὲ
κατὰ γῆν οὐκ ἐλάττω βλάψειν ἔδοξε τοὺς ὑπεναντίους.

5   Ὁ μὲν οὖν Ῥοδίων πρὸς Βυζαντίους πόλεμος διὰ
ταῦτα καὶ τοιαύτην ἔλαβε τὴν ἀρχήν·

50. οἱ δὲ Βυζάντιοι τὸ μὲν πρῶτον ἐρρωμένως ἐπο-
λέμουν, πεπεισμένοι τὸν μὲν Ἀχαιὸν σφίσι βοηθεῖν,
αὐτοὶ δὲ τὸν Τιβοίτην ἐκ τῆς Μακεδονίας ἐπαγαγόν-
τες ἀντιπεριστήσειν τῷ Προυσίᾳ φόβους καὶ κινδύ-

2   νους, ὃς κατὰ τὴν προειρημένην ὁρμὴν πολεμῶν παρ-
είλετο μὲν αὐτῶν τὸ καλούμενον ἐπὶ τοῦ στόματος

3   Ἱερόν, ὃ Βυζάντιοι μικροῖς ἀνώτερον χρόνοις μεγά-
λων ὠνησάμενοι χρημάτων ἐσφετερίσαντο διὰ τὴν
εὐκαιρίαν τοῦ τόπου, βουλόμενοι μηδεμίαν ἀφορμὴν
μηδενὶ καταλιπεῖν μήτε κατὰ τῶν εἰς τὸν Πόντον
πλεόντων ἐμπόρων μήτε περὶ τοὺς δούλους καὶ τὰς ἐξ

4   αὐτῆς τῆς θαλάττης ἐργασίας, παρείλετο δὲ καὶ τὴν
ἐπὶ τῆς Ἀσίας χώραν, ἣν κατεῖχον Βυζάντιοι τῆς

5   Μυσίας πολλοὺς ἤδη χρόνους. οἱ δὲ Ῥόδιοι πληρώ-
σαντες ναῦς ἓξ, ἅμα δὲ ταύταις παρὰ τῶν συμμάχων
προσλαβόντες τέτταρας, καὶ ναύαρχον προχειρισά-
μενοι Ξενόφαντον, ἔπλεον ἐφ᾽ Ἑλλησπόντου δέκα

6   ναυσίν. καὶ ταῖς μὲν λοιπαῖς ὁρμοῦντες περὶ Σηστὸν
ἐκώλυον τοὺς πλέοντας εἰς τὸν Πόντον, μιᾷ δ᾽ ἐκπλεύ-
σας ὁ ναύαρχος κατεπείραζε τῶν Βυζαντίων, εἴ πως

7   ἤδη μεταμέλοιντο καταπεπληγμένοι τὸν πόλεμον. τῶν
δ᾽ οὐ προσεχόντων ἀπέπλευσε καὶ παραλαβὼν τὰς

8   λοιπὰς ναῦς ἀπῆρε πάσαις εἰς τὴν Ῥόδον. οἱ δὲ

they should undertake to carry on the war by sea, while he himself hoped to be able to damage the enemy no less severely on land.

Such were the causes and such was the beginning of the war between Rhodes and Byzantium.

50. The Byzantines at first fought with great vigor, being confident that Achaeus would come to help them and trusting by bringing Tiboetes[119] from Macedonia to throw Prusias in his turn into alarm and peril. For Prusias having begun the war with the feelings I have indicated had taken the place called "The Holy Place"[120] on the Bosporus, which a few years previously they had acquired by purchase for a large sum, owing to its favorable situation, as they did not wish to leave anyone any base from which to attack traders with the Pontus or interfere with the slave trade or the fishing. He had also seized their Asiatic territory,[121] a part of Mysia which had long been in their possession. The Rhodians, manning six ships and getting four others from the allies, appointed Xenophantus admiral and sailed for the Hellespont with the ten ships. Anchoring the rest off Sestos to prevent the passage of vessels bound for the Pontus, the admiral left in one to find out if the Byzantines were already sufficiently alarmed at the war to have changed their minds. But as they paid no attention to his overtures, he sailed away and picking up the rest of his ships, left for Rhodes with the whole squadron. The

[119] In fact, Zipoites, half brother of Prusias' father Ziaelas; *RE Zipoites* 459–460 (C. Habicht).   [120] 39.6 and n. 95.

[121] The area has been identified by L. Robert, *Hellenica* 7 (1949) 34–41, thanks to a dedication to Zeus Pratomysios dated by the eponym of Byzantium.

461

Βυζάντιοι πρός τε τὸν Ἀχαιὸν ἔπεμπον ἀξιοῦντες
βοηθεῖν, ἐπί τε τὸν Τιβοίτην ἐξαπέστελλον τοὺς ἄξον-
9 τας αὐτὸν ἐκ τῆς Μακεδονίας· ἐδόκει γὰρ οὐχ ἧττον ἡ
Βιθυνῶν ἀρχὴ Τιβοίτῃ καθήκειν ἢ Προυσίᾳ διὰ τὸ
10 πατρὸς ἀδελφὸν αὐτὸν ὑπάρχειν τῷ Προυσίᾳ. οἱ δὲ
Ῥόδιοι θεωροῦντες τὴν τῶν Βυζαντίων ὑπόστασιν,
πραγματικῶς διενοήθησαν πρὸς τὸ καθικέσθαι τῆς
προθέσεως.

51. ὁρῶντες γὰρ τὸ συνέχον τοῖς Βυζαντίοις τῆς
ὑπομονῆς τοῦ πολέμου κείμενον ἐν ταῖς κατὰ τὸν
Ἀχαιὸν ἐλπίσιν, θεωροῦντες δὲ τὸν πατέρα τὸν Ἀχαι-
οῦ κατεχόμενον ἐν Ἀλεξανδρείᾳ, τὸν δ' Ἀχαιὸν περὶ
πλείστου ποιούμενον τὴν τοῦ πατρὸς σωτηρίαν, ἐπε-
βάλοντο πρεσβεύειν πρὸς τὸν Πτολεμαῖον καὶ παραι-
2 τεῖσθαι τὸν Ἀνδρόμαχον, καὶ πρότερον μὲν ἐκ παρέρ-
γου τοῦτο πεποιηκότες, τότε δ' ἀληθινῶς σπεύδοντες
ὑπὲρ τοῦ πράγματος, ἵνα προσενεγκάμενοι πρὸς τὸν
Ἀχαιὸν τὴν χάριν ταύτην ὑπόχρεων αὐτὸν ποιήσων-
3 ται πρὸς πᾶν τὸ παρακαλούμενον. ὁ δὲ Πτολεμαῖος
παραγενομένων τῶν πρέσβεων ἐβουλεύετο μὲν παρα-
κατέχειν τὸν Ἀνδρόμαχον, ἐλπίζων αὐτῷ χρήσεσθαι
πρὸς καιρὸν διὰ τὸ τά τε πρὸς τὸν Ἀντίοχον ἄκριτα
μένειν αὐτῷ, καὶ τὸ τὸν Ἀχαιὸν ἀναδεδειχότα προσ-
φάτως αὐτὸν βασιλέα πραγμάτων εἶναι κύριον ἱκα-
4 νῶν τινων· ἦν γὰρ Ἀνδρόμαχος Ἀχαιοῦ μὲν πατήρ,
5 ἀδελφὸς δὲ Λαοδίκης τῆς Σελεύκου γυναικός. οὐ μὴν
ἀλλὰ προσκλίνων τοῖς Ῥοδίοις ὁ Πτολεμαῖος κατὰ
τὴν ὅλην αἵρεσιν, καὶ πάντα σπεύδων χαρίζεσθαι,

Byzantines kept on sending to Achaeus, demanding succor, and sent a mission to bring Tiboetes from Macedonia; for Tiboetes was considered to have just as good a claim to the throne of Bithynia as Prusias, as he was his uncle on the father's side. The Rhodians seeing that the Byzantines stood firm, thought of a plan[122] for attaining their purpose likely to prove very efficient.

51. For observing that the chief cause of the Byzantines' resolute endurance of the war lay in their hopes of support from Achaeus, and knowing that Achaeus' father was a prisoner at Alexandria and that Achaeus above all things desired his deliverance, they decided to send an embassy to Ptolemy begging him to give up Andromachus. They had indeed previously made this request without insisting much on it, but now they pressed it most seriously, in order that by doing this favor to Achaeus they might put him under such an obligation that he would do all they demanded. Ptolemy, on the arrival of the embassy, deliberated as to retaining Andromachus, whom he hoped to make use of at the proper time, considering that his differences with Antiochus had not yet been decided, and that Achaeus, who had just proclaimed himself king, could exercise a decisive influence in certain important matters; for Andromachus was Achaeus' father and brother of Laodice the wife of Seleucus. But nevertheless, as his sympathies in general were with the Rhodians and he was anxious to do

[122] They used their friendship with Ptolemy IV to neutralize Achaeus.

συνεχώρησε καὶ παρέδωκε τὸν Ἀνδρόμαχον αὐτοῖς
6 ἀποκομίζειν ὡς τὸν υἱόν. οἱ δ' ἐπιτελεσάμενοι τοῦτο,
καὶ προσεπιμετρήσαντες τοῖς περὶ τὸν Ἀχαιὸν τιμάς
τινας, παρείλαντο τὴν ὁλοσχερεστάτην ἐλπίδα τῶν
7 Βυζαντίων. συνεκύρησε δέ τι καὶ ἔτερον τοῖς Βυ-
ζαντίοις ἄτοπον· ὁ γὰρ Τιβοίτης καταγόμενος ἐκ τῆς
Μακεδονίας ἔσφηλε τὰς ἐπιβολὰς αὐτῶν, μεταλλάξας
8 τὸν βίον. οὗ συμβάντος οἱ μὲν Βυζάντιοι ταῖς ὁρμαῖς
ἀνέπεσον, ὁ δὲ Προυσίας ἐπιρρωσθεὶς ταῖς πρὸς τὸν
πόλεμον ἐλπίσιν ἅμα μὲν αὐτὸς ἀπὸ τῶν κατ' Ἀσίαν
μερῶν ἐπολέμει καὶ προσέκειτο τοῖς πράγμασιν ἐνερ-
γῶς, ἅμα δὲ τοὺς Θρᾷκας μισθωσάμενος οὐκ εἴα τὰς
πύλας ἐξιέναι τοὺς Βυζαντίους ἀπὸ τῶν κατὰ τὴν
9 Εὐρώπην μερῶν. οἱ δὲ Βυζάντιοι τῶν σφετέρων ἐλ-
πίδων ἐψευσμένοι, τῷ πολέμῳ πονοῦντες πανταχόθεν,
ἐξαγωγὴν περιέβλεπον εὐσχήμονα τῶν πραγμάτων.

52. Κανάρου δὲ τοῦ τῶν Γαλατῶν βασιλέως παρα-
γενομένου πρὸς τὸ Βυζάντιον καὶ σπουδάζοντος δια-
λῦσαι τὸν πόλεμον καὶ διέχοντος τὰς χεῖρας φι-
λοτίμως, συνεχώρησαν τοῖς παρακαλουμένοις ὅ τε
2 Προυσίας οἵ τε Βυζάντιοι. πυθόμενοι δ' οἱ Ῥόδιοι τήν
τε τοῦ Κανάρου σπουδὴν καὶ τὴν ἐντροπὴν τοῦ Πρου-
σίου, σπουδάζοντες δὲ καὶ τὴν αὐτῶν πρόθεσιν ἐπὶ
τέλος ἀγαγεῖν, πρεσβευτὴν μὲν Ἀριδίκην προεχει-
ρίσαντο πρὸς τοὺς Βυζαντίους, Πολεμοκλῆ δὲ τρεῖς
ἔχοντα τριήρεις ὁμοῦ συναπέστειλαν, βουλόμενοι, τὸ
3 δὴ λεγόμενον, καὶ τὸ δόρυ καὶ τὸ κηρύκειον ἅμα
4 πέμπειν πρὸς τοὺς Βυζαντίους. ἐπιφανέντων δὲ τούτων

them any favor, he yielded and gave up Andromachus to them to conduct back to his son. Having accomplished this and in addition conferred certain honors on Achaeus they deprived the Byzantines of their most important source of hope. At the same time the Byzantines met with another mischance; for Tiboetes on his way from Macedonia foiled their hopes by his death, upon which the Byzantines relaxed their efforts, while Prusias, fortified in his expectations of success in the war, at one and the same time was himself attacking the enemy from Asia with his whole energy, and on the European side, by hiring the services of the Thracians, prevented the Byzantines from venturing out of their gates. The Byzantines, all their hopes being now defeated, were suffering on all sides from the war and began to look about for an honorable solution of the questions at issue.

52. Accordingly when Cavarus, the Gallic king, came to Byzantium and did his best to put an end to the war, intervening heartily to part the combatants, both Prusias and the Byzantines yielded to his exhortations. The Rhodians, on hearing of Cavarus's efforts and Prusias's compliance and being anxious to effect their purpose at once, appointed Aridices as envoy to Byzantium and at the same time dispatched Polemocles with three triremes, wishing, as we say, to send the Byzantines the spear and the herald's staff at once. Upon their appearance treaties[123] were made

---

[123] P. has seen the document.

ἐγένοντο διαλύσεις ἐπὶ Κόθωνος τοῦ Καλλιγείτονος
5 ἱερομνημονοῦντος ἐν τῷ Βυζαντίῳ, πρὸς μὲν Ῥοδίους
ἁπλαῖ, Βυζαντίους μὲν μηδένα πράττειν τὸ διαγώγιον
τῶν εἰς τὸν Πόντον πλεόντων, Ῥοδίους δὲ καὶ τοὺς
συμμάχους τούτου γενομένου τὴν εἰρήνην ἄγειν πρὸς
6 Βυζαντίους, πρὸς δὲ Προυσίαν τοιαίδε τινές, εἶναι
Προυσίᾳ καὶ Βυζαντίοις εἰρήνην καὶ φιλίαν εἰς τὸν
ἅπαντα χρόνον, μὴ στρατεύειν δὲ μήτε Βυζαντίους ἐπὶ
Προυσίαν τρόπῳ μηδενὶ μήτε Προυσίαν ἐπὶ Βυζαν-
7 τίους, ἀποδοῦναι δὲ Προυσίαν Βυζαντίοις τάς τε χώ-
ρας καὶ τὰ φρούρια καὶ τοὺς λαοὺς καὶ τὰ πολιτικὰ
σώματα χωρὶς λύτρων, πρὸς δὲ τούτοις τὰ πλοῖα τὰ
κατ᾽ ἀρχὰς ληφθέντα τοῦ πολέμου καὶ τὰ βέλη τὰ
καταληφθέντ᾽ ἐν τοῖς ἐρύμασιν, ὁμοίως δὲ καὶ τὰ ξύλα
καὶ τὴν λιθίαν καὶ τὸν κέραμον τὸν ἐκ τοῦ Ἱεροῦ
8 χωρίου (ὁ γὰρ Προυσίας, ἀγωνιῶν τὴν τοῦ Τιβοίτου
κάθοδον, πάντα καθεῖλε τὰ δοκοῦντα τῶν φρουρίων
9 εὐκαίρως πρός τι κεῖσθαι)· ἐπαναγκάσαι δὲ Προυσίαν
καὶ ὅσα τινὲς τῶν Βιθυνῶν εἶχον ἐκ τῆς Μυσίας
χώρας τῆς ὑπὸ Βυζαντίους ταττομένης ἀποδοῦναι
10 τοῖς γεωργοῖς. Ὁ μὲν οὖν Ῥοδίοις καὶ Προυσίᾳ
πρὸς Βυζαντίους συστὰς πόλεμος τοιαύτας ἔλαβε τὰς
ἀρχὰς καὶ τὸ τέλος·

53. κατὰ δὲ τὸν καιρὸν τοῦτον Κνώσσιοι πρεσβεύ-
σαντες πρὸς Ῥοδίους ἔπεισαν τάς τε μετὰ Πολεμο-
κλέους ναῦς καὶ τρία τῶν ἀφράκτων προσκατασπά-
2 σαντας αὐτοῖς ἀποστεῖλαι. γενομένου δὲ τούτου καὶ

in the year of Cothon,[124] son of Calligeiton, Hieromnemon in Byzantium, that with the Rhodians being simple and as follows: "The Byzantines engage not to levy toll on ships bound for the Pontus, and on this condition the Rhodians and their allies shall be at peace with the Byzantines." The terms they made with Prusias were these: "There is to be peace and friendship for all time between Prusias and the Byzantines and in no manner are the Byzantines to make war on Prusias or Prusias on the Byzantines. Prusias is to give up to the Byzantines the lands, the fortresses, the people, and the citizens taken from the enemy free from ransom, and in addition the ships taken at the outset of the war, the missiles captured in the forts; likewise the timbers, building stones, and tiles taken from the Holy Place"—for Prusias, dreading the return of Tiboetes, had destroyed all strong places that seemed favorably situated for any hostile design—"Prusias is to compel any Bithynians occupying lands in that part of Mysia subject to Byzantium to give these up to the farmers." Such was the beginning and such the end of the war of Prusias and the Rhodians with Byzantium.

53. At about the same time the Cnossians[125] sent an embassy to the Rhodians and persuaded them to send the squadron under Polemocles to them with three undecked vessels in addition. Upon this, when the fleet arrived in

---

[124] His son Ἧρις, as the commander of a naval unit, was the recipient of an honorary decree at Athens ca. 200 (*SIG* 580; for the date St. V. Tracy, *Athenian Letter Cutters of 286 to 86 B C.* (Berkeley 1990) 268.   [125] For the sites in Crete mentioned in the following chapters see the map at the end of *IC* 1. For the events A. Chaniotis, *Die Verträge zwischen kretischen Poleis in der hellenistischen Zeit* (Stuttgart 1996) 36–38.

τῶν πλοίων ἀφικομένων εἰς τὴν Κρήτην, καὶ ἐχόντων
ὑποψίαν τῶν Ἐλευθερναίων ὅτι τὸν πολίτην αὐτῶν
Τίμαρχον οἱ περὶ τὸν Πολεμοκλῆ χαριζόμενοι τοῖς
Κνωσσίοις ἀνηρήκασι, τὸ μὲν πρῶτον ῥύσια κατ-
ήγγειλαν τοῖς Ῥοδίοις, μετὰ δὲ ταῦτα πόλεμον ἐξ-
ήνεγκαν.

3   Περιέπεσον δὲ καὶ Λύττιοι βραχὺ πρὸ τούτων τῶν
καιρῶν ἀνηκέστῳ συμφορᾷ. καθόλου γὰρ τὰ κατὰ τὴν
σύμπασαν Κρήτην ὑπῆρχεν ἐν τοιαύτῃ τινὶ τότε κατα-
4 στάσει. Κνώσσιοι συμφρονήσαντες Γορτυνίοις πᾶ-
σαν ἐποιήσαντο τὴν Κρήτην ὑφ᾽ αὑτοὺς πλὴν τῆς
Λυττίων πόλεως, μόνης δὲ ταύτης ἀπειθούσης ἐπεβά-
λοντο πολεμεῖν, σπεύδοντες αὐτὴν εἰς τέλος ἀνάστα-
τον ποιῆσαι καὶ παραδείγματος καὶ φόβου χάριν τῶν
5 ἄλλων Κρηταιέων. τὸ μὲν οὖν πρῶτον ἐπολέμουν πάν-
τες οἱ Κρηταιεῖς τοῖς Λυττίοις· ἐγγενομένης δὲ φιλοτι-
μίας ἐκ τῶν τυχόντων, ὅπερ ἔθος ἐστὶ Κρησίν, ἐστα-
6 σίασαν πρὸς τοὺς ἄλλους, καὶ Πολυρρήνιοι μὲν καὶ
Κερέται καὶ Λαππαῖοι πρὸς δὲ τούτοις Ὅριοι μετ᾽
Ἀρκάδων ὁμοθυμαδὸν ἀποστάντες τῆς τῶν Κνωσσίων
7 φιλίας ἔγνωσαν τοῖς Λυττίοις συμμαχεῖν, τῶν δὲ
Γορτυνίων οἱ μὲν πρεσβύτατοι τὰ τῶν Κνωσσίων οἱ
δὲ νεώτεροι τὰ τῶν Λυττίων αἱρούμενοι διεστασίασαν
8 πρὸς ἀλλήλους. οἱ δὲ Κνώσσιοι, παραδόξου γεγο-
νότος αὐτοῖς τοῦ περὶ τοὺς συμμάχους κινήματος,
ἐπισπῶνται χιλίους ἐξ Αἰτωλίας ἄνδρας κατὰ συμ-
9 μαχίαν. οὗ γενομένου παραυτίκα τῶν Γορτυνίων οἱ
πρεσβύτεροι καταλαμβανόμενοι τὴν ἄκραν εἰσάγον-

Crete, the people of Eleuthernae, conceiving a suspicion that Polemocles to please the Cnossians had killed Timarchus one of their citizens, first of all proclaimed reprisals against the Rhodians and next made open war on them.

A little before this the people of Lyttus[126] had met with an irremediable disaster. The general condition of affairs in Crete had been as follows. The Cnossians in alliance with the Gortynians had subjected the whole of Crete with the exception of Lyttus. This being the only city that refused obedience, they undertook a war against it with the object of its final extermination as an example and terror to the rest of Crete. At first all the Cretans took part in the war against Lyttus, but jealousy having sprung up from some trifling cause, as is common with the Cretans, some separated from the rest, the people of Polyrrhenia, Ceraeae, Lappa, Horium, and Arcadia unanimously abandoning the alliance with Cnossus and deciding to take the part of Lyttus, while Gortyna was in a state of civil war,[127] the elder citizens taking the part of Cnossus and the younger that of Lyttus. The Cnossians, whom these disturbances among their allies took by surprise, obtained the assistance of a thousand Aetolians in virtue of their alliance, and once these had arrived the elder Gortynians, seizing

[126] The destruction of the city in 220 (54. 1–6) is illustrated by a coin hoard, cf. J. N. Svonoros, *Numismatique de la Crète ancienne* (Bonn 1972).

[127] The discord within Gortyn is reflected in documents of Cnossus and Gortyn honoring the Coan doctor Hermias, who cared for those wounded in these events: E. Samama, *Les médecins dans le monde grec* Geneva (2003), nos. 126 and 127.

ται τούς τε Κνωσσίους καὶ τοὺς Αἰτωλούς, καὶ τοὺς
μὲν ἐξέβαλον τοὺς δ' ἀπέκτειναν τῶν νέων, τὴν δὲ
πόλιν ἐνεχείρισαν τοῖς Κνωσσίοις.

54. κατὰ δὲ τοὺς αὐτοὺς καιροὺς Λυττίων ἐξωδευ-
κότων εἰς τὴν πολεμίαν πανδημεί, συννοήσαντες οἱ
Κνώσσιοι τὸ γεγονὸς καταλαμβάνονται τὴν Λύττον
2 ἔρημον οὖσαν τῶν βοηθησόντων· καὶ τὰ μὲν τέκνα καὶ
τὰς γυναῖκας εἰς Κνωσσὸν ἀπέπεμψαν, τὴν δὲ πόλιν
ἐμπρήσαντες καὶ κατασκάψαντες καὶ λωβησάμενοι
3 κατὰ πάντα τρόπον ἐπανῆλθον. οἱ δὲ Λύττιοι παρα-
γενόμενοι πρὸς τὴν πόλιν ἀπὸ τῆς ἐξοδείας, καὶ συν-
θεασάμενοι τὸ συμβεβηκός, οὕτως περιπαθεῖς ἐγένον-
το ταῖς ψυχαῖς ὥστε μηδ' εἰσελθεῖν μηδένα τολμῆσαι
4 τῶν παρόντων εἰς τὴν πατρίδα· πάντες δὲ περιπορευ-
θέντες αὐτὴν κύκλῳ, καὶ πολλάκις ἀνοιμώξαντες καὶ
κατολοφυράμενοι τήν τε τῆς πατρίδος καὶ τὴν αὑτῶν
τύχην, αὖθις ἐξ ἀναστροφῆς ἐπανῆλθον εἰς τὴν τῶν
5 Λαππαίων πόλιν. φιλανθρώπως δὲ αὐτοὺς καὶ μετὰ
πάσης προθυμίας τῶν Λαππαίων ὑποδεξαμένων, οὗ-
τοι μὲν ἀντὶ πολιτῶν ἀπόλιδες ἐν ἡμέρᾳ μιᾷ καὶ ξένοι
γεγονότες ἐπολέμουν πρὸς τοὺς Κνωσσίους ἅμα τοῖς
6 συμμάχοις, Λύττος δ' ἡ Λακεδαιμονίων μὲν ἄποικος
οὖσα καὶ συγγενής, ἀρχαιοτάτη δὲ τῶν κατὰ Κρήτην
πόλεων, ἄνδρας δ' ὁμολογουμένως ἀρίστους ἀεὶ τρέ-
φουσα Κρηταιέων, οὕτως ἄρδην καὶ παραλόγως ἀνηρ-
πάσθη.

55. Πολυρρήνιοι δὲ καὶ Λαππαῖοι καὶ πάντες οἱ
τούτων σύμμαχοι, θεωροῦντες τοὺς Κνωσσίους ἀντε-

the citadel and introducing the Cnossians and Aetolians, exiled or put to death the younger men and delivered the city to the Cnossians.

54. At about the same time the Lyttians having left with their whole force for an expedition into the enemy's country, the Cnossians getting word of it seized on Lyttus which was left without defenders, and having sent off the women and children to Cnossus, and burnt, demolished, and in every way they could wrecked the town, returned home. When the Lyttians came back to their city from the expedition and saw what had happened, they were so much affected that none of them had the heart even to enter his native town, but one and all after marching round it and many times bewailing and lamenting the fate of their country and themselves, turned their backs on it and retired to Lappa. The Lappaeans received them with the utmost kindness and cordiality; and thus having become in one day cityless aliens instead of citizens they went on fighting against Cnossus with the other allies. Thus was Lyttus, a colony of the Spartans and allied to them by blood, the most ancient city in Crete, and ever, as all acknowledged, the breeding place of her bravest men, utterly and unexpectedly made away with.

55. The Polyrrhenians, Lappaeans, and all their allies seeing that the Cnossians clung to the alliance of the Aeto-

χομένους τῆς τῶν Αἰτωλῶν συμμαχίας, τοὺς δ' Αἰτω-
λοὺς ὁρῶντες πολεμίους ὄντας τῷ τε βασιλεῖ Φιλίππῳ
καὶ τοῖς Ἀχαιοῖς, πέμπουσι πρέσβεις πρός τε τὸν
βασιλέα καὶ τοὺς Ἀχαιοὺς περὶ βοηθείας καὶ συμ-
2 μαχίας. οἱ δ' Ἀχαιοὶ καὶ Φίλιππος εἴς τε τὴν κοινὴν
συμμαχίαν αὐτοὺς προσεδέξαντο καὶ βοήθειαν ἐξαπέ-
στειλαν, Ἰλλυριοὺς μὲν τετρακοσίους, ὧν ἡγεῖτο Πλά-
3 τωρ, Ἀχαιοὺς δὲ διακοσίους, Φωκέας ἑκατόν, οἳ καὶ
παραγενόμενοι μεγάλην ἐποιήσαντ' ἐπίδοσιν τοῖς Πο-
4 λυρρηνίοις καὶ τοῖς τούτων συμμάχοις· πάνυ γὰρ ἐν
βραχεῖ χρόνῳ τειχήρεις καταστήσαντες τούς τ' Ἐλευ-
θερναίους καὶ Κυδωνιάτας ἔτι δὲ τοὺς Ἀπτεραίους
ἠνάγκασαν ἀποστάντας τῆς τῶν Κνωσσίων συμμα-
5 χίας κοινωνῆσαι σφίσι τῶν αὐτῶν ἐλπίδων. τούτων δὲ
γενομένων ἐξαπέστειλαν Πολυρρήνιοι μὲν καὶ μετὰ
τούτων οἱ σύμμαχοι Φιλίππῳ καὶ τοῖς Ἀχαιοῖς πεντα-
κοσίους Κρῆτας, Κνώσσιοι δὲ μικρῷ πρότερον ἐξαπε-
στάλκεισαν χιλίους τοῖς Αἰτωλοῖς· οἳ καὶ συνεπολέ-
6 μουν ἀμφοτέροις τὸν ἐνεστῶτα πόλεμον. κατελάβοντο
δὲ καὶ τὸν λιμένα τῶν Φαιστίων οἱ τῶν Γορτυνίων
φυγάδες, ὁμοίως δὲ καὶ τὸν αὐτῶν τῶν Γορτυνίων
παραβόλως διακατεῖχον, καὶ προσεπολέμουν ἐκ τού-
των ὁρμώμενοι τῶν τόπων τοῖς ἐν τῇ πόλει.

56. Τὰ μὲν οὖν κατὰ τὴν Κρήτην ἐν τούτοις ἦν· περὶ
δὲ τοὺς καιροὺς τούτους καὶ Μιθριδάτης ἐξήνεγκε
Σινωπεῦσι πόλεμον, καί τις οἷον ἀρχὴ τότε καὶ πρό-
φασις ἐγένετο τῆς ἐπὶ τὸ τέλος ἀχθείσης ἀτυχίας
2 Σινωπεῦσιν. εἰς δὲ τὸν πόλεμον τοῦτον πρεσβευσάν-

lians who were the enemies of King Philip and the Achaeans, sent envoys to the king and to the League requesting their assistance and alliance. The Achaeans and Philip hereupon received them[128] into the general confederacy and sent them as support four hundred Illyrians under the command of Plator, two hundred Achaeans and one hundred Phocians. The arrival of this force was of the greatest advantage to the Polyrrhenians[129] and their allies; for in a very short space of time they shut the Eleuthernians, Cydoniats, and Apteraeans inside their walls and compelled them to desert the alliance of Cnossus and share their fortunes. After this success the Polyrrhenians and their allies sent to Philip and the Achaeans five hundred Cretans, while the Cnossians had a little earlier sent a thousand to the Aetolians and both these Cretan forces continued to take part in the present war. The Gortynian exiles seized on the harbor of Phaestus[130] and even audaciously continued to hold that of Gortyna itself, and from both these positions made war on those in the city.

56. Such was the state of affairs in Crete. At the same period Mithridates[131] too went to war with Sinope, and this proved as it were the beginning and alleged cause of the misfortunes which finally befell this city. The Sinopeans

[128] These Cretan states were admitted to the "Hellenic League."

[129] One of them, having served with Philip, was buried as a casualty in Demetrias: *Bull. ép.* 2008, 324.

[130] The seizure of Phaestus by the displaced "young" Gortynians is also mentioned in the document from Cnossus for Hermias (Samama [n. 127], no. 127, line 15).

[131] King Mithridates II of Pontus. ca. 255–220.

τῶν αὐτῶν πρὸς Ῥοδίους καὶ παρακαλούντων βοη-
θεῖν, ἔδοξε τοῖς Ῥοδίοις προχειρίσασθαι τρεῖς ἄν-
δρας, καὶ δοῦναι τούτοις δραχμῶν δεκατέτταρας
μυριάδας, τοὺς δὲ λαβόντας παρασκευάσαι τὰ πρὸς
3 τὴν χρείαν ἐπιτήδεια τοῖς Σινωπεῦσιν. οἱ δὲ κατα-
σταθέντες ἡτοίμασαν οἴνου κεράμια μύρια, τριχὸς
εἰργασμένης τάλαντα τριακόσια, νεύρων εἰργασμέ-
νων ἑκατὸν τάλαντα, πανοπλίας χιλίας, χρυσοῦς ἐπι-
σήμους τρισχιλίους, ἔτι δὲ λιθοφόρους τέτταρας καὶ
4 τοὺς ἀφέτας τούτοις. ἃ καὶ λαβόντες οἱ τῶν Σινωπέων
πρέσβεις ἐπανῆλθον. ἦσαν γὰρ οἱ Σινωπεῖς ἐν ἀγωνίᾳ
μὴ πολιορκεῖν σφᾶς ὁ Μιθριδάτης ἐγχειρήσῃ καὶ
κατὰ γῆν καὶ κατὰ θάλατταν· διὸ καὶ τὰς παρασκευὰς
5 πρὸς τοῦτο τὸ μέρος ἐποιοῦντο πάσας. ἡ δὲ Σινώπη
κεῖται μὲν ἐν τοῖς δεξιοῖς μέρεσι τοῦ Πόντου παρὰ τὸν
εἰς Φᾶσιν πλοῦν, οἰκεῖται δ᾽ ἐπί τινος χερρονήσου
προτεινούσης εἰς τὸ πέλαγος, ἧς τὸν μὲν αὐχένα τὸν
συνάπτοντα πρὸς τὴν Ἀσίαν, ὅς ἐστιν οὐ πλεῖον δυεῖν
6 σταδίων, ἡ πόλις ἐπικειμένη διακλείει κυρίως· τὸ δὲ
λοιπὸν τῆς χερρονήσου πρόκειται μὲν εἰς τὸ πέλαγος,
ἔστι δ᾽ ἐπίπεδον καὶ πανευέφοδον ἐπὶ τὴν πόλιν,
κύκλῳ δ᾽ ἐκ θαλάττης ἀπότομον καὶ δυσπροσόρ-
7 μιστον καὶ παντελῶς ὀλίγας ἔχον προσβάσεις. διό-
περ ἀγωνιῶντες οἱ Σινωπεῖς μή ποτε κατὰ τὴν ἀπὸ τῆς
Ἀσίας πλευρὰν ὁ Μιθριδάτης συστησάμενος ἔργα,
καὶ κατὰ τὴν ἀπέναντι ταύτης ὁμοίως ποιησάμενος
ἀπόβασιν κατὰ θάλατταν εἰς τοὺς ὁμαλοὺς καὶ τοὺς

sent an embassy to Rhodes[132] begging for assistance towards this war and the Rhodians passed a decree to appoint three commissioners and to place in their hands a sum of 140,000 drachmae on receiving which they were to supply the requirements of the Sinopeans. The commissioners got ready ten thousand jars of wine, three hundred talents of prepared hair, a hundred talents of prepared sinews,[133] a thousand complete suits of armor, three thousand gold pieces, and four catapults with their artillerymen, on receiving which the Sinopean envoys returned home. These things were sent because the Sinopeans were in great dread of Mithridates undertaking the siege of the city by land and sea, and they therefore were making all their preparations with this view. Sinope lies on the southern shore of the Pontus on the route to the Phasis and is situated on a peninsula running out to the open sea. The neck of this peninsula connecting it with Asia is not more than two stades in width and is absolutely closed by the city which is situated upon it; the rest of the peninsula runs out to the open sea and is flat and affords an easy approach to the town, but on its sea face it is very steep, difficult to anchor off, and with very few approaches from the sea. The Sinopeans were fearful lest Mithridates should lay siege to them by throwing up works on the side of the city next Asia, while at the same time effecting a disembarkation on

[132] A decree of Sinope honoring the Coan ambassador Dionnos in a time of war is to be dated to ca. 220, since the same stonecutter inscribed the documents honoring Hermias (see n. 127). Obviously, Cos, like Rhodes, assisted Sinope in this crisis: *Chiron* 28 (1998) 137–140, no. 21.

[133] Material for torsion catapults.

ὑπερκειμένους τῆς πόλεως τόπους, ἐγχειρήσῃ πολιορ-
8 κεῖν αὐτούς, ἐπεβάλοντο τῆς χερρονήσου κύκλῳ τὸ
νησίζον ὀχυροῦν, ἀποσταυροῦντες καὶ περιχαρακοῦν-
τες τὰς ἐκ θαλάττης προσβάσεις, ἅμα δὲ καὶ βέλη καὶ
στρατιώτας τιθέντες ἐπὶ τοὺς εὐκαίρους τῶν τόπων·
9 ἔστι γὰρ τὸ πᾶν μέγεθος αὐτῆς οὐ πολύ, τελέως δ᾽
εὐκατακράτητον καὶ μέτριον.

57. Καὶ τὰ μὲν περὶ Σινώπης ἐν τούτοις ἦν, ὁ δὲ
βασιλεὺς Φίλιππος ἀναζεύξας ἐκ Μακεδονίας μετὰ
τῆς δυνάμεως (ἐν γὰρ ταύταις ταῖς ἐπιβολαῖς ἀπελί-
παμεν ἄρτι τὸν συμμαχικὸν πόλεμον) ὥρμησεν ἐπὶ
Θετταλίας καὶ τῆς Ἠπείρου, σπεύδων ταύτῃ ποιήσα-
2 σθαι τὴν εἰσβολὴν τὴν εἰς Αἰτωλίαν. Ἀλέξανδρος δὲ
καὶ Δωρίμαχος κατὰ τὸν καιρὸν τοῦτον ἔχοντες
πρᾶξιν κατὰ τῆς τῶν Αἰγειρατῶν πόλεως, ἀθροίσαν-
τες τῶν Αἰτωλῶν περὶ χιλίους καὶ διακοσίους εἰς
Οἰάνθειαν τῆς Αἰτωλίας, ἣ κεῖται καταντικρὺ τῆς
προειρημένης πόλεως, καὶ πορθμεῖα τούτοις ἑτοι-
3 μάσαντες, πλοῦν ἐτήρουν πρὸς τὴν ἐπιβολήν. τῶν γὰρ
ηὐτομοληκότων τις ἐξ Αἰτωλίας, καὶ πλείω χρόνον
διατετριφὼς παρὰ τοῖς Αἰγειράταις καὶ συντεθεωρη-
κὼς τοὺς φυλάττοντας τὸν ἀπ᾽ Αἰγίου πυλῶνα με-
θυσκομένους καὶ ῥαθύμως διεξάγοντας τὰ κατὰ τὴν
4 φυλακήν, πλεονάκις παραβαλλόμενος καὶ διαβαίνων
πρὸς τοὺς περὶ Δωρίμαχον ἐξεκέκλητο πρὸς τὴν
πρᾶξιν αὐτοὺς ἅτε λίαν οἰκείους ὄντας τῶν τοιούτων
5 ἐγχειρημάτων. ἡ δὲ τῶν Αἰγειρατῶν πόλις ἔκτισται
μὲν τῆς Πελοποννήσου κατὰ τὸν Κορινθιακὸν κόλπον

the opposite side and occupying the flat ground overlooking the city; and consequently they busied themselves with strengthening all round that part of the peninsula which was washed by the sea, blocking up the approaches from the sea by means of stakes and stockades and placing soldiers and stores of missiles at suitable spots, the whole peninsula being of no great size but quite easily defensible by a moderate force.

219 B.C.

57. Such was the situation at Sinope. But King Philip starting from Macedonia with his army—for it was here that I interrupted my account of operations in the Social War—marched on Thessaly and Epirus with the view of invading Aetolia from thence.

Alexander and Dorimachus at this time having formed a project for surprising Aegeira, had collected about twelve hundred Aetolians at Oeantheia in Aetolia, which is situated just opposite Aegeira, and having provided transports for this force were waiting for favorable weather to cross and make the attack. For a certain Aetolian deserter, who had spent some time at Aegeira and had noticed that the guards of the Aegium gate were constantly drunk and neglectful of their watch, had several times at some risk crossed over to Dorimachus and urged him to make the attempt, well knowing that such an enterprise was quite in his line. Aegeira is situated in the Peloponnese on the gulf

μεταξὺ τῆς Αἰγιέων καὶ Σικυωνίων πόλεως, κεῖται δ'
ἐπὶ λόφων ἐρυμνῶν καὶ δυσβάτων, νεύει δὲ τῇ θέσει
πρὸς τὸν Παρνασσὸν καὶ ταῦτα τὰ μέρη τῆς ἀντίπερα
χώρας, ἀπέχει δὲ τῆς θαλάττης ὡς ἑπτὰ στάδια.

6 παραπεσόντος δὲ πλοῦ τοῖς περὶ τὸν Δωρίμαχον ἀν-
ήχθησαν, καὶ καθορμίζονται νυκτὸς ἔτι πρὸς τὸν
7 παρὰ τὴν πόλιν καταρρέοντα ποταμόν. οἱ μὲν οὖν περὶ
τὸν Ἀλέξανδρον καὶ Δωρίμαχον, ἅμα δὲ τούτοις Ἀρ-
χίδαμον τὸν Πανταλέοντος υἱόν, ἔχοντες περὶ αὑτοὺς
τὸ πλῆθος τῶν Αἰτωλῶν προσέβαινον πρὸς τὴν πόλιν
8 κατὰ τὴν ἀπ' Αἰγίου φέρουσαν ὁδόν· ὁ δ' αὐτόμολος
ἔχων εἴκοσι τοὺς ἐπιτηδειοτάτους, διανύσας ταῖς ἀνο-
δίαις τοὺς κρημνοὺς θᾶττον τῶν ἄλλων διὰ τὴν ἐμπει-
ρίαν, καὶ διαδὺς διά τινος ὑδρορροίας, ἔτι κοιμωμέ-
9 νους κατέλαβε τοὺς ἐπὶ τοῦ πυλῶνος. κατασφάξας δ'
αὐτοὺς ἀκμὴν ἐν ταῖς κοίταις ὄντας, καὶ διακόψας τοῖς
πελέκεσι τοὺς μοχλούς, ἀνέῳξε τοῖς Αἰτωλοῖς τὰς
10 πύλας. οἱ δὲ παρεισπεσόντες λαμπρῶς ἀπερινοήτως
ἐχρήσαντο τοῖς πράγμασιν. ὃ καὶ παραίτιον ἐγένετο
τοῖς μὲν Αἰγειράταις τῆς σωτηρίας, τοῖς δ' Αἰτωλοῖς
11 τῆς ἀπωλείας. ὑπολαμβάνοντες γὰρ τοῦτο τέλος
εἶναι τοῦ κατασχεῖν ἀλλοτρίαν πόλιν, τὸ γενέσθαι
τῶν πυλώνων ἐντός, τοῦτον τὸν τρόπον ἐχρῶντο τοῖς
πράγμασι.

58. διὸ καὶ βραχὺν παντελῶς χρόνον ἀθρόοι συμ-
μείναντες περὶ τὴν ἀγοράν, λοιπὸν ἐκπαθεῖς ὄντες
πρὸς τὰς ὠφελείας διέρρεον, καὶ παρεισπίπτοντες εἰς
2 τὰς οἰκίας διήρπαζον τοὺς βίους ἤδη φωτὸς ὄντος. οἱ

of Corinth between Aegium and Sicyon and is built on steep hills difficult of access, looking towards Parnassus and that part of the opposite coast, its distance from the sea being about seven stades. The weather being now favorable, Dorimachus set sail and anchored while it was still night at the mouth of the river which flows by the town. Then Alexander and Dorimachus and with them Archidamus the son of Pantaleon, took the main body of the Aetolians and approached the city by the road leading from Aegium. The deserter with twenty picked men, leaving the path and mounting the precipice quicker than the others as he knew the ground, got in through an aqueduct and found the guard of the gate still asleep. Having killed them before they could rise from their beds and cut through the bolts with axes, he opened the gates to the Aetolians. They dashed brilliantly into the city, but afterwards conducted matters with such an entire lack of caution that finally the Aegeiratans were saved and they themselves destroyed. For considering that the occupation of a foreign city is finished when one is once within the gates, they acted on this principle,

58. so that, after keeping together for only quite a short time in the neighborhood of the marketplace, their passion for plunder caused them to disperse, and, breaking into the houses, they began to plunder the property, it being

δ' Αἰγειρᾶται, τοῦ πράγματος αὐτοῖς ἀνελπίστου καὶ
παραδόξου τελέως συμβεβηκότος, οἷς μὲν ἐπέστησαν
οἱ πολέμιοι κατὰ τὰς οἰκίας, ἐκπλαγεῖς καὶ περίφοβοι
γενόμενοι πάντες ἐτρέποντο πρὸς φυγὴν ἔξω τῆς
πόλεως ὡς ἤδη βεβαίως αὐτῆς κεκρατημένης ὑπὸ τῶν

3 πολεμίων, ὅσοι δὲ τῆς κραυγῆς ἀκούοντες ἐξ ἀκεραίων
τῶν οἰκιῶν ἐξεβοήθουν, πάντες εἰς τὴν ἄκραν συνέτρε-

4 χον. οὗτοι μὲν οὖν ἀεὶ πλείους ἐγίνοντο καὶ θαρσα-
λεώτεροι, τὸ δὲ τῶν Αἰτωλῶν σύστρεμμα τοὐναντίον
ἔλαττον καὶ ταραχωδέστερον διὰ τὰς προειρημένας

5 αἰτίας. οὐ μὴν ἀλλὰ συνορῶντες οἱ περὶ τὸν Δωρί-
μαχον ἤδη τὸν περιεστῶτα κίνδυνον αὐτούς, συστρα-
φέντες ὥρμησαν ἐπὶ τοὺς κατέχοντας τὴν ἄκραν,
ὑπολαμβάνοντες τῇ θρασύτητι καὶ τόλμῃ καταπλη-
ξάμενοι τρέψασθαι τοὺς ἠθροισμένους ἐπὶ τὴν βοή-

6 θειαν. οἱ δ' Αἰγειρᾶται παρακαλέσαντες σφᾶς αὐτοὺς
ἠμύνοντο καὶ συνεπλέκοντο τοῖς Αἰτωλοῖς γενναίως.

7 οὔσης δὲ τῆς ἄκρας ἀτειχίστου καὶ τῆς συμπλοκῆς ἐκ
χειρὸς καὶ κατ' ἄνδρα γινομένης, τὸ μὲν πρῶτον ἦν
ἀγὼν οἷον εἰκός, ἅτε τῶν μὲν ὑπὲρ πατρίδος καὶ
τέκνων τῶν δ' ὑπὲρ σωτηρίας ἀγωνιζομένων, τέλος γε

8 μὴν ἐτράπησαν οἱ παρεισπεπτωκότες τῶν Αἰτωλῶν. οἱ
δ' Αἰγειρᾶται λαβόντες ἀφορμὴν ἐγκλίματος ἐνεργῶς
ἐπέκειντο καὶ καταπληκτικῶς τοῖς πολεμίοις, ἐξ οὗ
συνέβη τοὺς πλείστους τῶν Αἰτωλῶν διὰ τὴν πτοίαν
αὐτοὺς ὑφ' αὑτῶν φεύγοντας ἐν ταῖς πύλαις συμ-

9 πατηθῆναι. ὁ μὲν οὖν Ἀλέξανδρος ἐν χειρῶν νόμῳ
κατ' αὐτὸν ἔπεσε τὸν κίνδυνον, ὁ δὲ Ἀρχίδαμος ἐν τῷ

480

now daylight. The people of Aegeira had been entirely taken by surprise, and now those whose houses had been attacked by the enemy were all in the utmost state of terror and consternation, and fled out of the town as if it were already firmly in the hands of the enemy. Those, however, who came to assist on hearing the shouting and whose houses were still intact, all ran to the citadel. Here they gradually increased in numbers and gained courage, while the collected force of the Aetolians on the contrary became ever smaller and more disordered for the reasons above mentioned. But Dorimachus, seeing now the danger that menaced them, got his men together and attacked the occupants of the citadel, thinking that by this bold and vigorous effort he would intimidate and put to flight those who had gathered to defend the city. But the Aegiratans, cheering each other on, resisted and met the Aetolian attack most gallantly. The citadel was unwalled, and the combat was a hand-to-hand one between man and man, so that at first there was a struggle as desperate as one would expect when the one side is fighting for their country and children and the other for their lives, but at the end the Aetolian invaders were put to flight. The pursuit of the enemy by the Aegiratans, who took encouragement from their rout, was so vigorous and formidable, that most of the Aetolians owing to the state of panic they were in trampled each other to death in the gate. Alexander fell fighting in the actual engagement and Archidamus perished in the

10 περὶ τὰς πύλας ὠθισμῷ καὶ πνιγμῷ διεφθάρη. τὸ δὲ
λοιπὸν πλῆθος τῶν Αἰτωλῶν τὸ μὲν συνεπατήθη, τὸ δὲ
κατὰ τῶν κρημνῶν φεῦγον ταῖς ἀνοδίαις ἐξετραχη-
11 λίσθη. τὸ δὲ καὶ διασωθὲν αὐτῶν μέρος πρὸς τὰς
ναῦς, ἐρριφὸς τὰ ὅπλα παναίσχρως ἅμα δ᾽ ἀνελπί-
στως ἐποιήσατο τὸν ἀπόπλουν.

12 Αἰγειρᾶται μὲν οὖν διὰ τὴν ὀλιγωρίαν ἀποβα-
λόντες τὴν πατρίδα, διὰ τὴν εὐψυχίαν καὶ γενναιότητα
πάλιν ἔσωσαν παραδόξως·

59. κατὰ δὲ τοὺς αὐτοὺς καιροὺς Εὐριπίδας, ὃς ἦν
ἀπεσταλμένος ὑπὸ τῶν Αἰτωλῶν στρατηγὸς τοῖς
Ἠλείοις, καταδραμὼν τὴν Δυμαίων καὶ Φαραιέων ἔτι
δὲ τὴν τῶν Τριταιέων χώραν, καὶ περιελασάμενος
λείας πλῆθος ἱκανόν, ἐποιεῖτο τὴν ἀποχώρησιν ὡς ἐπὶ
2 τὴν Ἠλείαν. ὁ δὲ Μίκκος ὁ Δυμαῖος, ὅσπερ ἐτύγχανε
κατ᾽ ἐκείνους τοὺς καιροὺς ὑποστράτηγος ὢν τῶν
Ἀχαιῶν, ἐκβοηθήσας πανδημεὶ τούς τε Δυμαίους καὶ
Φαραιεῖς ἅμα δὲ καὶ Τριταιεῖς ἔχων, προσέκειτο τοῖς
3 πολεμίοις ἀπαλλαττομένοις. ἐνεργότερον δ᾽ [ἐπικεί-
μενος τοῖς φεύγουσιν] ἐμπεσὼν εἰς ἐνέδραν ἐσφάλη
καὶ πολλοὺς ἀπέβαλε τῶν ἀνδρῶν· τετταράκοντα μὲν
4 γὰρ ἔπεσον, ἑάλωσαν δὲ περὶ διακοσίους τῶν πεζῶν. ὁ
μὲν οὖν Εὐριπίδας ποιήσας τοῦτο τὸ προτέρημα, καὶ
μετεωρισθεὶς ἐπὶ τῷ γεγονότι, μετ᾽ ὀλίγας ἡμέρας
αὖτις ἐξελθὼν κατέλαβε παρὰ τὸν Ἄραξον φρούριον
5 τῶν Δυμαίων εὔκαιρον τὸ καλούμενον Τεῖχος, ὅ φασιν
οἱ μῦθοι τὸ παλαιὸν Ἡρακλέα πολεμοῦντα τοῖς Ἠλεί-

suffocating crush at the gate. The rest of the Aetolians were either trampled to death there or were dashed to pieces in their attempt to escape down the cliffs where there was no path. The survivors who reached the ships after throwing away their shields managed, beyond hope and with the stigma of this disgrace, to sail away. Thus did the Aegiratans lose their city by their negligence, and recover it again beyond hope by their courage and valor.

59. About the same time Euripidas, whom the Aetolians had sent to the Eleans to command their forces, after an inroad on the territory of Dyme, Pharae, and Tritaea, and in which he had collected a considerable amount of booty, was on his way back to Elis. But Miccus of Dyme, who was at this time the substrategus of the Achaeans, taking with him the complete levies of Dyme, Pharae, and Tritaea, marched out and attacked the enemy as they were retiring. Pressing on too vigorously he fell into an ambush and was defeated with considerable loss, forty of his infantry being killed and about two hundred taken prisoners. Euripidas, elated by this success, made another expedition a few days afterwards and took a fort of the Dymaeans called "The Wall," favorably situated near Cape Araxus[134] and fabled to have been built long ago by Heracles when

[134] Near the border between Achaea and Elis.

οις ἐποικοδομῆσαι, βουλόμενον ὁρμητηρίῳ χρῆσθαι
τούτῳ κατ᾽ αὐτῶν.

60. οἱ δὲ Δυμαῖοι καὶ Φαραιεῖς καὶ Τριταιεῖς ἠλατ-
τωμένοι μὲν περὶ τὴν βοήθειαν, δεδιότες δὲ τὸ μέλλον
ἐκ τῆς τοῦ φρουρίου καταλήψεως, τὸ μὲν πρῶτον
ἔπεμπον ἀγγέλους πρὸς τὸν στρατηγὸν τῶν Ἀχαιῶν,
δηλοῦντες τὰ γεγονότα καὶ δεόμενοι σφίσι βοηθεῖν,
μετὰ δὲ ταῦτα πρεσβευτὰς ἐξαπέστελλον τοὺς περὶ
2 τῶν αὐτῶν ἀξιώσοντας. ὁ δ᾽ Ἄρατος οὔτε τὸ ξενικὸν
ἐδύνατο συστήσασθαι διὰ τὸ κατὰ τὸν Κλεομενικὸν
πόλεμον ἐλλελοιπέναι τινὰ τῶν ὀψωνίων τοὺς Ἀχαιοὺς
τοῖς μισθοφόροις, καθόλου τε ταῖς ἐπιβολαῖς καὶ
συλλήβδην πᾶσι τοῖς τοῦ πολέμου πράγμασιν ἀτόλ-
3 μως ἐχρῆτο καὶ νωθρῶς. διόπερ ὅ τε Λυκοῦργος εἷλε
τὸ τῶν Μεγαλοπολιτῶν Ἀθήναιον, ὅ τ᾽ Εὐριπίδας ἑξῆς
4 τοῖς εἰρημένοις Γόρτυναν τῆς Τελφουσίας. οἵ τε Δυ-
μαῖοι καὶ Φαραιεῖς καὶ Τριταιεῖς, δυσελπιστήσαντες
ἐπὶ ταῖς τοῦ στρατηγοῦ βοηθείαις, συνεφρόνησαν
ἀλλήλοις εἰς τὸ τὰς μὲν κοινὰς εἰσφορὰς τοῖς Ἀχαιοῖς
5 μὴ τελεῖν, ἰδίᾳ δὲ συστήσασθαι μισθοφόρους, πεζοὺς
μὲν τριακοσίους ἱππεῖς δὲ πεντήκοντα, καὶ διὰ τούτων
6 ἀσφαλίζεσθαι τὴν χώραν. τοῦτο δὲ πράξαντες ὑπὲρ
μὲν τῶν καθ᾽ αὑτοὺς πραγμάτων ἐνδεχομένως ἔδοξαν
βεβουλεῦσθαι, περὶ δὲ τῶν κοινῶν τἀναντία· πονηρᾶς
γὰρ ἐφόδου καὶ προφάσεως τοῖς βουλομένοις διαλύειν
τὸ ἔθνος ἐδόκουν ἀρχηγοὶ καὶ καθηγεμόνες γεγονέναι.
7 ταύτης δὲ τῆς πράξεως τὸ μὲν πλεῖστον τῆς αἰτίας ἐπὶ
τὸν στρατηγὸν ἄν τις ἀναφέροι δικαίως τὸν ὀλιγω-

he was making war on the Eleans to use as a place of arms against them.

60. The Dymaeans, Pharaeans, and Tritaeans, thus worsted in their attack on the invaders and afraid of what might happen owing to the occupation of the fort, at first dispatched messengers to the strategus of the Achaeans informing him of what had occurred and begging for help, and subsequently sent a formal embassy with the same request. Aratus[135] could not get a foreign force together, as after the Cleomenic War the Achaeans had not paid their mercenaries in full, and in general he exhibited a great lack of daring and energy in his plans and his whole conduct of the war. So that Lycurgus took the Athenaeum[136] in the territory of Megalopolis, and Euripidas, in addition to his previous successes, captured Gortyna[137] in the territory of Telphusa. Hereupon the peoples of Dyme, Pharae, and Tritaea, despairing of help from the strategus, came to an agreement with each other to refuse to pay their contributions to the Achaean League and to collect a private mercenary force of three hundred foot and fifty horse with which to secure the safety of their lands. In acting thus they were thought to have taken a proper course as regards their own affairs, but the reverse of this as regards the League; for they thus became the initiators and establishers of an evil precedent and pretext of which anyone who wished to dissolve the League could avail himself. It is true that the greater part of the blame for this action of their rested on the Strategus, guilty as he was of habitual

---

[135] This is Aratus the younger. P. is here and in 60.7 very critical of him.   [136] 2.46.5.   [137] The text has γόργον (incomprehensible). No convincing emendation has been found.

ροῦντα καὶ καταμέλλοντα καὶ προϊέμενον ἀεὶ τοὺς
8 δεομένους. πᾶς γὰρ ὁ κινδυνεύων, ἕως μὲν ἄν τινος
ἐλπίδος ἀντέχηται παρὰ τῶν οἰκείων καὶ συμμάχων,
προσανέχειν φιλεῖ ταύταις, ὅταν δὲ δυσχρηστῶν
ἀπογνῷ, τότ᾽ ἤδη βοηθεῖν ἀναγκάζεται αὑτῷ κατὰ
9 δύναμιν. διὸ καὶ Τριταιεῦσι καὶ Φαραιεῦσι καὶ Δυ-
μαίοις, ὅτι μὲν ἰδίᾳ συνεστήσαντο μισθοφόρους κατα-
μέλλοντος τοῦ τῶν Ἀχαιῶν ἡγεμόνος, οὐκ ἐγκλητέον,
ὅτι δὲ τὰς εἰς τὸ κοινὸν εἰσφορὰς ἀπεῖπαν, μεμ-
10 ψιμοιρητέον. ἐχρῆν γὰρ τὴν μὲν ἰδίαν χρείαν μὴ
παραλιπεῖν, εὐκαιροῦντάς γε δὴ καὶ δυναμένους, τὰ δὲ
πρὸς τὴν κοινὴν πολιτείαν δίκαια συντηρεῖν, ἄλλως τε
δὴ καὶ κομιδῆς ὑπαρχούσης ἀδιαπτώτου κατὰ τοὺς
κοινοὺς νόμους, τὸ δὲ μέγιστον, γεγονότας ἀρχηγοὺς
τοῦ τῶν Ἀχαιῶν συστήματος.

61. Τὰ μὲν οὖν κατὰ Πελοπόννησον ἐν τούτοις ἦν, ὁ
δὲ βασιλεὺς Φίλιππος διελθὼν τὴν Θετταλίαν παρῆν
2 εἰς Ἤπειρον. ἀναλαβὼν δὲ τοὺς Ἠπειρώτας ἅμα τοῖς
Μακεδόσι πανδημεὶ καὶ τοὺς ἐξ Ἀχαΐας αὑτῷ συνην-
τηκότας σφενδονήτας τριακοσίους, ἔτι δὲ τοὺς παρὰ
Πολυρρηνίων ἀπεσταλμένους Κρῆτας τριακοσίους,
προῆγε, καὶ διελθὼν τὴν Ἤπειρον παρῆν εἰς τὴν τῶν
3 Ἀμβρακιωτῶν χώραν. εἰ μὲν οὖν ἐξ ἐφόδου κατὰ τὸ
συνεχὲς ἐνέβαλεν εἰς τὴν μεσόγαιαν τὴν Αἰτωλίας,
ἄφνω καὶ παραδόξως ἐπιπεσὼν δυνάμει βαρείᾳ τοῖς
4 ὅλοις πράγμασιν ἐπιτεθείκει τέλος· νῦν δὲ πεισθεὶς
τοῖς Ἠπειρώταις πρῶτον ἐκπολιορκῆσαι τὸν Ἄμβρα-
κον, ἔδωκε τοῖς Αἰτωλοῖς ἀναστροφὴν εἰς τὸ καὶ

negligence, delay, and inattention to requests. For everyone in the hour of danger, as long as he keeps up any hope of assistance from his allies and friends, reposes his confidence on this, but when he abandons it in his distress he is forced to do all in his power to help himself. We should therefore not find fault with the Tritaeans, Pharaeans, and Dymaeans for hiring a private force when the Head of their confederacy delayed to take action, but they must be blamed for refusing to pay their contribution to the League. While duly considering their own interests, especially as they could well afford to do so, they should have observed their engagements to the League; especially as according to the common laws they were perfectly assured of recovery; and above all considering they were the actual founders[138] of the Confederacy.

61. Such was the state of affairs in the Peloponnese. Meanwhile King Philip, after passing through Thessaly, had arrived in Epirus. Uniting with his Macedonians the complete levy of the Epirots, three hundred slingers who had joined him from Achaea and three hundred Cretans[139] sent by the Polyrrhenians, he advanced and passing through Epirus reached Ambracia. Had he only not turned aside but advanced rapidly into the interior of Aetolia, he would by thus suddenly and unexpectedly invading with so formidable a force have put an end to the whole war. But as it was, letting himself be persuaded by the Epirots[140] to take Ambracus in the first place, he gave the Aetolians lei-

---

[138] 2.41.12.   [139] Their number as transmitted need not be emended, see WC 1. 515.   [140] P.'s criticism here (and in 63.1) seems unjust, motivated by the wish of the Achaeans to have the allied army assist them instead.

στῆναι καὶ προνοηθῆναί τι καὶ παρασκευάσασθαι
5 πρὸς τὸ μέλλον. οἱ γὰρ Ἠπειρῶται τὸ σφέτερον ἀναγ-
καιότερον τιθέμενοι τοῦ κοινοῦ τῶν συμμάχων, καὶ
μεγάλως σπουδάζοντες ὑφ' αὑτοὺς ποιήσασθαι τὸν
Ἄμβρακον, ἐδέοντο τοῦ Φιλίππου ποιήσασθαι πολι-
ορκίαν περὶ τὸ χωρίον καὶ τοῦτο πρότερον ἐξελεῖν,
6 περὶ πλείστου ποιούμενοι τὸ κομίσασθαι τὴν Ἀμ-
βρακίαν παρὰ τῶν Αἰτωλῶν, τοῦτο δὲ γενέσθαι μόνως
ἂν ἐλπίζοντες, εἰ τοῦ προειρημένου τόπου κυριεύ-
7 σαντες ἐπικαθίσαιεν τῇ πόλει. ὁ γὰρ Ἄμβρακός ἐστι
μὲν χωρίον εὖ κατεσκευασμένον καὶ προτειχίσμασι
καὶ τείχει, κεῖται δ' ἐν λίμναις, μίαν ἀπὸ τῆς χώρας
στενὴν καὶ χωστὴν ἔχων πρόσοδον, ἐπίκειται δ' εὐ-
καίρως τῇ τε χώρᾳ τῶν Ἀμβρακιωτῶν καὶ τῇ πόλει.
8 Φίλιππος μὲν οὖν πεισθεὶς Ἠπειρώταις, καὶ κατα-
στρατοπεδεύσας περὶ τὸν Ἄμβρακον, ἐγίνετο περὶ
τὴν παρασκευὴν τῶν πρὸς τὴν πολιορκίαν·

62. Σκόπας δὲ κατὰ τὸν καιρὸν τοῦτον ἀναλαβὼν
τοὺς Αἰτωλοὺς πανδημεί, καὶ ποιησάμενος τὴν πο-
ρείαν διὰ Θετταλίας, ἐνέβαλεν εἰς Μακεδονίαν, καὶ
τόν τε σῖτον ἐπιπορευόμενος τὸν κατὰ τὴν Πιερίαν
ἔφθειρε, καὶ λείας περιβαλόμενος πλῆθος ἐπανῆγε,
2 ποιούμενος τὴν πορείαν ὡς ἐπὶ τὸ Δῖον. ἐκλιπόντων δὲ
τῶν κατοικούντων τὸν τόπον, εἰσελθὼν τὰ τείχη κατ-
έσκαψε καὶ τὰς οἰκίας καὶ τὸ γυμνάσιον, πρὸς δὲ
τούτοις ἐνέπρησε τὰς στοὰς τὰς περὶ τὸ τέμενος,
καὶ τὰ λοιπὰ διέφθειρε τῶν ἀναθημάτων, ὅσα πρὸς
κόσμον ἢ χρείαν ὑπῆρχε τοῖς εἰς τὰς πανηγύρεις συμ-

sure to collect themselves, to take precautionary measures and to make preparations for the future. For the Epirots, setting their own particular advantage above that of the allies and exceedingly eager to get Ambracus into their possession, implored Philip to besiege and capture this place in the first instance. They regarded it as of the highest importance to recover Ambracia from the Aetolians, and the only way they hoped to do so was by making themselves masters of this place and laying siege to the city of Ambracia from it. For Ambracus is a place strongly fortified by outworks and a wall and lies among lakes with only one narrow approach over a causeway from the town, and it is so situated as to command effectually both the country and the town.

62. Philip, then, acting as the Epirots wished and encamping before Ambracus, began to make preparations for its siege. But while he was thus employed, Scopas raised a general levy of the Aetolians and marching through Thessaly invaded Macedonia, where he destroyed the crops in Pieria as he passed through and after collecting a quantity of booty, turned back and marched towards Dium.[141] On its inhabitants deserting this place he entered it and demolished the walls, houses, and gymnasium, burning also the colonnade round the sanctuary and destroying all the other monuments of piety which served for adornment or for the convenience of those who fre-

---

[141] At the foot of Olympus, not far from the coast. For recent excavations see D. Pandermalis, *Dion: The Archaeological Site and the Museum* (Athens 1997).

THE HISTORIES OF POLYBIUS

πορευομένοις· ἀνέτρεψε δὲ καὶ τὰς εἰκόνας τῶν βασι-
3 λέων ἁπάσας. οὗτος μὲν οὖν εὐθέως κατὰ τὴν ἔνστα-
σιν τοῦ πολέμου καὶ τὴν πρώτην πρᾶξιν οὐ μόνον τοῖς
ἀνθρώποις ἀλλὰ καὶ τοῖς θεοῖς πόλεμον ἐξενηνοχὼς
4 ἐπανῄει, καὶ παραγενόμενος εἰς Αἰτωλίαν οὐχ ὡς ἠσε-
βηκὼς ἀλλ' ὡς ἀγαθὸς ἀνὴρ εἰς τὰ κοινὰ πράγματα
γεγονὼς ἐτιμᾶτο καὶ περιεβλέπετο, πλήρεις ἐλπίδων
κενῶν καὶ φρονήματος ἀλόγου πεποιηκὼς τοὺς Αἰτω-
5 λούς· ἔσχον γὰρ ἐκ τούτων διάληψιν ὡς τῆς μὲν
Αἰτωλίας οὐδ' ἐγγίζειν τολμήσοντος οὐδενός, αὐτοὶ
δὲ πορθήσοντες ἀδεῶς οὐ μόνον τὴν Πελοπόννησον,
καθάπερ ἔθος ἦν αὐτοῖς, ἀλλὰ καὶ τὴν Θετταλίαν καὶ
τὴν Μακεδονίαν.

63. Φίλιππος δὲ τὰ περὶ τὴν Μακεδονίαν ἀκούσας,
καὶ παραχρῆμα τῆς Ἠπειρωτῶν ἀγνοίας καὶ φιλονει-
κίας τἀπίχειρα κεκομισμένος, ἐπολιόρκει τὸν Ἄμβρα-
2 κον. χρησάμενος δὲ τοῖς τε χώμασιν ἐνεργῶς καὶ τῇ
λοιπῇ παρασκευῇ ταχέως κατεπλήξατο τοὺς ἐνόντας,
καὶ παρέλαβε τὸ χωρίον ἐν ἡμέραις τετταράκοντα
3 ταῖς πάσαις. ἀφεὶς δὲ τοὺς φυλάττοντας ὑποσπόν-
δους, ὄντας εἰς πεντακοσίους Αἰτωλῶν, τὴν μὲν τῶν
Ἠπειρωτῶν ἐπιθυμίαν ἐπλήρωσε παραδοὺς τὸν Ἄμ-
4 βρακον, αὐτὸς δ' ἀναλαβὼν τὴν δύναμιν προῆγε παρὰ
Χαράδραν, σπεύδων διαβῆναι τὸν Ἀμβρακικὸν κα-
λούμενον κόλπον, οὗ στενώτατόν ἐστι, κατὰ τὸ τῶν
5 Ἀκαρνάνων ἱερὸν καλούμενον Ἄκτιον. ὁ γὰρ προειρη-
μένος κόλπος ἐκπίπτει μὲν ἐκ τοῦ Σικελικοῦ πελάγους
μεταξὺ τῆς Ἠπείρου καὶ τῆς Ἀκαρνανίας στενῷ παν-

490

quented the festival. He also threw down all the royal statues. Having thus at the very outset of the war and by his first action made war not only on men but on the gods, he now returned, and on reaching Aetolia, just as if he had not been guilty of an impious outrage, but had done a great public service, he was universally honored and admired, having succeeded in filling the Aetolians with empty hopes and foolish arrogance. For henceforth they had the notion that no one would ever dare even to approach Aetolia, but that they themselves might pillage unhindered not only the Peloponnese, as had been their constant practice, but Thessaly and Macedonia also.

63. Philip received the news from Macedonia, and having thus at once reaped the fruits of the folly and selfishness of the Epirots, began to besiege Ambracus. Pushing on his earthworks and other operations energetically he soon intimidated the defenders and in forty days captured the place. Letting the garrison, consisting of five hundred Aetolians, depart on terms, he satisfied the desire of the Epirots by handing over Ambracus to them, and himself advanced with his army by way of Charadra,[142] with the object of crossing the gulf of Ambracia at its narrowest point by the Acarnanian temple called Actium.[143] For this gulf is an inlet of the Sicilian sea between Epirus and Acarnania,

[142] A recently found treaty of the city with its neighbor Ambracia: *SEG* 49.635.

[143] The famous sanctuary of Apollo, which was to suffer from this war: C. Habicht, *Hermes* 85 (1957) 86–122.

6 τελῶς στόματι (λείπει γὰρ τῶν πέντε σταδίων), προ-
βαίνων δ' εἰς τὴν μεσόγαιαν κατὰ μὲν τὸ πλάτος ἐφ'
ἑκατὸν στάδια κεῖται, κατὰ δὲ τὸ μῆκος ἀπὸ τοῦ
πελάγους προπίπτει περὶ τριακόσια στάδια· διορίζει
δὲ τὴν Ἤπειρον καὶ τὴν Ἀκαρνανίαν, ἔχων τὴν μὲν
Ἤπειρον ἀπὸ τῶν ἄρκτων τὴν δ' Ἀκαρνανίαν ἀπὸ

7 μεσημβρίας. περαιώσας δὲ κατὰ τὸ προειρημένον
στόμα τὴν δύναμιν, καὶ διελθὼν τὴν Ἀκαρνανίαν, ἧκε
τῆς Αἰτωλίας πρὸς τὴν καλουμένην πόλιν Φοιτίας,
συμπαρειληφὼς Ἀκαρνάνων πεζοὺς δισχιλίους ἱππεῖς

8 δὲ διακοσίους. περιστρατοπεδεύσας δὲ τὴν προειρη-
μένην πόλιν, καὶ προσβολὰς ἐνεργοὺς καὶ κατα-
πληκτικὰς ἐπὶ δύο ἡμέρας ποιησάμενος, παρέλαβε
καθ' ὁμολογίαν, ἀφεὶς ὑποσπόνδους τοὺς ἐνόντας τῶν

9 Αἰτωλῶν. τῆς δ' ἐπιούσης νυκτός, ὡς ἔτι μενούσης
ἀναλώτου τῆς πόλεως, ἧκον βοηθοῦντες πεντακόσιοι
τῶν Αἰτωλῶν· ὧν τὴν παρουσίαν προαισθανόμενος ὁ
βασιλεύς, καθεὶς ἐπί τινας τόπους εὐκαίρους ἐνέδρας,
τοὺς μὲν πλείους αὐτῶν ἀπέκτεινε τοὺς δὲ λοιποὺς

10 ὑποχειρίους ἔλαβε πλὴν τελέως ὀλίγων. μετὰ δὲ
ταῦτα σιτομετρήσας εἰς τριάκονθ' ἡμέρας τὴν δύνα-
μιν ἐκ τοῦ περικαταληφθέντος σίτου (πολὺ γὰρ πλῆ-
θος ἐν ταῖς Φοιτίαις εὑρέθη συνηθροισμένον) προῆγε

11 ποιούμενος τὴν πορείαν εἰς τὴν Στρατικήν. ἀποσχὼν
δὲ τῆς πόλεως περὶ δέκα στάδια κατεστρατοπέδευσε
περὶ τὸν Ἀχελῷον ποταμόν, ὁρμώμενος δ' ἐντεῦθεν
ἀδεῶς ἐπόρθει τὴν χώραν, οὐδενὸς ἐπεξιέναι τολ-
μῶντος τῶν ὑπεναντίων.

entered by a quite narrow mouth, less than five stades across, but as it advances into the interior it expands to a width of a hundred stades and it reaches inland to a distance of three hundred stades from the sea. It divides Epirus from Acarnania, Epirus being north of it and Acarnania south. After taking his army cross at its mouth and passing through Acarnania Philip reached the Aetolian city called Phoetiae, having been reinforced by two thousand Acarnanian foot and two hundred horse. He encamped before this city and delivered for two days a series of assaults so vigorous and formidable that the Aetolian garrison surrendered upon conditions and were dismissed unhurt. During the following night a force of five hundred Aetolians arrived to help under the impression that the city still held out. The king got word of their approach and, placing an ambuscade in a favorable spot, killed the greater number of them and took all the rest prisoners, except a very few. After this, having distributed enough of the captured corn to his troops to last thirty days—a large quantity having been found stored at Phoetiae—he advanced, marching on the territory of Stratus.[144] Stopping at a distance of ten stades from the town he encamped by the river Achelous, and making forays from there, laid waste the country unopposed, none of the enemy venturing to come out to attack him.

[144] Originally Acarnanian, but lost to Aetolia (2.45.1).

64. Οἱ δ᾽ Ἀχαιοὶ κατὰ τοὺς καιροὺς τούτους πιεζό-
μενοι τῷ πολέμῳ, τὸν δὲ βασιλέα πυνθανόμενοι σύν-
2 εγγυς εἶναι, πέμπουσι πρέσβεις ἀξιοῦντες βοηθεῖν· οἳ
καὶ συμμίξαντες ἔτι περὶ Στράτον ὄντι τῷ Φιλίππῳ τά
τε λοιπὰ διελέγοντο κατὰ τὰς ἐντολάς, καὶ τὰς ὠφε-
λείας ὑποδεικνύντες τῷ στρατοπέδῳ τὰς ἐκ τῆς πολε-
μίας ἔπειθον αὐτὸν διαβάντα τὸ Ῥίον ἐμβαλεῖν εἰς
3 τὴν Ἠλείαν. ὧν ὁ βασιλεὺς διακούσας τοὺς μὲν
πρεσβευτὰς παρακατέσχε, φήσας βουλεύσεσθαι περὶ
τῶν παρακαλουμένων, αὐτὸς δ᾽ ἀναζεύξας προῆγε,
ποιούμενος τὴν πορείαν ὡς ἐπὶ Μητροπόλεως καὶ
4 Κωνώπης. οἱ δ᾽ Αἰτωλοὶ τὴν μὲν ἄκραν τῆς Μητρο-
πόλεως κατεῖχον, τὴν δὲ πόλιν ἐξέλιπον. ὁ δὲ Φίλιπ-
πος ἐμπρήσας τὴν Μητρόπολιν προῄει κατὰ τὸ συν-
5 εχὲς ἐπὶ τὴν Κωνώπην. τῶν δ᾽ Αἰτωλῶν ἱππέων
ἀθροισθέντων καὶ τολμησάντων ἀπαντᾶν πρὸς τὴν
τοῦ ποταμοῦ διάβασιν, ἣ κεῖται πρὸ τῆς πόλεως
εἴκοσι στάδια διέχουσα, καὶ πεπεισμένων ἢ κωλύσειν
τελείως ἢ κακοποιήσειν πολλὰ τοὺς Μακεδόνας περὶ
6 τὴν ἔκβασιν, συννοήσας αὐτῶν τὴν ἐπιβολὴν ὁ βασι-
λεὺς παρήγγειλε τοῖς πελτασταῖς πρώτοις ἐμβαλεῖν
εἰς τὸν ποταμὸν καὶ ποιεῖσθαι τὴν ἔκβασιν ἀθρόους
7 κατὰ τάγμα συνησπικότας. τῶν δὲ πειθαρχούντων,
ἅμα τῷ τὴν πρώτην διαβῆναι σημαίαν βραχέα ταύ-
της καταπειράσαντες οἱ τῶν Αἰτωλῶν ἱππεῖς, ἐν τῷ
ταύτην τε μεῖναι συνασπίσασαν καὶ τὴν δευτέραν καὶ
τρίτην διαβαινούσας συμφράττειν τοῖς ὅπλοις πρὸς
τὴν ὑφεστῶσαν, ἀπραγοῦντες καὶ δυσχρήστως ἀπαλ-

64. The Achaeans at this time, finding themselves hard pressed by the war and learning that the king was close at hand, sent envoys asking for help. Encountering the king while still before Stratus they delivered the message with which they had been charged, and pointing out to him the large booty that his army would take in the enemy's country, tried to persuade him to cross the Rhium straits and invade Elis. The king after listening to them kept the envoys with him, saying he would give their request consideration, and breaking up his camp advanced in the direction of Metropolis[145] and Conope. The Aetolians held to the citadel of Metropolis, abandoning the town, which the king burnt and then continued his advance on Conope. When a body of Aetolian cavalry ventured to meet him, at the ford of the river[146] which runs in front of the town at a distance of about twenty stades from it, trusting either to prevent his passage entirely or to inflict considerable damage on the Macedonians as they came out of the water, the king, perceiving their design, ordered his peltasts to enter the river first and land on the other bank in close order shield to shield and company by company. His orders were obeyed, and as soon as the first company had passed, the Aetolian cavalry, after a feeble attack on it, finding that it stood firm with shields interlocked and that the second and third companies as they landed closed up with it, were unable to effect anything, and seeing that they were getting

145 *RE* Metropolis 1496–1497 (W. Kroll); E. Kirsten, *AA* 1941, 102–103.

146 The Achelous.

8   λάττοντες ἀπεχώρουν πρὸς τὴν πόλιν. καὶ τὸ λοιπὸν
ἤδη τὸ μὲν τῶν Αἰτωλῶν φρόνημα συμπεφευγὸς εἰς

9   τὰς πόλεις ἦγε τὴν ἡσυχίαν, ὁ δὲ Φίλιππος ἐπιδιαβὰς
τῷ στρατεύματι, καὶ πορθήσας ἀδεῶς καὶ ταύτην τὴν
χώραν ἧκεν εἰς τὴν Ἰθωρίαν· τοῦτο δ᾽ ἐστὶ χωρίον ὃ
κεῖται μὲν ἐπὶ τῆς παρόδου κυρίως, ὀχυρότητι δὲ

10 φυσικῇ καὶ χειροποιήτῳ διαφέρει. συνεγγίζοντος δ᾽
αὐτοῦ καταπλαγέντες οἱ φυλάττοντες ἐξέλιπον τὸν
τόπον· ὁ δὲ βασιλεὺς κυριεύσας τοῦ τόπου εἰς ἔδαφος

11 καθεῖλε. παραπλησίως δὲ καὶ τοὺς λοιποὺς πύργους
τοὺς κατὰ τὴν χώραν ἐπέταξε τοῖς προνομεύουσι
καταφέρειν.

65. διελθὼν δὲ τὰ στενὰ τὸ λοιπὸν ἤδη βάδην καὶ
πραεῖαν ἐποιεῖτο τὴν πορείαν, ἀναστροφὴν διδοὺς τῇ

2   δυνάμει πρὸς τὰς ἀπὸ τῆς χώρας ὠφελείας. γέμοντος
δὲ τοῦ στρατοπέδου πάντων τῶν ἐπιτηδείων, ἧκε πρὸς

3   τοὺς Οἰνιάδας. καταστρατοπεδεύσας δὲ πρὸς τὸ Παι-
άνιον τοῦτο πρῶτον ἐξελεῖν ἔκρινε· ποιησάμενος δὲ
προσβολὰς συνεχεῖς εἷλεν αὐτὸ κατὰ κράτος, πόλιν
κατὰ μὲν τὸν περίβολον οὐ μεγάλην (ἐλάττων γὰρ ἦν
ἑπτὰ σταδίων), κατὰ δὲ τὴν σύμπασαν κατασκευὴν

4   οἰκιῶν καὶ τειχῶν καὶ πύργων οὐδ᾽ ὁποίας ἥττω. ταύ-
της δὲ τὸ μὲν τεῖχος κατέσκαψε πᾶν εἰς ἔδαφος, τὰς δ᾽
οἰκήσεις διαλύων τὰ ξύλα καὶ τὸν κέραμον εἰς σχε-
δίας καθήρμοζε τῷ ποταμῷ μετὰ πολλῆς φιλοτιμίας

5   εἰς τοὺς Οἰνιάδας. οἱ δ᾽ Αἰτωλοὶ τὸ μὲν πρῶτον ἐπεβά-
λοντο διατηρεῖν τὴν ἄκραν τὴν ἐν τοῖς Οἰνιάδαις,
ἀσφαλισάμενοι τείχεσι καὶ τῇ λοιπῇ κατασκευῇ· συν-

into difficulties made off for the town; and henceforth the Aetolians, with all their haughty spirit, kept quiet within the shelter of their walls. Philip crossed with his army, and having pillaged this country too unopposed, advanced on Ithoria. This is a place absolutely commanding the road through the pass and of singular natural and artificial strength; but on his approach the garrison were terror stricken and abandoned it. The king on obtaining possession of it razed it to the ground, and ordered his foragers to demolish likewise the other small forts in the country.

65. Having passed through the defile he continued to advance slowly and quietly, giving his troops leisure to pillage the country, and when he reached Oeniadae[147] his army was abundantly furnished with provisions of every kind. Encamping before Paeanium[148] he determined to capture this city in the first place and after several assaults took it by storm. It is a town of no great size, being less than seven stades in circumference, but inferior to none in the fine construction of its houses, walls, and towers. Philip razed the wall to the ground, and taking down the houses stacked the timbers and tiles onto rafts and sent them with the greatest care to Oeniadae. The Aetolians at first determined to hold the citadel of Oeniadae, having secured themselves by means of walls and other defenses, but on

---

[147] Acarnanian, but lost to Aetolia (2.45.1); *RE* Oiniadai 2204–2228 (E. Kirsten).

[148] *RE* Paianion 2363–2374 (E. Kirsten).

ἐγγίζοντος δὲ τοῦ Φιλίππου καταπλαγέντες ἐξεχώ-
6 ρησαν. ὁ δὲ βασιλεὺς παραλαβὼν καὶ ταύτην τὴν
πόλιν, ἐξ αὐτῆς προελθὼν κατεστρατοπέδευσε τῆς
Καλυδωνίας πρός τι χωρίον ὀχυρόν, ὃ καλεῖται μὲν
Ἔλαος ἠσφάλισται δὲ τείχεσι καὶ ταῖς λοιπαῖς παρα-
σκευαῖς διαφερόντως, Ἀττάλου τὴν περὶ αὐτὸ κατα-
7 σκευὴν ἀναδεξαμένου τοῖς Αἰτωλοῖς. γενόμενοι δὲ καὶ
τούτου κύριοι κατὰ κράτος οἱ Μακεδόνες, καὶ πᾶσαν
κατασύραντες τὴν Καλυδωνίαν, ἧκον πάλιν εἰς τοὺς
8 Οἰνιάδας. ὁ δὲ Φίλιππος συνθεασάμενος τὴν εὐκαι-
ρίαν τοῦ τόπου πρός τε τἆλλα καὶ μάλιστα πρὸς τὰς
εἰς Πελοπόννησον διαβάσεις, ἐπεβάλετο τειχίζειν τὴν
9 πόλιν. τοὺς γὰρ Οἰνιάδας κεῖσθαι συμβαίνει παρὰ
θάλατταν, ἐπὶ τῷ πέρατι τῆς Ἀκαρνανίας τῷ πρὸς
Αἰτωλοὺς συνάπτοντι, περὶ τὴν ἀρχὴν τοῦ Κορίν-
10 θιακοῦ κόλπου. τῆς δὲ Πελοποννήσου τέτακται μὲν ἡ
πόλις καταντικρὺ τῆς παραλίας τῆς τῶν Δυμαίων,
ἔγγιστα δ' αὐτῆς ὑπάρχει τοῖς κατὰ τὸν Ἄραξον
11 τόποις· ἀπέχει γὰρ οὐ πλεῖον ἑκατὸν σταδίων. εἰς ἃ
βλέψας τήν τε ἄκραν καθ' αὑτὴν ἠσφαλίσατο, καὶ τῷ
λιμένι καὶ τοῖς νεωρίοις ὁμοῦ τεῖχος περιβαλὼν ἐν-
εχείρει συνάψαι πρὸς τὴν ἄκραν, χρώμενος πρὸς τὴν
οἰκονομίαν ταῖς ἐκ τοῦ Παιανίου παρασκευαῖς.

66. Ἔτι δὲ περὶ ταῦτα γινομένου τοῦ βασιλέως
παρῆν ἐκ Μακεδονίας ἄγγελος διασαφῶν ὅτι συμ-
βαίνει τοὺς Δαρδανεῖς, ὑπονενοηκότας τὴν εἰς Πελο-
πόννησον αὐτοῦ στρατείαν, ἀθροίζειν δυνάμεις καὶ
παρασκευὴν ποιεῖσθαι μεγάλην, κεκρικότας ἐμβαλεῖν

Philip's approach took fright and retired. The king, taking possession of this town too, advanced from it and encamped before a strong place in the territory of Calydon called Elaus admirably fortified by walls and other defences, Attalus[149] having undertaken for the Aetolians the expense of construction. The Macedonians assaulted and took this place also and after laying waste the whole territory of Calydon[150] returned to Oeniadae. But Philip, observing the natural advantages of the spot both in other respects and as a point from which to cross to the Peloponnese, conceived the plan of fortifying the town. Oeniadae lies at the extreme border of Acarnania on the coast of Aetolia, just at the entrance of the Corinthian Gulf. The part of the Peloponnese facing it is the coast territory of Dyme, the nearest point being the promontory of Araxus which is not more than a hundred stades distant. Looking to these facts Philip fortified the citadel separately and surrounding the harbor and dockyards with a wall he intended to connect them with the citadel, using the building material he had brought down from Paeanium for the work.

66. But while the king was still thus engaged, a post arrived from Macedonia informing him that the Dardani,[151] understanding that he contemplated a campaign in the Peloponnese, were collecting forces and making great preparations with the intention of invading Macedonia.

[149] King Attalus I of Pergamum, 241–197.

[150] One of the major towns of Aetolia; Swedish excavations, major publications of 1934, 1948, and 1951.

[151] Illyrians, traditional enemies of Macedon.

2 εἰς τὴν Μακεδονίαν. ἀκούσας δὲ ταῦτα, καὶ νομίσας
ἀναγκαῖον εἶναι βοηθεῖν κατὰ τάχος τῇ Μακεδονίᾳ,
τοὺς μὲν παρὰ τῶν Ἀχαιῶν πρέσβεις ἀπέστειλε, δοὺς
ἀπόκρισιν ὅτι τοῖς προσηγγελμένοις ἐπαρκέσας οὐ-
δὲν προυργιαίτερον ποιήσεται μετὰ ταῦτα τοῦ βοη-
3 θεῖν σφίσι κατὰ δύναμιν, αὐτὸς δ' ἀναζεύξας μετὰ
σπουδῆς ἐποιεῖτο τὴν ἐπάνοδον ᾗπερ καὶ τὴν παρ-
4 ουσίαν ἐπεποίητο. μέλλοντος δὲ αὐτοῦ διαβαίνειν τὸν
Ἀμβρακικὸν κόλπον ἐξ Ἀκαρνανίας εἰς Ἤπειρον
παρῆν ἐφ' ἑνὸς λέμβου Δημήτριος ὁ Φάριος, ἐκπεπτω-
κὼς ὑπὸ Ῥωμαίων ἐκ τῆς Ἰλλυρίδος· ὑπὲρ ὧν ἐν τοῖς
5 πρὸ τούτων ἡμῖν δεδήλωται. τοῦτον μὲν οὖν Φίλιππος
ἀποδεξάμενος φιλανθρώπως ἐκέλευσε πλεῖν ὡς ἐπὶ
Κόρινθον κἀκεῖθεν ἥκειν διὰ Θετταλίας εἰς Μακε-
δονίαν, αὐτὸς δὲ διαβὰς εἰς τὴν Ἤπειρον προῆγε
6 κατὰ τὸ συνεχὲς εἰς τὸ πρόσθεν. παραγενομένου δ'
αὐτοῦ τῆς Μακεδονίας εἰς Πέλλαν, ἀκούσαντες οἱ
Δαρδάνιοι παρὰ Θρᾳκῶν τινων αὐτομόλων τὴν παρου-
σίαν τοῦ Φιλίππου, καταπλαγέντες παραχρῆμα διέλυ-
σαν τὴν στρατείαν, καίπερ ἤδη σύνεγγυς ὄντες τῆς
7 Μακεδονίας. Φίλιππος δὲ πυθόμενος τὴν τῶν Δαρ-
δανέων μετάνοιαν τοὺς μὲν Μακεδόνας διαφῆκε πάν-
τας ἐπὶ τὴν τῆς ὀπώρας συγκομιδήν, αὐτὸς δὲ πορευ-
θεὶς εἰς Θετταλίαν τὸ λοιπὸν μέρος τοῦ θέρους ἐν
Λαρίσῃ διῆγεν.

8 Κατὰ δὲ τὸν καιρὸν τοῦτον Αἰμίλιος ἐκ τῆς Ἰλ-
λυρίδος εἰσῆγε λαμπρῶς εἰς τὴν Ῥώμην τὸν θρίαμ-
βον, Ἀννίβας δὲ Ζάκανθαν ᾑρηκὼς κατὰ κράτος διέ-

On hearing this, he thought it necessary to hasten back to the help of Macedonia, and now dismissing the Achaean envoys with the reply that when he had done what was called for by the intelligence he had received he would make it his first object to assist them as far as was within his power, he broke up his camp and returned home with all speed by the same route as that by which he had come. As he was about to cross the Gulf of Ambracia from Acarnania to Epirus, Demetrius of Pharus appeared in a single frigate, having been driven by the Romans from Illyria, as I narrated in a previous Book.[152] Philip received him kindly and bade him sail for Corinth and from thence make his way to Macedonia through Thessaly, while he himself crossed to Epirus and continued his advance. When he reached Pella[153] in Macedonia, the Dardani, hearing of his arrival from some Thracian deserters, took fright and at once dismissed their army, although they were now close to Macedonia. Philip, on learning that the Dardani had abandoned their project, sent home all his Macedonians to gather in the fruit and returning to Thessaly spent the rest of the summer at Larisa.

It was at this same time that Aemilius, on his return from Illyria, celebrated a splendid triumph in Rome, that Hannibal after taking Saguntum by assault dismissed his

[152] 3.19.8.

[153] Capital of Macedon since ca. 400, succeeding Aegae (Vergina); Ch. Petsas, *Pella. Alexander the Great's Capital* (Thessaloniki 1971).

9 λῦσε τὰς δυνάμεις εἰς παραχειμασίαν, Ῥωμαῖοι δέ,
προσπεσούσης αὐτοῖς τῆς Ζακανθαίων ἁλώσεως,
πρεσβευτὰς ἔπεμπον ἐξαιτήσοντας Ἀννίβαν παρὰ
Καρχηδονίων, ἅμα δὲ πρὸς τὸν πόλεμον παρεσκευ-
άζοντο, καταστήσαντες ὑπάτους Πόπλιον Κορνήλιον
10 καὶ Τιβέριον Σεμπρώνιον. ὑπὲρ ὧν ἡμεῖς τὰ μὲν κατὰ
μέρος ἐν τῇ προτέρᾳ βύβλῳ δεδηλώκαμεν· νῦν δ᾽
ἀναμνήσεως χάριν αὐτὰ προηνεγκάμεθα κατὰ τὴν ἐξ
ἀρχῆς ἐπαγγελίαν, ἵνα γινώσκηται τὰ κατάλληλα
τῶν πραγμάτων.

11 Καὶ τὸ μὲν πρῶτον ἔτος ἔληγε τῆς ὑποκειμένης
ὀλυμπιάδος,

67. παρὰ δὲ τοῖς Αἰτωλοῖς ἤδη τῶν ἀρχαιρεσίων
καθηκόντων στρατηγὸς ᾑρέθη Δωρίμαχος, ὃς παραυ-
τίκα τὴν ἀρχὴν παραλαβὼν καὶ τοὺς Αἰτωλοὺς ἀθροί-
σας μετὰ τῶν ὅπλων ἐνέβαλεν εἰς τοὺς ἄνω τόπους
τῆς Ἠπείρου καὶ τὴν χώραν ἐδῄου, θυμικώτερον χρώ-
2 μενος τῇ καταφθορᾷ· τὸ γὰρ πλεῖον οὐ τῆς σφετέρας
ὠφελείας ἀλλὰ τῆς τῶν Ἠπειρωτῶν βλάβης χάριν
3 ἕκαστα συνετέλει. παραγενόμενος δὲ πρὸς τὸ περὶ
Δωδώνην ἱερὸν τάς τε στοὰς ἐνέπρησε καὶ πολλὰ τῶν
ἀναθημάτων διέφθειρε, κατέσκαψε δὲ καὶ τὴν ἱερὰν
4 οἰκίαν, ὥστε μήτ᾽ εἰρήνης ὅρον μήτε πολέμου πρὸς
Αἰτωλοὺς ὑπάρχειν, ἀλλ᾽ ἐν ἀμφοτέραις ταῖς περι-
στάσεσι παρὰ τὰ κοινὰ τῶν ἀνθρώπων ἔθη καὶ νόμι-
μα χρῆσθαι ταῖς ἐπιβολαῖς.

5 Οὗτος μὲν οὖν ταῦτα καὶ τοιαῦτα διαπραξάμενος
6 ἐπανῆγεν αὖθις εἰς τὴν οἰκείαν· τοῦ δὲ χειμῶνος ἔτι
προβαίνοντος, καὶ πάντων ἀπηλπικότων τὴν παρ-

army to winter quarters, that the Romans on hearing of the fall of Saguntum sent ambassadors to Carthage demanding that Hannibal should be given up to them, and at the same time began to prepare for war after electing as Consuls Publius Cornelius Scipio and Tiberius Sempronius Longus. All these matters I have dealt with in detail in my previous Book, and now merely recall them to my readers in pursuance of my original statement that they may know what events were contemporaneous.

And so the first year of this Olympiad was drawing to its close.

67. It was now the date for the elections in Aetolia, and Dorimachus was chosen strategus. As soon as he entered on office he summoned the Aetolians to arms and invading upper Epirus laid the country waste, carrying out the work of destruction in a thoroughly vindictive spirit: for the measures he took were all not so much meant to secure booty for himself as to inflict damage on the Epirots. On reaching the temple of Dodona[154] he burnt the porticoes, destroyed many of the votive offerings and demolished the sacred building, so that we may say that for the Aetolians no restrictions exist either in peace or war, but that in both circumstances they pursue their designs in defiance of the common usages and principles of mankind.

Dorimachus after this and similar exploits returned home. As the winter was now advanced, everyone had

[154] Temple of Zeus and famous oracle; S. I. Dakaris, *Archaeological Guide to Dodona* (Ioannina 1986); M. Dieterle, *Dodona: religionsgeschichtliche und historische Untersuchungen zur Entstehung und Entwicklung des Zeus-Heiligtums* (Hildesheim 2007); É. Lhôte, *Les amulettes oraculaires de Dodone* (Geneva 2006). Philip later rebuilt the shrine.

ουσίαν τοῦ Φιλίππου διὰ τὸν καιρόν, ἀναλαβὼν ὁ
βασιλεὺς χαλκάσπιδας μὲν τρισχιλίους πελταστὰς
δὲ δισχιλίους καὶ Κρῆτας τριακοσίους, πρὸς δὲ τού-
τοις ἱππεῖς τοὺς περὶ τὴν αὐλὴν εἰς τετρακοσίους,
7 προῆγεν ἀπὸ Λαρίσης· καὶ διαβιβάσας τούτους ἐκ
Θετταλίας εἰς Εὔβοιαν κἀκεῖθεν εἰς Κύνον ἧκε διὰ τῆς
Βοιωτίας καὶ Μεγαρίδος εἰς Κόρινθον περὶ τροπὰς
χειμερινάς, ἐνεργὸν καὶ λαθραίαν πεποιημένος τὴν
παρουσίαν οὕτως ὥστε μηδένα Πελοποννησίων ὑπο-
8 νοῆσαι τὸ γεγονός. κλείσας δὲ τὰς πύλας τοῦ Κορίν-
θου καὶ διαλαβὼν τὰς ὁδοὺς φυλακαῖς, τῇ κατὰ πόδας
Ἄρατον μὲν τὸν πρεσβύτερον ὡς αὑτὸν ἐκ τοῦ Σικυῶ-
νος μετεπέμπετο, γράμματά τε πρὸς τὸν στρατηγὸν
τῶν Ἀχαιῶν καὶ πρὸς τὰς πόλεις ἐξαπέστελλεν, ἐν οἷς
διεσάφει πότε καὶ ποῦ δεήσει συναντᾶν πάντας ἐν
9 τοῖς ὅπλοις· ταῦτα δ᾽ οἰκονομήσας ἀνέζευξε, καὶ προ-
ελθὼν κατεστρατοπέδευσε τῆς Φλιασίας περὶ τὸ Διο-
σκούριον.

68. κατὰ δὲ τοὺς αὐτοὺς καιροὺς Εὐριπίδας, ἔχων
Ἠλείων δύο λόχους μετὰ τῶν πειρατῶν καὶ μισθοφό-
ρων, ὥστ᾽ εἶναι τοὺς πάντας εἰς δισχιλίους καὶ διακο-
σίους, ἅμα δὲ τούτοις ἱππεῖς ἑκατόν, ὁρμήσας ἐκ
Ψωφῖδος ἐποιεῖτο τὴν πορείαν διὰ τῆς Φενικῆς καὶ
Στυμφαλίας, οὐδὲν μὲν εἰδὼς τῶν κατὰ τὸν Φίλιππον,
βουλόμενος δὲ κατασῦραι τὴν τῶν Σικυωνίων χώραν.
2 τῆς δὲ νυκτὸς τῆς αὐτῆς ἐν ᾗ συνέβαινε στρατο-
πεδεύειν τὸν Φίλιππον περὶ τὸ Διοσκούριον, παρηλλα-
χὼς τὴν στρατοπεδείαν τοῦ βασιλέως περὶ τὴν ἑωθι-

given up any hope of Philip's reappearance owing to the
season, but suddenly the king taking with him three thou-
sand of his brazen-shielded hoplites, two thousand pel-
tasts, three hundred Cretans, and about four hundred of
his horse guards, started from Larisa. Transporting this
force from Thessaly to Euboea and thence to Cynus,[155] he
passed through Boeotia and Megaris and reached Corinth
about the winter solstice, having marched with such expe-
dition and secrecy that no one in the Peloponnese was
aware of what had happened. Shutting the gates of Cor-
inth and posting patrols in the streets, he sent next day to
Sicyon for the elder Aratus, at the same time dispatching
letters to the strategus of the Achaeans and to the different
cities informing them at what date and place he required
them all to meet him in arms. After making these arrange-
ments he left Corinth, and advancing encamped near the
temple of the Dioscuri in the territory of Phlius.[156]

68. Just at this time Euripidas with two companies of
Eleans together with his freebooters and mercenaries, so
that his whole force of infantry numbered about two thou-
sand two hundred, and with a hundred horsemen, had left
Psophis and was marching through the territories of
Pheneus and Stymphalus, knowing nothing of Philip's ar-
rival, but bent on laying waste the district round Sicyon.
On the very night on which Philip was encamped near the
temple of the Dioscuri, he passed close by the king's camp

[155] The port of Opus, at the time either Boeotian or Macedo-
nian.

[156] *RE* Phleius 271–290 (E. Meyer).

3 νὴν ἐμβάλλειν οἷός τ' ἦν εἰς τὴν Σικυωνίαν. τῶν δὲ
παρὰ τοῦ Φιλίππου Κρητῶν τινες ἀπολελοιπότες τὰς
τάξεις καὶ διχνεύοντες περὶ τὰς προνομείας ἐμπί-
4 πτουσιν εἰς τοὺς περὶ τὸν Εὐριπίδαν. οὓς ἀνακρίνας
καὶ συνεὶς τὴν παρουσίαν τῶν Μακεδόνων ὁ προειρη-
μένος, οὐδενὶ ποιήσας φανερὸν οὐδὲν τῶν προσπεπτω-
κότων, ἀναλαβὼν τὴν δύναμιν ἐξ ὑποστροφῆς αὖθις
5 ἀνέλυε τὴν αὐτὴν ὁδὸν ἐν ᾗπερ ἧκεν, βουλόμενος, ἅμα
δὲ καὶ κατελπίζων καταταχήσειν τοὺς Μακεδόνας δι-
εκβαλὼν τὴν Στυμφαλίαν καὶ συνάψας ταῖς ὑπερκει-
6 μέναις δυσχωρίαις. ὁ δὲ βασιλεὺς οὐδὲν εἰδὼς τῶν
περὶ τοὺς ὑπεναντίους, κατὰ δὲ τὴν αὑτοῦ πρόθεσιν
ἀναζεύξας τὴν ἑωθινὴν προῆγε, κρίνων ποιεῖσθαι τὴν
πορείαν παρ' αὐτὸν τὸν Στύμφαλον ὡς ἐπὶ τὰς Κα-
7 φύας· ἐνθάδε γὰρ ἐγεγράφει τοῖς Ἀχαιοῖς συναθροί-
ζεσθαι μετὰ τῶν ὅπλων.

69. τῆς δὲ πρωτοπορείας τῶν Μακεδόνων ἐπιβαλού-
σης ἐπὶ τὴν ὑπερβολὴν τὴν περὶ τὸ καλούμενον Ἀπέ-
λαυρον, ἣ πρόκειται τῆς τῶν Στυμφαλίων πόλεως περὶ
δέκα στάδια, ἅμα συνεκύρησε καὶ τὴν τῶν Ἠλείων
2 πρωτοπορείαν συμπεσεῖν ἐπὶ τὴν ὑπερβολήν. ὁ μὲν
οὖν Εὐριπίδας συννοήσας τὸ γεγονὸς ἐκ τῶν προσηγ-
γελμένων, παραλαβὼν μεθ' ἑαυτοῦ τινας τῶν ἱππέων
καὶ διαδρὰς τὸν ἐνεστῶτα καιρὸν ἐποιεῖτο τὴν ἀπο-
3 χώρησιν εἰς τὴν Ψωφίδα ταῖς ἀνοδίαις· τὸ δὲ λοιπὸν
πλῆθος τῶν Ἠλείων ἐγκαταλελειμμένον ὑπὸ τοῦ προ-
εστῶτος καὶ γεγονὸς ἐκπλαγὲς ἐπὶ τῷ συμβεβηκότι
κατὰ πορείαν ἔμενε, διαπορούμενον τί δεῖ ποιεῖν καὶ

in the early morning and was just about to invade the territory of Sicyon. But some of Philip's Cretans, who had left their ranks and were prowling about in search of plunder, fell in with Euripidas' force. He questioned them, and on learning of the arrival of the Macedonians, without revealing the news to a soul, he led his force back by the road along which he had come, with the wish and hope of getting a start of the Macedonians and thus passing through the territory of Stymphalus and gaining the difficult highland country above it. The king, quite ignorant also of the enemy's vicinity and simply in pursuance of his plan, broke up his camp early in the morning and advanced, intending to march past Stymphalus itself in the direction of Caphyae; for it was there that he had written to the Achaeans to assemble in arms.

69. As the advanced guard of the Macedonians was coming over the hill near the place called Apelaurus, about ten stades before you come to Stymphalus, it so happened that the advanced guard of the Eleans converged on the pass also. Euripidas, who understood what had happened from the intelligence he had received, took a few horsemen with him and escaping from the danger retreated across country to Psophis. The rest of the Eleans, thus deserted by their commander and thoroughly alarmed by what had occurred, remained in marching order at a loss

4 πῇ τρέπεσθαι. τὸ μὲν γὰρ πρῶτον αὐτῶν οἱ προ-
εστῶτες ὑπελάμβανον τῶν Ἀχαιῶν αὐτῶν τινας συν-
επιβεβοηθηκέναι. καὶ μάλιστ᾽ ἠπάτων αὐτοὺς οἱ χαλ-
5 κάσπιδες· Μεγαλοπολίτας γὰρ εἶναι τούτους ἐδόξαζον
διὰ τὸ τοιούτοις ὅπλοις κεχρῆσθαι τοὺς προειρημέ-
νους ἐν τῷ περὶ Σελλασίαν πρὸς Κλεομένη κινδύνῳ,
καθοπλίσαντος Ἀντιγόνου τοῦ βασιλέως πρὸς τὴν
6 παροῦσαν χρείαν. διόπερ ἀπεχώρουν τηροῦντες τὰς
τάξεις πρός τινας ὑπερδεξίους τόπους, οὐκ ἀπελπίζον-
τες τὴν σωτηρίαν. ἅμα δὲ τῷ προσάγοντας αὐτοῖς
τοὺς Μακεδόνας σύνεγγυς γενέσθαι λαβόντες ἔννοιαν
τοῦ κατ᾽ ἀλήθειαν ὄντος, πάντες ὥρμησαν πρὸς φυγὴν
7 ῥίψαντες τὰ ὅπλα. ζωγρίᾳ μὲν οὖν ἑάλωσαν αὐτῶν
περὶ χιλίους καὶ διακοσίους, τὸ δὲ λοιπὸν διεφθάρη
πλῆθος, τὸ μὲν ὑπὸ τῶν Μακεδόνων τὸ δὲ ὑπὸ τῶν
8 κρημνῶν· διέφυγον δ᾽ οὐ πλείους τῶν ἑκατόν. ὁ δὲ
Φίλιππος τά τε σκῦλα καὶ τοὺς αἰχμαλώτους εἰς
9 Κόρινθον ἀποπέμψας εἴχετο τῶν προκειμένων. τοῖς δὲ
Πελοποννησίοις πᾶσι παράδοξον ἐφάνη τὸ γεγονός·
ἅμα γὰρ ἤκουον τὴν παρουσίαν καὶ τὴν νίκην τοῦ
βασιλέως.

70. Ποιησάμενος δὲ τὴν πορείαν διὰ τῆς Ἀρκαδίας,
καὶ πολλὰς ἀναδεξάμενος χιόνας καὶ ταλαιπωρίας ἐν
ταῖς περὶ τὸν Ὀλύγυρτον ὑπερβολαῖς, τῇ τρίτῃ τῶν
2 ἡμερῶν κατῆρε νύκτωρ εἰς Καφύας. θεραπεύσας δὲ
τὴν δύναμιν ἐπὶ δύ᾽ ἡμέρας ἐνταῦθα, καὶ προσανα-
λαβὼν Ἄρατον τὸν νεώτερον καὶ τοὺς ἅμα τούτῳ
συνηθροισμένους τῶν Ἀχαιῶν, ὥστ᾽ εἶναι τὴν ὅλην

what to do or what direction to take. At first, I must explain, their officers thought it was an Achaean force which had come to oppose them, taken in chiefly by the brazen-shielded hoplites whom they supposed to be Megalopolitans, as the contingent from there had carried such shields in the battle at Sellasia against Cleomenes, King Antigonus having thus armed them for the occasion. They therefore kept their ranks and began to retire to some higher ground, not despairing of safety. But as soon as the Macedonians advancing on them drew close, they realized the truth and all took to flight throwing away their shields. About twelve hundred of them were made prisoners[157] and the remainder perished, either at the hands of the Macedonians or by falling down the precipices, only about a hundred escaping. Philip, sending the prisoners and captured arms back to Corinth, continued his march. This event exceedingly astonished all the Peloponnesians, who heard at one and the same time of the king's arrival and of his victory.

70. Marching through Arcadia and encountering heavy snowstorms and many hardships in crossing the pass of Mount Olygyrtus, he reached Caphyae in the night of the third day. Having rested his troops here for two days and being joined by the younger Aratus and the Achaeans he had collected, so that his whole force was now about ten

---

[157] Fragmentary inscriptions from Stymphalus refer to the ransoming of prisoners taken in this battle: H. Lattermann-F. Hiller von Gaertringen, *MDAI (A)* 40 (1915) 84–89.

δύναμιν εἰς τοὺς μυρίους, προῆγε διὰ τῆς Κλειτορίας
ὡς ἐπὶ Ψωφῖδος, συναθροίζων ἐκ τῶν πόλεων ὧν
3 διεπορεύετο βέλη καὶ κλίμακας. ἡ δὲ Ψωφὶς ἔστι μὲν
ὁμολογούμενον καὶ παλαιὸν Ἀρκάδων κτίσμα τῆς
Ἀζανίδος, κεῖται δὲ τῆς μὲν συμπάσης Πελοποννήσου
κατὰ τὴν μεσόγαιον, αὐτῆς δὲ τῆς Ἀρκαδίας ἐπὶ τοῖς
πρὸς δυσμὰς πέρασιν, συνάπτουσα τοῖς περὶ τὰς
4 ἐσχατιὰς κατοικοῦσι τῶν προσεσπερίων Ἀχαιῶν· ἐπί-
κειται δ' εὐφυῶς τῇ τῶν Ἠλείων χώρᾳ, μεθ' ὧν συν-
5 έβαινε τότε πολιτεύεσθαι αὐτήν. πρὸς ἣν Φίλιππος
τριταῖος ἐκ τῶν Καφυῶν διανύσας κατεστρατοπέδευε
περὶ τοὺς ἀπέναντι τῆς πόλεως ὑπερκειμένους βου-
νούς, ἀφ' ὧν ἦν κατοπτεύειν τήν τε πόλιν ὅλην ἀσφα-
6 λῶς καὶ τοὺς πέριξ αὐτῆς τόπους. συνθεωρῶν δὲ τὴν
ὀχυρότητα τῆς Ψωφῖδος ὁ βασιλεὺς ἠπορεῖτο τί χρὴ
7 ποιεῖν. τὴν γὰρ ἀφ' ἑσπέρας πλευρὰν αὐτῆς κατα-
φέρεται λάβρος χειμάρρους ποταμός, ὃς κατὰ τὸ
πλεῖστον μέρος τοῦ χειμῶνος ἄβατός ἐστιν, ποιεῖ δὲ
καὶ τὸ παράπαν ἐχυρὰν καὶ δυσπρόσοδον τὴν πόλιν
διὰ τὸ μέγεθος τοῦ κοιλώματος, ὃ κατὰ βραχὺ τῷ
χρόνῳ κατείργασται φερόμενος ἐξ ὑπερδεξίων τόπων.
8 παρὰ δὲ τὴν ἀπ' ἠοῦς πλευρὰν ἔχει τὸν Ἐρύμανθον,
μέγαν καὶ λάβρον ποταμόν, ὑπὲρ οὗ πολὺς καὶ ὑπὸ
9 πολλῶν τεθρύληται λόγος. τοῦ δὲ χειμάρρου προσ-
πίπτοντος πρὸς τὸν Ἐρύμανθον ὑπὸ τὸ πρὸς μεσημ-
βρίαν μέρος τῆς πόλεως, συμβαίνει τὰς μὲν τρεῖς
ἐπιφανείας αὐτῆς ὑπὸ τῶν ποταμῶν περιλαμβανο-
10 μένας ἀσφαλίζεσθαι τὸν προειρημένον τρόπον· τῇ δὲ

510

thousand strong, he advanced on Psophis[158] through the territory of Cleitor, collecting missiles and ladders from the towns he passed through. Psophis is an undisputably Arcadian foundation of great antiquity in the district of Azanis lying in the interior of the Peloponnese taken as a whole, but on the western borders of Arcadia itself and co-terminous with the up-country of western Achaea. It commands with great advantage the territory of the Eleans, with whom it was then politically united. Philip, reaching it in three days from Caphyae, encamped on the hills opposite, from which one can securely view the whole town and its environs. When he observed the great strength of Psophis, the king was at a loss what to do; for on its western side there descends a violent torrent, impassable for the greater part of the winter, and rendering the city very strongly protected and difficult of approach on this side, owing to the depth of the bed it has gradually formed for itself, descending as it does from a height. On the eastern side of the town flows the Erymanthus, a large and rapid stream of which many fables are told by various authors. The torrent falls into the Erymanthus to the south of the city, so that three faces of the city are surrounded and protected by the rivers in the manner I have described. On the

[158] *RE* Psophis 1421–1428 (E. Meyer).

λοιπῇ, τῇ πρὸς ἄρκτον, βουνὸς ἐρυμνὸς ἐπίκειται
τετειχισμένος, ἄκρας εὐφυοῦς καὶ πραγματικῆς λαμ-
βάνων τάξιν. ἔχει δὲ καὶ τείχη διαφέροντα τῷ μεγέθει
11 καὶ ταῖς κατασκευαῖς. πρὸς δὲ τούτοις βοήθειαν συν-
έβαινε παρὰ τῶν Ἠλείων εἰσπεπτωκέναι, καὶ τὸν
Εὐριπίδαν ἐκ τῆς φυγῆς διασεσωσμένον ὑπάρχειν ἐν
αὐτῇ.

71. Ταῦτ' οὖν πάντα συνορῶν καὶ συλλογιζόμενος ὁ
Φίλιππος τὰ μὲν ἀφίστατο τοῖς λογισμοῖς τοῦ βιάζε-
σθαι καὶ πολιορκεῖν τὴν πόλιν, τὰ δὲ προθύμως εἶχε,
2 τὴν εὐκαιρίαν ὁρῶν τοῦ τόπου· καθ' ὅσον γὰρ ἐπέκειτο
τοῖς Ἀχαιοῖς τότε καὶ τοῖς Ἀρκάσι καὶ πολεμητήριον
ὑπῆρχε τοῖς Ἠλείοις ἀσφαλές, κατὰ τοσοῦτον πάλιν
κρατηθὲν ἔμελλε τῶν μὲν Ἀρκάδων προκεῖσθαι κατὰ
δὲ τῶν Ἠλείων ὁρμητήριον ὑπάρξειν τοῖς συμμάχοις
3 εὔκαιρον. διόπερ ἐπὶ τοῦτο τὸ μέρος ὁρμήσας τῇ
γνώμῃ παρήγγελλε τοῖς Μακεδόσιν ἅμα τῷ φωτὶ
πᾶσιν ἀριστοποιεῖσθαι καὶ διεσκευασμένους ἑτοίμους
4 ὑπάρχειν. μετὰ δὲ ταῦτα διαβὰς τὴν κατὰ τὸν Ἐρύ-
μανθον γέφυραν, οὐδενὸς ἐμποδὼν στάντος διὰ τὸ
παράδοξον τῆς ἐπιβολῆς, ἧκε πρὸς αὐτὴν τὴν πόλιν
5 ἐνεργῶς καὶ καταπληκτικῶς. οἱ δὲ κατὰ τὸν Εὐριπίδαν
καὶ πάντες οἱ κατὰ τὴν πόλιν διηπόρουν ἐπὶ τοῖς
συμβαίνουσι τῷ πεπεῖσθαι μήτ' ἂν ἐξ ἐφόδου τολμῆ-
σαι τοὺς πολεμίους προσβαλεῖν καὶ βιάζεσθαι πρὸς
οὕτως ὀχυρὰν πόλιν μήτε χρόνιον ἂν συστήσασθαι
6 πολιορκίαν διὰ τὴν τοῦ καιροῦ περίστασιν. ἅμα δὲ
ταῦτα λογιζόμενοι διηπίστουν ἀλλήλοις, δεδιότες μὴ

fourth or northern side rises a steep hill protected by walls, serving very efficiently as a natural citadel. The town has also walls of unusual size and admirable construction, and besides all these advantages it had just received a reinforcement of Eleans, and Euripidas was present having taken refuge there after his flight.

71. Philip observing and reflecting on all this, was on the one hand deterred by his judgment from any attempt to carry the town by force or besiege it, but was again strongly disposed thereto when he considered the advantages of its situation. For just as it was now a menace to Achaea and Arcadia and a secure place of arms for the Eleans, so, if it were taken, it would be a bulwark defending Arcadia and an excellent base of operations for the allies against Elis. These considerations finally prevailed, and he gave orders to the Macedonians to get all of them their breakfasts at daybreak and then prepare for action and hold themselves in readiness. This having been done, he crossed the bridge over the Erymanthus, no one opposing him owing to the unexpectedness of the movement, and unhesitatingly marched on the town in formidable array. Euripidas and all in the town were wholly taken aback by this, as they had been convinced that the enemy would neither venture to attempt to assault by storm such a strong city, nor would open a lengthy siege at this disadvantageous season of the year. In this very conviction they now began to entertain suspicions of each other, fearing

πρᾶξιν ὁ Φίλιππος εἴη διὰ τῶν ἔνδον συνεσταμένος
7 κατὰ τῆς πόλεως. ἐπεὶ δ᾿ οὐδὲν ἑώρων τοιοῦτον ἐξ
αὑτῶν γινόμενον, ὥρμησαν οἱ μὲν πλείους ἐπὶ τὰ
τείχη βοηθήσοντες, οἱ δὲ μισθοφόροι τῶν Ἠλείων
κατά τινα πύλην ὑπερδέξιον ἐξῆλθον ὡς ἐπιθησόμενοι
8 τοῖς πολεμίοις. ὁ δὲ βασιλεὺς διατάξας κατὰ τρεῖς
τόπους τοὺς προσοίσοντας τῷ τείχει τὰς κλίμακας,
καὶ τούτοις ὁμοίως μερίσας τοὺς ἄλλους Μακεδόνας,
μετὰ ταῦτα διὰ τῶν σαλπιγκτῶν ἀποδοὺς ἑκάστοις τὸ
σύνθημα πανταχόθεν ἅμα τὴν προσβολὴν ἐποιεῖτο
9 τοῖς τείχεσι. τὸ μὲν οὖν πρῶτον ἠμύνοντο γενναίως οἱ
κατέχοντες τὴν πόλιν, καὶ πολλοὺς ἀπὸ τῶν κλιμάκων
10 ἀπέρριπτον· ἐπεὶ δ᾿ ἥ τε χορηγία τῶν βελῶν καὶ τῶν
ἄλλων τῶν πρὸς τὴν χρείαν ἐπιτηδείων ἐνέλειπεν ὡς
ἂν ἐκ τοῦ καιροῦ τῆς παρασκευῆς γεγενημένης, οἵ τε
Μακεδόνες οὐ κατεπλήττοντο τὸ γινόμενον, ἀλλ᾿ ἐπὶ
τὴν τοῦ ριφέντος ἀπὸ τῶν κλιμάκων χώραν ὁ κατόπιν
11 ἀμελλήτως ἐπέβαινεν, τέλος οἱ μὲν ἐκ τῆς πόλεως
τραπέντες ἔφευγον πάντες πρὸς τὴν ἀκρόπολιν, τῶν
δὲ παρὰ τοῦ βασιλέως οἱ μὲν Μακεδόνες ἐπέβησαν
τοῦ τείχους, οἱ δὲ Κρῆτες πρὸς τοὺς κατὰ τὴν ὑπερ-
δέξιον πύλην ἐπεξελθόντας τῶν μισθοφόρων συμ-
μίξαντες ἠνάγκασαν αὐτοὺς οὐδενὶ κόσμῳ ῥίψαντας
12 τὰ ὅπλα φεύγειν. οἷς ἐπικείμενοι καὶ προσφέροντες
τὰς χεῖρας συνεισέπεσον διὰ τῆς πύλης· ἐξ οὗ συνέβη
13 πανταχόθεν ἅμα καταληφθῆναι τὴν πόλιν. οἱ μὲν οὖν
Ψωφίδιοι μετὰ τέκνων καὶ γυναικῶν ἀπεχώρησαν εἰς

lest Philip had arranged with some of those inside the city
for its betrayal. But when they saw no signs of any such
project among themselves, the greater number of them
ran to the walls to help, while the mercenaries of the
Eleans issued from one of the gates higher up the hill to at-
tack the enemy. The king ordered the bearers of the scal-
ing ladders to set them up at three separate spots, and
similarly dividing the rest of his Macedonians into three
bodies, gave the signal by the sound of trumpet and at-
tacked the wall simultaneously from every side. At first the
holders of the city offered a stout resistance and threw
down many of the assailants from the ladders, but when
their supply of missiles and other requisites began to fall
short—their preparations having been made on the spur
of the moment—and the Macedonians were showing no
signs of fear, the place of each man thrown off the ladder
being instantly taken by the man next behind him, the de-
fenders at length turned their backs and all fled to the cita-
del, while of the king's forces the Macedonians mounted
the walls, and the Cretans, attacking the mercenaries who
had sallied from the upper gate, forced them to fly in disor-
der, throwing away their shields. Pressing close on their
heels and cutting them down, they entered the gate to-
gether with them, and thus the city was taken from every
side at once. The Psophidians with their wives and chil-

τὴν ἄκραν, ἅμα δὲ τούτοις οἱ περὶ τὸν Εὐριπίδαν,
ὁμοίως δὲ καὶ τὸ λοιπὸν πλῆθος τῶν διασῳζομένων·

72. οἱ δὲ Μακεδόνες εἰσπεσόντες τὴν μὲν ἐνδο-
μενίαν ἅπασαν ἐκ τῶν οἰκιῶν παραχρῆμα διήρπασαν,
μετὰ δὲ ταῦτα ταῖς οἰκίαις ἐπισκηνώσαντες κατεῖχον
2 τὴν πόλιν. οἱ δὲ συμπεφευγότες εἰς τὴν ἀκρόπολιν,
οὐδεμιᾶς σφίσι παρασκευῆς ὑπαρχούσης, προορώ-
μενοι τὸ μέλλον ἔγνωσαν ἐγχειρίζειν σφᾶς αὐτοὺς τῷ
3 Φιλίππῳ. πέμψαντες οὖν κήρυκα πρὸς τὸν βασιλέα,
καὶ λαβόντες συγχώρημα περὶ πρεσβείας, ἐξαπέστει-
λαν τοὺς ἄρχοντας καὶ μετὰ τούτων Εὐριπίδαν· οἳ καὶ
ποιησάμενοι σπονδὰς ἔλαβον τὴν ἀσφάλειαν τοῖς
4 συμπεφευγόσιν ὁμοῦ ξένοις καὶ πολίταις. οὗτοι μὲν
οὖν αὖτις ἐπανῆλθον ὅθεν ὥρμησαν, ἔχοντες παράγ-
γελμα μένειν κατὰ χώραν ἕως ἂν ἡ δύναμις ἀναζεύξῃ,
μή τινες ἀπειθήσαντες τῶν στρατιωτῶν διαρπάσωσιν
5 αὐτούς· ὁ δὲ βασιλεὺς ἐπιγενομένης χιόνος ἠναγ-
κάσθη μένειν ἐπὶ τόπου τινὰς ἡμέρας, ἐν αἷς συν-
αγαγὼν τοὺς παρόντας τῶν Ἀχαιῶν πρῶτον μὲν τὴν
ὀχυρότητα καὶ τὴν εὐκαιρίαν ἐπεδείκνυε τῆς πόλεως
6 πρὸς τὸν ἐνεστῶτα πόλεμον, ἀπελογίσατο δὲ καὶ τὴν
αἵρεσιν καὶ τὴν εὔνοιαν ἣν ἔχοι πρὸς τὸ ἔθνος, ἐπὶ δὲ
πᾶσιν ἔφη καὶ νῦν παραχωρεῖν καὶ διδόναι τοῖς Ἀχαι-
οῖς τὴν πόλιν· προκεῖσθαι γὰρ αὐτῷ τὰ δυνατὰ χαρί-
7 ζεσθαι καὶ μηθὲν ἐλλείπειν προθυμίας. ἐφ᾽ οἷς εὐχαρι-
στούντων αὐτῷ τῶν τε περὶ τὸν Ἄρατον καὶ τῶν
πολλῶν, διαλύσας τὴν ἐκκλησίαν ὁ μὲν Φίλιππος
μετὰ τῆς δυνάμεως ἀναζεύξας ἐπὶ Λασιῶνος ἐποιεῖτο

dren retreated to the citadel together with Euripidas' force
and the rest of the fugitives,

72. and the Macedonians, breaking into the houses, pil-
laged them at once of all their contents and afterwards
lodged in them and took regular possession of the town.
The fugitives in the citadel, as they were not prepared for a
siege, decided to anticipate matters by surrendering to
Philip. They therefore sent a herald to the king; and on ob-
taining a safe-conduct for an embassy dispatched the mag-
istrates accompanied by Euripidas on this mission, who
made terms with the king, securing the lives and liberties
of all the fugitives both natives and foreigners. They then
returned whence they came with orders for all to remain
where they were until the departure of the army, lest any of
the soldiery might disobey orders and plunder them. The
king, owing to a snowfall, was obliged to remain here for
several days, in the course of which he called a meeting of
the Achaeans present, and first of all pointing out to them
the strength of the town and its excellent situation for the
purposes of the present war, and next protesting his affec-
tion and esteem for their state, finally told them that he
now handed over the city to the Achaeans[159] as a free gift, it
being his purpose to favor them by all means in his power
and never fail to consult their interests. Aratus and the
Achaean troops having expressed their thanks to him for
this, Philip dismissed the meeting and departed with his
army, marching towards Lasion. Hereupon, the Psophid-

[159] The city still belonged to them in 122 (*ISE* 60).

8 τὴν πορείαν, οἱ δὲ Ψωφίδιοι καταβάντες ἐκ τῆς ἄκρας
ἐκομίσαντο τὴν πόλιν καὶ τὰς οἰκήσεις ἕκαστοι τὰς
αὑτῶν, οἱ δὲ περὶ τὸν Εὐριπίδαν ἀπῆλθον εἰς τὸν
9 Κόρινθον κἀκεῖθεν εἰς Αἰτωλίαν. τῶν δ' Ἀχαϊκῶν
ἀρχόντων οἱ παρόντες ἐπὶ μὲν τὴν ἄκραν ἐπέστησαν
μετὰ φυλακῆς ἱκανῆς Πρόλαον Σικυώνιον, ἐπὶ δὲ τὴν
πόλιν Πυθίαν Πελληνέα.

10 Καὶ τὰ μὲν περὶ Ψωφῖδα τοῦτον ἐπετελέσθη τὸν
τρόπον·

73. οἱ δὲ παραφυλάττοντες τὸν Λασιῶνα τῶν Ἠλεί-
ων συνέντες τὴν παρουσίαν τῶν Μακεδόνων, πεπυ-
σμένοι δὲ καὶ τὰ γεγονότα περὶ τὴν Ψωφῖδα, παρα-
2 χρῆμα τὴν πόλιν ἐξέλιπον. ὁ δὲ βασιλεὺς ὡς θᾶττον
ἧκε, ταύτην μὲν ἐξ ἐφόδου παρέλαβεν, συναύξων δὲ
τὴν πρόθεσιν ἣν εἶχε πρὸς τὸ ἔθνος, παρέδωκε καὶ τὸν
Λασιῶνα τοῖς Ἀχαιοῖς. ὁμοίως δὲ καὶ τὴν Στράτον
ἐκλιπόντων τῶν Ἠλείων ἀποκατέστησε τοῖς Τελφου-
3 σίοις. ταῦτα δὲ διαπραξάμενος ἧκε πεμπταῖος εἰς
Ὀλυμπίαν. θύσας δὲ τῷ θεῷ καὶ τοὺς ἡγεμόνας ἑστι-
άσας, ἅμα δὲ καὶ τὴν λοιπὴν προσαναπαύσας δύνα-
4 μιν ἐπὶ τρεῖς ἡμέρας, μετὰ ταῦτα πάλιν ἀνέζευξεν· καὶ
προελθὼν εἰς τὴν Ἠλείαν τὰς μὲν προνομὰς ἐπαφῆκε
κατὰ τῆς χώρας, αὐτὸς δὲ κατεστρατοπέδευσε περὶ τὸ
5 καλούμενον Ἀρτεμίσιον. προσδεξάμενος δ' ἐνταῦθα
τὴν λείαν μετέβη πάλιν ἐπὶ τὸ Διοσκούριον.

Δῃουμένης δὲ τῆς χώρας πολὺ μὲν ἦν τὸ τῶν
ἁλισκομένων πλῆθος, ἔτι δὲ πλέον τὸ συμφεῦγον εἰς
τὰς παρακειμένας κώμας καὶ τοὺς ἐρυμνοὺς τῶν τό-

ians coming down from the citadel, their city and houses
were restored to them, and Euripidas went way to Corinth
and thence back to Aetolia. The Achaean magistrates pres-
ent put Prolaus[160] of Sicyon in command of the citadel with
an adequate garrison and Pythias of Pellene in command
of the town.

So ended the incident of Psophis.

73. The Elean garrison of Lasion, hearing of the ap-
proach of the Macedonians and learning what had befallen
Psophis, at once abandoned the town. The king took the
city immediately on his arrival and, as a further testimony
of his generous intentions towards the League, gave up
Lasion also to the Achaeans. He likewise restored to the
Telphusians the town of Stratus, which had been evacu-
ated by the Eleans, and after completing these arrange-
ments reached Olympia five days later, where he sacrificed
to the god and entertained his captains, and, having given
all his army a three days' rest, again moved on. Advancing
into Elis he sent out foraging parties to scour the country,
and himself encamped at the place called the Artemisium,
where he waited for the booty and then went on to the
Dioscurium.

When the country was plundered, the number of cap-
tives was great, and still more numerous were those who
escaped to the neighboring villages and strong places. For

---

[160] The mss. have Πρόσλαον which would be unique for the
Peloponnese. Prolaus is attested once for Elis (Paus. 5.2.4) and is
Hultsch's emendation.

6 πων. συμβαίνει γὰρ τὴν τῶν Ἠλείων χώραν δια-
φερόντως οἰκεῖσθαι καὶ γέμειν σωμάτων καὶ κατα-
7 σκευῆς παρὰ τὴν ἄλλην Πελοπόννησον. ἔνιοι γὰρ
αὐτῶν οὕτως στέργουσι τὸν ἐπὶ τῶν ἀγρῶν βίον ὥστε
τινὰς ἐπὶ δύο καὶ τρεῖς γενεάς, ἔχοντας ἱκανὰς οὐσίας,
8 μὴ παραβεβληκέναι τὸ παράπαν εἰς ἁλίαν. τοῦτο δὲ
γίνεται διὰ τὸ μεγάλην ποιεῖσθαι σπουδὴν καὶ πρό-
νοιαν τοὺς πολιτευομένους τῶν ἐπὶ τῆς χώρας κατοι-
κούντων, ἵνα τό τε δίκαιον αὐτοῖς ἐπὶ τόπου διεξάγη-
ται καὶ τῶν πρὸς βιωτικὰς χρείας μηδὲν ἐλλείπῃ.
9 δοκοῦσι δέ μοι πάντα ταῦτα καὶ διὰ τὸ πλῆθος μὲν
τῆς χώρας τὸ παλαιὸν ἐπινοῆσαι καὶ νομοθετῆσαι, τὸ
δὲ πλεῖστον διὰ τὸν ὑπάρχοντά ποτε παρ' αὐτοῖς ἱερὸν
10 βίον, ὅτε λαβόντες παρὰ τῶν Ἑλλήνων συγχώρημα
διὰ τὸν ἀγῶνα τῶν Ὀλυμπίων ἱερὰν καὶ ἀπόρθητον
ᾤκουν τὴν Ἠλείαν, ἄπειροι παντὸς ὄντες δεινοῦ καὶ
πάσης πολεμικῆς περιστάσεως.

74. μετὰ δὲ ταῦτα διὰ τὴν Ἀρκάδων ἀμφισβήτησιν
περὶ Λασιῶνος καὶ τῆς Πισάτιδος πάσης ἀναγκα-
σθέντες ἐπαμύνειν τῇ χώρᾳ καὶ μεταλαβεῖν τὰς ἀγω-
2 γὰς τῶν βίων, οὐκέτι περὶ τοῦ πάλιν ἀνακτήσασθαι
παρὰ τῶν Ἑλλήνων τὴν παλαιὰν καὶ πάτριον ἀσυλίαν
οὐδὲ τὴν τυχοῦσαν ἐπιμέλειαν ἔσχον, ἀλλ' ἔμειναν ἐπὶ
τῶν αὐτῶν, οὐκ ὀρθῶς κατά γε τὴν ἐμὴν περὶ τοῦ
3 μέλλοντος ποιούμενοι πρόνοιαν· εἰ γάρ, ἧς πάντες
εὐχόμεθα τοῖς θεοῖς τυχεῖν, καὶ πᾶν ὑπομένομεν ἱμεί-
ροντες αὐτῆς μετασχεῖν, καὶ μόνον τοῦτο τῶν νομι-

Elis is much more thickly inhabited and more full of slaves and farm stock than any other part of the Peloponnese. Some of the Eleans in fact are so fond of country life, that though men of substance, they have not for two or three generations shown their faces in the (central) law court, and this because those who occupy themselves with politics show the greatest concern for their fellow citizens in the country and see that justice is done to them on the spot, and that they are plentifully furnished with all the necessaries of life. As it seems to me, they have adopted such a system from old time and legislated accordingly in a measure because of the large extent of their territory, but chiefly owing to the sacrosanct life[161] they formerly led, having, ever since the Greeks conferred immunity on them owing to the Olympian games, dwelt in a country which was holy and safe from pillage, with no experience of danger and entirely unmenaced by war.

74. But later, when, owing to the Arcadians disputing their possession of Lasion and all the territory of Pisa, they were compelled to defend[162] their country and change their mode of life, they never afterwards showed the least concern to recover from the Greeks their ancient heritage of inviolability, but remained as they now were, acting wrongly in my judgment in thus neglecting their future interests. Peace is a blessing for which we all pray to the gods; we submit to every suffering from the desire to attain it, and it is the only one of the so-called good things in life

---

[161] P. is referring to the fiction of Elean immunity; Rigsby (16.9), 41–44 with the testimonies, beginning with Ephorus in the fourth century.   [162] Most notably during the years 365–363, when the Arcadians had temporarily occupied Olympia.

ζομένων ἀγαθῶν ἀναμφισβήτητόν ἐστι παρ' ἀνθρώ-
ποις, λέγω δὴ τὴν εἰρήνην, ταύτην δυνάμενοί τινες
μετὰ τοῦ δικαίου καὶ καθήκοντος παρὰ τῶν Ἑλλήνων
εἰς πάντα τὸν χρόνον ἀδήριτον κτᾶσθαι παρολιγω-
ροῦσιν ἢ προυργιαίτερόν τι ποιοῦνται τούτου, πῶς οὐκ

4   ἂν ὁμολογουμένως ἀγνοεῖν δόξαιεν; νὴ Δί', ἀλλ' ἴσως
εὐεπίθετοι τοῖς πολεμεῖν καὶ παρασπονδεῖν προθε-
μένοις ἐκ τῆς τοιαύτης ἀγωγῆς γίνονται τῶν βίων.

5   ἀλλ' ἐκεῖνο μὲν σπάνιον, κἄν ποτε γένηται, δυνάμενον
6   κοινῆς ὑπὸ τῶν Ἑλλήνων τυγχάνειν ἐπικουρίας· πρὸς
δὲ τὰς κατὰ μέρος ἀδικίας ὑπογενομένης τοῖς βίοις
χορηγίας, ὅπερ εἰκὸς ὑπάρξειν πάντα χρόνον ἐν εἰρή-
νῃ διάγουσιν, δῆλον ὡς οὐκ ἂν ἠπόρησαν ξένων καὶ
μισθοφόρων τῶν κατὰ τόπους ἢ καιροὺς παρεφεδρευ-
7   όντων. νῦν δὲ τὸ σπάνιον καὶ παράδοξον δεδιότες, ἐν
συνεχέσι πολέμοις καὶ καταφθοραῖς τήν τε χώραν
ἔχουσι καὶ τοὺς βίους.

8   Ταῦτα μὲν οὖν ἡμῖν τῆς Ἡλείων ὑπομνήσεως εἰρή-
σθω χάριν, ἐπειδὴ τὰ τῶν καιρῶν οὐδέποτε πρότερον
εὐφυεστέραν διάθεσιν ἔσχηκε τῆς νῦν πρὸς τὸ παρὰ
πάντων ὁμολογουμένην κτήσασθαι τὴν ἀσυλίαν· τὴν
δὲ χώραν, καθάπερ ἐπάνω προεῖπον, ἔτι τῆς παλαιᾶς
συνηθείας οἷον αἰθυγμάτων ἐμμενόντων οἰκοῦσι δια-
φερόντως Ἠλεῖοι.

75. διὸ καὶ κατὰ τὴν Φιλίππου παρουσίαν ἄπλετον
μὲν ἦν τὸ τῶν ἁλισκομένων πλῆθος, ἔτι δὲ πλεῖον τὸ
2   τῶν συμπεφευγότων. πλείστη δ' ἀποσκευὴ καὶ πλεῖ-
στος ὄχλος ἠθροίσθη σωμάτων καὶ θρεμμάτων εἰς τὸ

to which no man refused this title. If then there be any people which, while able by right and with all honor to obtain from the Greeks perpetual and undisputed peace, neglect this object or esteem any other of greater importance, everyone would surely agree that they are much in the wrong. Perhaps indeed they might plead that such a manner of life exposes them to the attack of neighbors bent on war and regardless of treaties. But this is a thing not likely to happen often and claiming if it does occur the aid of all the Greeks; while to secure themselves against any local and temporary damage, amidst a plentiful supply of wealth, such as will probably be theirs if they enjoy constant peace, they will be in no want of foreign mercenary soldiers to protect them at the place and time required. But now simply from fear of rare and improbable perils they expose their country and their properties to constant war and devastation. Let this be taken as said to remind the Eleans of the duty they owe themselves; since a more favorable opportunity never offered itself than the present for recovering by universal consent their immunity from pillage.

But, as I said above, since some sparks of their old habits are still alive, Elis is an exceedingly populous country;

75. and therefore, upon Philip's entering it, the number of captives was enormous, and the fugitives were still more numerous. A quantity of property and a vast crowd of slaves and cattle were collected at a place they call

χωρίον ὃ καλοῦσι Θαλάμας, διὰ τὸ τήν τε χώραν τὴν
πέριξ αὐτοῦ στενὴν εἶναι καὶ δυσέμβολον τό τε χω-
3 ρίον ἀπραγμάτευτον καὶ δυσπρόσοδον. ἀκούων δ' ὁ
βασιλεὺς τὸ πλῆθος τῶν συμπεφευγότων εἰς τὸν προ-
ειρημένον τόπον, καὶ κρίνας μηδὲν ἀβασάνιστον μηδ'
ἀπέραντον ἀπολιπεῖν, τοῖς μὲν μισθοφόροις προκατ-
ελάβετο τοὺς ἐπὶ τῆς εἰσβολῆς εὐφυῶς κειμένους
4 τόπους, αὐτὸς δὲ τὴν ἀποσκευὴν καταλιπὼν ἐν τῷ
χάρακι καὶ τὸ πλεῖον μέρος τῆς δυνάμεως, ἀναλαβὼν
τοὺς πελταστὰς καὶ τοὺς εὐζώνους προῆγε διὰ τῶν
στενῶν, οὐδενὸς δὲ κωλύοντος ἧκε πρὸς τὸ χωρίον.
5 καταπλαγέντων δὲ τῶν συμπεφευγότων τὴν ἔφοδον
ἅτε δὴ πρὸς πᾶσαν πολεμικὴν χρείαν ἀπείρως καὶ
ἀπαρασκεύως διακειμένων, ἅμα δὲ καὶ συνδεδρα-
μηκότος ὄχλου συρφετώδους, ταχέως παρέδοσαν αὑ-
6 τούς· ἐν οἷς ἦσαν καὶ μισθοφόροι διακόσιοι μιγάδες,
οὓς ἧκεν ἔχων Ἀμφίδαμος ὁ στρατηγὸς τῶν Ἠλείων.
7 ὁ δὲ Φίλιππος κυριεύσας ἀποσκευῆς τε πολλῆς καὶ
σωμάτων πλειόνων ἢ πεντακισχιλίων, πρὸς δὲ τούτοις
τῆς τετράποδος λείας ἀναρίθμητον ἐξελασάμενος
8 πλῆθος, τότε μὲν ἐπανῆλθε πρὸς χάρακα, μετὰ δὲ
ταῦτα τῆς δυνάμεως ὑπεργεμούσης αὐτῷ παντοδαπῆς
ὠφελείας βαρὺς ὢν καὶ δύσχρηστος ἀνεχώρει διὰ
ταῦτα, καὶ κατέζευξε πάλιν εἰς τὴν Ὀλυμπίαν.

76. Ἀπελλῆς δέ, ὃς ἦν μὲν εἷς τῶν ὑπ' Ἀντιγόνου
καταλειφθέντων ἐπιτρόπων τοῦ παιδός, πλεῖστον δ'
ἐτύγχανε τότε δυνάμενος παρὰ τῷ βασιλεῖ, βουληθεὶς
τὸ τῶν Ἀχαιῶν ἔθνος ἀγαγεῖν εἰς παραπλησίαν δι-

Thalamae[163] or The Recess, because the approaches to it
are narrow and difficult and the place itself proof against
attack and not easily entered. The king, hearing of the
numbers of fugitives who had taken refuge in this place
and deciding to leave nothing unattempted or half-accom-
plished, occupied with his mercenaries such spots as com-
manded the approach, and himself, leaving his baggage
and the greater part of his forces in the camp, advanced
through the defile with his peltasts and light-armed infan-
try. He reached the place without encountering any oppo-
sition, and the fugitives, thrown into great dismay by the
attack, as they had no knowledge of military matters and
had made no preparations, and as it was a mixed rabble
which had collected in the place, soon surrendered, among
them being two hundred mercenaries of various nationali-
ties brought there by Amphidamus the Elean Strategus.
Philip, having captured a large amount of movable prop-
erty, and more than five thousand persons, and having also
driven off vast numbers of cattle, now returned to his
camp, and shortly, as his army was loaded with booty of ev-
ery variety and had become unwieldy and useless in the
field, he for this reason retired and again encamped at
Olympia.

76. One of the guardians of the young Philip left by
Antigonus was Apelles,[164] who had at this time very great
influence with the king. He now entered on the base proj-
ect of reducing the Achaeans to a position similar to that

---

[163] Exact location unknown.
[164] R. M. Errington, *Hist*. 16 (1967) 19–36.

ἄθεσιν τῇ Θετταλῶν ἐπεβάλετο πρᾶγμα ποιεῖν μο-

2 χθηρόν. Θετταλοὶ γὰρ ἐδόκουν μὲν κατὰ νόμους πολι-
τεύειν καὶ πολὺ διαφέρειν Μακεδόνων, διέφερον δ᾽
οὐδέν, ἀλλὰ πᾶν ὁμοίως ἔπασχον Μακεδόσι καὶ πᾶν

3 ἐποίουν τὸ προσταττόμενον τοῖς βασιλικοῖς. διὸ καὶ
πρὸς ταύτην ἁρμοζόμενος τὴν ὑπόθεσιν ὁ προειρη-
μένος ἐπεβάλετο καταπειράζειν τῶν συστρατευομέ-

4 νων. τὸ μὲν οὖν πρῶτον ἐπέτρεψε τοῖς Μακεδόσιν
ἐκβαλεῖν ἐκ τῶν σταθμῶν ἀεὶ τοὺς προκατέχοντας
τῶν Ἀχαιῶν καταλύσεις, ὁμοίως δὲ καὶ τὴν λείαν

5 ἀφαιρεῖσθαι· μετὰ δὲ ταῦτα τὰς χεῖρας προσέφερε διὰ
τῶν ὑπηρετῶν ἐπὶ ταῖς τυχούσαις αἰτίαις, τοὺς δὲ
συναγανακτοῦντας ἢ προσβοηθοῦντας τοῖς μαστι-

6 γουμένοις παρὼν αὐτὸς εἰς τὴν ἄλυσιν ἀπῆγε, πε-
πεισμένος διὰ τοῦ τοιούτου τρόπου τὸ κατὰ βραχὺ
λήσειν εἰς συνήθειαν ἀγαγὼν τοῦ μηδένα μηδὲν ἡγεῖ-
σθαι δεινόν, ὅ ποτ᾽ ἂν πάσχῃ τις ὑπὸ τοῦ βασιλέως,

7 καὶ ταῦτα μικροῖς χρόνοις πρότερον μετ᾽ Ἀντιγόνου
συνεστρατευμένος, καὶ τεθεαμένος τοὺς Ἀχαιοὺς ὅτι
παντὸς δεινοῦ λαβεῖν πεῖραν ὑπέμειναν ἐφ᾽ ᾧ μὴ

8 ποιεῖν Κλεομένει τὸ προσταττόμενον. οὐ μὴν ἀλλὰ
συστραφέντων τινῶν Ἀχαϊκῶν νεανίσκων καὶ προσ-
ελθόντων τοῖς περὶ τὸν Ἄρατον καὶ διασαφούντων
τὴν Ἀπελλοῦ βούλησιν, ἧκον ἐπὶ τὸν Φίλιππον οἱ
περὶ τὸν Ἄρατον, κρίναντες ἐν ἀρχαῖς περὶ τῶν τοι-

9 ούτων διίστασθαι καὶ μὴ καταμέλλειν. ἐντυχόντων δ᾽
αὐτῶν τῷ βασιλεῖ περὶ τούτων, διακούσας ὁ Φίλιππος
τὰ γεγονότα τοὺς μὲν νεανίσκους παρεκάλει θαρρεῖν

of the Thessalians. For the Thessalians, though supposed to be governed constitutionally and much more liberally than the Macedonians, were as a fact treated in just the same way and obeyed all the orders of the king's ministers. Apelles, therefore, in furtherance of this design began to test the temper of the Achaean contingent. He began by allowing the Macedonians to eject from their quarters such Achaeans as had secured billets, and also to appropriate their share of the booty. He next began to inflict personal chastisement on Achaeans by the hands of his subordinates for quite trivial reasons, and himself carried off to bondage anyone who protested against the floggings or attempted to help the victims, being persuaded that by these means he would gradually and imperceptibly accustom them to submit without remonstrance to any treatment the king chose to inflict on them—and this in spite of the fact that he had shortly before made the campaign with Antigonus, and seen how the Achaeans were ready to face any danger rather than obey the behests of Cleomenes. Some of the Achaean soldiers, however, met together, and coming before Aratus, pointed out the design that Apelles was pursuing, whereupon Aratus approached Philip, judging it better in such a matter to express his disapproval at the outset and without delay. He laid the matter before the king, who, when made aware of the circumstances, bade the young men lay aside all fear, since nothing of the kind

ὡς οὐδενὸς αὐτοῖς ἔτι συμβησομένου τοιούτου, τῷ δ᾽
Ἀπελλῇ παρήγγειλε μηδὲν ἐπιτάττειν τοῖς Ἀχαιοῖς
χωρὶς τῆς τοῦ στρατηγοῦ γνώμης.

77. Φίλιππος μὲν οὖν κατὰ τὴν ὁμιλίαν τὴν πρὸς
τοὺς ἐν ὑπαίθροις συνδιατρίβοντας καὶ κατὰ τὴν ἐν
τοῖς πολεμικοῖς πρᾶξιν καὶ τόλμαν οὐ μόνον παρὰ
τοῖς στρατευομένοις ἀλλὰ καὶ παρὰ τοῖς λοιποῖς πᾶσι
2 Πελοποννησίοις εὐδοκίμει. βασιλέα γὰρ πλείοσιν
ἀφορμαῖς ἐκ φύσεως κεχορηγημένον πρὸς πραγμά-
3 των κατάκτησιν οὐκ εὐμαρὲς εὑρεῖν· καὶ γὰρ ἀγχίνοια
καὶ μνήμη καὶ χάρις ἐπῆν αὐτῷ διαφέρουσα, πρὸς δὲ
τούτοις ἐπίφασις βασιλικὴ καὶ δύναμις, τὸ δὲ μέγισ-
4 τον, πρᾶξις καὶ τόλμα πολεμική. καὶ τί δή ποτ᾽ ἦν τὸ
ταῦτα πάντα καταγωνισάμενον καὶ ποιῆσαν ἐκ βασι-
λέως εὐφυοῦς τύραννον ἄγριον, οὐκ εὐχερὲς διὰ βρα-
χέων δηλῶσαι. διὸ καὶ περὶ μὲν τούτων σκέπτεσθαι
καὶ διαπορεῖν ἄλλος ἁρμόσει καιρὸς μᾶλλον τοῦ νῦν
ἐνεστῶτος·

5 ὁ δὲ Φίλιππος ἐκ τῆς Ὀλυμπίας ἀναζεύξας τὴν ἐπὶ
Φαραίαν παρῆν εἰς Τέλφουσαν κἀκεῖθεν εἰς Ἡραίαν.
καὶ τὴν μὲν λείαν ἐλαφυροπώλει, τὴν δὲ γέφυραν ἐπ-
εσκεύαζε τὴν κατὰ τὸν Ἀλφειόν, βουλόμενος ταύτῃ ποιή-
6 σασθαι τὴν εἰς τὴν Τριφυλίαν εἰσβολήν. κατὰ δὲ τοὺς
αὐτοὺς καιροὺς Δωρίμαχος ὁ τῶν Αἰτωλῶν στρατηγός,
δεομένων τῶν Ἠλείων σφίσι βοηθεῖν πορθουμένοις,
ἑξακοσίους Αἰτωλοὺς καὶ στρατηγὸν Φιλλίδαν αὐτοῖς
7 ἐξέπεμψεν· ὃς παραγενόμενος εἰς τὴν Ἠλείαν, καὶ παραλα-
βὼν τοὺς μισθοφόρους τῶν Ἠλείων ὄντας εἰς πεντακο-

would occur again, and ordered Apelles to issue no orders to the Achaeans without consulting their strategus.

77. Philip, then, both by his behavior to those with whom he was associated in the camp and by his ability and daring in the field, was winning a high reputation not only among those serving with him but among all the rest of the Peloponnesians. For it would be difficult to find a prince more richly endowed by nature with the qualities requisite for the attainment of power. He possessed a quick intelligence, a retentive memory, and great personal charm, as well as the presence and authority that becomes a king, and above all ability and courage as a general. What indeed it was that defeated all these advantages, and turned a king of such good natural parts into a savage tyrant,[165] is not easy to explain in a few words, and therefore the examination and discussion of the matter must be left for a more suitable occasion than the present.

Setting out from Olympia by the road leading to Pharaea, Philip reached first Telphusa and thence Heraea. Here he held a sale of the booty and repaired the bridge over the Alpheus, intending to invade Triphylia by this road. At about the same time Dorimachus, the Aetolian strategus, on the Eleans requesting him to come to the aid of their country which was being ravaged, dispatched six hundred Aetolians under the command of Phillidas. On reaching Elis, he took over the Elean mercenaries, about five hundred in number, and one thousand citizen soldiers,

---

[165] P. begins to describe this change of character in 7.11.10.

σίους καὶ πολιτικοὺς χιλίους, ἅμα δὲ τούτοις τοὺς Ταραν-
8 τίνους, ἧκε βοηθῶν εἰς τὴν Τριφυλίαν, ἣ τῆς μὲν προσ-
ηγορίας τέτευχε ταύτης ἀπὸ Τριφύλου τῶν Ἀρκάδος
παίδων ἑνός, κεῖται δὲ τῆς Πελοποννήσου παρὰ θάλατ-
ταν μεταξὺ τῆς Ἠλείων καὶ Μεσσηνίων χώρας, τέτρα-
πται δὲ εἰς τὸ Λιβυκὸν πέλαγος, ἐσχατεύουσα τῆς
9 Ἀρκαδίας ὡς πρὸς χειμερινὰς δύσεις, ἔχει δ' ἐν αὐτῇ
πόλεις ταύτας, Σαμικὸν Λέπρεον Ὕπαναν Τυπανέας
10 Πύργον Αἴπιον Βώλακα Στυλάγγιον Φρίξαν· ὧν ὀλί-
γοις χρόνοις πρότερον ἐπικρατήσαντες Ἠλεῖοι προσ-
ελάβοντο καὶ τὴν τῶν Ἀλιφειρέων πόλιν, οὖσαν ἐξ
ἀρχῆς ὑπ' Ἀρκαδίαν καὶ Μεγάλην πόλιν, Λυδιάδου
τοῦ Μεγαλοπολίτου κατὰ τὴν τυραννίδα πρός τινας
ἰδίας πράξεις ἀλλαγὴν δόντος τοῖς Ἠλείοις.

78. πλὴν ὅ γε Φιλλίδας τοὺς μὲν Ἠλείους εἰς
Λέπρεον τοὺς δὲ μισθοφόρους εἰς Ἀλίφειραν ἀπο-
στείλας, αὐτὸς δὲ τοὺς Αἰτωλοὺς ἔχων ἐν Τυπανέαις
2 ἐκαραδόκει τὸ συμβησόμενον. ὁ δὲ βασιλεὺς ἀπο-
θέμενος τὴν ἀποσκευὴν καὶ διαβὰς τῇ γεφύρᾳ τὸν
Ἀλφειὸν ποταμόν, ὃς ῥεῖ παρ' αὐτὴν τὴν τῶν Ἡραι-
3 έων πόλιν, ἧκε πρὸς τὴν Ἀλίφειραν, ἣ κεῖται μὲν ἐπὶ
λόφου κρημνώδους πανταχόθεν, ἔχοντος πλεῖον ἢ
δέκα σταδίων πρόσβασιν, ἔχει δ' ἄκραν ἐν αὐτῇ τῇ
κορυφῇ τοῦ σύμπαντος λόφου καὶ χαλκοῦν Ἀθηνᾶς
4 ἀνδριάντα κάλλει καὶ μεγέθει διαφέροντα, οὗ τὴν μὲν
αἰτίαν, ἀπὸ ποίας προθέσεως ἢ χορηγίας ἔλαβε τὴν
ἀρχὴν τῆς κατασκευῆς, ἀμφισβητεῖσθαι συμβαίνει
καὶ παρὰ τοῖς ἐγχωρίοις (οὔτε γὰρ πόθεν οὔτε τίς

as well as the Tarentines,[166] and came to help Triphylia. This district derives its name from Triphylus, one of the sons of Arcas, and lies on the coast of the Peloponnese between Elis and Messenia, facing the Libyan Sea and forming the extreme southwest portion of Arcadia. It contains the following towns: Samicum, Lepreum, Hypana, Typaneae, Pyrgus, Aepium, Bolax, Stylangium, and Phrixa, all of which the Eleans had annexed a short time before, adding to them Alipheira[167] which had originally belonged to Arcadia proper and Megalopolis, but had been given to the Eleans during his tyranny by Lydiadas[168] of Megalopolis in return for certain private services they rendered him.

78. Phillidas now sent the Eleans to Lepreum and the mercenaries to Alipheira, and remained himself with his Aetolians in Typaneae to see what would happen. The king, after ridding himself of his heavy baggage, crossed by the bridge the Alpheus which runs past Heraea and arrived at Alipheira. This city lies on a hill defended on all sides by precipices, the ascent of which is more than ten stades. It has a citadel on the summit of the whole hill and a bronze statue of Athena, remarkable for its size and beauty. The origin of this statue—from what motive and at whose expense it was made—is a subject of dispute among the natives themselves, as there is nothing to show

---

[166] A kind of light cavalry. It is no longer known why they were thus called.

[167] A. R. Orlandos, Ἡ ἀρκαδικὴ Ἀλίφειρα . . . (Athens 1967–1968). For Philip's attack G. J. te Riele, *RA* 1967, II, 209–224.

[168] See on 2.44.5 and 2.51.3.

5 ἀνέθηκεν εὑρίσκεται τρανῶς), τὸ μέντοι γε τῆς τέχνης
ἀποτέλεσμα συμφωνεῖται παρὰ πᾶσι διότι τῶν μεγα-
λομερεστάτων καὶ τεχνικωτάτων ἔργων ἐστίν, Ἑκατο-
δώρου καὶ Σωστράτου κατεσκευακότων.

6 Οὐ μὴν ἀλλ’ ἐπιγενομένης ἡμέρας αἰθρίου καὶ
λαμπρᾶς διατάξας ὑπὸ τὴν ἑωθινὴν ὁ βασιλεὺς κατὰ
πλείους τόπους τούς τε τὰς κλίμακας φέροντας καὶ
7 τὰς τῶν μισθοφόρων ἐφεδρείας πρὸς τούτων, ἐπὶ δὲ
τοῖς προειρημένοις τοὺς Μακεδόνας διηρημένους
κατόπιν ἑκάστοις ἐπιστήσας, ἄμα τῷ τὸν ἥλιον ἐπι-
βάλλειν πᾶσι προσέταξε προσβαίνειν πρὸς τὸν
8 λόφον. ποιούντων δὲ τὸ παραγγελθὲν ἐκθύμως καὶ
καταπληκτικῶς τῶν Μακεδόνων, συνέβαινε τοὺς Ἀλι-
φειρεῖς πρὸς τούτους ὁρμᾶν ἀεὶ καὶ συντρέχειν τοὺς
τόπους οἷς μάλιστα τοὺς Μακεδόνας ἑώρων προσ-
9 πελάζοντας. κατὰ δὲ τὸν καιρὸν τοῦτον αὐτὸς ὁ βασι-
λεὺς ἔχων τοὺς ἐπιτηδειοτάτους διά τινων κρημνῶν
10 ἔλαθε πρὸς τὸ τῆς ἄκρας προάστειον ἀναβάς. ἀπο-
δοθέντος δὲ τοῦ συνθήματος, πάντες ἄμα προσερεί-
11 σαντες τὰς κλίμακας κατεπείραζον τῆς πόλεως. πρώ-
τος μὲν ο↔ν ὁ βασιλεὺς κατέσχε τὸ προάστειον τῆς
ἄκρας, ἔρημον καταλαβών· τούτου δ’ ἐμπιπραμένου
προϊδόμενοι τὸ μέλλον οἱ τοῖς τείχεσιν ἐπαμύνοντες,
καὶ περιδεεῖς γενόμενοι μὴ τῆς ἄκρας προκαταληφθεί-
σης στερηθῶσι καὶ τῆς τελευταίας ἐλπίδος, ὥρμησαν
12 ἀπολιπόντες τὰ τείχη φεύγειν πρὸς τὴν ἀκρόπολιν. οἱ
δὲ Μακεδόνες γενομένου τούτου παρχρῆμα καὶ τῶν
13 τειχῶν καὶ τῆς πόλεως ἐκυρίευσαν. μετὰ δὲ ταῦτα

definitely who dedicated it and why; but all agree as to the excellence of the workmanship, it being one of the most magnificent and artistic statues in existence, the work of Hecatodorus[169] and Sostratus.

The next day broke bright and cloudless, and at early dawn the king distributed at various points the ladder bearers supported by the mercenaries in front, and dividing his Macedonians placed a body of them in the rear of each party. As soon as the sun was visible, he ordered them all to advance on the hill, and the Macedonians, executing his orders with great alacrity and in formidable style, the Alipheirians kept always running to whatever spots they saw the Macedonians approaching. But the king meanwhile with a picked force managed by climbing some precipitous rocks to reach unperceived the suburb of the citadel. The signal was now given and all at one and the same time planted the ladders against the walls and began the assault of the town. The king was the first to enter, taking the suburb of the citadel, which he found unoccupied, and when this suburb was in flames, the defenders of the walls, seeing what was likely to happen and in dread lest with the fall of the citadel they should find their last hope gone, left the walls and rushed to take refuge within it. Upon this the Macedonians at once captured the walls and the town; and

---

[169] Probably a slip of P. for Hypatodorus. The statue seems to date from the middle of the fifth century.

διαπρεσβευσαμένων τῶν ἐκ τῆς ἄκρας πρὸς τὸν Φί-
λιππον, δοὺς τὴν ἀσφάλειαν παρέλαβε καὶ ταύτην
καθ' ὁμολογίαν.

79. Συντελεσθέντων δὲ τούτων καταπλαγεῖς γεγο-
νότες πάντες οἱ κατὰ τὴν Τριφυλίαν ἐβουλεύοντο περὶ

2 σφῶν αὐτῶν καὶ τῶν ἰδίων πατρίδων. ὁ δὲ Φιλλίδας
ἐκλιπὼν τὰς Τυπανέας, προσδιαρπάσας τινὰς τῶν

3 οἰκιῶν, ἀπεχώρησεν εἰς τὸ Λέπρεον· ταῦτα γὰρ ἐπί-
χειρα τότε τοῖς Αἰτωλῶν ἐγίνετο συμμάχοις, τὸ μὴ
μόνον ἐν τοῖς ἀναγκαιοτάτοις καιροῖς ἐγκαταλείπε-
σθαι προφανῶς, ἀλλὰ καὶ διαρπαγέντας ἢ προδο-
θέντας τούτοις περιπίπτειν ὑπὸ τῶν συμμάχων ἃ τοῖς

4 κρατηθεῖσιν ὑπὸ τῶν πολεμίων ὀφείλεται πάσχειν. οἱ
δὲ Τυπανεᾶται παρέδοσαν τῷ Φιλίππῳ τὴν πόλιν.
τούτοις δὲ τὸ παραπλήσιον ἐποίησαν οἱ τὴν Ὕπαναν

5 κατοικοῦντες. ἅμα δὲ τούτοις Φιαλεῖς, ἀκούοντες τὰ
περὶ τὴν Τριφυλίαν καὶ δυσαρεστούμενοι τῇ τῶν Αἰ-
τωλῶν συμμαχίᾳ, κατέλαβον μετὰ τῶν ὅπλων τὸν

6 περὶ τὸ πολεμάρχιον τόπον. οἱ δὲ τῶν Αἰτωλῶν πειρα-
ταί, διατρίβοντες ἐν ταύτῃ τῇ πόλει διὰ τὰς ἐκ τῆς
Μεσσηνίας ὠφελείας, τὸ μὲν πρῶτον οἷοί τ' ἦσαν

7 ἐγχειρεῖν καὶ κατατολμᾶν τῶν Φιαλέων, ὁρῶντες δὲ
τοὺς πολίτας ὁμοθυμαδὸν ἀθροιζομένους πρὸς τὴν
βοήθειαν ἀπέστησαν τῆς ἐπιβολῆς, σπεισάμενοι δὲ
καὶ λαβόντες τὰς αὑτῶν ἀποσκευὰς ἀπῆλθον ἐκ τῆς

8 πόλεως. οἱ δὲ Φιαλεῖς διαπρεσβευσάμενοι πρὸς τὸν
Φίλιππον ἐνεχείρισαν σφᾶς αὐτοὺς καὶ τὴν πόλιν.

80. Ἔτι δὴ τούτων πραττομένων οἱ Λεπρεᾶται

afterwards the garrison of the citadel sent commissioners to Philip and, on his promising to spare their lives, they surrendered it to him by treaty.

79. All the people of Triphylia were much alarmed by this achievement of Philip and began to consider how best to save themselves and their own cities. Phillidas now returned to Lepreum, evacuating Typaneae after plundering some of the houses. For this was the reward that the allies of the Aetolians used then to receive; not only to be barefacedly deserted in the hour of need, but to be plundered or betrayed and suffer at the hands of their allies the treatment that the vanquished may expect from their enemies. The people of Typaneae now gave up their city to Philip and those of Hypana followed their example. At the same time the Phigalians,[170] hearing the news from Triphylia and ill-pleased with the Aetolian alliance, rose in arms and seized on the ground round the Polemarch's office. The Aetolian freebooters, who had quartered themselves in the city for the purpose of plundering Messenia, were at first disposed to put a bold face on it and attack the Phigalians, but when the citizens came flocking with one accord to the rescue, they desisted from their project, and came to terms, leaving the city with their possessions, upon which the Phigalians sent deputies to Philip and delivered themselves and the town into his hands.

80. While these transactions were in progress, the peo-

[170] See 3.5.

καταλαβόμενοι τόπον τινὰ τῆς πόλεως ἠξίουν ἐκχω-
ρεῖν τῆς ἄκρας καὶ τῆς πόλεως τοὺς Ἠλείους καὶ τοὺς
Αἰτωλούς, ὁμοίως δὲ καὶ τοὺς παρὰ Λακεδαιμονίων·

2 ἧκε γὰρ καὶ παρ' ἐκείνων αὐτοῖς βοήθεια. τὸ μὲν οὖν
πρῶτον οἱ περὶ τὸν Φιλλίδαν οὐ προσεῖχον, ἀλλ'

3 ἔμενον ὡς καταπληξόμενοι τοὺς ἐν τῇ πόλει· τοῦ δὲ
βασιλέως εἰς μὲν τὴν Φιάλειαν Ταυρίωνα μετὰ στρα-
τιωτῶν ἐξαποστείλαντος, αὐτοῦ δὲ προάγοντος εἰς τὸ
Λέπρεον καὶ συνεγγίζοντος ἤδη τῇ πόλει, συνέντες οἱ
περὶ τὸν Φιλλίδαν ἐταπεινώθησαν, οἱ δὲ Λεπρεᾶται

4 προσεπερρώσθησαν ταῖς ὁρμαῖς. καλὸν γὰρ δὴ τοῦτο
Λεπρεάταις ἔργον πέπρακται, τὸ χιλίων μὲν ἔνδον
ὄντων Ἠλείων, χιλίων δὲ σὺν τοῖς πειραταῖς Αἰτωλῶν,
πεντακοσίων δὲ μισθοφόρων, διακοσίων δὲ Λακεδαι-
μονίων, πρὸς δὲ τούτοις τῆς ἄκρας κατεχομένης, ὅμως
ἀντιποιήσασθαι τῆς ἑαυτῶν πατρίδος καὶ μὴ προ-

5 έσθαι τὰς σφετέρας ἐλπίδας. ὁ δὲ Φιλλίδας ὁρῶν τοὺς
Λεπρεάτας ἀνδρωδῶς ὑφισταμένους καὶ τοὺς Μακε-
δόνας ἐγγίζοντας, ἐξεχώρησε τῆς πόλεως ἅμα τοῖς

6 Ἠλείοις καὶ τοῖς παρὰ τῶν Λακεδαιμονίων. οἱ μὲν οὖν
παρὰ τῶν Σπαρτιατῶν Κρῆτες διὰ τῆς Μεσσηνίας εἰς
τὴν οἰκείαν ἐπανῆλθον, οἱ δὲ περὶ τὸν Φιλλίδαν ἐποι-

7 οῦντο τὴν ἀπόλυσιν ὡς ἐπὶ τὸ Σαμικόν. τὸ δὲ τῶν
Λεπρεατῶν πλῆθος ἐγκρατὲς γεγονὸς τῆς πατρίδος
ἐξαπέστελλε πρεσβευτάς, ἐγχειρίζον τῷ Φιλίππῳ τὴν

8 πόλιν. ὁ δὲ βασιλεὺς ἀκούσας τὰ γεγονότα τὴν μὲν
λοιπὴν δύναμιν εἰς τὸ Λέπρεον ἀπέστειλε, τοὺς δὲ
πελταστὰς καὶ τοὺς εὐζώνους ἀναλαβὼν ἡγεῖτο, συν-

ple of Lepreum, seizing on a certain position in the city, demanded the evacuation of the citadel and city by the Eleans, Aetolians, and Lacedaemonians (for a reinforcement had come from Sparta also). Phillidas at first paid no heed to the request but remained where he was, thinking to overawe the citizens. But when the king, having sent Taurion[171] with some troops to Phigalia, advanced in person to Lepreum and was approaching the town, Phillidas on hearing of it lost his assurance, while the people of the town were strengthened in their resolution. It was indeed a fine action on the part of the Lepreates, with no less than a thousand Eleans, a thousand Aetolians counting the freebooters, five hundred mercenaries and two hundred Lacedaemonians within the walls and with the citadel occupied, yet to strive to vindicate their country's freedom and not abandon hope. Phillidas, when he saw that the Lepreatans were gallantly holding out and that the Macedonians were approaching, quitted the city accompanied by the Eleans and the Lacedaemonian contingent. Those Cretans whom the Spartans had sent returned home by way of Messenia, while Phillidas retired in the direction of Samicum. The people of Lepreum being now masters of their city, sent envoys to Philip placing it in his hands. The king, on hearing of what had taken place, sent the rest of his forces to Lepreum, but placing himself at the head of his peltasts

[171] 6.4.

9 ἅψαι σπεύδων τοῖς περὶ τὸν Φιλλίδαν. καταλαβὼν δὲ
τῆς μὲν ἀποσκευῆς ἐγκρατὴς ἐγένετο πάσης, οἱ δὲ
περὶ τὸν Φιλλίδαν κατετάχησαν εἰς τὸ Σαμικὸν παρα-
10 πεσόντες. προσστρατοπεδεύσας δὲ τῷ χωρίῳ, καὶ τὴν
λοιπὴν ἐπισπασάμενος ἐκ τοῦ Λεπρέου δύναμιν, ἔμ-
11 φασιν ἐποίει τοῖς ἔνδον ὡς πολιορκήσων τὸ χωρίον. οἱ
δ᾽ Αἰτωλοὶ μετὰ τῶν Ἠλείων οὐδὲν ἔχοντες ἕτοιμον
πρὸς πολιορκίαν πλὴν χερῶν, καταπλαγέντες τὴν
περίστασιν ἐλάλουν περὶ ἀσφαλείας πρὸς τὸν Φίλιπ-
12 πον. λαβόντες δὲ συγχώρημα μετὰ τῶν ὅπλων ποιή-
σασθαι τὴν ἀπόλυσιν, οὗτοι μὲν ὥρμησαν εἰς τὴν
Ἠλείαν· ὁ δὲ βασιλεὺς τοῦ μὲν Σαμικοῦ παραυτίκα
13 κύριος ἐγένετο, μετὰ δὲ ταῦτα, παραγενομένων πρὸς
αὐτὸν καὶ τῶν ἄλλων μεθ᾽ ἱκετηρίας, παρέλαβε Φρί-
ξαν Στυλάγγιον Αἴπιον Βῶλακα Πύργον Ἐπιτάλιον.
14 ταῦτα δὲ διαπραξάμενος ἐπανῆλθε πάλιν εἰς τὸ Λέ-
πρεον, πᾶσαν ὑφ᾽ ἑαυτὸν πεποιημένος τὴν Τριφυλίαν
15 ἐν ἡμέραις ἕξ. παρακαλέσας δὲ τοὺς Λεπρεάτας τὰ
πρέποντα τῷ καιρῷ, καὶ φυλακὴν εἰσαγαγὼν εἰς τὴν
ἄκραν, ἀνέζευξε μετὰ τῆς δυνάμεως ἐφ᾽ Ἡραίας, ἀπο-
λιπὼν ἐπιμελητὴν τῆς Τριφυλίας Λάδικον τὸν Ἀκαρ-
16 νᾶνα. παραγενόμενος δ᾽ εἰς τὴν προειρημένην πόλιν
τὴν μὲν λείαν διένειμε πᾶσαν, τὴν δ᾽ ἀποσκευὴν
ἀναλαβὼν ἐκ τῆς Ἡραίας ἦλθε μέσου χειμῶνος εἰς
Μεγάλην πόλιν.

81. Κατὰ δὲ τοὺς αὐτοὺς καιροὺς Φίλιππος ἔπραττε
τὰ κατὰ τὴν Τριφυλίαν, καὶ Χείλων ὁ Λακεδαιμόνιος
ὑπολαμβάνων αὐτῷ καθήκειν κατὰ γένος τὴν βασι-

and light infantry, started in the hope of encountering
Phillidas. He came up with him and captured all his bag-
gage train, but Phillidas and his men succeeded in throw-
ing themselves into Samicum in time. Encamping before
this place and fetching up the rest of his forces from
Lepreum, Philip gave those within the impression of be-
ing about to besiege them. The Aetolians and Eleans had
nothing wherewith to meet a siege but their numbers only,
and alarmed by the prospect began to treat with Philip for
their lives and liberties. On receiving permission to with-
draw with their arms they marched off for Elis; and the
king thus at once became master of Samicum, and after-
wards, when representatives of the other towns came beg-
ging for grace, he took possession of Phrixa, Stylangium,
Aepium, Bolax, Pyrgus, and Epitalium, and after these
achievements returned again to Lepreum, having in the
space of six days subdued the whole of Triphylia. After ad-
dressing the Lepreates in a manner suitable to the occa-
sion, and placing a garrison in the citadel, he left with his
army for Heraea, leaving Ladicus the Acarnanian in charge
of Triphylia. On his arrival at Heraea he divided all the
booty, and picking up here his heavy baggage reached
Megalopolis in midwinter.[172]

81. At the same time that Philip was operating in
Triphylia, Cheilon, the Lacedaemonian, considering that
he was the lawful heir to the throne and deeply resenting

[172] 219/8.

λείαν, καὶ βαρέως φέρων τὴν γεγενημένην ὑπεροψίαν
περὶ αὐτὸν ἐκ τῶν ἐφόρων ἐν τῇ κατὰ τὸν Λυκοῦργον
κρίσει περὶ τῆς βασιλείας, κινεῖν ἐπεβάλετο τὰ καθ-
2 εστῶτα. νομίσας δέ, εἰ τὴν ὁδὸν τὴν αὐτὴν ἔλθοι
Κλεομένει καὶ τοῖς πολλοῖς ὑποδείξαι τὴν ἐλπίδα τῆς
κληρουχίας καὶ τῶν ἀναδασμῶν, ταχέως ἐπακολου-
θήσειν αὐτῷ τὸ πλῆθος, ὥρμησε πρὸς τὴν πρᾶξιν.
3 συμφρονήσας δὲ περὶ τούτων πρὸς τοὺς φίλους, καὶ
λαβὼν κοινωνοὺς τῆς τόλμης εἰς διακοσίους τὸ πλῆ-
4 θος, ἐγίνετο πρὸς τῷ συντελεῖν τὴν ἐπίνοιαν. θεωρῶν
δὲ μέγιστον ἐμπόδιον ὑπάρχον αὐτῷ πρὸς τὴν ἐπι-
βολὴν τὸν Λυκοῦργον καὶ τοὺς ἐφόρους τοὺς περι-
θέντας ἐκείνῳ τὴν βασιλείαν, ὥρμησε πρῶτον ἐπὶ
5 τούτους. τοὺς μὲν οὖν ἐφόρους δειπνοῦντας καταλα-
βὼν πάντας αὐτοῦ κατέσφαξε, τῆς τύχης τὴν ἁρμό-
ζουσαν αὐτοῖς ἐπιθείσης δίκην· καὶ γὰρ ὑφ᾽ οὗ καὶ
ὑπὲρ οὗ ταῦτ᾽ ἔπαθον, δικαίως αὐτοὺς ἄν τις φήσειε
6 πεπονθέναι. ὁ δὲ Χείλων τὰ κατὰ τούτους συντελε-
σάμενος παρῆν ἐπὶ τὴν οἰκίαν τοῦ Λυκούργου, καὶ
κατέλαβε μὲν ἔνδον, οὐ μὴν ἐδυνήθη γ᾽ ἐγκρατὴς
7 αὐτοῦ γενέσθαι· διὰ γάρ τινων οἰκετῶν καὶ γειτόνων
ἐκκλαπεὶς καὶ διαδρὰς ἔλαθεν αὐτόν. οὗτος μὲν οὖν
ἀνεχώρησε ταῖς ἀνοδίαις εἰς τὴν ἐν τῇ Τριπόλει προσ-
8 αγορευομένην Πελλήνην· ὁ δὲ Χείλων ἀπεσφαλμένος
τοῦ κυριωτάτου πρὸς τὴν ἐπιβολὴν ἀθύμως διέκειτο,
9 πράττειν δ᾽ ὅμως ἠναγκάζετο τὸ συνεχές. διόπερ εἰς
τὴν ἀγορὰν εἰσβαλὼν τοῖς μὲν ἐχθροῖς προσέφερε
τὰς χεῖρας, τοὺς δ᾽ οἰκείους καὶ φίλους παρεκάλει,

540

having been passed over by the ephors when they selected
Lycurgus as king, resolved to bring about a revolution.
Thinking that if he followed in Cleomenes' footsteps and
held out to the multitude the hope of allotments and re-
division of the land, he would soon have the masses behind
him, he set to work on his design. Having come to an un-
derstanding with his friends on this subject and secured
the cooperation of about two hundred in the venture, he
entered on the execution of the project. Perceiving that
the greatest hindrance to the success of his plot lay in
Lycurgus and the ephors who had set him on the throne,
he directed his attack first on them. Falling on the ephors
while they were at supper he slew them all on the spot,
chance thus visiting them with the fitting penalty for their
crime. For when we consider the person at whose hands
and the person for whose sake they suffered death we must
confess that they met with their deserts. Cheilon, after
thus disposing of the ephors, hastened to the house of
Lycurgus, where he found the king, but failed to get pos-
session of his person; for he was smuggled out by some ser-
vants and neighbors, and got away unperceived, escap-
ing afterwards across country to Pellene[173] in the Tripolis.
Cheilon, thus baulked of his most important object, had
now little heart for his enterprise, but still was forced to
continue its pursuit. He therefore advanced into the agora,
cutting down his enemies, calling upon his relatives and
friends to join him, and tempting the rest of the people by

[173] The site, somewhere in the valley of the Eurotas, has not
been identified.

τοῖς δὲ λοιποῖς ὑπεδείκνυε τὰς ἄρτι ῥηθείσας ἐλπίδας.
10 οὐδενὸς δὲ προσέχοντος αὐτῷ, τἀναντία δὲ συστρε-
φομένων ἐπ’ αὐτὸν τῶν ἀνθρώπων, συννοήσας τὸ
γινόμενον ἀπεχώρει λαθραίως, καὶ διελθὼν τὴν χώραν
11 ἧκε μόνος εἰς τὴν Ἀχαΐαν ἐκπεπτωκώς. οἱ δὲ Λακεδαι-
μόνιοι, δείσαντες τὴν τοῦ Φιλίππου παρουσίαν, τὰ
ἀπὸ τῆς χώρας ἀπεσκευάζοντο καὶ τὸ τῶν Μεγαλοπο-
λιτῶν Ἀθήναιον κατασκάψαντες ἐξέλιπον.
12 Λακεδαιμόνιοι μὲν οὖν ἀπὸ τῆς Λυκούργου νομο-
θεσίας καλλίστῃ χρησάμενοι πολιτείᾳ καὶ μεγίστην
ἔχοντες δύναμιν ἕως τῆς ἐν Λεύκτροις μάχης, αὖτις
ἐπὶ τἀναντία τραπείσης αὐτοῖς τῆς τύχης, καὶ τοὔμ-
παλιν ἐπὶ τὸ χεῖρον ἀεὶ καὶ μᾶλλον τῆς πολιτείας
13 αὐτῶν προβαινούσης, τέλος πλείστων μὲν πόνων καὶ
στάσεων ἐμφυλίων πεῖραν εἶχον, πλείστοις δ’ ἐπάλαι-
σαν ἀναδασμοῖς καὶ φυγαῖς, πικροτάτης δὲ δουλείας
πεῖραν ἔλαβον ἕως τῆς Νάβιδος τυραννίδος, οἱ τὸ
πρὶν οὐδὲ τοὔνομα δυνηθέντες ἀνασχέσθαι ῥᾳδίως
14 αὐτῆς. τὰ μὲν οὖν πάλαι καὶ τὰ πλείω περὶ Λακε-
δαιμονίων εἰς ἑκάτερον μέρος ὑπὸ πολλῶν εἴρηται
τάδε, ἐναργέστατα δ’ ἐστὶν ἀφ’ οὗ Κλεομένης ὁλοσχε-
ρῶς κατέλυσε τὸ πάτριον πολίτευμα. νῦν δ’ ὑφ’ ἡμῶν
ῥηθήσεται κατὰ τοὺς ἁρμόζοντας ἀεὶ καιρούς.

82. Ὁ δὲ Φίλιππος ἀναζεύξας ἐκ τῆς Μεγάλης
πόλεως καὶ πορευθεὶς διὰ Τεγέας παρῆν εἰς Ἄργος,
κἀκεῖ τὸ λοιπὸν μέρος τοῦ χειμῶνος διέτριβε, κατά τε

those hopes and promises I just spoke of. But as no one listened to him, but on the contrary a hostile crowd collected, as soon as he perceived how matters stood, he left Sparta secretly, and passing through Laconia arrived in Achaea, alone and an exile. The Lacedaemonians, now dreading the arrival of Philip, brought in all property from the country and evacuated the Athenaeum in the territory of Megalopolis after razing it to the ground.

Thus the Lacedaemonians who ever since the legislation of Lycurgus had enjoyed the best form of government and had the greatest power until the battle of Leuctra, when chance henceforth turned against them, and their system of government instead of improving began to go rapidly from bad to worse, finally had more experience than any other people of civic trouble and discord. No other nation was so harassed by banishment of citizens and confiscations of property, none had to submit to more cruel servitude culminating in the tyranny of Nabis,[174] although formerly they could not even bear to hear the word "tyrant" mentioned. However, the ancient history of Sparta and still more these (sc. recent) events have been recounted by many writers, who have stressed both aspects. The progress of the latter is most conspicuous since the entire subversion of the ancient constitution by Cleomenes; and I shall continue to speak of it whenever the occasion offers.

82. Leaving Megalopolis and passing through Tegea, Philip arrived at Argos, where he spent the rest of the win-

[174] Successor to the "tyrant" Machanidas (211–207). He was officially king (207–192), but is usually called "tyrant" in our sources: J. G. Texier, *Nabis* (Paris 1975).

τὴν λοιπὴν ἀναστροφὴν καὶ κατὰ τὰς πράξεις τεθαυ-
μασμένος ὑπὲρ τὴν ἡλικίαν ἐν ταῖς προειρημέναις
2 στρατείαις. ὁ δ' Ἀπελλῆς οὐδ' ὡς ἔλεγε τῆς ἐπιβολῆς,
ἀλλ' οἷός τ' ἦν ἄγειν ὑπὸ τὸν ζυγὸν τῷ κατὰ βραχὺ
3 τοὺς Ἀχαιούς. ὁρῶν δὲ τῇ τοιαύτῃ προθέσει τοὺς περὶ
τὸν Ἄρατον ἐμποδὼν ἱσταμένους καὶ τὸν Φίλιππον
αὐτοῖς προσέχοντα, καὶ μᾶλλον τῷ πρεσβυτέρῳ διά
τε τὴν πρὸς Ἀντίγονον σύστασιν καὶ διὰ τὸ πλεῖστον
ἐν τοῖς Ἀχαιοῖς ἰσχύειν, καὶ μάλιστα διὰ τὴν ἐπι-
δεξιότητα καὶ νουνέχειαν τἀνδρός, περὶ τούτους ἐπ-
εβάλετο γίνεσθαι καὶ κακοπραγμονεῖν τοιῷδέ τινι
4 τρόπῳ. ἐξετάζων τοὺς ἀντιπολιτευομένους τοῖς περὶ
τὸν Ἄρατον, τίνες εἰσίν, ἑκάστους ἐκ τῶν πόλεων
ἐπεσπάσατο, καὶ λαμβάνων εἰς τὰς χεῖρας ἐψυχα-
5 γώγει καὶ παρεκάλει πρὸς τὴν ἑαυτοῦ φιλίαν, συν-
ίστανε δὲ καὶ τῷ Φιλίππῳ, προσεπιδεικνύων αὐτῷ
παρ' ἕκαστον ὡς ἐὰν μὲν Ἀράτῳ προσέχῃ, χρήσεται
τοῖς Ἀχαιοῖς κατὰ τὴν ἔγγραπτον συμμαχίαν, ἐὰν δ'
αὐτῷ πείθηται καὶ τοιούτους προσλαμβάνῃ φίλους,
χρήσεται πᾶσι Πελοποννησίοις κατὰ τὴν αὑτοῦ βού-
6 λησιν. περί τε τῶν ἀρχαιρεσίων εὐθὺς ἐσπούδαζε,
βουλόμενος τούτων τινὶ περιποιῆσαι τὴν στρατηγίαν,
τοὺς δὲ περὶ τὸν Ἄρατον ἐκβαλεῖν ἐκ τῆς ὑποθέσεως.
7 δι' ἃ δὴ καὶ πείθει Φίλιππον παραγενέσθαι πρὸς τὰς
τῶν Ἀχαιῶν ἀρχαιρεσίας εἰς Αἴγιον ὡς εἰς τὴν Ἠλεί-
8 αν ἅμα ποιούμενον τὴν πορείαν. πεισθέντος δ' αὐτῷ
τοῦ βασιλέως, παρὼν αὐτὸς ἐπὶ τοῦ καιροῦ, καὶ τοὺς
μὲν παρακαλῶν οἷς δ' ἀνατεινόμενος, μόλις μὲν ἤνυ-

ter, having won in this campaign universal admiration for a correctness of conduct and a brilliancy of achievement beyond his years. Apelles, however, had by no means given up his project, but was bent on gradually bringing the Achaeans under the yoke. Seeing that the elder and younger Aratus stood in the way of this design and that Philip paid great regard to them, especially to the elder owing to his former friendship with Antigonus and his great influence with the Achaeans, but still more owing to his talent and discernment, he formed a plan of damaging their credit in the following manner. Inquiring first of all the names of Aratus' political opponents in each city, he sent for them, and when he made their acquaintance began to cajole them and solicit their friendship. He also presented them to Philip pointing out to him in the case of each that if he gave ear to Aratus he must deal with the Achaeans according to the letter of the treaty of alliance; "but" he would say, "if you listen to me and secure the friendship of such men as this, you will be able to treat all the Peloponnesians exactly as you wish." He at once began to occupy himself with the approaching election, wishing to procure the office of strategus for one of these men and oust Aratus and his son from affairs. With this object he persuaded Philip to be present at Aegium for the Achaean elections, under the pretense that it was a station on his march to Elis. The king having consented to this, Apelles himself came for the occasion, and partly by solicitations partly by

218 B.C.

σε, κατεκράτησε δ᾽ οὖν ὅμως τοῦ γενέσθαι στρατηγὸν
Ἐπήρατον Φαραιέα, τὸν δὲ Τιμόξενον ἐκπεσεῖν τὸν
ὑπὸ τῶν περὶ τὸν Ἄρατον εἰσαγόμενον.

83. Μετὰ δὲ ταῦτα ἀναζεύξας ὁ βασιλεύς, καὶ
ποιησάμενος τὴν πορείαν διὰ Πατρῶν καὶ Δύμης, ἧκε
πρὸς τὸ φρούριον ὃ καλεῖται μὲν Τεῖχος, πρόκειται δὲ
τῆς Δυμαίων χώρας· κατέσχον δ᾽ αὐτὸ μικροῖς ἔμ-
προσθεν χρόνοις, καθάπερ ἀνώτερον εἶπον, οἱ περὶ
2 τὸν Εὐριπίδαν. σπεύδων δὴ τοῦτο κατὰ πάντα τρόπον
ἀνακομίσασθαι τοῖς Δυμαίοις προσεστρατοπέδευσε
3 μετὰ πάσης δυνάμεως. καταπλαγέντες δ᾽ οἱ φυλάτ-
τοντες τῶν Ἠλείων παρέδοσαν τὸ φρούριον τῷ Φιλίπ-
πῳ, χωρίον οὐ μέγα μὲν ἠσφαλισμένον δὲ διαφερόν-
4 τως· τὴν μὲν γὰρ περίμετρον εἶχεν οὐ πλείω τριῶν
ἡμισταδίων, τὸ δ᾽ ὕψος τοῦ τείχους οὐδαμῇ τριάκοντα
5 πήχεων ἔλαττον. παραδοὺς δὲ τοῦτο τοῖς Δυμαίοις
ἐπῄει πορθῶν τὴν τῶν Ἠλείων χώραν· φθείρας δὲ
ταύτην, καὶ πολλὴν περιβαλόμενος λείαν, ἐπανῆλθε
μετὰ τῆς δυνάμεως εἰς τὴν Δύμην.

84. Ὁ δ᾽ Ἀπελλῆς δοκῶν ἠνυκέναι τι τῆς προ-
θέσεως τῷ δι᾽ αὑτοῦ καθεστάσθαι τὸν τῶν Ἀχαιῶν
στρατηγόν, αὖθις ἐνεχείρει τοῖς περὶ τὸν Ἄρατον,
βουλόμενος εἰς τέλος ἀποσπάσαι τὸν Φίλιππον ἀπὸ
τῆς πρὸς αὐτοὺς φιλίας. ἐπεβάλετο δὲ τὴν διαβολὴν
2 πλάττειν διὰ τοιαύτης τινὸς ἐπινοίας. Ἀμφίδαμος ὁ
τῶν Ἠλείων στρατηγός, ἐν ταῖς Θαλάμαις ἁλοὺς ἅμα
τοῖς συμπεφευγόσιν, καθάπερ ἀνώτερον ἡμῖν ἐρρήθη
περὶ τούτων, ὡς ἧκε μετὰ τῶν ἄλλων αἰχμαλώτων

threats contrived, with difficulty it is true, to bring in as strategus Eperatus of Pharae. Timoxenus, the candidate nominated by Aratus, being defeated.

83. After this the king left Aegium and marching through Patrae and Dyme came to a fort called "The Wall," which defends the territory of Dyme,[175] but which, as I said above, had been a short time before seized by Euripidas. Being anxious at all hazards to recover this place for Dyme, he encamped before it with his whole army. The Elean garrison in dismay surrendered the fort, which, though not a large place, was admirably fortified. Its circumference did not exceed one and a half stades, but the wall was nowhere less than thirty cubits in height. Handing it over to the Dymeans he advanced, laying waste the territory of Elis. After pillaging it and collecting a quantity of booty he returned with his army to Dyme.

84. Apelles, thinking that he had succeeded so far in his plan, by the election of the Achaean strategus through his influence, renewed his attack on Aratus with the view of entirely alienating Philip from him. He devised the following plan for trumping up a false accusation against him. Amphidamus, the Elean strategus, had been captured at Thalamae together with the other fugitives, as I above nar-

---

[175] The city, once rid of the Aetolians, granted citizenship to 52 men who had fought for its rescue (Michel 653). Similar measures at Larisa, Pharsalus and Phalanna seem all to have been initiated by King Philip V at that time.

ἀγόμενος εἰς Ὀλυμπίαν, ἔσπευσε διά τινων εἰς λόγους
3 ἐλθεῖν τῷ βασιλεῖ, τυχὼν δὲ τούτου διελέγετο, φά-
σκων εἶναι δυνατὸς ἐπαγαγέσθαι τοὺς Ἠλείους εἰς
τὴν πρὸς αὐτὸν φιλίαν καὶ συμμαχίαν. ὁ δὲ Φίλιππος
πεισθεὶς ἐξαπέστειλε τὸν Ἀμφίδαμον χωρὶς λύτρων,
4 κελεύσας ἐπαγγέλλεσθαι τοῖς Ἠλείοις, ἐὰν ἕλωνται
τὴν πρὸς αὐτὸν φιλίαν, ὅτι τὰ μὲν αἰχμάλωτα πάντα
χωρὶς λύτρων ἀποδώσει, τῇ δὲ χώρᾳ τὴν ἀσφάλειαν
5 αὐτὸς ἀπὸ πάντων τῶν ἐκτὸς παρασκευάσει, πρὸς δὲ
τούτοις αὐτοὺς ἐλευθέρους ἀφρουρήτους ἀφορολογή-
6 τους, χρωμένους τοῖς ἰδίοις πολιτεύμασι, διατηρήσει.
οἱ μὲν οὖν Ἠλεῖοι διακούσαντες τούτων οὐδὲν προσ-
έσχον, καίπερ ἐπισπαστικῶν καὶ μεγάλων εἶναι δο-
7 κούντων τῶν προτεινομένων. ὁ δ᾽ Ἀπελλῆς ἐκ τούτου
τοῦ πράγματος πλάσας τὴν διαβολὴν προσήνεγκε τῷ
Φιλίππῳ, φάσκων τοὺς περὶ τὸν Ἄρατον οὐκ εἰλικρινῆ
τὴν φιλίαν ἄγειν πρὸς Μακεδόνας οὐδ᾽ ἀληθινῶς εὐ-
νοεῖν αὐτῷ· καὶ γὰρ νῦν τῆς Ἠλείων ἀλλοτριότητος
8 τούτους αἰτίους γεγονέναι. καθ᾽ ὃν γὰρ καιρὸν Ἀμφί-
δαμον ἐξ Ὀλυμπίας εἰς Ἦλιν ἀπέστειλεν, τούτους
ἔφη κατ᾽ ἰδίαν λαβόντας ἐπιτρῖψαι τὸν ἄνθρωπον, καὶ
λέγειν ὅτι κατ᾽ οὐδένα τρόπον συμφέρει τοῖς Πελο-
9 ποννησίοις τὸ γενέσθαι Φίλιππον Ἠλείων κύριον· καὶ
διὰ ταύτην τὴν αἰτίαν πάνθ᾽ ὑπεριδόντας τὰ προ-
τεινόμενα τοὺς Ἠλείους διατηρεῖν μὲν τὴν πρὸς Αἰ-
τωλοὺς φιλίαν, ὑπομένειν δὲ τὸν πρὸς Μακεδόνας
πόλεμον.

85. τὸ μὲν οὖν πρῶτον Φίλιππος δεξάμενος τοὺς

rated, and when he was brought to Olympia with the rest of the prisoners begged urgently through certain persons for an interview with Philip, and on this being granted, he discoursed at some length stating that it was in his power to gain over the Eleans to the king's side and persuade them to enter into alliance with him. Philip, believing this, sent back Amphidamus without ransom, bidding him promise the Eleans that if they joined him he would return all captured men and animals without ransom, would assure the future safety of the country from any outside attack, and would maintain the Eleans in freedom without garrison or tribute and in the enjoyment of their own form of government. Attractive and generous as these offers seemed, the Eleans refused to listen to them, and Apelles, founding his false accusation on this circumstance, brought it before Philip, telling him that Aratus was not sincere in his friendship for the Macedonians or really attached to the king; for it was to him on the present occasion that the coldness of the Eleans was due: for he had when Amphidamus was sent from Olympia to Elis taken him apart and set him against the project, saying that it was by no means in the interest of the Peloponnesians that Philip should become master of Elis; this was why the Eleans had ignored all the king's offers and remaining faithful to their alliance with the Aetolians, chosen to persist in the war against the Macedonians.

85. On receiving this report, Philip first ordered

λόγους καλεῖν ἐκέλευε τοὺς περὶ τὸν Ἄρατον καὶ
2 λέγειν ἐναντίον ἐκείνων ταῦτα τὸν Ἀπελλῆν. τῶν δὲ
παραγενομένων ἔλεγε τὰ προειρημένα τολμηρῶς καὶ
καταπληκτικῶς ὁ Ἀπελλῆς, καί τι προσεπεῖπε τοιοῦ-
3 τον ἔτι σιωπῶντος τοῦ βασιλέως· "ἐπείπερ οὕτως
ἀχαρίστους ὑμᾶς ὁ βασιλεύς, Ἄρατε, καὶ λίαν ἀγνώ-
μονας εὑρίσκει, κρίνει συναγαγὼν τοὺς Ἀχαιοὺς καὶ
περὶ τούτων ἀπολογισμοὺς ποιησάμενος ἀπαλλάτ-
4 τεσθαι πάλιν εἰς Μακεδονίαν." ὁ δὲ πρεσβύτερος
Ἄρατος ὑπολαβὼν καθόλου μὲν ἠξίου τὸν Φίλιππον
μηδενὶ τῶν λεγομένων ὀξέως μηδ' ἀκρίτως μηδέποτε
5 πιστεύειν, ὅταν δὲ κατά τινος τῶν φίλων καὶ συμ-
μάχων προσπέσῃ τις αὐτῷ λόγος, τὸν ἀκριβέστερον
ἔλεγχον ποιεῖσθαι πρὶν ἢ δέξασθαι τὴν διαβολήν· καὶ
γὰρ βασιλικὸν εἶναι τὸ τοιοῦτο καὶ πρὸς πᾶν συμ-
6 φέρον. διὸ καὶ νῦν ἠξίου περὶ τῶν ὑπ' Ἀπελλοῦ λεγο-
μένων καλεῖν τοὺς ἀκηκοότας, ἄγειν εἰς τὸ μέσον τὸν
εἰρηκότα πρὸς αὐτόν, μηδὲν παραλιπεῖν τῶν δυνατῶν
εἰς τὸ γνῶναι τὴν ἀλήθειαν, πρὶν ἢ πρὸς τοὺς Ἀχαιοὺς
ἀνακαλύπτειν τι τούτων.

86. τοῦ δὲ βασιλέως εὐαρεστήσαντος τοῖς λεγομέ-
νοις, καὶ φήσαντος οὐκ ὀλιγωρήσειν ἀλλ' ἐξετάσειν,
2 τότε μὲν διελύθησαν, ἐν δὲ ταῖς ἑξῆς ἡμέραις ὁ μὲν
Ἀπελλῆς οὐδεμίαν ἀπόδειξιν προσῆγε τοῖς εἰρημέ-
νοις, τοῖς δὲ περὶ τὸν Ἄρατον ἐγένετό τι συγκύρημα
3 τοιοῦτον. οἱ γὰρ Ἠλεῖοι, καθ' ὃν καιρὸν ὁ Φίλιππος
αὐτῶν ἐπόρθει τὴν χώραν, ὑποπτεύσαντες τὸν Ἀμφί-
δαμον ἐπεβάλοντο συλλαβεῖν καὶ δήσαντες εἰς τὴν

Apelles to summon Aratus and say the same thing in his presence, and when Aratus arrived, Apelles repeated his accusation in a confident and threatening manner, adding, before the king had spoken, some such words as these: "Since, Aratus, the king finds you to be so ungrateful and to have shown so little consideration for him he has decided to call a meeting of the Achaeans and after laying this matter before them to return to Macedonia." Hereupon the elder Aratus, interrupting him, exhorted Philip to make it a general principle never to give credence to reports rashly or without duly weighing the evidence; and especially when it was a friend or ally against whom he heard anything said, to examine most closely into the accusation, before accepting it. This he said was conduct becoming a king and in every way to his interest. Therefore he begged him now as regarded Apelles' allegation to summon those who had heard the words attributed to him spoken, to demand the attendance of Apelles' informant, and to take every possible means of getting at the truth before making any public statement to the Achaeans.

86. Upon the king's consenting to this and engaging not to neglect the matter, but to make inquiries, they separated. During the days that followed Apelles produced no proof of his assertions, and now a happy accident, most helpful to Aratus, occurred. The Eleans, at the time when Philip was ravaging their country, conceived suspicions of Amphidamus and formed the design of arresting him and

4 Αἰτωλίαν ἐκπέμπειν. ὁ δὲ προαισθόμενος αὐτῶν τὴν
ἐπίνοιαν ἀπεχώρησε τὰς μὲν ἀρχὰς εἰς Ὀλυμπίαν,
μετὰ δὲ ταῦτα πυνθανόμενος τὸν Φίλιππον ἐν τῇ Δύμῃ
περὶ τὴν τῶν λαφύρων οἰκονομίαν διατρίβειν, ἔσπευ-
5 σε πρὸς τοῦτον διαπεσεῖν. ὅθεν οἱ περὶ τὸν Ἄρατον,
ἀκούσαντες τὸν Ἀμφίδαμον ἐκ τῆς Ἤλιδος ἐκπεπτω-
κότα παρεῖναι, γενόμενοι περιχαρεῖς διὰ τὸ μηδὲν
αὑτοῖς συνειδέναι, προσελθόντες ᾤοντο δεῖν τὸν βασι-
6 λέα καλεῖν τὸν Ἀμφίδαμον· καὶ γὰρ εἰδέναι περὶ τῶν
κατηγορουμένων ἐκεῖνον βέλτιστα πρὸς ὃν ἐρρήθη,
καὶ δηλώσειν τὴν ἀλήθειαν, πεφευγότα μὲν ἐξ οἴκου
διὰ τὸν Φίλιππον, τὰς δ᾽ ἐλπίδας ἔχοντα τῆς σωτη-
7 ρίας κατὰ τὸ παρὸν ἐν ἐκείνῳ. πεισθεὶς δὲ τοῖς λεγομέ-
νοις ὁ βασιλεύς, καὶ μεταπεμψάμενος τὸν Ἀμφίδαμον,
8 εὗρε τὴν διαβολὴν οὖσαν ψευδῆ. διὸ καὶ τὸν μὲν
Ἄρατον ἀπὸ ταύτης τῆς ἡμέρας ἀεὶ καὶ μᾶλλον ἀπ-
εδέχετο καὶ κατηγίου, πρὸς δὲ τὸν Ἀπελλῆν λοξότερον
εἶχε· τῇ γε μὴν ὁλοσχερεῖ προκατεχόμενος ἀποδοχῇ
πολλὰ παρορᾶν ἠναγκάζετο τῶν ὑπ᾽ αὐτοῦ γινομένων.

87. Ὁ δ᾽ Ἀπελλῆς οὐδαμῶς ἀφίστατο τῆς προ-
θέσεως, ἀλλ᾽ ἅμα μὲν τὸν Ταυρίωνα τὸν ἐπὶ τῶν ἐν
2 Πελοποννήσῳ τεταγμένον διέβαλλεν, οὐ ψέγων ἀλλ᾽
ἐπαινῶν καὶ φάσκων ἐπιτήδειον αὐτὸν εἶναι μετὰ τοῦ
βασιλέως ἐν τοῖς ὑπαίθροις συνδιατρίβειν, βουλό-
μενος ἕτερον ἐπισταθῆναι δι᾽ αὐτοῦ τοῖς ἐν Πελο-
3 ποννήσῳ πράγμασιν. καινὸς γὰρ δή τις οὗτος εὕρηται
τρόπος διαβολῆς, τὸ μὴ ψέγοντας ἀλλ᾽ ἐπαινοῦντας
4 λυμαίνεσθαι τοὺς πέλας· εὕρηται δὲ μάλιστα καὶ

sending him in chains to Aetolia. But, getting intelligence of their project, he first fled to Olympia and then, when he heard that Philip was in Dyme engaged in dealing with the booty, he hastened to escape to him there. Aratus, in consequence, when he heard that Amphidamus had fled from Elis and arrived, was exceedingly joyful, as he had nothing on his conscience, and coming to the king, demanded that Amphidamus should be summoned: "For the man," he said, "who knew best about the accusation was he to whom he was said to have spoken the words, and Amphidamus would be sure to tell the truth, as he had been exiled from his home for Philip's sake and depended on him now for his safety." On the king's consenting and sending for Amphidamus, he found the charge to be false, and henceforward he continued to like and esteem Aratus more and more, while becoming a little suspicious of Apelles. Prepossessed, however, as he was by his long prejudice in favor of this minister, he could not but overlook many of his errors.

87. Apelles, however, by no means desisted from his design, but in the first place began to traduce Taurion, who had been entrusted with the supervision of Peloponnesian affairs, not indeed by finding fault with him, but by praising him and saying that he was a most proper person to be attached to the king's person in the camp, his object being to get some one else appointed by his influence to this post. This is indeed a new kind of calumny, to damage the fortunes of one's neighbors not by blame but by praise, and

πρῶτον τοιαύτη κακεντρέχεια καὶ βασκανία καὶ δόλος
ἐκ τῶν περὶ τὰς αὐλὰς διατριβόντων καὶ τῆς τούτων
5 πρὸς ἀλλήλους ζηλοτυπίας καὶ πλεονεξίας. ὁμοίως δὲ
καὶ τὸν ἐπὶ τῆς θεραπείας τεταγμένον Ἀλέξανδρον,
ὅτε λάβοι καιρόν, διέδακνεν, βουλόμενος καὶ τὴν περὶ
τὸ σῶμα φυλακὴν τοῦ βασιλέως δι᾽ αὐτοῦ γενέσθαι
καὶ καθόλου κινῆσαι τὴν ὑπ᾽ Ἀντιγόνου καταλειφθεῖ-
6 σαν διάταξιν. Ἀντίγονος γὰρ καλῶς μὲν ζῶν προέστη
τῆς τε βασιλείας καὶ τοῦ παιδὸς αὐτοῦ, καλῶς δὲ τὸν
βίον μεταλλάττων προενοήθη πρὸς τὸ μέλλον περὶ
7 πάντων τῶν πραγμάτων. ἀπολιπὼν γὰρ διαθήκην
ἔγραφε Μακεδόσιν ὑπὲρ τῶν διῳκημένων· ὁμοίως δὲ
καὶ περὶ τοῦ μέλλοντος διέταξε, πῶς καὶ διὰ τίνων
ἕκαστα δεήσει χειρίζεσθαι, βουλόμενος μηδεμίαν
ἀφορμὴν καταλιπεῖν τοῖς περὶ τὴν αὐλὴν πρὸς ἀλλή-
8 λους φιλοτιμίας καὶ στάσεως. ἐν οἷς τῶν τότε
συστρατευομένων αὐτὸς μὲν Ἀπελλῆς ἐν τοῖς ἐπιτρό-
ποις ἀπελέλειπτο, Λεόντιος δ᾽ ἐπὶ τῶν πελταστῶν,
Μεγαλέας δ᾽ ἐπὶ τοῦ γραμματείου, Ταυρίων δ᾽ ἐπὶ τῶν
κατὰ Πελοπόννησον, Ἀλέξανδρος δ᾽ ἐπὶ τῆς θερα-
9 πείας. τὸν μὲν οὖν Λεόντιον καὶ Μεγαλέαν ὑφ᾽ αὑτὸν
εἶχεν ὁλοσχερῶς, τὸν δ᾽ Ἀλέξανδρον καὶ Ταυρίωνα
μεταστησάμενος ἀπὸ τῆς χρείας ἔσπευδε καὶ ταῦτα
καὶ τἆλλα πάντα δι᾽ αὐτοῦ καὶ διὰ τῶν ἰδίων φίλων
10 χειρίζειν. ὃ δὴ καὶ ῥᾳδίως ἂν ἐπετέλεσε μὴ παρα-
σκευάσας ἀνταγωνιστὴν Ἄρατον αὐτῷ. νῦν δὲ ταχέως
πεῖραν ἔλαβε τῆς σφετέρας ἀφροσύνης καὶ πλεο-
11 νεξίας· ὃ γὰρ αὐτὸς ἐπεβάλετο πρᾶξαι κατὰ τῶν

554

this variety of malice, envy, and trickery is especially and primarily the invention of courtiers to serve their mutual jealousies and ambitions. He also, whenever he had an opportunity, used to traduce Alexander,[176] the Captain of the Body-guard, wishing to be himself charged with the protection of the king's person, and generally to subvert all the arrangements established by the testament of Antigonus. For not only was Antigonus during his lifetime a good ruler and an excellent guardian of his son,[177] but on his death, he made admirable dispositions for the future regarding everything. In his will he gave to his people an account of his administration, and left orders how and by whom each matter was to be managed with the view of leaving no pretext for rivalries and quarrels among the courtiers. Of those officers who were on Antigonus' staff at the time Apelles was left one of the king's guardians, Leontius[178] was made Captain of the Peltasts, Megaleas Secretary in Chief, Taurion High Commissioner for the Peloponnese, and Alexander Captain of the Body-guard. Apelles had Leontius and Megaleas entirely at his disposal, and his purpose was to remove Alexander and Taurion from their posts and direct these and all other matters through himself and his friends. And he would easily have accomplished this, had he not invited the opposition of Aratus; but as it was he was soon to experience the consequence of his folly and greed of power; for what he had plotted to

[176] He is perhaps none other than Alexander, son of Admetus, on whom see 2.66.5 n.

[177] His adopted son; King Demetrius II was the natural father of Philip V.

[178] One of the followers of Apelles, see 76.1 n.

πέλας, τοῦτ᾿ ἔπαθε καὶ λίαν ἐν πάνυ βραχεῖ χρόνῳ.
12 πῶς δὲ καὶ τίνι τρόπῳ τοῦτο συνέβη γενέσθαι, κατὰ
μὲν τὸ παρὸν ὑπερθησόμεθα, καὶ καταστρέψομεν τὴν
βύβλον ταύτην, ἐν δὲ τοῖς ἑξῆς πειρασόμεθα σαφῶς
13 ὑπὲρ ἑκάστων ἐξαγγέλλειν. Φίλιππος δὲ τὰ προειρη-
μένα διαταξάμενος ἐπανῆλθεν εἰς Ἄργος κἀνταῦθα
τὴν παραχειμασίαν ἐποίει μετὰ τῶν φίλων, τὰς δὲ
δυνάμεις ἀπέλυσεν εἰς Μακεδονίαν.

bring upon his colleagues, he had to suffer himself within a very short space of time. As to how and by what means this happened, I shall defer speaking for the present and bring this Book to a close; but in subsequent ones I shall try to give a clear account[179] of the whole matter, Philip, after making the arrangements I mentioned, returned to Argos and there spent the remainder of the winter with his friends, dismissing his troops to Macedonia.

[179] 5.14.11–16. 6, and later.

INDEX

ABILYX 3:98.99
Abydos 4:44
Acarnania, Acarnanians 4:5.6.9.11.25.30.63.65.66
Achaea, Achaeans 3:3.5.32. 4:1.2.5–12.14–17.19.22.25–27.29.35–37.49.55.59–61.64.66–73.76.81.82
Achaeus, son of Andromachus 4:2.48.50.51
Achelous 4:63
Acrocorinthus 4:8
Actium 4:63
Adeimantus 4:22.23
Adriatic sea 3:47.61.86.88.110
Aecae, in Italy 3:88
Aegaeum mare 3:2
Aegeira 4:57.58
Aegium 4:7.26.57.82.83
Aegyptus: see Egypt
L. Aemilius Paullus, cos. 219 and 216, 3:16.19.106–110.112.116.117. 4:67
Aepium 4:77.80
Aerenosii, tribe in Spain 3:35
Aethiopia 3:38
Aetolia 4:6.17.25.36.57.62.67.72.86
Aetolians 3:2.3.6.7. 4:2.3.5.7–20.22.23.25–31.34.36.37.53.55.57–65.67.78–80
Africa 3:3.8.33–35.37–41.57.59
Africans (see also Numidians) 3:33.56.72.74.79.83.87.113–117
Agelaus of Naupactus 4:46
Agesilaus, king of Sparta 3:6
Agesipolis 4:35
Agesipolis, father of above 4:35
Alcamenes 4:22
Alcibiades 4:44
Alexander, the Aetolian 4:57.58
Alexander, captain of Philip V's bodyguard: 4. 87
Alexander the Great 3:6.59. 4:23
Alexander Balas 3:5
Alexandria, in Egypt 4:51
Alipheira 4:77.78
Allobroges 3:49–51
Alpheus 4:77.78
Alps 3:34.39.47–50.54–56.60 61.64.65
Althaea 3:13
Ambracia, Ambracus: 4:61–63.66
Ambrysus 4:25

Amphictionic Council 4:25
Amphidamus 4:75.84.86
Amynas, king of Athamania 4:16
Andobalus (Indibilis) 3:76
Andosini 3:35
Andromachus 4:51
Antalcidas 4:27
Antigonus Doson 3:16.
    4:1.3.6.9.16.22.34.69.76.82.
    87
Antiochus the Great
    3:2.3.6.7.11.12.31. 4:2.37.48
Antium 3:22.24
Apaturius 4:48
Apelaurus 4:69
Apelles 4:76.82.84–87
Apennines, mountains 3:90
Apocleti 4:5
Apteraei 4:55
Aratus of Sicyon, the elder
    4:2.6.7.9–12.14.19.24.37.60.
    67.72.76.82.84–87
Aratus the younger 4:37.70.82
Araxus, Cape 4:59
Arbucala 3:14
Arcadia 4:21.33.70.71.77
Arcadia in Crete 4:53
Arcadians 4:20.32.33.74
Arcas 4:77
Archidamus, son of Eumenides
    4:35
Archidamus, son of Pantaleo
    4:57.58
Ardea 3:22.24
Ardyes 3:47
Argives 4:36
Argolis 4:36
Argos 4:82.87

Argyrippa 3:118
Ariarathes 3:3.5. 4:2
Aridices 4:52
Ariminum 3:62.68.75.77.86.88
Aristocrates 4:33
Aristomenes 4:33
Ariston 4:5.9.17
Arpi (Argyrippa) 3.88
Arretium 3:77.80
Artemis 4:25
Artemisium 4:18.73
Asia 3:3.6.37.38.59.
    4:2.27.39.43.56
Athamania 4:16
Athenaeum 4:37.60
Athene 4:22.35.49.78
Athene Itonia 4: 25
Athenians 4:44
Athyrnus, river 3:42
M. Atilius Regulus, cos. 227.
    217, 3:106.114.116
Attalus I, father of Eumenes II,
    3:3. 4:48.49.65
Attalus II 3:5
Aufidus 3:110. 4:1
Azanis 4:70

BABYRTAS 4:4
Balearians (slingers)
    3:33.72.83.113
Bargusii 3:35
Beneventum 3:90
Bionidas 4:22
Bithynia 4:50
Bithynians 4:52
Boeotians 4:9.15.25
Boii 3:40.56.67
Bolax 4:77.80

Bosphorus, Cimmerian 4:39
Bosphorus, Thracian 4.39.50
Bostar 3:98.99
Brennus 4:46
Britain 3:57
Brundisium 3:69
Byssatis 3:23
Byzantines 3:2. 4:37.38.46–52
Byzantium
    4:38.39.43.44.46.47.49.52.
    53

CADMEA (Thebes) 4:27
Calchedon 4:39.43.44
Cales 3:91.101
Calligeiton 4:65
Callisthenes 4:33
Calydon 4:65
Campania 3:118
Cannae 3:107. 4:1
Canusium 3:107
Caphyae 4:11–13.68.70
Cappadocians 4:2
Capua 3:90.91
Caria 3:2
Carpetani 3:14
Carthage 3:2.5.8.9.10.16.20–
    28.32–34.41.61.87.96.98.
    4:1.66
Carthage, New
    3:13.15.17.33.39.56.76.95
Carthaginians 3:2.3.6.8–9.13–
    15.17.20–30.33.39.42–45.49–
    52.59–62.64–76.84.87.88.90.
    93.95–99.101.102.105.110.
    112.114.115.117.118. 4:1.2.
    66
Cavarus 4:46.52

Celtiberia 3:5.17
Celts 3:2.34.37.39–43.45.48.60.
    66–71.74.75.78.79.83–85.93.
    106.113–115.117.118
Cenchreae 4:19
C. Centenius 3:86
Cephallenians 3:3. 4:6
Ceraea 4:53
Ceras ("the Horn") 4:43
Cercina 3:96
Chaereas 3:20
Charadrus 3;63
Charixenus 4:34
Chilon 4:81
Chrysopolis 4:44
Chyron 4:4
Circei 3:22
Cissa 3:76
Clarium 4:25
Clastidium 3:69
Cleitor 4:10.11.18.19.25.70
Cleombrotus, father of
    Agesipolis 4:35
Cleomenes 3:16.32.
    4:1.7.35.37.69.76.81
Cleomenic War 4:5.6.9.60
Cnossus 4:53–55
Coelesyria 3:1.2. 4:2
Colchis 4:39
Comontorius 4:45.46
Conope 4:64
Corinth
    4:6.13.19.22.24.25.66.67.69.
    72
Corinth, gulf of 4:57.65.67
Corinthians 4:13
Cn. Cornelius Scipio
    3:56.76.88.95.97

P. Cornelius Scipio, cos. 218,
   3:40.41.45.56.61.62.64–
   68.70.76.97.99. 4:66
Cortona 3:82
Cossyrus 3:96
Cothon, of Byzantium 4:52
Cremona 3:40
Cretans 3:75. 4:8.10.53.67.68.71
Crete 4:53.54.56.61
Cumae, Cyme 3:91
Cyclades, islands 3:16. 4:16
Cydonia 4:55
Cyllene 4:9
Cynaetha 4:16.17.19.25.29
Cynaetheans 4:17–21
Cyphanta 4:36
Cythera 4:6
Cyzicus 4:44

Danube 4:41
Dardani (Dardanians) 4:66
Darius I, son of Hystaspes 4:43
Daulium 4:25
Daunia 3:88
Daunii 3:88.91
Delphi 4:25.46
Delta, Egyptian 3:49
Demetrias 3:6.7
Demetrius I, Soter, Seleucid
   king 3:5
Demetrius II, son of Antigonus
   Gonatas 4:2.25
Demetrius of Pharos
   3:16.18.19. 4:16.19.37.66
Dicaearchea 3:91
Dimale 3:18
Dioscuri 4:67.68
Dioscurium 4:73

Dium 4:62
Dodona 4:67
Don: see Tanais
Dorimachus 4:3–6.10.14.16.17.
   57.58.67.77
Dyme 4:59.60.65.83.86

Ebro, river, cf. Iber
   3:6.14.15.27.29.30.35.39.40.7
   6.95.97
Egypt 3:2.3. 4:2
Elaus 4:65
Eleans 4:19.36.59.68–
   71.73.74.77.78.80.83.84.86
Eleuthernae 4:53.55
Elis 4:9.36.64.71–74.77.80.82–
   84.86
Emporia 3:23
Emporium 3:39.76
Enyalius: see Quirinus
Epaminondas 4:32.33
Eperatus 4:82
Ephorus 4:20
Epirots 4:5.6.9.15.16.30.36.61–
   63.67
Epirus 4:57.61.66
Epistratus 4:11
Epitalium 4:80
Eribianus, mountain 3:92
Erymanthus 4:70.71
Eryx, town 3:9
Etruria
   3;49.56.61.75.77.80.82.84.86.
   108
Etruscan, or Tyrrhenian, or
   Tuscan sea 3.61.110
Euboea 4:27
Eudamidas 4:35

Eumenes II, king of Pergamum 3:3

Euripidas, 4:19.59.60.68–72.83

Europe 3:3.37.38.47. 4:39.41. 44

Euxine: *see* Pontus

Q. FABIUS MAXIMUS 3:87– 90.92–94.101.103.105

Q. Fabius Pictor 3:8.9

Faesulae (Fiesole) 3:82

Fair Promontory, probably Cap Farina 3:22–24

Falernian mountain and territory 3:90.92.94

C. Flaminius, cos. 217, 3:75.77.78.80.82–84.86.106

Frentani, territory of 3:88

GALATIA (Gallia Cisalpina) 3:77.86.106.118

Gaul 3:40.59.87

Gauls (Galatians) 3:3.16.34.54. 65.67. 4:38.45

Gerunium 3:100.101.102.107

Glympes 4:36

Gortyn in Arcadia 4:60

Gortyn in Crete 4:53.55

Greece 3:2.3.5.22.59.118. 4:1.16.26.27.30.31.32

Greeks 3:6.7.52.58. 4:27.38.73.74

Gyridas, Aetolian 4:35

HADRIANA 3:88

Hamilcar, Carthaginian general in Spain 3:95

Hamilcar Barcas 3:9–14

Hannibal, son of Hamilcar Barcas: 3:6.8.9.11– 15.17.20.27.30.32–36.39– 44.47–56.60–72.77– 79.81.83.86.88.89.91–94.96– 98.100–102.104–107.110– 114.117.118. 4:1.2.8.31.66

Hannibalic War 3:1.2.12.30.32.95

Hanno 3:114

Hanno, commander in Spain 3:35.76

Hanno, son of Bomilcar 3:42

Hasdrubal, with Hannibal from Spain to Cannae 3:66.93.102.114.116

Hasdrubal, son-in-law of Hamilcar Barcas 3:8.12.13.15.21.29

Hasdrubal, brother of Hannibal 3:33.56.76.98

Hecatodorus, of Byzantium 4:47

Hecatodorus: *see* Hypatodorus

Hellespont 4:44.46.50

Heracleidae 4:34

Heraclitus 4:40

Heraea 4:77.78.80

Hercules, Pillars of = Street of Gibraltar 3:37.39.57

Hermaeum 4:43

Hermandica 3:14

Hestiae 4:43

Hiero 3:20.75

Hippomedon, son of Agesilaus 4:35

Hippomedon, Spartan 4:35

Hirpini 3:91

Homer 3:94. 4:45
M. Horatius, cos. 509, 3:22
Hypana 4:77.79
Hypatodorus 4:78

IAPYGIA 3:88
Iason 4:39
Iber: *see* Ebro
Iberia: *see* Spain
Iberians (cf. Spaniards)
    3:33.56,76,97–99
Ilergetes 3:33.35
Illyria 3.16.18.19.107.
    4:16.29.37.66
Illyrians 3.16.19. 4:16.55
Indibilis: *see* Andobales
Insubres 3:40.56
Insula 3.49
Io 4:43
Isère 3:49.50
Ister: *see* Danube
Isthmus of Corinth 3:32. 4:19
Italians 3:2.85
Italy
    3:2.15.16.23.27.32.36.39.44.4
    9.54.57.59.60.61.77.85.91.95.
    97.100.110.118.127.-4:1
Ithoria 4:64
L. Iunius Brutus, cos. 509, 3:22
Iupiter Capitolinus 3:22.26
Iupiter Lapis 3.25

LACEDAEMON 4:2–
    5.9.15.21.24.32.35.36.80.81
Lacedaemonians 3:5
    4:2.9.15.16.19–24.27.32–
    34.36.54.80.81
Lacinium 3:33

Laconia, Laconians 4:32.34.81
Ladicus 4:80
Laodice, wife of Seleucus II
    (Callinicus) 4:51
Lappa 4:53–55
Larinum 3:101
Larisa 4:66.67
Lasion 4:73.74
Latins 3:22
Latium 3:23.91
Laurentium 3:22
Leonidas 4:35
Leontius 4:87
Lepreum 4:77–80
Leucae, in Peloponnesus
    4:36
Leuctra 4:81
Liburnus, mountain 3:100
Liby-Phoenicians 3:33
Libya 3:22.23.24.32
Libyan sea 4:77
Libyan War 3:27.28
Libyans 3:5.33
Liguria, Ligurians 3:33.41
Lilybaeum 3:41.61.68.96.106
Lissus 4:16
Luceria 3:88.100
Lusi 4:18.25
C. Lutatius, cos. 220, 3:40
C. Lutatius Catulus, cos. 242,
    3:21.30
Lycurgus 4:2.35–37.60.81
Lycurgus, lawgiver 4:81
Lydiadas 4:77
Lyttus 4:53.54

MACCOEI, Numidian tribe 3:33
Macedonia 3:1.16 4:1–

INDEX

3.5.19.22.23.27.29.35.37.50.5
1.57.62.63.66.85.87
Macedonians 3:5
4:5.8.9.16.22.24.34.61.65.66.6
8.69.71–73.76.78.84
Machatas 4:34.36
Maeoticus lacus 4:39.40.42
Magilus 3:44
Mago, Hannibal's brother
3:71.79.114
Maharbal 3.84–86
Mamertini 3:26
L. Manlius 3:40
Mantinea 4:8.21.33
Mantinaeans 4:27
Marrucina 3:88
Mars 3:25
Masaesyli 3:33
Massilia 3:37.41.47.61.95
Massiliots 3:41.95
Massinissa (Masinissa,
Masanissa) 3:5
Mastia, in Africa 3.24
Mastiani 3:33
Masylii, Numidian tribe 3:33
Maurusi, Numidian tribe 3:33
Megaleas 4:87
Megalopolis
4:6.7.9.10.25.33.37.60.77.80.8
2
Megalopolitani 4:13.32.69
Megaris 4:67
Messapii 3:88
Messene 3:19.26. 4:3–
7.15.32.33.77.79.80
Messenians
4:3.4.6.7.9.15.16.19.32.33.36
Metagonians 3:33

Methydrium 4:10.11.13
Metropolis 4:64
Miccus 4:59
M. Minucius
3:87.88.90.92.94.101–105
Mithradates 4:56
Mutina 3:40
Mysia 4:52

Nabis 4:81
Narbo 3:37.38
Narnia 3:88
Naupactus 4:16
Neapolis 3:91
Nicanor 4:48
Nicippus 4:31
Nicostratus 4:3
Nilus 3:37
Nola 3:91
Nuceria 3:91
Numidians
3:33.44.45.55.65.69.72–
74.112.116.117

Oeantheia 4:57
Oeniadae 4:65
Oenis 4:31
Ogygus 4:1
Olcades 3:13.14.33
Olygyrtus, Mount 4:10.77.
Olympia 4:10.77.86
Olympian games 4:73
Olympiodorus, of Byzantium
4:47
Omias, of Sparta 4:23.24
Orchomenus in Arcadia
4:6.11.12
Orestes 4:1

Oretes, Spanish tribe 3:33
Orophernes 3:5

PADUS: see Po
Paeanium, near Oeniadae 4:65
Pantaleon 4:57
Parnassus 4:57
Parthenium, Mount 4:23
Patrae 4:6.7.25.83
Pella, in Macedonia 4:66
Pellene, in Achaea 4:13
Pellene, in Laconia 4:81
Peloponnese 3:3.
    4:3.6.8.9.13.14.22.32.57.62.65
    –67.70.73.77
Peloponnesians
    4:1.7.61.77.82.84.87
Pergamum 4:48
Perseus 3:3.5.32
Persia 3:6
Persians 3:6. 4:31
Petraeus 4:24
Peucetians 3:88
Phaestus 4:55
Pharae, Achaean town
    4:6.7.25.59.60.77.82
Pharnaces 3:3
Pharos 3:18.19. 4:16.19.37.66
Phasis 4:56
Pheias, island 4:9
Pheneus 4:68
Phigalia 4:3.6.10.31.79.80
Philaenus, altars of 3:39
Philinus 3:26
Philip II, king 3:6
Philip V, king, father of Perseus
    3:2.3.7.19.32.
    4:2.3.9.13.15.16.22–24.26.29.

30.34.36.37.55.57.61–72.75–
    87
Phillidas 4:77–80
Philoxenus 4:20
Phlegraean plain 3:91
Phlius 4:67
Phocis, Phocians 4:9.15.25
Phoebidas 4:27
Phoenicia 3:2
Phoetiae 4:63
Phrixa 4:77.80
Picenum 3:86
Pieria 4:62
Pindar 4:31
Pisa 3:41.56.96. 4:17
Placentia 3:40.66.74
Plator 4:55
Pleiads 3:54. 4:3
Po
    3:39.40.44.47.48.54.56.61.64–
    66.69.75.86
Polemocles 4:52.53
Polichna 4:36
Polyphontas 4:22
Polyrrhenia 4:53.55.61
Pontus (Euxine) 4:38–
    44.46.47.50.52.56
L. Postumius Albinus, praetor
    3:106
Praetutia 3:88
Prasiae 4:36
Prolaus 4:72
Propontis 4:39.43
Propus, hill 4:11
Prusias I 3:2.3. 4:47–53
Psophis 4:68–73
Ptolemais 4:37
Ptolemy III, Euergetes 4:1

Ptolemy IV, Philopator 3:2.
  4:2.30.51
Pylos 4:16
Pyrenées mountains 3:35.37.39–
  41
Pyrgus 4:77.80
Pyrrhus 3:25.32
Pythias of Pellene 4:72

QUIRINUS 3:25

RHEGIUM 3:26
Rhium, promontory
  4:6.10.19.64
Rhodes, Rhodians 3:2.3. 4:47–
  53.56
Rhone 3:35.37.39.41–44.47–
  49.61.64.76
Romans 3:34.7.8.10.11.14.15.
  4:66
Rome
  3:1.2.4.9.11.12.15.18.21.22.26
  .27.29.30.34.35.40.44.68.85.8
  6.103.107.112.118. 4:16

SAGUNTINES 3:8.15.17.21.30
Saguntum 3:8.15–
  17.20.29.61.97–99. 4:28,37,66
Salmandica: see Hermandica
Samicum 4:77.80
Samnites 3:90
Samnium 3:92
Samos 3:2
Sardinia 3:10.13.15.22–
  24.27.30.75.96
Sardinian sea 3:37.41.47
Scerdilaïdas 4:16.29
Scopas 4:5.6.9.16.17.19.27.37.62

Scyron 4:3
Scythians 4:43
Seleucus II, Callinicus 4:48
Seleucus III, Ceraunus 4:1.2.48
Seleucus IV 3:5
Sellasia 4:69
T. Sempronius Longus, cos.218,
  3:40.61.68–72.74.75. 4:66
Cn. Servilius Geminus, cos.
  217,
  3:75.77.86.88.96.106.109.114.
  116
Sestus 4:44.50
Sicilian sea 4:63
Sicilians 3:2
Sicily 3:3.8.13.21.23–
  28.32.75.96.108
Sicyon 4:8.13.57.67.68.72
Sinope 4:54.57
Sinuessa 3:91
Social War 4:26.57
Sostratus, sculptor 4:78
Sosylus 3:20
Spain
  3:3.8.10.11.13.15.16.21.33–
  35.41.49.56.57.59.61.76.77.89
  .95.98.100.106. 4:28
Spaniards
  3:74.79.83.84.93.94.113–
  115.117
Sparta: see Lacedaemon
Sthenelaus 4:22
Stratus 4:64.73
Stylangium 4:77.80
Stymphalus 4:68
Syria 4:48
Syrtis maior 3:39
Syrtis minor 3:23

INDEX

TAGUS, river 3:14
Tanais (river Don) 3:37.38
Tannetis, vicus 3:40
Tantalus 4:45
Tarentines 4:77
Tarentum 3:75.118
Tarracco 3:76.95
Tarseum, in Africa 3:24
Taurini 3:60
Taurion 4:6.9.10.10.80.87
Taurus, mountain 3:3. 4:2.47.48
Teanum 3:91
Tegea 4:22.23.82
Telesia: error for Venusia
Telphusa 4:60.73.77
C. Terentius Varro, cos. 216,
    3:106.110.112–114.116.117
Terracina 3:22.24
Thalamae 4:75.84
Thebans 4:23.27.31
Theodotus Aetolus 4:37
Thersitae 3:33
Thessalians 4:8.9.76
Thessaly 4:57.61.62.66.67
Thrace 4:39.45
Thracians 4:38.45.46.51.66
Thyestes 4:22
Thyreum, Thurium 4:6.25
Tiboetes 4:50.51.52
Ticino, river 3:64

Timaeus, Aetolian general 4:34
Timarchus, 4:53
Timotheus 4:20
Timoxenus 4:6.7.82
Tisamenus 4:1
Trasimene, lake 3:82
Trebia 3:67–69.72.108
Trichonium 4:3
Triphylia, Triphylians 4:77–81
Tripolis 4:81
Tritaea 4:6.59.60
Tylis 4:46
Typanae 4:72–79
Tyre 3:24. 4:37
Tyrrhenian Sea 3:61.110

UMBRIA 3:86
Utica 3:24

VACCAEI 3:5.14
Venus 3:97
Venusia 3:90. 116. 117
Vibonium: Vibinum 3:88

XENOPHANTUS 4:50
Xenophon 3:11
Xerxes 3:22

ZARAX 4:36
Zeus Lycaeus 4:33